Die Bilanz der Aktiengesellschaft

nach neuem Aktien- und Steuerrecht

Von

Professor Dr. Hans Trumpler

Syndikus der Industrie- und Handelskammer
für das Rhein-Mainische Wirtschaftsgebiet
Sitz Frankfurt a. M.

Berlin und Leipzig 1937

Walter de Gruyter & Co.

vormals G. J. Göschen'sche Verlagshandlung — J. Guttentag, Verlags-
buchhandlung — Georg Reimer — Karl J. Trübner — Veit & Comp.

Archiv-Nr. 24 62 37

Druck von Walter de Gruyter & Co., Berlin W 35

Printed in Germany

Vorwort

Während die betriebswissenschaftliche Bilanzliteratur einen fast unübersehbaren Umfang angenommen hat, ist das juristische Schrifttum über das Bilanzrecht stark zurückgeblieben. Zwar verfügen wir über mehrere ausgezeichnete Erläuterungswerke zum HGB., aber seit den Arbeiten von Rehm (1914) und Passow (1923) ist eine umfassende systematische Darstellung des Bilanzrechts nicht erschienen. Auch diese Werke befassen sich in der Hauptsache nur mit den handelsrechtlichen Bestimmungen. Der Umstand, daß Steuerrecht und Handelsrecht auch sonst getrennt marschieren (ohne immer vereint zu schlagen), ist der Entwicklung eines einheitlichen Bilanzrechts nicht förderlich gewesen. Handelsrecht und Steuerrecht bewegen sich in verschiedenen Gedankengängen und sprechen eine verschiedene Sprache. Eine zusammenfassende Darstellung beider Rechtsgebiete schien mir daher nicht nur aus praktischen, sondern auch aus wissenschaftlichen Gründen geboten, umsomehr als die Entscheidungen des Reichsfinanzhofs, in denen sich die Vielgestaltigkeit des kaufmännischen Lebens spiegelt, für die Erforschung des Bilanzproblems manchen Anreiz bieten.

Um ein vollständiges Bild des Bilanzrechts zu geben, habe ich außer der eigentlichen Jahresbilanz auch die besonderen Bilanzen (Eröffnungs- und Abwicklungsbilanzen), so wie die Bilanzen aus Anlaß der Sanierung, Verschmelzung und Umwandlung behandelt. Im weiteren Sinne gehören zum Bilanzrecht auch die Bestimmungen über den Geschäftsbericht des Vorstandes und den Bericht des Aufsichtsrats, über die Pflichtprüfung, die Hauptversammlung und ihre Beschlüsse einschließlich Anfechtbarkeit und Nichtigkeit. Die Mitbehandlung dieser Rechtsgebiete schien umsomehr erforderlich, als einzelne dieser Abschnitte durch das Aktiengesetz eine wesentliche Umgestaltung erfahren haben. Die Arbeit umfaßt daher einen großen Teil des neuen Aktienrechts. Mit Rücksicht auf den Umfang des Stoffes war Verzicht auf Einzelheiten, Herausarbeitung der Grundgedanken des neuen Rechts und äußerste Konzentration in der Darstellung geboten.

Die Fragen der Betriebswirtschaft habe ich insoweit mit behandelt, als sie mir zum Verständnis der kaufmännischen Praxis notwendig erschienen. Dabei haben mir die Herren Wirtschaftsprüfer Dr. Heinrich Horn und Arthur Schwarz, Vorstandsmitglieder der Allgemeinen Revisions- und Verwaltungs-Aktiengesellschaft Frankfurt a. M., ihre in langjähriger Berufsarbeit erworbenen praktischen Erfahrungen auf dem Gebiete der Betriebswirtschaft und der Revisionstechnik zur Verfügung gestellt, denen ich dafür auch an dieser Stelle herzlichen Dank sage.

Nachdem nunmehr das neue Aktiengesetz erschienen ist, scheint mir der Zeitpunkt gekommen zu sein, diese seit langem vorbereitete Arbeit der Öffentlichkeit zu übergeben. Besonders wertvoll ist, daß durch das neue Gesetz die bisherige Unsicherheit über den Umfang und das Ziel der Reformbestrebungen beseitigt und der Wirtschaft das Vertrauen auf die Beständigkeit der neuen Rechtsgrundlage wiedergegeben ist. Auch davon abgesehen stellt das neue Recht ohne Zweifel einen bedeutenden Fortschritt auf dem umstrittenen Gebiet des Aktienwesens dar. Es beseitigt eine Reihe von Mängeln und Streitfragen, bringt aber einzelne grundlegende Neuerungen und rollt dadurch neue Probleme auf, deren Klärung der Rechtsprechung und dem Schrifttum überlassen bleiben muß. Wer dieses Neuland der Gesetzgebung zuerst betritt, muß sich mit Vorsicht bewegen und kann nur hoffen, einen Beitrag zur Erkundung zu liefern.

Wenn ich dieses Buch als ein juristisches bezeichne, so will ich damit nicht sagen, daß es für einen Kaufmann unverständlich sei. Ich habe es im Gegenteil als meine Aufgabe betrachtet, die Benutzung des Buches dem großen Kreis von Personen und Firmen zu ermöglichen, die in der Praxis des kaufmännischen Lebens sich ständig mit Bilanzfragen befassen müssen.

Frankfurt a. M., im März 1937.

Der Verfasser

Inhaltsverzeichnis

Erster Teil: Die Jahresbilanz

Erstes Kapitel

Die Grundlagen der Handelsbilanz

Zweites Kapitel

Die Grundlagen der Steuerbilanz

Drittes Kapitel

Viertes Kapitel

Der Inhalt der Bestandsbilanz

Fünftes Kapitel

Der Inhalt der Gewinn- und Verlustrechnung

Sechstes Kapitel

Die Bilanz der Konzerngesellschaft

Siebentes Kapitel

Die Unterbilanz und die Maßnahmen zu ihrer Beseitigung (Sanierung)

Achtes Kapitel

Der Geschäftsbericht des Vorstandes

Neuntes Kapitel

Der Bericht des Abschlußprüfers

Zehntes Kapitel

Elftes Kapitel

Zwölftes Kapitel

Die Hauptversammlung

Zweiter Teil: Besondere Bilanzen

Abkürzungen

A.A. = Anderer Ansicht.
AG. = Aktiengesellschaft.
AGesetz = Gesetz über Aktiengesellschaften und Kommanditgesellschaften auf Aktien vom 30. 1. 1937.
Aktiennovelle = Verordnung über Aktienrecht vom 19. 9. 1931.
BankA. = Bankarchiv.
Becker = Einkommensteuergesetz vom 10. 8. 1925 von Dr. h. c. Enno Becker 1928—1933.
Brönner = Die Bilanz nach Handels- und Steuerrecht von Dr. H. Brönner [1937].
Bühler = Bilanz und Steuer von Professor Dr. Ottmar Bühler, 3. Auflage. Berlin 1937.
DB. = Durchführungsbestimmungen.
DStZ. = Deutsche Steuerzeitung.
DV. = Durchführungsverordnung.
EinkStG. = Einkommensteuergesetz vom 16. 10. 1934.
Entwurf I. = Entwurf eines Gesetzes über Aktiengesellschaften und Kommanditgesellschaften auf Aktien. Veröffentlicht auf Anordnung des Reichsjustizministeriums. Berlin 1931.
Entwurf II. = Amtlicher Entwurf eines Gesetzes über Aktiengesellschaften und Kommanditgesellschaften auf Aktien. Veröffentlicht auf Anordnung des Reichsjustizministeriums Berlin. 1931.
Ertel = Wirtschaftsprüfung. Ein Handbuch für das Revisions- u. Treuhandwesen herausg. von Dr. Hermann Anatol Ertel. Bd. I 1933, Bd. II 1935.
FGG. = Reichsgesetz über die Angelegenheiten der freiwilligen Gerichtsbarkeit vom 17. 5. 1898.
GBilV. = Verordnung über Goldbilanzen vom 28. 12. 1923.
GmbH. = Gesellschaft mit beschränkter Haftung.
Hast = Grundsätze ordnungsmäßiger Bilanzierung bei Anlagegegenständen von Dr. Karl Hast. Veröff. der Schmalenbach-Vereinigung, 1. Bd. 2. [unveränderte] Aufl. 1935.
HGB. = Handelsgesetzbuch.
HV. = Hauptversammlung.
Hauptverordnung = Dritte Verordnung des Reichspräsidenten zur Sicherung von Wirtschaft und Finanzen vom 6. 10. 1931, 5. Teil Kapitel II (Kapitalherabsetzung in erleichterter Form).

JW.	= Juristische Wochenschrift.
Kalveram	= Kaufmännische Buchhaltung von Professor Dr. Wilhelm Kalveram, 2. Aufl. Berlin, Wien 1935.
Kaemmel-Bacciocco	= Einkommensteuergesetz vom 16. 10. 1934 von Oberregierungsrat Ernst Kaemmel und Regierungsrat Dr. Eduard Bacciocco. Berlin 1936.
KVG.	= Kapitalverkehrsteuergesetz vom 16. 10. 1934.
Kennerknecht	= Kommentar zum Körperschaftsteuergesetz vom 16. 10. 1934 von Reichsfinanzrat Albert Kennerknecht. Köln 1935.
Klausing	= Reform des Aktienrechts von Professor Dr. Friedrich Klausing. Berlin, Wien 1933.
KörpStG.	= Körperschaftsteuergesetz vom 16. 10. 1934.
KWG.	= Reichsgesetz über das Kreditwesen vom 5. 12. 1934.
Leitner	= Bilanztechnik und Bilanzkritik von Professor Dr. h. c. Friedrich Leitner. Neue Ausgabe der 8. u. 9. neu bearbeiteten Aufl. 1932 mit einem Nachtrag Bilanzen und Notrecht.
Meithner	= Die Bilanzen der Unternehmungen. Festgabe für Julius Ziegler, herausg. von Professor Dr. Karl Meithner 2 Bde. Wien, 1933.
Mrozek-Peters	= Kommentar zum Einkommensteuergesetz [1934], Köln [1935].
Passow	= Die Bilanzen der privaten und öffentlichen Unternehmungen von Professor Dr. phil. et jur. Richard Passow. 3. Aufl. Berlin, I. Bd. Allgemeiner Teil 1921. II. Bd. 1923.
RAbgO.	= Reichsabgabenordnung vom 22. 5. 1931 mit späteren Änderungen.
RBewG.	= Reichsbewertungsgesetz vom 16. 10. 1934.
Rehm	= Die Bilanzen der Aktiengesellschaften von Professor Dr. Hermann Rehm. 2. Aufl. München, Berlin, Leipzig 1914.
Reinhardt	= Buchführung, Bilanz und Steuern, Lehr- und Nachschlagewerk von Staatssekretär im Reichsfinanzministerium, Fritz Reinhardt. Bd. I 1936, Bd. II 1937.
RFH.	= Entscheidungen des Reichsfinanzhofs.
RFM.	= Reichsminister der Finanzen.
RG.	= Entscheidungen des Reichsgerichts in Zivilsachen.
RGBl.	= Reichsgesetzblatt Teil I.
RGewStG.	= Gewerbesteuergesetz vom 1. 12. 1936.
RStBl.	= Reichssteuerblatt.
RGSt.	= Entscheidungen des Reichsgerichts in Strafsachen.
RWM.	= Reichswirtschaftsminister.
Schlegelberger	= Verordnung über Aktienrecht vom 19. 9. 1931, herausgegeben von Dr. Dr. Franz Schlegelberger, Staatssekretär im Reichsjustizministerium, Leo Quassowski, Ministerialrat im Reichsjustizministerium, Dr. Karl Schmölder, Oberregierungsrat im Reichsjustizministerium. Berlin 1932.
Schmalenbach	= Dynamische Bilanz von Professor Dr. rer. pol., Dr. jur. h. c., Dr. rer. oec. h. c. E. Schmalenbach, 6. Aufl. Leipzig 1933.

Schmalenbach-Finanzierungen = E. Schmalenbach, Finanzierungen, 1. Teil, Beteiligungsfinanzierungen, 5. Aufl. 1932.

StuW. = Steuer und Wirtschaft.

UmwG. = Gesetz über Umwandlung von Kapitalgesellschaften vom 5. 7. 1934.

UmwStG. = Gesetz über Steuererleichterungen bei der Umwandlung und Auflösung von Kapitalgesellschaften vom 5. 7. 1934.

V. = Verordnung.

VAG. = Gesetz über die Beaufsichtigung der privaten Versicherungsunternehmungen und Bausparkassen v. 6. 6. 1931.

VermStG. = Vermögensteuergesetz vom 16. 10. 1934.

WPr. = Der Wirtschaftsprüfer, Zeitschrift für Treuhandwesen, herausgg. vom Institut der Wirtschaftsprüfer 1932. 1933. Alsdann = WTr.

WTr. = Der Wirtschaftstreuhänder, Zeitschrift für Deutsches Prüfungs- und Treuhandwesen. Vormals der Wirtschaftsprüfer.

WTrJahrbuch = Wirtschaftstreuhänder-Jahrbuch 1937 herausgegeben von Dr. Otto Mönckmeier Reichsgruppenwalter, Vorsitzender des Instituts der Wirtschaftsprüfer.

Wulff = Das Einkommensteuergesetz vom 16. 10. 1934, von Wulff, Chrysant, Herzler-Gebert. Berlin 1935.

Z.f.HwF. = Zeitschrift für Handelswissenschaftliche Forschung.

Erster Teil

Die Jahresbilanz

Erstes Kapitel

Die Grundlagen der Handelsbilanz

I. Begriff der Bilanz

1. Die Funktionen der Bilanz

§ 1

Die Bilanz ist ein Gebilde, an dessen Gestaltung die kaufmännische Erfahrung vieler Jahrhunderte gearbeitet hat. Umfassend und vielgestaltig wie das kaufmännische Leben, reicht die Bilanz in fast alle Sphären des Rechts und der Wirtschaft hinein. Ihr Begriff ist daher schwer zu fassen. Was ist Bilanz im Sinne des Handelsrechtes, im Sinne des Zivilrechts, des Strafrechts, des Steuerrechts und — nicht zuletzt — im Sinne der Betriebswirtschaft? Welchem Zweck dient die Bilanz? Dient sie der Feststellung des Gewinnes, der in einem bestimmten Zeitabschnitt gemacht wurde, oder der Neueröffnung eines Unternehmens oder dessen Abwicklung, Verschmelzung oder Umwandlung?

Beschränkt man sich auf die Jahresbilanz, die in dem ersten Teil dieses Buches behandelt wird, und auf die wesentlichen Begriffsmerkmale, so läßt sich sagen: Bilanz ist eine periodische Darstellung der Vermögensgegenstände eines Unternehmens nach ihrem wertmäßigen Bestand. Aus dieser Definition ergeben sich die zwei wesentlichen Merkmale: die Bestandsfunktion und die Periodenfunktion.

1. Die Bilanz ist zunächst eine wertmäßige Darstellung der Vermögensgegenstände. Fragt man, mit welchem Wert die Vermögensgegenstände in die Bilanz eingestellt werden, so rollt man damit ein weiteres Problem auf, nämlich die Bewertungsfrage. Sie steht mit dem Zweck der Bilanz in Verbindung und führt zu einer Spaltung des Bilanzbegriffs in Jahresbilanz und besondere Bilanzen. Handelsüblich ist, daß die Bilanz in Kontoform aufgestellt wird. Dies bedeutet,

daß die einzelnen Bestandteile des Gesamtvermögens als Aktiva und Passiva einander gegenübergestellt, die Differenz errechnet und in die schwächere Seite eingestellt wird (Saldo), so daß beide Seiten sich die Waage halten. Bilanz wird abgeleitet von bilanx = zweischalig, zu ergänzen libra, und bedeutet Waage[1]). Die Differenz von Aktiven und Passiven ist das Reinvermögen (Eigenkapital). Es erscheint daher, sofern keine Überschuldung vorhanden ist, unter den Passiven.

2. Eine Reihe von Eigentümlichkeiten der Bilanz erklärt sich aus der Periodenfunktion.

a) Die Bestände der Bilanz werden nicht in jeder Bilanzperiode selbständig, d. h. unabhängig von der vorhergehenden Bilanzperiode ermittelt, sondern die Bestände aus der vorhergehenden Periode werden auf die neue Periode übertragen (Bilanzidentität oder allgemeine Bilanzkontinuität). Der Endbestand der abgelaufenen Periode ist daher gleich dem Anfangsbestand der neuen Periode. Anfangsbestand der neuen Periode plus Zugang minus Abgang ist gleich dem Endbestand der neuen Periode. Daraus ergibt sich, daß man den Gewinn der Periode dadurch ermitteln kann, daß man die Endbestände der alten Periode (= Anfangsbestände der neuen Periode) mit den Endbeständen der neuen Periode vergleicht (Gewinnermittlung durch Bestandsvergleich). Das Einkommensteuergesetz (§ 4 Abs. 1 Satz 1) definiert daher den Begriff des Gewinnes folgerichtig wie folgt: „Gewinn ist der Unterschiedsbetrag zwischen dem Betriebsvermögen am Schluß des Wirtschaftsjahres und dem Betriebsvermögen am Schluß des vorangegangenen Wirtschaftsjahres, vermehrt um den Wert der Entnahmen und vermindert um den Wert der Einlagen".

b) Der Stichtag, auf welchen die periodische Bilanz aufgemacht wird, bedeutet an sich einen willkürlichen Einschnitt in den laufenden Geschäftsbetrieb. Wenn zum Beispiel eine Gesellschaft zum Verkauf von Grundstücken errichtet wurde (Terraingesellschaft) und zu diesem Zweck zehn Jahre benötigt, so kann sie nach Ablauf des ersten Bilanzabschnitts einen Gewinn haben (Periodengewinn), der aber für den Erfolg des Unternehmens keinerlei Bedeutung hat, weil er durch spätere Verluste wieder aufgezehrt werden kann. Der endgültig erzielte Gewinn (Totalgewinn) kann erst nach zehn Jahren festgestellt werden. Ähnlich liegen die Verhältnisse bei Unternehmungen des Hoch- und Tiefbaues, in der Fabrikation von Großmaschinen. Andererseits

[1]) Penndorf, Historische Entwicklung der Bilanz, bei Meithner I, 125.

gibt es allerdings auch Unternehmungen, in denen der Perioden- und der Totalgewinn sich annähernd decken, wie z. B. im Großhandel für Saisonartikel. In diesen Verhältnissen liegt auch die Begründung für die Einführung des Wirtschaftsjahres. Für die Gesellschaft des bürgerlichen Rechts bestimmt das BGB. (§ 721 Abs. 1), daß ein Gesellschafter den Rechnungsabschluß und die Verteilung des Gewinnes und Verlustes erst nach der Auflösung der Gesellschaft verlangen kann. In der Bilanz des Handelsrechts zwingt aber die Periodenfunktion dazu, den laufenden Aufwand bzw. Ertrag von dem Gesamtaufwand bzw. -ertrag zu trennen. Wenn daher in einem Jahr Aufwendungen für eine Maschine gemacht wurden, die eine zehnjährige Lebensdauer hat, so müssen die Abschreibungen auf die Maschine auf zehn Jahre verteilt werden. Wenn eine Miete oder eine Versicherungsprämie auf mehrere Jahre im voraus bezahlt wurde, so darf der Empfänger nur einen entsprechenden Teil des auf diese Weise erzielten Ertrages als Gewinn der laufenden Periode buchen, den Rest muß er für die späteren Bilanzperioden zurückstellen. Diesen Zwecken dienen die transitorischen Konten (S. 115ff.).

2. Die Zweiteilung des Jahresabschlusses (Bilanz im engeren Sinne und Gewinn- und Verlustrechnung)

§ 2

1. Der Einzelkaufmann und die Personengesellschaft des Handelsrechts sind nicht verpflichtet, eine besondere Gewinn- und Verlustrechnung aufzumachen. Sie können ihr Eigenkapital in einem Posten (Kapitalkonto) ausweisen, ohne es nach Grundkapital, Reserven und Gewinn zu trennen. Daher drückt sich bei ihnen der Gewinn bzw. der Verlust in einer Vermehrung bzw. Verminderung des Kapitalkontos aus, und der Jahresgewinn bzw. -Verlust kann nur dadurch ermittelt werden, daß man das Kapitalkonto aus der Bilanz des einen Jahres mit dem des Vorjahres vergleicht. Dagegen ist für die AG. eine Gewinn- und Verlustrechnung zwingend vorgeschrieben. Der Jahresgewinn bzw. -Verlust wird hier gesondert ausgewiesen und geht sowohl aus der Bilanz im engeren Sinne wie aus der Gewinn- und Verlustrechnung hervor. Damit ist die Notwendigkeit einer besonderen Buchführung verbunden. Ein bestimmtes System der kaufmännischen Buchführung wird vom HGB. allerdings nicht vorgeschrieben. Auch die einfache und die kameralistische Buchführung können bei entsprechender Ausgestaltung die Aufstellung einer Gewinn- und Verlustrechnung ermöglichen; es erübrigt sich aber, hierauf einzugehen,

da die Aufstellung einer Gewinn- und Verlustrechnung allgemein im Wege der doppelten Buchführung geschieht[1]).

Die Bilanz der AG. zerfällt daher in die Bilanz im engeren Sinne und die Gewinn- und Verlustrechnung. Beide Bilanzen zusammen werden vom HGB. unter der Bezeichnung „Jahresabschluß" zusammengefaßt. Die Terminologie des HGB. ist jedoch nicht einheitlich. Meistens wird das Wort Bilanz gleichbedeutend mit Jahresabschluß gebraucht[2]), vereinzelt in der Bedeutung von Bilanz im engeren Sinn[3]). Das AGesetz verwendet die Bezeichnung Jahresbilanz nur für die Bilanz im engeren Sinne (z. B. §§ 125 Abs. 1, 131, 133). In dem Titel und Inhalt dieser Schrift wird das Wort Bilanz, soweit nichts anderes bemerkt ist, im Einklang mit dem überwiegenden Sprachgebrauch in der Praxis des Aktienwesens gleichbedeutend mit Jahresabschluß gebraucht.

Für die Bilanz im engeren Sinne hat sich eine feststehende Bezeichnung nicht gebildet. Richtig wäre sie als „Vermögensbilanz"[4]) zu bezeichnen, denn sie ist eine Bilanz der Vermögensgegenstände (im Gegensatz dazu könnte man die Gewinn- und Verlustrechnung als die „Bilanz der Aufwendungen und Erträge" bezeichnen. Nicht genau ist die oft gebrauchte Bezeichnung der Gewinn- und Verlustrechnung als „Erfolgsbilanz", weil auch die Bilanz im engeren Sinne der Ermittlung des Erfolges dient und daher gleichfalls als Erfolgsbilanz bezeichnet wird). Leider ist es aber üblich geworden, mit dem Ausdruck „Vermögensbilanz" eine Bilanz zu bezeichnen, die den Abwicklungswert der Vermögensgegenstände am Bilanzstichtag ergeben soll. In Wirklichkeit besagt die Bezeichnung aber nichts über die Grundsätze, nach denen die Bewertung der Vermögensgegenstände in der Bilanz erfolgen soll. Um aber Mißverständnisse auszuschließen, wird hier auf die Bezeichnung „Vermögensbilanz" verzichtet[5]). Aus den gleichen Gründen wird von anderer Seite die Bilanz im engeren Sinne im Gegensatz zur Gewinn-

[1]) Auf Grund des HGB. § 42 besteht für Unternehmungen des Reichs, eines Staates oder eines inländischen Kommunalverbandes die Möglichkeit, von den Vorschriften der §§ 39—41 über Inventar und Bilanz (und daher auch von der üblichen Buchführung) abzuweichen. Diese Bestimmung ist aber durch besondere Vorschriften, insbesondere die DV. v. 30. 3. 1933 betr. Prüfungspflicht der Wirtschaftsbetriebe der öffentlichen Hand und das preußische Gemeindefinanzgesetz v. 15. 12. 1933 (§§ 92ff.) überholt (Hoffmann, Josef, Bilanzierungs- und Prüfungsvorschriften für öffentliche Kreditinstitute, Berlin 1935 S. 13). Vgl. auch § 74 Abs. 3 der Deutschen Gemeindeordnung.

[2]) So HGB. §§ 39 Abs. 2—41, 44 Abs. 2, 120, 166, 172 Abs. 5, 338.

[3]) So HGB. §§ 227 Abs. 5, 260, 261, 261a, 261b, 263 Abs. 2, 265 Abs. 1, 333 Abs. 2, 334.

[4]) So Passow I, 7.

[5]) Reinhardt II, 9 nennt sie „Betriebsergebnis-Vermögensbilanz".

und Verlustrechnung als „Inventarbilanz" bezeichnet[1]). Wieder andere bezeichnen die Bilanz im engeren Sinne als Bestandsbilanz[2]). Dieser Ausdruck wird hier angewendet, weil er die Funktion der Bilanz im engeren Sinne als eine Darstellung der Vermögensgegenstände gut zum Ausdruck bringt, ohne auf das Bewertungsproblem hinzuweisen. Er entspricht außerdem dem Wort „Bestandsverzeichnis", das von dem AGesetz (§ 135 Abs. 2) an Stelle von Inventar eingeführt wird.

2. Worin unterscheiden sich nun die beiden Teile des Jahresabschlusses, die Bestandsbilanz von der Bilanz der Aufwendungen und Erträge?

Aus der Bestandsbilanz ist ersichtlich, welche Vermögensgegenstände an dem Stichtag vorhanden waren und mit welchen Werten sie eingesetzt worden sind. Wenn man die einzelnen Konten der Bilanz mit denen des Vorjahres vergleicht, geht ferner aus ihr hervor, daß die Bestände auf den einzelnen Konten sich vermehrt bzw. verringert haben oder daß neue Konten entstanden bzw. alte Konten verschwunden sind. Dagegen geht nicht aus ihr hervor, aus welchen Quellen die Vermehrung bzw. Verringerung des Vermögens, also der Gewinn bzw. Verlust entstanden sind. Gerade dieses aber ist der Zweck der Gewinn- und Verlustrechnung.

Die in der Bilanz dargestellten Vermögensgegenstände sind teils ruhende Gegenstände wie Grundstücke, Gebäude, Anlagen, teils Umlaufgegenstände, die sich in einer dauernden Bewegung befinden. Während die Bilanz im engeren Sinn als Zeitpunktrechnung den Bestand der Vermögensgegenstände am Schluß des Geschäftsjahrs darstellt, ergibt die Gewinn- und Verlustrechnung als Zeitraumrechnung die Veränderungen, die während der ganzen Dauer des Geschäftsjahrs sich in diesen Vermögensgegenständen vollzogen haben. Man könnte diese Veränderungen auch für jedes Konto der Bestandsbilanz feststellen. Daraus würde sich aber eine neue Erkenntnis nicht ergeben. Denn zu diesem Ergebnis gelangt man auch, wenn man die Bestandsbilanz für den Schluß des Geschäftsjahres mit der Anfangsbilanz (gleich der Schlußbilanz des Vorjahres) vergleicht. Die Gewinn- und Verlustrechnung soll aber die Quellen bzw. die Gründe der Vermögensmehrungen bzw. -minderungen ergeben. Zu diesem Zwecke werden die im Laufe des Geschäftsjahrs entstandenen Vermögensveränderungen, ohne Rücksicht darauf, auf welchen Konten sie vorgekommen sind, gruppiert in Aufwendungen und Erträge. Die unter

[1]) So Leitner S. 1, 3.

[2]) Nicklisch, Die Betriebswirtschaft 1932, nennt sie „Beständebilanz".

„Aufwendungen" zusammengefaßten Veränderungen sind zwar aus bestimmten Gegenständen der Bestandsbilanz gemacht worden, z. B. aus dem Kassakonto, dem Bankkonto, durch Hingabe von Schecks, Wechseln oder durch Eingehen von Verbindlichkeiten. Aber sie werden nicht nach diesen Konten, sondern lediglich nach ihrer Zweckbestimmung, z. B. Löhne, Gehälter, Steuern, Zinsen, Mieten (Handlungsunkosten) geordnet. Das Gleiche gilt für „Erträge", die im Laufe des Geschäftsjahrs erzielt werden. Diese gehen auf den verschiedenen Konten der Bestandsbilanz ein in Gestalt von Bargeld, Schecks, Wechseln, Forderungen, werden aber nach Quellen geordnet, z. B. aus Fabrikation oder Handel, aus Zinsen, Beteiligungen usw. Für den Kaufmann ist es eine unbedingte Notwendigkeit, die in seinem Betrieb während des Geschäftsjahres gemachten Aufwendungen und erzielten Erträge zusammenzustellen, da er nur auf diese Weise einen Überblick über den Erfolg seiner geschäftlichen Tätigkeit erhalten kann. In welchen Vermögensgegenständen sich ein erzielter Gewinn niedergeschlagen hat, geht allerdings nicht aus der Gewinn- und Verlustrechnung hervor. Er kann bestehen in einer Vermehrung des Kassenbestandes, der Bankguthaben, der Forderungen, in einer Verminderung der Schulden, aber auch in einer Vermehrung der Roh-, Hilfs- und Betriebsstoffe, sowie der Fertigwaren. Hierüber gibt aber die Bestandsbilanz Aufschluß.

Allerdings enthält die Gewinn- und Verlustrechnung nicht jede Veränderung, die sich auf den Konten der Vermögensbilanz abspielt. Wenn z. B. zu Lasten des Kassakontos Effekten angeschafft werden, oder wenn ein Schuldner seine Schuld bezahlt, so berührt eine solche Veränderung das Gewinn- und Verlustkonto nicht. Hier ist zwar auf dem einen Bestandskonto eine Vermehrung eingetreten, die aber durch eine Verminderung in gleicher Höhe auf einem anderen Bestandskonto ausgeglichen wird. Nur solche Veränderungen müssen in die Gewinn- und Verlustrechnung übertragen werden, die den in der Anfangsbilanz des Jahres ausgewiesenen Wert des Vermögens erhöhen oder vermindern. Dies trifft insbesondere zu, wenn Umlaufs- oder Anlagegegenstände mit Gewinn oder Verlust verkauft worden sind, oder wenn der Wert von Gegenständen des Anlage- oder Umlaufsvermögens infolge einer anderweitigen Bewertung erhöht oder herabgesetzt wird. Hierher gehören ferner alle Veränderungen, denen ein Gegenwert nicht gegenübersteht (sog. Substanzgewinne bzw. -Verluste). Substanzgewinn ist beispielsweise ein Vermögenszuwachs durch Schulderlaß, freiwillige Zahlungen der Aktionäre, oder Schenkung. Substanzverlust ist eine Wertminderung durch Abnutzung, Untergang, Verderb oder Schwund von Vermögensgegenständen und Ausfall an Forderungen.

Soweit in der Gewinn- und Verlustrechnung Aufwendungen aufgeführt werden, wie z. B. für Löhne, Material, Gehälter, muß auch der Gegenwert dieser Aufwendungen, der in den erzeugten aber noch nicht verkauften Waren steckt, in die Gewinn- und Verlustrechnung aufgenommen werden. Soweit die Waren verkauft worden sind, erscheint der Gewinn oder Verlust in der Gewinn- und Verlustrechnung; soweit sie nicht verkauft worden sind, muß der Mehr- oder Minderbestand dieser Gegenstände in der Schlußbilanz gegenüber der Anfangsbilanz (= Schlußbilanz des Vorjahres) aufgenommen werden, d. h. die Differenzen aus der Bestandsrechnung der hergestellten Waren müssen in die Gewinn- und Verlustrechnung übertragen werden. Geschähe dies nicht, so würde z. B. eine Fabrik, die in einem Jahr auf Vorrat arbeitet und im nächsten Jahr ihre Vorräte verkauft, in dem einen Jahr einen unangemessenen Verlust, in dem anderen Jahr einen unangemessenen Gewinn haben. Diese Folgerung ergibt sich aus dem Grundbegriff des kaufmännischen Gewinns als des Unterschiedes zwischen dem Anfangs- und dem Endbestand der Bilanzperiode; es muß hierauf besonders hingewiesen werden, weil dies aus dem gesetzlichen Schema der Gewinn- und Verlustrechnung nicht deutlich hervorgeht.

Aus dem kaufmännischen Gewinnbegriff erklärt sich auch der Begriff der Aufwendungen und Erträge in der Gewinn- und Verlustrechnung. Aufwendungen sind auch Bestandsminderungen (z. B. durch Diebstahl oder Brand, aber auch durch Rückstellungen). Erträge sind auch Bestandszugänge. Daher ist die Gewinn- und Verlustrechnung keine Einnahmen- und Ausgabenrechnung, denn sie enthält auch solche Posten, die keine Einnahmen sind (z. B. Erträge durch Wertsteigerung vorhandener Gegenstände) und solche Posten, die keine Ausgaben sind (z. B. Aufwendungen für Abschreibungen). Andererseits enthält sie solche Einnahmen und Ausgaben nicht, die dadurch entstehen, daß ein Gegenstand der Bestandsbilanz in einen anderen umgewandelt wird, ohne daß dadurch eine Wertänderung eintritt, z. B. wenn Warenvorräte oder Anlagegegenstände angeschafft werden. Endlich gelangen gewisse Aufwendungen nicht in die Gewinn- und Verlustrechnung, obwohl sie tatsächlich gemacht wurden (aktivierbare Aufwendungen)[1].

---

[1]) S. 93f. Die Entscheidung über die Aufteilung der Aufwendungen und Erträge hängt in weitem Umfang vom Ermessen ab und gibt daher ständigen Anlaß zu Meinungsverschiedenheiten der Beteiligten.

Der Erfolg, d. h. der Gewinn bzw. Verlust wird sowohl in der Bestandsbilanz wie in der Gewinn- und Verlustrechnung ausgewiesen. Der in der Gewinn- und Verlustrechnung ausgewiesene Gewinn bzw. Verlust muß mit dem in der Bestandsbilanz ausgewiesenen Gewinn bzw. Verlust übereinstimmen; denn jede einzelne Aufwendung muß zugunsten irgendeines Bilanzkontos verbucht und jedes einzelne Erträgnis muß irgend einem Bilanzkonto belastet worden sein; infolgedessen müssen die gesamten Aufwendungen und die gesamten Erträge, die seit Beginn des Geschäftsjahrs gemacht bzw. erzielt wurden, den Mehr- oder Minderbestand am Ende des Geschäftsjahres ergeben. Die Übereinstimmung folgt auch daraus, daß die Gewinn- und Verlustrechnung nur eine gruppenmäßige Zusammenstellung der Veränderungen ist, die sich aus den verschiedenen Konten der Bestandsbilanz im Laufe des Geschäftsjahres ergeben haben.

Die Bedeutung der Bestandsbilanz und der Gewinn- und Verlustrechnung wird am besten klar, wenn man von der Vorstellung ausgeht, daß das kaufmännische Unternehmen ein Organismus ist, der mit einer gewissen Substanz an Vermögensgegenständen ausgestattet ist. Diese Gegenstände sind teils solche, die unverändert bleiben, wie Grundstücke, teils solche, die einem „Wertverzehr" unterworfen sind, wie Maschinen und sonstige Anlagen, teils solche, die in dem Organismus einen dauernden Kreislauf vollziehen: Geld wird zu Material, Material zu Fabrikat, Fabrikat wieder zu Geld. Die Substanzänderungen spielen sich innerhalb der Bilanz ab. Soweit aber die Substanz angegriffen wird, d. h. sich vermindert oder im Wert sinkt, oder sich vermehrt oder im Wert erhöht, muß dies in der Gewinn- und Verlustrechnung festgehalten werden[1]).

3. Die Bilanz und die Grundsätze ordnungsmäßiger Buchführung

§ 3

„Jeder Kaufmann ist verpflichtet, Bücher zu führen und in diesen seine Handelsgeschäfte und die Lage seines Vermögens nach den Grundsätzen ordnungsmäßiger Buchführung ersichtlich zu machen" (HGB. § 38 Abs. 1).

„Jeder Kaufmann hat bei dem Beginne seines Handelsgewerbes seine Grundstücke, seine Forderungen und Schulden, den Betrag seines baren Geldes und seine sonstigen Vermögensgegenstände genau zu verzeichnen, dabei den Wert der einzelnen Vermögensgegenstände anzugeben und einen das Verhältnis des Vermögens und der Schulden darstellenden Abschluß zu machen.

[1]) Schmidt S. 50 „Gewinn kann nur sein, was über die Erhaltung des Unternehmervermögens hinaus erzielt wird."

Er hat demnächst für den Schluß eines jeden Geschäftsjahrs ein solches Inventar und eine solche Bilanz aufzustellen" (HGB. § 39 Abs. 1 und 2).

1. Die Bilanz steht am Anfang und am Ende jeder kaufmännischen Buchführung. Am Anfang steht die Gründungseröffnungsbilanz. Solche Eröffnungsbilanzen können aber auch bei bereits bestehenden Unternehmungen vorkommen, wenn sie einen neuen Abschnitt in dem Leben des Unternehmens einleiten. Hierher gehört die Abwicklungs-Eröffnungsbilanz. Der Schluß der Buchführung ist die Jahresbilanz. In beiden Fällen, mag es sich um die Eröffnungsbilanz oder um die Jahresbilanz handeln, ist die Bilanz von der Buchführung nicht zu trennen. Bei der Eröffnungsbilanz müssen die Vermögensgegenstände und ihre Werte, so wie sie in der Eröffnungsbilanz stehen, in die Handelsbücher übertragen werden; bei der Jahresbilanz müssen sie so, wie sie sich aus den Handelsbüchern ergeben, in die Jahresbilanz übernommen werden.

Zu den Handelsbüchern, die die Grundlage der Jahresbilanz darstellen, gehört auch das Inventar[1]) (Bestandsverzeichnis). Das Gesetz versteht darunter ein genaues Verzeichnis der einzelnen Vermögensgegenstände unter Angabe des Wertes. Inventar und Bilanz können in ein dazu bestimmtes Buch eingetragen oder besonders aufgestellt werden. In letzterem Falle sind sie in zusammenhängender Reihenfolge geordnet aufzubewahren (§ 41 Abs. 2). Die Bilanz unterscheidet sich von dem Inventar dadurch, daß sie die einzelnen Vermögensgegenstände nicht „genau" aufführt, sondern sie in Gruppen zusammenfaßt. Wesentlich ist ferner für das Inventar die Mengenangabe, die in der Bilanz fehlt; die Wertangaben des Inventars sind für die Bilanz nicht bindend. Soweit in der kaufmännischen Buchführung besondere Bestandsrechnungen geführt werden, lassen sich Art und Mengen der einzelnen Vermögensgegenstände auch aus den Handelsbüchern feststellen, aber auch in diesem Fall gewährt das Inventar eine unentbehrliche Kontrolle. Soweit körperliche Gegenstände wie Grundstücke, Maschinen, Warenvorräte, Geld, in Frage kommen, wird der Bestand am einfachsten und sichersten durch die Inventur festgestellt. Forderungen und sonstige Rechte, sowie solche Bilanzposten, die nur rechnungsmäßige Werte darstellen (z. B. Abschrei-

[1]) Diese Bezeichnung wird in der gleichen Bedeutung auch vom BGB. angewandt. Unter Inventur versteht man die Tätigkeit zur Aufstellung des Inventars. Im HGB. § 262a Abs. 2 wird das Wort allerdings gleichbedeutend mit Inventar gebraucht. Das AGesetz § 135 Abs. 2 hat dafür das Wort „Bestandsverzeichnis" eingeführt.

bungen, Rückstellungen, Wertberichtigungen, transitorische Posten) können dagegen nur an Hand der Handelsbücher und sonstigen Unterlagen ermittelt werden. Das Gesetz gestattet, daß für ein Warenlager das Inventar alle zwei Jahre aufgestellt wird, wenn nach der Beschaffenheit des Geschäfts die jährliche Aufstellung nicht geschehen kann. Für die AG. hat diese Vorschrift keine Bedeutung, weil bei dieser die jährliche Aufstellung üblich ist. Sie ist überdies durch die Reichsabgabenordnung §§ 161, 202 für Betriebe mit einem Gesamtumsatz von mehr als 200000 M. oder einem Betriebsvermögen von mehr als 50000 M. oder einem Gewerbeertrag von mehr als 6000 M. vorgeschrieben.

Aus den vorstehenden Ausführungen ergibt sich, daß die Bilanz (ebenso wie das Inventar), ein Bestandteil der Handelsbücher ist[1]). Es geht dies übrigens schon daraus hervor, daß die allgemeinen Bestimmungen über die Bilanz unter der Überschrift „Handelsbücher" behandelt werden. Wenn daher das HGB. bestimmt, daß jeder Kaufmann verpflichtet ist, Handelsbücher zu führen und in diesen die Lage seines Vermögens „nach den Grundsätzen ordnungsmäßiger Buchführung" ersichtlich zu machen, so bezieht sich diese Verpflichtung auch auf die Aufstellung der Bilanz. Es folgt daraus, daß für die Aufstellung der Bilanz nicht nur die Bestimmungen des Gesetzes, sondern auch die Grundsätze ordnungsmäßiger Buchführung maßgebend sind. Auch für das Steuerrecht ist dies anerkannt (S. 48 f). Für die Bilanz der AG. ist die Anwendung der Grundsätze ordnungsmäßiger Buchführung und Bilanzierung noch besonders ausgesprochen worden (HGB. § 260b Abs. 1). Dies geschah zur Beseitigung von Zweifeln[2]), da in einem Teil des Schrifttums die Ansicht vertreten wurde, daß die Anwendung der Grundsätze ordnungsmäßiger Buchführung sich nur auf die Handelsbücher und nicht auf die Bilanz beziehe[3]). Das AGesetz (§ 129 Abs. 1) hat den Hinweis auf die Grundsätze ordnungsmäßiger Bilanzierung als überflüssig fortgelassen. Wenn im HGB. § 260b Abs. 1 unter den Bestimmungen, die auf den Jahresabschluß der AG. anzuwenden waren, die Grundsätze ordnungsmäßiger Buchführung und Bilanzierung erst nach den gesetzlichen Bestimmungen über Handelsbücher erwähnt wurden, so bedeutete dies nicht eine Rangordnung. Diese Grundsätze durchdringen vielmehr die allgemeinen gesetzlichen Bestimmungen über Handelsbücher und geben dadurch den Rahmenbe-

[1]) Ebenso Reinhardt II, 8. RFH. im RStBl. 1931, 133 Nr. 157.
[2]) Ebenso Schlegelberger § 260b Anm. 1.
[3]) So Passow I, 110.

stimmungen über die Bilanz erst ihren richtigen Inhalt[1]). Aus dieser richtigen Erkenntnis heraus hat das AGesetz § 129 unter den Anforderungen, denen die Bilanz entsprechen muß, die Grundsätze ordnungsmäßiger Buchführung vorangestellt; im übrigen sind wie bisher, soweit nichts anderes bestimmt ist, die Vorschriften des HGB. über Handelsbücher anzuwenden.

2. Welches sind aber die Grundsätze der ordnungsmäßigen Buchführung, denen für die Aufstellung der Bilanz eine so hohe Bedeutung zukommt? Darauf ist zu antworten, daß nur einzelne dieser Grundsätze im Gesetz ihren Niederschlag gefunden haben. Im wesentlichen handelt es sich um ungeschriebenes Recht, in dem die kaufmännischen Erfahrungen von Jahrhunderten niedergelegt sind, ein Recht, das auch heute nicht abgeschlossen ist, sondern sich in dauernder Entwicklung befindet. Einige technische und formelle Regeln hat das HGB. in der Vorschrift aufgenommen, daß Inventar und Bilanz unterzeichnet (§ 41) und daß die Handelsbücher 10 Jahre von der letzten Eintragung an aufbewahrt werden müssen (§ 44). Ferner gehören hierher die Bestimmungen des § 43:

(1) Bei der Führung der Handelsbücher und bei den sonst erforderlichen Aufzeichnungen hat sich der Kaufmann einer lebenden Sprache und der Schriftzeichen einer solchen zu bedienen.

(2) Die Bücher sollen gebunden[2]) und Blatt für Blatt oder Seite für Seite mit fortlaufenden Zahlen versehen sein.

(3) An Stellen, die der Regel nach zu beschreiben sind, dürfen keine leeren Zwischenräume gelassen werden. Der ursprüngliche Inhalt einer Eintragung darf nicht mittels Durchstreichens oder auf andere Weise unleserlich gemacht, es darf nichts radiert, auch dürfen solche Veränderungen nicht vorgenommen werden, deren Beschaffenheit es ungewiß läßt, ob sie bei der ursprünglichen Eintragung oder erst später gemacht worden sind.

An diese Bestimmungen schließen sich die Vorschriften der Reichsabgabenordnung (§ 162) an:

(1) Wer nach den Vorschriften der §§ 160, 161 oder sonst nach den Steuergesetzen Bücher zu führen oder Aufzeichnungen zu machen hat, soll die folgenden Vorschriften beachten.

(2) Die Eintragungen in die Bücher sollen fortlaufend, vollständig und richtig bewirkt werden. Der Steuerpflichtige soll sich einer lebenden Sprache und der Schriftzeichen einer solchen bedienen.

(3) Geschäftsbücher sollen keine Konten enthalten, die auf einen falschen oder erdichteten Namen lauten.

---

[1]) Im Ergebnis ebenso Schlegelberger § 260b Anm. 2.

[2]) Auf Grund der neueren Entwicklung der Buchhaltungstechnik ist heute die sog. Loseblatt-Buchhaltung als zulässig anzusehen.

(4) Die Bücher sollen, soweit es geschäftsüblich ist, gebunden und Blatt für Blatt oder Seite für Seite mit fortlaufenden Zahlen versehen sein.

(5) An Stellen, die der Regel nach zu beschreiben sind, sollen keine leeren Zwischenräume gelassen werden. Der ursprüngliche Inhalt einer Eintragung soll nicht mittels Durchstreichens oder auf andere Weise unleserlich gemacht, es soll nicht radiert, auch sollen solche Veränderungen nicht vorgenommen werden, deren Beschaffenheit es ungewiß läßt, ob sie bei der ursprünglichen Eintragung oder erst später vorgenommen sind.

(6) In Bücher soll, wo dies geschäftsüblich ist, mit Tinte eingetragen werden. Trägt der Steuerpflichtige nach vorläufigen Aufzeichnungen ein, so soll er diese aufbewahren. Belege sollen mit Nummern versehen und gleichfalls aufbewahrt werden.

(7) Kasseneinnahmen und -ausgaben sollen im geschäftlichen Verkehre mindestens täglich aufgezeichnet werden.

(8) Die Bücher, Aufzeichnungen und, soweit sie für die Besteuerung von Bedeutung sind, auch die Geschäftspapiere und die sonstigen Unterlagen sollen zehn Jahre aufbewahrt werden; die Frist läuft vom Schlusse des Kalenderjahres an, in dem die letzte Eintragung in die Bücher und Aufzeichnungen gemacht ist oder die Geschäftspapiere oder die sonstigen Unterlagen entstanden sind.

Für die Bilanz wichtiger sind die materiellen Grundsätze ordnungsmäßiger Buchführung. Hierher gehört die Vorschrift, daß die Bilanz in Reichswährung aufzustellen ist (§ 40) und daß die Dauer eines Geschäftsjahres 12 Monate nicht überschreiten darf (§ 39). Auch eine Reihe allgemeiner Bilanzierungsgrundsätze hat ihren Niederschlag in den gesetzlichen Bestimmungen gefunden (S. 20ff.). Ferner sind für AGen aus der kaufmännischen Praxis die Bewertungsgrundsätze übernommen worden, insbesondere der Höchstwertgrundsatz beim Anlage- und der Niederstwertgrundsatz beim Umlaufsvermögen. Diese Grundsätze wurden schon seit Ende des 14. Jahrhunderts in den Geschäftsbüchern italienischer Kaufleute angewandt[1]). Aus der kaufmännischen Praxis entstammen ferner die gesetzlichen Bestimmungen über notwendige Abschreibungen. Dagegen ist die Frage, was als Vermögen des Kaufmanns anzusehen und daher in die Bilanz aufzunehmen ist, im Gesetz nicht geregelt worden; das Gleiche gilt von dem Grundsatz der Bilanzidentität (S. 21), von den Grundsätzen über die Art der Abschreibungen (S. 41ff.), über die Behandlung transitorischer Posten usw. Im übrigen sind die Grundsätze ordnungsmäßiger Buchführung nicht etwa identisch mit allem, was in der Praxis täglich angewendet wird. Maßgebend ist, was ordentliche und ehrenwerte Kaufleute in der Praxis für richtig halten[2]).

---

[1]) Penndorf, bei Meithner I, 132ff.

[2]) Vgl. Kaemmel-Bacciocco § 5 Anm. 7.

Man würde übrigens die Bedeutung der Grundsätze ordnungsmäßiger Buchführung verkennen, wenn man in ihnen lediglich die durch die Erfahrung der Jahrhunderte gewonnenen Regeln kaufmännischer Routine erblicken wollte: Sie wurzeln vielmehr in einer hohen sittlichen Forderung, nämlich in der Pflicht zur getreuen Verwaltung und Rechenschaftslegung, wie sie in den religiösen Formeln zum Ausdruck kommt, die in den Aufschriften alter Geschäftsbücher zu finden sind. Diese Pflicht obliegt in erster Linie dem Verwalter fremden Vermögens und ist daher dem Vorstand der AG. ausdrücklich auferlegt (AGesetz § 128 Abs. 3; HGB. § 260a Abs. 4). Aber auch der Kaufmann, der sein eigenes Vermögen verwaltet, ist an diese Pflicht gebunden, zur Rechtfertigung vor seinen Gläubigern, vor sich selbst und, wie man nach AGesetz § 70 Abs. 1 hinzufügen muß, vor der Volksgemeinschaft.

3. An die Einhaltung bzw. Verletzung der Grundsätze ordnungsmäßiger Buchführung sind zivilrechtliche, strafrechtliche und steuerrechtliche Wirkungen geknüpft. Das allgemeine deutsche HGB. enthielt die Bestimmung, daß die ordnungsmäßig geführten Bücher die Vermutung der Richtigkeit der Eintragungen begründen. Wenn diese Vorschrift auch durch den Grundsatz der freien richterlichen Beweiswürdigung beseitigt ist, so ist die Beweiskraft der ordnungsmäßig geführten Bücher gleichwohl praktisch von großer Bedeutung. Nach der RAbgO. § 208 haben Bücher und Aufzeichnungen, die den Vorschriften des § 162 entsprechen, die Vermutung ordnungsmäßiger Führung für sich und sind, wenn nach den Umständen des Falles kein Anlaß ist, ihre sachliche Richtigkeit zu beanstanden, der Besteuerung zugrunde zu legen. Die Verletzung der Grundsätze ordnungsmäßiger Buchführung wird im Falle des Konkurses oder der Zahlungseinstellung nach den Vorschriften der Konkursordnung §§ 239ff. und des Depotgesetzes vom 4. 2. 1937 §§ 37ff. bestraft. Auf dem Gebiet des Aktienrechts besteht eine besondere Strafbestimmung für die Mitglieder des Vorstands, des Aufsichtsrats oder Liquidatoren bei unwahrer Darstellung oder Verschleierung der Vermögensverhältnisse der Gesellschaft (AGesetz § 296; HGB. § 314). Außerdem kommen die Strafbestimmungen des Steuerrechts in Frage, wenn die Verletzung der Vorschriften ordnungsmäßiger Buchführung gleichzeitig eine Steuerhinterziehung, Steuerumgehung oder Steuergefährdung darstellt (RAbgO. §§ 396, 402).

4. Die Bilanz im Sinne des HGB., die sogenannte öffentlich-rechtliche und zivilrechtliche Bilanz, die Bilanz im Sinne der Betriebswissenschaft

§ 4

1. Der Begriff der Jahresbilanz im Sinne des HGB. ergibt sich aus den S. 8 f. wiedergegebenen Bestimmungen der §§ 38 und 39, die auf den Zusammenhang der Bilanz mit den ordnungsmäßig zu führenden Handelsbüchern deutlich hinweisen. Die Jahresbilanz ist danach ein nach den Grundsätzen ordnungsmäßiger Buchführung aufzustellender, auf den Schluß des Geschäftsjahres bezogener, „das Verhältnis des Vermögens und der Schulden darstellender Abschluß" der Handelsbücher. Das Wort „Vermögen" ist allerdings vieldeutig. Es wird hier im Sinne von Rohvermögen = Aktiva gebraucht. Das Gesetz spricht im gleichen Satz (§ 39 Abs. 1), sowie in § 38 Abs. 1 aber auch von „Vermögensgegenständen" bzw. von „Vermögen" im Sinne von Gesamtvermögen (Aktiva und Passiva). Vermögen kann auch Reinvermögen (Aktiva minus Verbindlichkeiten) bedeuten.

Die Bilanz der AG. ist in ihrem Wesen nicht verschieden von der allgemeinen kaufmännischen Bilanz. Die wirtschaftliche Bedeutung eines in Form der AG. betriebenen Unternehmens ist aber im allgemeinen erheblich größer als die eines Unternehmens, das von einem Einzelkaufmann oder in Form einer sonstigen Handelsgesellschaft betrieben wird; denn die AG. ist die typische Form des Großunternehmens, dessen Anteile in weiten Kreisen verbreitet und in großem Umfang auch Gegenstand des Börsenverkehrs sind. Zu dem stärkeren allgemeinen Interesse tritt der Ausschluß jeder persönlichen Haftung, also die Verweisung der Gläubiger auf das vorhandene Sachkapital. Darum hat das Gesetz für die Bilanz der AG. über die allgemeinen Vorschriften hinaus eine Reihe von besonderen Bestimmungen getroffen, die teils dem Schutz der Gläubiger, teils dem der Aktionäre dienen: Das Grundkapital muß in voller Höhe in der Bilanz ausgewiesen werden, und zwar solange, als nicht seine Herabsetzung nach den Vorschriften des Gesetzes vorgenommen worden ist. Es ist eine gesetzliche Rücklage (Reservefonds) zu bilden, die nur zur Deckung von Verlusten verwendet werden darf. Die Bilanz muß eine bestimmte Gliederung aufweisen, es müssen gewisse rechtliche oder tatsächliche Beziehungen klargestellt werden und die Vermögensgegenstände müssen in einer besonders vorsichtigen Form bewertet werden. Schließlich ist für den Jahresabschluß eine Pflichtprüfung vorgeschrieben.

2. Die Bestimmungen des HGB. über die Bilanz, wie sie in den §§ 39—41 niedergelegt sind, sind zwingendes Recht. Der Einzelkaufmann braucht bei der Aufstellung der Jahresbilanz nur diesen gesetzlichen Bestimmungen zu genügen. Andererseits muß er diesen Bestimmungen genügen, lediglich auf Grund der Tatsache, daß er ein Handelsgewerbe betreibt und ohne Rücksicht darauf, ob er dritten Personen Rechenschaft legen muß. Die Bestimmungen bestehen im Interesse der Gläubiger, zu denen auch der Steuerfiskus gehört. Daher tritt Bestrafung nur ein im Falle des Konkurses, der Zahlungseinstellung, sowie auf Grund der steuerrechtlichen Bestimmungen. In allen Fällen aber, wo ein Gesellschafts- oder sonstiges Vertragsverhältnis, z. B. Gewinngemeinschaft vorliegt, können sich aus diesem besonderen Verhältnis für denjenigen, dem die Aufstellung der Bilanz obliegt, weitere Verpflichtungen ergeben, an die er gebunden ist, soweit sie den vorerwähnten zwingenden Bestimmungen des HGB. nicht widersprechen. Für AGen sind über die allgemeinen gesetzlichen Bilanzierungsvorschriften hinaus einige besondere Bestimmungen zwingender Art getroffen worden. Daneben können für die AG. noch besondere Verpflichtungen auf Grund der Satzung oder auf Grund von Beschlüssen der HV. in Frage kommen.

Auch auf Grund von Vertragsverhältnissen des bürgerlichen Rechts kann sich die Verpflichtung zur Rechnungslegung ergeben, z. B. aus einem Gesellschafts- oder Gemeinschafts-Verhältnis des bürgerlichen Rechts, aus Auftragsverhältnis, Bestellung zum Treuhänder, Testamentsvollstrecker u. a. Der Inhalt dieser Verpflichtung zur Rechnungslegung ergibt sich lediglich aus dem zugrunde liegenden Rechtsverhältnis. Die Bestimmungen des HGB. über die Bilanz kommen hierauf nicht zur Anwendung, außer wenn dies besonders vereinbart ist oder sich aus den Umständen des Falls ergibt.

Man hat die Bilanz des HGB., weil sowohl die Aufstellung als auch die Ausgestaltung in verschiedenen Einzelheiten zwingend vorgeschrieben sind, als öffentlich-rechtliche Bilanz bezeichnet und ihr die auf Grund eines Gesellschaftsvertrags oder auf Grund von sonstigen Rechtsverhältnissen aufgestellte Bilanz als zivilrechtliche Bilanz gegenübergestellt[1]). Diese Bezeichnung ist zutreffend, insoweit als die Bilanz durch öffentliches Recht vorgeschrieben und erzwungen wird; sie ist aber irreführend, weil im Rahmen der öffentlich-rechtlichen Vorschriften ein

[1]) Die Unterscheidung von öffentlich-rechtlicher und privatrechtlicher Bilanz wird auch von Schlegelberger § 260 b Anm. 9 abgelehnt.

weiter Spielraum für die Ausgestaltung durch Satzung, Gesellschaftsvertrag und Beschlüsse der HV. verbleibt und daher die sog. öffentlich-rechtliche Bilanz regelmäßig zugleich auch zivilrechtliche Bilanz ist. Eine zivilrechtliche Bilanz im eigentlichen Sinn ist aber eine Bilanz nur dann, wenn auf sie nicht die Bestimmungen des Handelsrechts, sondern die des bürgerlichen Rechts Anwendung finden. Das bürgerliche Recht enthält aber keine besonderen Bestimmungen über Bilanzen, sondern kennt nur eine Verpflichtung zur Rechnungslegung. Daraus ergibt sich jedoch die Verpflichtung zu ordnungsmäßiger Buchführung und unter Umständen auch die Notwendigkeit der Aufstellung von Bilanzen (vgl. BGB. §§ 259, 721). Die Vorschriften des Handelsrechts werden auf solche zivilrechtlichen Bilanzen in vielen Fällen analog anzuwenden sein. Auch der Ausdruck „öffentlich-rechtliche" Bilanz ist insofern nicht eindeutig, weil auch im öffentlichen Recht, nämlich auf dem Gebiet des Kreditwesens, im Versicherungswesen und besonders im Steuerrecht, Bestimmungen über Bilanzen getroffen werden, so daß man z. B. auch die sog. Steuerbilanz als öffentlich-rechtliche Bilanz bezeichnen könnte. In den nachfolgenden Ausführungen wird daher die Jahresbilanz, auf welche die Bestimmungen des HGB. und des AGesetzes Anwendung finden, als **Handelsbilanz** bezeichnet, während unter **Steuerbilanz** die den (öffentlich-rechtlichen) Steuergesetzen entsprechende Handelsbilanz verstanden wird.

3. Vielfach werden von dem Leiter eines Unternehmens Bilanzen zu privaten Zwecken aufgestellt, z. B. um bestimmte betriebliche Verhältnisse klarzustellen, wie die Liquidität des Unternehmens oder die Rentabilität einzelner Geschäftszweige während des Bilanzabschnitts oder eines kürzeren Zeitraumes (Monatsbilanzen). Sie sind nicht dazu bestimmt, öffentlich-rechtlichen Vorschriften zu genügen (Handels-, Steuerbilanz) oder zivilrechtliche Verpflichtungen (Gesellschaftsrecht) zu erfüllen, sondern dienen lediglich zur eigenen Information des Unternehmers. Zu diesen privaten Bilanzen gehört auch die **Bilanz im Sinn der Betriebswissenschaft**. Die betriebswissenschaftliche Lehre hat, soweit sie sich mit der Jahresbilanz befaßt, gewisse Grundsätze und Theorien aufgestellt, die eine einwandfreie Ermittlung des Periodengewinns und damit auch eine richtige Kalkulation ermöglichen sollen, unabhängig davon, ob diese Grundsätze den Vorschriften des HGB. und des Steuerrechts entsprechen. Das Ziel der Bilanz im Sinne der Betriebswissenschaft ist, den Betriebsgewinn gewissermaßen in Reinkultur darzustellen und ihn von allen störenden Einflüssen zu reinigen. Sie lehnt daher stille Reserven grundsätzlich ab und behandelt die

Methoden, durch welche Geldwertänderungen, Preisänderungen, Einflüsse der Konjunktur und des Beschäftigungsgrades (Kapazität) bei Ermittlung des Betriebsgewinns ausgeschaltet werden können. Die betriebswissenschaftlichen Grundsätze können daher bei Aufstellung der Handels- und der Steuerbilanz nur insoweit Anwendung finden, als sie mit den Vorschriften des Handels- und Steuerrechts vereinbar sind. Soweit dies der Fall ist und soweit die betriebswissenschaftlichen Grundsätze in die Praxis eindringen, können sie allmählich auch zu einem Bestandteil der Grundsätze ordnungsmäßiger Buchführung werden [1]). In diesem Sinn führt der RFH.[2]) aus:

„Die Grundsätze ordnungsmäßiger Buchführung decken sich nicht ohne weiteres mit den Regeln, die in einzelnen Lehrmeinungen der Betriebswissenschaft aufgestellt werden, wenn auch diese Regeln vielleicht das wiedergeben, was nach anzuerkennender Ansicht Gemeingut ordnungsmäßig buchführender Kaufleute werden sollte; jedenfalls gilt dies insolange nicht, als nicht diese Regeln von der Mehrzahl rechtlich denkender Kaufleute anerkannt oder vom Gesetz übernommen sind".

II. Der Zweck der Bilanz

§ 5

Die Zwecke, die bei Aufstellung der Bilanz verfolgt werden, können verschiedener Art sein. Die Bilanz kann z. B. der Eröffnung eines neuen oder der Liquidation eines bestehenden Unternehmens dienen. Die Gründungs-Eröffnungsbilanz muß naturgemäß denjenigen Wert ausweisen, den die Vermögensgegenstände zur Zeit der Eröffnung des Unternehmens hatten. Die Abwicklungs-Eröffnungsbilanz muß gleichfalls den Wert der Vermögensgegenstände am Zeitpunkt des Beginns der Abwicklung darstellen. Im Gegensatz zu diesen einmaligen Bilanzen steht die Jahresbilanz. Eine Bilanz wird von der Betriebswissenschaft als statische Bilanz bezeichnet, wenn sie bei Umlaufsgegenständen den Veräußerungswert, bei Anlagegegenständen den Wiederbeschaffungswert am Bilanzstichtag zum Ausdruck bringen, dagegen als dynamische Bilanz, wenn sie lediglich der Gewinnermittlung während der Bilanzperiode dienen soll. Im juristischen Schrifttum wird für letztere Bilanz die Bezeichnung Ertrags- oder Erfolgsbilanz, Gewinnermittlungs- oder Gewinnverteilungsbilanz gebraucht[3]).

---

[1]) Vgl. Kaemmel-Vacciocco § 5 Anm. 7.

[2]) RStBl. 1933 Nr. 336 S. 372. Die Ansicht des RFH. wird übrigens von Schmalenbach (ZfHwF. 1933, 232) geteilt.

[3]) Gegen die Bezeichnung „Gewinnverteilungsbilanz" ist einzuwenden, daß es sich

Daß die Jahresbilanz des Kaufmanns als periodische Bilanz eines in Betrieb befindlichen Unternehmens in erster Linie der Gewinnermittlung dient, steht außer Frage und wird heute allgemein anerkannt[1]). Für die offene Handelsgesellschaft bestimmt § 120, daß am Schluß eines jeden Geschäftsjahres auf Grund der Bilanz der Gewinn oder der Verlust des Jahres ermittelt wird, für die Bilanz der AG. enthält das AGesetz § 52 (HGB. § 215 Abs. 1) eine entsprechende Bestimmung. Die Bilanz der AG. ist sogar in noch höherem Maße eine Gewinnermittlungsbilanz als die der offenen Handelsgesellschaft. Denn für die AG. wird durch die besonderen Vorschriften über Abschreibungen Vorsorge getroffen, daß ein in der Bilanzperiode eingetretener Wertverlust bei der Ermittlung des Gewinns in Abzug gebracht wird. Wenn Gegenstände des Anlagevermögens veräußert oder zu höheren Werten als im Vorjahr (bis zur Grenze des Anschaffungs- oder Herstellungspreises) angesetzt werden, wodurch ein höherer Jahresgewinn in Erscheinung tritt, muß dies bei wesentlicher Abweichung im Geschäftsbericht bemerkt werden und ein so entstandener Gewinn darf nur als außerordentlicher Ertrag ausgewiesen werden. Endlich ist der Reingewinn des Jahres gesondert auszuweisen. Freilich dient die Bilanz der AG. nicht nur den Zwecken der Gewinnermittlung, sondern auch dem Schutz der Gläubiger. Die Bilanzierungsvorschriften für die AG. verlangen daher eine besonders vorsichtige Bewertung der einzelnen Vermögensgegenstände; sie verbieten die Ausschüttung von Gewinnen vor endgültiger Realisierung und bestimmen, daß ein gewisser Teil des Jahresgewinnes an eine gesetzliche Rücklage (Reservefonds) abgeführt wird. Andere Bestimmungen dienen vorwiegend dem Schutz der Aktionäre; sie beeinflussen zwar nicht die Gewinnermittlung, haben aber eine gewisse Gliederung der Bilanz und bestimmte Angaben im Geschäftsbericht zum Gegenstand. Auch die Steuerbilanz ist eine dynamische Bilanz. Dies geht deutlich daraus hervor, daß das Steuerrecht, soweit es sich um die Ermittlung des Wertes eines Vermögens am Bilanzstichtag handelt (Vermögensteuer), die Jahresbilanz nicht

---

in erster Linie darum handelt, den Gewinn richtig zu ermitteln. Das, was als verteilbarer Gewinn ausgewiesen ist, ist häufig weniger als der richtige Gewinn, auf dessen Verteilung die Aktionäre Anspruch haben. Passow I, 14 Anm. 4 hält für die Bestandsbilanz den Ausdruck „Gewinnermittlungsbilanz" für falsch, weil die Bestandsbilanz zwar gleichfalls der Gewinnermittlung diene, aber in erster Linie eine Aufstellung des Vermögens sei. Nach Passow ist die Bestandsbilanz eine Darstellung des Vermögens zum Zwecke der Gewinnermittlung.

[1]) Schlegelberger § 260b Anm. 12.

anerkennt, sondern die Einreichung eines Vermögensverzeichnisses verlangt[1]).

In der Betriebswissenschaft herrscht ein lebhafter Streit darüber, ob die Jahresbilanz sowohl den Wert der Vermögensgegenstände am Bilanzstichtag ausdrücken, als auch der Gewinnermittlung dienen soll (Dualismus). Die Anhänger der dynamischen Auffassung bestreiten entschieden, daß dies möglich sei, daß also eine Jahresbilanz gleichzeitig statisch und dynamisch sein könne; sie weisen zur Begründung ihrer Auffassung darauf hin, daß die Jahresbilanzen oft erhebliche stille Reserven enthalten, daß wertvolle Anlagen mit einer Mark angesetzt seien und daß sie transitorische Konten aufweisen, für die in der statischen Bilanz kein Raum sei[2]).

Es hat den Anschein, als ob der § 40 des HGB. für die dualistische Auffassung spreche, denn er sagt: „Bei der Aufstellung des Inventars und der Bilanz sind sämtliche Vermögensgegenstände nach dem Wert anzusetzen, der ihnen in dem Zeitpunkt beizulegen ist, für welchen die Aufstellung stattfindet.“ Diese Ansicht ist jedoch unzutreffend. Die gesetzlichen Vorschriften zwingen keineswegs dazu, die Vermögensgegenstände in der Bilanz zum Tageswert anzusetzen. Vielmehr hat die Bilanz den Wert des Vermögens nach den Grundsätzen ordnungsmäßiger Buchführung ersichtlich zu machen. Gleichwohl gehen die Vertreter der dynamischen Auffassung zu weit, wenn sie der Jahresbilanz jede Bedeutung für die Bewertung der Vermögensgegenstände absprechen. Zwar kann man aus ihr nicht entnehmen, welchen Wert die einzelnen Vermögensgegenstände im Falle einer Versilberung oder für den Fall der Wiederbeschaffung haben würden. Darauf kommt es aber bei der Jahresbilanz nicht an, denn ein in Betrieb befindliches Unternehmen wird meist als going concern bewertet. Für die Schätzung dieses Wertes, d. h. für die Schätzung des Ertragswerts des gesamten Unternehmens ist die Jahresbilanz eine unentbehrliche Grundlage.

---

[1]) S. unten S. 47.

[2]) Schmalenbach S. 79ff. Dagegen Schmidt, Die organische Tageswertbilanz. Die von Schmidt entwickelten Gedanken sind vielfach mißverstanden worden. Schmidt will keineswegs, daß die Ansetzung zum Tageswert sich unmittelbar auf die Gewinn- und Verlustrechnung auswirke, sondern die durch diese Bewertung entstehenden Veränderungen sollen auf einem Gegenkonto „Vermögenswertänderungen“ gesammelt werden, das auf diese Weise eine Berichtigung des Kapitalkontos darstellt; vgl. Dr. H. Horn, Tendenzen zur Aussonderung von Vermögenswertänderungen in Betriebswirtschaftslehre, Wirtschaftspraxis und Steuerrecht Berlin-Wien 1931.

III. Allgemeine Bilanzierungsgrundsätze

§ 6

1. Die allgemeinen Bilanzierungsgrundsätze ergeben sich aus den Grundsätzen ordnungsmäßiger Buchführung und sind Folgerungen, die aus der Pflicht zur getreuen Verwaltung und Rechenschaftslegung gezogen sind (S. 13). Oberster Grundsatz ist, daß die Bilanz so klar und übersichtlich aufzustellen ist, daß sie den Beteiligten einen möglichst sicheren Einblick in die Lage der Gesellschaft gewährt (AGesetz § 129 Abs. 1; HGB. § 260b). Daraus ergibt sich zunächst der Grundsatz der Bilanzwahrheit. Die Bilanz darf keine fiktiven Posten enthalten, die Aktiva dürfen nicht über, die Passiva nicht unter ihrem wahren Wert angesetzt werden. Die Schutzklausel (S. 224) findet auf die Bilanz keine Anwendung. Allerdings ist der Begriff der Wahrheit auch hier ein relativer. Die Bilanzziffern beruhen zum großen Teil auf Schätzungen, die dem kaufmännischen Ermessen einen weiten Spielraum gewähren. Die gesetzlichen Bewertungsvorschriften lassen die Lage der Gesellschaft oft ungünstiger, manchmal auch günstiger erscheinen, als sie tatsächlich ist. Außerdem besteht der Grundsatz der Bilanzierungsfreiheit, wonach dem Kaufmann die Form, insbesondere die Gliederung der Bilanz, sowie Art und Höhe der Bewertung freigestellt ist, soweit nicht die gesetzlichen Bestimmungen und die Grundsätze der ordnungsmäßigen Buchführung entgegenstehen. Dies gilt namentlich für die Zulassung stiller Rücklagen.

Aus dem Grundsatz der Wahrheit der Bilanz ergibt sich auch der Grundsatz der Vollständigkeit. Die Bilanz muß „sämtliche" Vermögensgegenstände enthalten, was übrigens auch schon aus §§ 39, 40 hervorgeht. Für die Verbindlichkeiten gilt dieser Grundsatz ohne Einschränkung, für die Aktiva erleidet er eine gewisse Modifikation dadurch, daß hier eine Unterbewertung zulässig ist. Der Grundsatz der Vollständigkeit der Bilanz wird daher nicht verletzt, wenn Vermögensgegenstände in der Bilanz nur mit 1 RM. erscheinen. Ist es aber zulässig, einen Vermögensgegenstand aus der Bilanz herauszulassen, indem man ihn überhaupt nicht bewertet oder sofort abschreibt? Die Frage ist zu verneinen, wenn es sich um nicht kurzlebige Vermögensgegenstände von erheblichem Wert handelt (S. 159). Anders verhält es sich, wenn es sich um Vermögensgegenstände handelt, die durch allmähliche Abschreibung auf den Nullwert gekommen sind, im Unternehmen aber gleichwohl verwendet werden. Auf alle Fälle sind aber die Vermögensgegenstände, auch wenn sie nicht bewertet oder abgeschrieben sind, in das Inventar aufzunehmen, weil das Gesetz hier ausdrücklich ein „genaues Verzeichnis" verlangt.

2. Ausdrücklich im Gesetz niedergelegt ist der Grundsatz der Klarheit und Übersichtlichkeit, der durch die Gliederungsvorschriften der §§ 131, 132 (HGB. §§ 261a und 261c) näher bestimmt wird. Die einzelnen Posten müssen danach unter einer Bezeichnung aufgeführt werden, die nach kaufmännischer Übung ihre Art klar erkennen läßt. Insbesondere dürfen Forderungen mit Verbindlichkeiten nicht verrechnet werden.

3. Aus der Vorschrift, daß der Kaufmann nur eine Bilanz aufzustellen hat (§ 39 Abs. 2), ergibt sich der Grundsatz der Einheitlichkeit. Sonderbilanzen für einzelne Geschäftszweige, für Abteilungen oder für Zweiggeschäfte sind zulässig. Maßgebend und vom Gesetz vorgeschrieben ist aber eine Bilanz, die die gesamte Tätigkeit des Unternehmens umfaßt.

4. Aus den Grundsätzen ordnungsmäßiger Buchführung ergibt sich, daß die Schlußbilanz eines Jahres mit der Anfangsbilanz des neuen Jahres identisch sein muß. Danach müssen die einzelnen Vermögensgegenstände so, wie sie in der Schlußbilanz stehen, also identisch in Bestand und Wert, auf die einzelnen Konten des neuen Jahres übertragen werden. Andernfalls würden entweder Werte verschwinden oder neue Werte erscheinen, für die die kaufmännischen Bücher keinerlei Unterlagen aufweisen. Man nennt dies den Grundsatz der Bilanzidentität[1]; er wird auch als Grundsatz der allgemeinen Bilanz-Kontinuität [2] oder des Bilanzenzusammenhanges[3] bezeichnet.

5. Der Grundsatz der Bilanzkontinuität (Bilanzstetigkeit) auch spezielle Kontinuität oder Grundsatz des Wertzusammenhangs[4] genannt, bedeutet, daß die Bilanz sowohl in bezug auf Bewertung der einzelnen Vermögensgegenstände als auch in bezug auf die Gliederung mit der Bilanz des Vorjahres übereinstimmen soll[5]. Der Grundsatz gilt

---

[1] Schmidt S. 254, Kalveram S. 129.

[2] Vgl. Kaemmel-Bacciocco § 4 Anm. 11.

[3] Reinhardt I, 163.

[4] Reinhardt I, 165. Der Ausdruck „Wertfortführung" empfiehlt sich nicht, weil er zu Verwechslungen mit dem gesetzlichen Begriff der „Wertfortschreibung" nach dem RBewG. (§ 22, Fassung des EinfG. zu den Realsteuergesetzen v. 1. 12. 1936) führt. [5] Schmalenbach S. 99 versteht unter Kontinuität „daß alle Leistungen, die der Betrieb an

nur, soweit es sich um identische Vermögensgegenstände handelt. Bei Gegenständen des Umlaufvermögens, die jeweils durch gleichartige ersetzt werden, kann sich die Kontinuität nicht auf die Wertziffer, sondern nur auf den Wertmaßstab beziehen (sog. innere Bilanzkontinuität). In der Handelsbilanz hat im Gegensatz zur Steuerbilanz (S. 57) der Grundsatz der Kontinuität nur insoweit Anerkennung gefunden, als Abweichungen in der Gliederung der Bilanz oder in der Bewertung, wenn sie wesentlich sind, im Geschäftsbericht erwähnt werden müssen. Außerdem darf ein durch Hinaufsetzung des Wertes vorhandener Anlagegegenstände erzielter Buchgewinn nicht mit dem Betriebsgewinn zusammengeworfen, sondern muß als außerordentlicher Ertrag nachgewiesen werden[1]) (S. 173). Änderungen in der Gliederung der Bilanz können erforderlich sein, wenn ein Unternehmen seinen Gegenstand ändert, so daß die bisherige Bilanzgliederung nicht aufrechterhalten werden kann, oder wenn ein Gegenstand in der vorhergehenden Bilanz unrichtigerweise in einem anderen Posten aufgeführt worden ist. Änderungen in der Bewertung sind innerhalb der gesetzlich vorgeschriebenen Grenzen zulässig. Wenn ein Anlagegegenstand unter dem Anschaffungspreis minus Abschreibungen oder ein Umlaufsgegenstand unter dem „Niederstwert" in der Bilanz des Vorjahres steht, so kann der Wert in der neuen Bilanz auf den gesetzlich zulässigen Betrag hinaufgesetzt und dadurch die stille Rücklage aufgelöst werden. Hierin liegt kein Verstoß gegen den Grundsatz der Bilanz-Identität, denn der alte Wert wird in die Anfangsbilanz übernommen und erst in der Schlußbilanz wird der Wert berichtigt und die Differenz auf die Gewinn- und Verlustrechnung übertragen.

6. Außer diesen allgemeinen Bilanzierungsgrundsätzen gibt es noch einige besondere, wie den Höchstwert- und den Niederstwert-Grundsatz (S. 34ff.). Sie sind Folgerungen, die aus dem Grundsatz der vorsichtigen Bewertung gezogen sind, wie er in dem alten kaufmännischen Wahrspruch niedergelegt ist: Spera prudenter!

---

andere gemacht und alle Leistungen, die er von anderen empfangen hat, entweder in den abgeschlossenen Periodenrechnungen bereits verrechnet oder zur Verrechnung in späteren Perioden vorgemerkt sind, so daß keine Leistung irgendwie unter den Tisch fällt".

[1]) Anläßlich der Frage, ob schwebende Geschäfte so, wie in früheren Jahren zu bewerten seien, sagt das RG. 80, 332: „Eine sog. Kontinuität der Bilanz gibt es nicht."

IV. Die Bewertungsvorschriften

1. Vorbemerkung über den Vergleich der neuen mit den alten Bewertungsvorschriften

§ 7

Da die Bewertungsvorschriften für die Bilanz von grundlegender Bedeutung sind, soll hier ein Überblick vorausgeschickt werden, in dem die neuen und alten Vorschriften einander gegenübergestellt werden. Die Begründung zum AGesetz führt hierzu aus, daß in § 133 die bereits bewährten Bewertungsgrundsätze des geltenden Rechts beibehalten werden. „Um die Materie übersichtlicher zu gestalten, sind die einzelnen Bewertungsvorschriften in einen engen Zusammenhang zu den dazu gehörigen Gliederungsvorschriften gebracht worden. Es wird daher in § 133 Nr. 1—3 unterschieden zwischen den Wertansätzen für die Gegenstände des Anlage- und des Umlaufvermögens. Bei der Bewertung der Gegenstände des Anlagevermögens ist deutlich hervorgehoben worden, daß als Höchstwert die Anschaffungs- oder Herstellungskosten zu gelten haben, auch wenn der wirkliche Wert ein höherer sein sollte."

Der bisherige § 261 enthielt gleichfalls die Unterscheidung zwischen Vermögensgegenständen, „die dauernd zum Geschäftsbetrieb der Gesellschaft bestimmt sind" und anderen Gegenständen. Nunmehr ist die in der Gliederung enthaltene Bezeichnung „Anlage- und Umlaufvermögen" aufgenommen worden. Die Aufzählung der einzelnen Gruppen von Vermögensgegenständen in dem Bilanzschema ist aber nicht erschöpfend. Wenn daher in § 133 die einzelnen Gruppen nach den Nummern des Bilanzschemas aufgeführt werden, so darf daraus natürlich nicht geschlossen werden, daß die Bewertungsvorschriften sich nur auf die besonders aufgeführten Gruppen bezögen. Ein Mangel des bisherigen § 261 war, daß im Gegensatz zu der Fassung des alten HGB. der wichtige Grundsatz fehlte, wonach die Anlagegegenstände höchstens zu den Anschaffungs- oder Herstellungskosten zu bewerten waren. Man hat daher ein Redaktionsversehen angenommen. Nach der hier vertretenen Auffassung ergab sich aber die Bewertung zu den Anschaffungs- oder Herstellungskosten für diese Gegenstände aus den Grundsätzen ordnungsmäßiger Buchführung.

Die Anlagegegenstände sind teils solche, die einer technischen Abnutzung (bebaute Grundstücke, Maschinen, Werkzeuge) oder einer rechtlichen Abnutzung (Konzessionen, Patente usw.) unterliegen; bei diesen ist die Gesamtdauer der Verwendung von vornherein begrenzt und sie unterliegen daher regelmäßigen Abschreibungen.[1]) Andere Anlagegegenstände haben begrifflich eine zeitlich unbegrenzte Lebensdauer (unbebaute Grundstücke, Wertpapiere, Beteiligungen); bei diesen kommt eine Wertminderung nur aus wirtschaftlichen Gründen in Frage; regelmäßige Abschreibungen sind daher nicht notwendig und die Wertminderungen sind daher nur soweit zu berücksichtigen, als die Grundsätze ordnungsmäßiger Buchführung es erfordern. Es war ein Mangel des bisherigen Rechts, daß als solche Gegenstände nur W e r t p a p i e r e angeführt wurden, doch ergab sich die analoge Anwendung dieser Bestimmung auf andere Anlagegegenstände von selbst. Das neue Recht trennt nunmehr die Anlagegegenstände in solche, die der technischen und rechtlichen (§ 133 Nr. 1) und andere, die der wirtschaftlichen Abnutzung (§ 133 Nr. 2) unterliegen. Bei ersteren sind die Abschreibungen nach der Gesamtdauer der Verwendung oder Nutzung zu machen, bei letzteren, soweit es die Grundsätze ordnungsmäßiger Buchführung nötig machen. Diese scharfe Trennung erscheint aber nicht zweckmäßig. So erfordern die unter § 133 Nr. 1 aufgeführten unbebauten Grundstücke, wenn sie nicht als Bergwerke, Gruben usw. ausgebeutet werden, keine regelmäßigen Abschreibungen, wohl aber ist dies bei Konzessionen, Patenten der Fall, die nicht in Nr. 1, sondern in Nr. 2 des § 133 aufgeführt werden. Die Trennung empfiehlt sich aber auch deswegen nicht, weil die meisten Anlagegegenstände gleichzeitig sowohl einer rechtlichen bzw. technischen als auch einer wirtschaftlichen Abnutzung unterliegen.

Eine andere Änderung liegt darin, daß bei Berechnung der Herstellungskosten in angemessenem Umfang „Abnutzungen und sonstige Wertminderungen eingerechnet" werden dürfen. Die bisherige Fassung sprach davon, daß in angemessenem Umfang „Abschreibungen berücksichtigt" werden durften. Einen sachlichen Unterschied dürfte dies nicht bedeuten. Ein kleiner Schönheitsfehler ist es, wenn — übrigens in Übereinstimmung mit dem bisherigen Recht — die Nichteinrechnung von V e r t r i e b s kosten bei dem Anlagevermögen in Nr. 1 erwähnt und bei dem Umlaufvermögen in Nr. 3 lediglich auf diese Bestimmung verwiesen wird. Bei dem Anlagevermögen können grundsätzlich keine Vertriebskosten entstehen, weil dieses nicht zum Vertrieb, d. h. zur Veräußerung bestimmt ist. Übrigens muß die Einrechnung von Abnutzungen,

---

[1]) Das AGesetz geht in Übereinstimmung mit dem bisherigen Recht bei Anlagegegenständen von der Unterscheidung in solche von begrenzter und solche von unbegrenzter Lebensdauer aus. Die Aufzählung dieser Gegenstände in § 133 Nr. 1 und Nr. 2 entspricht aber diesem Gedanken nicht. Näheres S. 39 f.

Wertminderungen und angemessenen Teilen der Betriebs- und Verwaltungskosten in die Herstellungskosten auch bei den Anlagegegenständen der Nr. 2 des § 133 z. B. Patenten (vgl. S. 103) möglich sein, obwohl dies im Gesetz nicht vorgesehen ist.

Unter Nr. 4 (Nichtaktivierung der Kosten der Gründung und Kapitalerhöhung) ist statt Kapitalerhöhung die Bezeichnung „Kapitalbeschaffung" gebraucht, wohl mit Rücksicht darauf, daß im AGesetz unter dieser Überschrift die Kapitalerhöhung behandelt wird. Ein sachlicher Unterschied dürfte nicht vorliegen, jedenfalls fallen Anleihen nicht unter die neue Bezeichnung. Neu ist ferner, daß die Kosten der Betriebseinrichtung aktiviert werden dürfen. Dies wurde bisher überwiegend angenommen; die Klarstellung ist zu begrüßen. Die Nr. 5 und 6 (Geschäfts- oder Firmenwert und Disagiokonto) entsprechen dem bisherigen Recht. Daß die Vermögensgegenstände unter 4—6 nach neuem Recht gesondert in die Bilanz eingestellt werden müssen, ist im Interesse der Klarheit gleichfalls zu billigen.

2. Die drei handelsrechtlichen Wertbegriffe: Der Anschaffungs- oder Herstellungspreis, der Börsen- oder Marktpreis, der Hilfswert des § 40

§ 8

Da es in der Bilanz nur feste Ziffern gibt, müssen die einzelnen Vermögensgegenstände bewertet werden. Ein weites Feld für die Bewertungstätigkeit bieten alle Vermögensgegenstände, die ihrem Inhalt nach nicht fest bestimmt sind, z. B. Ansprüche auf Schadensersatz, Verpflichtungen aus Garantien, sowie alle im Geschäftsleben auftretenden Risiken. Diese Fälle der Bewertungen kommen aber hier nicht in Betracht, vielmehr handelt es sich hier nicht um die Bewertung selbst, sondern um ihren Maßstab. Zu jeder Bewertung sind zwei Faktoren notwendig: ein Zeitpunkt und ein Maßstab. Der Zeitpunkt kann der Bilanzstichtag sein, oder auch ein weiter zurückliegender Zeitpunkt, z. B. der Zeitpunkt der Anschaffung oder Herstellung. Wertmaßstäbe gibt es außerordentlich viele und daher entsprechend viele Wertbegriffe. Maßstab kann z. B. der an der Börse oder an dem Markt notierte Preis sein, der bei einer Veräußerung erzielbare Preis (Veräußerungswert), der bei einer Wiederanschaffung aufzuwendende Preis (Wiederbeschaffungswert), der Ertrag (Ertragswert) usw. Das Gesetz kennt für die AG. nur drei Werte: den Anschaffungs- oder Herstellungspreis, den Börsen- oder Marktpreis und als Hilfswert den Wert, der den Grundsätzen ordnungsmäßiger Buchführung entspricht (§ 40 Abs. 2). Wegen des Teilwerts s. die Ausführungen S. 51.

1. Der Anschaffungs- oder Herstellungspreis (Einstandspreis).

Das AGesetz bedient sich in Übereinstimmung mit der Aktiennovelle nicht mehr des Ausdruckes „Anschaffungs- oder Herstellungspreis", sondern spricht von „Anschaffungs- oder Herstellungskosten". Es wird dadurch klargestellt, daß zu dem Anschaffungspreis alles hinzugerechnet werden kann, was dazu aufgewendet wurde, um den Gegenstand anzuschaffen. Anschaffungskosten sind also nicht nur der nackte Kaufpreis, sondern auch Provisionen, Versicherungen, Steuern, Zölle, Stempel, Notariatsgebühren usw. (Anschaffungsnebenkosten). Bei Grundstücken gehört hiezu auch das Sachverständigenhonorar für Besichtigung und Abschätzung; auch die Grunderwerbs- und Wertzuwachssteuer, soweit sie von dem Käufer übernommen wird, sowie etwaige Abbruchskosten können dem Anschaffungspreis zugeschlagen werden[1]). Dagegen kommen Rabatte und Skonto in Abzug. Ist der Gegenstand durch Tausch erworben, so ist für den Anschaffungs- oder Herstellungspreis des erworbenen Gegenstands der Wert des zum Zwecke des Tausches hingegebenen Gegenstandes maßgebend. Nach kaufmännischer Auffassung ist aber in der Hingabe eines Gegenstandes zum Zwecke des Tausches keine Realisierung zu erblicken und es wird daher eine etwaige stille Reserve, die in dem hingegebenen Gegenstand ruhte, auf den erworbenen Gegenstand übertragen. Dies gilt jedenfalls für Anlagegegenstände[2]). Wenn ein Grundstück, das 100000 M. wert ist und zu 50000 zu Buch steht, gegen ein anderes von gleichem Wert eingetauscht wird, so wird auch das neue Grundstück mit 50000 M. in die Bilanz eingestellt. Ein Veräußerungsgewinn ist nicht entstanden, da bei Anlagegegenständen ein solcher Gewinn nicht beabsichtigt wird. Das Gleiche gilt aber auch für das Umlaufsvermögen. Ein Gewinn ist erst dann realisiert, wenn die eingetauschten Umlaufsgegenstände mit Gewinn veräußert worden sind[3]). Wenn Gegenstände gegen Ausgabe von Aktien in die Gesellschaft eingebracht werden, so sind Anschaffungskosten mindestens der Nominalbetrag der Aktien, da eine Unterpari-Emission unstatthaft ist[4]).

Den Anschaffungskosten dürfen Betriebs- und Verwaltungskosten nicht zugeschlagen werden. Über die Bewertung zu durchschnittlichen Anschaffungskosten s. S. 54.

---

[1]) Über die steuerliche Pflicht zur Aktivierung s. S. 71f.

[2]) Vgl. Hast S. 63.

[3]) Über die steuerrechtliche Beurteilung s. unten S. 50.

[4]) Anders nach Steuerrecht (S. 51).

Dagegen dürfen bei der Berechnung der Herstellungskosten im angemessenen Umfang Abnutzungen und sonstige Wertminderungen sowie angemessene Anteile an den Betriebs- und Verwaltungskosten eingerechnet werden, die auf den Zeitraum der Herstellung entfallen; Vertriebskosten gelten hierbei nicht als Bestandteile der Betriebs- und Verwaltungskosten[1]). Die bei der Herstellung eines Gegenstandes entstehenden Unkosten sind teils Einzelkosten (Material, sonstige Einzelkosten, Arbeitslohn), teils allgemeine oder Gemeinkosten (Generalunkosten). Letztere bestehen in dem verhältnismäßigen Anteil an Abschreibungen, Schuldzinsen auf das investierte Fremdkapital[2]), Betriebs-, Verwaltungs- und Vertriebs-Aufwand. Auch die Steuern, die auf dem Besitz oder Betrieb lasten (S. 168), gehören zu den Gemeinkosten. Dagegen sind Verbrauchsabgaben, Zölle, Verkehrssteuern in der Regel Einzelkosten; sie können dem Anschaffungs- oder Herstellungspreis nur insoweit zugerechnet werden, als sie den Gegenstand selbst betreffen. Der Herstellungspreis (Einstandspreis) der Ware ergibt sich aus der Zusammenrechnung der Einzelkosten und der Anteile an den Gemeinkosten. Ein Gewinn ergibt sich erst, wenn die Ware zu einem höheren als dem Einstandspreis verkauft worden ist. Daher kann ein Gewinnzuschlag nur bei Lieferung an rechtlich selbständige Konzernglieder gemacht werden, nicht aber, wenn verschiedene Abteilungen desselben Unternehmens sich gegenseitig beliefern. Daß die Anteile an den Gemeinkosten dem Herstellungspreis zugeschlagen werden dürfen, ist betriebswirtschaftlich gerechtfertigt[3]). Wenn ein Unternehmen in schlechten Zeiten auf Vorrat arbeitet oder wenn es sich um Aufträge handelt, deren Ausführung mehrere Jahre erfordert (Hoch-, Tief-, Schiffs-, Großmaschinenbau), so würde das betreffende Geschäftsjahr, wenn die Anteile an den Generalunkosten nicht berücksichtigt werden dürften, unter allen Umständen mit einem Verlust abschließen. Wenn dann im nächsten Geschäftsjahr diese Warenvorräte mit Gewinn verkauft

---

[1]) AGesetz § 133 Nr. 1 Abs. 3; HGB. § 261 Nr. 1 Abs. 1 Satz 2.

[2]) Die Zinsen für das investierte Eigenkapital sind nicht Kosten, sondern Gewinn. Ein Zuschlag dieser Zinsen ist nur bei dem im Gesetz besonders geregelten Fall der Bauzinsen (§ 54) zulässig. Daß solche Zinsen bei der Kalkulation berücksichtigt werden können, ist eine andere Frage; vgl. die Ausführungen von Wehe und Brade, WTr. 1936, 288.

[3]) Vgl. Schmalenbach, Die Generalunkosten als Produktionskosten in der Bilanz der AG. Z.f.Hw.F., 2. Jg. 1907/8 S. 161 ff. Peiser, Rechnungswesen im Maschinenbau, 1930 Abschnitt 6 und 10. Henzel, Bilanzierung von selbsthergestellten Halbfabrikaten mit oder ohne Gemeinkosten, Z.f.Betriebsw. 1931, 401 ff.

werden, so würde dieses Geschäftsjahr mit einem Gewinn abschließen, der zum größten Teil dem Vorjahr zuzurechnen ist. Das Gesetz gestattet allerdings nicht die Anrechnung aller Gemeinkosten, sondern schließt den Anteil an den Vertriebskosten, z. B. für Vertreter-Provisionen, Propaganda[1]) und Lagerung fertiger Erzeugnisse aus, da nur solche Anteile an den Gemeinkosten berücksichtigt werden dürfen, „die auf den Zeitraum der Herstellung entfallen". Daher dürfen auch Reparaturkosten nicht in Ansatz gebracht werden, sofern sie nach dem Zeitpunkt der Herstellung aufgewandt worden sind. Die Ansicht, daß die fixen Kosten der nicht ausgenützten Kapazität nicht aktivierbar seien[2]), findet im Gesetz insofern keine Stütze, als jedes Unternehmen nach seinen individuellen Kosten zu bilanzieren hat, die nach Durchschnittssätzen ermittelt werden[3]). Allerdings dürfen nur angemessene Teile an den Betriebs- und Verwaltungskosten eingerechnet werden. Sind diese Anteile so hoch, daß sie im Falle eines Verkaufs nicht gedeckt werden können, so liegt eine Überbewertung vor.

Die Bestimmung über die Berechnung der Herstellungskosten ist im AGesetz auf Umlaufgegenstände und auf solche Anlagegegenstände beschränkt worden, die in den Gliederungsvorschriften unter Nr. 1—4 aufgeführt sind. Es besteht aber kein Zweifel, daß sie auch für andre Gegenstände des Anlagevermögens gilt. Sollte für Anlagegegenstände die Berechnung der Herstellungskosten zu einer übermäßigen Bewertung führen, so müssen entsprechende Abschreibungen gemacht werden, was noch zu erörtern ist.

2. Der Börsen- oder Marktpreis

Der Börsen- oder Marktpreis ist ein dem bürgerlichen Recht wie auch dem Handelsrecht geläufiger Begriff[4]).

Ist ein Wertpapier an verschiedenen Börsen zum amtlichen Handel zugelassen, so ist der Kurs an derjenigen Börse maßgebend, an welcher das betreffende Papier seinen hauptsächlichsten Markt hat. Maßgebend ist der „bezahlte" Kurs, d. h. der Kurs, zu welchem Geschäfte abgeschlossen worden sind, in zweiter Linie der „Geld"-Kurs, d. h. der Kurs,

---

1) Vgl. RGSt. 67, 350.

2) Ruth-Schmaltz, Die neue Bilanz der AG. 1932 S. 35.

3) Zuweilen werden Leerlaufkosten in einem besonderen „Stillstandkonto" der Gewinn- und Verlustrechnung gesammelt.

4) Vgl. BGB. § 385, HGB. § 373.

der als Kaufpreis geboten wurde. „Brief“-Kurse, d. h. Kurse, welche von dem Verkäufer als Kaufpreis verlangt wurden, sind nicht ohne weiteres maßgebend, doch können sie als Unterlage für die Schätzung des Wertes dienen. Ist ein Papier zwar nicht zum amtlichen Verkehr an einer Börse zugelassen, findet aber ein Freiverkehr an einer Börse statt, so sind die Kurse des Freiverkehrs maßgebend (vgl. S. 36).

3. Der Hilfswert des § 40

1. Der Wert des § 40 wird hier als Hilfswert bezeichnet, weil er nur in Betracht kommt, wenn es an einem Anschaffungs- oder Herstellungspreis bzw. an einem Börsen- oder Marktpreis fehlt. Ausdrücklich wird im Gesetz (§ 133 Nr. 3 Abs. 3) allerdings nur bestimmt, daß der Wert des § 40 („Der Wert der den Gegenständen am Abschlußstichtag beizulegen ist“) anzuwenden sei, „falls ein Börsen- oder Marktpreis nicht festzustellen ist“. Daß aber der Wert des § 40 auch gegenüber dem Anschaffungs- oder Herstellungspreis nur ein Hilfswert ist, ergibt sich aus AGesetz § 129 Abs. 2 (HGB. § 260b), wonach die allgemeinen Bestimmungen des HGB. über die Bewertung nur insoweit Platz greifen, als nicht ein anderes bestimmt ist. Nur in diesem Fall tritt der allgemeine Grundsatz des § 40 Abs. 2 in Kraft, der lautet: „Bei Aufstellung der Bilanz sind sämtliche Vermögensgegenstände und Schulden nach dem Wert anzusetzen, der ihnen in dem Zeitpunkt beizulegen ist, für welchen die Aufstellung stattfindet“.

An diese grundlegende Bestimmung des HGB. knüpft sich eine Reihe von Streitfragen. Streitig ist zunächst die Frage: **Welcher Wert liegt dem § 40 zugrunde?** Diese Frage ist von besonderer Bedeutung für den Einzelkaufmann und die offene Handelsgesellschaft, weil für diese lediglich die Wertbestimmung des § 40 maßgebend ist, während für die AG. der Wert des § 40 nur als Hilfswert in Frage kommt. Der Wert des § 40 wird gewöhnlich **Zeit- oder Tageswert** genannt und es wird darunter der bei einer Veräußerung am Bilanzstichtag erzielbare Preis, der dem weiter unten zu behandelnden „gemeinen Wert“ entspricht, verstanden. Die Bezeichnung Zeit- oder Tageswert trifft insofern zu, als sie den Zeitpunkt der Bewertung richtig angibt. Unrichtig ist aber, wenn unter dieser Bezeichnung der Veräußerungswert verstanden wird; denn die Bestimmung des § 40 enthält keinen Maßstab der Bewertung, sondern schließt nur durch die Fixierung des Bilanzstichtags den Anschaffungs- oder Herstellungspreis aus. Nun ist es aber nicht nur bei der AG., sondern auch bei den übrigen Handelsgesellschaften wie bei dem Einzelkaufmann üblich, die Anlagewerte zum Anschaffungs- oder Herstellungspreis anzusetzen. Die Praxis und das juristische Schrifttum haben daher versucht, dem § 40 einen Wertbegriff zu unterlegen, der sowohl den Ansatz des Anschaffungs- und Herstellungspreises als auch den Ansatz des Veräußerungspreises am Bilanzstichtag ermöglicht. Auf diesem Wege gelangen manche Kommentatoren des HGB. zu der Ansicht, daß unter dem Wert des § 40 „der objektive Wert unter der Voraussetzung des Fortbestandes des Geschäfts" zu verstehen sei[1]). Dabei wird angenommen, daß der Anschaffungswert minus Abschreibungen den „normalen Gebrauchswert" am Bilanzstichtag darstelle.

Auf Grund der Anschauung, daß in § 40 der bei einer Veräußerung am Bilanzstichtag erzielbare Preis gemeint sei, entstand die weitere Frage, ob die Vermögensgegenstände zu dem Wert anzusetzen seien, der für sie erzielt würde, wenn sie einzeln am Bilanzstichtag versilbert würden. Die allgemeine Auffassung geht heute dahin, daß ein solcher Liquidationswert für die einzelnen Vermögensgegenstände nicht in Frage kommt, sondern daß der Wert anzusetzen ist, den die Gegenstände haben, wenn der Betrieb in der bisherigen Weise fortgesetzt wird.

Endlich war streitig, ob die Bestimmung des § 40 in der Weise zwingend sei, daß sie nicht nur Über-, sondern auch Unterbewertungen verbiete[2]). Es wird jedoch jetzt allgemein anerkannt, daß der in § 40 für die Aktiva vorgeschriebene Wert lediglich ein Höchstwert ist. Im Interesse der Gläubiger legt das Gesetz Wert darauf, daß der Kaufmann seine Vermögenslage nicht günstiger erscheinen läßt, als sie tatsächlich ist, ferner daß eine Verteilung der Substanz, die eine Folge der Überbewertung wäre, verhindert wird. Darüber hinaus besteht kein Grund, die Bilanzierungsfreiheit des Kaufmanns zu beeinträchtigen. Soweit Verbindlichkeiten in Frage kommen, bedeutet der Höchstwert, daß die Verbindlichkeit mindestens mit diesem Wert anzusetzen ist. Von einem besonderen Mindestwert zu sprechen, erübrigt sich, weil aus dem Höchstwert für Aktiven ohne weiteres folgt, daß die Verbindlichkeiten nicht unter ihrem wahren Wert angesetzt werden dürfen. Andernfalls würde das Reinvermögen höher erscheinen, als es tatsächlich ist und auf diese Weise eine Überbewertung stattfinden.

---

[1]) Die ganze Streitfrage wird bei Passow I, 75ff. ausführlich dargestellt.
[2]) So Passow I, 113.

Nach der hier vertretenen Auffassung enthält der § 40, für sich allein genommen, keinen Wertbegriff, weil er nur einen Zeitpunkt fixiert, ohne einen Maßstab anzugeben. Den Maßstab und damit seinen Wertbegriff erhält er erst durch die Anwendung der Grundsätze ordnungsmäßiger Buchführung. Als Wert des § 40 ist daher derjenige Wert anzunehmen, der den Grundsätzen ordnungsmäßiger Buchführung und Bilanzierung entspricht[1]). Dieser Wert entspricht entweder dem Anschaffungs- oder Herstellungspreis oder dem am Bilanzstichtag bei einer Veräußerung erzielbaren oder bei einer Wiederbeschaffung aufzuwendenden Preis[2]).

2. An einem Anschaffungs- oder Herstellungspreis fehlt es, wenn ein Gegenstand unentgeltlich erworben wurde. Im Allgemeinen pflegen einer AG. unentgeltliche Zuwendungen nicht gemacht zu werden. Soweit sie vorkommen, werden sie meist mit einer Auflage verbunden, z. B. Nachlässe der Gläubiger, Zuzahlungen der Aktionäre. Die bilanzmäßige Behandlung ergibt sich alsdann aus dem Zweck der Zuwendung (S. 174 f.). Abgesehen von solchen Fällen gilt folgendes: Den Grundsätzen ordnungsmäßiger Buchführung entspricht es, auch hier zwischen Anlage- und Umlaufgegenständen zu unterscheiden. Bei unentgeltlich erworbenen Anlagegegenständen ist Höchstwert der Preis, der am Tage des Erwerbs für die Beschaffung gleichartiger Gegenstände aufzuwenden sein würde (Wiederbeschaffungspreis). Bei unentgeltlich erworbenen Umlaufgegenständen kommen der letztere Preis und der Börsen- oder Marktpreis am Bilanzstichtag in Betracht. Ist an Stelle des Anschaffungs- oder Herstellungspreises der Hilfswert eingesetzt, so tritt er an die Stelle des Anschaffungs- oder Herstellungspreises. Bei Anlagegegenständen sind daher von dem Hilfs-

---

[1]) Ebenso Schmalenbach S. 319: „Unter Wert im Sinne des § 40 ist „nicht ein bestimmter Wert zu verstehen, sondern Wert ist hier derjenige Wert, den man anzuwenden hat, um zu einer sachgerechten Bilanz zu gelangen. Je nach Unternehmungsart, Bilanzobjekt und überwiegenden Bilanzzwecken ist dieser Wert verschieden". Die gleiche Ansicht wird auch von Schlegelberger § 260b Anm. 5 und § 261 Anm. 2 vertreten.

[2]) Daraus ergibt sich, daß es auch dem Einzelkaufmann und der offenen Handelsgesellschaft nicht ohne weiteres gestattet ist, unrealisierte Gewinne in der Bilanz auszuweisen. Im Schrifttum wird jedoch auch die gegenteilige Ansicht vertreten. Das RG. (80, 334) hält die Bewertung vorrätiger Waren, die an gute Kunden zu festen Preisen verkauft sind, mit dem Kaufpreis statt mit den niedrigeren Herstellungskosten für richtig. Für AGen gilt diese Entscheidung nicht.

wert die vorgeschriebenen Abschreibungen zu machen. Der Hilfswert kann ebenso wenig überschritten werden wie der Anschaffungs- oder Herstellungspreis[1]). Bei Umlaufgegenständen ist von beiden Werten (Hilfswert bzw. Tageswert) der niedrigere anzusetzen.

An einem Anschaffungs- oder Herstellungspreis fehlt es ferner bei im Betrieb entstandenen Forderungen. Sie gehören regelmäßig zu den Umlaufgegenständen. Anstelle des bei einer Veräußerung erzielbaren Preises tritt hier bei Geldforderungen der bei einer Einziehung am Bilanzstichtag erzielbare Wert. Bei später fälligen unverzinslichen Forderungen ist daher ein entsprechender Diskont abzuziehen. Daß zweifelhafte Forderungen nach ihrem wahrscheinlichen Wert anzusetzen, uneinbringliche Forderungen abzuschreiben sind, wird in § 40 Abs. 3 ausdrücklich vorgeschrieben. Hat ein Käufer eine Forderung auf Lieferung einer Ware, so ist die Forderung nach dem niedrigeren Börsen- oder Marktpreis der Ware am Bilanzstichtag zu bewerten; im allgemeinen kommt die Bilanzierung in solchen Fällen nur in Frage, wenn es sich um ein laufendes Engagement handelt, auf dem ein Verlust ruht, der in Form einer Rückstellung berücksichtigt werden muß (S. 132).

An einem Börsen- oder Marktpreis fehlt es sehr häufig, insbesondere bei Halbfabrikaten, bei manchen Fertigfabrikaten, aber auch bei Wertpapieren, die weder an der Börse noch im freien Verkehr gehandelt werden. In diesen Fällen tritt bei Umlaufgegenständen an die Stelle des Börsen- oder Marktpreises der Wert, der den Gegenständen am Abschlußstichtag beizulegen ist, d. i. der gemeine Wert (Zeit- oder Tageswert). Dies ergibt sich aus der Anwendung des § 40, es wird aber ausdrücklich im AGesetz § 133 Nr. 3 Abs. 3 (HGB. § 261 Nr. 2 Abs. 3) ausgesprochen.

3. Der Begriff der Anlage- und Umlaufgegenstände. Der Höchstwertgrundsatz für Anlagegegenstände und der Niederstwertgrundsatz für Umlaufgegenstände

§ 9

1. Die Unterscheidung von Anlage- und Umlaufgegenständen ist für die Bewertung in der Bilanz von grundlegender Bedeutung. Anlagegegenstände sind Gegenstände, „die bestimmt sind, dauernd dem Geschäftsbetrieb der Gesellschaft zu dienen"[2]), also weder der

[1]) Vgl. Boesebeck im WTr. 1935, 537. Ist für den unentgeltlich erworbenen Gegenstand ein entsprechender Betrag in Reserve gestellt, so kann die Reserve natürlich aufgelöst werden.

[2]) AGesetz § 131 Abs. 4 entsprechend HGB. § 261 Nr. 1.

Weiterveräußerung noch der Be- oder Verarbeitung, noch dem Verbrauch im Betrieb (z. B. Kohlen-Vorräte) dienen. In der Praxis können allerdings beide Zwecke nicht immer scharf getrennt werden, da der eine Zweck den anderen nicht unbedingt ausschließt. Die Entscheidung ist dann Tatfrage. Wenn eine Anlage stillgelegt wird, ohne daß deren Weiterveräußerung beabsichtigt ist, wird man die ursprüngliche Zweckbestimmung als maßgebend ansehen müssen; ist beabsichtigt, die Anlage oder das Grundstück, auf dem die Anlage errichtet ist, zu veräußern, so ist die Einreihung unter das Umlaufvermögen geboten. Wenn eine Maschine, die der Weiterveräußerung dient, nicht nur vorübergehend zu den Zwecken der Produktion verwandt wird, wird sie gleichfalls als Anlagegegenstand anzusehen sein[1]). Maßgebend ist die Zweckbestimmung, wie sie am Abschlußstichtag besteht (§ 131 Abs. 4). Jedenfalls ist für die Entscheidung der Frage, ob es sich um Anlage- oder Umlaufvermögen handelt, nicht die Art des Gegenstandes, sondern die individuelle Zweckbestimmung maßgebend. Daher sind Grundstücke einer Terraingesellschaft, die zur Veräußerung bestimmt sind, Umlaufvermögen. Voraussetzung für den Begriff des Anlagegegenstandes ist ferner, daß seine Lebensdauer sich über das Geschäftsjahr hinaus erstreckt. Ist dies nicht der Fall, so kann der Gegenstand nicht aktiviert werden; er ist daher über Gewinn- und Verlustkonto abzubuchen.

Die Gegenstände des Anlagevermögens werden in der Gliederungsvorschrift des § 131 wie folgt aufgeführt:

1. Bebaute Grundstücke;
2. unbebaute Grundstücke;
3. Maschinen und maschinelle Anlagen;
4. Werkzeuge, Betriebs- und Geschäftsausstattung;
5. Konzessionen, Patente, Lizenzen, Marken- und ähnliche Rechte;
6. Beteiligungen;
7. Andere Wertpapiere des Anlagevermögens.

Umlaufgegenstände sind nach HGB. § 261 Nr. 2 „Wertpapiere und andere Vermögensgegenstände, die nicht dauernd zum Geschäftsbetrieb der Gesellschaft bestimmt sind, sowie Waren und eigene Aktien der Gesellschaft". Die ausdrückliche Anführung der „Waren" war überflüssig, weil in dem Begriff der Ware der Zweck der Weiterveräußerung bereits enthalten ist. Das AGesetz verzichtet auf die Begriffsbestimmung, da diese sich schon aus dem Gegensatz zu dem Anlagevermögen ergibt, und bezieht sich auf die in der Gliederungsvorschrift aufgeführte Liste

---

[1]) Vgl. Schlegelberger § 261 Anm. 3.

der hauptsächlichsten Umlaufgegenstände. Eigene Aktien sind kraft Gesetzes Umlaufvermögen, auch wenn sie nicht zur Weiterveräußerung erworben sind.

2. Unter Höchstwertgrundsatz versteht man das Wahlrecht in der Bewertung bis zu einem bestimmten Höchstwert, unter Niederstwertgrundsatz den Ausschluß des Wahlrechts und den Zwang, den niedersten unter mehreren in Betracht kommenden Werten anzusetzen. Angesichts der wesentlichen Bedeutung des Wahlrechts in der Bewertung für die dabei im Handelsrecht, insbesondere aber im Steuerrecht auftauchenden Fragen würde man vielleicht besser vom Grundsatz des Bewertungsspielraums und dem der niedersten Bewertung sprechen.

Sind die Anlagegegenstände im Wert gestiegen, ist also der Anschaffungs- oder Herstellungspreis niedriger als der Wert am Bilanzstichtag, so darf diese Werterhöhung nicht berücksichtigt werden. Der Grund liegt darin, daß Anlagegegenstände nicht der Veräußerung dienen. Eine höhere Bewertung würde daher einen Gewinn vortäuschen, der im Betrieb des Unternehmens nicht erzielt worden ist und auch nicht erzielt werden kann, weil er, solange der Betrieb fortdauert, nicht realisierbar ist. Sind die Anlagegegenstände im Wert gesunken, so darf der höhere Anschaffungs- oder Herstellungspreis beibehalten werden unter der Voraussetzung, daß

a) bei Anlagegegenständen von zeitlich begrenzter Lebensdauer die der voraussichtlichen Gesamtdauer der Verwendung entsprechenden Abschreibungen für technische oder rechtliche Abnutzung gemacht werden (§ 133 Nr. 1 Abs. 2);

b) bei Anlagegegenständen von zeitlich unbegrenzter Lebensdauer die dem Wertverlust nach den Grundsätzen ordnungsmäßiger Buchführung entsprechenden Abschreibungen gemacht werden (§ 133 Nr. 2 Abs. 2).

Diese Unterscheidung ist jedoch in der Praxis nicht von erheblicher Bedeutung[1]). Denn die Anlagegegenstände lassen sich nicht trennen auf der einen Seite in solche, die nur der technischen und rechtlichen, und auf der anderen Seite in solche, die nur der wirtschaftlichen Ab-

[1]) Man hat daraus u. a. die Folgerung gezogen, daß eine nachträgliche Hinaufsetzung des Wertes (bis zur Höhe der Anschaffungs- oder Herstellungskosten) nur bei bleibenden, nicht aber vergänglichen Anlagen möglich sei, weil bei den letzteren mit Rücksicht auf ihre begrenzte Lebensdauer jede Wertsteigerung nur vorübergehender Natur sein könne und daher nicht berücksichtigt werden dürfe.

nutzung unterliegen. Auch die Anlagegegenstände von zeitlich begrenzter Lebensdauer unterliegen einer wirtschaftlichen Abnutzung und bei der technischen und rechtlichen Abnutzung sind die Grundsätze ordnungsmäßiger Buchführung nicht minder zu beachten wie bei der wirtschaftlichen Abnutzung. Wesentlich ist nur, daß auf die Anlagegegenstände die der Abnutzung oder der Wertminderung entsprechenden Abschreibungen gemacht werden (vgl. S. 23f.).

Vorübergehende Wertminderungen dürfen außer Betracht bleiben, da diese auf den im Betrieb des Unternehmens erzielten Gewinn regelmäßig ohne Einfluß ist. Da die Jahresbilanz vorwiegend der Gewinnermittlung dient, ist es notwendig, die vorübergehenden Schwankungen in dem Wert des Anlagevermögens im Interesse einer möglichst exakten Feststellung des Jahresgewinns außer Betracht zu lassen. Anders liegt der Fall allerdings, wenn der Rückgang des Wertes der Anlagegegenstände ein dauernder ist und mit dem Rückgang des Ertrags in einem inneren Zusammenhang steht. Dieser Fall wird später zu erörtern sein[1]). Dagegen müssen bei Gegenständen von zeitlich begrenzter Lebensdauer stets die der technischen und rechtlichen Abnutzung entsprechenden Abschreibungen gemacht werden. Angenommen eine Maschine mit zehnjähriger Lebensdauer ist zum Preise von 100 erworben und nach 5 Jahren auf einen Betrag von 10 abgeschrieben worden, so darf sie im 6. Jahr nicht wieder auf 100 hinaufgesetzt werden, weil von dem Anschaffungspreis stets die der Abnutzung entsprechenden Abschreibungen abgesetzt werden müssen. Die Maschine darf daher, wenn die Form der gleichbleibenden Abschreibung vom Einstandspreis gewählt wird, nach Ablauf des 6. Geschäftsjahrs höchstens mit 40 angesetzt werden. Der Höchstwertgrundsatz für die Anlagegegenstände bedeutet sonach, daß Anlagegegenstände höchstens zu den Anschaffungs- oder Herstellungskosten minus ordnungsmäßige Abschreibungen eingesetzt werden dürfen. Diese Abschreibungen dürfen auch dann nicht unterlassen werden, wenn der Anlagegegenstand im Wert gestiegen ist[2]). Maßgebend ist lediglich, daß er voll abgeschrieben sein muß, wenn seine Lebensdauer beendet ist.

3. Während für Anlagegegenstände nur ein Höchstwert in Betracht kommt, sind für Umlaufgegenstände zwei Höchstwerte maßgebend: der Anschaffungs- oder Herstellungspreis und der Börsen-

---

[1]) S. 40f.

[2]) In diesem Falle kommt sogar unter Umständen eine höhere Abschreibung in Frage (vgl. S. 43).

oder Marktpreis am Bilanzstichtag. Dabei ist aber zu berücksichtigen, daß es für einen und denselben Gegenstand mehrere Märkte und daher mehrere Marktpreise gibt. So sind die Preise für Lebensmittel, Gewebe, Metalle, Maschinen im Großhandel anders als im Einzelhandel. Für den Großhändler ist maßgebend der Marktpreis, zu dem er als Händler einkauft, nicht der Marktpreis, zu dem er an den Einzelhändler verkauft. Von den beiden Höchstwerten ist jeweils der niedrigere anzusetzen (Niederstwertgrundsatz). Er hat zur Folge, daß unrealisierte Gewinne nicht ausgewiesen werden dürfen, während unrealisierte Verluste ausgewiesen werden müssen (Grundsatz der Imparität)[1]. Danach müssen unverkaufte Warenvorräte und sonstige Gegenstände des Umlaufvermögens zum Einstandspreis eingesetzt werden, auch wenn der Verkaufspreis am Bilanzstichtag höher ist. Ist dagegen ihr Wert am Bilanzstichtag gesunken, so müssen sie zu dem gesunkenen Wert angesetzt werden, auch wenn die Möglichkeit besteht, daß bei einer späteren Veräußerung ein höherer Wert erzielt wird.

Die Frage, ob Ware, die zwar verkauft, aber noch nicht übergeben ist, mit dem Verkaufspreis angesetzt werden darf, ist nach den Grundsätzen ordnungsmäßiger Buchführung zu entscheiden. Grundsatz der kaufmännischen Buchführung ist, daß nicht Verträge, sondern Geschäftsvorfälle, d. h. Eingänge und Ausgänge gebucht werden. Danach müssen grundsätzlich Waren, die zwar verkauft, aber noch nicht übergeben bzw. versandt worden sind, mit dem Einstandspreis eingesetzt werden. Dies empfiehlt sich auch deswegen, weil mit dem Abschluß des Kaufvertrags der Gewinn insofern noch nicht realisiert ist, als der Verkäufer bis zur Übergabe die Gefahr des Untergangs oder der Verschlechterung der Ware trägt[2]. Die schematische Anwendung dieses Grundsatzes kann in der Praxis jedoch leicht zur Verzerrung einer richtigen Erfolgsrechnung führen. Es sei z. B. an den Fall gedacht, daß eine Eisenbau-Anstalt die Ausführung einer großen Brücke übernimmt und sich mit dem erforderlichen Eisen eingedeckt hat, das im Preis gesunken ist. Würde sie das Material zu den gesunkenen Preisen in ihre Bilanz einstellen, so würde ein Verlust entstehen, während im folgenden Jahr ein um so viel höherer Gewinn ausgewiesen würde. Oder eine Metallfirma macht langfristige Abschlüsse zu laufenden

---

[1]) Vgl. Schlegelberger § 261 Anm. 1, 19.

[2]) Schmalenbach S. 125, Schlegelberger § 261 Anm. 19. A. A. Staub, § 261 Anm. 20.

Preisen, indem sie sich durch entsprechende Terminkäufe deckt[1]). Der Fall liegt auch dann nicht anders, wenn das eingekaufte Material nach Verarbeitung veräußert wird, z. B. wenn Gerstevorräte angeschafft und Malz verkauft wird, oder Roh-Baumwolle eingekauft und Garn verkauft ist. Im Großhandel mit Waren, die einen internationalen Markt haben, wird regelmäßig jede Spekulation dadurch ausgeschlossen, daß täglich eine Warenbilanz über Ein- und Verkauf gemacht, d. h. Kauf und Verkauf ausgeglichen wird. Bei Preisstürzen in der Zeit des Jahresabschlusses würden solche Geschäfte unter Umständen ohne jeden Grund überschuldet erscheinen, wenn sie ihre Verluste am Einkauf ausweisen müßten, ihre Gewinne am Verkauf aber nicht berücksichtigen dürften. In solchen Fällen muß es nach den Grundsätzen ordnungsmäßiger Buchführung, wenn an gute Kunden verkauft ist, als zulässig erachtet werden, die Vorräte zu dem Anschaffungspreis zu bewerten, auch wenn der Marktpreis am Bilanzstichtag niedriger ist[2]).

Ist ein Börsen- oder Marktpreis nicht festzustellen, so tritt, wie schon erwähnt, bei Umlaufgegenständen an seine Stelle der Wert, der den Gegenständen am Bilanzstichtag beizulegen ist, das ist der gemeine Wert (Zeit- oder Tageswert) im Sinne der Darlegungen S. 31 f.[3]). Daneben bleibt als zweiter Höchstwert der Anschaffungs- oder Herstellungspreis bestehen. Von beiden Werten ist unter dem vorerwähnten Vorbehalt der niedrigere anzusetzen. Soweit die Gegenstände jedoch einen selbständigen Verkehrswert nicht besitzen wie z. B. Halbfabrikate ist der Anschaffungs- oder Herstellungspreis als alleiniger Höchstwert maßgebend.

Bei den meisten Unternehmungen ist ein gewisser Mindestvorrat an Gegenständen des Umlaufvermögens notwendig, um Stockungen des Betriebes zu vermeiden. So braucht der Groß- und Einzelhandel ein assortiertes Lager, um die Bedürfnisse des regelmäßigen Geschäfts-

---

[1]) Der Fachausschuß der Wirtschaftsprüfer hat es als zulässig erachtet, daß eine Metallhandelsfirma, die ihre Termineinkäufe durch Fixgeschäfte der gleichen Warengattung deckte, die gegeneinander laufenden Schlüsse als Einheit betrachtete und daher den nicht realisierten Gewinn gegen den bereits entstandenen Verlust kompensierte (Gutachten Nr. 2/1934 WTr. S. 113).

[2]) Vgl. Naueiser, Warenbewertungsvorschriften und Bilanzierungspraxis. WTr. 1936, 77 und RG. 80, 333; oben S. 31.

[3]) Nach Schlegelberger § 261 Anm. 24c sind in diesen Fällen grundsätzlich die Anschaffungs- und Herstellungskosten maßgebend. Die Befürchtung, daß die Ansetzung des gemeinen Werts zum Ausweis unrealisierter Gewinne führen könnte, erscheint jedoch nicht begründet, da der Niederstwertgrundsatz stets Anwendung findet.

verkehrs zu befriedigen. Eine Fabrik benötigt einen bestimmten Vorrat an Roh-, Hilfs-, Betriebsstoffen und Halbfabrikaten, um ungestört weiter arbeiten zu können. Dieser Warenvorrat wird eiserner Bestand, Normalbestand oder gebundener Warenvorrat genannt. Er nimmt eine gewisse Mittelstellung zwischen Anlage- und Umlaufvermögen ein. Die einzelnen Gegenstände sind Umlaufvermögen, weil sie zur Veräußerung, ihre Gesamtheit ist Anlagevermögen, weil sie dauernd zum Geschäftsbetrieb der Gesellschaft bestimmt sind. Selbstverständlich kann der eiserne Bestand nur mit der jeweils tatsächlich vorhandenen Menge in die Bilanz aufgenommen werden. Die Betriebswissenschaft vertritt mit guten Gründen den Standpunkt, daß grundsätzlich der eiserne Bestand ebenso wie das Anlagevermögen zu gleichbleibenden Preisen angesetzt werden soll[1]). Einer solchen Bewertung steht von dem Standpunkt des Handelsrechts[2]) nichts entgegen, wenn der angesetzte Wert unter dem Börsen- oder Marktpreis bzw. gemeinen Wert am Bilanzstichtag und nicht über dem Anschaffungs- oder Herstellungspreis (minus ordnungsmäßige Abschreibungen) liegt. Andernfalls muß sie als unzulässig angesehen werden und ist bei größeren Preisschwankungen auch mit Gefahren verbunden.

4. Die Abschreibungen auf Anlagegegenstände

§ 10

1. Ein Zwang zur Vornahme von Abschreibungen ist im Gesetz nur für Anlagegegenstände vorgeschrieben. Für Umlaufgegenstände erübrigt sich eine gleiche Vorschrift mit Rücksicht auf den für diese geltenden Niederstwertgrundsatz. Da von den beiden in Betracht kommenden Werten (Anschaffungs- oder Herstellungspreis bzw. Börsen- oder Marktpreis am Bilanzstichtag) jeweils der letztere Wert eingesetzt werden muß, wenn er der niedrigere ist, so ist bei dem Umlaufvermögen die Anpassung an den jeweiligen wirklichen Wert ohne weiteres gewährleistet[3]).

---

[1]) Schmalenbach S. 201 ff.

[2]) Über den Standpunkt des Steuerrechts s. unten S. 54.

[3]) Dies bedeutet jedoch nicht, daß Abschreibungen auf das Umlaufvermögen unzulässig seien. Vielmehr kann dem Niederstwertgrundsatz selbstverständlich auch dadurch Rechnung getragen werden, daß ein etwaiger den Börsen- oder Marktpreis bzw. den Wert des § 40 übersteigender Buchwert durch Abschreibungen oder Wertberichtigungen auf das zulässige Maß herabgesetzt wird. Üblich ist dies jedoch nur bei Forderungen.

Für Gegenstände des Anlagevermögens schreibt das Gesetz den Anschaffungs- oder Herstellungspreis (minus ordnungsmäßige Abschreibungen) als Höchstwert vor. Der Wertverlust, der durch die Abschreibungen zu berücksichtigen ist, kann auf zwei Gründen beruhen: auf Abnutzung (Substanzverringerung) und Wertminderung ohne Substanzverringerung.

a) Für Gegenstände, die der Abnutzung unterliegen, ist vorgeschrieben, daß „der Anteil an dem Wertverlust, der sich bei seiner Verteilung auf die voraussichtliche Gesamtdauer der Verwendung oder Nutzung für das einzelne Geschäftsjahr ergibt", von dem Anschaffungs- oder Herstellungspreis in Abzug oder in Form von Wertberichtigung in Ansatz gebracht wird (AGesetz § 133 Nr. 1 Abs. 2; HGB. § 261 Nr. 1 Abs. 1). Hierunter fallen zunächst körperliche Gegenstände, die durch den Gebrauch allmählich verbraucht werden, wie z. B. Maschinen, Werkzeuge, aber auch Gebäude (technische Abnutzung). Die Fassung des Gesetzes ist aber so gewählt, daß auch andere Gegenstände darunter fallen, die einer Substanzverringerung unterworfen sind, wie Bergwerke, Minen, Petroleumquellen, die bei einem bestimmten Grade der Ausbeutung eine bestimmte Lebensdauer haben. Ein Substanzverlust im übertragenen Sinne liegt auch bei Rechten vor, die durch Zeitablauf erlöschen, z. B. Konzessionen, Pachtrechten, Patenten (rechtliche Abnutzung). Denn auch hier handelt es sich um einen Wertverlust, der sich auf die Gesamtdauer der Verwendung verteilt. Insoweit gehören diese Rechte auch hierher, obwohl sie in § 133 Nr. 2 unter den Gegenständen aufgeführt werden, die lediglich der wirtschaftlichen Abnutzung unterliegen. Dagegen ist es nicht allgemein zutreffend, wenn in § 133 Nr. 1 unter den Gegenständen, die der technischen Abnutzung unterliegen, auch unbebaute Grundstücke aufgeführt werden. Diese kommen nur in Frage, wenn es sich um Grundstücke handelt, die zur Ausbeutung dienen, z. B. als Bergwerke, Kohlen-, Tongruben.

b) Bei anderen Gegenständen kommt zwar keine Substanzverringerung (technische und rechtliche Abnutzung), wohl aber eine Wertminderung ohne Substanzverringerung, auch wirtschaftliche Abnutzung genannt, in Frage. Das AGesetz § 133 Nr. 2 erwähnt als solche Gegenstände Konzessionen, Patente, Lizenzen, Marken- und ähnliche Rechte, sowie Beteiligungen und Wertpapiere. Hier sind Abschreibungen vorzunehmen, wenn sie „die Grundsätze ordnungsmäßiger Buchführung nötig machen". Daher können bei diesen Gegenständen vorübergehende Kurs- und Ertrags-Schwankungen regelmäßig unberücksichtigt bleiben. Dagegen sind dauernde Wertminderungen stets zu berücksichtigen[1]).

c) Sehr häufig sind die Fälle, in denen neben der technischen und rechtlichen Abnutzung die wirtschaftliche Abnutzung einhergeht. Es ist daher nicht begründet, wenn im AGesetz die Gegenstände, die der technischen und wirtschaftlichen Abnutzung unterliegen (§ 133 Nr. 1 Abs. 2), von denjenigen getrennt werden, für die nur eine wirtschaftliche Abnutzung in Frage kommt (§ 133 Nr. 2 Abs. 2). Namentlich bei Maschinen kommt es häufig vor, daß ihre Benutzung unwirtschaftlich ist, obwohl sie technisch noch keineswegs abgenutzt sind. Die Ursachen der Unwirtschaftlichkeit können verschieden sein, z. B. neue Erfindungen, aber auch größerer Verbrauch an Betriebsstoff oder Notwendigkeit größerer Reparaturen. In solchen Fällen genügt es nicht, wenn die Abschreibungsquote lediglich nach der technischen Abnutzung bemessen wird, sondern die Abschreibungen müssen nach dem Zeitpunkt bemessen werden, von welchem an erfahrungsgemäß die weitere Benutzung des Gegenstandes unwirtschaftlich wird. Das gleiche gilt aber auch von anderen Anlagegegenständen. Wenn z. B. eine Fabrik auf einem hochwertigen Grundstück errichtet ist, und die Grundstückspreise später auf einen erheblich niedrigeren Wert dauernd gesunken sind, so ist nach den Grundsätzen ordnungsmäßiger Buchführung eine Abschreibung erforderlich, wenn die Rentabilität der Fabrik infolge der hohen Grundstückswerte auf die Dauer gefährdet ist. Selbstverständlich genügt es, die Abschreibungen so zu bemessen, daß innerhalb angemessener Zeit die Grundstückswerte auf den wirklichen Wert herabgeschrieben sind. Dauernde Wertverluste entstehen besonders häufig bei Strukturwandlungen innerhalb der Wirtschaft, sei es, daß neue Verkehrswege erschlossen oder durch neue Erfindungen neue Industrien entstehen, oder daß durch eine Veränderung der Geschmacksrichtung bisherige Bedarfsgegenstände durch andere ersetzt werden. Es kann auch vorkommen, daß durch eine wirtschaftliche, soziale oder Währungskrise das Gleichgewicht der wirtschaftlichen Kräfte gestört ist, so daß auf einer neueren Wertgrundlage aufgebaut werden muß; die in solchen Fällen notwendigen außerordentlichen Abschreibungen werden in der Praxis auch als „Sonderabschreibungen" bezeichnet. Auch bei Stillegungen ist eine Verteilung der Abschreibungen

[1]) In diesem Sinne ist das Gutachten IV des Fachausschusses (WPr. 1933, 62) aufzufassen, wo es heißt, „daß die Anschaffungswerte in all den Fällen nicht mehr in der Bilanz zu Grund gelegt werden können, in denen für die einzelnen in Frage kommenden Positionen am Bilanzstichtag bereits ein tatsächlicher Verlust, der voraussichtlich nicht mehr ausgeglichen werden wird, entstanden ist".

auf eine angemessene Zeit für zulässig zu erachten, außer wenn von vornherein keine Aussicht besteht, die Anlage wieder in Betrieb zu setzen. Bei Forderungen kann ein dauernder Wertverlust durch Zinssenkung oder Nachlaß an der Forderung eintreten, bei Aktien durch Zusammenlegung des Grundkapitals oder dauernd verminderte Rentabilität offenbar werden. Das Letztere kann auch bei Beteiligungen vorkommen.

2. Wenn das Gesetz verlangt, daß Anlagegegenstände zum Anschaffungs- oder Herstellungspreis minus ordnungsmäßige Abschreibungen angesetzt werden, so bedeutet dies nicht, daß für jeden einzelnen Anlagegegenstand ein Sonderkonto geführt werden müsse, um die individuellen Abschreibungen vorzunehmen. Das letztere ist in der Praxis für Großanlagen üblich, z. B. Eisenbahnen, Elektrizitäts-, Wasserwerke. Für andere Betriebe, wie z. B. Maschinenfabriken, Spinnereien, die mit einer großen Anzahl kleinerer Maschinen und Anlagen arbeiten, wäre es aber infolge der sich überschneidenden Lebensdauerkurven unmöglich, die Abnutzung für jeden Gegenstand einzeln zu berechnen, dies um so weniger, als die Anlagen von Zeit zu Zeit überholt werden müssen. Diese Überholungen, die den Gebrauchswert der Anlage über die Dauer des Geschäftsjahres hinaus erhöhen, können im Gegensatz zu den laufenden Reparaturen meist nicht sofort abgeschrieben, sondern müssen dem Anlagekonto belastet werden. Für solche Anlagen, die sich in einem raschen und ziemlich gleichförmigen Rhythmus erneuern, ist daher eine **Gesamtabschreibung** entsprechend der Gesamt-(Kollektiv)bewertung (S. 54) zulässig, wobei die Abschreibungsquoten besonders vorsichtig und nach den im Betrieb gewonnenen Erfahrungen festgesetzt werden müssen. Diese Auffassung wird durch die neuere Rechtsentwicklung bestätigt, wie sie in der Behandlung der kurzlebigen Wirtschaftsgüter zum Ausdruck gekommen ist. Diese Wirtschaftsgüter können auf ein einheitliches Konto gebracht und mit einheitlichen Sätzen abgeschrieben werden. **Stets muß aber die Abschreibung sich auf bestimmte Gegenstände beziehen.** Eine Gesamtabschreibung in dem Sinne, daß nicht auf einzelne Vermögensgegenstände, sondern auf den Gesamtwert des Unternehmens abgeschrieben wird, ist unzulässig.

3. **Eine bestimmte Abschreibungsmethode** wird von dem Gesetz nicht vorgeschrieben. Zulässig sind alle Methoden, die den Grundsätzen ordnungsmäßiger Buchführung entsprechen, von denen jede ihre besonderen Vorzüge hat und daher je nach Art des Betriebes besonders geeignet erscheint[1]). Man geht bei der Abschreibung gewöhnlich ent-

[1]) Näheres Schmalenbach S. 138ff., Schmidt S. 160ff., Hast S. 207ff., Studt, Die privatwirtschaftliche Erfolgsrechnung in den Vereinigten Staaten von Amerika 1935 S. 195ff.

weder von dem Anschaffungswert oder von dem jeweiligen Buchwert (Restwert) aus. Im ersteren Falle wird bei 10jähriger Lebensdauer einer Anlage im Wert von 100 jeweils 10% des Anschaffungswerts = 10 als absoluter Betrag abgeschrieben (arithmetische Degression), so daß der Gegenstand in 10 Jahren auf Null abgeschrieben ist. In der Bestandsbilanz ist in diesem Fall zuweilen der Anschaffungswert der Anlagen und der Gesamtbetrag der in den verschiedenen Jahren gemachten Abschreibungen ersichtlich. Im zweiten Fall wird ein bestimmter Hundertsatz von dem jeweiligen Restwert abgeschrieben (geometrische Degression). Diese Methode führt nie zu einer Abschreibung auf Null, was an sich kein Nachteil ist, da ein gewisser Altmaterialwert immer vorhanden sein wird. Sie führt im Anfang zu größeren Abschreibungen, die sich aber immer mehr verringern. Um annähernd zu gleichen Buchwerten zu gelangen wie bei der ersten Methode, muß daher der Hundertsatz der Abschreibungen erheblich höher genommen werden. In der Bestandsbilanz ist in diesem Fall gewöhnlich der jeweilige Buchwert der Anlagen und der Betrag, der in dem betreffenden Jahre abgeschrieben worden ist, ersichtlich. Die Abschreibung kann auch in gestaffelt abfallenden Sätzen vom Anschaffungswert vorgenommen werden. Andere Methoden suchen den tatsächlichen Aufwand möglichst genau zu erfassen und gehen zu diesem Zweck von der erzielten Produktion oder von der Betriebsleistung aus. Bei Bergwerksberechtsamen wird z. B. die abgebaute Menge im Verhältnis zu der abbaufähigen Substanz zu Grund gelegt. Auch steigende Abschreibungsquoten können in besonderen Fällen vorkommen, z. B. wenn eine Anlage mit Fremdkapital errichtet wird, das mit gleichbleibenden Annuitäten also zuzüglich ersparter Zinsen, getilgt wird; die Tilgung der Anleihe und die Abschreibungen können hier miteinander gekoppelt werden, ohne daß freilich ein innerer Zusammenhang besteht.

In der Praxis werden die Abschreibungen oft je nach dem erzielten Jahresgewinn verschieden bemessen. In guten Jahren werden reichliche Abschreibungen gemacht, in schlechten Jahren werden sie unter Umständen ganz unterlassen. Das letztere ist nur zulässig, wenn durch die in früheren Jahren vorgenommenen höheren Abschreibungen eine stille Rücklage geschaffen worden ist, durch die die unterlassenen Abschreibungen der späteren Jahre ausreichend gedeckt sind. Denn die der tatsächlichen Abnutzung entsprechenden Abschreibungen sind durch das Gesetz zwingend vorgeschrieben. Ein Gewinn ist daher nur insoweit erzielt worden, als der Überschuß die notwendigen Abschreibungen übersteigt. Eine Bilanz, die einen Reingewinn ohne Berücksichtigung dieser Abschreibungen ausweist, widerspricht dem Gesetz und zwar auch dann, wenn die HV. beschließt, diesen Gewinn zur Vornahme der notwendigen Abschreibungen zu verwenden. Ein solcher Beschluß ist rechtlich nur zulässig, soweit die Rücklagen über den Betrag der notwendigen Abschreibungen hinausgehen[1]).

Die Abschreibungen können auf der **Aktiv-Seite** vorgenommen werden. Sie sind in diesem Fall auf die einzelnen Anlagegegenstände, wie sie nach den Gliederungsbestimmungen aufzuführen sind, besonders auszuweisen. Dies kann auch im Geschäftsbericht geschehen (§ 131 Abs. 4). Bisher war ein gesonderter Ausweis in der Bilanz nur für Zu- und Abgänge vorgeschrieben. Die Abschreibungen können auch auf der Passiv-Seite in Form von **Wertberichtigungskonten** in Ansatz gebracht werden; auch in diesem Fall müssen sie wenigstens im Geschäftsbericht gesondert aufgeführt werden. Ist ein Gegenstand auf den Nullwert abgeschrieben, so können auf der Aktiv-Seite weitere Abschreibungen nicht vorgenommen werden. Trotzdem kann nach den Grundsätzen ordnungsmäßiger Buchführung eine weitere Rücklage geboten sein, insbesondere dann, wenn infolge großer Preissteigerungen oder infolge von Geldwertänderungen der abgeschriebene Betrag zur Beschaffung eines gleichwertigen neuen Ersatzgegenstandes nicht ausreicht (vgl S. 35).

Eine allmähliche Abschreibung kommt nicht in Frage im Falle des **Totalverlustes**. Hier muß der in Frage kommende Gegenstand sofort mit dem vollen Wert, zu welchem er in der Bilanz eingesetzt ist, abgeschrieben werden. Hierher gehört auch der Fall des „**ungedeckten Anlage-Restwertes**"[2]). In der Praxis ereignet es sich häufig, daß ein Vermögensgegenstand wertlos wird, bevor er vollständig abgeschrieben ist, sei es daß die Abschreibungsquoten nicht ausreichend bemessen waren, oder auch aus anderen Gründen (z. B. Zufallsschäden). Nach den gesetzlichen Bestimmungen ist es nicht zulässig, in solchen Fällen ein fiktives Aktivum einzusetzen, um den Wertverlust auf die kommenden Jahre zu verteilen. Der ungedeckte Restwert muß vielmehr sofort abgeschrieben werden, und zwar über Gewinn- und Verlustkonto (unter I, 3, Abschreibungen auf Anlagen).

5. Die Berücksichtigung von Wertänderungen, die nach dem Bilanzstichtag, aber vor Aufstellung der Bilanz eintreten

§ 11

Die Bilanz für das verflossene Geschäftsjahr ist in den ersten fünf Monaten des neuen Geschäftsjahrs der HV. vorzulegen. Durch den Ge-

[1]) Vgl. AGesetz § 131 Abs. 2.
[2]) Vgl. Foettinger und Haaker, im WTr. 1936, 375, 377.

sellschaftsvertrag kann die Frist bis auf sieben Monate erstreckt werden. Wird die Bilanz durch Vorstand und Aufsichtsrat festgestellt, so hat dies spätestens innerhalb sechs Monaten zu geschehen. Bei der Aufstellung der Bilanz wird daher regelmäßig ein erheblicher Teil des neuen Geschäftsjahres bereits abgelaufen sein und es ist selbstverständlich, daß die über den Geschäftsgang im laufenden Geschäftsjahr gemachten Erfahrungen bei den für die Bilanz des abgelaufenen Geschäftsjahrs vorzunehmenden Bewertungen berücksichtigt werden. Es ist dabei gleichgültig, ob der Anschaffungs- oder Herstellungswert oder der Wert am Bilanzstichtag der Bewertung zugrunde gelegt wird. In beiden Fällen kann durch Bemessung der Abschreibungen oder durch Legung stiller Reserven den voraussichtlichen Ergebnissen des neuen Geschäftsjahrs Rechnung getragen werden. Dabei scheiden Wert-Erhöhungen, die nach dem Bilanzstichtag eintreten, ohne weiteres aus, weil über die gesetzlichen Wertgrenzen nicht hinausgegangen werden darf. Wertminderungen, die vor dem Bilanzstichtag eingetreten sind, aber erst nach diesem Zeitpunkt bekannt wurden (z. B. ein Schiff ist vor dem Bilanzstichtag beschädigt worden, die Beschädigung ist aber erst nach diesem Zeitpunkt bekannt geworden), müssen selbstverständlich bei Aufstellung der Bilanz berücksichtigt werden. Übrig bleibt daher nur die Frage, ob Wertminderungen, die erst nach dem Bilanzstichtag eingetreten sind, steuerrechtlich berücksichtigt werden dürfen. Dabei sind zu unterscheiden Wertminderungen, deren Ursachen am Bilanzstichtag bereits latent vorhanden waren, die aber erst später eingetreten sind. Solche Verluste bzw. Wertminderungen können bei Aufstellung der Bilanz berücksichtigt und müssen auch steuerrechtlich anerkannt werden. Wenn ein Schuldner in dem Zwischenraum zwischen Bilanzstichtag und Aufstellung der Bilanz seine Zahlungen einstellt, so wird man regelmäßig annehmen können, daß der Verlust bzw. der Minderwert schon am Bilanzstichtag vorhanden war. Das Gleiche wird man annehmen können, wenn bei Anlage- oder Umlaufgegenständen Schäden aufgetreten sind, die eine Folge innerer Mängel sind (z. B. Bauschäden, Schäden an Maschinen infolge mangelhafter Konstruktion), ferner bei Steuernachforderungen, Unterschlagungen. Anders verhält es sich, wenn nach dem Bilanzstichtag ein Schaden durch zufällige Ereignisse eintritt. Ist z. B. der Konkurs des Schuldners durch unerwartete, nach dem Bilanzstichtag eingetretene Umstände ausgelöst, so kann dies erst bei der nächsten Bilanzaufstellung berücksichtigt werden[1]). Ist ein Gebäude nach

[1]) RFH. in StuW. 1932, Nr. 623.

dem Bilanzstichtag durch eine Brandkatastrophe zerstört worden, so darf der Verlust in der Steuerbilanz des abgelaufenen Geschäftsjahrs grundsätzlich nicht berücksichtigt werden, weil er im neuen Geschäftsjahr entstanden ist. Auslandsforderungen sind mit dem Kurs am Stichtag auch dann anzusetzen, wenn nach dem Abschluß infolge Abwertung oder aus anderen Gründen ein Kurssturz eingetreten ist[1]). In solchen Fällen muß es aber für zulässig erachtet werden, in der Bilanz des abgelaufenen Geschäftsjahrs einen dem Verlust entsprechenden Betrag in Reserve zu stellen, der als steuerfreie Rückstellung anerkannt werden muß[2]).

6. Die Rechtsfolgen einer unzulässigen Bewertung

§ 12

Die Bewertung der Vermögensgegenstände in der Bilanz kann entweder zu hoch oder zu niedrig sein. Die Rechtsfolgen, die sich an die unzulässige Bewertung knüpfen, sind in beiden Fällen verschieden. Die Überbewertung verstößt gegen öffentliche Interessen, denn sie schädigt die Gläubiger und bedeutet im Falle einer sich daraus ergebenden Gewinnausschüttung eine Rückzahlung von Einlagen an die Aktionäre, die nach AGesetz § 52 (HGB. § 213) unstatthaft ist. Da es sich um die Verletzung zwingender Rechtsnormen handelt, auf die die Aktionäre nicht verzichten können, hat die Überbewertung die Nichtigkeit der Bilanz zur Folge[3]). Auf den Grad der Überbewertung kann es dabei nicht ankommen[4]). Eine Überbewertung liegt auch vor, wenn die Abschreibungen ungenügend bemessen sind. Nach Ansicht des RG. (72, 33) ist aber in diesem Fall die Nichtigkeit der Bilanz nur anzunehmen, wenn Arglist oder Willkür vorliegt. Die Ansicht des RG. beruht offenbar auf der Annahme, daß das Maß der Abschreibungen stets auf Schätzungen beruhe, während es sich bei der Bewertung nach dem Anschaffungs- oder Her-

---

[1]) So RFH. in StuW. 1934 Nr. 686 im Hinblick auf den Pfundsturz im September 1931 für einen Abschluß auf den 31. Juli 1931.

[2]) Vgl. hierüber die Ausführungen über Rückstellungen S. 133 f. Nach dem Gutachten des Fachausschusses Nr. 2/1936 (WTr. 1937, 10) ist es im Interesse einer klaren Rechnungsabgrenzung wünschenswert, daß die Zugehörigkeit der Vorgänge zu der neuen Rechnungsperiode im Jahresabschluß in Erscheinung tritt.

[3]) AGesetz § 202 Abs. 1 Nr. 2, vgl. Schlegelberger § 260b Anm. 10 und neuerdings RG. JW. 1936, 919.

[4]) Brodmann, Aktienrecht § 261 Anm. 2c nimmt Nichtigkeit nur in dem Fall an, wenn die Überbewertung geradezu phantastisch ist, während nur die Anfechtbarkeit der Bilanz gegeben sei, wenn die Überbewertung sich in den Grenzen einer allenfalls noch möglichen Schätzung bewege. In dem letzteren Falle kann man aber von einer Überbewertung im Sinne des Gesetzes nicht sprechen.

stellungspreis bzw. nach dem Börsen- oder Marktpreis um fest bestimmte Größen handele. Dagegen ist aber zu bemerken, daß die notwendigen Abschreibungen in vielen Fällen fest bestimmbar sind, während z. B. der Herstellungspreis einer selbst hergestellten Maschine oft schwerer feststellbar ist als das notwendige Maß der Abschreibungen. In beiden Fällen muß daher der Schätzung ein gewisser Spielraum gelassen werden. Mag es sich daher um die ursprüngliche Bewertung oder um das Maß der notwendigen Abschreibungen handeln, so kann die Nichtigkeit der Bilanz nur angenommen werden, wenn die Bewertung willkürlich ist, d. h. außerhalb der Grenzen vernünftigen kaufmännischen Ermessens liegt; dies kann natürlich nur für jeden einzelnen Fall festgestellt werden.

Im Gegensatz zu der Überbewertung ist die Unterbewertung nach Handelsrecht zulässig. Der Gesichtspunkt des Gläubigerschutzes kommt hier in Wegfall, denn es wird nur das Recht der Aktionäre auf die ihnen zustehenden Dividenden verkürzt. Die unzulässige Unterbewertung hat daher, soweit die Bilanz durch Beschluß der HV. festgestellt wird, stets nur die Anfechtbarkeit zur Folge[1]). Die Anfechtbarkeit ist auch hier nur gegeben, wenn die Unterbewertung willkürlich ist, d. h. außerhalb der Grenzen des vernünftigen kaufmännischen Ermessens liegt. Die Anfechtung steht jedoch nicht dem einzelnen Aktionär zu, sondern sie ist nur zulässig, wenn die Anteile der anfechtenden Aktionäre 5% des Grundkapitals erreichen (AGesetz § 198 Abs. 2; HGB. § 271)[2]).

Zweites Kapitel

Die Grundlagen der Steuerbilanz

I. Begriff der Steuerbilanz

§ 13

1. Die Steuerbilanz ist eine Jahresbilanz, denn sie bezweckt die Erfassung des Jahresgewinns. Sie ist daher die Grundlage für die Besteuerung nach dem Einkommen- bzw. Körperschaftsteuergesetz. Eine Steuerbilanz als Grundlage für die Besteuerung des Vermögens gibt es nicht. Bei der Veranlagung zur Vermögensteuer

[1]) S. die Ausführungen über die stillen Reserven S. 160 f.

[2]) Näheres in dem Abschnitt über Nichtigkeit und Anfechtbarkeit.

wird das Vermögen des Steuerpflichtigen mit dem Wert angesetzt, der nach den Bestimmungen des Reichsbewertungsgesetzes ermittelt worden ist[1]). Nach dem Reichsbewertungsgesetz[2]) werden die einzelnen Vermögensgegenstände (Wirtschaftsgüter) mit ihrem Teilwert, Wertpapiere nach ihrem Steuerkurswert, unbebaute Grundstücke mit ihrem gemeinen Wert, bebaute nach den Bestimmungen des Reichsfinanzministers angesetzt und sodann der Gesamtwert der wirtschaftlichen Einheit festgestellt (Einheitswert). Als Unterlage für die Veranlagung kann der Pflichtige seine Jahresbilanz einreichen, sie wird jedoch als Grundlage für die Veranlagung zur Vermögensteuer nicht anerkannt. Vielmehr verlangt die Steuerbehörde eine besondere Vermögensaufstellung, auf Grund deren die Bewertung der einzelnen Vermögensgegenstände nach obigen Bestimmungen erfolgt. Der Grund ist, daß der Gesetzgeber die Bestandsbilanz nicht als ein Vermögensverzeichnis anerkennt, da sie in erster Linie der Ermittlung des Jahresgewinns dient und den Wert der Vermögensgegenstände am Bilanzstichtag nur ausnahmsweise darstellt und in vielen Fällen nach den Bestimmungen des Handelsrechts nicht darstellen darf. Daraus geht hervor, daß auch das Steuerrecht den vorwiegend dynamischen Charakter der Jahresbilanz anerkennt[3]). Auch der RFH. hat wiederholt ausgesprochen, daß die kaufmännischen Jahresbilanzen keine Vermögens-, sondern Erfolgsbilanzen sind[4]).

2. Die Steuerbilanz ist eine Handelsbilanz. Dies ergibt sich aus der Bestimmung des EinkStG. § 5 Abs. 1: „Bei Steuerpflichtigen, die verpflichtet sind, Bücher nach den Vorschriften des HGB. zu führen, ist für den Schluß des Geschäftsjahrs das Betriebsvermögen anzusetzen, das nach den Grundsätzen ordnungsmäßiger Buchführung auszuweisen ist." Nun läßt das Handelsrecht dem Kaufmann bei Aufstellung der Bilanz insbesondere in bezug auf die Bewertung einen weiten Spielraum, so daß es an sich möglich wäre, für einen Betrieb mehrere Handelsbilanzen aufzustellen, die sämtlich den Vorschriften des AGesetzes bzw. des HGB. entsprechen würden. Maßgebend für die Steuerbilanz ist aber nur die Handelsbilanz, die der Kaufmann selbst für seinen Betrieb aufstellt[5]). Dies ist zwar im Gesetz nicht ausdrücklich ausge-

---

1) VermStG. § 4.

2) §§ 73—77, 54—66, 70.

3) Vgl. Bühler S. 94, 289f., oben S. 18.

4) RFH. im RStBl. 1930 Nr. 472; 1929 Nr. 203. Vgl. Mehrmann, Die Bedeutung der einzelnen Bilanzauffassungen in der DStZ. 1936, 1494.

5) Vgl. Kaemmel-Bacciocco § 5 Anm. 4.

sprochen, es ist aber allgemein anerkannt und ergibt sich auch daraus, daß der Steuerpflichtige seine Handelsbilanz der Steuerbehörde mit Erläuterungen einzureichen hat[1]). Daraus folgt aber, daß der Pflichtige nicht verlangen kann, daß der Besteuerung eine andere als die von ihm für seinen Betrieb aufgestellte Handelsbilanz der Besteuerung zugrunde gelegt wird. Wenn er also zu den Zwecken der Besteuerung eine besondere Bilanz aufmacht, so bedeutet dies nur, daß er beantragt, bei der Steuerveranlagung diejenigen Abänderungen der Handelsbilanz zu berücksichtigen, die aus der von ihm besonders aufgestellten Bilanz ersichtlich sind. An der Maßgeblichkeit der Handelsbilanz für die Steuerbilanz wird dadurch nichts geändert.

Die Maßgeblichkeit der Handelsbilanz für die Steuerbilanz bedeutet jedoch nicht, daß die Steuerbilanz mit der Handelsbilanz stets identisch sein muß. Das Handelsrecht will in erster Linie verhindern, daß zuviel Gewinn ausgeschüttet wird; es gestattet daher Unterbewertungen des Vermögens und Ausweis niedrigeren Gewinns infolge stiller und offener Reserven. Das Steuerrecht will in erster Linie verhindern, daß zu wenig Gewinn versteuert wird; daher kommt es ihm darauf an, daß der wirklich erzielte Gewinn richtig ermittelt wird. Infolgedessen ist die Handelsbilanz nur maßgebend innerhalb der „steuerrechtlichen Grenzpfähle", d. h. insoweit, als sie den Vorschriften der Steuergesetze entspricht. Hieraus ergeben sich gewisse Abweichungen der Steuerbilanz von der Handelsbilanz, die noch behandelt werden.

3. Da für die Steuerbilanz die von dem Kaufmann aufgestellte Handelsbilanz maßgebend ist, ergibt sich von selbst, daß auch die Steuerbilanz den Grundsätzen ordnungsmäßiger Buchführung entsprechen muß; dies wird in dem EinkStG. (§ 5 Abs. 1) übereinstimmend mit HGB. § 38 Abs. 1 überdies ausdrücklich ausgesprochen. Danach haben buch-

---

[1]) RAO. § 172 lautet:

„Steuerpflichtige, die Handelsbücher im Sinne des Handelsgesetzbuches führen, haben auf Verlangen eine Abschrift ihrer unverkürzten Bilanzen mit Erläuterungen einzureichen. Wenn sie nach ihrer Buchführung eine Gewinn- und Verlustrechnung aufstellen, ist auch diese beizufügen.

Aus der Bilanz oder den Erläuterungen soll klar hervorgehen, wie Gegenstände des Gebrauchs und Lagerbestände bewertet und welche Beträge darauf und auf zweifelhafte und uneinbringliche Forderungen oder sonst abgeschrieben worden sind.

Wenn Ausgaben für Anlagen als Unkosten gebucht sind, ist der Betrag in den Erläuterungen anzugeben.

Als Schuldposten dürfen Verpflichtungen aus Bürgschaften, Gefälligkeitsakzepten und dergleichen in der Bilanz nur aufgeführt werden, wenn die Rückgriffsrechte berücksichtigt sind."

führungspflichtige Kaufleute in ihrer Jahresbilanz „dasjenige Betriebsvermögen anzusetzen, das nach den Grundsätzen ordnungsmäßiger Buchführung auszuweisen ist.“ Entspricht die von dem Kaufmann aufgestellte Handelsbilanz diesen Vorschriften nicht, so wird sie als Steuerbilanz nicht anerkannt, und zwar selbst dann nicht, wenn sie einen höheren steuerpflichtigen Gewinn ergibt; dies gilt z. B. für den Fall, daß die notwendigen Abschreibungen nicht berücksichtigt sind[1]). Eine Steuerbilanz, d. h. eine den steuerlichen Vorschriften entsprechende Bilanz ist daher nur diejenige Bilanz, die den (zwingenden) Mindestbestimmungen des Handelsrechts entspricht. Eine andere Frage ist, ob Abweichungen von der Handelsbilanz, die steuererhöhend wirken, dann steuerrechtlich anerkannt werden, wenn diese Abweichungen an sich den handelsrechtlichen Bestimmungen nicht widersprechen. Auch diese Frage ist zu verneinen[2]). Denn auch auf diesen Fall treffen die Ausführungen des RFH. zu, daß der Kaufmann sich nicht je nach den Zwecken, die er mit der Bilanzaufstellung verfolgt, reicher oder ärmer machen darf. Außerdem würden dadurch neue Möglichkeiten des Auseinandergehens von Handels- und Steuerbilanz geschaffen werden. Anders liegt allerdings der Fall, wenn in einer früheren Bilanz, die zu einer rechtskräftigen Veranlagung geführt hat, eine von der Handelsbilanz abweichende Steuerbilanz anerkannt worden ist. Dann kann der Steuerpflichtige verlangen, daß der in der früheren Bilanz steuerrechtlich anerkannte Unterschied in der Bewertung auch in den späteren Bilanzen beibehalten wird[3]).

---

[1]) Mit Recht führt der RFH. in einem Urteil vom 23. 5. 1935 (StuW. 1935 Nr. 619) aus: „Die steuerlichen Vorschriften streben objektiv richtige Bilanzansätze in den Steuerbilanzen an. Überbewertungen jeder Art, die auf Vornahme zu geringer Abschreibungen beruhen, entspringen fast regelmäßig eigensüchtigen Beweggründen, seien es solche der Gesellschaft, weil sie ihre Lage z. B. aus kreditpolitischen Erwägungen günstiger darstellen will, seien es solche der Gesellschafter, weil die hohen Bilanzansätze die Grundlage für Ausschüttungen überhaupt oder für höhere Ausschüttungen bieten sollen. Die Förderung eigensüchtiger Zwecke, insbesondere zu Lasten getäuschter Vertragsgegner der Gesellschaft oder eine Gefährdung des Unternehmens und seiner Gefolgschaft durch Gewinnausschüttungen auf Grund falscher Bilanzen entspricht nicht nationalsozialistischer Denkungsart. Die Volksauffassung kann es nicht verstehen, daß sich der Kaufmann je nach den Zwecken, die er mit der Bilanzaufstellung verfolgt, reicher oder ärmer macht. Geht man hiervon aus, dann muß nach Möglichkeit verhütet werden, daß die Handelsbilanz einer Gesellschaft ein anderes Gesicht zeigt, als die Steuerbilanz“.

[2]) A. A. Kennerknecht, S. 360 Anm. 78, Bühler S. 106.

[3]) RFH. vom 28. 7. 1936 RStBl. S. 1002. Das Urteil behandelt den Fall, daß Wertpapiere nach dem EinkStG. 1925 mit dem Wert des Vorjahrs, in der

II. Die steuerrechtlichen Bewertungsvorschriften

1. Die zwei steuerrechtlichen Wertbegriffe: der Anschaffungs- oder Herstellungspreis und der Teilwert

§ 14

1. In noch höherem Umfang, wie dies bei dem Handelsrecht der Fall ist, geht das Steuerrecht von dem Anschaffungs- oder Herstellungspreis aus. Der steuerliche Begriff dieses Wertes deckt sich vollkommen mit dem des Handelsrechts. Insbesondere gehören zu den Anschaffungskosten auch die aufgewandten Nebenkosten. Die Frage, ob die Kosten der Geldbeschaffung zu den Anschaffungskosten gehören, ist handelsrechtlich zweifellos zu bejahen. Da die Zurechnung nach den Grundsätzen ordnungsmäßiger Buchführung gestattet ist, müßte die Zurechnung auch für das Steuerrecht insoweit anerkannt werden, als die Handelsbilanz mitgeht. Doch ist die Rechtsprechung des Reichsfinanzhofs in dieser Hinsicht nicht einheitlich[1]). Beim Herstellungspreis ist die Zurechnung von Generalunkosten, soweit sie Betriebs- und Verwaltungskosten sind, steuerrechtlich zulässig[2]). Reparaturen, die lediglich der Werterhaltung dienen, sind abzugsfähige Betriebsausgaben. Wenn sie dagegen eine dauernde Verbesserung darstellen, müssen sie aktiviert werden. In diesem Sinn unterscheidet der Reichsfinanzhof zwischen laufendem und Herstellungsaufwand[3]). Auch im Steuerrecht ist für den Anschaffungs- oder Herstellungspreis der durch Tausch erworbenen Gegenstände der Wert der Gegenleistung maßgebend. Die kaufmännische Auffassung, die in dem Erwerb durch Tausch keine Realisierung erblickt, wird vom RFH. als Grundsatz nicht anerkannt. Wenn z. B. Wertpapiere zu 30000 M. zu Buch stehen und M. 40000 wert sind, in andere Wertpapiere getauscht werden, so ist der Erwerbspreis für die letzteren 40000 M. Dies bedeutet, daß die stille Reserve, die auf den hingegebenen Aktien ruht, nicht auf die eingetauschten

---

Handelsbilanz aber zu einem höheren Kurswert angesetzt waren. Das Letztere wurde erst nach dem EinkStG. 1934 zulässig. Das Finanzamt verlangte die Besteuerung des Unterschiedes, weil nunmehr die Handelsbilanz auch steuerlich anerkannt werden konnte. Der RFH. hat dies abgelehnt. Vgl. Brönner S. 30 und die Ausführungen über Bilanzänderung unten S. 77 ff.

[1]) Vgl. Kaemmel-Bacciocco § 6 Anm. 8, Wulff § 6 Anm. 6.

[2]) Vgl. RFH. 21, 105 für die Vermögenssteuer; nach Steuerrechtspr. in Karteiform EinkStG. 1925 § 19 Abs. 2 Nr. 16 gehört die Gewerbesteuer zu den „mittelbaren" Aufwendungen und darf nicht zugerechnet werden.

[3]) Vgl. Kaemmel-Bacciocco § 6 Anm. 10; Mrozek-Peters § 6 Anm. 7; Kennerknecht S. 336 Anm. 34; RFH. 19, 201.

Wertpapiere übertragen werden darf. Es entsteht daher ein steuerpflichtiger Veräußerungsgewinn von 10000 M[1]). Der RFH. läßt jedoch eine Ausnahme für den Fall zu, daß „der ursprüngliche Gegenstand, wenn auch in veränderter Rechtsform, wirtschaftlich im wesentlichen in seiner ursprünglichen Bedeutung im Unternehmen der austauschenden Gesellschaft weiterarbeitet", z. B. die Kuxe einer in eine AG. umgewandelten Gesellschaft werden in Aktien umgetauscht. Das gleiche dürfte anzunehmen sein, wenn Wertpapiere des Anlagevermögens in Tausch gegen andere Wertpapiere gegeben werden, die gleichfalls Anlagezwecken dienen[2]). Werden dagegen Waren hingegeben, um Beteiligungen zu erwerben, so ist nach Ansicht des RFH. für den Anschaffungspreis der Beteiligung der Wert der Waren maßgebend[2a]). Sind Wirtschaftsgüter unentgeltlich erworben, so gilt in Übereinstimmung mit dem Handelsrecht „für den Empfänger als Anschaffungs- oder Herstellungskosten der Betrag, den er für das einzelne Wirtschaftsgut im Zeitpunkt des Empfanges hätte aufwenden müssen"[3]). Um einen Tausch handelt es sich auch, wenn Gegenstände gegen Ausgabe von Aktien erworben werden.

2. Im Gegensatz zu dem Handelsrecht kennt das Einkommensteuerrecht nur einen weiteren Wert, nämlich den Teilwert. „Teilwert ist der Betrag, den ein Erwerber des ganzen Betriebes im Rahmen des Gesamtkaufpreises für das einzelne Wirtschaftsgut ansetzen würde; dabei ist davon auszugehen, daß der Erwerber den Betrieb fortführt"[4]).

Es ist interessant, der Entwicklung nachzugehen, die zu dem Begriff des Teilwertes geführt hat. Ursprünglich kannte das Steuerrecht, abgesehen von dem Anschaffungswert, nur den Begriff des gemeinen Wertes und ließ Abschreibungen nur wegen technischer Abnutzung und Substanzverringerung zu, während die zahlreichen Fälle der Wertminderung durch rückgängige Konjunktur, mangelnde Rentabilität, geringere Ausnutzung der Kapazität usw. im Gesetz nicht vorgesehen waren. Die Verhältnisse zwangen aber dazu, auch solche Wertminderungen zu berücksichtigen. Die Möglichkeit dazu wurde dadurch geschaffen, daß an Stelle des Anschaffungswertes minus Abnutzung auch ein Zurückgehen auf den

[1]) Vgl. WTr. 1936, 43.

[2]) Kennerknecht, S. 399 Anm. 44, S. 411 Anm. 59. Dieser Fall liegt auch vor, wenn Wertpapiere mit Auslosungsrechten im Umtausch gegen Hingabe der entsprechenden Stücke der bisherigen Anleihe erworben werden. A. A. anscheinend Gutachten des Fachausschusses Nr. 4/1936 WTr. 1937, 11.

[2a]) RFH. v. 11. 10. 33 StuW. 1934, Nr. 92; vgl. WTr. 1936, 43.

[3]) 1. DB. zum EinkStG. § 6 Abs. 2. Vgl. Kennerknecht S. 403, Anm. 49.

[4]) EinkStG. § 6 Ziffer 1 Satz 3 = RBewG. § 12.

gemeinen Wert gestattet wurde. Dabei konnte man natürlich nicht ein Zurückgehen bis auf den Liquidationswert zulassen, sondern nur bis auf den Wert, den die Gegenstände unter der Voraussetzung der Fortsetzung des Betriebes besaßen. „Hiernach dient die Einsetzung des Teilwertes im wesentlichen der Berücksichtigung von Verlusten und Wertminderungen"[1]). Das EinkStG. 1925 (§ 19 Abs. 1 Satz 2) bestimmte daher: „Bei der Ermittlung des gemeinen Werts von Gegenständen, die nicht zum Verkauf bestimmt sind, ist nicht der bei der Veräußerung jedes Gegenstandes im einzelnen erzielbare Preis zu ermitteln, vielmehr ist davon auszugehen, daß der Gegenstand auch fernerhin der Fortführung des Betriebs dient, dem er zur Zeit der Bewertung angehört". Dieser Gedanke war nicht neu. Er ist schon in einer Entscheidung des Reichsoberhandelsgerichts vom 3. 12. 1873 (Bd. 12, 19) enthalten, wo es heißt: „der Bilanz liegt die Idee einer fingierten augenblicklichen allgemeinen Realisierung sämtlicher Aktiva und Passiva zugrunde, wobei jedoch davon ausgegangen werden muß, daß in Wirklichkeit nicht die Liquidation, sondern vielmehr der Fortbestand des Geschäfts beabsichtigt wird." Es ist eine Erfahrung des täglichen Lebens, daß eine Maschine, die in einem Betrieb verwendet wird, ihren vollen Wert besitzt; wird sie aber aus dem organischen Zusammenhang mit dem Betrieb gelöst, so hat sie meist nur noch Schrottwert. Man könnte daher den Wert eines dem Betrieb dienenden Gegenstandes auch als organischen Wert bezeichnen. Der RFH. hat dafür den Begriff des Teilwertes geprägt, der in das Einkommensteuerrecht 1934 übergegangen ist. Im Grunde genommen ist der Begriff des Teilwertes nur für Gegenstände des Anlagevermögens verwendbar. Daher beschränkte auch das EinkStG. 1925 diesen Wert auf Gegenstände, die nicht zum Verkauf bestimmt sind. Die Umlaufgegenstände sollen nach ihrer Bestimmung von dem organischen Zusammenhang mit dem Betrieb losgelöst werden und haben daher in der Regel nur einen Veräußerungswert, den man im Gegensatz zu dem organischen Wert als Sonderwert bezeichnen könnte. Der Typ dieses Wertes ist der Börsen- oder Marktpreis. Das neue Einkommensteuerrecht macht aber den Unterschied von organischem und Sonderwert nicht mehr, sondern wendet den Begriff des Teilwertes auch auf Umlaufgegenstände an. Richtig ist, daß in besonderen Fällen auch Umlaufgegenstände einen Teilwert im eigentlichen Sinn haben können. Angenommen, ein Metallwerk hat einen Vorrat an Rohkupfer und es bestehen für die Beschaffung dieses Metalles einschränkende Vorschriften,

---

[1]) Becker § 19 Bem. 228 S. 1068.

so kann der sinkende Weltmarktpreis für Kupfer steuerlich nicht ohne weiteres auch auf die vorhandenen Vorräte angewendet werden. Im allgemeinen ist aber der Teilwert für Umlaufgegenstände mit dem Börsen- oder Marktpreis identisch. Der Teilwert für Anlagegegenstände ist kein fest bestimmter Betrag; seine unterste Grenze ist der Liquidationswert, falls der Gegenstand für den Betrieb nicht mehr verwendbar ist, seine oberste Grenze ist der Wiederbeschaffungswert eines gleichartigen neuen Gegenstandes unter Berücksichtigung von Abschlägen, die der Benutzungsdauer des alten Gegenstandes entsprechen[1]).

In der neuen Gesetzgebung wird der Teilwert von dem gemeinen Wert scharf getrennt. So werden nach dem Reichsbewertungsgesetz unbebaute Grundstücke, auch wenn sie zu einem Betriebsvermögen gehören, nach dem gemeinen Wert, das gesamte übrige Vermögen nach dem Teilwert bewertet (RBewG. §§ 53, 57 Abs. 3, 66, für Wertpapiere § 70). Ferner wird der Begriff des Teilwertes nach verschiedenen Richtungen ausgestaltet, um den steuerlichen Interessen der Einzelfälle Rechnung zu tragen[2]). Danach wird angenommen, daß der Teilwert nur in ganz seltenen Fällen niedriger sei als der Anschaffungswert minus Abnutzung (was durch die praktische Erfahrung keineswegs bestätigt wird) und daß bei der Berechnung der oberen Grenze (Wiederbeschaffungswert) die Kosten zuzusetzen seien, die durch eine Behinderung des Betriebes entstehen würden, wenn ein betriebsnotwendiges Wirtschaftsgut ersetzt würde. Dies würde bedeuten, daß der betriebliche Verlust, der durch den Ausfall des Wirtschaftsgutes entstünde, dem Kaufpreis zugesetzt werden müßte, was den zwingenden Vorschriften des Handelsrechts widerspricht, das nur den Ansatz der reinen Anschaffungskosten zuläßt[3]). Richtig ist, daß bei der Bestimmung des Wiederbeschaffungswertes von den individuellen Verhältnissen des Betriebes ausgegangen werden muß.

Aus den bisherigen Ausführungen geht hervor, daß das Steuerrecht den Hilfswert des § 40, d. h. den den Grundsätzen ordnungsmäßiger Buchführung entsprechenden Wert nicht kennt. Fehlt es also an einem Anschaffungspreis oder an einem Börsen- oder Marktpreis, so tritt der Teilwert ein. Darin liegt eine Vereinfachung und vielleicht sogar insofern eine Verbesserung, als nunmehr der Wertmaßstab, der dem § 40 fehlt, entdeckt worden ist, so daß ein richtiger Wertbegriff ge-

---

[1]) Vgl. Kaemmel-Bacciocco § 6 Anm. 10; Kennerknecht S. 405 Anm. 54.

[2]) Vgl. Reinhardt, I, 140ff. Oermann DStZ. 1936, 669.

[3]) Ebenso Bühler in der JW. 1936 S. 1650, dagegen Schillinger in der DStZ. 1936 S. 1050.

schaffen wurde. Wenn man aber den Begriff des Teilwertes analysiert, so erkennt man, daß er schließlich doch auf den Wert des § 40 hinauskommt; denn Teilwert ist entweder der bei einer Wiederbeschaffung aufzuwendende oder der bei einer Veräußerung erzielbare Preis. Dieses Ergebnis ist auch keineswegs befremdend; denn da die Steuerbilanz zugleich eine Handelsbilanz ist und daher auf den Grundsätzen ordnungsmäßiger Buchführung beruht, müssen auch die steuerlichen Wertbegriffe letzten Endes denen des Handelsrechts entsprechen.

3. Nach dem Handelsrecht wie nach dem Steuerrecht sind die einzelnen Vermögensgegenstände zu bewerten (Einzelbewertung). Soweit es sich um größere Mengen einzelner gleichartiger Anlagegegenstände handelt, ist die Einzelbewertung aber oft schwierig[1]), weil der Anschaffungswert der vielen zu verschiedenen Zeiten erworbenen Gegenstände schwer feststellbar ist. Auch das Steuerrecht gestattet daher die Gesamt- oder Gruppenbewertung nach Durchschnittssätzen[2]). Unter den Begriff der Gesamtbewertung fällt auch die Festbewertung (Standardbewertung) z. B. für Werkzeuge, Stanzen, Modelle. Ihr Wesen besteht darin, daß der Wertansatz unverändert gelassen wird, solange sich die betrieblichen Verhältnisse nicht wesentlich ändern. Absetzungen für die Abnutzung werden von einem Festwert nicht vorgenommen. Andererseits unterbleibt jede besondere Aktivierung von Neuanschaffungen.

Bei Umlaufgegenständen kommt eine Bewertung nach dem Anschaffungs- oder Herstellungspreis nur in Frage, wenn dieser niedriger ist als der Wert am Bilanzstichtag. Die Frage, ob auch hier eine Gesamt- (Gruppen- oder Fest-) Bewertung zulässig ist, hat keine Regelung gefunden. Die Frage ist wichtig für die Bewertung des eisernen Bestandes. Man wird jedoch auch hier eine Gesamtbewertung für zulässig erachten müssen[3]). Nach Handelsrecht darf der Ansatz jedoch den Anschaffungs- oder Herstellungspreis, wenn er niedriger ist als der Wert am Bilanzstichtag, nicht übersteigen. Eine Bewertung des eisernen Bestands nach den Grundsätzen des Anlagevermögens hat der RFH. abgelehnt[4]). Dagegen hat er zugelassen, daß ein Warenlager nach der Summe der Anschaffungswerte bewertet und eine dem Durchschnittsminderwert entsprechende Abschreibung gemacht wird[5]).

---

[1]) Vgl. oben S. 41.
[2]) Vgl. DB. 1935 § 54 zum RBewG. und Bühler S. 202.
[3]) Ebenso Becker § 19 Anm. 307.
[4]) 13, 69, vgl. Mehrmann DStZ. 1936, 1505.
[5]) RStBl. 1928, 342 Nr. 616.

2. Der Höchstwertgrundsatz im Steuerrecht

§ 15

Im Gegensatz zu dem Handelsrecht kennt das Steuerrecht nur einen Höchstwertgrundsatz und keinen Niederstwertgrundsatz. Höchstwert ist bei abnutzbaren Wirtschaftsgütern des Anlagevermögens der Anschaffungs- oder Herstellungswert minus Abnutzung, bei allen übrigen Wirtschaftsgütern, also auch beim Umlaufvermögen der Anschaffungs- oder Herstellungswert. Man könnte daraus schließen, daß in der Steuerbilanz die Umlaufgegenstände mit dem Anschaffungs- oder Herstellungswert eingesetzt werden könnten, auch wenn der Wert am Bilanzstichtag niedriger ist. Diese Auffassung trifft jedoch nicht zu. Denn für die Steuerbilanz ist maßgebend nur die Handelsbilanz, die den zwingenden Bestimmungen des HGB. entspricht. Das Steuerrecht war daher nicht genötigt, seinerseits den Niederstwert vorzuschreiben, sondern konnte sich damit begnügen, den niedrigeren Wert, der nach den Bestimmungen des HGB. eingesetzt werden muß, zuzulassen. Eine zwingende Vorschrift in diesem Sinn konnte das Einkommensteuerrecht umso weniger treffen, als der Niederstwertgrundsatz nur für Aktiengesellschaften vorgeschrieben ist, während das EinkStG. sich auf alle einkommensteuerpflichtigen Personen und Gesellschaften bezieht. Wenn das Steuerrecht sonach die Wahl zwischen dem Anschaffungs- oder Herstellungswert und dem Wert am Bilanzstichtag zuläßt, so ist dies nicht so zu verstehen, als ob nur haarscharf der eine oder andere Wert zulässig wäre; vielmehr ist in diesem Fall auch ein Wert zwischen Anschaffungs- und Zeitwert (Zwischenwert) zulässig, immer vorausgesetzt, daß dieser Wert auch in der Handelsbilanz eingesetzt ist. Handelsrechtlich kommt ein solcher Zwischenwert allerdings nur für Anlagegegenstände in Frage, für Umlaufgegenstände läßt der Niederstwertgrundsatz für einen Zwischenwert keinen Raum.

3. Die Bilanzkontinuität im Steuerrecht

§ 16

In Bezug auf den Grundsatz der Bilanzkontinuität ist das Steuerrecht erheblich strenger als das Handelsrecht. Die Kontinuität wird in dreifacher Beziehung verlangt.

a) in bezug auf den Bilanzansatz (sog. Wertzusammenhang oder besondere Bilanzkontinuität).

Bei **abnutzbaren Wirtschaftsgütern des Anlagevermögens**, die schon im Vorjahr vorhanden waren, darf der Bilanzansatz nicht über den letzten Bilanzansatz hinausgehen (EinkStG. § 6 Nr. 1). Wenn z. B. eine Maschine mit 10jähriger Lebensdauer zu 100 angeschafft und nach Ablauf des dritten Jahres auf 50 abgeschrieben ist, so darf der Pflichtige in der Schlußbilanz des 4. Geschäftsjahrs nicht auf 60 hinaufgehen, obwohl dies handelsrechtlich zulässig wäre, weil auch bei dem Wert von 60 die notwendigen Abschreibungen vom Anschaffungswert gewahrt sind. Diese Bestimmung soll verhindern, daß der Steuerpflichtige in Verlustjahren die Werte der abnutzbaren Anlagegegenstände hinaufsetzt, um in späteren Gewinnjahren entsprechend höhere Abschreibungen zu machen[1]. In diesem Fall würden die in früheren Bilanzen vorgenommenen Abschreibungen ein zweites Mal zur Gewinnminderung verwendet werden. Aus der negativen Bestimmung, daß der Bilanzansatz des Vorjahres trotz höherem Teilwert nicht überschritten werden darf, folgt aber positiv, daß der letzte Bilanzansatz trotz höherem Teilwert beibehalten werden kann, sofern der Bilanzansatz den Anschaffungs- oder Herstellungspreis minus ordnungsmäßige Abschreibungen nicht übersteigt. Insofern wird auch eine stille Reserve vom Steuerrecht anerkannt.

Bei **nicht abnutzbaren Wirtschaftsgütern des Anlagevermögens**, zu denen das Gesetz den Grund und Boden, Beteiligungen und den Geschäfts- oder Firmenwert rechnet, sowie beim **Umlaufvermögen** besteht dagegen keine Bindung an den letzten Bilanzansatz. Bei diesen Gegenständen „kann der Steuerpflichtige den Teilwert auch dann ansetzen, wenn er höher ist als der letzte Bilanzansatz; es dürfen jedoch höchstens die Anschaffungs- oder Herstellungskosten angesetzt werden". Der Nachsatz ist für AGen insofern überflüssig, als schon handelsrechtlich bei Anlagegegenständen nicht über den Anschaffungs- oder Herstellungspreis hinausgegangen werden kann, während bei Umlaufgegenständen der Teilwert nur angesetzt werden kann, wenn er niedriger ist als der Anschaffungs- oder Herstellungspreis. Angenommen, der Anschaffungswert von Waren, Vorräten oder Fertigfabrikaten ist 100 und der Wertansatz betrug in der letzten Bilanz nach dem damaligen Marktpreis 60, am Schluß des neuen Geschäftsjahrs ist der Marktpreis auf 80 gestiegen, so kann dieser Wert eingesetzt werden. Der Steuerpflichtige wird dies natürlich nur tun, wenn er in diesem Geschäftsjahr keinen oder nur einen geringen

[1]) Vgl. Bühler S. 197.

Gewinn erzielt hat; er hat dadurch die Möglichkeit, den Gewinn des nächsten Geschäftsjahrs um den erhöhten Bilanzansatz zu verringern.

b) in bezug auf den Bewertungsmaßstab (sog. innere Bilanzkontinuität).

Mit dem Bewertungsmaßstab darf nicht beliebig gewechselt werden. Wenn der Pflichtige bei nicht abnutzbaren Anlagegegenständen und bei Gegenständen des Umlaufvermögens von dem Anschaffungswert auf den niedrigeren Teilwert zurückgegangen ist, so kann er nicht beliebig auf den Anschaffungswert wieder hinaufgehen. Wohl aber ist es bei diesen Gegenständen zulässig, von dem niedrigeren Zeitwert auf den höheren Zeitwert überzugehen. Eine Änderung des Bewertungsmaßstabes liegt in diesem Fall nicht vor. Es ist aber zu beachten, daß es sich auch hierbei um eine Kann-Vorschrift handelt. Es besteht keine Verpflichtung, den höheren Teilwert einzusetzen, vielmehr kann der bisherige niedrigere Teilwert beibehalten werden. Insofern wird auch bei den nicht abnutzbaren Anlagegegenständen und beim Umlaufvermögen eine stille Reserve vom Steuerrecht anerkannt.

Aus der Kontinuität des Bewertungsmaßstabes ergibt sich auch, daß mit den Abschreibungsmethoden nicht beliebig gewechselt werden darf. Dies gilt jedoch auch hier nur unter der Voraussetzung, daß die zwingenden Bestimmungen des Handelsrechts eine solche Abweichung nicht erfordern. Wenn z. B. eine stärkere Inanspruchnahme stärkere Abschreibungen erforderlich machen oder wenn sich aus anderen Gründen ergibt, daß die bisherigen Abschreibungen hinter dem durch das Handelsrecht vorgeschriebenen Mindestmaß zurückbleiben, so sind höhere Abschreibungen zulässig[1]). Absichtlich unterlassene Abschreibungen dürfen allerdings in späteren Jahren nicht nachgeholt werden, sofern dabei nicht gegen die Mindestbestimmungen des Handelsrechts verstoßen ist[2]). Auch abgesehen davon darf, wie der RFH. mit Recht ausführt, der Grundsatz des Bewertungsmaßstabs nicht zu einer Erstarrung des Bilanzbildes führen. Soweit daher nicht die Absicht besteht, die Gewinne je nach den Ergebnissen auf andere Jahre zu verschieben, hat der Kaufmann das Recht zu wechseln[3]).

---

[1]) Vgl. Kaemmel-Bacciocco § 4 Anm. 11 S. 56.

[2]) StuW. 1935 Nr. 23, RStBl. 1935, 920 Nr. 653, vgl. Bühler S. 227.

[3]) Nach RFH. 29, 252 ist eine Änderung in der Bewertung von Forderungen zulässig, indem neuerdings 5% für Skonti, Preisdifferenzen, Nachlässe sofort abgesetzt werden, während sie in den Vorjahren bei Eintreten nachträglich gebucht wurden. Auch wurde hinsichtlich der Umsatzsteuer ein verschiedenes Verfahren im Hinblick auf die neuere Rechtsprechung zugelassen. Bei Währungsforderungen

c) in bezug auf das Bilanzschema.

Auch mit dem Bilanzschema darf nicht beliebig gewechselt werden. Ein solcher Wechsel ist zulässig, wenn er auch handelsrechtlich notwendig ist, z. B. weil die Art des Betriebes sich geändert hat. Ein Wechsel im Bilanzschema liegt auch vor, wenn z. B. Passiv-Posten in der Bilanz erscheinen, die in den früheren Bilanzen nicht enthalten waren. Die Einrichtung eines Delkredere-Kontos, das bisher nicht bestanden hat, wird aber auch hier als zulässig erachtet, wenn infolge des Anwachsens der Geschäfte oder der Veränderung des Abnehmerkreises die Einrichtung dieses Kontos notwendig erscheint.

d) in bezug auf die Art der Verbuchung.

Regelmäßig wiederkehrende Ausgaben (Mieten, Steuern, Versicherungsprämien) sind grundsätzlich so zu verbuchen, daß sie den Erfolg des Jahres belasten, auf das sie sich beziehen. Es ist jedoch auch möglich, sie nach dem Jahr der Zahlung zu buchen. Es darf damit aber nicht willkürlich gewechselt werden[1]).

4. Die Abschreibungen im Steuerrecht

§ 17

1. Das Steuerrecht kennt das Wort „Abschreibungen" nicht, sondern gebraucht statt dessen die Bezeichnung „Absetzungen". Der Umstand, daß das Handelsrecht Abschreibungen unter den wirklichen Wert unbeschränkt zuläßt und die Tatsache, daß von dieser Möglichkeit reichlich Gebrauch gemacht wird, hat das Steuerrecht veranlaßt, gegenüber dem handelsrechtlichen Begriff der Abschreibungen eine mißtrauische Haltung einzunehmen. Ursprünglich wurde vom Steuerrecht nur die technische Abnutzung anerkannt[2]). Der RFH. erkannte schon früh auch die wirtschaftliche Abnutzung an, doch waren bis zum Einkommensteuergesetz von 1934 Absetzungen ausdrücklich nur für technische Abnutzung und Substanzverringerung zulässig. Alle übrigen Arten der Wertminderung konnten nur auf einem Umweg, nämlich durch ein Zurückgehen auf den Teilwert berücksichtigt werden; hierin lag eine erhebliche Erschwerung, weil hierzu ein besonderer Nachweis erforderlich war. Nun bestimmt das Einkommensteuergesetz in § 7

---

wurde der Übergang von einheitlichen Buchungskursen zu den Kursen des Bilanzstichtages zugelassen (StuW. 1934 Nr. 609). Auch bisher nicht berücksichtigte Haftungen können neu eingesetzt werden (StuW. 1933 Nr. 25).

[1]) Vgl. RFH. 38, 99; RStBl. 1936, 806.

[2]) Kaemmel-Bacciocco § 7 Anm. 3.

Abs. 1: „Absetzungen für außergewöhnliche technische oder wirtschaftliche Abnutzung sind zulässig". Die Fassung des Gesetzes ist insofern mißverständlich, als es danach scheinen könnte, daß die wirtschaftliche Abnutzung nur insoweit anerkannt werde, als sie außergewöhnlich sei. Dies ist jedoch nicht gemeint. Man kann daher jetzt sagen, daß Absetzungen für alle Arten von Wertminderungen zulässig sind, die unter den Begriff der Abschreibungen fallen. Insofern besteht zwischen dem steuerrechtlichen Begriff der Absetzungen und dem handelsrechtlichen Begriff der Abschreibungen jetzt kein Unterschied mehr. Auch in der Form besteht kein Unterschied: die Absetzungen können ebenso wie im Handelsrecht auf direktem Weg oder durch Einsetzung von Wertberichtigungskonten gemacht werden. Die handelsrechtlichen Vorschriften über Abschreibungen betreffen, wie schon ausgeführt, lediglich die Anlagegegenstände, die steuerrechtlichen Vorschriften über die Absetzungen betreffen nur abnutzbare Anlagegegenstände[1]). Bei nicht abnutzbaren Anlagegegenständen und bei Umlaufgegenständen sind Absetzungen nicht möglich, vielmehr muß hier auf den Teilwert zurückgegangen werden. Allerdings ist ein Zurückgehen auf den Teilwert auch in der Form möglich, daß in der Bilanz von dem höheren Wert Abschreibungen gemacht werden, wie dies insbesondere bei Forderungen durch Einsetzung eines Wertberichtigungskontos regelmäßig der Fall ist. Der Unterschied ist übrigens praktisch nicht von großer Bedeutung, denn die Steuerbehörde wird auch für die (bei abnutzbaren Anlagegegenständen zulässigen) Absetzungen für wirtschaftliche Abnutzung häufig eine Begründung verlangen.

Die „Absetzungen" erscheinen dem Steuerrecht so wichtig, daß es die Vermögensgegenstände der Bilanz lediglich danach einteilt, ob es sich um abnutzbare Wirtschaftsgüter des Anlagevermögens oder um andere Wirtschaftsgüter handelt, während das Handelsrecht nur Anlage- und Umlaufvermögen unterscheidet. Zur Zeit müssen also nach Steuerrecht noch unterschieden werden:

a) abnutzbare Wirtschaftsgüter des Anlagevermögens,

b) nicht abnutzbare Wirtschaftsgüter des Anlagevermögens und Wirtschaftsgüter des Umlaufvermögens.

Zu den nicht abnutzbaren Wirtschaftsgütern des Anlagevermögens rechnet das Einkommensteuergesetz Grund und Boden, Beteiligungen und den Geschäfts- und Firmenwert. Die Aufzählung ist jedoch nicht erschöpfend. Es gehören hierzu auch Wertpapiere, die keine Beteili-

---

[1]) Dies ergibt sich aus der Bestimmung des EinkStG. § 6 Nr. 1 und 2.

gungen darstellen, wie z. B. festverzinsliche Wertpapiere, sofern sie der Vermögensanlage dienen. Auffallend ist, daß der Geschäfts- oder Firmenwert zu den nicht abnutzbaren Wirtschaftsgütern des Anlagevermögens gerechnet und auf diese Weise von den Absetzungen ausgeschlossen wird. In Wirklichkeit gibt es aber kaum ein Wirtschaftsgut des Anlagevermögens, das in so hohem Maße abschreibungsbedürftig ist, wie der Geschäfts- oder Firmenwert. Ist der Erwerber des Geschäfts weniger tüchtig, als sein Vorgänger, so ist der übernommene Geschäfts- oder Firmenwert in kürzester Zeit verwirtschaftet (hier könnte der Nachweis des geringeren Teilwerts geführt werden). Ist er ebenso tüchtig, so hat er sich in kürzester Zeit den Geschäfts- oder Firmenwert durch seine eigene Tätigkeit errungen. Der selbst errungene Geschäftswert darf aber nach handelsrechtlichen Grundsätzen nicht aktiviert werden. Das Handelsrecht verlangt daher gerade für den Geschäfts- oder Firmenwert „angemessene jährliche Abschreibungen". Trotzdem ergibt sich auch aus dieser Divergenz, wie noch ausgeführt wird, keine Abweichung der Steuerbilanz gegenüber der Handelsbilanz, weil das Steuerrecht ein Zurückgehen auf den Teilwert zuläßt und die Steuerbilanz den zwingenden Bestimmungen des Handelsrechts entsprechen muß[1]). Ein Zurückgehen auf den Teilwert läßt der RFH. jedoch dann nicht zu, wenn die erworbenen Gegenstände zwar einen geringeren Wert haben, z. B. bei Erwerb zwecks Stillegung, aber der gezahlte Überpreis aus anderen Gründen gerechtfertigt ist, z. B. wegen Beseitigung der Konkurrenz oder Erwerb der Organisation oder der Geschäftsbeziehungen[2]).

Bestimmte Abschreibungsmethoden werden auch im Steuerrecht nicht vorgeschrieben. Das Steuerrecht beschränkt sich vielmehr in Übereinstimmung mit dem Handelsrecht auf die Vorschrift, daß die Absetzungen auf die Gesamtdauer der Verwendung oder Nutzung verteilt werden. Infolgedessen sind die in der Praxis üblichen verschiedenen Methoden auch im Steuerrecht anerkannt. Verlangt wird jedoch eine Methode, d. h. eine planmäßige Abschreibung. Daher darf mit den Absetzungen nicht willkürlich gewechselt werden, doch ist es zulässig,

---

[1]) Der RFH. läßt allerdings bei dem Geschäfts- oder Firmenwert den letzteren Gesichtspunkt nicht gelten. Vgl. Kennerknecht S. 418 Anm. 67. Bühler S. 141 weist mit Recht darauf hin, daß die Begründung, die der RFH. 29, 221 für seine Ansicht gibt, nicht überzeuge und daß der Nachweis für eine Minderung des Geschäftswerts schwer zu führen sei.

[2]) Vgl. RStBl. 1931 Nr. 410 S. 321; Nr. 48 S. 38; 1933 Nr. 420 S. 476; 1930 Nr. 545 S. 381; Schultze-Schlutius WPr. 1934, 320.

einer außerplanmäßigen Abnutzung durch verstärkte Absetzungen Rechnung zu tragen. Unzulässig ist es, die Abschreibungen zu unterlassen, um sie in späteren Jahren nachzuholen. Dies gilt jedoch insoweit nicht, als der Gegenstand infolge der unterlassenen Abschreibungen zu einem höheren Wert eingesetzt ist, als dies nach den zwingenden Vorschriften des Handelsrechts zulässig ist. In diesem Falle wird man aber die alten Bilanzen als unwirksam ansehen und eine nachträgliche Berichtigung der Steuerveranlagung vornehmen. Abschreibungen bzw. Wertberichtigungen über den Nullwert hinaus sind steuerrechtlich nicht zulässig.

Vom Standpunkt der Betriebswirtschaft aus ist es gerechtfertigt, den Abschreibungen auf Maschinen nicht den Anschaffungswert, sondern den Wiederbeschaffungswert zugrunde zu legen[1]), da das Unternehmen imstande sein muß, seine Produktionskraft zu erhalten und sich dauernd zu erneuern. Das Steuerrecht erkennt diesen Grundsatz jedoch nicht an, da dies eine nachträgliche Erhöhung der Anschaffungskosten auf den Wiederbeschaffungswert bedeuten würde.

2. Zu den abnutzbaren Wirtschaftsgütern des Anlagevermögens gehören auch die sog. kurzlebigen Wirtschaftsgüter. Bei Wirtschaftsgütern des Anlagevermögens, deren betriebsgewöhnliche Nutzungsdauer erfahrungsgemäß 5 Jahre nicht übersteigt, dürfen buchführende Gewerbetreibende die Absetzungen für Abnutzung höher als nach § 7 und ohne Rücksicht auf den Teilwert bemessen[2]). Diese Bestimmung ist von großer praktischer Bedeutung und sie hat sich auch deswegen als sehr zweckmäßig erwiesen, weil dadurch der „Kleinkrieg" zwischen Steuerpflichtigen und Steuerbehörden über die Abschreibungssätze ausgeräumt wird[3]). Diese Gegenstände können sofort auf den

---

[1]) Schmidt S. 163ff.; vgl. Gürtler, Abschreibungen auf Maschinen, WTr. 1935, 359.

[2]) EinkStG. § 6 Nr. 1 Satz 3, 1. DV. § 9.

[3]) Die Streitfälle zwischen Steuerbehörden und Steuerpflichtigen betreffen meistens die Frage der zulässigen Abschreibungen. Es wäre daher zu begrüßen, wenn feste Richtlinien hierüber erlassen würden. Solche Richtlinien finden sich in einem Runderlaß des Reichsfinanzministeriums vom 5. 7. 1935 zur Verordnung über landwirtschaftliche Buchführung für landwirtschaftliche Gebäude. RStBl. S. 953ff., Bühler S. 229. Auch einzelne Landesfinanzämter haben für ihren Bezirk Abschreibungsrichtlinien erlassen, die jedoch meist nicht veröffentlicht werden, offenbar in der Absicht, Berufungen zu vermeiden. Das Landesfinanzamt Berlin hat in einer Rundverfügung v. 10. 2. 1931 folgende Richtsätze festgelegt: Fabrikgebäude 2—4 %, Betriebsmaschinen 7—10 %, Spezialmaschinen 8—16 %, Werkzeuge 30—50 %, Personenkraftwagen und Lieferwagen 15—25 %, Lastkraftwagen 20—30 %, Motorräder 20—25 %, Traktoren 20—25 %, Geschäftseinrichtung 4—10 %, Schreib-, Rechen-, Buchungsmaschinen 15—20 %, Rüst-

Nullwert oder auf 1 RM. abgeschrieben werden (Sofortabschreibung), oder es können in späteren Jahren über den nach Handelsrecht notwendigen Betrag hinaus beliebig hohe Abschreibungen gemacht werden. Die Vergünstigung bezieht sich auch auf solche kurzlebige Wirtschaftsgüter[1]), die vor dem Jahre 1934 angeschafft worden sind, vorausgesetzt, daß sie bis Ende 1935 auf das Konto der kurzlebigen Wirtschaftsgüter übertragen worden sind. Der noch nicht abgeschriebene Restbetrag für die Altanlagen kann danach in gleicher Weise abgeschrieben werden wie die Neuanlagen. Voraussetzung für die Vergünstigung ist, daß für die kurzlebigen Wirtschaftsgüter ein besonderes Konto geführt wird, auf welchem die Werte der vorhandenen Altanlagen, die Anschaffungs- und Herstellungskosten für die neuen Anlagen und die Absetzungen für die Abnutzung besonders ausgewiesen werden[2]). Es ist daher nicht zulässig, die angeschafften kurzlebigen Wirtschaftsgüter direkt über Gewinn- und Verlustkonto abzuschreiben. Das Konto braucht jedoch in der Bilanz nicht zu erscheinen. In dem Runderlaß des RFM. v. 20. 12. 1934[3]) ist eine allgemeine Liste A und eine besondere Liste B (für die einzelnen Geschäftszweige) von kurzlebigen Wirtschaftsgütern aufgestellt. Für Wirtschaftsgüter, die nicht in dieser Liste stehen, muß der Pflichtige den Nachweis erbringen, daß sie erfahrungsgemäß nicht länger als 5 Jahre genutzt werden. Außerdem bestimmt dieser Erlaß, daß alle abnutzbaren Wirtschaftsgüter mit einem Anschaffungs- oder Herstellungswert von nicht über 200 M. ohne weiteres als kurzlebig gelten. Soweit es sich bei bereits vorhandenen Anlagegegenständen um kurzlebige Wirtschaftsgüter handelt, die mit Festwerten (Standardwerten) angesetzt sind, kann für diese trotz der Festwerte von der Vergünstigung der erhöhten Abschreibungen Gebrauch gemacht werden[4]).

---

zeug und Geräte im Bauhandwerk 20—25 % (Brönner S. 66). Vgl. über Richtlinien für die Abschreibung von Fahrzeugen der Binnenschiffahrt Studt, Die Erfolgsrechnung der Handels- und Verkehrsbetriebe, Festgabe für Prof. Dr. Dr. h. c. Josef Hellauer zu seinem 65. Geburtstag, herausgegeben von Prof. Dr. Carl Lüer und Dr. Reinhold Henzler, 1936 S. 217 ff.

[1]) Vgl. 1. DV. zum EinkStG. § 10 mit 1. DV. zum KörpStG. § 18, Veranlagungsrichtlinien 1937 B VII 2 Abs. 5.

[2]) 1. DV. zum EinkStG. § 8 mit 1. DV. zum KörpStG. § 18. Runderlaß des Reichsfinanzministeriums vom 20. 12. 1934 III 1, RStBl. 1935, 1, abgedruckt bei Kaemmel-Bacciocco S. 519. Näheres Brönner, Das Konto kurzlebiger Wirtschaftsgüter, WTr. 1935, 319.

[3]) RStBl. 1935 S. 1, abgedruckt bei Kaemmel-Bacciocco, S. 519.

[4]) Runderlaß des Reichsfinanzministeriums vom 20. 12. 1934 III, 1, vgl. Kaemmel-Bacciocco § 6 Anm. 5.

Nach dem Gesetz über die Steuerfreiheit von Ersatzbeschaffungen (Abschnitt II des Gesetzes zur Verminderung der Arbeitslosigkeit v. 1. 6. 1933) konnten Aufwendungen für die Anschaffung oder Herstellung von Maschinen, Geräten und ähnlichen Gegenständen des Anlagevermögens voll abgezogen werden, wenn der neue Gegenstand inländisches Erzeugnis war, einen bisher dem Betrieb dienenden gleichartigen Gegenstand ersetzte und durch seine Verwendung eine Minderbeschäftigung von Arbeitnehmern nicht herbeigeführt wurde. Durch verschiedene Verordnungen wurde das zeitliche Geltungsgebiet der Steuervergünstigung auf Ersatzbeschaffungen ausgedehnt, bei welchen der Auftrag vor dem 1. 1. 1935 erteilt und die Lieferung vor dem 1. 1. 1936 erfolgte; bei Steuerpflichtigen, die ein vom Kalenderjahr abweichendes Wirtschaftsjahr haben, konnte das Wirtschaftsjahr in dem der Ersatzgegenstand geliefert wurde, auch in das Kalenderjahr 1936 hineinreichen. Im Saarland gilt die Verordnung für Ersatzbeschaffungen, bei denen der neue Gegenstand nach dem 31. 12. 1935 und vor dem 1. 1. 1937 angeschafft oder hergestellt wurde. Die Wirkung der Steuervergünstigung besteht darin, daß der Gegenstand in voller Höhe der Anschaffungs- oder Herstellungskosten von dem Anlagekonto abgesetzt werden konnte. Voraussetzung ist auch hier, daß die Handelsbilanz mit der Steuerbilanz übereinstimmt[1]).

Die gleiche Steuervergünstigung, die aber zeitlich nicht beschränkt ist, genießen die Aufwendungen für den zivilen Luftschutz[2]) und für den zivilen Sanitätsdienst in Industrie- und Werkbetrieben[3]).

Endlich ist der RFM. durch das Gesetz über steuerliche Erleichterungen v. 15. 7. 1933 ermächtigt worden, Unternehmungen zur Entwickelung neuer Herstellungsverfahren oder zur Herstellung neuartiger Erzeugnisse für eine von ihm zu bestimmende Zeit von den laufenden Reichs- und Ländersteuern, die vom Einkommen, vom Ertrag, vom Vermögen oder vom Umsatz erhoben werden, ganz oder teilweise zu befreien, wenn dafür ein überragendes Bedürfnis der gesamten deutschen Volkswirtschaft anerkannt wird[4]).

3. Besonders wichtig ist die Frage der Abschreibungen bei Forderungen. Auch hier ist die Einzelbewertung wie auch die Gruppenbewertung (Pauschalabschreibung oder pauschale Wertberichtigung im Wege des Delkrederekontos) zulässig. Es können auch beide Bewer-

---

[1]) Näheres Kennerknecht S. 451 Anm. 31 ff.

[2]) RFME. v. 10. 10. 1933, RStBl. S. 1073.

[3]) RFME. v. 27. 1. 1934, RStBl. S. 128.

[4]) Näheres Kennerknecht S. 190 ff.

tungen miteinander verbunden werden, indem ein Teil der Forderungen einzeln, ein anderer Teil nach Gruppen bewertet wird[1]). Auch ein Wechsel von der einen Abschreibungsmethode zu der anderen oder eine Änderung in den Abschreibungssätzen ist zulässig; insofern wird der Grundsatz der inneren Bilanzstetigkeit (Wertzusammenhang) nicht anerkannt; doch darf der Wechsel nicht willkürlich vorgenommen werden, sondern muß in den Verhältnissen des Betriebes begründet sein[2]). Der Reichsfinanzhof hat in dem Urteil v. 8. 1. 1936[3]) seine Stellungnahme zu der Frage der Abschreibungen auf Außenstände abschließend wie folgt zusammengefaßt:

„Das allgemeine Delkredere kann nicht für sich allein, sondern nur im Zusammenhang mit den gegenüberstehenden Forderungen betrachtet werden. Es kommt sachlich auf den Ansatz der Forderungen in der Bilanz nach Abzug des Delkredere an. Dieser darf in einer späteren Bilanz nach § 20 Abs. 1 EinkStG.[4]) nicht erhöht werden. Das gilt aber nur von den Forderungen, die bereits in der früheren Bilanz aufgeführt waren, nicht von später entstandenen Forderungen. Wenn im Laufe des nächsten Jahres ein Teil der früheren Forderungen bezahlt oder wegen Uneinbringlichkeit ausgebucht worden ist, so ist für den Ansatz der noch bestehenden Forderungen in der nächsten Bilanz das Delkredere verhältnismäßig anzusetzen. Beispiel: In der Bilanz 1932 eines Abzahlungsgeschäfts sind bei 100000 RM. Forderungen mit einem Delkredere von 40% die Forderungen mit 60000 RM. angesetzt worden. Bis zum 31. 12. 1933 wurden von den 100000 RM. Forderungen 60000 RM. durch Zahlung oder Ausbuchung — weil tatsächlich oder schätzungsweise uneinbringlich — erledigt. In der Bilanz 1933 sind die verbleibenden 40000 RM. Forderungen bei einem Delkredere von 40% höchstens mit 24000 RM. einzusetzen.

Einen Grundsatz der inneren Bilanzstetigkeit erkennt der RFH. hierbei nicht an, so daß die neu hinzutretenden Forderungen am 31. 12. 1933 selbständig zu bewerten wären.

Als frühere Forderungen sind auch die zu betrachten, die im Zusammenhang mit eingefrorenen Forderungen entstehen, so z. B. wenn der Kunde die alte Forderung nur bezahlt, falls er kreditweise neue Ware im gleichen Rechnungsbetrag erhält."

---

[1]) Kennerknecht S. 423 Anm. 75.

[2]) RFH. bei Kennerknecht S. 356 Anm. 70. Nach der E. des RFH. vom 7. 4. 1936 (RStBl. S. 755 Nr. 532) hatte der Pflichtige in früheren Bilanzen eine Pauschalabschreibung von 10% gemacht. Er ging sodann zur Einzelbewertung der dubiosen Forderungen über und setzte für das allgemeine Risiko von dem Rest einen Pauschalbetrag von 10% ab. Die gesamten Abschreibungen betrugen danach in der neuen Bilanz 36%. Der RFH. hat dies für unzulässig erachtet.

[3]) RStBl. 1936 S. 430 Nr. 329.

[4]) 1925. Nach EinkStG. 1934 § 6 ist die Erhöhung zulässig.

III. Die Bindung der Steuerbilanz an die Handelsbilanz

§ 18

1. Es ist in dem Eingang dieses Kapitels bereits ausgeführt worden, daß als Steuerbilanz nur eine Handelsbilanz gilt, die den (zwingenden) Mindestvorschriften des Handelsrechts entspricht. Daraus folgt, daß Abweichungen der Steuerbilanz von der Handelsbilanz nur insoweit möglich sind, als die Handelsbilanz bei Ermittlung des Gewinnes über die Mindestvorschriften des Handelsrechts hinausgeht. Allerdings ist dieser Gedanke in den gesetzlichen Bestimmungen nicht klar zum Ausdruck gekommen. Es muß sogar zugegeben werden, daß das Gesetz Bestimmungen enthält, die diesem Gedanken zu widersprechen scheinen. Zwar stimmt das Einkommensteuergesetz mit dem HGB. insofern überein, als abnutzbare Anlagegegenstände zu dem Anschaffungs- oder Herstellungswert minus notwendige Abschreibungen angesetzt werden müssen, dagegen schreibt es bei Umlaufgegenständen den Niederstwert nicht zwingend vor, sondern läßt nur die Ansetzung eines niedrigeren Teilwerts zu. Während ferner das HGB. bei dem Geschäfts- oder Firmenwert Abschreibungen zwingend vorschreibt, gestattet das Einkommensteuergesetz überhaupt keine Abschreibungen hierauf, sondern läßt nur das Zurückgehen auf einen niedrigeren Teilwert zu. Es könnte aus diesen Vorschriften geschlossen werden, daß für die Zwecke der Besteuerung eine Bilanz anerkannt würde, die bei der Bewertung des Umlaufvermögens und des Geschäfts- oder Firmenwerts den zwingenden Vorschriften des Handelsrechts widerspreche[1]). Es ist jedoch ein unmöglicher Gedanke, daß das Steuerrecht für die Zwecke der Besteuerung eine Bilanz als maßgebend ansehen könnte, die den zwingenden Vorschriften des HGB. widerspricht, oder daß das Steuerrecht den Steuerpflichtigen (wie im Fall des Geschäfts- oder Firmenwerts), gar dazu zwingen könnte, Steuern auf Grund einer Bilanz zu zahlen, die den Steuerpflichtigen, wenn er sie als Handelsbilanz aufstellen würde, nicht nur zivilrechtlichen Regreßansprüchen, sondern auch der Gefahr der kriminellen Bestrafung

[1]) So Bühler in der 2. Aufl. S. 101ff., der dies aus der Bestimmung des § 5 Abs. 1 schloß, wonach bei der Ermittlung des Gewinnes „die Vorschriften über die Bewertung (§ 6) zu befolgen sind", während nach der Fassung des Gesetzes von 1925 (§ 13) diese Vorschriften lediglich „zu beachten" waren. Bühler hat sich aber in der 3. Aufl. S. 160f. zu der obigen Auffassung bekannt. Auch Kaemmel-Bacciocco § 5 Anm. 6 treten der Auffassung bei, daß die bisherigen Grundsätze der Rechtsprechung des Reichsfinanzhofs auch weiterhin anzuwenden seien. Vgl. ferner die ausführlichen Erläuterungen bei Kennerknecht S. 356ff.

aussetzen würde. Dies würde nicht nur dem Grundsatz von Treu und Glauben, sondern auch der nationalsozialistischen Weltanschauung widersprechen, nach der alle Fragen der Billigkeit und Zweckmäßigkeit zu beurteilen sind[1]). Der RFH.[2]) hat für das Einkommensteuergesetz 1925 den grundlegenden Satz aufgestellt: „Entspricht eine nach § 19 EinkStG. 1925 mögliche Bewertung nicht den Regeln ordnungsmäßiger Buchführung, so ist sie auch für die Steuerbilanz unzulässig". Wenn dieser Grundsatz auch in dem Gesetz von 1934 noch nicht klar zum Ausdruck gekommen ist, so ist dabei zu berücksichtigen, daß das Einkommensteuergesetz alle einkommensteuerpflichtigen Personen, sowie alle Arten von Einkommen betrifft und für die buchführenden Kaufleute nur wenige Sonderbestimmungen enthält. Soweit die Besteuerung der AGen in Frage kommt, müßten die Vorschriften über die Ermittlung des Gewinns an sich in das Körperschaftsteuergesetz aufgenommen werden, doch wird in diesem Gesetz lediglich auf die einschlägigen Bestimmungen des Einkommensteuergesetzes verwiesen.

Wenn das Steuerrecht sonach auch die den Mindestbestimmungen des HGB. entsprechende Handelsbilanz als für sich verbindlich anerkennt, so kann es andererseits allerdings nicht zugeben, daß der sich ergebende Gewinn durch handelsrechtlich zulässige Unterbewertungen oder Rücklagen verkürzt wird. Das steuerliche Interesse einer richtigen Gewinnermittlung ist dabei gradweise verschieden bei Anlage- und bei Umlaufgegenständen. Eine niedrigere Bewertung des Anlagevermögens mindert das Aktivvermögen und wirkt sich in entsprechend geringeren Überschüssen aus. Andererseits stärkt sie die finanzielle Grundlage des Unternehmens und damit auf die Dauer auch dessen Ertragskraft. Allein eine solche Politik auf lange Sicht lehnt der Gesetzgeber ab, offenbar auch deshalb, weil die durch niedrige Bewertung der Anlagen geschaffenen Reserven bei späterem ungünstigen Geschäftsgang wieder aufgezehrt werden können. Bei dem Umlaufvermögen wirkt sich eine niedrige Bewertung normalerweise schon in der nächsten Bilanz in entsprechend höherem Gewinn aus. Hier tritt die Zweischneidigkeit der Bilanz in Erscheinung, denn die Schlußbilanz mit der niedrigen Bewertung ist zugleich die Anfangsbilanz des neuen Geschäftsjahres. An sich könnte daher die Steuerbehörde bei niedriger Bewertung des Umlaufvermögens nachsichtiger sein, doch kommt auch hier in Betracht, daß nicht abzusehen ist, ob die präsumptiven Gewinne des nächsten Jahres tatsächlich eintreten bzw. nicht durch Verluste ausgeglichen

[1]) Steueranpassungsgesetz 1934 § 2 Abs. 3.
[2]) 21, 62.

werden. Außerdem sieht der Gesetzgeber in einer solchen Gewinnregulierung eine Benachteiligung anderer Steuerpflichtiger, denen eine solche Ausgleichsmöglichkeit nicht zusteht[1]). Bei Einzelkaufleuten und Personengesellschaften kommt weiter in Betracht, daß die Steuersätze progressiv sind, so daß eine Verteilung des Gewinns auf mehrere Jahre die Steuer verringert. Besonders wendet sich aber das Steuerrecht gegen verdeckte Gewinnausschüttungen, weil die verdeckt ausgeschütteten Gewinne auf alle Fälle der Besteuerung entzogen werden.

Aus diesen Gründen erkennt das Steuerrecht die Gewinnermittlung nur im Rahmen der Mindestbestimmungen des Handelsrechts an. Soweit die vorgenommenen Abschreibungen oder Rückstellungen im Rahmen der handelsrechtlichen Mindestbestimmungen vertretbar sind, können sie außerdem nur berücksichtigt werden, wenn sie auch in der Handelsbilanz vorgenommen worden sind. Hat daher der Pflichtige die Abschreibungen in der Handelsbilanz unterlassen, ohne daß deswegen die handelsrechtlichen Mindestbestimmungen verletzt sind, so werden sie auch nicht in der Steuerbilanz anerkannt. Es darf auch kein Ausgleich zwischen zu hohen und zu niedrigen Posten der Steuer- bzw. Handelsbilanz vorgenommen werden[2]). Da die steuerlichen Vorschriften über die Bewertung (soweit sie mit den Mindestvorschriften des HGB. vereinbar sind) eingehalten werden müssen, lehnt der RFH. auch die Tageswertbilanz als Steuerbilanz ab[3]), soweit diese Bilanz bei der Gewinnermittlung die Preis- und Geldwertänderungen auszuscheiden sucht. Dieser Standpunkt ist bezüglich der Geldentwertung durchaus begreiflich, so lange das bürgerliche und Handelsrecht auf dem Grundsatz Mark = Mark bestehen bleibt. Denn weder die Handels- noch auch die Steuerbilanz können aus ihrem Zusammenhang mit der allgemeinen Wirtschaft losgelöst werden. Die neuere Rechtsprechung berücksichtigt eine Geldentwertung dann, wenn sie ein solches Maß erreicht hat, daß dem Gläubiger eine Annahme der Leistung nach Treu und Glauben nicht mehr zugemutet werden kann. In solchen Fällen muß auch die Handels- und Steuerbilanz die Geldentwertung anerkennen. Auch für die Berücksichtigung von Preisänderungen, die ihren Grund auf der Warenseite haben, dürfte der RFH. die grundsätzlich richtige Abgrenzung gefunden haben. Danach genügt die vage Möglichkeit von Preissenkun-

---

[1]) s. jedoch unten S. 68.

[2]) RFH. in BankA. Jg. 35, 494 unter Hinweis auf den Grundsatz der Einzelbewertung.

[3]) Entscheidung vom 22. 10. 1931 RStBl. 1932, 22. vgl. Bühler, S. 192.

gen in einer unter Umständen fernen Zukunft nicht, sondern es müssen bestimmte Anhaltspunkte in dieser Hinsicht bestehen[1]).

2. Das Gesetz zur Änderung des Einkommen- und Körperschaftsteuergesetzes vom 29. 6. 1929 hatte die Abzugsfähigkeit des Verlustvortrages eingeführt. Danach konnten von dem Gewinn die in den beiden letzten, dem Veranlagungsjahr vorhergehenden Jahren entstandenen Verlustbeträge abgezogen werden. Das Einkommensteuergesetz 1934 hat diesen Verlustvortrag beseitigt, auch für den Fall, daß durch den Verlust eine Unterbilanz entstanden, d. h. das Grundkapital der Gesellschaft angegriffen ist; nach Handelsrecht kann allerdings, solange das Grundkapital nicht wieder aufgefüllt ist, ein Gewinn nicht ausgewiesen werden[2]), für die Besteuerung ist aber nur der Gewinn maßgebend, der sich aus dem Bestandsvergleich ergibt. Zur Milderung von Härten war die Bestimmung getroffen worden, daß gewerbliche Verluste zum letztenmal im Jahre 1934 abgesetzt werden konnten, aber nur bis zur Hälfte des in diesem Jahr erzielten Gewinns[3]). Die Abschaffung des Verlustvortrags wurde in der Hauptsache damit begründet, daß dadurch die buchführenden Kaufleute, Land- und Forstwirte vor allen anderen einkommensteuerpflichtigen Personen bevorzugt würden. Dieser Grund ist allerdings nicht stichhaltig, weil die letzteren Personen lediglich den Überschuß ihrer Einnahmen über die Werbungskosten versteuern, während bei den buchführenden Kaufleuten jede Vermögensmehrung, die sich aus dem Bestandsvergleich ergibt, ein steuerpflichtiger Gewinn ist. Unter diesen Umständen hat die Frage, welche rechtlichen Möglichkeiten dem Kaufmann zur Regulierung seines steuerpflichtigen Gewinns gelassen sind, eine erhöhte Bedeutung gewonnen. Diese Möglichkeiten sind außerordentlich gering. Der Kaufmann kann den steuerpflichtigen Gewinn dadurch vermindern, daß er die kurzlebigen Wirtschaftsgüter sofort oder in kürzeren Zeitabschnitten als innerhalb 5 Jahren abschreibt. Dadurch wird der Gewinn sofort vermindert, gleichzeitig aber auch die allmähliche Verminderung ausgeschlossen, weil für spätere Abschreibungen insoweit kaum Raum mehr ist. Ferner kann der Kaufmann bei nicht abnutzbaren Anlage-

[1]) In der vorerwähnten Entscheidung hatte eine Asbestwarenfabrik für 1927 Abschreibungen auf Warenvorräte wegen spekulativ hochgetriebener Preise gemacht. Die Preise sanken aber erst 1930 zufolge von Preisunterbietungen durch Rußland.

[2]) Über die steuerliche Behandlung des Buchgewinns bei der Sanierung s. S. 218ff.

[3]) 1. DV. zum EinkStG. § 35 mit 1. DV. zum KörpStG. § 18.

gegenständen (Grund und Boden, Beteiligungen, Geschäfts- oder Firmenwert) und beim Umlaufsvermögen den Teilwert ansetzen, auch wenn er höher ist als der letzte Bilanzansatz. Er darf jedoch höchstens den Anschaffungs- oder Herstellungswert einsetzen. Für die vorgenannten Anlagegegenstände kommt diese Möglichkeit kaum in Betracht. Der Steuerpflichtige kann davon Gebrauch machen, wenn er in Verlustjahren einen Verlustausweis vermeiden will. Er kann dann aber in den etwa folgenden Gewinnjahren mit dem Wert nicht wieder zurückgehen, da er alsdann einen niedrigeren Teilwert kaum wird nachweisen können. Bei Umlaufgegenständen ist zu berücksichtigen, daß handelsrechtlich der Niederstwertgrundsatz gilt. Daher kommt hier die Möglichkeit der Gewinnregulierung nur in Betracht, wenn der Anschaffungswert über dem Teilwert am Stichtag liegt und wenn außerdem dieser Teilwert höher ist als der entsprechende Teilwert des vorhergehenden Geschäftsjahrs. Ein Interesse, in diesem Fall von der Möglichkeit Gebrauch zu machen, besteht für den Steuerpflichtigen natürlich nur in einem Jahr, in welchem er keinen oder nur einen geringen Gewinn erzielt hat. Wenn alsdann in dem folgenden Jahr ein Gewinn erzielt wird, so vermindert er sich um den erhöhten Bilanzansatz. Selbstverständliche Voraussetzung ist auch hier, daß der Steuerpflichtige von dieser Bilanzierungsmöglichkeit auch in seiner Handelsbilanz Gebrauch macht. Eine von der Handelsbilanz verschiedene Steuerbilanz zu diesem Zweck aufzustellen, ist ausgeschlossen.

IV. Die Abweichungen der Steuerbilanz von der Handelsbilanz

1. Die abzugsfähigen Betriebsausgaben

§ 19

1. Die steuerlichen Vorschriften erkennen den in der Handelsbilanz ausgewiesenen Gewinn nicht ohne weiteres an. Dies gilt insbesondere, soweit es sich um den Abzug der Betriebsausgaben von dem steuerpflichtigen Gewinn handelt. Denn nicht jede Betriebsausgabe im Sinne der handelsrechtlichen Bilanz wird auch von dem Steuerrecht als abzugsfähige Ausgabe anerkannt[1]). Dazu gehört in erster Linie die Steuer von dem Einkommen. Für die AG. ist handelsrechtlich die Zahlung der Körperschaftsteuer selbstverständlich eine Betriebsausgabe. Diese darf aber nach dem KörpStG. (§ 12 Nr. 2) von dem Einkommen nicht abgezogen werden. Infolgedessen werden allgemein zu

[1]) Vgl. EinkStG. § 5 Abs. 1, § 4 Abs. 3.

dem ausgewiesenen Gewinn die Vorauszahlungen auf die Körperschaftsteuer und die Kapitalertragsteuer (Steuerabzug von der Dividende), soweit sie den in dem Bilanzzeitraum erzielten Gewinn betreffen, hinzugesetzt[1]). Die Zurechnung hat dagegen zu unterbleiben, wenn die Zahlung der Steuern zu Lasten einer bereits versteuerten Rücklage erfolgt. Wird infolge einer nachträglichen Veranlagung die Steuer erhöht, so kann der Mehrbetrag nicht von dem Gewinn des Jahres, auf das er sich bezieht, abgesetzt werden. Andererseits muß in dem Jahr, in welchem die nachträgliche Zahlung erfolgt, die Zurechnung zum Gewinn vorgenommen werden, da im Falle rechtzeitiger Zahlung der Gewinnvortrag auf die Rechnung des Zahlungsjahres sich verringert bzw. ein Verlustvortrag sich erhöht hätte[2]). Die gleichen Grundsätze gelten für die Vermögensteuer. Dagegen werden alle anderen Steuern wie Umsatz-, Gewerbesteuern[3]) usw. als abzugsfähige Betriebsausgaben anerkannt. Soweit die Erstattung von zuviel gezahlten Steuern vom Einkommen oder Vermögen in Frage kommt, wird der Betrag der erstatteten Steuern von dem steuerpflichtigen Gewinn in Abzug gebracht[4]).

Nicht abzugsfähige Betriebsausgaben sind ferner die an den Aufsichtsrat gezahlten Vergütungen, auch sofern es sich um feste Vergütungen handelt. Auch diese werden dem Gewinn zugesetzt[5]). Das gleiche gilt von Vergütungen jeder Art, die an Mitglieder des Vorstandes oder an andere Angestellte in leitender Stellung für ihre Tätigkeit gewährt werden, soweit die Vergütungen außer Verhältnis zu ihrer Arbeitsleistung stehen (KörpStG. § 17 Nr. 3). Erheblich weiter gehen die „Hinzurechnungen" bei Errechnung des Gewerbeertrags nach dem Reichsgewerbesteuergesetz (§ 8). Dem Gewinn aus dem Gewerbeertrag werden hier u. a. zugesetzt: Zinsen für Dauerschulden, die wirtschaftlich mit der Gründung, dem Erwerb, der Erweiterung oder Verbesserung des Betriebs zusammenhängen; die Hälfte der Miet- und Pachtzinsen für die Benutzung der nicht in Grundbesitz bestehenden Wirtschaftsgüter des Anlagevermögens, soweit nicht die Miet- und Pachtzinsen beim Emp-

[1]) Kennerknecht S. 509. Bühler S. 127 bemerkt hierzu mit Recht, daß dies einschließlich der Vermögensteuer eine Erhöhung der Körperschaftsteuer von 30 auf über 45 % zur Folge hat.

[2]) Vgl. Kennerknecht S. 510 Anm. 10.

[3]) EinkStG. § 9 Nr. 2 erwähnt zwar nur die Steuern vom Grundbesitz und sonstige öffentliche Abgaben, doch ist die Abzugsfähigkeit der Gewerbesteuer durch die Veranlagungsrichtlinien (für 1936 C II 2a) anerkannt.

[4]) Kennerknecht S. 511 Anm. 12.

[5]) KörpStG. § 12 Nr. 2.

fänger zur Gewerbeertragsteuer heranzuziehen sind; Gehälter und sonstige Vergütungen jeder Art, die an einen wesentlich beteiligten Gesellschafter oder an dessen Ehegatten für eine Beschäftigung im Betrieb gewährt worden sind; Gewinnanteile, die an persönlich haftende Gesellschafter einer Kommanditgesellschaft a. A. auf deren nicht auf das Grundkapital gemachten Einlagen oder als Vergütung (Tantiemen) für die Geschäftsführung verteilt worden sind, sowie Gehälter und sonstige Vergütungen jeder Art, die für eine Beschäftigung der Ehegatten dieser Gesellschafter im Betrieb gewährt worden sind.

Nicht abzugsfähig sind ferner die Ausgaben für gemeinnützige, mildtätige, kirchliche und ähnliche Zwecke, z. B. an die NS.-Volkswohlfahrt, Winterhilfswerk, Hitlerspende (KörpStG. § 12 Nr. 4).

2. Abgesehen von diesen im Gesetz besonders hervorgehobenen Fällen muß bei jeder Ausgabe geprüft werden, ob sie steuerlich als abzugsfähig anerkannt wird. Der RFH. nimmt eine Aktivierungspflicht an, wenn ein Wirtschaftsgut nach allgemeiner Verkehrsanschauung an und für sich einer besonderen Bewertung zugänglich ist und nach dieser Verkehrsanschauung einen wesentlichen und über die Dauer des einzelnen Steuerabschnitts wesentlich hinausreichenden Wert für das Unternehmen besitzt[1]). Das Aktivierungsrecht des Handelsrechts wird hier zur steuerlichen Aktivierungspflicht. Allerdings ist dieser weitgehende Grundsatz durch die Einführung der Sofortabschreibung für kurzlebige Wirtschaftsgüter in seiner Wirkung erheblich abgeschwächt worden.

Die Frage der Abzugsfähigkeit ist von großer Bedeutung bei Ausgaben für Instandsetzungen, die nicht nur der laufenden Unterhaltung dienen, sondern darüber hinaus eine Wertverbesserung darstellen. In der Praxis werden Reparaturen gewöhnlich unterschiedslos als Unkosten verbucht. Es ist aber auch von betriebswirtschaftlichem Standpunkt richtig, als Unkosten nur solche Reparaturen zu verbuchen, die durch die Beschäftigung in dem betreffenden Jahr veranlaßt sind (z. B. Reparaturen wegen Überbeschäftigung, wegen zufälliger Schäden). Dagegen empfiehlt es sich, außergewöhnliche, nicht periodisch bedingte Reparaturen (Großreparaturen und Überholungen) als Anlagezugänge zu behandeln, wenn sie nicht nur werterhaltend, sondern werterhöhend wirken. Das letztere ist der Fall, wenn durch die Reparatur die Gebrauchsfähigkeit des Gegenstands nicht nur für das Geschäftsjahr selbst, sondern für eine längere Zeit hinaus erhalten wird[2]). Aus praktischen Gründen

---

[1]) Kennerknecht S. 333 Anm. 29.

[2]) Vgl. Hast S. 73 ff.

hat der RFH. jedoch nicht jede Werterhöhung als aktivierungspflichtig angesehen, vielmehr darauf abgestellt, ob die gemachten Aufwendungen sich ihrer Höhe nach im Rahmen des „laufenden Erhaltungsaufwands" bewegen[1]). Werden die Aufwendungen für Reparaturen aktiviert, so können sich Schwierigkeiten ergeben, wenn auf die Anlagegegenstände die Methode der gleichbleibenden Abschreibungen angewandt wird. Es ist aber zulässig, die Aufwendungen für Reparaturen besonders zu aktivieren und abzuschreiben.

Die steuerliche Aktivierungspflicht wird daraus hergeleitet, daß die Aufwendungen nicht dem einen Jahr allein zuzurechnen sind, in dem sie gemacht worden sind, sondern auch späteren Jahren zugute kommen, die zu den Einkünften beitragen[2]). Dieser Fall kann vorliegen, wenn eine Gesellschaft Aufwendungen für Abbruchskosten, für Umbauten[3]) oder sonstige Änderungen im Betrieb macht, ferner bei Aufwendungen für den Anschluß an ein elektrisches Leitungsnetz[4]), für Beschaffung von Wohnungen wegen notwendiger Betriebsausdehnung, auch wenn sie auf fremden Grundstücken errichtet wurden[5]). Der RFH.[6]) hat auch Aufwendungen für Kundenwerbung eines Lesezirkel-Unternehmens (Reklamekosten) für aktivierungspflichtig erklärt, weil die Ausgaben zur Begründung eines festen und auf längere Zeit gesicherten Leserkreises und damit zur Geschäftsbegründung dienten.

In anderen Fällen kann sich die Aktivierungspflicht daraus ergeben, daß es sich um Aufwendungen handelt, die dem Erwerbspreis zuzurechnen sind, z. B. gezahlte Grunderwerbsteuern[7]) oder Anliegerbeiträge.

Gegenüber dieser weitgehenden Auffassung des RFH. muß darauf hingewiesen werden, daß steuerrechtlich eine Aktivierungspflicht dann jedenfalls nicht besteht, wenn handelsrechtlich nach den Grundsätzen

---

[1]) RFH. 19, 201. „Für die Frage, ob und inwieweit Aufwendungen auf Anlagegegenstände vom buchführenden Kaufmann zu aktivieren sind, ist der Gesichtspunkt einer Wertsteigerung nicht ausschlaggebend. Solche Aufwendungen brauchen insolange nicht aktiviert zu werden, als sie im Rahmen des ganzen Betriebs betrachtet als laufende Ausgaben erscheinen".

[2]) Vgl. Reinhardt I, 193ff., Mehrmann DStZ. 1936, 1502; Klebba WTr. 1936, 434.

[3]) Vgl. RStBl. 1929 Nr. 576.

[4]) RFH. 25, 174. Eine regelmäßige Abschreibung ist nicht zulässig, wenn der Anschluß von dritter Seite unterhalten wird.

[5]) StuW. 1927 Nr. 572.

[6]) StuW. 1934 Nr. 761 vgl. Kennerknecht S. 334 Anm. 30.

[7]) RStBl. 1928 Nr. 684 S. 382.

ordnungsmäßiger Buchführung ein Aktivierungsrecht nicht besteht. Denn an die Grundsätze ordnungsmäßiger Buchführung ist auch die Steuerbilanz gebunden[1]).

3. Soweit die Steuerbehörde einzelne Aufwendungen nicht als abzugsfähige Betriebsausgaben anerkennt, wird die Handelsbilanz dadurch nicht berührt; die betreffende Aufwendung wird vielmehr „außerhalb der Bilanz" berücksichtigt, indem sie dem aus der Bilanz sich ergebenden Gewinn zugesetzt wird (steuerliche Korrekturposten). Anders, wenn es sich um eine abweichende Bewertung handelt, wozu auch die Aktivierung von Aufwendungen in der Steuerbilanz gehört[2]). Eine solche Abweichung in der Bewertung hat zur Folge, daß sie nicht nur für die Bilanz gilt, in der die Abweichung erstmals vorgenommen wird, sondern daß sie sich auch auf alle zukünftigen Bilanzen auswirkt. Angenommen ein Umbau, der über Handlungsunkosten abgebucht wurde, muß mit 5000 M. aktiviert werden; oder eine nicht kurzlebige Maschine im Anschaffungswert von 10000 M. wird in der Handelsbilanz auf 5000 M. abgeschrieben, ohne daß der Steuerpflichtige in der Lage ist, für die Steuerbilanz einen entsprechenden Teilwert nachzuweisen. Dann erscheint die Maschine in der Steuerbilanz zum Anschaffungswert von 10000 M. minus ordnungsmäßige Abschreibungen, z. B. von jährlich 1000 M.: Steuerbilanz und Handelsbilanz gehen auch in Zukunft solange auseinander, bis die Übereinstimmung der Werte nach steuerlichen Grundsätzen wiederhergestellt werden kann. Die Wiederangleichung der Steuer- an die Handelsbilanz ist stets anzustreben; eine sofortige volle Wiederangleichung kann aber für den Steuerpflichtigen eine unbillige Härte bedeuten, z. B. wenn die Anlagegegenstände zufolge höherer Abschreibungen in der Steuerbilanz niedriger zu Buch stehen als in der Handelsbilanz (was im allgemeinen nur bei irrtümlicher Veranlagung möglich ist). Der RFH. hat in solchen Fällen zugelassen, daß die Abschreibungen in der Steuerbilanz soweit verkürzt werden, daß der Gegenstand zu dem gleichen Zeitpunkt abgeschrieben ist, als dies in der Handelsbilanz der Fall ist, oder daß unter die Passiven der Steuerbilanz ein Konto „steuerliche Zuvielabschreibungen" eingesetzt und allmählich getilgt wird[3]).

---

[1]) Eine gegenteilige Auffassung würde das Bilanzrecht untergraben, da es unmöglich wäre, einem Kaufmann ein Konkursvergehen nachzuweisen, wenn er Aktivierungen vorgenommen hat, die zwar nach den Vorschriften des HGB. unzulässig sind, aber von den Steuerbehörden verlangt werden".

[2]) Vgl. S. 71 f.

[3]) RStBl. 1932, S. 740 und S. 147; näheres Bühler S. 116 ff.

2. Die verdeckten Gewinnausschüttungen

§ 20

Verdeckte Gewinnausschüttungen sind Vermögensvorteile, die den Gesellschaftern oder dritten Personen ohne Gegenleistung oder ohne zureichende Gegenleistung gewährt werden. Solche Vermögensvorteile können nicht nur durch Betriebsausgaben, sondern durch jede Verminderung von Aktiven und Vermehrung von Passiven gewährt werden. Sie verdanken ihre eingehende Behandlung dem Steuerrecht, werden indes keineswegs immer aus steuerlichen Rücksichten vorgenommen. Der Beweggrund kann auch die Geheimhaltung hoher Gewinne gegenüber der Öffentlichkeit, insbesondere gegenüber den Wettbewerbern sein. Die verdeckten Gewinnausschüttungen finden sich vorwiegend in Familiengesellschaften; ihre eigentliche Domäne ist die GmbH. Die Korrektur der Handelsbilanz aus diesem Gesichtspunkt bildet ein umfangreiches Gebiet der Rechtsprechung des RFH.

1. Die verdeckte Ausschüttung kleidet sich vor allem in die Form von Betriebsausgaben, die dem Gesellschafter unmittelbar oder mittelbar zufließen. Es gibt keine Art der Aufwendung in der Gewinn- und Verlustrechnung, in die nicht ein Gewinn untergebracht werden könnte. Die Schwierigkeit, die echten Betriebsausgaben von den verdeckten Ausschüttungen zu unterscheiden, hat, wenn dies auch in der Rechtsprechung nicht in dieser Form zum Ausdruck gebracht wird, zu gewissen Vermutungen geführt.

a) Rechtsgeschäfte zwischen einer Gesellschaft und den Gesellschaftern müssen klar zum Ausdruck gelangen, also tunlichst schriftlich festgelegt werden, wenn sie Geltung beanspruchen wollen. Fehlt es daran, so dürfen sich die Beteiligten über ungünstige Schlüsse nicht beklagen[1]). Trotz schriftlicher Festlegung ist aber die Annahme einer verdeckten Gewinnausschüttung dadurch nicht ausgeschlossen. Auch ein unzweifelhafter Rechtsanspruch beseitigt nicht ohne weiteres die Annahme einer verdeckten Gewinnausschüttung[2]).

b) Rechte oder Vergünstigungen, die einem Fremden, der nicht Gesellschafter ist oder ihm nahe steht, nicht eingeräumt worden wären, begründen ebenfalls die Vermutung verdeckter Ausschüttung.

2. Es ist aber nicht ausgeschlossen, daß auch Vorteile, die einem Fremden eingeräumt worden wären, verdeckte Gewinnausschüttungen sind, wenn sie ihre Grundlage im Gesellschaftsverhältnis haben. Wenn

---

[1]) Vgl. RStBl. 1934, 857, Nr. 763, StuW. 1936, Nr. 134.

[2]) Vgl. RFH. 2, 183; 21, 275 (278).

z. B. ein Elektrizitätswerk, dessen Aktien im Besitz von Gemeinden sind, Abgaben für Wegebenutzung an diese Gemeinden entrichtet, so kann darin eine verdeckte Gewinnausschüttung liegen. Daß die Ausschüttung nicht im Verhältnis der gesellschaftlichen Anteile gewährt wird, hindert die Annahme einer verdeckten Gewinnausschüttung nicht[1]).

3. Eine verdeckte Gewinnausschüttung kann in unangemessen hohen Gehältern an Vorstandsmitglieder bestehen, die Gesellschafter sind; in Umsatzvergütungen, die ihnen neben dem angemessenen Gehalt gewährt werden; in Darlehen, die den Gesellschaftern gegeben werden, wenn die Forderung von vornherein uneinbringlich war, oder wenn mit ihrem Ausfall gerechnet wird. Sie kann auch darin liegen, daß für ein Darlehn, das der Gesellschafter gibt, übermäßig hohe Zinsen gegeben werden. Geldwerte Vergünstigungen, die meist einen der Gesellschaft entgehenden Vorteil darstellen, spielen eine erhebliche Rolle. Der Gesellschafter erhält z. B. ein Darlehn zinslos oder zu besonders niedrigen Sätzen, der Gesellschafter verkauft Waren oder sonstige Wirtschaftsgüter zu hohen oder kauft sie zu ungewöhnlich niedrigen Preisen. Die Gesellschaft übernimmt Schulden oder sonstige Verpflichtungen der Gesellschafter, bürgt für sie, sie verzichtet auf Ansprüche gegen die Gesellschafter. Die meisten vorstehenden Fälle werden in der 1. DV. zum KörpStG. § 20 besonders hervorgehoben. Selbst in einer Kapitalherabsetzung kann eine verdeckte Gewinnausschüttung liegen, wenn erhebliche Reserven vorhanden sind, die an Stelle der Kapitalherabsetzung hätten verteilt werden können. Dies gilt namentlich dann, wenn es sich um einen Alleinaktionär handelt[2]).

4. Die Zuweisungen erfolgen häufig nicht unmittelbar an den Gesellschafter, sondern an Angehörige oder sonst zu ihnen persönlich in Beziehung stehende Personen. Sie werden als Zuweisungen an den Gesellschafter auch dann betrachtet, wenn sie ohne seine Kenntnis erfolgen[3]). Zuweilen werden die Zuweisungen auch nicht von der Gesellschaft selbst, sondern von Dritten vorgenommen. So wenn die Pächterin eines Unternehmens an die Aktionäre der Verpächterin oder wenn der eine Teilnehmer einer Interessengemeinschaft eine garantierte Dividende an die Aktionäre der anderen bezahlt[4]). Ähnlich liegt der Fall, wenn Vorstandsmitglieder einer AG.,

---

[1]) RFH. 32, 85.

[2]) RFH. in RStBl. 1935, 650, 1569; RFH. 40, 69 unter Hinweis auf § 6 StAnpG.

[3]) RStBl. 1935, 616.

[4]) StuW. 1932 Nr. 526, 1933 Nr. 112.

die Gesellschafter einer zweiten AG. ist, von der letzteren Vergütung erhalten. Hier ist jeweils festzustellen, wem wirtschaftlich die Zuweisung zu verdanken ist. Wenn die Gesellschaft A ein Grundstück zu billigen Preisen an den Gesellschafter der Gesellschaft B verkauft und dafür von der letzteren Gesellschaft aus Anlaß von Warenlieferungen eine übermäßige Warenkommission erhält, so liegt seitens der Gesellschaft B eine verdeckte Gewinnausschüttung vor. Die Zuweisung muß nicht auf positiver Tätigkeit der Gesellschaft beruhen. Sie kann auch in einem Unterlassen bestehen. Eine Gewerkschaft hatte z. B. gestattet, daß eine Gewerke, der die Kuxe seiner Mitgesellschafter gepachtet hatte, das Bergwerk ohne Vergütung ausbeutete[1]).

5. Über das Jahr, dem die verdeckte Gewinnausschüttung zugerechnet werden muß, kann bei vorhandenem Gewinn kein Zweifel bestehen. Es ist das Jahr, von dessen Einkommen die Ausgabe abgesetzt wurde. Anders, wenn die verdeckte Ausschüttung bei fehlendem Gewinn zur Mindestbesteuerung herangezogen wird. Für übermäßige Gehaltszahlungen, Zahlung übermäßiger Zinsen gilt die 1. DV. zum KörpStG. § 30; sie sind dem Mindesteinkommen des Jahres zuzurechnen, für das sie gewährt wurden, bei rückwirkender Gewährung dem der Beschlußfassung vorangehenden Jahr. In andern Fällen müssen die Ausschüttungen dem Jahr zugerechnet werden, in dem sie aufgewandt wurden. Zweifelhaft ist es, wie die Zurechnung bei Darlehn oder einem sonstigen Kreditgeschäft zu erfolgen hat, falls die Forderung uneinbringlich wird. Die Steuerbehörde ist berechtigt, sie demjenigen Jahr zuzurechnen, in dem der Ausfall in der Bilanz ausgewiesen wird. Sie kann aber die Zuwendung auch dem Jahr zurechnen, in dem der Ausfall eingetreten ist. In einer Entscheidung des RFH. wird dem Finanzamt sogar die Wahl für alle Jahre von der Hingabe bis zum Ausweis in der Bilanz gelassen[2]). Das letztere kann aber nur gelten, wenn die Uneinbringlichkeit von vornherein klar zutage trat.

6. Was den Betrag der Zurechnung anlangt, so ergeben sich die Schwierigkeiten dann, wenn es sich um eine Mischung von Betriebsausgaben und Gewinnausschüttung handelt. Bei Gehaltszahlungen muß das angemessene Gehalt ermittelt werden. Nur der Überschuß ist verdeckter Gewinn. Bei außergewöhnlichen Preisen für Waren oder Wertpapiere oder Grundstücke muß der angemessene

---

[1]) RStBl. 1935, 827.
[2]) Vgl. RStBl. 1935 S. 1048, 1065.

Gegenwert festgestellt werden. Werden Häuser gebaut und zur Verfügung gestellt, so wird in der Regel nur der Mietwert in Betracht kommen, insoweit bei Zusammenrechnung von Mietwert und Gehalt die Grenzen der angemessenen Vergütung überschritten werden. Ist jedoch ausschließlich nach den Wünschen des Gesellschafters gebaut worden, so sind die Abschreibungen unter Berücksichtigung des Verlustes bei einer etwaigen Veräußerung zuzurechnen[1]). Ist die verdeckte Gewinnausschüttung von einer Gesellschaft gewährt worden, an der der beziehende Gesellschafter mit mindestens 25% unmittelbar beteiligt ist, so bleibt die Gewinnausschüttung auf Grund des Schachtelprivilegs außer Ansatz[2]).

V. Bilanzänderung und Bilanzberichtigung

§ 21

I. Die in den vorstehenden Darlegungen erörterten Abweichungen in der Errechnung des steuerpflichtigen Gewinns müssen nicht notwendig zu einer Änderung der Bilanz führen, sondern können durch Zurechnungen oder Absetzungen außerhalb der Bilanz berücksichtigt werden; dies gilt insbesondere von der Zurechnung der Körperschaftsteuer und den verdeckten Gewinnausschüttungen. Diese „steuerlichen Korrekturen" können ebensowohl im ursprünglichen Veranlagungsverfahren wie in einem späteren Steuerberichtigungsverfahren vorgenommen werden, wie dies namentlich nach Buch- und Betriebsprüfungen der Fall ist. In diesen Fällen wirken sich die vorgenommenen Änderungen nur für die Gewinnabrechnung des betreffenden Jahres aus, die Handelsbilanz des Jahres selbst und spätere Bilanzen werden davon nicht berührt. In Wirklichkeit wird also gegebenenfalls nur eine frühere Steuerveranlagung, nicht aber eine Bilanz berichtigt. Anders verhält es sich, wenn in einer Steuerveranlagung oder bei einer späteren Steuerberichtigung Änderungen vorgenommen werden, die die in der Handelsbilanz ausgewiesenen Vermögensgegenstände betreffen, z. B. wenn die der Bilanz zugrundeliegenden Wertansätze beanstandet werden. In diesem Fall wirkt sich die Änderung der Bilanz zufolge des Grundsatzes der allgemeinen Bilanzkontinuität (Bilanzenzusammenhang) auf alle folgenden Bilanzen aus. Das Handelsrecht kennt, übereinstimmend mit der kaufmännischen Praxis, eine Änderung der Bilanzen früherer Jahre nicht. Fehler

[1]) RFH. 36, 315; StuW. 1936 Nr. 90, Nr. 423.
[2]) KörpStG. § 9.

können nur in der neuen Bilanz berücksichtigt werden. Abgeschlossene Jahresrechnungen sind inkorrigibel[1]). Anders im Steuerrecht. Das Steuerrecht unterscheidet zwischen Bilanzänderung und Bilanzberichtigung. In dem EinkStG. § 5 Abs. 2 wird zwar der Ausdruck Bilanzberichtigung vermieden, sachlich werden aber die beiden Vorgänge unterschieden. Eine klare Scheidung der Begriffe wird in den Veranlagungsrichtlinien (1936 B IV) vorgenommen. Die Bilanzberichtigung setzt danach voraus, daß der Bilanzansatz unrichtig war, d. h. gegen zwingende Vorschriften des Steuerrechts oder des Handelsrechts verstieß. Soweit Verstöße gegen das Handelsrecht in Frage kommen, müssen sie derart sein, daß sie die Nichtigkeit der Bilanz zur Folge haben. Daher ist die Bilanzberichtigung nicht davon abhängig, daß eine neue Handelsbilanz aufgestellt wird; unterlassene Abschreibungen auf zweifelhafte Forderungen können z. B. in der Steuerbilanz korrigiert werden, ohne daß die Handelsbilanz durch Beschluß der HV. geändert wird[2]). Bei der Bilanzänderung handelt es sich dagegen um einen Ansatz, der an sich steuerrechtlich zulässig war, aber durch einen anderen, ebenfalls zulässigen Ansatz ersetzt werden soll. Die Bilanzberichtigung ist ohne Zustimmung des Finanzamts zulässig, so lange, bis das finanzgerichtliche Urteil erlassen ist oder sonst der Bescheid rechtskräftig wird. Die Bilanzänderung bedarf hingegen der Genehmigung, sobald einmal die Bilanz beim Finanzamt eingereicht worden war.

II. Die Bilanzänderung hat praktische Bedeutung nur als Gegenzug der Steuerpflichtigen, wenn die Steuerbehörde zufolge einer Berichtigung der eingereichten Bilanz einen höheren Gewinn errechnet, da alsdann der Steuerpflichtige gedrängt wird, die Bilanz daraufhin zu prüfen, ob er nicht zufolge der ihm freistehenden Möglichkeiten der Bilanzierung den Gewinn gleichwohl in der von ihm berechneten Höhe auch steuerlich hätte rechtfertigen können. Er wäre z. B. in der Lage gewesen, einen Gegenstand des Anlagevermögens statt zum Anschaffungspreis mit Absetzungen zu einem geringeren Teilwert einzusetzen. Diese Abwehr ist dem Steuerpflichtigen nunmehr so gut wie unmöglich gemacht. Bilanzänderungen bedürfen nach Einreichung der Bilanz der Zustimmung des Finanzamts. Die praktische Bedeutung der Bilanzänderung ist danach erheblich geringer geworden als früher; nach neuem Recht bedarf es zwar bei der AG. nicht mehr in allen Fällen eines die Bilanz ändernden Beschlusses der HV., andrerseits genügt die Änderung der Bilanz durch Vorstand und Aufsichtsrat nicht, vielmehr ist

[1]) Vgl. Schmalenbach S. 97.

[2]) RFH. im RStBl. 1932, 335; vgl. Bühler S. 121 f.

eine nochmalige Pflichtprüfung erforderlich, da ohne diese die geänderte Bilanz nichtig ist. Die Genehmigung des Finanzamts zu den Bilanzänderungen wird nach den Veranlagungsrichtlinien erteilt, wenn die Änderung wirtschaftlich berechtigt ist. Als Beispiel wird hervorgehoben, daß nachträglich die Wertlosigkeit einer Forderung bekannt wird, die voll oder mit einem verhältnismäßig hohen Prozentsatz angesetzt war. Oder, wenn ein Kredit aufgenommen werden und deshalb die zulässige volle Abschreibung kurzlebiger Wirtschaftsgüter rückgängig gemacht werden soll.

III. Von Bilanzberichtigung spricht man sowohl dann, wenn die Handelsbilanz zufolge der Steuergesetze berichtigt wird, z. B. eine handelsrechtlich zulässige stille Reserve, die steuerlich unzulässig ist, wird aufgedeckt und als Gewinn ausgewiesen. Man spricht aber auch von Bilanzberichtigung, wenn die Steuerbilanz selbst zwar besonders aufgemacht ist, aber vom Finanzamt nach steuerlichen Grundsätzen als falsch behandelt wird.

Einer besonderen Behandlung bedarf die Bilanzberichtigung im Verfahren, in dem eine frühere rechtskräftige Steuerveranlagung rückgängig gemacht und berichtigt werden soll. Derartige Berichtigungen werden in der überwiegenden Zahl aller Fälle zufolge der Buch- und Betriebsprüfung vorgenommen. Berichtigung der Veranlagung und Berichtigung der Bilanz sind rechtlich scharf zu scheiden. Sind aber die Voraussetzungen für die Berichtigungsveranlagungen gegeben, so wird meist auch die zugrunde liegende Bilanz unrichtig sein. Aus diesem Grund werden die Gesichtspunkte der Bilanzberichtigung und die der Veranlagungsberichtigung in der Praxis nicht auseinandergehalten. Die Bilanz selbst ist nicht der eigentliche Gegenstand eines Steuerbescheids, sie ist nur eine Grundlage desselben im Sinne des § 213 der RAbgO. und bildet einen unselbständigen mit Rechtsmitteln nicht anfechtbaren Teil des Steuerbescheids. Ebenso wie bei der ursprünglichen Veranlagung ist es daher auch bei der Berichtigung möglich, daß sie ohne Änderung der Bilanz erfolgt, z. B. bei Zusetzung verdeckter Gewinnausschüttungen. Bis zum Erlaß des finanzgerichtlichen Urteils genügt für die Bilanzberichtigung, soweit sie von dem Steuerpflichtigen beantragt wird, die einfache Anzeige an das Finanzamt. Wenn aber das Finanzgericht gesprochen hat oder die Veranlagung schon vorher rechtskräftig wurde, so ist eine nachträgliche Berichtigung nur noch unter den beschränkenden Voraussetzungen der RAbgO. möglich. Die Veranlagung kann, soweit die Bilanz den Grundsätzen ordnungsmäßiger Buchführung widerspricht, aber auch dann, wenn die besonderen Vorschriften des Steuerrechts nicht beachtet sind, ohne Änderung der Bilanz durch das Finanzamt berichtigt werden. Im Interesse der Rechtskraft des bereits ergangenen Bescheids müssen jedoch neben der Richtigkeit der Bilanz noch andere Voraussetzungen vorliegen (RAbgO. § 222).

1. Sind Tatsachen oder Beweismittel neu ermittelt worden, die eine höhere Veranlagung rechtfertigen, so ist die Möglichkeit die Veranlagung zu berichtigen unbeschränkt.
2. Sind es solche, die eine niedrigere Veranlagung rechtfertigen, so ist eine Berichtigung nur möglich, wenn die Tatsachen oder Beweismittel bei einer Buchprüfung oder Nachprüfung durch die Aufsichtsbehörde bekannt werden.
3. Bei falscher Würdigung des früher bekannten Sachverhalts oder bei rechtlichen Fehlern ist eine Berichtigung zwecks höherer Veranlagung unstatthaft, zwecks niedriger Veranlagung nur bei Nachprüfung durch die Aufsichtsbehörde erlaubt. Aber auch letzteres dann nicht, wenn die beabsichtigte Berichtigung auf einer Änderung der bisherigen Rechtsprechung des RFH. beruht.

Neuerdings läßt die Rechtsprechung auch bei Irrtümern in der Veranlagung die Berichtigung zu, z. B. wenn der Veranlagungsbeamte wesentliche Tatbestandsmerkmale oder Tatsachen, die aus den Akten oder den Veranlagungsunterlagen hervorgehen, versehentlich nicht beachtet und deshalb den Tatbestand unzutreffend beurteilt hat oder wenn er eine Vorschrift, über deren Bedeutung und Tragweite kein Zweifel bestand, aus Versehen nicht oder unrichtig angewandt hat[1]), z. B. Bauland wurde als Ackerland bewertet. Folgt man dieser stark angegriffenen Praxis, so müssen jedenfalls die strengsten Anforderungen an die Offensichtlichkeit des Rechtsirrtums gestellt werden.

Wesentlich für die Möglichkeit einer Berichtigung ist danach in den meisten Fällen, was man unter einer *neuen Tatsache* oder einem *neuen Beweismittel* versteht. Hierfür gelten folgende Grundsätze:

1. Es kommt darauf an, ob die Tatsachen der Finanzbehörde neu sind. Kennt sie der Steuerpflichtige, so ist diese Kenntnis gleichgültig, wenn eine höhere Veranlagung das Ziel der Berichtigung ist.
2. War die Tatsache dem Steuerpflichtigen, aber nicht dem Finanzamt bekannt, so hindert sie auch die niedrigere Veranlagung in der Regel nicht. Nur wenn der Steuerpflichtige die Bilanz absichtlich günstig gestaltet hat, wenn er sich also der Bedeutung der

[1]) Gutachten des großen Senats RFH. 40, 52 auf Grund § 92 Abs. 3 RAbgO.

Tatsache für die Höhe der Steuer bewußt war, scheidet die Tatsache für die Berichtigung zwecks niedrigerer Veranlagung aus.

3. Eine veränderte Schätzungsweise ist keine neue Tatsache. Daher ist die Berichtigung nicht zulässig, wenn es sich um Bilanzansätze handelt, die sich in den Grenzen einer allenfalls noch denkbaren Schätzung bewegen[1]). Wohl aber sind neue Schätzungsunterlagen neue Tatsachen[2]). Daß ein Posten wider besseres Wissen geschätzt ist, hat noch nicht zur Folge, daß die Schätzung unbeachtet bleibt, da bei jeder Schätzung Spielraum für die subjektive Beurteilung gelassen wird und im Rahmen dieses Spielraums es nicht darauf ankommt, ob der Steuerpflichtige eine genauere oder weniger genaue Kenntnis von den Dingen hatte. Die Schätzung darf nur keine phantastische sein[3]).

4. Die neue Tatsache muß eine solche von einigem Gewicht sein.

Die Bilanzberichtigung wirkt nicht nur insoweit, als sie auf den neuen Tatsachen beruht, sondern sie beseitigt die alte Veranlagung im Ganzen. Daher sollen nicht verhältnismäßig geringfügige Umstände dazu benutzt werden, die ganze Veranlagung von neuem aufzurollen. Außerdem hat die Bilanzberichtigung wegen des Grundsatzes der allgemeinen Bilanz-Kontinuität zur Folge, daß alle späteren Bilanzen, auch wenn die auf ihnen beruhende Veranlagung rechtskräftig ist, gleichfalls berichtigt werden müssen. Dadurch entsteht nicht nur eine unfruchtbare Rechenarbeit, weil eine Rekonstruktion wirtschaftlicher Vorgänge für die Vorjahre stattfinden muß, sondern es können dadurch bei wesentlichen Änderungen auch Störungen des Unternehmens eintreten. Endlich müssen nach der Rechtsprechung des RFH. nicht nur die späteren Bilanzen, sondern auch alle früheren bis zur Fehlerquelle zurück berichtigt werden. Daher muß bei alten Gesellschaften unter Umständen bis zur Steuereröffnungsbilanz zurückgegangen werden. In den Fällen, in denen eine vorläufige Steuerfestsetzung berichtigt wird (RAbgO. § 225), endet jedoch regelmäßig der rückwirkende Berichtigungszwang, sobald man bei dem Zurückgehen bei einer verjährten Steuerforderung oder bei einer rechtskräftigen Bilanz

---

[1]) RFH. RStBl. 1930, 153, Eckstein WTr. 1936, 397. Daher hat der RFH. (RStBl. 1936, S. 99 Nr. 64) eine Berichtigungsveranlagung für zulässig erachtet in einem Falle, in welchem der Prokurist, um einen Gewinn zu errechnen, ein Delkrederekonto von 94010 M. eingestellt hatte, obwohl die zweifelhaften Forderungen 600000 M. betrugen, wobei der RFH. jedoch bemerkte, daß der Kaufmann im Allgemeinen sich nicht auf ein Versehen seines Angestellten berufen könne.

[2]) Vgl. StuW. 1936 Nr. 400.

[3]) Vgl. Kennerknecht S. 359 Anm. 74 und oben S. 45.

anlangt, die auch im Wege der Berichtigung nicht geändert werden kann. In solchen Fällen wird unter Umständen an der Bilanzidentität zwischen der Bilanz des Jahres, für das der letzte rechtskräftige Steuerbescheid vorliegt und der Bilanz des Jahres, die im Berichtigungsverfahren steht, nicht festgehalten werden. Daraus wird der Satz abgeleitet, daß Absetzungen für Abnutzung, wenn sie nicht bewußt falsch waren, noch in späteren Jahren nachgeholt werden können. Freilich, wenn sie völlig unterlassen wurden, ist die Nachholung unstatthaft[1]).

Wenn infolge Beibehaltung unrichtiger Ansätze, die bereits einer Veranlagung unterlegen haben, in der Anfangsbilanz späterer Abschnitte nur geringfügige Verschiebungen des richtigen Gewinns für spätere Jahre eintreten, muß jedoch am Grundsatz der Bilanzidentität festgehalten werden. Ebenso, wenn es sich um eine Streitfrage handelt, die unter den Beteiligten bereits früher zum Austrag gebracht war, oder wenn die falsche Bilanzierung bewußt günstig vom Steuerpflichtigen vorgenommen wurde.

Drittes Kapitel

Die Gliederung der Bilanz[2])

§ 22

Die Gliederungsbestimmungen sind eine Folgerung, die aus dem Grundsatz der Klarheit und Übersichtlichkeit der Bilanz gezogen ist. Nach HGB. § 261c konnte eine Anfechtung der Bilanz auf eine Nichtbeachtung der Gliederungsbestimmungen nicht gegründet werden.

[1]) Als Beispiel mag hier der Fall des RFH. (30, 114) angeführt werden: Ein Elektrizitätswerk hatte bei der Eröffnungsbilanz im Jahre 1925 die Anlagen statt mit 43000 M. nur mit 31000 M. angesetzt. Eine Berichtigung der rechtskräftigen Veranlagungen für 1925 und 1926 kam nicht in Betracht. Es wurde für zulässig erachtet, mit Wirkung für das Jahr 1927 von einem um 12000 M. höheren Wert der Anlagen auszugehen und gestattet, die bisher unterlassenen Absetzungen vom höheren Wert nachzuholen. Vgl. hierzu die Behandlung der Abschreibungen bei kurzlebigen Wirtschaftsgütern, die Altanlagen sind, nach der 1. DV. zum EinkStG. § 10. Ferner StuW. 1935 Nr. 148, wo es sich um unterbliebene Warenbewertungen handelte und für zwei zurückliegende Jahre die Steueransprüche verjährt waren. Ferner StuW. 1931, Nr. 288, 1936 Nr. 414.

[2]) Vgl. Walter Düring, Probleme bei der Prüfung der Bilanz bei Ertel Bd. II, 154.

Damit war jedoch kein Freibrief für die Verletzung dieser Bestimmungen gewährt. Wenn nämlich die Nichtbeachtung so erheblich ist, daß dadurch der Grundsatz der Klarheit und Übersichtlichkeit der Bilanz verletzt wird, so war eine Anfechtung der Bilanz gleichwohl als zulässig zu erachten. Die neue Vorschrift des AGesetzes § 197 Abs. 3 stellt dies ausdrücklich klar. Ferner müssen bei der Aufstellung und in allen Veröffentlichungen und Vervielfältigungen des Jahresabschlusses die in der Bilanz und in der Gewinn- und Verlustrechnung ausgewiesenen Posten in der Weise untereinandergesetzt werden, daß jeder Posten mit dem dazugehörigen Zahlenbetrag eine besondere Zeile erhält; die Summe der auf der Aktiv- und der Passivseite, sowie auf der Seite der Aufwendungen und der Erträge stehenden Posten ist jeweils besonders anzugeben[1]).

I. Bei der Vielgestaltigkeit der Unternehmungen nach Betriebszweigen und Formen ist es nicht möglich, eine allgemein geltende Gliederung der Bilanz vorzuschreiben. Die im Gesetz vorgeschriebene Gliederung hat hauptsächlich die Fabrikationsunternehmungen im Auge. Das Gesetz gestattet daher eine abweichende Gliederung, soweit sie durch den Geschäftszweig des Unternehmens bedingt wird. Für diesen Fall wird man verlangen müssen, daß die von einer solchen Gesellschaft gewählte Gliederung den Absichten Rechnung trägt, die dem gesetzlich vorgeschriebenen Schema zugrunde liegen. Auch die abweichende Gliederung muß dem Grundsatz der Klarheit und Übersichtlichkeit entsprechen und darf keine Verschleierung enthalten. Betreibt eine Gesellschaft mehrere Geschäftszweige, welche die Gliederung des Jahresabschlusses nach Maßgabe verschiedener Gliederungsvorschriften bedingen, so ist der Jahresabschluß nach der für einen Geschäftszweig vorgeschriebenen Gliederung aufzustellen und nach der für die anderen Geschäftszweige vorgeschriebenen Gliederung zu ergänzen[2]).

Die Gliederungsbestimmungen gelten nicht für **Versicherungsgesellschaften und Bausparkassen**[3]). Für diese ist das Gesetz über die Beaufsichtigung der privaten Versicherungsunternehmungen vom 6. 6. 1931 nebst den hierzu erlassenen Vorschriften der Aufsichtsbehörden maßgebend[4]).

---

[1]) AGesetz § 144 Abs. 2. Bisher 6. DV. vom 28. 2. 1934.

[2]) AGesetz § 134 Nr. 1, bisher 2. Verordnung zur Durchführung der aktienrechtlichen Vorschriften vom 20. 12. 1932 (RGBl. I 563) § 5.

[3]) 1. V. z. Durchführung aktienrechtlicher Vorschriften v. 15. 12. 1931 Art. 1 Abs. 2, mit EinfG. zum AGesetz § 28.

[4]) Ein neues Formblatt für Versicherungsgesellschaften ist noch nicht erschienen. Es gilt noch immer das Formblatt nach den „Vorschriften über die

Für die in der Aktiennovelle niedergelegte Gliederung hat sich die Bezeichnung „Bilanzschema" eingebürgert. Die Gliederungsvorschriften, wie sie für einzelne besondere Geschäftszweige verordnet sind, werden „Formblätter" genannt (AGesetz § 134 Nr. 1). Nach dieser Vorschrift (früher HGB. § 261d) ist die Reichsregierung ermächtigt, anstelle der im Gesetz niedergelegten Gliederung allgemein andere Gliederungsvorschriften (Formblätter) vorzuschreiben oder für einzelne Arten von Unternehmungen solche Vorschriften zu erlassen. Dies ist bisher geschehen für Hypothekenbanken, Bahnen des allgemeinen Verkehrs und nebenbahnähnliche Kleinbahnen, Straßenbahnen und straßenbahnähnliche Kleinbahnen, sowie für Kreditbanken[1]). Ferner sind Vorschriften erlassen über die Bilanzierung gemeinnütziger Wohnungs-Aktiengesellschaften[2]). Die Reichsregierung ist ferner ermächtigt, für Konzernunternehmungen Vorschriften über die Aufstellung des eigenen und über die Aufstellung eines gemeinschaftlichen Jahresabschlusses zu erlassen (AGesetz § 134 Nr. 2; HGB. § 261d), doch hat sie von dieser Ermächtigung bisher noch keinen Gebrauch gemacht.

Das gesetzliche Schema ist jetzt ergänzt durch einen Posten für „sonstige Forderungen" bzw. „sonstige Verbindlichkeiten", für Forderungen an Aufsichtsratsmitglieder, die nicht mit dem Betrieb zusammenhängen und für von Arbeitern und Angestellten gegebene Pfandgelder. Zum Anlagevermögen gehört aber auch der Geschäfts- oder Firmenwert. Ein Disagiokonto, ein Entwertungskonto auf Grund der Verordnungen über einmalige Bilanzierungserleichterungen und ein Aufwertungsausgleichkonto werden zweckmäßigerweise als besondere Posten am Schluß der Bilanz (nach IV) aufgeführt (S. 93f.). Im übrigen bleibt es den Gesellschaften unbenommen, die einzelnen Positionen noch weiter zu gliedern. Im allgemeinen ist jedoch anzunehmen, daß an eine Bilanz, die der gesetzlichen Gliede-

---

Rechnungslegung der vom Reichsaufsichtsamt für Privatversicherung beaufsichtigten größeren Lebensversicherungsunternehmungen" vom 2. 6. 1927 (Veröffentlichungen des Aufsichtsamts 1927, 295). Dieses Formblatt wurde nach den Bestimmungen der Aktiennovelle ergänzt (Veröffentlichungen 1934, 113). Für Bausparkassen hat das Aufsichtsamt durch Anordnung vom 21. 1. 1933 ein Formblatt aufgestellt (Veröffentlichungen 1934, 3).

[1]) 2. Verordnung zur Durchführung der aktienrechtlichen Vorschriften vom 20. 12. 1932 (RGBl. S. 563) §§ 3, 4. Für Kreditbanken gilt das Formblatt der V. v. 17. 1. 1936 (RGBl. S. 27).

[2]) Verordnung vom 17. 11. 1933 (RGBl. S. 982 Berichtigung S. 1064).

rung entspricht, weitere Anforderungen in bezug auf Klarheit und Übersichtlichkeit nicht gestellt werden können.

In dem Geschäftsbericht kann eine Berichterstattung insoweit unterbleiben, als das überwiegende Interesse einer der beteiligten Gesellschaften oder der Allgemeinheit es erfordern (AGesetz § 128 Abs. 3; HGB. § 260a Abs. 4). Für die Bilanz gilt ein solches Verschweigungsrecht (Schutzklausel) nicht. Es ist daher auch eine Abweichung von den Gliederungsvorschriften zu diesem Zwecke nicht gestattet[1]).

Durch die Gliederungsvorschriften ist eine gewisse Kontinuität in bezug auf die Aufstellung der Bilanzen gewährleistet. Soll ein Gegenstand unter eine andere Position eingereiht werden, als dies in der vorhergehenden Bilanz geschehen ist, so muß, wenn die Abweichung wesentlich ist, dies in der neuen Bilanz kenntlich gemacht, jedenfalls aber im Geschäftsbericht erörtert werden[2]). Die leitenden Gesichtspunkte für die gesetzlichen Gliederungsvorschriften ergeben sich aus den allgemeinen Bilanzierungsgrundsätzen. Die Bilanz soll den Beteiligten, wozu nicht nur die Gläubiger, sondern auch die Aktionäre gehören, einen möglichst sicheren Einblick in die Lage der Gesellschaft gewähren, sie soll richtig, klar und übersichtlich sein. Die Bilanz muß daher über folgende Verhältnisse Aufschluß geben:

1. Der finanzielle Aufbau der Gesellschaft

Um den finanziellen Aufbau einer Gesellschaft zu erkennen, ist es erforderlich, zu wissen, für welche Vermögensgegenstände die Gesellschaft das ihr zur Verfügung stehende Eigen- und Fremdkapital verwendet hat (betriebliche Kapitalinvestierung) z. B. für Anlagevermögen oder für Umlaufvermögen, wobei Warenvorräte, Warenforderungen und sonstige Forderungen zu trennen sind. Ferner ist es erforderlich, zu wissen, in welchem Verhältnis das Eigenkapital der Gesellschaft zum Fremdkapital steht und auf welche Weise sich die Gesellschaft das Fremdkapital verschafft hat (finanzielle Kapitalinvestierung), z. B. durch Anleihen, Hypotheken, durch Warenschulden und sonstiges kurzfristiges Geld.

Die finanzielle Lage einer Gesellschaft ist umso besser, je größer das Eigenkapital (Grundkapital plus Reserven) im Verhältnis zu dem Fremdkapital (Anleihen und sonstige Verbindlichkeiten) ist. Das Umlaufvermögen ist regelmäßig realisierbar, besonders soweit es aus

[1]) Schlegelberger § 261a Anm. 1.

[2]) AGesetz § 128 Abs. 2.

Fertigwaren, umlauffähigen Wertpapieren und kurzfristigen Forderungen besteht. Grundstücke, Gebäude und Maschinen behalten dagegen ihren Wert nur solange, als der Betrieb sich im Gang befindet; andererseits verursachen sie große steuerliche Lasten und Unterhaltungskosten, die auch bei einer Stillegung des Betriebes nicht vollkommen in Wegfall kommen. Maschinen haben bei einer Stillegung meist nur noch Schrottwert. Ein gesonderter Ausweis der verschiedenen Anlagegegenstände nach Grundstücken, Geschäfts-, Wohn- und Fabrik-Gebäuden, Maschinen, Werkzeugen, Konzessionen und sonstigen Rechten ist auch mit Rücksicht auf die verschiedene Bemessung der Abschreibungen notwendig. Um die Entwicklung des finanziellen Aufbaus von Jahr zu Jahr verfolgen zu können, müssen bei den einzelnen Posten des Anlagevermögens und bei den Beteiligungen die Zu- und Abgänge gesondert aufgeführt werden.

2. Die Liquidität

Aus der Bilanz muß hervorgehen, welche greifbaren Mittel den kurzfristigen Verbindlichkeiten gegenüberstehen. Daher sind die Kassenbestände einschließlich Guthaben bei Notenbanken und Postscheckguthaben, ferner andere Bankguthaben, sowie Wechsel und Schecks besonders anzugeben. Auch muß aus der Bilanz ersichtlich sein, inwieweit die langfristigen Kapital-Investierungen in Hypotheken, Grund- und Rentenschulden durch langfristig beschafftes Kapital (Anleihen, Hypotheken, Grund- und Rentenschulden) gedeckt sind. Sicherungshypotheken sind nicht besonders auszuweisen (S. 110). Die Vorschrift, daß Forderungen auf Grund von Warenlieferungen und Leistungen gesondert in der Bilanz ausgewiesen werden müssen, rechtfertigt sich sowohl aus dem Gesichtspunkt der Liquidität wie des finanziellen Aufbaus der Gesellschaft.

Hierher gehört auch die Vorschrift über den gesonderten Ausweis von *geleisteten bzw. empfangenen Anzahlungen*. Würde eine solche Vorschrift nicht bestehen, so müßten solche Anzahlungen unter Forderungen bzw. Verbindlichkeiten eingereiht werden, und würden dort verschwinden, obgleich ihre Besonderheit die Hervorhebung angezeigt erscheinen läßt.

3. Die Konzern-Verflechtung

Der Konzerngesellschaft ist ein eigener Abschnitt gewidmet, auf den hier verwiesen werden kann. Soweit die Gliederungsbestimmungen in Frage kommen, wird der Ausweis der Beteiligungen und der Erträge aus ihnen (S. 103ff.), sowie der Ausweis von Forderungen und Verbindlichkeiten gegenüber Konzernunternehmungen und der Ausweis des Besitzes an Aktien der herrschenden Gesellschaft verlangt.

4. Die Rentabilität

Der Reingewinn oder ein Reinverlust des Jahres ist am Schluß der Bilanz ungeteilt und vom vorjährigen Gewinn- oder Verlustvortrag gesondert auszuweisen. Wichtiger ist die Vorschrift, daß außerordentliche Erträge und außerordentliche Zuwendungen in der Gewinn- und Verlustrechnung besonders angeführt werden müssen. Infolge dieser Vorschrift darf der Betriebsgewinn nicht vermischt werden mit Erträgen, die außerhalb des regelmäßigen Geschäftsverkehrs anfallen.

5. Forderungen an Mitglieder der Verwaltung des eigenen, eines herrschenden oder abhängigen Unternehmens oder an Personen, die diesen nahe stehen.

Bei solchen geschäftlichen Beziehungen besteht, wie die Praxis gezeigt hat, die Gefahr der mißbräuchlichen Benutzung und der Verschleierung. Die Gesellschaft kann ein Vorstandsmitglied oder einen leitenden Angestellten vorschieben, um geschäftliche Transaktionen zu machen, bei denen sie nicht selbst als Kontrahentin hervortreten will. Oder ein Vorstandsmitglied kann die Gesellschaft für seine eigenen Zwecke ausnützen. Die Vorschriften über den Ausweis der Konzern-Verflechtung könnten umgangen werden, wenn die Geschäfte statt mit den Konzerngesellschaften selbst mit den Vorständen dieser Gesellschaften persönlich gemacht würden. Wegen der Gefahr des Mißbrauchs, die mit solchen geschäftlichen Beziehungen verbunden ist, schreibt das AGesetz § 80 (HGB. § 240a) vor, daß Kredite an die obengenannten Personen nur mit ausdrücklicher Zustimmung des Aufsichtsrats gewährt werden dürfen, andernfalls ist das Geschäft nichtig. Wird der Kredit in Form eines Darlehns gewährt, so hat der Beschluß des Aufsichtsrats, durch den die Zustimmung erteilt wird, Bestimmungen über Verzinsung und Rückzahlung des Darlehens zu enthalten[1]). Kredite an Mitglieder des Aufsichtsrats fallen nicht unter die Vorschrift des § 80, sie sind aber ebenso wie die Forderungen an Vorstandsmitglieder usw. in der Bilanz besonders auszuweisen, soweit sie nicht aus dem regelmäßigen Geschäftsverkehr herrühren.

[1]) siehe hierüber die ausführlichen Erläuterungen bei Schlegelberger zu § 240a.

II. Neben den eigentlichen Gliederungsbestimmungen bestehen Vorschriften, die die Richtigkeit des Ausweises zu sichern bestimmt sind. Der Einblick in den finanziellen Aufbau einer Gesellschaft, in die Konzernverflechtung und in die Liquidität würde erheblich erschwert werden, wenn eine Verrechnung von Forderungen und Verbindlichkeiten gestattet wäre. Im Grunde genommen ergibt sich das Verbot der Verrechnung schon aus der Bestimmung, daß Forderungen und Verbindlichkeiten gesondert aufgeführt werden müssen, es ist aber nochmals ausdrücklich aufgenommen worden (AGesetz § 131 Abs. 5). Auch das Verbot der Verrechnung von Grundstücksrechten und -Belastungen, denen eine persönliche Forderung nicht zugrunde liegt, ist ausdrücklich aufgenommen worden, obwohl schon die Gliederungsvorschrift einen gesonderten Ausweis solcher Rechte und Belastungen vorschreibt. Eine Verrechnung von Grundstücksrechten und Belastungen ist übrigens auch dann nicht gestattet, wenn ihnen eine persönliche Forderung zugrunde liegt; dies ergibt sich aus der Vorschrift des gesonderten Ausweises von Forderungen und Verbindlichkeiten. Gegenseitige gleichartige Forderungen, bei denen an sich eine Aufrechnung zulässig ist, dürfen verrechnet werden[1]). Zwar wird der volle Umfang der gegenseitigen geschäftlichen Beziehungen verdeckt, wenn in der Bilanz nur der Saldo erscheint. Andererseits führt die Aufnahme der unverrechneten gegenseitigen Forderungen und Schulden nicht nur zu einer Aufblähung der Bilanz, sondern auch zu einem falschen Bild der Vermögenslage, weil im Falle eines Zusammenbruchs der Gesellschaft der Schuldner die in der Bilanz ausgewiesenen Forderungen zu seiner eigenen Befriedigung durch Verrechnung in Anspruch nehmen kann.

Selbstverständlich ist, daß jeder Vermögensgegenstand unter denjenigen Posten in die Bilanz eingereiht werden muß, zu dem er seinem Wesen nach gehört und daß weder fiktive Debitoren noch fiktive Kreditoren eingesetzt werden dürfen. In der Praxis ist öfters ein scharfer Unterschied zwischen Rücklagen, Rückstellungen und Wertberichtigungsposten auf der einen und Verbindlichkeiten auf der anderen Seite nicht gemacht worden. Es ist daher ausdrücklich verboten worden, Rücklagen, Rückstellungen und Wertberichtigungen unter den Verbindlichkeiten der Gesellschaft aufzuführen[2]).

Nach dem gesetzlichen Schema sind unter Aktiven und Passiven die

---

[1]) A. A. Schlegelberger § 261a Anm. 30. Die Unzulässigkeit der Aufrechnung kann sich aber aus den Devisenbestimmungen ergeben.

[2]) Näheres unten S. 158.

„Posten, die der Rechnungsabgrenzung dienen", besonders auszuweisen (S. 115f.). Auch diese Vorschrift dient der Richtigkeit des Ausweises. Die Rechnungsabgrenzungsposten sind ein Sammelkonto für transitorische Posten. Die Notwendigkeit solcher Posten ergibt sich aus der Periodenfunktion der Bilanz, die dazu zwingt, den laufenden Aufwand bzw. Ertrag von demjenigen Aufwand bzw. Ertrag zu trennen, der den späteren Bilanzperioden zuzurechnen ist.

Infolge der weitgehenden Aufgliederung der Bilanzposten ist es nicht zu vermeiden, daß zahlreiche Überschneidungen vorkommen. „Fällt ein Gegenstand unter mehrere Posten, so ist bei dem Posten, unter dem er ausgewiesen wird, die Mitzugehörigkeit zu den anderen Posten zu vermerken, wenn dies zur Aufstellung einer klaren und übersichtlichen Jahresbilanz nötig ist[1])". Der Nachsatz ist dahin zu verstehen, daß die Zugehörigkeit zu anderen Posten nicht vermerkt zu werden braucht, wenn der mit den Gliederungsvorschriften verfolgte Zweck dadurch nicht beeinträchtigt wird. Dies ist insbesondere dann anzunehmen, wenn die fragliche Forderung bzw. Verbindlichkeit nicht hoch genug ist, um das Bilanzbild wesentlich zu beeinflussen. Soweit ein Bilanzposten unter mehrere Posten des gesetzlichen Schemas fällt, ist er bei dem Posten auszuweisen, der gegenüber anderen Posten der speziellere ist. Im Zweifel hat die Einreihung unter dem Posten zu erfolgen, auf dessen Kenntlichmachung das Gesetz das größere Gewicht legt. Die Interessen der Gläubiger stehen dabei in erster Linie. Daher gehen Hypotheken bei der Einreihung allen anderen Verbindlichkeiten vor. Forderungen bzw. Schulden an Konzerngesellschaften gehen, wie jetzt in § 131 Abs. 6 ausdrücklich bestimmt ist, allen anderen Forderungen bzw. Verbindlichkeiten vor, ausgenommen solchen aus Wechseln, Schecks und gegenüber Banken; bei den letzteren Posten ist die Eigenschaft als Konzernforderungen bzw. Verbindlichkeit zu vermerken. Das gleiche ist von Forderungen bzw. Schulden gegenüber Vorstandsmitgliedern des eigenen oder gesetzlichen Vertretern eines abhängigen oder herrschenden Unternehmens anzunehmen.

[1]) AGesetz § 131 Abs. 6; HGB. § 261a Abs. 3 vorletzter Satz.

Viertes Kapitel.

Der Inhalt der Bestandsbilanz[1])

A. Aktiva

1. Die verschiedenen Gruppen von Aktiven

§ 23

Die Gliederungsbestimmungen gruppieren die Aktiva in rückständige Einlagen auf das Grundkapital, Anlagevermögen, Umlaufvermögen und Posten, die der Rechnungsabgrenzung dienen. Diese Einteilung folgt der Übung der kaufmännischen Praxis und den Grundsätzen der Betriebswissenschaft. Für die Zwecke der Rechtswissenschaft und um einen klaren Einblick in das Wesen der Bilanz zu erlangen, ist es aber notwendig, zu untersuchen, auf welcher Rechtsgrundlage die Eigenschaft des einzelnen Vermögensgegenstandes als Aktivum beruht. Von diesem Gesichtspunkt aus sind folgende Gruppen von Aktiven zu unterscheiden:

1. Körperliche Gegenstände

Diese können nur bilanziert werden, wenn sie sich im Eigentum der Gesellschaft befinden. Der Begriff des Eigentums im Sinne der Bilanzierung ist jedoch nicht juristisch, sondern wirtschaftlich zu verstehen.[2]) Daher kann z. B. ein Grundstück, wenn es endgültig erworben ist, in die Bilanz eingestellt werden, auch wenn es im Grundbuch noch nicht umgeschrieben ist[3]). Ansprüche auf Lieferung gekaufter Waren werden in der Praxis, wenn der Kaufpreis bezahlt ist, unter den Warenbeständen aufgeführt. Andrerseits dürfen Gegenstände, die der Gesellschaft zur Sicherheit übereignet sind, nicht bilanziert werden. Umgekehrt können Gegenstände, die die Gesellschaft einem Gläubiger verpfändet oder zur Sicherheit übereignet hat, in ihrer Bilanz verbleiben. Solche aus der Bilanz nicht ersichtlichen Haftungsverhältnisse müssen aber im

[1]) Die Vorschriften des AGesetzes über den Jahresabschluß gelten erstmals für das bei dem Inkrafttreten des Gesetzes (1. 10. 1937) laufende Geschäftsjahr (EG. § 11). Ist das Geschäftsjahr vor dem 1. 10. 1937 abgeschlossen, so kommen die bisherigen Bestimmungen zur Anwendung, auch wenn die Bilanz nach diesem Zeitpunkt aufgestellt wird. Es dürften aber keine Bedenken bestehen, wenn auch in diesem Fall das neue Recht angewendet wird.

[2]) Vgl. RG. 83, 175.

[3]) Vgl. Rehm S. 29, a. A. Staub § 261a Anm. 9.

Geschäftsbericht erwähnt werden. Die Gesellschaft kann ferner die ihr als Kommissionsware überlassenen Gegenstände in ihre Bilanz aufnehmen, wenn sie die Forderung des Kommittenten als Gegenposten in die Bilanz einsetzt. Üblich ist, daß der Kommittent die in Kommission (Konsignation) gegebene Ware unter „Waren" und nicht unter Forderungen ausweist, während der Kommissionär sie nicht aktiviert[1]). Treuhänderisches Eigentum wird in der Regel nicht bilanziert.

2. Rechte

Als solche werden in den Gliederungsvorschriften unter Anlagevermögen Konzessionen, ferner Patente, Lizenzen und Markenrechte (im Urheberrecht unter dem Namen „immaterielle Rechte" bekannt) besonders angeführt. Solche Immaterialrechte können nur mit den Anschaffungskosten angesetzt werden. Sind sie im eigenen Betrieb begründet worden, so können sie mit dem dafür aufgewandten Betrag aktiviert werden. Rechte sind auch Mitgliedsrechte, die in den Gliederungsvorschriften als Beteiligungen besonders aufgeführt sind. Zu den Rechten gehören ferner auch Forderungen (Ansprüche aus obligatorischen Verträgen). Auch Apothekerkonzessionen, Brennereirechte, Braukontingente gehören hierher. Es macht keinen Unterschied, ob das Recht selbständig veräußerlich ist, oder nur mit dem Betrieb übertragbar ist.

Das Recht kann auch ein Verbotsrecht sein, z. B. bei Verträgen auf Unterlassung des Wettbewerbes. Steuerrechtlich besteht daher unter Umständen eine Aktivierungspflicht, wenn Aufwendungen für den Erwerb des Rechts gemacht wurden[2]).

3. Vermögenswerte rein tatsächlicher Art

Hierher gehören der Ruf eines Geschäfts, seine Kundschaft und rechtlich ungeschützte Fabrikationserfahrungen und -Methoden. Sie werden im juristischen Schrifttum auch „wirtschaftliche Güter" genannt; doch empfiehlt sich diese Bezeichnung nicht, weil auch körperliche Gegenstände und Rechte „wirtschaftliche Güter" sind und weil im Steuerrecht alle Vermögensgegenstände „Wirtschaftsgüter" genannt werden. Diese Vermögenswerte können in der Bilanz aktiviert werden, allerdings nur für den Fall und insoweit, als sie von Dritten gegen Entgelt erworben wurden.

---

[1]) WTr. Jahrbuch S. 181.

[2]) RFH. im RStBl. 1935, 745 Nr. 484.

Hierher gehört insbesondere der sog. „Geschäfts- oder Firmenwert“ (good will). Zu den Vermögenswerten einer Firma gehören nicht nur die einzelnen Gegenstände, wie sie in der Bilanz erscheinen, sondern auch Werte, die mit dem Unternehmen als einem Ganzen verknüpft sind. Es sind dies der Ruf und der Kredit der Firma, ihre Organisation, ihre Kundschaft, ihre geschäftlichen Erfahrungen, die Zusammensetzung ihrer Gefolgschaft und der sonstigen Mitarbeiter, ferner auch Kontingente und Quoten bei Kartellen und Syndikaten, sofern sie nicht für sich allein veräußerlich sind. Der Kaufmann darf solche Vermögenswerte, sofern er sie selbst geschaffen hat, nicht in seine Bilanz einstellen, weil die Bilanz nur die einzelnen Vermögensgegenstände und nicht die mit dem Unternehmen als Ganzen verknüpften Werte enthalten darf. Für sich allein können diese Vermögenswerte nicht übertragen werden, beim Verkauf des Unternehmens im Ganzen werden sie aber regelmäßig realisiert, d. h. der Käufer bezahlt über die einzelnen Vermögensgegenstände hinaus einen Überpreis als Geschäfts- oder Firmenwert. Diesen Überpreis darf der Erwerber nach besonderer Bestimmung des AGesetzes § 133 Nr. 5 (HGB. § 261 Nr. 4) in die Bilanz einsetzen, jedoch nur insoweit, als der für das Unternehmen insgesamt bezahlte Preis den wirklichen Wert der einzelnen Vermögensgegenstände übersteigt. Ist beim Erwerb des Unternehmens der Kaufpreis für die einzelnen Vermögensgegenstände besonders festgesetzt worden, so ergibt sich ohne weiteres der für den Geschäftswert bezahlte Überpreis. Zuweilen wird aber für das Unternehmen ein Gesamtpreis bezahlt, ohne daß der Preis für die einzelnen Vermögensgegenstände besonders vereinbart wird, oder der für die einzelnen Gegenstände vereinbarte Preis entspricht nicht ihrem wirklichen Wert. In diesem Falle sind die einzelnen Vermögensgegenstände nach ihrem Wert am Bilanzstichtag anzusetzen. Der Überpreis für den Geschäftswert ergibt sich aus der Differenz des bezahlten Kaufpreises und des so festgestellten Wertes der einzelnen Vermögensgegenstände. Es ist also nicht zulässig, die einzelnen Vermögensgegenstände niedriger anzusetzen, um einen entsprechend höheren Posten als Geschäftswert in die Bilanz einstellen zu können.

Abgesehen von dem Geschäfts- oder Firmenwert können auch andere Vermögenswerte tatsächlicher Art für die Aktivierung in Frage kommen, so namentlich wenn die Gesellschaft von einem anderen Unternehmen dessen Kundschaft erwirbt, d. h. sie erhält die Liste der Kunden und wird von dem Verkäufer bei seiner Kundschaft eingeführt. Möglich ist auch, daß eine Gesellschaft gewisse Fabrikationsverfahren, die nicht gesetzlich geschützt sind, erwirbt. Als weitere Beispiele seien erwähnt, daß eine

Versicherungsgesellschaft ihren Versicherungsbestand an eine andere Gesellschaft überträgt oder daß ein liquidierendes Bankgeschäft die Depots seiner Kunden an ein anderes Bankunternehmen abgibt. In allen diesen Fällen ist eine Bilanzierung nur gestattet, wenn der Vermögenswert gegen Entgelt erworben wurde und die Bilanzierung ist nur in Höhe des gewährten Entgelts möglich.

Über die steuerliche Behandlung s. S. 60, 72.

4. Aktive Wertberichtigungen und aktivierbare Aufwendungen

1. Wie eine zu hohe Bewertung der Aktiven durch Einstellung eines Wertberichtigungspostens in die Passiven ausgeglichen werden kann, so kann auch eine zu hohe Bewertung von Passiven durch Einstellung eines solchen Postens in die Aktiven berichtigt werden (aktive Wertberichtigungsposten). Solche Posten werden auch Aktivrückstellungen genannt. Das AGesetz § 133 Nr. 6 (HGB. § 261 Nr. 5) gestattet eine solche Wertberichtigung in dem Falle, daß eine Anleihe mit einem Disagio aufgenommen wird (Disagio-Aktivum). Angenommen, eine Anleihe ist zu 95% übernommen und in 5 Jahren mit 100% zurückzuzahlen, so darf der Betrag, um den der Rückzahlungsbetrag höher ist als der Ausgabepreis, als Aktivum in die Bilanz eingestellt werden. Der Grund dafür besteht darin, daß es sich um Zinsen handelt, die für die ganze Dauer der Anleihe in einer Summe nach Ablauf der Darlehnszeit bezahlt werden. Nach den Grundsätzen ordnungsmäßiger Bilanzierung wäre es unrichtig, mit dem gezahlten Betrag das Geschäftsjahr allein zu belasten, in dem die Zahlung seiner Zeit erfolgt, statt den Betrag auf sämtliche Geschäftsjahre zu verteilen. Hierher gehören auch alle sonstigen Fälle, bei denen bei Auszahlung eines Darlehens Abzüge gemacht werden, z. B. in Form einer Provision oder eines Damnums bei hypothekarischen Beleihungen.

Abgesehen von dem im Gesetz geregelten Fall des Anleihe-Disagios kommen ferner alle Fälle in Betracht, bei denen eine vorhandene, aber erst in Zukunft zu erfüllende Verpflichtung sofort mit ihrem vollen Betrag in die Passiven eingestellt wird, wobei die Verpflichtung durch Einsetzung eines Aktivpostens auf ihren Gegenwartswert berichtigt wird.

2. Von den aktiven Wertberichtigungen unterscheiden sich die aktivierbaren Aufwendungen dadurch, daß sie sofortige Ausgaben sind, die nach kaufmännischer Auffassung auf die folgenden Jahre zu verteilen sind. Nicht aktivierungsfähig sind jedoch nach ausdrücklicher

Bestimmung des AGesetzes § 133 Nr. 4 (HGB. § 261 Nr. 3) die Kosten der Gründung und Kapitalbeschaffung. Zu den Gründungskosten gehören die Kapitalverkehrsteuer, Notariatskosten, Stempel, Kosten der Revisoren bei Sachgründung, für Anfertigung von Taxen und Rentabilitätsberechnungen, für den Druck der Aktien und Prospekte usw. Diese Kosten werden in der Regel von den Gründern übernommen. Andernfalls muß die Eröffnungsbilanz der AG. eine Unterbilanz aufweisen, da die Werte in der Eröffnungsbilanz nicht höher als mit dem Anschaffungspreis angesetzt werden dürfen. Soweit Gründungskosten von der Gesellschaft nach ihrer Errichtung bezahlt werden, müssen sie im ersten Geschäftsjahr abgeschrieben werden.

Aktivierungsfähige Aufwendungen sind dagegen Organisations-, Betriebs- und Verwaltungskosten. Die Anteile an diesen sog. Generalunkosten dürfen den von der Gesellschaft hergestellten Gegenständen zugeschlagen werden (S. 27 f.). Soweit die Aufwendungen durch die Zuschläge nicht gedeckt werden und soweit sie auch späteren Jahren zugut kommen, dürfen sie aktiviert werden. Dies ist jetzt ausdrücklich bestimmt für die Kosten der Betriebseinrichtung, es gilt aber auch z. B. für Kosten der Propaganda, für die Aufziehung eines Vertreternetzes, sonstige Anlaufs-, Organisations- und Einrichtungskosten, Kosten für die Aufschließungsarbeiten bei Terraingesellschaften, technische Versuche und Bohrversuche[1]), Aufwendungen für größere, langfristige Aufträge wie Kosten für Planbearbeitung, unter Umständen auch Reklamekosten, sofern es sich um einen nicht jährlich wiederkehrenden außerordentlichen Aufwand handelt (z. B. Herstellung eines großen Kataloges) und eine über die Dauer des Geschäftsjahres hinausgehende Nutzung erzielt ist. Auch die Kosten für eine Verlegung des Betriebes können unter diesem Titel angesetzt werden. Hierher gehören endlich auch die im AGesetz § 54 Abs. 2 (HGB. § 215 Abs. 2) geregelten Bauzinsen.

Charakteristisch ist in allen diesen Fällen, daß durch die gemachten Aufwendungen ein aktivierbarer Vermögensgegenstand nicht oder noch nicht geschaffen worden ist[2]). Die Bewegungsfähigkeit der Gesellschaften würde allzu stark gehemmt werden, wenn sie solche Aufwendungen, die

---

[1]) Schlegelberger § 261 Anm. 26; für Versicherungsvereine a. G. enthält das VAG. § 36 Abs. 1 Nr. 3 eine entsprechende Bestimmung.

[2]) Daher gehören die Aufwendungen für laufende Reparaturen nicht hierher. Sie sind nur aktivierungsfähig, soweit eine über das Geschäftsjahr hinausgehende Werterhöhung des aktivierten Gegenstandes geschaffen wurde.

erst nach längerer Zeit zu Erträgen führen können, sofort abschreiben müßten. Auch nach kaufmännischen Anschauungen erscheint es durchaus gerechtfertigt, solche Aufwendungen unter angemessenen Abschreibungen auf mehrere Jahre zu verteilen.

Die aktivierbaren Aufwendungen gehören zur Gruppe der **transitorischen Konten** (S. 115ff.). Dies wird besonders deutlich bei Gesellschaften, die sich jeweils mit der Durchführung einer einzelnen geschäftlichen Veranstaltung befassen, z. B. eine Ausstellungsgesellschaft macht Aufwendungen für eine Ausstellung, die im nächsten Jahr stattfindet, oder eine Schiffahrtsgesellschaft rüstet ein Schiff zu einer bestimmten Reise aus. Wenn in solchen Fällen die den Aufwendungen entsprechenden Erträge schon im nächsten Jahre eingehen, könnten sie an sich auch als **Rechnungsabgrenzungsposten** behandelt werden. Die Einrichtung eines besonderen Kontos empfiehlt sich aber schon mit Rücksicht auf die Erheblichkeit solcher Aufwendungen.

Über die steuerliche Aktivierungs**pflicht** s. S. 71f.

5. Verluste

In Ausnahmefällen, die durch das Gesetz besonders bestimmt worden sind, ist es für zulässig erklärt worden, auch **Verluste** als Aktiva in die Bilanz einzustellen. So wurde es durch die Goldbilanzverordnung (§ 5) den Gesellschaften, die bei der Umstellung in Reichsmark eine Unterbilanz aufwiesen, gestattet, diese als **Entwertungskonto** in die Aktiven einzustellen mit der Maßgabe, daß dieses Konto innerhalb von drei Geschäftsjahren getilgt sein mußte. Ähnliches gilt von dem **Aufwertungsausgleichskonto** in § 81 des Aufwertungsgesetzes vom 26. 7. 1925: Wenn eine Gesellschaft eine der Aufwertung unterliegenden Hypothekenschuld als Passivum in die Bilanz eingestellt hatte und diese Schuld später höher aufzuwerten war als bisher, so konnte die Gesellschaft den Unterschied zwischen dem nach den bisherigen Vorschriften maßgebenden Aufwertungsbetrag und dem höheren Betrag als Aktivum in die Bilanz einstellen. Das Aufwertungsausgleichskonto war durch jährliche Abschreibungen nach den Grundsätzen kaufmännischer Geschäftsgebarung zu tilgen. Die Abschreibungen waren steuerpflichtig[1]). Ferner gestatteten die **Verordnungen über einmalige Bilanzierungserleichterungen** vom 15. und 23. 12. 1931 für alle Jahresbilanzen, deren Stichtag in der Zeit vom 1. 7. 1931 bis 30. 6. 1932 lag, die Einsetzung eines Entwertungskontos, um eine allmähliche Tilgung

[1]) RFH. im RStBl. 1929, 557 Nr. 808; 1930, 550 Nr. 730.

der Verluste zu ermöglichen, die durch die Entwertung des Umlaufvermögens infolge der Krise eingetreten waren. Die Höhe des Entwertungskontos war begrenzt auf 75% der Differenz zwischen dem in der letzten Bilanz eingesetzten Wert und dem Börsen- oder Marktpreis des Bilanzstichtags und auf 30% des Grundkapitals und der in der Bilanz ausgewiesenen zur Deckung eines Verlustes verfügbaren Reserven. Das Entwertungskonto war durch angemessene jährliche Abschreibungen innerhalb der nächsten 5 Jahre zu tilgen. Die Abschreibungen waren nach der besonderen Vorschrift der V. v. 15. 12. 1931 (Art. 1 § 2 Abs. 4) steuerfrei.

In allen diesen Fällen handelt es sich um fingierte Aktivposten. Daher schrieb die Verordnung über einmalige Bilanzierungserleichterungen vor, daß das Entwertungskonto bei Ermittlung des Verlustes gemäß HGB. § 240 Abs. 1 nicht als Verlustposten und bei Ermittlung der Überschuldung gemäß § 240 Abs. 2 als Teil des Vermögens gelte. Andrerseits konnte aber kein Gewinn verteilt werden, solange das Entwertungskonto bestand.

6. Der Reinverlust des Geschäftsjahrs und der Verlustvortrag des Vorjahrs

Unter den Aktiven erscheint endlich auch der Verlust des Geschäftsjahrs und der Verlustvortrag des Vorjahres. Hier handelt es sich aber nicht um einen echten oder fingierten Aktivposten, sondern um einen Betrag, der die Differenz vom Vermögen auf der einen Seite und Verbindlichkeiten plus Eigenkapital auf der anderen Seite darstellt. Er erscheint nur deshalb unter den Aktiven, weil die Bilanz in Kontoform aufgestellt wird und daher der Ausgleichsbetrag auf der schwächeren Seite eingestellt werden muß[1]).

2. Die Bilanzierung der einzelnen Aktiva nach den Gliederungsbestimmungen[2])

§ 24

I. Ausstehende Einlagen auf das Grundkapital

Die an erster Stelle unter den Aktiven aufzuführenden **ausstehenden Einlagen auf das Grundkapital** sind Forderungen der Gesellschaft an ihre Aktionäre. Es macht hierbei keinen Unterschied, ob die noch ausstehenden Einzahlungen bereits angefordert sind oder

[1]) s. unten S. 117.

[2]) Vgl. hierüber die instruktive Zusammenstellung im WTr. Jahrbuch 1937, 167ff.

nicht. Nicht vollgezahlte Aktien müssen auf Namen lauten (AGesetz § 10 Abs. 2, HGB. § 179 Abs. 3). Die Inhaber müssen nach Name, Wohnort und Stand in das Aktienbuch der Gesellschaft eingetragen werden (AGesetz § 61 Abs. 1, HGB. § 222 Abs. 1). Als Inhaber gilt der Gesellschaft gegenüber nur derjenige, der als solcher im Aktienbuch verzeichnet ist, auch wenn er in der Zwischenzeit die Aktien verkauft hat. Die Gesellschaft hat daher jederzeit einen vollständigen Überblick über die Persönlichkeiten ihrer Schuldner. Erfolgt die Einzahlung nicht rechtzeitig, so können nach Verfallerklärung der alten und gegebenenfalls nach Verkauf der neu ausgestellten Aktie die Rechtsvorgänger bis zu einer Frist von zwei Jahren von der Anmeldung der Übertragung in das Aktienbuch in Anspruch genommen werden (AGesetz § 59, HGB. § 220); daher ist auch der Veräußerungswert der neu ausgestellten Aktie zu berücksichtigen. Eine Aufrechnung gegen Forderungen an die Gesellschaft ist nicht zulässig. Im allgemeinen werden die Forderungen auf die rückständigen Einzahlungen mit dem vollen Betrag in die Bilanz eingestellt werden können. Gegebenenfalls sind die Forderungen, wenn sie nicht oder nicht in vollem Umfang einbringlich erscheinen, entsprechend niedriger zu bewerten. Dies muß aber in Form der passiven Wertberichtigung erfolgen, da sonst die rückständige Einzahlung nicht oder nicht in voller Höhe aus der Bilanz ersichtlich wäre.

Ansprüche auf Nebenleistungen im Sinne des AGesetzes § 55 (HGB. § 212) sind keine rückständigen Einlagen. Soweit ihnen eine Gegenleistung der Gesellschaft gegenübersteht, sind sie als gegenseitige Verträge zu behandeln, werden also weder auf der Aktiv- noch auf der Passiv-Seite bilanziert. Andernfalls sind sie als ein der Gesellschaft zustehendes Recht zu bilanzieren.

Vorratsaktien (S. 280ff.) sind als solche nicht zu aktivieren, da sie nicht der Gesellschaft, sondern dem Zeichner gehören. Soweit die Vorratsaktien nicht voll bezahlt sind oder die Einlage nicht geleistet ist, ist der ausstehende Betrag unter rückständigen Einlagen aufzuführen. Da der Zeichner die Rücknahme nicht fordern kann, kommt eine Aktivierung unter dem Nennbetrag (abgesehen von der Uneinbringlichkeit) nicht in Frage. Übersteigt der Kurs den Nennwert der Aktien, so kann der Anspruch auf den Mehrerlös vor der Verwertung der Aktien nicht aktiviert werden[1]).

---

[1]) Nach Schlegelberger § 261 Anm. 21 kann als Höchstwert der Kurs der

Die Vorratsaktien brauchen auf der Passivseite unter dem Grundkapital nicht besonders hervorgehoben zu werden. Sie können auch auf der Aktivseite mit unter den rückständigen Einlagen ohne besondere Bezeichnung erscheinen; es sind aber im Geschäftsbericht die erforderlichen Angaben zu machen.

II. Anlagevermögen

Der Begriff des Anlagevermögens (fixes Kapital) ist S. 32f. erörtert. Grundlage für die Bewertung sind die Anschaffungs- oder Herstellungskosten. Für die Gegenstände, die vor dem 1. 1. 1924 erworben worden sind, gelten die in der Goldmarkeröffnungsbilanz eingesetzten Werte als Anschaffungs- oder Herstellungswert. Soweit dieser Wert für die Goldmarkeröffnungsbilanz nicht einwandfrei zu ermitteln war, konnte der entsprechende Wert am Bilanzstichtag eingesetzt werden unter Abzug eines Drittels und der dem Alter und der Lebensdauer entsprechenden Abschreibungen[1]. Das EinkStG. 1925[2] legte als Steuereröffnungsbilanz in der Regel die Handelsbilanz für den 31. 12. 1924 zu Grunde. Die Bewertung erfolgte bei bebauten Grundstücken zu dem gemeinen Wert vom 1. 1. 1925, bei den übrigen Gegenständen des Anlagevermögens höchstens zu den Werten der Goldmarkbilanz. In keinem Fall durften die Werte über die Veranlagung zur Vermögensteuer 1925 hinausgehen. Die steuerlichen Höchstwerte konnten aber auch in der Steuerbilanz eingesetzt werden, wenn die in der Handelsbilanz ausgewiesenen Beträge geringer waren (EinkStG. 1925 § 108 Abs. 3). Mit diesen Werten stehen die alten Anlagen unter Berücksichtigung der Abschreibungen auch heute noch in der Steuerbilanz, falls nicht in der Zwischenzeit eine Entwertung nachgewiesen werden konnte[3].

Anlagegegenstände, die unter ihrem Anschaffungs- bzw. Herstellungspreis minus ordnungsmäßige Abschreibungen zu Buch stehen, können nach Handelsrecht auf den zulässigen Wert erhöht werden (sog. Zuschreibungen). Es handelt sich hier um die Auflösung einer

Aktien eingesetzt werden. Da es sich aber um eine im Betrieb der Gesellschaft erworbene Forderung handelt, also ein Anschaffungspreis nicht besteht, kommt nur der Wert der Forderung auf die zu leistende Einlage in Frage (§ 51 Abs. 1 Satz 2). Eine Bewertung nach dem Kurswert der Aktien würde, wenn diese über pari stehen, den Ausweis nicht realisierter Gewinne bedeuten.

[1] 2. DV. zur GBilV. § 4 Abs. 3.

[2] §§ 107, 108 mit 1. DV. § 4.

[3] Vgl. die Zusammenstellung über die steuerlichen Bewertungsgrundsätze für das kaufmännische Betriebsvermögen im WTr. 1936, 39.

stillen Reserve. Der Betrag der Zuschreibung ist im Gewinn- und Verlustkonto unter außerordentlichen Erträgen (S. 172 f.) zu verbuchen. Ist die Werterhöhung wesentlich, so ist sie auch im Geschäftsbericht zu erörtern.

Laufende Reparaturen sind Unkosten und erhöhen den Wert der Anlagen nicht, außer wenn es sich um sog. Überholungen handelt, die eine über das Geschäftsjahr hinausreichende Werterhöhung darstellen (S. 71).

Zu- und Abgänge sind bei den einzelnen Posten in der Bilanz besonders aufzuführen (AGesetz § 131 Abs. 4, HGB. § 261a Abs. 3 Satz 1). Es sind dies mengemäßige Bestandsänderungen. Zugänge können eintreten durch Erwerb neuer oder Erweiterung bestehender Anlagen. Abgänge können entstehen durch Verkauf, Vernichtung oder Unbrauchbarkeit, auch dauernde Stillegung von Anlagegegenständen. Abgänge sind nicht Abschreibungen, obwohl diese in der Praxis mit den Abgängen häufig zusammengeworfen werden, Abschreibungen sind vielmehr wertmäßige Bestandsänderungen. Für die Abschreibungen besteht jetzt gleichfalls die Vorschrift, daß sie für jeden einzelnen Posten gesondert aufgeführt werden müssen, was aber auch im Geschäftsbericht geschehen kann (S. 223).

Umbuchungen innerhalb der Anlagekonten sind keine Zugänge[1]). Sie sind, wenn sie eine wesentliche Abweichung gegenüber der früheren Bilanz darstellen, im Geschäftsbericht zu erörtern.

1. Bebaute Grundstücke mit

a) Geschäfts- oder Wohngebäuden.

b) Fabrikgebäuden oder anderen Baulichkeiten.

Die Gliederungsvorschriften in der alten Fassung verlangten bei bebauten Grundstücken den Ausweis der Grundstücke ohne Berücksichtigung von Baulichkeiten. Ein bebautes Grundstück war daher mit seinem Grundstückswert unter Nr. 1, mit dem Wert des Gebäudes unter Nr. 2 der Gliederungsvorschriften auszuweisen. Diese künstliche Trennung war eine Konzession an das Steuerrecht, das für Grundstücke eine Abschreibung wegen Abnutzung nicht zuläßt. Die Trennung ist jedoch nicht immer durchführbar und ist daher auch in der neuen Fassung aufgegeben worden[2]). Bei Gesellschaften, die mehrere An-

[1]) A. A. Hast S. 22.

[2]) So schon vorher im Genossenschaftsgesetz, Fassung der V. v. 30. 5. 1933 § 33d.

lagen besitzen, stellen die verschiedenen Anlagen meist eine Einheit dar und wurden daher auch bisher schon als solche ohne getrennten Ausweis des Grundstückswertes in der Bilanz aufgeführt, z. B. Bergwerke, Hochöfen, Stahl- und Walzwerke, Hafenanlagen, Kraftwerke, Schalt- und Umspannwerke.

Die Trennung der Gebäude nach ihrer Zweckbestimmung rechtfertigt sich sowohl zur Klarstellung der betrieblichen Kapitalinvestition, als auch mit Rücksicht auf den verschiedenen Grad der Abnutzung. Bei Wohngebäuden ist eine Abschreibung zwischen 3/4 und 4 % üblich[1]). Bei Fabrikgebäuden kann die Abschreibung unter Umständen höher sein.

Nach der neueren Rechtsprechung des RFH. kann die Absetzung wegen Abnutzung nur einheitlich für das ganze Gebäude erfolgen. Es ist daher nicht zulässig, für die Bestandteile von Gebäuden wie Fahrstühle, Sammelheizung eine höhere Abnutzung anzusetzen. Dies gilt auch dann, wenn die Anlage später eingebaut wurde. Eine Ausnahme ist nur zulässig, wenn die Anlage von vornherein für eine vorübergehende Zeit z. B. für einen Mieter errichtet wurde[2]). Es muß aber zulässig sein, daß die höhere Abnutzung der besonderen Anlage durch eine höhere Absetzung bei dem Gebäudewert berücksichtigt wird.

Umbaukosten werden steuerlich dem Wert des Gebäudes zugerechnet. Davon kann nur dann abgesehen werden, wenn der Steuerpflichtige nachweist, daß trotz des Umbaus der Wert des Gebäudes sich nicht erhöht hat[3]). Über die Aktivierung von Bauzuschüssen öffentlicher Stellen s. S. 174 f.

Wenn in der Zeit vom 1. 1. 1934—30. 4. 1935 Aufwendungen für Instandsetzung oder Ergänzung von Gebäuden oder Gebäudeteilen unter Verwendung inländischer Erzeugnisse gemacht wurden, so konnten 10 % der Aufwendungen von der Steuerschuld in Abzug gebracht werden[4]). Wenn der Anspruch auf Ermäßigung bei der Steuerschuld für 1934 noch nicht berücksichtigt werden konnte, war die Übertragung auf den Steuerabschnitt 1935 zulässig.

---

[1]) WTr. Jahrbuch S. 177, vgl. oben S. 61 Anm. 3.

[2]) RStBl. 1936, 886 Nr. 689 = WTr. S. 401.

[3]) StuW. 1927, Nr. 565, wo es sich um den Umbau eines Ladens handelte.

[4]) ErgV. zum Gesetz über Steuererleichterungen vom 20. 4. 1934 (RGBl. S. 318), abgeändert durch 2. ErgV. vom 28. 3. 1935 (RGBl. S. 487). Näheres Kennerknecht S. 278.

Bei Brandentschädigungen wird, wenn die Entschädigung zum Wiederaufbau bestimmt ist, steuerlich nicht die Entschädigung, sondern der Wert des Neubaus (gegebenenfalls die Herstellungskosten) aktiviert. Hat das abgebrannte Gebäude niedriger zu Buch gestanden, so darf eine darin liegende stille Reserve fortgeführt, also vom Wert des Neubaus abgesetzt werden[1]).

2. Unbebaute Grundstücke

Hierzu gehören auch abbaufähige Kohle-, Koks-, Ton- und andere Vorkommen. Das Steuerrecht läßt Absetzungen wegen Abnutzung bei unbebauten Grundstücken nicht zu, doch kann die Wertminderung durch Zurückgehen auf den Teilwert berücksichtigt werden (S. 59). Hat eine Gesellschaft ein Grundstück, auf welchem eine hypothekarisch gesicherte Forderung der Gesellschaft ruhte, im Wege der Zwangsversteigerung erworben, so ist der Anschaffungspreis des Grundstücks nicht notwendiger Weise identisch mit dem Preis, der in der Zwangsversteigerung erzielt wurde. Angenommen ein Grundstück, das zur Zeit der Verpfändung einen Wert von 100000 M. hatte, ist mit einer ersten Hypothek von 20000 M. belastet. Dahinter steht die Forderung der Gesellschaft in Höhe von 30000 M. Die Gesellschaft betreibt nunmehr die Zwangsvollstreckung und erwirbt das Grundstück zu dem „geringsten Gebot" in Höhe von 21000 M., da andere Bieter mit Rücksicht auf die ihnen vorgehende Forderung der Gesellschaft sich nicht finden. Hier kann der in der Zwangsversteigerung erzielte Preis nicht als der Erwerbspreis angesehen werden, vielmehr muß diesem der Wert der hypothekarisch gesicherten Forderung hinzugesetzt werden, soweit diese Forderung durch den Zeitwert des Grundstücks gedeckt ist[2]). Ist im vorliegenden Fall die Forderung von 30000 M. voll gedeckt, so ist der Erwerbspreis mit 50000 M. anzunehmen, so daß ein Verlust auf die gesicherte Forderung nicht entstanden ist. Einen Anhaltspunkt bietet nunmehr die Verordnung über Maßnahmen auf dem Gebiet der Zwangsvollstreckung vom 26. 5. 1933 (RGBl. S. 302), wonach bei Berechnung der Ausfallforderung davon auszugehen ist, daß das Meistgebot mindestens 70 % des letzten Einheitswerts zu betragen hat. Wenn jedoch der Ersteigerer beabsichtigt, das Grundstück wieder zu verkaufen, was in der Regel der Fall sein wird, so ist der Zeitwert des Grundstücks anzusetzen, wenn er niedriger ist.

[1]) Näheres Kennerknecht S. 409.

[2]) Ebenso Gutachten des Fachausschusses Nr. 1, 1936 (WTr. 1937, 10).

3. Maschinen und maschinelle Anlagen

Es kommt nicht darauf an, ob die Maschinen Bestandteile bzw. Zubehör sind, oder ob sie einen selbständigen Verkehrswert haben. Zu den Maschinen gehören auch Reserveteile. Die Kosten für Montage, aber auch die Kosten der Fundamentierung können den Anschaffungskosten zugeschlagen werden[1]).

Wenn ein Betrieb neu eingerichtet oder umgestellt wird, so pflegen sich Anlaufschwierigkeiten zu ergeben. Diese Posten können den Anschaffungs- bzw. Herstellungskosten nicht zugesetzt werden[2]). Steuerrechtlich müssen sie als abzugsfähige Betriebsausgabe anerkannt werden. Der RFH.[3]) vertritt die Auffassung, daß Mängel, die bei dieser Gelegenheit auftreten, oder Fehlanschaffungen nicht ohne weiteres ein Zurückgehen auf einen niedrigeren Teilwert rechtfertigen, sondern daß dies in der Regel erst möglich ist, wenn die Umstellung vollendet ist.

4. Werkzeuge, Betriebs- und Geschäftsausstattung

Hierzu gehören Arbeitsgeräte, Werkstätten- und Büro-Einrichtungen, Möbel, Muster, soweit nicht eine Trennung wegen des verschiedenen Abschreibungssatzes zweckmäßig erscheint. Solche Gegenstände werden in der Praxis gewöhnlich über Gewinn- und Verlustkonto abgebucht oder nur mit einem Merkposten in der Bilanz aufgeführt. Es handelt sich dabei meist um kurzlebige Wirtschaftsgüter, deren Sofortabschreibung zulässig ist. Kraftwagen und Fahrzeuge können sowohl unter Nr. 4 wie unter Nr. 3 aufgeführt werden. Bei Transport- und anderen Unternehmungen, bei denen der Fuhrpark einen erheblichen Wert darstellt, erscheint gesonderter Ausweis erforderlich.

5. Konzessionen, Patente, Lizenzen, Marken- und ähnliche Rechte[4])

Über die Bewertung s. S. 91. Die Schutzdauer beträgt für Patente 18 Jahre, für Urheberrechte 50 (Photographien 10) Jahre,

---

[1]) Der RFH. in StuW. 1928 Nr. 538 hat dies nur für den Fall anerkannt, daß die Fundamente nur für die betreffende Maschine benutzt werden können. Durch die Richtlinien zur Einheitsbewertung 1935 ist aber klargestellt, daß Maschinenfundamente nicht Bestandteile des Fabrikgebäudes, sondern „Betriebsvorrichtung" sind (WTr. 1936, 41).

[2]) Hast S. 60.

[3]) RFH. 35, 234.

[4]) Bei der Feststellung des Einheitswertes nach dem RBewG. (§§ 59 Nr. 2, 67 Nr. 5) werden Urheberrechte an Werken der bildenden Kunst, des Schrifttums

für Geschmacksmuster im Höchstfalle 15, für Gebrauchsmuster im Höchstfalle 6 Jahre. Da aber hier die wirtschaftliche Abnutzung eine besonders große Bedeutung hat, kann die Schutzdauer in den seltensten Fällen ausgenutzt werden. Daher pflegen diese Rechte längstens in 5 Jahren abgeschrieben zu werden. Steuerlich ist auch eine kürzere Abschreibung von dem Gesichtspunkt des kurzlebigen Wirtschaftsgutes gerechtfertigt. Doch weisen die Veranlagungsrichtlinien 1936 (B VII 6 Abs. 2) darauf hin, daß der Umstand, daß Patente vielfach in 5 Jahren abgeschrieben zu werden pflegen, nicht rechtfertige, sie allgemein als kurzlebige Wirtschaftsgüter zu behandeln. Sind Kosten für die Verbesserung einer Erfindung aufgewandt worden, so erhöhen sich die Anschaffungs- oder Herstellungskosten entsprechend.

Die Berechnung der Anschaffungskosten für Patente usw. stößt für den Erwerber der Patente auf Schwierigkeiten, wenn der vereinbarte Gegenwert nicht in einer bestimmten oder bestimmbaren Summe, sondern in laufenden Zahlungen besteht, die entweder nach dem erzielten Gewinn oder der hergestellten oder abgesetzten Stückzahl bemessen sind. Hier ist eine Aktivierung nur möglich, wenn der (durch Schätzung zu ermittelnde) Wert des Rechts oder der Lizenz über den Wert der laufenden Vergütungen erheblich hinausgeht[1]).

Wenn auch in dem gesetzlichen Schema unter Nr. 5 nur Rechte erwähnt werden, so ist es doch als zulässig zu erachten, auch ungeschützte Erfindungen und Fabrikationsverfahren hier aufzuführen.

6. Beteiligungen, gleichviel ob sie in Wertpapieren verkörpert sind oder nicht

Aktien oder Anteile einer Kapitalgesellschaft, deren Nennbeträge insgesamt den vierten Teil des Grundkapitals dieser Gesellschaft erreichen, sowie Kuxe einer bergrechtlichen Gewerkschaft, deren Zahl insgesamt den vierten Teil der Kuxe dieser Gewerkschaft erreicht, gelten im Zweifel als Beteiligung.

Die Beteiligung muß an dem Kapital der Gesellschaft bestehen; ob das Mitgliedsrecht durch Wertpapiere verbrieft ist (Aktienbesitz) oder

und der Tonkunst und solche Werke, sowie nicht geschützte Erfindungen, falls sie nicht einem Dritten gegen Entgelt zur Ausnutzung überlassen sind, unter gewissen Voraussetzungen nicht zum Betriebs- und nicht zum sonstigen Vermögen gerechnet und daher nicht bewertet.

[1]) Der RFH. vertritt in seinen Entscheidungen RStBl. 1930, 184 und RStBl. 1931, 40, vgl. Klüber im WTr. 1934, 426 den Standpunkt, daß in einem solchen Falle die Lizenz ein Recht aus einem noch nicht völlig erfüllten gegenseitigen Vertrag sei und daher die Aktivierung unterbleiben könne, sofern

nicht (Beteiligung an einer offenen Handelsgesellschaft) ist ohne Bedeutung. Zu den Beteiligungen gehören daher auch Einlagen der AG. als persönlich haftender Gesellschafter[1]), Kommanditeinlagen, Beteiligung als stiller Gesellschafter und Beteiligungsdarlehn, Bohranteile. Keine Beteiligung in diesem Sinne ist die Beteiligung am Gewinn eines Unternehmens. Die obligatorischen Verträge, wie Interessengemeinschafts- und Pachtverträge gehören daher nicht hierher. Eine Beteiligung liegt auch nicht vor, wenn die Wertpapiere der Vermögensanlage dienen oder wenn sie zur Weiterveräußerung erworben worden sind; im ersteren Falle sind sie unter Anlagevermögen Nr. 7, im letzteren Falle unter Umlaufvermögen aufzuführen. Die herrschende Gesellschaft hat ihre Beteiligungen an der abhängigen Gesellschaft auszuweisen, dagegen ist die abhängige Gesellschaft — abgesehen von Angaben im Geschäftsbericht über das Konzernverhältnis — nicht etwa verpflichtet bei ihrem Aktienkapital anzugeben, wieviel sich davon in der Hand einer herrschenden Gesellschaft befindet. Wohl aber ist nach neuem Recht die abhängige Gesellschaft verpflichtet, ihren Besitz an Aktien der herrschenden Gesellschaft auszuweisen. Man sollte annehmen, daß dies gegebenenfalls unter Beteiligungen zu geschehen hätte. Die Gliederungsbestimmungen (§ 131 III 5) schreiben aber den Ausweis zusammen mit eigenen Aktien vor. Die Bestimmung gilt nur für den Besitz von Anteilen einer herrschenden Gesellschaft und nur wenn der Besitz in Aktien besteht. Daher sind z. B. Anteile an einer G.m.b.H. oder an einer sonstigen Gesellschaft, soweit es sich um Dauerbesitz handelt, unter Beteiligungen auszuweisen.

Zugänge und Abgänge sind auch hier in der Bilanz gesondert aufzuführen.

In dem Formblatt für Kreditbanken werden „dauernde Beteiligungen" und Konsortialbeteiligungen unterschieden. Daraus ist aber nicht zu schließen, daß unter den Beteiligungen nach Nr. 6 auch vorübergehende Beteiligungen zu verstehen seien. Vielmehr handelt es sich hier nur um Vermögensgegenstände, „die dauernd zum Geschäftsbetrieb der Gesellschaft bestimmt sind". Die prozentuale Höhe der

---

nicht der Wert des Rechts den Wert der Verpflichtung erheblich übersteige. Allein es handelt sich hier, jedenfalls dann, wenn dem Lizenznehmer ein unmittelbares Recht am Patent oder sonstigen Schutzrecht eingeräumt ist, um einen gegenseitigen Vertrag, bei welchem der eine Teil, nämlich der Lizenzgeber vorgeleistet hat, so daß die Aktivierung an sich geboten ist.

[1]) Die AG. kann Gesellschafter einer offenen Handelsgesellschaft sein.

Beteiligung spielt dabei keine Rolle. Auch ein dauernder Anteilbesitz von unter 25 % ist eine Beteiligung, wenn er nicht lediglich der Vermögensanlage dient.

Über die Notwendigkeit von Abschreibungen bei dauerndem Wertverlust s. S. 40f. Steuerlich ist der Kurswert der Beteiligungspapiere nicht ohne weiteres maßgebend, da aus dem Kurs am Bilanzstichtag auf eine dauernde Entwertung nicht unbedingt geschlossen werden kann. Für nicht kurshabende Wertpapiere und Anteile wird man die Grundsätze anwenden können, wie sie nach dem Reichsbewertungsgesetz § 13 für die Vermögensteuer festgesetzt sind. Danach ist der gemeine Wert maßgebend. „Läßt sich der gemeine Wert aus Verkäufen nicht ableiten, so ist er unter Berücksichtigung des Gesamtvermögens und der Ertragsaussichten der Gesellschaft oder Gewerkschaft zu schätzen". Die Finanzämter verfahren dabei derart, daß sie das Mittel aus dem Substanzwert (letzte Feststellung des Einheitswertes) und des Ertragswertes (unter Berücksichtigung einer $5\frac{1}{2}$%igen Verzinsung) ziehen; dabei legen sie aber meist den Ertrag zugrunde, der als steuerpflichtiger Gewinn der letzten drei Jahre festgestellt wurde. In Wirklichkeit kann bei der Ermittlung des gemeinen Werts nur der an die Anteilbesitzer ausgeschüttete Ertrag in Frage kommen. Von dem so ermittelten Wert lassen die Finanzämter einen Abzug von 10—15 % wegen schwerer Veräußerlichkeit zu. Bei ausländischen Beteiligungen spielt auch die Abwertung eine Rolle. Man wird auch hier nach den gleichen Grundsätzen verfahren müssen. Es kommt daher in erster Linie der Kurswert im Ausland in Betracht, der nach dem Devisenkurs am Bilanzstichtag umzurechnen ist. Alsdann ist der gemeine Wert im Sinne vorstehender Ausführungen zu schätzen[1]).

Ein Aktienpaket liegt vor, wenn die Aktien in ihrer Vereinigung ein besonderes Wirtschaftsgut darstellen. Paketbesitz ist auch anzunehmen, wenn mehrere Gesellschaften das Paket gemeinsam besitzen. Wenn für ein solches Paket ein Aufgeld bezahlt ist, so ist eine steuerfreie Abschreibung auf den Kurswert nicht ohne weiteres zulässig, weil mit dem Paketbesitz besondere Vorteile verbunden sein können, insbesondere ein bestimmender Einfluß auf das Unternehmen ausgeübt oder die Konkurrenz ausgeschaltet werden kann[2]). Die Vereinbarung

---

[1]) Schmitz DStZ. 1937, 131 kommt auf Grund anderer Argumente zu gleichem Ergebnis.

[2]) RFH. StuW. 1931 Nr. 520; 1929 Nr. 1030, RStBl. 1930, 92. In RFH. 37, 334 hatte die internationale Spiegelglasvereinigung 20000 Stück Aktien einer französischen Sodafabrik zum Preis von ffcs 4200 gekauft; der Kurswert betrug

einer Verkaufssperre bei Aktien rechtfertigt aus den gleichen Gründen in der Regel keine Wertminderung[1]). Auf der anderen Seite darf nicht übersehen werden, daß ein Aktienpaket, dessen Veräußerung sich als notwendig erweist, oft nur unter großen Verlusten abgesetzt werden kann. Wird eine Beteiligung veräußert, so ist sie zu ihrem Buchwert und nicht zu ihrem Verkaufswert abzusetzen[2]); ein Gewinn ist in der Gewinn- und Verlustrechnung unter a. o. Erträgen nachzuweisen (S. 172).

Konsortialbeteiligungen sind Beteiligungen an einem Konsortium, d. h. an einer Gelegenheitsgesellschaft zum Erwerb und zur Veräußerung von Wertpapieren. Auf Grund des Konsortialvertrags ist der Konsorte zur Leistung von Einzahlungen verpflichtet, er erwirbt dagegen das Miteigentum an den von dem Konsortium (bzw. von dem Konsortialführer für dessen Rechnung) angeschafften Wertpapiere[3]) und hat Anspruch auf den erzielten Gewinn. Das Miteigentum an den Konsortialeffekten ist unter den Wertpapieren des Umlaufvermögens zu aktivieren, der Anspruch auf Gewinn unter Forderungen. Soweit auf der Konsortialbeteiligung eine Einzahlungsverpflichtung als Eventualverbindlichkeit ruht, kann diese als Rückstellung unter den Passiven verbucht werden; ist sie aus der Bilanz nicht ersichtlich, so müssen im Geschäftsbericht darüber Angaben gemacht werden.

7. Andere Wertpapiere des Anlagevermögens

Hier sind solche Wertpapiere auszuweisen, die weder zu den Beteiligungen noch zum Umlaufvermögen gehören. Dies trifft besonders zu für Wertpapiere, die dem Geschäftsbetrieb, z. B. zur Stellung von Kautionen dienen, wie sie in Werk- oder Lieferungsverträgen oder als Sicherstellung für öffentliche Abgaben oder Frachten verlangt werden. Aber auch wenn dieser Zweck nicht vorliegt, können Wertpapiere zum Anlagevermögen gehören, wenn sie zum dauernden Besitz erworben sind, ohne daß die Absicht der Beteiligung vorliegt[4]). Dies trifft nicht nur auf festverzinsliche Wertpapiere zu, sondern auch auf Aktien, wenn sie lediglich der Vermögensanlage dienen. Auch

die Hälfte. Die der Konvention angehörige Steuerpflichtige erhielt einen Teil der Aktien zum Ankaufspreis und wollte ihn auf den Kurswert abschreiben. Vgl. Kennerknecht S. 419 Anm. 69.

[1]) RFH. StuW. 1931, Nr. 867.

[2]) Vgl. WTr. 1933, 283.

[3]) Osthoff, Der Konsortialvertrag 1936, 30.

[4]) Ebenso Schlegelberger § 261a Anm. 8, 20.

eigene Aktien können zum Anlagevermögen gehören, wenn sie nicht zur Weiterveräußerung erworben worden sind. Die Gliederungsbestimmungen lassen jedoch die Bilanzierung eigener Aktien nur als Umlaufvermögen zu. Sie sind daher stets zum jeweiligen Kurs am Bilanzstichtag anzusetzen.

Werden Wertpapiere des Anlagevermögens gegen andere Wertpapiere eingetauscht, die dem gleichen Zweck dienen, so kann die stille Reserve, die auf den zum Tausch hingegebenen Wertpapieren ruht, auf die neu erworbenen Wertpapiere übertragen werden (S. 51).

7a. Sonstige Gegenstände des Anlagevermögens

Dieser Posten ist in den Gliederungsbestimmungen nicht enthalten. Die Gliederungsbestimmungen sind aber nicht erschöpfend. Gegebenenfalls sind hier, und zwar je gesondert, der **Geschäfts- oder Firmenwert**, und die **Kosten der Betriebseinrichtung** (§ 133 Nr. 4) auszuweisen. Auch sonstige aktivierbare Aufwendungen können unter diesen Posten fallen; sie müssen jedoch nicht gesondert angegeben werden. Soweit aktivierbare Aufwendungen ihrer Natur nach vorübergehender Art sind (z. B. vorausgezahlte Mieten), gehören sie unter die Rechnungsabgrenzungsposten.

III. Umlaufvermögen

1. Roh-, Hilfs- und Betriebsstoffe.
2. Halbfertige Erzeugnisse.
3. Fertige Erzeugnisse, Waren.

Die obengenannten drei Posten werden in der Praxis zusammenfassend als **Vorräte** bezeichnet. Zu den Roh-, Hilfs- und Betriebsstoffen gehören Heizstoffe, Reinigungs- und Schmiermittel, dagegen nicht das zu Verwaltungs- und Vertriebszwecken verwendete Material, wie Papier, Drucksachen und sonstiges Büro- und Verpackungsmaterial[1]).

Das Umlaufvermögen ist sowohl nach Handels- wie nach Steuerrecht nach dem Niederstwertgrundsatz zu bewerten (S. 35f.). Stehen Vorräte zu dem (niedrigeren) Tageswert in der Bilanz und ist dieser Wert am Stichtag der nächsten Bilanz gestiegen, so kann der Wert bis zur Höhe des Anschaffungs- oder Herstellungspreises hinaufgesetzt werden. Dies ist auch nach Steuerrecht zulässig (S. 56). Der Teilwert

[1]) Vgl. Minz, Z.f.HwF. 1932, 233.

des Steuerrechts ist bei Vorräten regelmäßig dem Tageswert (Börsen- oder Marktpreis am Bilanzstichtag) gleichzusetzen (S. 53).

Für halbfertige Erzeugnisse läßt sich häufig ein Börsen- oder Marktpreis nicht feststellen. In diesem Fall ist der Wert des § 40, d. h. der den Grundsätzen ordnungsmäßiger Buchführung und Bilanzierung entsprechende Wert zugrunde zu legen[1]).

Ein individueller Anschaffungs- oder Herstellungspreis läßt sich für Vorräte meist nicht feststellen, wenn sie zu verschiedenen Preisen eingekauft und zu verschiedenen Zeiten bearbeitet worden sind. In diesen Fällen ist es zulässig, einen Durchschnittspreis als Anschaffungspreis anzusetzen (S. 54). Bei Halb- und Fertigfabrikaten können die Herstellungskosten (Material plus Lohn plus anteilige Gemeinkosten) oft erst nachträglich festgestellt werden. In solchen Fällen ist es üblich, den Herstellungspreis auf Grund einer Kalkulation zu bestimmen. Mit den Kalkulationssätzen darf aber nicht willkürlich gewechselt werden.

Auch für fertige Erzeugnisse ist eine Kollektivbewertung zulässig. Dies gilt namentlich für den Groß- und Einzelhandel und in Geschäftszweigen, bei denen eine große Anzahl von im wesentlichen gleichartigen Waren in Betracht kommt (Apotheken, Eisenwaren-, Buch-, Textil-Handel)[2]).

4. Wertpapiere, soweit sie nicht unter II Nr. 6 oder 7, III Nr. 5, 12 oder 13 aufzuführen sind

Hierher gehören alle Arten von Wertpapieren, ausgenommen die an anderer Stelle aufgeführten Beteiligungen und Wertpapiere des Anlagevermögens, eigene Aktien und Aktien einer herrschenden Gesellschaft, Wechsel und Schecks. Unter den Wertpapieren sind auch Steuergutscheine zu aktivieren. Der Gegenwert der im eigenen Betrieb erworbenen Steuergutscheine konnte auf Steuerkonto bzw., soweit es sich um Steuergutscheine für die Mehrbeschäftigung von Arbeitern handelte, auf Lohnkonto verbucht werden[3]). Dadurch wurde erreicht, daß das Steuerkonto nur mit der Differenz zwischen bezahlten und rückvergüteten Steuern belastet wurde. In anderen Fällen sind die

---

[1]) Oben S. 32, vgl. RFH. 33, 215, wo für einen Herstellungsbetrieb (Korsettfabrik) ausgesprochen wurde, daß die Rohstoffe trotz sinkender Preise zum Anschaffungswert bewertet werden dürfen, wenn im Falle des Verkaufs der fertigen Ware nach Deckung der Herstellungs- und Verkaufskosten bei vorsichtiger Beurteilung der Verhältnisse mit einem Gewinn gerechnet werden kann.

[2]) RFH. im RStBl. 1933 Nr. 827 S. 1062.

[3]) H. Horn bei Ertel II, 175. Kosbadt WTr. 1932, 332.

Steuergutscheine unter Wertpapieren aufgenommen worden, wobei ein entsprechender Betrag zurückgestellt wurde. Alsdann erscheinen die Steuergutscheine erst bei der Einlösung oder Veräußerung und Auflösung der Reserven in der Gewinn- und Verlustrechnung unter außerordentlichen Erträgen. Zu aktivieren sind auch Wertpapiere, die als Kaution oder zur Sicherheit hingegeben worden sind. Hierüber sind jedoch im Geschäftsbericht Angaben zu machen.

Zins- und Dividendenscheine sind, solange sie sich bei den Stücken befinden, nicht besonders zu aktivieren. Werden sie fällig und von den Stücken getrennt, so sind sie als Wertpapiere zu aktivieren. Laufende Zinsen, die erst nach dem Bilanzstichtag fällig werden (Stückzinsen) können zu dem Wert der Effekten zugeschlagen werden, häufig werden sie auch unter den Rechnungsabgrenzungskosten aufgeführt; vorausgesetzt ist dabei, daß die Zinsen nicht in dem Kurs der Wertpapiere enthalten sind, wie dies bei Auslosungsrechten der Fall ist. Die Aktivierung von Stückzinsen ist auch zulässig, wenn dadurch der Kurs des Wertpapiers am Bilanzstichtag überschritten wird[1]. Die Zinsforderung ist ein selbständiger Vermögensgegenstand; der Umstand, daß der Zinsschein erst nach dem Bilanzstichtag fällig wird, steht der Aktivierung nicht entgegen. Anders bei Dividendenscheinen, da bei diesen das Forderungsrecht erst mit der Feststellung der Dividende entsteht.

5. Eigene Aktien und Aktien einer herrschenden Gesellschaft unter Angabe ihres Nennbetrages

Während in dem Geschäftsbericht u. a. Angaben zu machen sind über den Bestand an eigenen Aktien der Gesellschaft, die ihr oder einem anderen für ihre Rechnung gehören, sind zu aktivieren nur die der Gesellschaft gehörigen eigenen Aktien. Dies bedeutet keinen Unterschied, wenn der Dritte, der die Aktien für Rechnung der Gesellschaft besitzt, Treuhänder der Gesellschaft ist. Denn da für die Bilanzierung das wirtschaftliche Eigentum entscheidet, können auch solche Aktien in die Bilanz aufgenommen werden. Anders verhält es sich, wenn der Gesellschaft auf Grund eines Kaufs oder Auftrags lediglich ein Anspruch auf Lieferung der Aktien zusteht. Dann kann der Anspruch auf Lieferung der Aktien als Forderung bilanziert werden; auch in diesem Falle muß der niedrigere Kurs am Bilanzstichtag der Bewertung zugrunde gelegt werden. Vorratsaktien sind nicht

[1]) A. A. WTr. Jahrbuch 1937 S. 183.

eigene Aktien. Eigene Aktien sind stets nach dem Niederstwertgrundsatz zu bewerten, auch wenn sie zu dauerndem Besitz erworben worden sind.

Neu ist, daß der Besitz an Aktien der herrschenden Gesellschaft, der an sich unter die Beteiligungen gehört (S. 104) hier auszuweisen ist. Damit wird eine Folgerung aus der „Einheitstheorie" des Konzernrechts gezogen. Herrschend ist eine Gesellschaft, wenn sie mehr als 50 % der Aktien der bilanzierenden Gesellschaft besitzt. Anzugeben ist nur der Nennbetrag und der Kurswert. Die Nennbeträge und Kurswerte der eigenen Aktien und der Aktien der herrschenden Gesellschaft brauchen nicht gesondert angegeben zu werden. Wo ein gesonderter Ausweis verlangt wird, ist dies für jeden einzelnen Fall im Gesetz bestimmt. Die herrschende Gesellschaft braucht ihren Besitz an Aktien der abhängigen Gesellschaft nicht besonders auszuweisen, sondern kann ihn unter den Beteiligungen aufführen.

6. Hypotheken, Grund- und Rentenschulden

Richtiger wäre die Bezeichnung Hypotheken-, Grund- und Rentenschuld-Forderungen. Die Hypotheken sind nur in der Höhe auszuweisen, in der sie tatsächlich valutiert sind, also in der Höhe, in welcher eine persönliche Forderung besteht. Geleistete Abzahlungen und Tilgungen sind in Abzug zu bringen. Das gleiche gilt auch für Grundschulden. Diese bestehen zwar unabhängig von der persönlichen Forderung; soweit aber eine persönliche Forderung nicht vorhanden ist, besteht ein Rückforderungsrecht des Schuldners. Auch soweit die persönliche Forderung vorhanden ist, kann die Notwendigkeit bestehen, die Hypothek oder Grundschuld zu einem niedrigeren Betrag in der Bilanz auszuweisen. Zunächst ist die Frage der Bonität des Schuldners bzw. der Wert des verpfändeten Grundstücks zu prüfen. Da ferner auch für Forderungen des Umlaufvermögens der Niederstwertgrundsatz gilt, ist zu prüfen, welchen Veräußerungswert die Hypothek oder Grundschuld hat. Eine erst in Jahren rückzahlbare und niedrig verzinsliche Hypothek oder Grundschuld ist entsprechend niedriger (mit einem sog. Damnum) zu bewerten. Dies ist auch steuerrechtlich anerkannt[1]).

Das neue Recht enthält keine besonderen Bestimmungen für Sicherungshypotheken. Es sind dies solche, bei denen das Recht aus der Hypothek sich nach der zugrunde liegenden Forderung richtet. Abgesehen von den Sicherungshypotheken für Anleihen kommt hauptsächlich die Höchstbetragshypothek in Betracht. Die Sicherungshypo-

[1]) RFH. in StuW. 1932 Nr. 422.

theken können an Stelle der persönlichen Forderungen bilanziert werden[1]). In der Praxis pflegt man aber an Stelle der Hypothek die gesicherte Forderung zu bilanzieren.

Eigentümerhypotheken werden nicht bilanziert, da das Grundstück mit seinem vollen Wert in der Bilanz erscheint.

7. Von der Gesellschaft geleistete Anzahlungen

Es handelt sich hier um Forderungen aus einem gegenseitigen Vertrag, auf Grund dessen die bilanzierende Gesellschaft eine Vorausleistung gemacht hat. Hat sie bei einem Kaufvertrag den vollen Kaufpreis entrichtet, so kann sie statt den gezahlten Betrag unter Anzahlungen auszuweisen, den Anspruch auch unter Warenbeständen bzw. unter Anlagegegenständen bilanzieren, wenn ihr die Ware oder Anlage zur Verfügung steht.

8. Forderungen auf Grund von Warenlieferungen und Leistungen

Maßgebend ist der Wert der Forderung am Bilanzstichtag. Daher sind Forderungen in ausländischer Währung nach dem Kurse der ausländischen Währung am Bilanzstichtag umzurechnen. Zweifelhafte Forderungen sind nach ihrem wahrscheinlichen Wert anzusetzen (S. 32). Ist eine zweifelhafte Forderung z. B. mit 50 % bewertet und wird sie später wieder vollwertig, so kann auch nach Steuerrecht die Bewertung mit 50 % beibehalten werden, vorausgesetzt, daß die Handelsbilanz übereinstimmt. Dies gilt auch für Währungsforderungen, wenn der Kurs der ausländischen Währung gegenüber dem Kursstand am Bilanzstichtag der vorhergehenden Bilanz sich erhöht hat[2]). Bei Währungsforderungen sind bei der Bewertung auch die Devisenbestimmungen der ausländischen Staaten insbesondere Transfer-Beschränkungen zu berücksichtigen. Daher sind Sperrguthaben oder eingefrorene Guthaben entsprechend niedriger zu bewerten; bei ersteren kann erst nach der Freigabe der Kurswert angesetzt werden[3]). Über die Berück-

[1]) Vom Standpunkt des bisherigen Rechtes waren nach Schlegelberger § 261a Anm. 10 aktive Sicherungshypotheken nicht besonders auszuweisen, a. A. Staub das. Anm. 16.

[2]) Vgl. Carius, Währungsforderungen und Währungsschulden in der Steuerbilanz, DStZ. 1936, 1437. Nach Carius darf in diesem Fall steuerlich eine Erhöhung der Forderung über den ursprünglichen Bilanzansatz nicht erfolgen.

[3]) RFH. 38, 69, wo es sich um das Kapitaleinkommen aus Dividende chilenischer Aktien handelte.

sichtigung von Umständen, die nach dem Bilanzstichtag eingetreten sind, s. S. 43 f., über die Zulässigkeit der Aufrechnung von gegenseitigen Forderungen S. 88, über die Bildung von stillen Reserven nach Steuerrecht S. 68 f., nach Handelsrecht S. 156 ff.

9. Forderungen an Konzernunternehmen

Hier sind die Forderungen aus dem gesamten Geschäftsverkehr mit der Konzerngesellschaft auszuweisen, nicht nur soweit sie Warenlieferungen und Leistungen betreffen, also auch Forderungen auf Grund von Beteiligungen oder Interessengemeinschaften. Gegebenenfalls ist die Mitzugehörigkeit zu Ziffer 8 zu vermerken. Über die Aufrechnung mit Gegenforderungen der gleichen Konzerngesellschaft s. S. 88. Verrechnung von Forderungen und Schulden gegenüber *verschiedenen* Konzerngesellschaften ist in der Bilanz unstatthaft. Auszuweisen sind nicht nur die Forderungen der herrschenden Gesellschaft an die abhängige Gesellschaft, sondern auch die Forderungen der abhängigen Gesellschaft an die herrschende. Für *Organgesellschaften* ist die Meinung vertreten worden, daß diese mit der herrschenden Gesellschaft als eine Einheit anzusehen seien; daraus wird gefolgert, daß der gesamte Geschäftsverkehr zwischen herrschender Gesellschaft und Organgesellschaft in der Bilanz überhaupt nicht in Erscheinung zu treten habe. Dieser Meinung kann aber nicht zugestimmt werden. Für die Erfüllung der Bilanzierungsvorschriften ist nur die formelle Rechtspersönlichkeit maßgebend, da diese für die Rechte der Gläubiger an dem Vermögen der Organgesellschaft entscheidend ist. Die Gläubiger der herrschenden Gesellschaft können sich an das Vermögen der Organgesellschaft erst halten, nachdem die Gläubiger der Organgesellschaft befriedigt sind. Die materielle Einheit von herrschender und Organgesellschaft kann nur berücksichtigt werden, soweit es sich um die Aufstellung einer Konzernbilanz handelt. Aus der Tatsache, daß das Steuerrecht gewisse Erleichterungen für den Geschäftsverkehr zwischen der herrschenden und der Organgesellschaft gewährt (S. 197 ff.), kann keineswegs geschlossen werden, daß eine Verpflichtung, diesen Geschäftsverkehr in der Bilanz auszuweisen, nicht bestehe.

Hat die abhängige Gesellschaft eine Unterbilanz, so hat der RFH. es für zulässig erklärt, daß die herrschende Gesellschaft die Beteiligung und die Forderung zusammen mit dem Wert einsetzt, der dem Wert des zur Deckung vorhandenen Vermögens der abhängigen Gesellschaft entspricht; insoweit kann der Ausgleich durch entsprechende Absetzung entweder an der Forderung oder an der Beteiligung oder an beiden erfolgen[1]). Diese Entscheidung trifft jedoch nur für den Fall zu, daß die Anteile der abhängigen Gesellschaft sich zu 100 % im Besitz der herrschenden Gesellschaft befinden, denn nur dann können Forderung und Beteiligung einander gleichgeordnet werden.

10. Forderungen aus Krediten, die nach § 80 nur mit ausdrücklicher Zustimmung des Aufsichtsrats gewährt werden dürfen

Kredite an Mitglieder des Vorstands und leitende Angestellte der Gesellschaft oder eines abhängigen oder herrschenden Unternehmens, die ein Monatsgehalt nicht übersteigen, fallen nicht unter diese Bestimmung (AGesetz § 80 Abs. 1). Im übrigen gehören hierher auch Gehalts- und Tantiemenvorschüsse, Entnahmen, sowie Rückgriffsforderungen an diese Personen. Soweit es sich um Gehälter oder garantierte Tantiemen handelt, liegt ein Vorschuß, also eine Forderung, nur dann vor, wenn für den betreffenden Zeitraum, für den gezahlt wird, die Dienste noch nicht geleistet sind (vgl. S. 87).

11. Forderungen an Aufsichtsratsmitglieder, soweit sie nicht aus Geschäften entstanden sind, die der Betrieb der Gesellschaft gewöhnlich mit sich bringt

Diese neue Bestimmung geht auf eine Anregung des Aktienrechtsausschusses der Akademie für Deutsches Recht zurück[2]). Ansprüche aus dem normalen Geschäftsverkehr sind nicht ausweispflichtig, da sonst die Folge sein könnte, daß die Aufsichtsratsmitglieder ihre Aufträge an ein Konkurrenzunternehmen geben würden. Als Beispiel wurde angeführt, daß ein Aufsichtsratsmitglied von der Gesellschaft kurz vor Bilanzschluß Waren bezogen und noch keine Rechnung erhalten hat, oder daß das Aufsichtsratsmitglied einer Bank sein Konto vorübergehend überzogen hat. Zufolge der neuen Vorschrift werden wohl in Zukunft alle Forderungen der Gesellschaft an Mitglieder des Aufsichtsrats unter den normalen Geschäftsverkehr fallen.

12. Wechsel

13. Schecks

Auch bei Wechseln ist wie bei gewöhnlichen Forderungen die Bonität des Schuldners zu berücksichtigen. Ist die Wechselforderung nach dem

[1]) RStBl. 1934, 686 Nr. 602. Vgl. Hoeres WTr. 1936, 378.

[2]) Zeitschrift der Akademie 1935, 259.

Bilanzstichtag fällig, so muß sie abgezinst werden. Bei der Abzinsung wird gewöhnlich der Hereinnahmesatz zugrunde gelegt.

Unter dem Posten 12 sind in der Hauptsache Kundenwechsel zu verstehen. Wenn flüssige Mittel in Privatdiskonten angelegt werden, so empfiehlt sich ein entsprechender Zusatz[1]). Reichsschatzwechsel wird man richtiger unter 4 (Wertpapiere) unterbringen. Wechsel, die die bilanzierende Gesellschaft zur Sicherung für eine ihr zustehende Forderung erhalten hat (Depot-, Mobilisierungs-, Kautionswechsel) werden nicht bilanziert (S. 150).

14. Kassenbestand einschließlich von Reichsbank- und Postscheckguthaben

15. Andere Bankguthaben

Bei Bankguthaben handelt es sich um Guthaben aus dem Bankverkehr. Ist das Guthaben gesperrt, so sind darüber im Geschäftsbericht Angaben zu machen. Nicht frei verfügbare Bankguthaben, z. B. Register- und Sperrmarkguthaben, sind gesondert auszuweisen[2]).

16. Sonstige Forderungen

Der Posten für sonstige Forderungen ist neu aufgenommen worden. In Betracht kommen z. B. Forderungen auf Grund von Darlehen, Konsortialgeschäften, Ersatzansprüche, soweit sie nicht auf dem Warenverkehr beruhen. Zinsforderungen werden zusammen mit der Hauptforderung ausgewiesen. Soweit es sich um Zins- oder Dividendenscheine handelt, die von den Stücken getrennt sind, gehören sie unter Wertpapiere. Unter Umständen kann die Zinsforderung aber auch selbständig bilanziert werden, z. B. wenn die Hauptforderung bezahlt ist.

16a. Sonstige Gegenstände des Umlaufvermögens

Das Bilanzschema enthält diesen Posten nicht, er kann aber erforderlich werden, z. B. für aktivierbare Aufwendungen, soweit diese nicht unter die sonstigen Gegenstände des Anlagevermögens fallen. Der Ausweis kann erfolgen z. B. unter der Bezeichnung „Miet-, Werbe-, Baukonto". Die unter Nr. 1—16 des Umlaufvermögens aufgeführten Gegenstände gestatten den Ausweis solcher Posten nicht.

---

[1]) Düring bei Ertel II, 153.

[2]) WTr. Jahrbuch 1937, 186.

IV. Posten, die der Rechnungsabgrenzung dienen

Die Bilanz ist gewissermaßen eine Momentaufnahme eines in Bewegung befindlichen Körpers. Sie stellt, wie schon ausgeführt, einen willkürlichen Einschnitt in die fortlaufende Entwicklung des geschäftlichen Lebens dar. Soll die Bilanz die Periodenfunktion, d. h. ihre Aufgabe erfüllen, den Gewinn, der in einem zeitlich fest bestimmten Teilabschnitt des Geschäftsbetriebs erzielt worden ist, richtig auszuweisen, so muß die Möglichkeit bestehen, gemachte Aufwendungen und erzielte Erträge auf das folgende oder die folgenden Jahre zu verteilen, denen sie zuzurechnen sind. Dies ist die Aufgabe der transitorischen Konten[1]); sie werden daher auch Erfolgsregulierungskonten genannt. Im Grund genommen sind alle Konten der Bestandsbilanz transitorisch. Dies gilt besonders von Vermögensgegenständen, die der Abnutzung unterliegen; denn bei diesen wird der Wert, der im Geschäftsjahr nicht verzehrt wurde, jeweils auf den späteren Rechnungsabschnitt übertragen. Indessen versteht man unter transitorischen Konten nur solche, die keine Vermögensgegenstände im eigentlichen Sinn darstellen, sondern deren ausschließlicher Zweck es ist, eine gemachte oder noch zu machende Aufwendung oder einen erzielten Ertrag auf das folgende oder die folgenden Jahre zu verteilen, d. h. diese Jahre mit dem anteiligen Aufwand zu belasten oder für den anteiligen Ertrag zu erkennen. In diesem Sinn sind transitorische Konten auf der Aktivseite der Geschäfts- oder Firmenwert, das Disagiokonto, die aktivierbaren Aufwendungen und das Aufwertungsausgleichskonto. Auf der Passivseite der Bilanz sind transitorische Konten z. B. die Prämienüberträge bei den Versicherungsunternehmungen, aber auch alle Erträge, die sich auf die späteren Jahre verteilen, z. B. eine auf mehrere Jahre im voraus gezahlte Miete. Soll ein erst bevorstehender Aufwand auf mehrere Jahre verteilt werden, so wird gleichfalls ein transitorisches Konto auf der Passivseite eingerichtet; man bezeichnet solche Posten auch als antizipative, weil es sich um Vorwegnahme von Aufwendungen handelt, die noch nicht gemacht sind. Antizipative Konten in diesem Sinne sind der Erneuerungsfonds, sowie die Rückstellungen für in Zukunft bevorstehenden Aufwand.

Transitorische Konten im engeren Sinne sind die Rechnungsabgrenzungsposten. Es handelt sich dabei um ein Sammelkonto, in

---

[1]) Rehm S. 67ff.; Passow I, 71; Leitner S. 223ff.; Haar bei Meithner I, 341; II, 754; vgl. die Aufsätze von H. Horn WTr. 1936, 463; Kruschwitz das. 1934, 134; Pickler, 1935, 132.

welchem diejenigen Einzelbeträge zusammengefaßt werden, für die ein besonderes transitorisches Konto nicht besteht. Da in den Büchern die Geschäftsvorfälle so gebucht werden, wie sie sich tatsächlich ereignet haben, ohne Rücksicht darauf, ob sie dem laufenden oder dem folgenden Geschäftsjahr zuzurechnen sind, gehen die Rechnungsabgrenzungsposten aus den Büchern nicht ohne weiteres hervor, sondern müssen besonders festgestellt bzw. errechnet werden. Schon aus diesem Grund empfiehlt sich ihre Zusammenfassung auf einem besonderen Konto, da andernfalls eine Übersicht oder eine Kontrolle schwer möglich wäre. Hauptanwendungsfälle sind vorausgezahlte oder vorausempfangene Mieten, Zinsen, Provisionen, Zölle, Frachten. Wenn z. B. eine Gesellschaft die Miete für ihr Geschäftslokal für das folgende Jahr im voraus bezahlt hat, so wird die gemachte Aufwendung im Interesse einer richtigen Erfolgsermittlung dadurch ausgeglichen, daß der bezahlte Betrag unter die Aktiven der Rechnungsabgrenzungsposten aufgenommen wird. Hat die Gesellschaft umgekehrt die Miete für das folgende Geschäftsjahr im voraus empfangen, so wird der erhaltene Betrag unter die Passiven eingestellt. In der Praxis werden jedoch unter dem Sammelkonto Rechnungsabgrenzungsposten solche der verschiedensten Art (Reserven, Rückstellungen, Wertberichtigungen, Forderungen bzw. Verbindlichkeiten) aufgeführt, was dem Grundsatz der Bilanzklarheit nicht entspricht. Rechnungsabgrenzungsposten sind nur empfangene oder geleistete Zahlungen, die dem folgenden Jahr zuzurechnen sind. Dadurch sind antizipative Posten (d. h. die Vorwegnahme nicht empfangener bzw. nicht geleisteter Zahlungen, die zwar das Geschäftsjahr betreffen, aber erst im nächsten Geschäftsjahr eingehen bzw. geleistet werden, ausgeschlossen[1]). Wenn daher z. B. ein Elektrizitätswerk den im Betriebsjahr abgesetzten Strom, den es noch nicht berechnen kann, einstellen will, so kann es die nachträglich eingehende Zahlung nicht aktivieren. Vielmehr ist die Forderung auf den gelieferten und noch nicht bezahlten Strom unter „Forderungen auf Grund von Warenlieferungen und Leistungen" auszuweisen und nötigenfalls zu schätzen. Ebenso sind nicht gezahlte Löhne und Gehälter, die das Geschäftsjahr betreffen, unter Verbindlichkeiten aufzuführen. Stehen die Verbindlichkeiten nach Grund oder Betrag nicht fest, so können sie auch unter Rückstellungen aufgeführt werden.

Wesentlich für den Begriff der Rechnungsabgrenzungsposten ist sonach, daß es sich dabei nicht um Forderungen bzw. Verbindlichkeiten

[1]) Ebenso H. Horn und Kruschwitz a. a. O.

handelt, sondern um Aufwendungen und Erträge, die in die neue Rechnungsperiode verlagert werden (Korrektivposten)[1]). Daher gehören z. B. Ansprüche auf Miete oder Zinsen, die nach dem Bilanzstichtag fällig werden, nicht zu den Rechnungsabgrenzungsposten; denn der auf das Geschäftsjahr entfallende Betrag ist kein Korrektivposten, sondern eine aktivierbare Forderung[2]). Bei der Abzinsung von Wechseln handelt es sich um eine Wertberichtigung. Unter Rechnungsabgrenzungsposten sind ferner nur solche empfangenen oder geleisteten Zahlungen aufzuführen, die das nächstfolgende Jahr betreffen; soweit eine Verteilung auf mehrere Jahre in Frage kommt, oder wenn der Posten erheblich ist (S. 95), muß ein besonderes Bilanzkonto errichtet werden. Es handelt sich ferner nur um solche Posten, die die Gewinn- und Verlustrechnung betreffen, die also nicht unter die Bestandskonten der Bilanz fallen. Wenn daher die Kosten einer selbsthergestellten Maschine noch nicht endgültig ermittelt sind, so ist die Maschine gleichwohl unter Anlagen aufzuführen und die Kosten müssen geschätzt werden; das gleiche gilt für eingegangene und inventarisierte Waren, falls der Lieferant noch keine Rechnung erteilt hat. Ist der Lieferant für die anrollende Ware bereits erkannt, so gehört der Betrag unter die entsprechenden Aktivposten (Anlagen, Warenbestände). Als Grundsatz muß stets festgehalten werden, daß Geschäftsvorfälle von wesentlicher Bedeutung nicht unter dem Sammelbegriff der Rechnungsabgrenzungsposten aufgeführt werden dürfen. Das muß um so mehr betont werden, als dieser Begriff meist nicht scharf genug begrenzt wird, was leicht zur mißbräuchlichen Benutzung führen kann[3]).

IVa. Der Jahresreinverlust und Verlustvortrag[4])

Nach der neuen Fassung der Gliederungsbestimmungen (§ 131 Abs. 3) ist der Überschuß der Passivposten über die Aktivposten (Reinverlust) am Schluß der Jahresbilanz ungeteilt und gesondert auszuweisen. Ein vorjähriger Gewinn- oder Verlustvortrag ist zu vermerken.

Hat z. B. eine Gesellschaft für 1935 einen Gewinnvortrag von

---

[1]) H. Horn a. a. O. S. 464.

[2]) In dem Formblatt für die Hypothekenbanken sind daher unter den Aktivposten Nr. 17 die fälligen Zinsen von den anteiligen Zinsen gesondert auszuweisen.

[3]) Vgl. hierüber Füth, Die transitorischen Aktiven und Passiven. Z.f.HwF. 1935, 569.

[4]) Über die Eigenschaft als Aktivum s. S. 96.

M. 50000.— ausgewiesen, und hat sie für 1936 einen Verlust von M. 70000.—, so lautet die Bilanz:

Gewinnvortrag	1935	M. 50 000	
Verlust	1936	70 000	
Verlustvortrag			20 000

B. Passiva. Die Bilanzierung der einzelnen Passiva nach den Gliederungsbestimmungen

§ 25

I. Grundkapital

Die Gesamtnennbeträge der Aktien jeder Gattung sind gesondert anzugeben; sind Mehrstimmrechtsaktien ausgegeben, so ist ihre Gesamtstimmenzahl und die der übrigen Aktien zu vermerken; bedingtes Kapital ist mit dem Nennbetrag zu vermerken.

Von dem Grundkapital ist das Eigenkapital einer Gesellschaft zu unterscheiden, das aus dem Grundkapital, den offenen und stillen Rücklagen und dem unverteilten Gewinn besteht[1]). Es ist kein fester Betrag, sondern stellt lediglich die Differenz von Aktiven und Verbindlichkeiten dar. Da die Bilanz nach den Grundsätzen kaufmännischer Buchführung in Kontoform aufgestellt wird, d. h. der Differenzposten jeweils auf der schwächeren Seite eingestellt wird, erscheint das Eigenkapital, wenn die Aktiva die Verbindlichkeiten übersteigen, unter den Passiven, im umgekehrten Fall erscheint ein entsprechender Betrag als Verlust unter den Aktiven. Bei der AG. und den anderen Gesellschaften mit festem Grundkapital besteht die Vorschrift, daß das Grundkapital solange unverändert in der Bilanz ausgewiesen werden muß, als nicht eine Herabsetzung desselben nach den Vorschriften des Gesetzes vorgenommen worden ist. Aus dieser Verschiedenheit darf man aber nicht den Schluß ziehen, daß die Bilanz der AG. sich ihrem Wesen nach von der Bilanz des Einzel-

[1]) Nach KWG. § 11 ist als Eigenkapital das eingezahlte Kapital zuzüglich der ausgewiesenen Reserven und abzüglich entstandener Verluste anzusehen. „Als Reserven gelten nicht außerordentliche Reserven, stille Reserven, Delcredere-Reserven und Rückstellungen jeder Art". Nach der 1. DV. vom 9. 2. 1935 Art. 8 sind außerordentliche Reserven im Sinne des § 11 solche durch Gesetz nicht vorgeschriebene Reserven, die bestimmten Sonderzwecken dienen. Hierunter fallen z. B. Pensionsfonds. Die Bestimmungen des § 11 dienen zur Feststellung der Liquidität, d. h. des Verhältnisses von Eigen- u. Fremdkapital. Im Interesse einer klaren Feststellung der Liquidität werden stille Reserven in das Eigenkapital nicht einbezogen, auch wenn sie sichtbar sind, wie z. B. die 1 RM.-Posten. Daß Wertberichtigungsposten und Rückstellungen, die nicht den Charakter einer Reserve haben, nicht zum Eigenkapital gehören, ergibt sich von selbst.

kaufmanns oder der Gesellschaften ohne festes Grundkapital unterscheide[1]). Denn die Vorschrift, daß das Grundkapital in einer festen Ziffer ausgewiesen werden muß, ändert nichts an der Tatsache, daß das Eigenkapital der Gesellschaft kein feststehender Betrag, sondern lediglich die Differenz von Aktiven und Verbindlichkeiten ist. Die gesetzliche Vorschrift hat lediglich die Bedeutung, daß ein etwaiger Verlust nicht ohne weiteres von dem Grundkapital der Gesellschaft abgesetzt werden darf, sondern in voller Höhe in der Bilanz ausgewiesen werden muß, so daß ein Gewinnausweis erst möglich ist, wenn das Grundkapital durch das Reinvermögen (Aktiva minus Verbindlichkeiten) voll gedeckt ist. So selbstverständlich diese Tatsache ist, hat sie doch zu der falschen Auffassung geführt, als ob das Grundkapital ein selbständiger Vermögensgegenstand sei, und zwar eine Schuld des Unternehmens an die Geschäftsinhaber bzw. an die Aktionäre.

Ist in der Bilanz ein Gewinn ausgewiesen, so geht aus ihr gleichzeitig hervor, daß das Grundkapital und die etwa ausgewiesenen Rücklagen voll gedeckt sind. Ob dies aber tatsächlich der Fall ist, hängt davon ab, daß die Bilanz richtig ist, d. h. daß die Aktiva nicht über- und die Passiva nicht unterbewertet sind. Leider hat sich besonders in Krisenzeiten nicht selten herausgestellt, daß ein in der Bilanz ausgewiesener Gewinn oder die volle Deckung des Grundkapitals und der Rücklagen nur auf dem Papier vorhanden waren.

Das Grundkapital ist in Höhe des vollen Nennbetrags in der Bilanz auszuweisen. Bei nicht voll gezahlten Aktien ist das Grundkapital mit dem vollen Nennbetrag unter den Passiven auszuweisen, während die ausstehenden Einlagen als Forderungen unter die Aktiven einzustellen sind. Auch der Betrag der eigenen Aktien darf nicht von dem Grundkapital in Abzug gebracht werden, vielmehr müssen die eigenen Aktien unter den Aktiven besonders ausgewiesen werden. Eine Ausnahme ist nur bei der vereinfachten Kapitalherabsetzung zulässig, wenn bereits ein Beschluß der Generalversammlung vorliegt, wonach die eigenen Aktien eingezogen werden sollen. In diesem Fall können sie von dem Grundkapital abgesetzt werden[2]).

---

[1]) s. oben S. 3.

[2]) Dies ergibt sich aus AGesetz § 188 Abs. 1, bisher 1. DV. zur Kapitalherabsetzung in erl. Form vom 18. 2. 1932 § 5. So haben die Vereinigten Stahlwerke in ihrer Bilanz per 30. 9. 1935 84 Mn. eigene Aktien von dem Grundkapital vor dem Strich abgesetzt, die für die noch nicht abgewickelten 6% Dollar-Notes-Anleihe hinterlegt sind und nach Freiwerden gemäß Beschluß der Generalversammlung eingezogen werden sollen.

Von jeder Gattung von Aktien sind die Gesamtnennbeträge gesondert anzugeben. Es ist also nicht zulässig, vor dem Strich lediglich die verschiedenen Gattungen anzugeben und alsdann hinter dem Strich die Nennbeträge für alle Gattungen zusammenzufassen.

In allen Fällen, in denen Stimmrechtsaktien (S. 284 f.) bestehen, ist vor dem Strich die Gesamtstimmenzahl[1]) sowohl der Stimmrechtsaktien wie der übrigen Aktien zu vermerken. Bestehen z. B. neben den Stammaktien im Nennbetrag von 1 Mn. M. Vorzugsaktien zu je 100.— M. Lit. A in Höhe von 2 Mn. M. mit doppeltem Stimmrecht und Vorzugsaktien Lit. B in Höhe von 1 Mn. M. mit fünffachem Stimmrecht und Vorzugsaktien Lit. C ohne Stimmrecht, so ist der Ausweis wie folgt vorzunehmen:

Stammaktien		1 000 000
Vorzugsaktien	Lit. A	2 000 000
	Lit. B	1 000 000
	Lit. C	500 000
Gesamtstimmenzahl	der Vorzugsaktien 90 000	
Gesamtstimmenzahl	der übrigen Aktien 10 000	

Vorratsaktien (S. 280 f.) sind zusammen mit dem übrigen Grundkapital auszuweisen. Eine Verpflichtung, sie als Vorratsaktien gesondert von dem übrigen Grundkapital auszuweisen, besteht nicht. Als Gegenposten auf der Aktivseite der Bilanz erscheint der Anspruch gegen den Aktionär auf den Erlös aus der Verwertung der Aktien. Über die Bewertung dieses Anspruchs f. S. 97.

Durch die 8. Verordnung zur Durchführung der Vorschriften über die Kapitalherabsetzung in erleichterter Form vom 13. 3. 1934 ist ein **bedingtes Grundkapital** geschaffen worden. An und für sich ist es zulässig, daß die Hauptversammlung Beschlüsse faßt, die nur wirksam werden, wenn die Bedingung, auf welcher der Beschluß beruht, erfüllt ist. So kann gleichzeitig mit der Satzungsänderung betreffend Erhöhung des Grundkapitals auch die Erhöhung des Grundkapitals selbst beschlossen werden, obwohl der letztere Beschluß erst wirksam wird, wenn die Satzungsänderung in das Handelsregister eingetragen ist. Die bedingte Erhöhung des Grundkapitals, um die von der Gesellschaft eingeräumten Bezugs- oder Umtauschrechte zu erfüllen, ist jedoch bisher nicht möglich gewesen. Die genannte Verordnung hat dies zu dem Zweck gestattet, um die Einziehung von Vorratsaktien, die zur Erfüllung der

---

[1]) Auch nach bisherigem Recht war die Gesamtstimmenzahl zu vermerken, nicht der Betrag, für den das Stimmrecht ausgeübt wird. Das letztere tut z. B. die J.G. Farbenindustrie AG. in ihrer Bilanz per 31. 12. 1935.

unentziehbaren Bezugs- oder Umtauschrechte geschaffen wurden, oder von eigenen Aktien zu ermöglichen. Der Gesamtnennbetrag der bedingten Kapitalerhöhung (Bezugsaktien) durfte den Gesamtnennbetrag der einzuziehenden Aktien nicht übersteigen[1]). Nach dem Aktiengesetz sollen Vorratsaktien nicht mehr zulässig sein. An ihre Stelle tritt die Möglichkeit der bedingten Kapitalerhöhung, die zum Zweck der Gewährung von Umtausch- und Bezugsrechten an Gläubiger von Wandelschuldverschreibungen oder zur Vorbereitung einer Verschmelzung beschlossen werden kann (§ 159). Das Verfahren ist im Anschluß an die genannte Verordnung geregelt. Der Nennbetrag des bedingten Kapitals ist in der Bilanz zu vermerken.

II. Rücklagen

Unter Rücklagen versteht man den Mehrbetrag, um den das Reinvermögen der Gesellschaft (Aktiva minus Verbindlichkeiten) das Grundkapital übersteigt. Die Differenz ergibt natürlich nur den Betrag der offenen Rücklagen. Um auch die stillen Rücklagen zu erfassen, müssen die Aktiva und Verbindlichkeiten mit ihrem wirklichen Wert eingesetzt werden.

Die Rücklagen bestehen nicht notwendigerweise aus unverteilten Gewinnen, sie gehören aber jedenfalls zum Eigenkapital der Gesellschaft

---

[1]) Auf Grund dieser Verordnung verfuhr die J. G. Farbenindustrie AG., die in der Bilanz für 1933 ein Stammaktienkapital von 850 Mn M. auswies. Darunter befanden sich Vorratsstammaktien im Nennbetrag von RM. 160652200, denen auf der Aktivseite der Bilanz eine Forderung in gleicher Höhe als „Forderung wegen noch nicht begebener Vorratsstammaktien" gegenüberstand. Außerdem wies die Bilanz für 1933 Vorratsvorzugsaktien im Nennbetrag von RM. 100 Mn. aus, denen auf der Aktivseite eine Forderung in gleicher Höhe gegenüberstand. Im Jahre 1934 wurde der Weg der bedingten Kapitalerhöhung beschritten. Im Wege der Kapitalherabsetzung in erleichterter Form wurden zunächst eigene Stammaktien im Nennwert von RM. 9347800, und Vorratsstammaktien in Höhe von RM. 120652200 eingezogen und das Stammaktienkapital um RM. 130 Mn. auf RM. 720 Mn. herabgesetzt. Von den Vorratsvorzugsaktien wurden RM. 60 Mn. eingezogen, so daß noch 40 Mn. bestehen, denen in der Bilanz von 1934 eine Forderung in gleicher Höhe gegenübersteht. Insgesamt wurde das Aktien-Kapital sonach um 190 Mn. herabgesetzt und gleichzeitig um RM. 176868600 bedingt erhöht, was in der Bilanz für 1934 vor dem Strich vermerkt ist. Der Betrag der bedingten Kapitalerhöhung entspricht dem in der Bilanz für 1934 ausgewiesenen Betrag der ausstehenden Teilschuldverschreibungen, für welche ein Umtauschrecht in Aktien besteht. Die Bilanz für 1935 enthält den Vermerk über das bedingte Stammaktienkapital nicht mehr; dagegen wird im Geschäftsbericht mitgeteilt, daß eine Neuausgabe von Aktien auf Grund der am 28. 4. 1934 beschlossenen bedingten Kapitalerhöhung bisher nicht erfolgt ist.

und werden daher auch als Zusatz- oder Reservekapital bezeichnet. Infolgedessen stellen sie keine bestimmten Vermögenswerte, sondern nur einen Differenzposten dar. Ebenso wie das Grundkapital nur insoweit vorhanden ist, als das Rohvermögen die Verbindlichkeiten übersteigt, sind die Rücklagen nur insoweit vorhanden, als das Reinvermögen (Aktiva minus Verbindlichkeiten) das Grundkapital übersteigt.

Die alten Gliederungsbestimmungen (HGB. § 261a B II) bezeichnen die Teile des Reinvermögens, die das Grundkapital übersteigen, als „Reservefonds". Der Ausdruck „Fonds" ist allerdings insofern irreführend, als dadurch die Vorstellung erweckt wird, als ob in Höhe des ausgewiesenen Betrags bestimmte Vermögensgegenstände vorhanden seien. Es ist daher die Bezeichnung „Reservekonto" empfohlen worden[1]). Das AGesetz gebraucht den zutreffenden Ausdruck „Rücklagen".

Die Gliederungsbestimmungen unterscheiden wie bisher zwischen der „gesetzlichen Rücklage" und „anderen (freien) Rücklagen". Bei der Bezeichnung „gesetzliche Rücklage" ist nur an die ordentliche gesetzliche Rücklage gedacht, die aus einem bestimmten Betrag des jährlichen Reingewinns, aus dem Agio bei der Ausgabe von Aktien und Wandelschuldverschreibungen und aus Zuzahlungen der Aktionäre gebildet werden muß (§ 130), wozu die S. 124 erörterten Fälle noch hinzutreten. Außer dieser ordentlichen gesetzlichen Rücklage gibt es aber auch, wie noch ausgeführt wird, eine außerordentliche Rücklage, deren Bildung auf gesetzlicher Bestimmung beruht. Diese außerordentliche gesetzliche Rücklage muß besonders ausgewiesen werden, obwohl das Bilanzschema dies nicht vorsieht (S. 128).

Freiwillige Rücklagen sind solche Beträge, deren Rückstellung nicht auf einer Bestimmung des Gesetzes, sondern auf der Satzung oder einem Beschluß der Organe beruht, denen die Feststellung der Bilanz obliegt, sei es Aufsichtsrat und Vorstand, sei es die Hauptversammlung. Die Unterscheidung „gesetzliche" bzw. „freiwillige" Rücklage ist nicht gleichbedeutend mit „gebundener" bzw. „freier" Rücklage. Die gesetzlichen Reservefonds sind allerdings immer gebunden, aber auch ein freiwilliger Reservefonds kann durch die Satzung oder durch Beschluß der zuständigen Organe gebunden sein. Freie Reserven sind daher solche, über die die zuständigen Organe frei verfügen können. Der Gegensatz zu der gesetzlichen Rücklage ist daher besser mit „freiwilliger" (statt freier) Rücklage zu bezeichnen.

---

[1]) Dagegen ist von Passow, I, 51 eingewandt worden, daß die Bilanz nicht das Konto selbst, sondern den aus dem Konto sich ergebenden Saldo ausweise. Passow S. 271 empfiehlt die Bezeichnung Reservekapital.

Von Bedeutung ist endlich die Unterscheidung von echten und unechten Rücklagen. Unechte Rücklagen sind Wertberichtigungsposten, sofern diese lediglich eine Korrektur der zu hohen Bewertung von Aktiven darstellen. Zu den Wertberichtigungsposten gehört auch der sog. „Delkrederefonds", der die Korrektur einer zu hohen Bewertung der unter den Aktiven ausgewiesenen Forderungen darstellt.

1. Gesetzliche Rücklage

1. Würde eine Gesellschaft den Überschuß, den sie nach Berücksichtigung der notwendigen Abschreibungen erzielt hat, jeweils in vollem Umfang an ihre Aktionäre ausschütten, so würde ein schlechter Geschäftsgang sofort die Substanz der Gesellschaft in Mitleidenschaft ziehen, d. h. eine Verringerung des Grundkapitals zur Folge haben. Das AGesetz § 130 Abs. 2 Nr. 1 (HGB. § 262 Nr. 1) bestimmt daher, daß die erzielten Gewinne nicht restlos verteilt werden dürfen, sondern daß 5% des jeweils erzielten jährlichen Reingewinns von der Verteilung ausgeschlossen werden müssen, bis der zurückgestellte Betrag den zehnten oder den im Gesellschaftsvertrag bestimmten höheren Teil des Grundkapitals erreicht. Unter Grundkapital ist das gezeichnete Aktienkapital zu verstehen, ohne Rücksicht auf den darauf eingezahlten Betrag. Diese Pflicht zur Rückstellung ist jedoch keine kumulative, d. h. es besteht keine Nachzahlungsverpflichtung, wenn in einem Jahr kein Gewinn erzielt wurde und daher keine Zuführung gemacht werden konnte. Bei der Zuführung der 5% vom jährlichen Reingewinn ist der Gewinnvortrag des Vorjahres in Abzug zu bringen, weil dieser bereits zu der Rückstellung herangezogen worden ist.

Die ordentliche gesetzliche Rücklage besteht sonach aus der Ansammlung unverteilter Gewinne. In die Rücklage sind jedoch nach besonderer Bestimmung des Gesetzes (§ 130 Nr. 2—4; HGB. § 262 Nr. 2 und 3) auch einzusetzen ein durch Ausgabe von Aktien oder von Wandelschuldverschreibungen erzieltes Agio (nach Abzug der Kosten)[1] sowie der Betrag von Zuzahlungen, die ohne Erhöhung des Grundkapitals von Aktionären gegen Gewährung von Vorzugsrechten für ihre Aktien geleistet worden sind, soweit nicht eine Verwendung dieser Zahlungen zu außerordentlichen Abschreibungen oder zur Deckung außer-

[1] Steuerlich dürfen die Kosten der Aktienausgabe, wozu auch die Kosten der Börseneinführung gehören (RStBl. 1933, 1201 Nr. 981), nicht über Unkosten abgebucht werden, falls ein Agio erzielt wurde, sondern müssen von diesem in Abzug gebracht werden (KörpStG. § 11 Nr. 1).

ordentlicher Verluste beschlossen worden ist. Es ist dabei gleichgültig, ob die gesetzliche Rücklage 10% des Grundkapitals bereits erreicht hat oder nicht. In den hier erwähnten Fällen handelt es sich ausnahmsweise nicht um erzielte Gewinne, sondern um Beträge, die bestimmt sind, die finanzielle Lage der Gesellschaft zu stärken und sie instandzusetzen, in der Zukunft entsprechende Gewinne zu erzielen. Die Beträge dürfen nicht verteilt werden, weil es sich nicht um einen von der Gesellschaft erzielten Gewinn handelt. Freiwillige Zuzahlungen, die von den Aktionären geleistet werden, ohne daß ihnen Vorzugsrechte für ihre Aktien gewährt werden, fallen nicht unter die gesetzliche Bestimmung, ebensowenig Zahlungen, die von Dritten, z. B. von dem Vorbesitzer, geleistet werden. Die Grundsätze ordnungsmäßiger Buchführung erfordern jedoch regelmäßig auch hier die Rückstellung dieser Beträge als freiwillige Rücklagen.

Weiter sind der gesetzlichen Rücklage zuzuführen die buchmäßigen Überschüsse, die sich bei der vereinfachten Kapitalherabsetzung ergeben, soweit sie nicht zur Deckung von Verlusten oder Wertminderungen verwendet werden (AGesetz § 182 Abs. 1). Das gleiche gilt für die Nennbeträge der Aktien, soweit deren Einziehung ohne Befolgung der Vorschriften über die ordentliche Kapitalherabsetzung zulässig ist (§ 192 Abs. 3, 5). Die Beträge müssen nicht innerhalb der gesetzlichen Rücklage gesondert ausgewiesen werden[1]). Wegen der Einzelheiten wird auf den Abschnitt Sanierung verwiesen.

Bei der Umstellung auf Reichsmark mußten die bei den Gesellschaften bestehenden gesetzlichen Reservefonds verschwinden. In dem Ausnahmefall, daß das neue Reichsmarkkapital höher war als das bisherige Kapital, oder daß sich einzelne Spitzenbeträge ergaben, hat die Goldbilanzverordnung (§§ 5 Abs. 1, mit 2. DV. §§ 35 Abs. 1 Satz 3, 36 Abs. 2 Satz 2) vorgeschrieben, daß die überschießenden Beträge zur Bildung eines Reservefonds zu verwenden waren. Auf diese „Umstellungsreserve“ kamen die Bestimmungen über den gesetzlichen Reservefonds zur Anwendung.

Der Zweck der gesetzlichen Rücklage ist, bei eintretenden Verlusten eine Verringerung des Grundkapitals zu vermeiden. Nach bisherigem Recht durfte die gesetzliche Rücklage nur „zur Deckung eines aus der Bilanz sich ergebenden Verlustes verwendet werden“ (HGB. § 262); er mußte daher zunächst in der Bilanz ausgewiesen werden, alsdann hatte die HV. über die Deckung des Verlustes zu beschließen. In der Bilanz für das neue Geschäftsjahr wurde sodann der

---

[1]) A. A. vom Standpunkt des bisherigen Rechts WTr. Jahrbuch S. 190.

Verlust über den gesetzlichen Reservefonds abgebucht. Der Aktienrechtsausschuß der Akademie für Deutsches Recht sprach sich gegen die Aufrechterhaltung dieser Vorschrift aus; es liege nicht im Interesse der Gesellschaft, zuerst eine Verlustbilanz veröffentlichen zu müssen, wenn sie gleichzeitig in der Lage sei, den Verlust aus der gesetzlichen Reserve zu decken. Es genüge eine Bestimmung, daß die Verwendung der gesetzlichen Reserve sowohl in der Gewinn- und Verlustrechnung, als auch in der Bilanz, hier durch Abbuchung vor dem Strich, besonders ersichtlich gemacht werden müsse[1]).

Das AGesetz (§ 130) hat dieser Anregung entsprochen. Der Verlust kann jetzt vorweg durch Inanspruchnahme der gesetzlichen Rücklage gedeckt werden. Es darf dies aber nicht stillschweigend geschehen, so daß dies erst aus dem Vergleich mit der Vorjahrsbilanz erkennbar wäre. Vielmehr ist in der Gewinn- und Verlustrechnung die Verwendung der gesetzlichen Rücklage zum Ausgleich von Wertminderungen oder sonstigen Verlusten anzugeben. Der Verlust muß aber nicht aus der gesetzlichen Rücklage gedeckt werden, vielmehr bestehen folgende Möglichkeiten:

a) Der Verlust wird vorweg gedeckt. Es muß dies aber nicht aus der gesetzlichen Rücklage geschehen, vielmehr können zu diesem Zweck auch etwaige stille oder offene freie Rücklagen benutzt werden[2]).

b) Der Verlust wird ausgewiesen und alsdann gedeckt.

c) Der Verlust wird ausgewiesen, aber nicht aus der vorhandenen gesetzlichen oder freien Rücklage gedeckt, sondern vorgetragen[3]). Vom Standpunkt des bisherigen Rechts wurde dies als unzulässig erachtet. Das Reichsgericht[4]) gab in diesem Fall das Anfechtungsrecht jedem einzelnen Aktionär mit der Begründung, daß der Verlustvortrag nicht die Anordnung einer Rücklage enthalte. Diese Auslegung hält sich jedoch zu eng an den Wortlaut des Beschlusses. Richtiger erscheint es, das Anfechtungsrecht nur dann zu gewähren, wenn die Anteile der anfechtenden Aktionäre 5% des Grundkapitals erreichen. Eine Anfechtung wird man für den Fall nicht zulassen können, wenn es sich um den Vortrag eines verhältnismäßig unbedeutenden Verlustes handelt, dessen Aus-

---

[1]) Zeitschr. der Akademie 1935, 259.

[2]) A.A. vom Standpunkt des bisherigen Rechts Staub § 262 Anm. 8.

[3]) Nach der Krise der Jahre 1931—33 haben viele Gesellschaften die Verluste zunächst vorgetragen, weil die Möglichkeit und der Umfang einer Sanierung ihnen noch nicht spruchreif erschienen.

[4]) RG. 145, 336 in Sachen der Sächsischen Webstuhlfabrik vorm. Louis Schönherr.

gleich im folgenden Geschäftsjahr nach vernünftigem kaufmännischen Ermessen erwartet werden kann. Diese Ansicht deckt sich mit der Stellungnahme des Ausschusses für Aktienrecht, der sich zu dieser Frage wie folgt geäußert hat[1]):

„Der Ausschuß spricht sich deshalb dagegen aus, die Verwendung der gesetzlichen Rücklage zu diesem Zwecke erst nach Auflösung aller freien Reserven zu gestatten, aber auch dagegen, einen Vortrag des Verlusts solange als unzulässig zu erklären, als eine gesetzliche Reserve vorhanden ist, wie es vor kurzem das RG. für das geltende Recht feststellte. Die Verhältnisse liegen auch hier zu verschieden. Ist der Verlust gering oder ist eine Konjunkturbesserung in Bälde zu erwarten oder im neuen Geschäftsjahr schon eingetreten, so wird in vielen Fällen ein Verlustvortrag einer Auflösung von Reserven vorzuziehen sein, während bei großen Verlusten oder dauernd schlechten Betriebsergebnissen die Verwendung der Reserven das Gegebene ist".

Soweit die gesetzliche Rücklage 10% des Grundkapitals übersteigt, ist sie nicht ohne weiteres als freie Reserve anzusehen; dies wird sie erst dann, wenn die rechtliche Grundlage, auf welcher die Reservierung des überschießenden Betrages beruht (Satzung oder Beschluß der zuständigen Organe) wieder aufgehoben worden ist.

Die gesetzliche Rücklage besteht, wie bereits erwähnt, aus dem Betrag, um den das Reinvermögen der Gesellschaft (Aktiva minus Verbindlichkeiten) das Grundkapital übersteigt. Sie stellt daher einen Anteil an dem Gesamtvermögen der Gesellschaft dar. Es widerspricht daher dem Wesen der Rücklage, wenn aus dem Gesamtvermögen einzelne Teile ausgeschieden und als „Vermögen des Reservefonds" besonders angelegt werden.

Aus dem folgenden schematischen Beispiel soll dies erläutert werden:

verschiedene Aktiva darunter Wertpapiere im Anschaffungsbetrag von 100000 M.	2900000	Grundkapital	1000000
		gesetzliche Rücklage	100000
		Verbindlichkeiten	1800000
	2900000		2900000

Würden die Wertpapiere aus dem Gesamtvermögen herausgenommen und als Wertpapiere der gesetzlichen Rücklage besonders angelegt, so würde die Bilanz lauten:

[1]) Z. der Akademie für Deutsches R., 1935, 259.

verschiedene Aktiva	2800000	Grundkapital	1000000
Wertpapiere des Reservefonds	100000	gesetzliche Rücklage	100000
		Verbindlichkeiten	1800000
	29000000		2900000

Angenommen, die Wertpapiere würden zu 200000 M. verkauft, so lautet die Bilanz:

verschiedene Aktiva	2800000	Grundkapital	1000000
Erlös der Wertpapiere des Reservefonds	200000	gesetzliche Rücklage	100000
		Verbindlichkeiten	1800000
		Gewinn	100000
	3000000		3000000

Der Gewinn wächst also dem Gesamtvermögen zu, er kann aber natürlich auf Grund der Satzung oder auf Grund eines Beschlusses der zuständigen Organe dem gesetzlichen Reservefonds zugeführt werden.

Angenommen, die Wertpapiere mußten wegen dauernden Wertverlustes mit 50000 M. angesetzt werden, so würde die Bilanz lauten:

verschiedene Aktiva	2800000	Grundkapital	1000000
Wertpapiere des Reservefonds	50000	gesetzliche Rücklage	100000
Verlust	50000	Verbindlichkeiten	1800000
	2900000		2900000

Es ergibt sich hieraus, daß der Verlust nicht ohne weiteres an der gesetzlichen Rücklage gekürzt werden muß. Die Rücklage kann mit 100000 M. bestehen bleiben; sie kann in der Bilanz des nächsten Jahres — falls bis dahin nicht ein entsprechender Gewinn erzielt wurde — auf 50000 M. herabgesetzt werden. Sind offene freie Reserven oder stille Reserven vorhanden, so kann sie auch aus diesen aufgefüllt werden, so daß sie mit 100000 M. bestehen bleiben kann, obwohl der Gegenwert auf 50000 M. gesunken ist.

Hieraus ergibt sich, daß die gesetzliche Rücklage von einem besonders ausgewiesenen Gegenwert unabhängig und daß es daher grundsätzlich unrichtig ist, die gesetzliche Rücklage als einen „Fonds" anzusehen, und dafür bestimmte Vermögensgegenstände aus dem Gesamtvermögen auszusondern. Die gesetzliche Rücklage ist vielmehr als Teil des Eigenkapitals nur ein Differenzposten. Sie ist, gleichgültig, ob ihr einzelne Aktiva besonders gewidmet wurden oder nicht, nur insoweit vorhanden, als die Aktiva nach Abzug der Verbindlichkeiten das Grundkapital übersteigen.

Beschließt eine Gesellschaft, die der gesetzlichen oder einer anderen Rücklage zugeführten Beträge nicht im Geschäftsbetrieb zu verwenden, sondern dafür besondere Vermögensgegenstände anzuschaffen, so kann dies nach dem vorher Gesagten nicht ohne weiteres dahin aufgefaßt werden, als ob das Vermögen der Rücklage aus dem Gesamtvermögen der Gesellschaft ausgesondert werde. Die Rücklage kann daher nach wie vor zu dem Wert, wie sie in der Bilanz steht, ohne Rücksicht auf die Wertschwankungen der dagegen validierenden Vermögensgegenstände weitergeführt werden. Fallen Zinsen aus den abgesonderten Vermögensgegenständen an, so gehören sie zum Gesamtvermögen der Gesellschaft. Die Verwaltung ist aber in diesen Fällen berechtigt, die Zinsen ohne weiteres der Rücklage zuzuführen.

2. Außer der ordentlichen gesetzlichen Rücklage gibt es aber noch eine weitere gesetzliche Rücklage, die hier „außerordentliche“ genannt wird. Aus den durch Herabsetzung des Grundkapitals einer AG. entstehenden buchmäßigen Überschüssen dürfen Zahlungen an Aktionäre erst gemacht werden, wenn seit der vorgeschriebenen dritten Veröffentlichung sechs Monate (bisher ein Jahr) verstrichen sind und die Gläubiger, die sich gemeldet haben, befriedigt oder sichergestellt sind (AGesetz § 178, HGB. § 289 Abs. 4). Die so zurückgestellten Beträge dürfen nicht mit der ordentlichen gesetzlichen Rücklage zusammengeworfen, sondern müssen gesondert aufgeführt werden. In Wirklichkeit handelt es sich bei diesen zu Kapital-Rückzahlungen an die Aktionäre bestimmten Beträgen um echte Verbindlichkeiten, die nur durch den Ablauf des Sperrhalbjahrs befristet sind.

3. Zuwendungen an den ordentlichen gesetzlichen Reservefonds sind steuerpflichtig, soweit es sich dabei um Gewinne handelt. Steuerfrei sind dagegen die Rücklagen, die aus dem Agio und den Zuzahlungen der Aktionäre gebildet werden.

2. Andere Rücklagen (freie Rücklagen)

Während in die gesetzliche Rücklage auch Beträge fließen, die nicht als Gewinne bezeichnet werden können, z. B. das Agio bei der Ausgabe von Aktien, die freiwilligen Zuzahlungen der Aktionäre und die buchmäßigen Überschüsse, die sich bei einer Herabsetzung des Aktienkapitals ergeben, handelt es sich bei den „anderen Rücklagen" nur um Gewinne der Gesellschaft. Der Aktionär hat ein Anrecht auf den von der Gesellschaft erzielten Gewinn bzw. auf verteilbare Überschüsse. Dieses Recht kann nur durch die Satzung ausgeschlossen oder beschränkt werden. In der Praxis geschieht dies allerdings fast ausnahmslos, und zwar durch die Bestimmung der Satzung, wonach der Hauptversammlung die Verfügung über den Reingewinn übertragen wird. „Andere Rücklagen" sind daher solche Beträge, deren Rückstellung nicht auf einer Bestimmung des Gesetzes, sondern auf der Satzung oder einem Beschluß der zuständigen Organe beruht; sie werden daher auch freiwillige Rücklagen genannt.

Auch die freiwilligen Reservefonds sind Teile des Reinvermögens und daher nur insoweit vorhanden, als die Aktiva die Verbindlichkeiten überschreiten. Allerdings besteht für sie nicht die Bestimmung, daß sie nur zur Deckung von Verlusten verwendet werden dürfen. In der Praxis werden häufig für bestimmte Zwecke, z. B. für den Beamtenreservefonds einzelne Vermögensgegenstände ausgesondert und unter besondere Verwaltung gestellt. Bei den Bahngesellschaften geschah dies früher regelmäßig für den Erneuerungsfonds[1]). Diese Fonds wurden auf beiden Seiten der Bilanz aufgeführt, so daß die Wertveränderungen in den ausgeschiedenen Vermögensgegenständen eine entsprechende Veränderung des Gegenpostens auf der Passivseite ohne weiteres zur Folge hatten. An sich bestehen zwar keine Bedenken, solche Spezialfonds in der angegebenen Weise in den Büchern und in der Bilanz aufzuführen. Man muß sich aber darüber klar sein, daß eine solche Trennung nach außen keine rechtliche Wirkung hat, denn innerhalb der AG. kann ein Sondervermögen nicht begründet werden. Den Gläubigern haftet vielmehr das Gesamtvermögen ohne Rücksicht auf die verwaltungsmäßige Aussonderung einzelner Vermögensgegenstände. Nur soweit besondere gesetzliche Bestimmungen bestehen, z. B. für die Pfandbriefgläubiger bezüglich der Deckungshypothek oder für die Versicherten bezüglich der Deckungsrücklage oder für die Gläubiger aus Bankdepots, kann ein Aussonderungsrecht geltend gemacht werden.

Ist durch die Satzung die Verfügung über den Reingewinn der HV. übertragen, so liegt darin die Ermächtigung zur Bildung freiwilliger Rücklagen (S. 301). In diesem Fall kann der Aktionär die

---

[1]) Passow I, 272.

Bildung solcher Rücklagen nicht anfechten. Fehlt es jedoch an einer solchen Bestimmung der Satzung, so können die Aktionäre, wenn die Bilanz durch die HV. festgestellt wird, den Beschluß anfechten, wenn ihre Anteile den 20. Teil des Grundkapitals erreichen (AGesetz § 198 Abs. 2, HGB. § 271 Abs. 3). Nicht selten enthält die Satzung eine Bestimmung, wonach die Festsetzung der Abschreibungen und Rücklagen dem Aufsichtsrat übertragen wird. Hierin liegt die Ermächtigung zur Bildung offener oder stiller Rücklagen im Rahmen ordnungsmäßiger Geschäftsführung (vgl. S. 261).

In der gleichen Weise, wie die Rücklagen gebildet worden sind, können sie auch wieder aufgelöst werden[1]). Häufig wird bei Bildung freiwilliger offener Reserven durch Bestimmung der Satzung oder Beschluß der zuständigen Organe gleichzeitig ein besonderer Verwendungszweck bestimmt, z. B. Dividenden-Ergänzungsfonds, Reserve für soziale Zwecke, Werbungs-, Bau-, Erneuerungsfonds. Dann kann die Verwaltung über die Rücklage nur zu dem angegebenen Zweck verfügen, außer wenn die Bestimmung der Satzung oder der Beschluß entsprechend geändert werden.

2. Die Zuwendungen an die freiwilligen Rücklagen, wie Erneuerungsfonds, soweit es sich dabei nicht um bloße Wertberichtigungen handelt, Dispositionsfonds, Spezialreservefonds, Dividendenausgleichsfonds sind steuerpflichtig. Entscheidend für die steuerliche Beurteilung ist, ob die Zuweisung an den Fonds erfolgt, nachdem alle Verbindlichkeiten und notwendigen Abschreibungen berücksichtigt sind. In diesem Falle handelt es sich um eine Zuweisung aus dem steuerpflichtigen Gewinn. Die Bezeichnung als Reservefonds ist dabei nicht maßgebend. Besteht z. B. ein Pensionsfonds zur Deckung vertraglicher Pensionsverpflichtungen, so handelt es sich um eine Zuweisung zur Deckung bestehender Verbindlichkeiten, die unter gewissen Voraussetzungen abzugsfähig ist. Besteht auf Grund der Satzung eine Verpflichtung zur Einziehung von Aktien, so ist die Zuweisung an den Amortisationsfonds steuerpflichtig, weil die Einziehung der Aktien nur aus dem verfügbaren Reingewinn erfolgen kann. Anders verhält es sich bei dem Heimfallfonds, der bei Unternehmungen besteht, die nach Ablauf der Konzessionsdauer ohne Entschädigung an den Staat oder die Gemeinde fallen. Die Zuweisungen an diesen Fonds sind steuerfrei, soweit sie lediglich eine Abschreibung auf die zeitlich be-

[1]) Über den Ausweis in der Gewinn- und Verlustrechnung und die Erörterung im Geschäftsbericht s. S. 173, 228.

schränkte Dauer der Konzession (rechtliche Abnützung) darstellen[1]). Das Heimfallrecht bedeutet für die Gesellschaft die Verpflichtung, ihre Anlagen (nicht ihr gesamtes Vermögen) nach Ablauf einer gewissen Zeit kostenlos dem Heimfallberechtigten zu überlassen. An sich wäre es richtig, diese Verpflichtung in die Bilanz einzustellen und (als transitorischen Posten) ein entsprechendes Aktivum einzusetzen, das allmählich zu tilgen wäre. Statt dessen begnügt man sich in der Praxis mit der allmählichen Ansammlung des Heimfallfonds.

III. Wertberichtigungen zu Posten des Anlagevermögens[2])

Die Wertberichtigungsposten stellen keinen selbständigen Vermögensgegenstand dar, sondern beziehen sich auf einen Aktivposten, der zu hoch zu Buch steht. Es handelt sich also um indirekte Abschreibungen. Soweit die Wertberichtigung den Betrag übersteigt, der erforderlich ist, um den Aktivposten auf seinen richtigen Wert herabzusetzen, liegt eine stille Rücklage vor.

In der alten Fassung der Gliederungsbestimmungen war nur ein Posten für Wertberichtigungen enthalten. Da jetzt der Posten „Wertberichtigung des Anlagevermögens" lautet, ergibt sich daraus, daß die Wertberichtigungen für das Umlaufvermögen nicht besonders ausgewiesen werden müssen. In der Begründung heißt es allerdings: „Bei den Wertberichtigungen ist die Verteilung auf das Anlage- und Umlaufvermögen gesondert anzugeben (B III)." Ein besonderer Ausweis dürfte sich empfehlen, namentlich für den Wertberichtigungsposten für Forderungen (Delkrederefonds)[3]).

IV. Rückstellungen für ungewisse Schulden[4])

1. Die Gliederungsbestimmungen unterscheiden zwischen Rücklagen, Rückstellungen, Wertberichtigungen und Verbindlichkeiten.

---

[1]) RFH. in StuW. 1932 Nr. 539 vgl. Morgenthaler, Anlagebewertung bei Heimfallgesellschaften in WTr. 1936, 101; Voigt, Grundsätzliches zur Frage der Abschreibung unter bes. Berücksichtigung von Heimfallunternehmungen, WTr. 1936, 349.

[2]) Vgl. H. Horn, Wertberichtigungsposten nach dem neuen Bilanzschema WPr. 1932, 197.

[3]) S. 63 f.

[4]) Vgl. Streit, Grundsätze ordnungsmäßiger Bilanzierung für Rückstellungen (Veröffentlichung der Schmalenbach-Vereinigung Bd. 2) 1934. H. Horn, Ordnungsmäßige Rechnungsabgrenzung im WTr. 1936, 463. Helpenstein, Wirtschaftliche und steuerliche Erfolgsbilanz 1932, S. 194 ff.

Die Rücklagen sind (soweit es sich nicht um das Agio bei Ausgabe von Aktien und um Zuzahlungen der Aktionäre handelt) zurückgestellte Gewinne. Rückstellungen im Sinne der Gliederungsvorschriften betreffen dagegen Verbindlichkeiten. Die Gliederungsbestimmungen in der neuen Fassung sehen nur Rückstellungen für ungewisse Schulden vor. Streng genommen gehören hierher nur die sog. Eventualverbindlichkeiten [1]). Soweit es sich um eine Verbindlichkeit handelt, die ihrem Grunde nach feststeht, und nur nach Betrag oder Fälligkeit ungewiß ist, gehört sie richtiger unter „Verbindlichkeiten" [2]). Sehr häufig sind in der Praxis aber auch Rückstellungen für zukünftigen Aufwand, die nicht notwendig Verbindlichkeiten betreffen müssen. Es wird sich daher nicht vermeiden lassen, einen Posten „sonstige Rückstellungen" zu bilden, in welchen sowohl künftiger Aufwand als auch Verluste aus schwebenden Geschäften untergebracht werden müssen.

Wertberichtigungsposten sind Posten, die einen zu hohen Bilanzansatz berichtigen.

Verbindlichkeiten betreffen eine bestehende Schuld, auch wenn sie erst in Zukunft zu erfüllen ist, oder ihrem Betrag nach noch nicht feststeht. Man wird aber auch Verbindlichkeiten der letzteren Art zu den „ungewissen Schulden" rechnen können.

In der Praxis werden diese Begriffe jedoch nicht scharf unterschieden. Vielfach erscheint unter den Reservefonds ein Pensionsfonds, der zur Deckung vertraglicher Verbindlichkeiten gebildet ist und daher unter die Verbindlichkeiten gehört; das gleiche gilt von dem Heimfallfonds. Der sog. Erneuerungsfonds ist ein Wertberichtigungsposten, soweit er lediglich den Ausgleich für die Wertminderungen der aktivierten Vermögensgegenstände darstellt. Vielfach wird der Erneuerungsfonds auch dazu benutzt, um die Mittel für eine Verbesserung oder Erweiterung des Betriebs anzusammeln. Insoweit gehört er zu den Rücklagen. Auch das Wertberichtigungskonto ist eine Rücklage, soweit es über den Ausgleich für Wertminderungen der aktivierten Vermögensgegenstände hinausgeht. Unter Rückstellungen finden sich in der Praxis Posten, die ihrer Art nach teils Rücklagen, teils Wertberichtigungen, teils Verbind-

---

1) Vgl. S. 151.

2) Nach Streit a. a. O. S. 11 dienen die Rückstellungen dazu, einen zukünftigen Aufwand auf die Rechnungsperioden zu verteilen, denen der Aufwand zuzurechnen ist. Damit ist das Motiv der Rückstellung richtig gekennzeichnet, aber nicht ihr Inhalt. Daß die Rückstellung nicht aus dem Reingewinn entnommen wird, ist nicht wesentlich (a. A. Streit S. 17).

lichkeiten betreffen[1]). Es werden z. B. unter Rückstellungen ausgewiesen: Provisionen, Tantiemen, Gratifikationen, Verbandsabgaben, Steuern, Gebühren für Pflichtprüfung, soweit sich diese Posten auf das Bilanzjahr beziehen, aber erst nach Ablauf desselben bezahlt werden, weil sie entweder noch nicht fällig sind, oder ihrem Betrag nach nicht feststehen; diese Posten gehören jedoch nach der obigen Auffassung unter die Verbindlichkeiten.

2. Da es sich sonach bei den Rückstellungen um Posten handelt, die ihrer Art nach sehr verschieden sind, begegnet ihre steuerliche Behandlung großen Schwierigkeiten. Zu diesem Zwecke muß jede einzelne Rückstellung besonders untersucht werden. Die grundsätzliche Stellung des RFH. ergibt sich aus der von ihm gegebenen Begriffsbestimmung: Rückstellung „ist die Bewertung einer am Bilanzschlußtage bereits feststehenden, nur ihrem Betrag nach noch nicht feststehenden Schuld oder eines in seiner Höhe noch nicht feststehenden Verlustes"[2]).

a) Soweit es sich um Verbindlichkeiten handelt, die ihrem Grunde nach bestehen, aber erst später zu erfüllen sind, oder die ihrem Betrag nach noch nicht feststehen, sind die Rückstellungen steuerfrei. Es ist schon ausgeführt, daß es sich bei solchen Posten um echte Verbindlichkeiten handelt. Dies gilt insbesondere von Rückstellungen für vertragliche Pensionsverpflichtungen, und zwar in Höhe der Jahresprämie, falls im Zeitpunkt der Pensionszusage versichert worden wäre[3]). Eine Nachholung von in früheren Jahren unterlassenen Rückstellungen, auch wenn die Pensionsverpflichtung schon früher bestanden hat, ist allerdings vom RFH. nicht zugelassen worden[4]). Für Steuern kann eine Rückstellung in Frage kommen, wenn auf Grund einer steuerlichen Betriebsprüfung mit einer nachträglichen höheren Berichtigungsveranlagung zu rechnen ist. Der Steuerpflichtige kann in diesem Fall der Steuerbehörde gegenüber die Nachforderung auf die einzelnen Jahre verteilen, auf welche sie sich bezieht; dabei kann aber die für das Jahr der Rückstellung geschuldete Körperschaft- und Vermögensteuer nicht abgezogen werden (KörpStG. § 12 Nr. 2). Eine Rückstellung ist auch zulässig, wenn die Steuer erst nach Ablauf des Geschäftsjahres, auf welche die Steuerschuld entfällt, gezahlt wird. Rückstellungen kommen auch in Betracht für Verluste aus schwebenden Geschäften, deren Höhe sich noch nicht übersehen

---

[1]) H. Horn a. a. O.
[2]) RFH. RStBl. 30, 95.
[3]) RFH. 24, 310.
[4]) RStBl. 1929, S. 331, Nr. 481, RFH. 36, 252; vgl. S. 145.

läßt, z. B. wenn vor Fälligkeit der Forderung, aber nach dem Bilanzstichtag eine Entwertung der Währung eintritt. Ferner gehört hierher der Fall, daß ein Mieter oder Pächter nach Ablauf des Vertrags verpflichtet ist, Aufwendungen zu machen, um die gebrauchten Gegenstände wiederherzustellen oder die verbrauchten Gegenstände zu ersetzen.

b) Rückstellungen sind ferner steuerfrei zulässig für alle Eventualverbindlichkeiten, wie Prozeßrisiko[1]), Risiken aus Gewährleistung, Garantien, Schadenersatz[2]), mögen sie auf Vertrag (Haftung eines Grundstücksmaklers für Fehler in der Behandlung von Aufwertungssachen, eines Bauunternehmers für Nacharbeiten) oder Gesetz beruhen (Haftpflicht des Kraftwagenhalters, Haftung wegen unerlaubter Handlungen, Haftung der Bergwerksunternehmungen für Bergschäden)[3]). Eine steuerfreie Rückstellung für Verpflichtungen aus Garantie- oder Bürgschaftsübernahme kommt jedoch nicht in Frage, wenn der Eventualverpflichtung eine gleichwertige Rückgriffsforderung gegenübersteht.

c) Am meisten geben zu Zweifeln bezüglich der Steuerfreiheit Veranlassung die Rückstellungen für in Zukunft entstehenden Aufwand. Zu dieser Frage hat der RFH.[4]) ausgeführt, es sei ein Fundamentalsatz des Steuerrechts, daß Rückstellungen für künftige Ausgaben nicht steuerfrei sind. Solche Aufwendungen sind daher, wenn sie Betriebsausgaben sind, d. h. wenn ihnen nicht ein entsprechender durch die Ausgabe geschaffener Gegenwert gegenübersteht, nur in dem Jahre abzugsfähig, in dem sie tatsächlich angefallen sind. Dies gilt z. B. für Rückstellungen für Reparaturarbeiten, auch wenn deren Notwendigkeit am Bilanzstichtag bereits erkennbar war. Den Grundsätzen ordnungsmäßiger Buchführung dürfte dies allerdings nicht entsprechen. Da es sich hier um einen Wertverlust handelt, der dem Bilanzjahr zuzurechnen ist, müßte auch vom Standpunkt des RFH. aus die steuerfreie Rückstellung anerkannt werden. Das gleiche müßte auch von sonstigen notwendigen Betriebsausgaben gelten, denen ein Gegenwert nicht gegenübersteht[5]). Auch für Rückstellungen zur Selbstversicherung wird

---

[1]) RFH. im RStBl. 1932 Nr. 137, S. 144.

[2]) RFH. 22, 27; 17, 304; StuW. 1934 Nr. 219; 1933 Nr. 25, 243.

[3]) Kratz, Rücklagen, Rückstellungen und Wertberichtigungsposten in der DStZ. 1936, 1246.

[4]) RStBl. 1929, S. 612, Nr. 902.

[5]) In der E. des RFH. (StuW. 1929 Nr. 509 vgl. Gothe, die Rechtsprechung des RFH. zur Frage der Zulässigkeit reiner Aufwendungsrückstellungen, DStZ. 1932, 520) hatte ein Steinbruchbesitzer in der Zeit der Vollbeschäftigung,

vom RFH. die Steuerfreiheit nicht anerkannt[1]). Auch dies dürfte zu weit gehen. Der Gesichtspunkt, daß der Selbstversicherer, wenn kein Schaden eintritt, die Prämie verdient, während der Fremdversicherer sie verloren hat, ist nicht ausschlaggebend; denn wenn der Verlust eintritt, hat der Selbstversicherer den Schaden, während der Fremdversicherer dadurch nicht berührt wird. Durch die Selbstversicherung tritt auch ein Nachteil für den Steuerfiskus nicht ein, wenn die bestimmungsmäßige Verwendung der Rücklage gesichert ist. Der eingetretene Schaden ist alsdann aus der Rückstellung zu decken, während andernfalls der Schaden das Jahr belastet, in welchem er entstanden ist. Die Rückstellungen müssen natürlich nach dem bilanzmäßigen Wert der selbstversicherten Gegenstände bemessen werden, so daß, wenn diese abgeschrieben sind, die Rückstellung aufzulösen und zu versteuern ist.

Ganz anders liegt jedoch der Fall, wenn die Rückstellung eine Vorleistung aus einem gegenseitigen Vertrag betrifft, für die der Empfänger der Vorleistung in einem späteren Geschäftsjahr eine entsprechende Gegenleistung zu machen hat. Angenommen, eine Stadt erwirbt ein Fabrikgrundstück zum Preise von RM. 20000.—. Der Verkäufer erhält eine Vergütung für die Kosten der Verlegung der Fabrikanlage in Höhe von RM. 10000.—, die in dem Kaufpreis inbegriffen ist. Dann kann der Empfänger die RM. 10000.— steuerfrei zurückstellen, weil sie lediglich eine Vergütung für die Kosten darstellen, die ihm durch die spätere Erfüllung seiner Verpflichtung auf Verlegung des Betriebs erwachsen. Der gleiche Fall liegt vor, wenn für die vorzeitige Lösung eines langjährigen günstigen Mietvertrages eine Entschädigung gezahlt wird; von dieser Entschädigung kann steuerfrei ein Betrag zurückgestellt werden, der den Umzugskosten und den Mehrkosten, die durch den neuen Mietvertrag entstehen, entspricht. In allen diesen Fällen handelt es sich in Wirklichkeit nicht um eine Rückstellung für zukünftigen Aufwand, sondern um die Einstellung einer später fälligen Verbindlichkeit.

V. Verbindlichkeiten

1. Anleihen unter Angabe ihrer dinglichen Sicherung

Entscheidend für den Begriff der Anleihe ist nicht die Inanspruchnahme des öffentlichen Kapitalmarktes, sondern die Langfristig-

---

die zu einem übernormalen Gewinn führte, notwendige Räumungs- und Abdeckungsarbeiten unterlassen und dafür später eine steuerfreie Wertberichtigung gefordert. Der RFH. hat dies abgelehnt.

[1]) Kennerknecht, S. 347; Kratz a. a. O. S. 1239.

keit[1]). Da die Anleiheschuld selbst in der Bilanz erscheint, kann nicht auch die zu ihrer Sicherheit bestellte Hypothek in die Bilanz aufgenommen werden. Daher ist die hypothekarische Sicherung vor dem Strich oder am Fuß der Bilanz zu vermerken. Die Anleihen sind mit ihrem Rückzahlungsbetrag aufzunehmen (AGesetz § 133 Nr. 6, HGB. § 261 Nr. 5). Das Gesetz gestattet, eine etwaige Differenz zwischen dem Ausgabepreis der Aleihe (nach Abzug von Provisionen, Stempel, Grundbuchkosten usw.) und dem Rückzahlungspreis zu aktivieren (Disagio-Konto S. 93). Eine Verpflichtung hierzu besteht nicht, vielmehr kann die Gesellschaft die Differenz auch sofort abschreiben. Doch wird dies im Steuerrecht nicht zugelassen, vielmehr hat der RFH.[2]) ausgesprochen, daß dem Steuerpflichtigen kein Wahlrecht zwischen der sofortigen Abbuchung des Damnums über Unkosten und der Verteilung auf die Laufzeit des Kredits zusteht.

2. Hypotheken, Grund- und Rentenschulden

Für Hypotheken gilt bezüglich der Differenz von Auszahlungs- und Rückzahlungskurs (Damnum) dasselbe, was über das Disagio-Konto für Anleiheschulden gesagt worden ist. Ist die Hypothek für die Schuld eines Dritten bestellt, so ist sie gleichfalls in die Bilanz aufzunehmen (S. 148); die eventuelle Rückgriffsforderung ist unter die Aktiven aufzunehmen. Die bisherige Bestimmung, wonach Sicherungshypotheken unter Nr. 2 nicht auszuweisen waren, ist weggefallen. Es ist aber zulässig, wie bisher die persönliche Forderung einzustellen und die Hypothek in der Bilanz zu vermerken; andernfalls sind im Geschäftsbericht Angaben darüber zu machen.

3. Von Arbeitern und Angestellten gegebene Pfandgelder

4. Verbindlichkeiten aus Werkspareinlagen

Diese beiden Posten sind neu aufgenommen worden; aus sozialen Gründen erschien es zweckmäßig, sie aus der Masse der übrigen Verbindlichkeiten herauszustellen, womit gleichzeitig eine gewisse Sicherung verbunden ist. Pfandgelder von Angestellten kommen häufig bei Versicherungsgesellschaften vor; sie müssen bei diesen als „Barkautionen"

---

[1]) A. A. Staub § 261 Anm. 30.

[2]) StuW. 1934 Nr. 488, RFH. 36, 180, wo es sich um ein Darlehn von 500000 M. handelte, das mit $93\frac{1}{2}\%$ ausgezahlt wurde. Vgl. aber hierzu Bühler S. 181.

besonders ausgewiesen werden. Solche Kautionen werden manchmal auch besonders verwahrt; dann genügt es, wenn sie auf beiden Seiten der Bilanz vor dem Strich angegeben werden.

5. Anzahlungen von Kunden

Hier gilt das über den entsprechenden Aktivposten Gesagte (S. 111).

6. Verbindlichkeiten auf Grund von Warenlieferungen und Leistungen

Ist bei Währungsschulden die ausländische Währung am Bilanzstichtag im Kurs gestiegen, so ist die Verbindlichkeit entsprechend höher anzusetzen. Ist die ausländische Währung, sei es wegen vorübergehender Kursveränderungen oder auch wegen dauernder Entwertung gesunken, so ist grundsätzlich der ursprüngliche Schuldbetrag bis zur Erfüllung der Verbindlichkeit beizubehalten. Dies entspricht dem Grundsatz der Imparität, wonach nicht realisierte Verluste ausgewiesen werden müssen, während nicht realisierte Gewinne nicht ausgewiesen werden dürfen. Diese steuerrechtlich anerkannte Buchung[1]) kann daher auch nicht mit der Begründung beanstandet werden, daß stille Reserven nicht unter Verbindlichkeiten aufgeführt werden dürfen (AGesetz § 131 Abs. 5, HGB. § 261 a Abs. 3). Man wird es aber auch für zulässig ansehen müssen, wenn der Unterschied zwischen dem ursprünglichen Kurs und dem Kurs am Bilanzstichtag in Reserve gestellt wird. Endlich ist es zulässig, Schulden zu dem niedrigeren Kurs in die Bilanz einzustellen, soweit ihnen Forderungen in der gleichen Währung gegenüberstehen, mit anderen Worten, die Währungsverluste auf der Aktivseite können mit den Währungsgewinnen auf der Passivseite verrechnet werden. Andernfalls müßte ein Verlust an den Währungsforderungen ausgewiesen werden, der in Wirklichkeit nicht entstanden ist, weil er durch den geringeren Wert der Währungsschulden gedeckt ist. Schließlich kann man es auch handelsrechtlich nicht als unzulässig bezeichnen, wenn die Währungsverpflichtungen zu dem Kurs am Bilanzstichtag angenommen werden, ohne daß der Gewinn zurückgestellt wird. Allerdings wird man dies auf die Fälle beschränken müssen, wenn nach Lage der Verhältnisse auch der vorsichtige Kaufmann mit der Stabilität der Währung rechnen kann. In diesem Fall ist der Gewinn unter außerordentlichen Erträgen aufzuführen und im Geschäftsbericht zu erwähnen, daß es sich um

---

[1]) Reinhardt I, 177 ff. Vgl. Kaemmel-Bacciocco § 6 Anm. 19, S. 107.

Währungsgewinne handelt[1]). Werden in solchen Fällen die Währungsgewinne nicht zurückgestellt, sondern als Gewinn ausgeschüttet, so folgt aus der Bindung der Steuerbilanz an die Handelsbilanz, daß sie in diesem Fall versteuert werden müssen. Da sonach verschiedene Möglichkeiten bezüglich der bilanzmäßigen Behandlung von Währungsschulden bestehen, wird es sich empfehlen, in dem Geschäftsbericht anzugeben, zu welchem Kurs die Währungsschulden eingesetzt sind.

Im Steuerrecht werden die Währungsschulden anders behandelt als im Handelsrecht, ohne daß sich allerdings eine stichhaltige Begründung dafür erkennen läßt. Nach der Rechtsprechung des RFH. ist es nicht zulässig, die Schuld niedriger zu bewerten, solange sie noch besteht[2]). In dem Aufkauf der eigenen Währungsschuldverschreibungen ist eine Rückzahlung zu erblicken, wenn keine zuverlässigen Anhaltspunkte vorliegen, daß die Wertpapiere wieder in Verkehr gesetzt werden sollen; daher ist in dem Ankauf zum Zwecke der Kursstützung keine Rückzahlung zu erblicken[3]). Eine Rückzahlung liegt auch vor, wenn Schuldverschreibungen in ausländischer Währung in Reichsmarkschuldverschreibungen umgewandelt werden. Hier wird die alte Schuld getilgt und eine neue Schuld aufgenommen[4]). Ob es sich um Waren- oder Finanzschulden handelt, macht keinen Unterschied. Eine Verrechnung von Gewinnen und Verlusten aus Forderungen und Schulden derselben Währung wird steuerlich gleichfalls nicht als zulässig erachtet. Von diesem Standpunkt aus erscheint es aber nicht als folgerichtig, wenn die Bilanzierung zu dem niedrigeren Kurs bei der Mutter-

---

[1]) Düring und Felder im WPr. 1934, 147; dagegen Wanieck und Köhler das. S. 150. Eine einheitliche Auffassung besteht nicht, vgl. die Untersuchung in der ZfHwF. 1934, 490. Nach Staatsrat Reinhart (WPr. 1934, 280) ist es nicht zulässig, unrealisierte Währungsgewinne vor endgültiger Stabilisierung zu vereinnahmen. Vgl. auch Helpenstein, Wirtschaftliche und steuerliche Erfolgsbilanz, S. 477.

[2]) Reinhardt I, 178. Entsprechend bestimmen die Veranlagungsrichtlinien 1936 (B V 4):

„Wenn infolge einer Veränderung der ausländischen Währung der Wert dieser Schuld sinkt, so darf die Schuld bis zur Erfüllung oder Ablösung nicht niedriger bewertet werden, als mit dem zugeflossenen Gegenwert. Steigt infolge einer Währungsänderung der Wert der Schuld, so ist der Schuldner steuerlich berechtigt, (und im Rahmen der ordnungsmäßigen Buchführung verpflichtet), den höheren Teilwert anzusetzen. Zur Berechnung des Teilwertes kann der Steuerpflichtige von dem Devisenkurs, bei Schwankungen der Devisenkurse von dem Durchschnittskurs der Monate, die auf den Schluß des Wirtschaftsjahres folgen, ausgehen."

[3]) RFH. im RStBl. 1934, 1010 Nr. 908; Reinhardt I, 180.

[4]) Reinhardt I 179.

gesellschaft für zulässig erklärt wird, die die aufgenommenen Gelder an die Tochtergesellschaft weitergegeben hat[1]).

Durch das Gesetz über Abwertungsgewinne vom 23. 12. nebst 1. DV. v. 28. 12. 1936 ist in bezug auf die Bilanzierung von Währungsschulden eine neue Lage geschaffen worden. Soweit die Gesellschaften nach obigen Ausführungen die Währungsschuld zu der neuen Parität in die Bilanz eingestellt und über den Währungsgewinn sei es durch Abschreibungen oder auf andere Weise verfügt haben, sind sie zwar nicht verpflichtet, diese Bilanzierung rückgängig zu machen, sie müssen aber neue Rückstellungen für die Abgabe von Abwertungsgewinnen machen, die zu entrichten ist, sobald die Währungsschuld abgedeckt wird. Ist dagegen die Schuld mit der alten Parität in der Bilanz belassen worden oder ist sie zwar zu der neuen Parität eingesetzt, der Unterschiedsbetrag aber zurückgestellt worden, so ist eine Rückstellung für die Abwertungsabgabe nicht erforderlich. Bei manchen Anleihen in ausländischer Währung ist eine Goldklausel vereinbart oder es ist aus anderen Gründen zweifelhaft, ob der Gläubiger die Erfüllung zu der alten Parität verlangen kann. In diesen Fällen treten das Fremdwährungsgesetz vom 26. 6. 1936 und die Verordnung über Fremdwährungsschulden vom 5. 12. 1936 ein, wonach bei Auslandsanleihen und Schuldverpflichtungen des zwischenstaatlichen Geld- und Kapitalverkehrs aus Auslandskrediten und Ausländerguthaben die abgewertete Währung auch dann gilt, wenn das ausländische Gesetz die Goldklausel aufrecht erhält.

Das Gesetz über Abwertungsgewinne erfaßt nur die Abwertungsgewinne aus Finanzschulden, nicht aus Schulden, die im Waren- oder Dienstleistungsverkehr entstanden sind (DV. § 1). Ausdrücklich ausgenommen sind von der Anwendung des Gesetzes die Schulden, die unter das Abkommen über die schweizerischen Goldhypotheken fallen, unter gewissen Bedingungen auch die Anleihen der Deutschen Rentenbank-Kreditanstalt, der Deutschen Landesbankenzentrale und der Sächsischen Landespfandbriefanstalt, sowie die sogen. Blair-Anleihe (Dollar-Anleihe von 1927 der Schlesischen landschaftlichen Bank). Der Grund für die Privilegierungen dürfte darin zu finden sein, daß bei diesen Anleihen die Abwertungsgewinne bereits zu Sanierungen bzw. Zinssenkungen Verwendung gefunden haben[2]). Die kurzfristigen Bankkredite, insbesondere Akzeptverpflichtungen, dürften wohl zum

---

[1]) Carius, Währungsforderungen und Währungsschulden in der Steuerbilanz, DStZ. 1936, 1440.

[2]) Vgl. Veranlagungsrichtlinien 1937 CI 9.

größten Teil auf dem Warenverkehr beruhen. Für die Verpflichtungen aus dem Stillhalte-Abkommen ist eine generelle Regelung noch nicht getroffen.

Eine Abwertung liegt vor, wenn der Kurs der fremden Währung nach der amtlichen Notierung an der Berliner Devisenbörse über die gewöhnlichen Kursschwankungen hinaus unter die ursprüngliche Goldparität gesunken ist. Abwertungsgewinne werden jedoch nur erfaßt, wenn der Kurs um mehr als 5 % gesunken ist. Ob die Kurssenkung auf Eingriffe der Regierung des betreffenden Landes oder auf andere Ursachen zurückzuführen ist, ist ohne Bedeutung (1. DV. § 3).

Als Abwertungsgewinn gilt der Unterschied zwischen dem Reichsmarkgegenwert der Verbindlichkeit am Tage ihrer Entstehung und dem Reichsmarkgegenwert an dem Tag, an welchem die Befreiung eintritt. Eine wörtliche Auslegung dieser Bestimmungen würde jedoch zu unhaltbaren Ergebnissen führen. Angenommen, eine auf 100 Dollar lautende Schuldverschreibung wird zu 50 % zwecks Tilgung zurückgekauft, so bedeutet dies, daß die Währungsschuld am Tage ihrer Entstehung einen Reichsmarkgegenwert von 420 M. hat, während der Reichsmarkgegenwert am Tage ihres Erlöschens 250 RM. betrug. Der Abwertungsgewinn beträgt daher 170 M. Der Gewinn, den der Schuldner bei dem Ankauf der Schuldverschreibung aus dem Disagio macht, hat mit dem Gewinn aus der Abwertung der Währung nichts zu tun; er entsteht in gleicher Höhe, wenn auf Reichsmark lautende Schuldverschreibungen im Ausland zurückgekauft werden. In gleicher Weise ist der Fall zu behandeln, daß die ursprüngliche Schuld nachträglich herabgesetzt wird und alsdann die Rückzahlung erfolgt[1]).

Kreditkosten sowie Abzüge für Provisionen von dem Kreditbetrag werden bei Berechnung des Abwertungsgewinns nicht berücksichtigt (1. DV. § 5 Abs. 2). Zu den Kreditkosten dürfte auch das Emissions-Disagio zu rechnen sein.

Der Abwertungsgewinn ist angefallen, wenn die Befreiung des Schuldners von der Verbindlichkeit eingetreten ist, sei es durch Zahlung oder Erlaß oder auf andere Weise. Zu beachten ist dabei, daß der Schuldner durch Zahlung einer Devisenschuld in Reichsmark nicht ohne weiteres von seiner Verbindlichkeit frei wird. In bestimmten Fällen ist aber eine solche Zahlung mit befreiender Wirkung vom Gesetz zuge-

---

[1]) Vgl. hierzu Turowsky bei Pfundtner-Neubert, Das neue Reichsrecht III d 21 § 1 Anm. 8.

lassen, z. B. wenn Zinsen an die Konversionskasse bezahlt werden. In solchen Fällen steht das Reich gegenüber dem ausländischen Gläubiger für die Erfüllung ein. Daher bestimmt das Gesetz: „Der Gewinn ist angefallen, wenn nach dem deutschen Recht die Befreiung des Schuldners eingetreten ist" (§ 1 Schlußsatz). Umstellung der Verbindlichkeit auf eine andere Währung steht der Erfüllung gleich. Dies trifft z. B. zu, wenn Dollarbonds auf Reichsmark umgestellt werden.

Grundsätzlich ist die Abwertungsabgabe auf 75 % des Abwertungsgewinns festgesetzt. Wird die Schuld vor Fälligkeit nach Maßgabe der devisenrechtlichen Bestimmungen bezahlt, so kann dem Schuldner auch ein höherer Betrag belassen werden. Bei Zahlung von Zinsen und Kreditkosten wird die Abgabe von der Devisenstelle im Einzelfall bestimmt. Bei Zahlung von Zinsen und sonstigen Kreditkosten ist anzunehmen, daß dem Schuldner ein höherer Betrag als 25 % belassen werden wird, weil die laufenden Zahlungen den Betrieb belasten und eine Entlastung der Bilanz wie im Falle der Kapitalrückzahlung nicht eintritt.

Gegen die Entscheidung der Devisenstelle kann die Beschwerde beim Reichswirtschaftsministerium[1]) mit der Begründung erhoben werden, daß ein Abwertungsgewinn nicht entstanden sei, daß er unrichtig festgesetzt oder die Ablieferung wirtschaftlich untragbar sei (Gesetz § 3, DB. §§ 4—7). Ein Abwertungsgewinn ist z. B. insoweit nicht entstanden, als der Währungsschuld Waren- oder Finanz-Forderungen in der gleichen oder in einer anderen Währung gegenüberstehen[2]). Im kaufmännischen Verkehr besteht bei ordnungsmäßiger Geschäftsführung ein innerer Zusammenhang zwischen Forderungen und Schulden in ausländischer Währung, der in der Devisenwirtschaft durch Einrichtungen der Reichsbank, wie die Kurssicherungsstratten und die Vermittlung von Devisentermingeschäften anerkannt ist. Zweck der Abwertungsabgabe ist aber lediglich, eine ungerechtfertigte Bereicherung zu verhindern, nicht aber wohl überlegte Sicherungen zu zerstören. Dieser Gesichtspunkt greift auch dann Platz, wenn die Forderungen in der ausländischen Währung bereits bezahlt sind, während die Schuld noch besteht. Ein Abwertungsgewinn ist ferner nicht entstanden, wenn für die Schuld im Ausland belegene Sicherheiten bestellt worden sind, die von der Abwertung gleich-

---

[1]) Die Kosten des Beschwerdeverfahrens sind durch Bekanntmachung des RWM. v. 2. 3. 1937 (RStBl. S. 384) auf das Vierfache der in § 8 des Gerichtskostengesetzes vorgeschriebenen vollen Gebühr festgesetzt worden.

[2]) A. A. anscheinend Turowsky a. a. O.

falls betroffen wurden, z. B. Mieteinnahmen aus ausländischen Grundstücken oder Forderungen in ausländischer Währung. Wirtschaftliche Untragbarkeit kann aus verschiedenen Gründen vorliegen: Viele Schuldner haben Währungsverpflichtungen übernommen, weil sie in der Lage waren, sich im Wege der Ausfuhr zur Tilgung und Verzinsung der Schuld erforderliche Devisen zu beschaffen. Durch die Abwertung der ausländischen Währungen sind gerade diese Gesellschaften besonders geschädigt, weil dadurch der Wettbewerb für die deutsche Ausfuhr sehr erschwert worden ist. Bei anderen Schuldnern haben die Abwertungsgewinne, gleichgültig ob in der Bilanz darüber verfügt worden ist oder nicht, zur Sanierung wesentlich beigetragen. Versorgungsbetriebe waren in der Lage, ihre Tarife herabzusetzen. Durch die Einziehung der Gewinne wäre die Rentabilität dieser Gesellschaften gefährdet oder sie wären gezwungen, ihre Tarife wieder zu erhöhen. Ferner ist zu berücksichtigen, daß die meisten Auslandsanleihen noch mit 6—7 % zu verzinsen sind, während der Zinsfuß für gleichartige Anleihen im Inland erheblich niedriger ist. Die Erfassung der Gewinne darf daher nicht soweit gehen, daß die Valutaschuldner gegenüber den Reichsmarkschuldnern benachteiligt werden. Dies ist in dem Runderlaß des RJM. und RFM. v. 6. 2. 1937 (RStBl. S. 343) grundsätzlich anerkannt worden[1]).

7. Verbindlichkeiten gegenüber Konzernunternehmen

Hier gilt das über den entsprechenden Aktivposten Gesagte S. 112.

8. Verbindlichkeiten aus der Annahme von gezogenen Wechseln und der Ausstellung eigener Wechsel

Der Grundsatz, daß bei Wechselforderungen eine Abzinsung zu erfolgen hat, kann nicht ohne weiteres auf die kurzfristigen Wechselschulden übertragen werden. Jede Schuld bedeutet ein dem Schuldner zur Nutzung überlassenes Kapital. Es ist anzunehmen, daß der Schuldner mit dem ihm zur Verfügung gestellten Kapital einen Gewinn erzielt, der mindestens dem Betrag der vereinbarten Zinsen entspricht, doch darf er diesen Gewinn in die Bilanz erst einstellen, wenn er realisiert

[1]) Nach der 2. DV. v. 20. 3. 1937 (Reichsanzeiger Nr. 68) ist die Frage der wirtschaftlichen Untragbarkeit nur auf Grund der besonderen Verhältnisse des Einzelfalls zu entscheiden. Hierbei ist ein strenger Maßstab anzulegen. Ein bisher nur in der Tagespresse veröffentlichter Erlaß des RWM. (Nr. 11/37 DSt.) lehnt die Kompensierung von Abwertungsgewinnen mit -verlusten ab und behandelt auch die Erfüllung durch Bürgen; vgl. Rannow im Deutschen Volkswirt 1937, 1357.

ist, d. h. wenn die Wechselschuld bezahlt ist. Bei Wechselschulden, die innerhalb kurzer Frist, z. B. innerhalb eines Jahres fällig werden, muß es deshalb auch steuerlich für zulässig erachtet werden, daß der Wechselbetrag ohne Abzinsung in die Bilanz eingestellt wird. Über Depot-, Mobilisierungs-, Kautions-, Bankfinanzierungswechsel s. S. 150.

9. Verbindlichkeiten gegenüber Banken

Hier gilt das über den entsprechenden Aktiv-Posten Gesagte S. 114.

10. Sonstige Verbindlichkeiten

Dieser Posten ist neu aufgenommen worden, da die Bilanzen regelmäßig sonstige Verbindlichkeiten aufweisen. Erwähnt seien:

1. Vertraglich zugesicherte Pensionen[1]). Bei diesen ist zu unterscheiden, ob die Verpflichtung sofort bei der Übernahme in die Bilanz eingestellt wird oder ob dies später geschieht.

a) Handelsrechtlich ist in beiden Fällen die Verbindlichkeit zu passivieren[2]). Der RFH. hat zwar wiederholt ausgesprochen, daß eine Verpflichtung zur Passivierung nicht bestehe. Es kann aber nicht bezweifelt werden, daß es sich dabei um eine betagte und bedingte (unverzinsliche) Verbindlichkeit handelt, die nach HGB. § 40 in die Bilanz einzustellen ist. Nur soviel kann zugegeben werden, daß in der Praxis namentlich in früherer Zeit die Passivierungspflicht oft außer acht gelassen wurde. Die Verpflichtung kann passiviert werden durch Einstellung einer nach versicherungstechnischen Grundsätzen errechneten Kapitalschuld. Tritt der Pensionsfall ein, so haben die Zahlungen zu Lasten dieses Kontos zu erfolgen. Die Einstellung einer solchen Kapitalschuld wird steuerrechtlich anerkannt, wenn die Handelsbilanz übereinstimmt[3]), doch wird im Schrifttum auch die Meinung vertreten, daß in solchen Fällen eine Aktivrückstellung gemacht werden müsse, so daß die Kapitalschuld auf eine entsprechende Anzahl von Jahren verteilt wird[4]). In den meisten Fällen wird es nicht mög-

[1]) Vgl. Gebhardt DStZ. 1934, 59; Krause, Grundsätze ordnungsmäßiger Bilanzierung für Pensionsverpflichtungen, Veröff. der Schmalenbach-Vereinigung 3. Bd. 1935. Weiteres Schrifttum bei Kennerknecht S. 341.

[2]) Gutachten des Fachausschusses Nr. 13/1933 WPr. S. 273. Ebenso Mirre, StuW. 1935, Teil I Sp. 1336.

[3]) 36, 252; RStBl. 1934 Nr. 1005 S. 1121; 1935, 1340 Nr. 994; StuW. 1933 Nr. 22 und 24. Vgl. Kennerknecht S. 341 Anm. 43.

[4]) So Vangerow DStZ. 1936, 1511, der aber die Passivierung der Kapitalschuld zuläßt, wenn die Pensionsberechtigung nachträglich gewährt wird, weil die Schuld sich in diesem Fall auf bereits geleistete Dienste bezieht.

lich sein, die Kapitalsumme im ganzen in die Bilanz einzustellen. Es ist daher auch steuerrechtlich zulässig, daß ein entsprechender Pensionsfonds allmählich angesammelt wird [1]). Die Pensionsverpflichtung kann auch durch Abschluß eines Vertrages mit einer Versicherungsgesellschaft gedeckt werden. In diesem Falle sind die jährlichen Zahlungen an die Versicherungsgesellschaft abzugsfähige Betriebsausgaben. Soweit statt dessen Rückstellungen gemacht werden, ist ihre Steuerfreiheit vom RFH. in der Höhe anerkannt worden, als sie die Prämien nicht übersteigen, die im Falle des Abschlusses eines Versicherungsvertrages zu zahlen wären. In den meisten Fällen erfolgt die Abdeckung der Pensionsverpflichtung durch laufende Zahlungen an eine Pensionskasse. Diese Zahlungen sind abzugsfähige Betriebsausgaben, wenn die Kasse von der Körperschaftsteuer befreit ist [2]). Die Veranlagungsrichtlinien zur Einkommen- und Körperschaftsteuer 1935 (C II, 1) enthalten hierüber folgende Ausführungen:

„Zuwendungen an Pensions-, Unterstützungs- und Wohlfahrtskassen des Betriebs des Steuerpflichtigen sind bei der Ermittlung des Gewinns abzuziehen, wenn sie als Betriebsausgaben im Sinn des § 4 Abs. 3 EStG. anzusehen sind. Diese Voraussetzung ist stets gegeben bei den Leistungen an Pensionskassen und ähnliche Kassen, die von der Körperschaftsteuer befreit sind. Handelt es sich um Zahlungen an nichtbefreite Kassen, so muß im einzelnen Fall geprüft werden, ob eine Betriebsausgabe vorliegt, d. h. ob ein Wert aus dem Betrieb herausgeflossen und ob diese Ausgabe durch den Betrieb veranlaßt ist. Solche Zahlungen sind stets mindestens in der Höhe Betriebsausgaben, in der die bedachte Kasse in demselben Wirtschaftsjahr Zahlungen an Gefolgschaftsmitglieder oder ehemalige Gefolgschaftsmitglieder des Betriebs des Zuwendenden bewirkt."

Nach den Ergänzungsrichtlinien vom 5. 6. 36 verbleibt es bei diesen Richtlinien für die Veranlagungen für 1936—1938 für diejenigen Kassen, die bereits am 1. 1. 1936 bestanden haben [3]).

---

[1]) Vgl. Becker Bem. 162c zu §§ 19—21.

[2]) Nach KörpStG. § 4 Abs. 1 Nr. 7. Voraussetzung ist danach, daß die Kasse rechtsfähig ist, so daß ihr Vermögen dem Zugriff der Gesellschaftsgläubiger entzogen ist. Die weiteren Voraussetzungen werden vom RFM. bestimmt (näheres Kennerknecht § 4 Anm. 103 ff. S. 180). Handelt es sich um eine Kasse mit Rechtsanspruch der Leistungsempfänger, so muß sie als Versicherungsunternehmen nach dem VAG. beaufsichtigt werden. Besteht kein Rechtsanspruch der Leistungsempfänger, so muß die Verwendung des Vermögens der Kasse für ihre Zwecke satzungsmäßig und tatsächlich gesichert sein, die Gefolgschaft darf zu Beiträgen nicht verpflichtet werden und muß an der Verwaltung der Kasse beratend mitwirken (1. DV. z. KörpStG. §§ 13—17).

[3]) Ebenso Veranlagungsrichtlinien 1936 (G III[1] Abs. 3).

b) Sind die Rückstellungen für Pensionsverpflichtungen in früheren Jahren nicht oder nicht ausreichend gemacht worden, so müssen sie nachgeholt werden. Die Nachholung zu Lasten eines einzigen Jahres würde aber in der Praxis als ungerechtfertigte Härte empfunden werden, auch würde die Steuerfreiheit einer solchen Rückstellung nicht anerkannt werden. Der Fachausschuß der Wirtschaftsprüfer hat es daher in dem S. 143 erwähnten Gutachten für die Erteilung des Bestätigungsvermerks als vertretbar erklärt, wenn die erforderlichen Rückstellungen innerhalb eines Zeitraums von höchstens 10 Jahren nachgeholt werden. Verlangt wird aber weiter, daß der Betrag der nachzuholenden Rückstellung im Geschäftsbericht Erwähnung findet oder in der Bilanz ersichtlich gemacht wird, sei es, daß die nachzuholende Rückstellung unter den Passiven aufgeführt unter gleichzeitiger Einrichtung eines aktiven Gegenkontos, das in längstens 10 Jahren abzuschreiben ist, sei es, daß lediglich die vorgenommene Rückstellung ausgewiesen wird und ein Vermerk über den nachzuholenden Betrag gemacht wird. Der RFH. hat allerdings entschieden[1]), daß die in früheren Jahren versäumten Rückstellungen nicht nachgeholt werden können. Geschehe es dennoch, so sei der Pensionsfonds in Höhe der nachgeholten Rückstellungen als steuerpflichtiger Reservefonds anzusehen. Es ist dies eine Folgerung, die aus der steuerrechtlichen Bilanzkontinuität gezogen wird. In solchen Fällen bleibt aber die Möglichkeit, die einzelnen Pensionszahlungen als Betriebsausgaben abzuziehen.

Bedingte Pensionsverpflichtungen sind wie Eventualverpflichtungen zu behandeln. Sind die Bedingungen derart, daß aller Wahrscheinlichkeit nach mit der Pensionszahlung zu rechnen ist, so ist die Eventualverpflichtung wie eine unbedingte Verpflichtung zu behandeln[2]).

c) Besteht kein vertraglicher Anspruch auf Pension, so wird die Steuerfreiheit einer Rücklage zum Zwecke der Zahlung freiwilliger Zuwendungen nicht anerkannt. Eine solche Rücklage kann von dem Steuerpflichtigen auch jederzeit wieder aufgelöst werden. Werden dagegen einem Angestellten nach Ausscheiden aus dem Betrieb solche freiwilligen Zuwendungen gemacht, so sind sie als abzugsfähige Betriebsausgaben anzuerkennen, sofern dadurch „einer sittlichen Pflicht oder einer auf den Anstand zu nehmenden Rücksicht entsprochen wird"[3]).

---

[1]) RStBl. 1929, 331.

[2]) Gutachten des Fachausschusses Nr. 13/1933 WPr. S. 273.

[3]) BGB. § 534 bestimmt: „Schenkungen, durch die einer sittlichen Pflicht oder einer auf den Anstand zu nehmenden Rücksicht entsprochen wird, unterliegen

d) Pensionsverpflichtungen werden nicht nur für Arbeitsleistungen im Betrieb, sondern auch in anderen Fällen übernommen, besonders wird nicht selten bei der Übernahme eines Geschäfts dem Vorbesitzer oder dessen Angestellten ein Pensionsrecht zugebilligt. Die Steuerbehörde vertritt hier den Standpunkt, daß die zu zahlende Rente einen Teil des Kaufpreises bildet: die Rentenlast ist zwar zu passivieren, ein entsprechender Betrag ist aber auch auf der Aktivseite der Bilanz einzustellen[1]).

Das gleiche gilt, wenn die Rente dem Berechtigten als Entgelt für den Verzicht auf gewerbliche Tätigkeit gewährt wird.

Werden Rechte auf Pension oder Rente mit der Maßgabe gewährt, daß sie aus dem Gewinn zu zahlen sind, so gilt grundsätzlich das gleiche. Im allgemeinen werden aber bei solchen Verpflichtungen die erfolgten Zahlungen als abzugsfähige Betriebsausgaben zu behandeln sein[2]).

2. Nicht erhobene Dividenden und Anleihezinsen, sowie Zahlungen an die Aktionäre, die aus einer Kapitalherabsetzung geschuldet werden, sind Schulden der Gesellschaft. Sie sind, da sie nicht unter die übrigen Posten des gesetzlichen Schemas eingereiht werden können, gleichfalls unter „sonstigen Verbindlichkeiten" aufzuführen.

3. Steuerrechtlich wird die Passivierung von sog. Besserungsscheinen nicht anerkannt und die Zahlungen werden daher dem Gewinn zugesetzt (S. 222). Allein der Umstand, daß die Verpflichtung aus dem Gewinn zu erfüllen ist, ändert ihren ursprünglichen Charakter nicht. Die heutige Auffassung dürfte daher die Anerkennung solcher Schulden, die eine moralische Verpflichtung darstellen, erforderlich machen. Auch die Besserungsscheine, die aus Anlaß von Sanierungen ausgegeben werden, dürfen steuerrechtlich nicht passiviert werden.

10a. Sonstige Passiva

Dieser Posten ist in dem Bilanzschema nicht vorgesehen. Es entspricht dem Aktivposten „Sonstige Gegenstände des Umlaufvermögens". Hier können transitorische Passivposten, z. B. vorausempfangene

---

nicht der Rückforderung und dem Widerruf". Derartige Zuwendungen werden als Erfüllung einer naturalis obligatio angesehen.

[1]) Vgl. RFH. im RStBl. 1934, 596 und unten S. 152.

[2]) Vgl. Vangerow DStZ. 1936, 1519; abweichend RFH. RStBl. 1932, 303, wo es sich aber um die Rückzahlung einer gewöhnlichen Kapitalschuld handelt; s. auch S. 152.

Mieten, soweit sie nicht unter Rechnungsabgrenzung gehören, ferner durchlaufende Posten untergebracht werden, soweit sie nicht unter „Rückstellungen" ausgewiesen werden.

VI. Posten, die der Rechnungsabgrenzung dienen

Hier gilt das über den entsprechenden Aktivposten Gesagte S. 115 f.

VIa. Der Jahresgewinn und der Gewinnvortrag

Hier gilt das über den entsprechenden Aktivposten Gesagte S. 117 f. Es beruht auf allgemeinem Handelsgebrauch, daß die Dividende in Prozenten oder in bequemen Bruchteilen von Prozenten festgesetzt und der überschießende Betrag auf neue Rechnung vorgetragen wird. Bruchteile von weniger als $1/2$% werden in der Regel nicht als Dividende verteilt. Soweit der Gewinnvortrag sich in diesem Rahmen bewegt, kann er auch dann nicht angefochten werden, wenn die Bilanz durch die HV. festgestellt wird und die Minderheit 5% des Grundkapitals beträgt. Der Jahresgewinn umfaßt auch den Gewinnvortrag, der aber in der Vorspalte getrennt anzugeben ist.

C. Vermögensgegenstände, die in der Bilanz zu vermerken sind

§ 26

Verbindlichkeiten aus Bürgschaften, Wechsel- und Scheckbürgschaften, sowie aus Gewährleistungsverträgen gehören zu den Eventual-Verbindlichkeiten (S. 151), die an sich in die Bilanz nicht oder nur mit dem Betrag aufgenommen zu werden pflegen, der einer wahrscheinlichen Inanspruchnahme entspricht. In der Regel stehen solchen Verpflichtungen auch gleichwertige Rückgriffs-Forderungen gegenüber. In diesem Fall könnte die Bürgschafts-Verpflichtung unter Verbindlichkeiten und die Rückgriffs-Forderung unter Forderungen aufgeführt werden, was aber zu einer unnötigen Aufblähung der Bilanzziffern führen würde. Das AGesetz (§ 131 Abs. 7; HGB. § 261b) bestimmt daher, daß die Verbindlichkeiten und die ihnen gegenüberstehenden gleichwertigen Rückgriffs-Forderungen in der Bilanz lediglich zu vermerken sind, was entweder in der Vorspalte oder am Fuß der Bilanz geschehen kann. Dies entbindet jedoch nicht von der Verpflichtung, die Verbindlichkeit in die Bilanz selbst aufzunehmen, wenn die Wahrscheinlichkeit einer Inanspruchnahme vorhanden ist, ohne daß eine Rückgriffs-Forderung besteht, mit deren Eingang gerechnet werden kann. Die gesetzliche Vorschrift wurde getroffen, weil sich aus der Praxis ergeben hat, daß die Bürgschaftsverpflichtungen, wenn sie auch zunächst nicht aktuell sind, jedenfalls ein Risiko, unter Umständen sogar eine große Gefahr für die Gesellschaft darstellen. Ist die Verpflichtung aus der Bürgschaft hypothekarisch gesichert, so kann zweifelhaft erscheinen, ob sie in die Bilanz einzustellen oder in der Bilanz lediglich zu vermerken ist. Das erstere erscheint richtig, weil das AGesetz in § 131 B V 2 den Ausweis der Hypotheken verlangt. Die Rückgriffsforderung ist in diesem Falle, soweit sie gleichwertig ist, ebenfalls in die Bilanz aufzunehmen[1]).

Gewährleistungs-(Garantie-)Verträge sind nicht Gewährleistungen für eine eigene Verpflichtung oder zusätzliche Sicherheiten für eine solche, wie z. B. Leistungsgarantien, Kautionswechsel, Vertragsstrafen. Gegebenenfalls sind solche aus der Bilanz nicht ersichtliche Haftungsverhältnisse im Geschäftsbericht anzugeben und es ist ein entsprechender Betrag zu passivieren, wenn sich aus solchen Verpflichtungen laufende Aufwendungen, wie z. B. bei Ausführung von Bauten ergeben. Auch Bürgschaften fallen nicht unter Garantieverträge, werden vielmehr neben letzteren besonders hervorgehoben. Gewährleistungsverträge sind vielmehr nur solche Verträge, in denen die Gesellschaft sich verpflichtet, für einen bestimmten Erfolg einzustehen, z. B. daß eine Hypothek bei der Versteigerung nicht ausfällt, oder daß beim Verkauf von Wertpapieren ein bestimmter Kurs erzielt wird, oder daß ein Unternehmen einen bestimmten Ertrag abwirft[2]). Die Verbindlichkeit ist in der Bilanz zu vermerken. Ist aller Wahrscheinlichkeit nach mit einer Inanspruchnahme aus der Garantie zu rechnen, so ist die Verpflichtung unter Rückstellungen in die Bilanz aufzunehmen.

D. Vermögensgegenstände, die nicht in der Bilanz erscheinen

§ 27

1. Nach allgemeiner kaufmännischer Übung werden Ansprüche aus gegenseitigen Verträgen, solange nicht von einer Seite eine Leistung erfolgt ist, nicht in die Bilanz eingestellt, denn der Kaufmann bucht nicht die Rechtsverhältnisse, sondern die Geschäfts-

[1]) Ebenso Schlegelberger § 261a Anm. 25.
[2]) A. A. Schlegelberger § 261b Anm. 3.

vorfälle. Hauptanwendungsfall sind die Kauf-, Tausch-, Miet- und Dienstverträge. Bei solchen Verträgen ist davon auszugehen, daß Leistung und Gegenleistung sich die Waage halten; die Vermögensgegenstände müßten daher auf beiden Seiten der Bilanz mit dem gleichen Wert erscheinen, was zu einer unnötigen Aufblähung führen würde. Hat aber ein Teil geleistet, so ist die gegen die Leistung erworbene Forderung in die Bilanz einzustellen. Vielfach wird dies auch in Form von transitorischen Posten geschehen, z. B. wenn Zinsen, Mieten, Gehälter im voraus bezahlt bzw. die Gegenleistung im voraus empfangen worden ist.

2. Nicht in die Bilanz gehören Verpflichtungen öffentlich-rechtlicher Art, die den Charakter allgemeiner Abgaben haben; sie können nicht kapitalisiert werden. Hierher gehören insbesondere Reallasten. Anders bei einmaligen Beiträgen. Geschuldete Anliegerbeiträge werden in die Bilanz aufgenommen, vermehren aber die Anschaffungs- oder Herstellungskosten des Grundbesitzes[1]). Durch Gesetz v. 30. 9. 1936 ist die Möglichkeit gegeben worden, die Anliegerbeiträge in Form einer in 10 Jahren abzulösenden Rente zu entrichten.

3. Eine Reihe von rechtlichen Verpflichtungen finden deshalb in der Bilanz keinen Ausdruck, weil es sich bei ihnen um mehrere Verpflichtungen handelt, die nur einen einzigen wirtschaftlichen Erfolg zum Ziel haben, sei es, daß mehrere Personen nur eine einzelne Leistung zu erbringen haben, oder daß eine einzelne Person mehrere Verpflichtungen für dieselbe Leistung auf sich nimmt. In allen diesen Fällen kann die Leistung nur einmal in die Bilanz aufgenommen werden. Welche von den verschiedenen Leistungen in die Bilanz aufzunehmen ist, wird teils im Gesetz bestimmt, teils ergibt es sich aus den Grundsätzen ordnungsmäßiger Buchführung. In allen Fällen müssen aber die besonderen Beziehungen entweder durch einen Vermerk in der Bilanz oder durch Angaben im Geschäftsbericht aufgeklärt werden. Zu der ersteren Gruppe (mehrere Personen sind zu einer einzigen Leistung verpflichtet) gehören Bürgschaft, Gesamtschuld, Sicherheitsleistung für Dritte. Hier wird, soweit die Verpflichtung nicht hypothekarisch gesichert ist, ein Vermerk in der Bilanz verlangt.

Zu der zweiten Gruppe (eine Person verpflichtet sich zu mehreren Leistungen) gehört die Annahme von gezogenen und die Ausstellung

---

[1]) Scholz, Handbuch des gesamten öffentlichen Grundstücksrechts Bd. II, 236 Anm. 32. RFH. im RStBl. 1936, 296 Nr. 274.

eigener Wechsel. Hier wird die Wechselschuld bzw. die Schuld aus dem Scheck und nicht die zugrundeliegende Verbindlichkeit in die Bilanz aufgenommen. Bei Hypotheken, Grund- und Rentenschulden wird die dingliche Last in die Bilanz aufgenommen; in anderen Fällen der akzessorischen Verpflichtung für die eigene Leistung wie Sicherungshypothek, Pfandbestellung, Sicherungsübereignung erscheint in der Bilanz nur die persönliche Forderung; über das Haftungsverhältnis sind im Geschäftsbericht Angaben zu machen.

Bei den Giroverpflichtungen aus der Begebung von Wechseln und Schecks handelt es sich gleichfalls um eine zusätzliche Verpflichtung zu einer Waren- oder sonstigen Schuld, denn die Verpflichtung aus dem Giro besteht neben der ursprünglichen Schuld solange, als die Zahlung nicht erfolgt ist. Hier greift die Bestimmung des Gesetzes ein, wonach die Haftung aus dem Giro lediglich im Geschäftsbericht anzugeben ist. Die Verpflichtung aus dem Giro ist aber in die Bilanz aufzunehmen, wenn zu befürchten ist, daß der Wechsel notleidet und eine gleichwertige Rückgriffsforderung nicht besteht.

Um eine zusätzliche Verpflichtung, die nicht in die Bilanz aufgenommen wird, handelt es sich auch bei Wechseln, die mit der Bestimmung hingegeben worden sind, daß sie nicht in Umlauf gesetzt werden, sondern lediglich als Sicherheit dienen (z. B. sogenannte Mobilisierungswechsel, wie sie einer Bank zur Sicherung von Verbindlichkeiten hingegeben werden). Hier erscheint in der Bilanz die gesicherte Verbindlichkeit und die Verpflichtung aus dem Wechsel ist lediglich in dem Geschäftsbericht zu erwähnen.

Hierher gehören auch die sogenannten Bankfinanzierungswechsel. So gewährt z. B. eine Bank einer Gesellschaft einen Kredit von 100000 M.; um den Kredit zu verbilligen, stellt die Bank der Gesellschaft ihr Akzept zur Verfügung, d. h. die Gesellschaft zieht einen Wechsel auf die Bank, der von dieser akzeptiert wird; sie kann alsdann den Wechsel bei der akzeptierenden Bank oder bei einer anderen Bank diskontieren und muß bis zum Verfalltag entweder für Deckung oder für Prolongation des Wechsels sorgen. Hier wird der Bankkredit, den die Gesellschaft erhält, unter den Passiven der Bilanz (V, 9) ausgewiesen. Die Verpflichtung aus der Ausstellung des Wechsels wird lediglich im Geschäftsbericht erwähnt. Dies gilt auch für Kurssicherungstratten, ferner für Depotwechsel, deren Ausstellung bzw. Annahme Kartelle, Syndikate und Konventionen regelmäßig von ihren Mitgliedern zur Sicherung der vertraglichen Verpflichtungen verlangen.

4. Zu den Verpflichtungen, die nicht in die Bilanz aufgenommen werden müssen, gehören auch die Eventualverpflichtungen. Soweit sie aus der Bilanz nicht ersichtlich sind, müssen in dem Geschäftsbericht darüber Angaben gemacht werden (AGesetz § 128 Abs. 2 Nr. 6; HGB. § 260a Abs. 3 Nr. 5). Es sind dies Verpflichtungen aus einem bestehenden Verpflichtungsgrund, bei denen jedoch das Entstehen der Verpflichtung von einem zukünftigen ungewissen Ereignis abhängt. Steht die Verpflichtung ihrem Grund nach fest, ist aber der Betrag zweifelhaft, so handelt es sich nicht um eine eventuelle, sondern um eine effektive Verbindlichkeit. Andererseits muß aber ein Verpflichtungsgrund bereits bestehen, z. B. ein Vertrag (Einzahlungsverpflichtung bei Konsortialgeschäften, Verpflichtung zum Schadensersatz oder zu Ersatzleistungen aus übernommenen Garantien) oder Gesetz (z. B. Verpflichtung zur Erstattung von Bergschäden oder zum Schadensersatz aus unerlaubter Handlung). Beim sog. Prozeßrisiko ist der Verpflichtungsgrund teils Vertrag (soweit die geltendgemachte Forderung auf Vertrag beruht) teils Gesetz (soweit es sich um die Verpflichtung zur Tragung von Prozeßkosten handelt).

Bei Eventualverpflichtungen entspricht es den Grundsätzen ordnungsmäßiger Buchführung, Rückstellungen zu machen, wenn nach den gewöhnlichen Erfahrungen im Geschäftsleben mit der Entstehung der Verbindlichkeiten zu rechnen ist (S. 134). Ist aus der Bilanz keine entsprechende Rückstellung ersichtlich, so muß die Verpflichtung im Geschäftsbericht erwähnt werden (AGesetz § 128 Abs. 2 Nr. 6; HGB. § 260a Abs. 3 Nr. 5).

5. Nach allgemeiner Auffassung sind nicht in die Bilanz aufzunehmen Verpflichtungen, die aus dem Gewinn zu erfüllen sind. Diese Auffassung ist jedoch nicht zutreffend. Vielmehr handelt es sich dabei um Verbindlichkeiten, die bedingt sind durch die Erzielung eines Gewinns. Sie kommen daher grundsätzlich nur dann nicht in die Bilanz, wenn kein Gewinn erzielt wurde, denn für diesen Fall bestehen sie nicht. Dies gilt für alle Verpflichtungen aus Gewinngemeinschaften, insbesondere Interessengemeinschaften, und aus dem Bezugsrechte des Vorstands und der Angestellten auf Tantieme sowie von den festen Vergütungen des Aufsichtsrats, soweit sie aus dem Gewinn zu entrichten sind. Bei den Interessengemeinschaften wird zu diesem Zweck eine Vorbilanz gemacht, die nur der Abrechnung des abzuführenden Gewinnes dient und als Bilanz im rechtlichen Sinn nicht anzusehen ist. Die Tantieme des Vorstands und der Angestellten sowie die festen Vergütungen des Aufsichtsrats aus dem Gewinn werden ebenfalls vor

Errechnung des endgültigen Gewinns ermittelt (wenn auch nicht in einer förmlichen Vorbilanz) und von dem Gewinn in Abzug gebracht, so daß in der endgültigen Bilanz diese Verpflichtungen bereits berücksichtigt sind. Das gleiche gilt von Gewinnanteilen, die dritten Personen zustehen, z. B. dem Inhaber von Patenten oder Lizenzen. Hierher gehören auch die Verpflichtungen der Versicherungsgesellschaften, die ihren Versicherten einen Anteil an dem Gewinn aus dem betreffenden Geschäftszweig gewähren. Daher schreibt das Formblatt für Versicherungsgesellschaften vor, daß die Ansprüche auf den Gewinnanteil in die Bilanz eingesetzt werden müssen. Steuerlich werden die als Gewinnbeteiligungslast zu zahlenden Beträge als abzugsfähig anerkannt; steht ihnen ein aktivierbares Wirtschaftsgut gegenüber, so ist dieses zu aktivieren [1]).

Dagegen gehören zu den Verpflichtungen, die aus dem aus der Bilanz sich ergebenden Gewinn zu erfüllen sind und daher regelmäßig nicht in der Bilanz berücksichtigt werden, Ansprüche aus Vorzugsaktien mit kumulativer Dividendenberechtigung und — als Hauptfall — der Genußschein. Der letztere gewährt einen obligatorischen Anspruch auf die Beteiligung am Gewinn oder am Liquidationsüberschuß oder an beiden[2]). Er unterscheidet sich von der Schuldverschreibung dadurch, daß die Verpflichtung zur Verzinsung erst entsteht, wenn ein Gewinn erzielt worden ist und daß eine Verpflichtung zur Rückzahlung erst eintritt, wenn bei der Abwicklung der Gesellschaft die Aktiva die Passiva übersteigen (Abwicklungsüberschuß). Gewöhnlich behalten sich die Gesellschaften das Recht vor, die Genußscheine jederzeit gegen Zahlung eines bestimmten Betrags abzulösen oder sie durch jährliche Auslosung zu tilgen. Der freihändige Ankauf einzelner Genußscheine oder deren Tilgung ist aber auch hier nur aus dem Reingewinn zulässig, weil andernfalls der Gewinn verringert und das Recht der übrigen Genußscheine auf die Beteiligung an diesem Gewinn geschmälert würde. Im übrigen ist der Inhalt des in dem Genuß-

---

[1]) Vgl. Bühler S. 149 und oben S. 146.

[2]) Ein Recht auf den Bezug neu auszugebender Aktien kann vor dem Beschluß über die Ausgabe der jungen Aktien nicht zugesichert werden (AGesetz § 154 Abs. 2; HGB. § 283). Diese Bestimmung ist durch die Novelle von 1884 in das allgemeine deutsche HGB. eingefügt worden. Vor dieser Zeit wurde in manchen Fällen den Gründern ein solches Recht zugesichert, was auch in Form eines Genußscheines erfolgen konnte (Gründerrecht). Bisher wurden die vor dem Jahr 1884 gewährten Rechte solcher Art als gültig angesehen; das RG. hat aber in einer Entscheidung v. 7. 2. 1936 (abgedruckt in der „Deutschen Justiz", S. 614) auch diese alten Gründerrechte als nichtig, weil den guten Sitten widersprechend, erklärt.

schein verbrieften Rechts in jedem Einzelfall verschieden. Die Beteiligung an dem Reingewinn kann vor den Aktionären erfolgen oder nachdem die Aktionäre eine Vordividende erhalten haben. Die Genußscheininhaber können auch mit gleichen Rechten wie die Aktionäre am Reingewinn teilnehmen. Ebenso kann die Beteiligung am Abwicklungsüberschuß vor den Aktionären erfolgen, mit gleichen Rechten wie die Aktionäre, oder nachdem die Aktionäre den Pariwert ihrer Einlage zurückerhalten haben. Diese Verschiedenheiten entsprechen den verschiedenen Zwecken, zu denen die Genußscheine ausgegeben worden sind. Die Genußscheine können ausgegeben werden an Gründer zur Belohnung für ihre Gründungstätigkeit oder als Entgelt für die Einlagen, deren Wert den Betrag der von den Gründern übernommenen Aktien übersteigt. Im allgemeinen sind Genußscheine nicht in die Bilanz aufzunehmen[1]). Es sind aber auch Ausnahmen möglich. Die Ausgabe der Genußscheine kann nämlich auch dem gleichen Zweck dienen, wie die Ausgabe neuer Aktien, indem auf diese Weise der Gesellschaft neues Kapital zugeführt wird, das nicht zu Abschreibungen oder zur Beseitigung einer Unterbilanz verwandt werden soll. In diesem Fall müssen die Genußscheine in die Bilanz aufgenommen werden, damit die der Gesellschaft zugeflossenen Werte von der Verteilung als Gewinn ausgeschlossen werden[2]). Es handelt sich in diesem Fall um eine Rücklage, die zum Eigenkapital der Gesellschaft gehört. In der Praxis werden die Genußscheine hauptsächlich zum Zwecke der Sanierung benützt[3]); sie sind dafür besonders geeignet, weil es auf diese Weise möglich ist, eine Unterbilanz zu beseitigen oder notwendige Abschreibungen zu machen, ohne eine Kapitalherabsetzung vorzunehmen. Dazu kommt, daß bisher zu der Ausgabe von Genußscheinen ein HV.-

---

1) Schlegelberger § 260a Anm. 22; RG. 81, 22.

2) So wiesen z. B. die Koksweke und Chemischen Fabriken A.G. in ihren Bilanzen bis 1932 Genußscheine in Höhe von 10 Mn. M. aus, die Standard Elektrizitäts A.G. solche mit 15 Mn. M. bis Ende 1932.

3) So hatte die Rudolf Karstadt A.G. 1933 10 Mn. Genußscheine ihren Bankgläubigern gegen Erlaß gleich hoher Forderungen ausgehändigt. Die Genußscheine wurden 1936 zu $^1/_3$ in bar abgefunden, für die restlichen $^2/_3$ wurden Aktien zu pari ausgegeben. Die Vereinigten Zellstoff- und Papierfabriken Kostheim gaben 1930 7 Mn. M. 6% Obligationen aus. 1932 bot ein Bankenkonsortium den Obligationären auf je M. 1000.— Schuldverschreibungen 30% bar plus 2 Genußscheine, die mit je 125 M. auszulosen waren aus dem 4. Teil des jährlichen Reingewinns, der nach Ausschüttung von 6% Dividende auf die Vorzugsaktien verblieb. Der Vertrag wurde später von den Genußscheininhabern angefochten und hat das RG. wiederholt beschäftigt, da den Bankgläubigern das Recht zur Beteiligung an der Abstimmung über den Vertrag bestritten wurde.

Beschluß nicht erforderlich war. Andererseits bilden die Genußscheine für spätere Kapitalerhöhungen oder Verschmelzungen ein schweres Hindernis. Eine Verpflichtung, solche Genußscheine in die Bilanz einzustellen, besteht nicht. Möglich ist dies auch nur insoweit, als eine Rücklage zur Ablösung der Genußscheine allmählich angesammelt wird, oder daß die jeweils in dem betreffenden Jahr an die Genußscheininhaber zu zahlenden Gewinnanteile in die Bilanz eingestellt werden. Nunmehr ist nach dem AGesetz (§ 174 Abs. 3) für die Ausgabe von Genußscheinen (jetzt Genußrechte genannt) ein Beschluß der HV. erforderlich, der der Zustimmung einer Mehrheit von $^3/_4$ des Grundkapitals bedarf; die Satzung kann aber auch eine geringere Mehrheit bestimmen. Für Besserungsscheine[1]) gilt dies nicht.

Um eine besondere Art von Genußscheinen handelt es sich bei den sog. Genußrechten des Aufwertungsgesetzes vom 16. 7. 1925 §§ 37—44 (Altbesitzgenußrechtscheine). Diese Genußrechte wurden an die Altbesitzer von Industrie-Obligationen, die mit 15% aufgewertet wurden, ausgegeben und lauten auf einen Goldmarkbetrag von 10% der Schuldverschreibungen. Der Nennwert hat aber nicht die Bedeutung, daß eine Forderung in dieser Höhe bestände, sondern bildet lediglich die Berechnungsgrundlage für die Beteiligung am Reingewinn und am Liquidationserlös. Eine Schuld der Gesellschaft entsteht erst, wenn die Gesellschaft von ihrem Recht Gebrauch macht, an Stelle der Genußrechte eine Zusatzaufwertung oder eine Barabfindung zu gewähren. Die Verordnung über die Genußrechte aufgewerteter Industrie-Obligationen und verwandter Schuldverschreibungen vom 25. 9. 1934 (RGBl. S. 848) und das Gesetz gleichen Betreffs vom 18. 12. 1935 (RGBl. S. 1508) haben an diesem Charakter der Genußscheine nichts geändert. Während aber die Inhaber der Genußrechte bisher erst zum Zug kamen, nachdem die Aktionäre eine Dividende von mindestens 6% erhalten hatten, ist jetzt die Vorausleistung an die Aktionäre beseitigt. Die Gewinnverteilung erfolgt in der Art, daß bis zu $3^1/_2$% Dividende die Aktionäre und Genußrecht-Inhaber den gleichen Prozentsatz erhalten. Wird eine höhere Dividende ausgeschüttet, so ist der überschießende Betrag, wenigstens aber der zwanzigste Teil, der „unter die Gewinnberechtigten zu verteilenden Summe" zur Tilgung der Genußscheine zu verwenden. Angenommen, eine AG. hat 1 Mn. M. Kapital und es bestehen Genußrechte zum Nennbetrag von 100000 M. Verteilt die AG. 6% Dividende, so erhalten auch die Genußrechtsinhaber 6% = 6000 M.;

[1]) Für diese ist wesentlich, daß sie den Gläubigern keine neuen Rechte geben, sondern nur deren bisherige Rechte beschränken.

davon sind $3^1/_2\%$ = 3500 M. Zinsen, 2500 M. werden zur Tilgung verwandt. Da jedoch mindestens 5% von den an die Aktionäre verteilten Beträgen zur Tilgung verwandt werden müssen und die Aktionäre 60000 M. erhalten, so sind außer den erwähnten 2500 M. noch weitere 500 M., zusammen 3000 M. = 5% von 60000 M. zur Tilgung zu verwenden[1]).

Soweit die Gesellschaft Genußscheine im Wege der Auslosung oder Kündigung erwirbt, geht das darin verbriefte Recht unter. Die Genußscheine sind daher zu vernichten. Soweit die Genußscheine dagegen von der Gesellschaft freihändig erworben werden, steht es in der Wahl der Gesellschaft, ob sie die Genußscheine wieder ausgeben oder einziehen will. Im Zweifel wird das letztere anzunehmen sein. Andernfalls stellen die Genußscheine einen aktivierungsfähigen Gegenstand dar. Die Genußscheine sind wie sonstige Wertpapiere zu bewerten.

Steuerrechtlich müßten Ausschüttungen auf Genußscheine an sich von dem Gewinn abgezogen werden, da sie keine Gesellschafts-, sondern lediglich Forderungsrechte verkörpern. Dem steht aber das KörpStG. § 7 Satz 2 entgegen, das bestimmt: „Ausschüttungen jeder Art auf Genußscheine, mit denen das Recht auf Beteiligung am Gewinn und am Liquidationserlös der Kapitalgesellschaften verbunden ist, dürfen das Einkommen nicht mindern". Der Reichsfinanzhof behandelt daher die Ausschüttungen auf Genußscheine ebenso wie die auf Aktien[2]). Andererseits ist aber auch bei Berechnung der Mindestbesteuerung von Ausschüttungen über 4% des Grundkapitals nicht nur dieses, sondern auch das Genußschein-Kapital zu berücksichtigen[3]). Eine Ausnahme besteht für die auf Grund des Aufwertungsgesetzes ausgegebenen Genußrechte. Auf Grund der Veranlagungsrichtlinien 1934 (B III 3 Abs. 5) unterliegen die Ausschüttungen auf die Altbesitzgenußrechte nicht dem Steuerabzug

---

[1]) Vgl. Krause WTr. 1935, 80; nach Wipper WTr. 1936, 106 sind bei Berechnung der 5% die Zinsen an die Genußrechtsinhaber zuzuschlagen, so daß 5% von M. 63500 = M. 3175,— zur Tilgung zu verwenden sind, also außer den erwähnten 2500 M. noch 675 M.

[2]) Das Genußscheinkapital, das den Aktionären unentgeltlich gewährt wird, ist im Gegensatz zu den Gratisaktien dagegen kein ausgeschütteter Gewinn. Daher braucht die Gesellschaft von diesem auch den Steuerabzug von dem Kapitalertrag nicht vorzunehmen (RFH. im RStBl. 1934, 582).

[3]) Dies hat der RFH. 39, 219 festgestellt, wobei es sich darum handelte, daß die Ilse Bergbau AG. 1934 auf 38 Mn. Aktienkapital und 31,2 Mn. Genußscheinkapital zusammen 6% Dividende ausgeschüttet hatte. Der RFH. geht dabei von der Ansicht aus, daß die Bestimmung des KörpStG. § 7 keine Änderung der bisherigen Rechtslage bedeute.

vom Kapitalertrag[1]). Da sonach ihr schuldrechtlicher Charakter anerkannt ist, müßte die Gesellschaft entgegen § 7 Satz 2 KörpStG. berechtigt sein, die Ausschüttungen auf solche Genußrechte vom Gewinn in Abzug zu bringen. Doch ist diese Frage noch nicht geklärt[2]).

Wiederholt sind Beschwerden darüber erhoben worden, daß die Öffentlichkeit über das Vorhandensein von Genußscheinen und Genußrechten nicht hinreichend unterrichtet wird. Das HGB. (§ 260a Abs. 3 Nr. 4) verlangte im Geschäftsbericht nur Angaben darüber, ob im Lauf des Geschäftsjahres Genußscheine ausgegeben worden sind. In der Verordnung vom 24. 10. 1928 (RGBl. S. 383) wird bestimmt, daß der Umlauf an Aufwertungsgenußrechten jährlich gleichzeitig mit der Bekanntmachung der Bilanz in den Gesellschaftsblättern bekanntzugeben ist. Veröffentlichungen, die außerhalb der Bilanz erfolgen, werden aber leicht übersehen. Nunmehr sind nicht nur die im Geschäftsjahr ausgegebenen, sondern auch die bestehenden Genußrechte im Geschäftsbericht anzugeben (AGesetz § 128 Abs. 2 Nr. 5).

6. In der Bilanz erscheinen endlich auch nicht die stillen Reserven. Auf den Streit, ob es vom volkswirtschaftlichen oder betriebswirtschaftlichen Standpunkt aus richtig ist, die Bildung stiller Reserven zuzulassen, kann hier nicht eingegangen werden. Das HGB. hatte jedenfalls nicht nur durch die Bewertungsbestimmungen die Bildung stiller Reserven vorgeschrieben, sondern auch die Bildung freiwilliger stiller Reserven ausdrücklich anerkannt und dadurch erleichtert, daß für die Anfechtung eines Generalversammlungsbeschlusses über die Bildung solcher Reserven eine Minderheit von 5% des Grundkapitals verlangt wird. Von den betriebswissenschaftlichen Schriftstellern[3]) werden die stillen Reserven ziemlich allgemein verworfen und auch von namhaften Juristen werden sie bekämpft[4]). Die Begründung zum AGesetz § 132 führt hierzu folgendes aus:

---

[1]) Ebenso Veranlagungsrichtlinien 1936 (CV 4). Daher kommt auch eine Mindestbesteuerung nicht in Frage. Vgl. Kennerknecht S. 654 Anm. 6, 716 Anm. 14.

[2]) Vgl. Spohr, Die Behandlung der Genußscheine und Altbesitzgenußrechte im Körperschaft-, Einkommen- und Vermögensteuerrecht BankA. Jg. 1936, 173.

[3]) S. bes. Schmalenbach, Grundlagen dynamischer Bilanzlehre 3. Aufl. S. 288; F. Schmidt, Betriebswirtschaftliche Konjunkturlehre in „Die Handelshochschule" Bd. V, Berlin 1922; Walb, Bilanzwahrheit und stille Reserven 1935; Herbig, Deutsche Justiz v. 13. 11. 1936; Lüer, Zeitschrift der Akademie f. D. Recht 1936, 919; über die Auffassung im Ausland Studt, Die privatwirtschaftliche Erfolgsrechnung in den Ver. Staaten 1935 S. 231 ff.

[4]) So Passow I 117, 195 f., II 69 f.; auf anderem Standpunkt steht Schlegelberger § 260b Anm. 17—27.

„Der Entwurf sieht die Bildung stiller Rücklagen und ihre stille Auflösung entsprechend dem bisherigen Rechtszustand grundsätzlich als zulässig an. Wenn es auch vorgekommen ist, daß eine Verwaltung, die sich ihrer Pflichten nicht bewußt war, mit stillen Rücklagen Mißbrauch getrieben hat, so war doch andererseits zu berücksichtigen, daß die Ansammlung eines bestimmten Kapitalüberschusses für manchen Betrieb ein geradezu unabweisbares Bedürfnis sein kann und oft nicht anders als durch Bildung stiller Rücklagen durchführbar ist. Jede Schätzung setzt ferner einen gewissen Spielraum für die Bemessung des Werts voraus, so daß auch die praktische Durchführbarkeit eines Verbots der Unterbewertung fraglich erscheint. Aus allgemeinen volkswirtschaftlichen Erwägungen kann daher ein Verbot der stillen Rücklage nicht befürwortet werden. Der Entwurf hält daher im Einvernehmen mit der Akademie für Deutsches Recht an dem geltenden Rechtszustand fest und verbietet in der Gliederungsvorschrift des § 131 Abs. 5 nur die Bildung stiller Rücklagen durch Einstellung erdichteter Kreditoren auf der Passivseite sowie die Verrechnung von Forderungen und Verbindlichkeiten. Im übrigen dürften auch die weitgehenden Vorschriften über die Gliederung des Jahresabschlusses die Bildung stiller Rücklagen einschränken."

Die Erträgnisse besonders der großen Unternehmungen, deren typische Form die AG. ist, sind schon im regelmäßigen Verlauf des Wirtschaftslebens starken Schwankungen unterworfen. Eine solide Verwaltung wird bestrebt sein, diese Schwankungen bei den Gewinnausschüttungen möglichst zu vermeiden, d. h. eine stabile Dividendenpolitik zu betreiben, da andernfalls die Aktien des Unternehmens den Charakter eines Spekulationspapiers annehmen würden. Es ist nicht richtig, daß der Zweck der stillen Reserven auch durch offene Reserven erreicht werden könnte. Ganz abgesehen davon, daß ein Beschluß der HV. über die Bildung offener Reserven auch nach neuem Recht der Anfechtung unterliegt, würde der Ausweis eines Verlustes oder dessen Tilgung aus offenen Reserven leicht zu einer Beunruhigung der Aktionäre, unter Umständen sogar weiterer Kreise von Interessenten führen. Offene und stille Reserven wirken als die Puffer, die die Stöße im Verlauf des Wirtschaftslebens auffangen. Denn im Wirtschaftsleben ist nicht nur mit regelmäßigen Schwankungen, sondern auch zeitweilig mit schweren Krisen zu rechnen, zu deren Überwindung die offenen Reserven allein nicht ausreichen. Wenn es heute glücklicherweise noch viele große Unternehmungen gibt, die mit Stolz auf ein Bestehen von vielen Jahrzehnten, ja sogar von Jahrhunderten zurückblicken, so ist eine solche Lebensdauer ohne eine entsprechende Fundierung durch offene und stille Reserven kaum denkbar. Es ist allerdings nicht zu bestreiten, daß durch Auflösung stiller Reserven Fehlschläge der Verwaltung verdeckt und eine nicht mehr vorhandene Rentabilität vorgetäuscht werden kann. Diesem Schutzbedürfnis ist aber durch die weitgehende Gliederung der Bestandsbilanz wie der Gewinn- und Verlustrechnung, sowie durch die Vorschrift entsprochen worden, daß wesentliche Abweichungen von dem letzten Jahresabschluß zu erörtern sind.

Zur Bildung stiller Rücklagen sind an sich verschiedene Wege möglich:

1. Unterbewertung von Aktiven, sei es auf der Aktivseite oder Einsetzung von Wertberichtigungsposten auf der Passivseite der Bilanz, bzw. Überbewertung von Verbindlichkeiten;

2. Nichtaufnahme von Aktiven bzw. Einsetzung fiktiver Passiven;

3. Weglassung von Erträgen bzw. Einsetzung fiktiver Aufwendungen in der Gewinn- und Verlustrechnung, was sich auch in der Bilanz (Fall 1 oder 2) auswirken muß.

In rechtlich zulässiger Weise können stille Rücklagen nur durch Unterbewertung von Aktiven gebildet werden. Die Aufnahme fiktiver Passiven würde dem Grundsatz der Bilanzwahrheit widersprechen. Eine Anwendung dieses Grundsatzes ist die Bestimmung der Gliederungsvorschriften (AGesetz § 131 Abs. 5; HGB. § 261a Abs. 3 Satz 4), wonach Rücklagen, Rückstellungen und Wertberichtigungen nicht unter den Verbindlichkeiten aufgeführt werden dürfen. Das gleiche muß aber für die Überbewertung von an sich bestehenden Verbindlichkeiten gelten, vorausgesetzt, daß die Überbewertung nicht durch ein vorhandenes Risiko gerechtfertigt ist; denn soweit eine Verbindlichkeit zu einem höheren als dem wirklichen oder möglichen Betrag eingesetzt wird, ist sie nicht vorhanden, also fiktiv; sie muß aber deswegen nicht „erdichtet" sein [1]).

Die Weglassung von Aktiven aus der Bilanz widerspricht dem Grundsatz der Vollständigkeit und ist daher unzulässig [2]). Ein Weglassen von Vermögensgegenständen liegt aber nicht vor, wenn die Gegenstände

[1]) Begründung (oben S. 157). Nach Schlegelberger § 260b Anm. 24 sind die Fälle, daß eine Rückstellung bestehen bleibt, obwohl der Anlaß für ihre Einsetzung weggefallen ist oder ein Delkredereposten bestehen bleibt, obwohl die Forderung eingegangen ist, nicht schlechthin unvereinbar mit den Grundsätzen ordnungsmäßiger Bilanzierung, obwohl darin ein Verstoß gegen die Gliederungsvorschriften liegt. Auch nach Staub § 260b Anm. 14a kann eine stille Reserve durch Aufrechterhaltung nicht mehr benötigter Rückstellungen gebildet werden.

[2]) Ebenso RG. **131**, 192 in Sachen Mülheimer Bergwerksverein, wo behauptet war, daß die Vorräte an Kohlen, Koks und Nebenprodukten nicht berücksichtigt seien. In einer Entscheidung RGSt. **62**, 358 wird die Weglassung von erheblichen Vermögenswerten als wissentlich unwahre Darstellung der Vermögenslage für strafbar erklärt. Der Angeklagte hatte in der Goldmarkeröffnungsbilanz 15000 M. in Waren, eine Niederlassung im Wert von 17690 M. und eine Forderung von 26000 nicht erwähnt.

aus laufenden Mitteln angeschafft und über Gewinn- und Verlust-Konto abgebucht, d. h. sofort auf Null abgeschrieben worden sind. Die Gegenstände sind in diesem Fall in den Büchern, die die Grundlage der Bilanz sind, enthalten und werden daher auch in das Inventar aufgenommen, in der Bilanz sind sie aber nicht bewertet. Dabei wird jedoch vorausgesetzt, daß es sich um Gegenstände von verhältnismäßig geringem Wert und kürzerer Lebensdauer handelt. Gegenstände von erheblichem und dauerndem Wert müssen mindestens mit einem Merkposten in die Bilanz genommen werden. Andernfalls ist die Bilanz anfechtbar[1]).

Das Weglassen von Erträgen aus der Gewinn- und Verlustrechnung bzw. die Einsetzung fiktiver Aufwendungen ist gleichfalls unzulässig, weil ein solches Verfahren den Grundsätzen ordnungsmäßiger Buchführung nicht entspricht[2]). Es ist aber nicht erforderlich, daß die Erträge in dem Jahr, in dem sie erzielt wurden, auch abgerechnet werden.

Stille Rücklagen durch Unterbewertung von Aktiven können auch bei der Herabsetzung des Aktienkapitals entstehen, wenn die buchmäßigen Überschüsse zu Abschreibungen über das gebotene Maß hinaus benutzt werden. Im Falle der Kapitalerhöhung können stille Reserven entstehen, wenn eine Gesellschaft Aktien, die z. B. mit 200 bewertet werden, zu 100 ausgibt, um damit Vermögensgegenstände im Werte von 200 zu erwerben.

Nach den vorstehenden Ausführungen können stille Rücklagen nur durch Unterbewertung von Aktiven gebildet werden. Da aber die Werte der Aktiven nicht feststehen, sondern auf Schätzung beruhen, wird die Frage, ob überhaupt eine stille Rücklage vorliegt, sehr häufig zweifelhaft sein. Eine anfechtbare stille Rücklage liegt jedenfalls dann nicht vor, wenn die Unterbewertung das Maß vernünftigen kaufmännischen Ermessens nicht überschreitet. Der vernünftige und vorsichtige Kaufmann pflegt aber bei der Bewertung nicht nur von der geschäftlichen Lage bei Aufstellung der Bilanz auszugehen, sondern auch die zukünftigen Risiken, die durch die Art des Unternehmens und durch die Wechselfälle des Wirtschaftslebens bedingt sind, zu berücksichtigen. Soweit Rückstellungen für in Zukunft entstehende Verpflichtungen oder

---

[1]) Ebenso Schlegelberger § 260b Anm. 23.

[2]) Das RG. **105**, 40ff. (Fall der Chinareederei) hatte die Weglassung von Einnahmeposten (Frachten, Erlös aus einem Schiffsverkauf) in der Gewinn- und Verlustrechnung für zulässig erklärt, abgesehen von dem Fall der Anfechtung durch eine Minderheit von 5% des Grundkapitals, in **131**, **197** hat es allerdings abgelehnt, die Zulässigkeit aus der erwähnten Entscheidung abzuleiten.

für solche Verpflichtungen, die ihrem Umfang nach noch nicht feststehen, gemacht werden, ist eine anfechtbare stille Rücklage nicht anzunehmen, wenn ohne weiteres der höchste Betrag eingesetzt wird, der im ungünstigsten Falle als Verpflichtung in Frage kommen kann. Soweit es sich um eine Rückstellung für einen zukünftigen Aufwand handelt, ist an sich der Aktionär nicht verpflichtet, auf die Ausschüttung zu verzichten, wenn nicht der HV., wie in der Regel, freie Hand in der Ausschüttung des Gewinns belassen ist. Freilich wird man auch in solchen Fällen den für die offene Handelsgesellschaft geltenden Satz des § 122 auf die AG. anwenden dürfen, daß solche Abhebungen nicht gestattet zu werden brauchen, die der Gesellschaft zum offenbaren Schaden gereichen. Wenn das RG.[1]) vom Standpunkt des bisherigen Rechts eine „willkürliche" Minderbewertung für anfechtbar erklärt, so wird man darunter eine über das vernünftige kaufmännische Ermessen hinausgehende Minderbewertung, d. h. eine solche verstehen müssen, die über das Maß dessen hinausgeht, was erforderlich ist, um das Unternehmen auch für die Zukunft solid und widerstandsfähig zu erhalten und gegen zu erwartende Gefahren zu stärken. Die Minderbewertung darf nicht arglistig oder böswillig sein, wie das RG. in der vorerwähnten Entscheidung feststellt. Ein solcher Fall läge vor, wenn die Mehrheit der HV. übermäßige Minderbewertungen zu dem Zweck vornimmt, um die Zahlung einer Dividende zu vermeiden und auf diese Weise die Minderheit zum Verkauf ihrer Aktien zu veranlassen. Ein solcher Beschluß wäre nicht anfechtbar, sondern als gegen die guten Sitten verstoßend schlechthin nichtig.

Die Frage, ob und inwieweit eine **Offenlegungspflicht** bezüglich der **stillen Rücklagen** besteht, ist verschieden zu beantworten, je nachdem es sich um die Bildung oder die Auflösung dieser Reserven handelt.

a) Wenn die stille Rücklage dadurch **gebildet** wird, daß vorhandene Gegenstände des Anlage- oder Umlaufsvermögens **niedriger als im Vorjahr bewertet** werden, so ist dies im Geschäftsbericht zu erörtern, wenn es sich um eine wesentliche Abweichung gegenüber dem Vorjahr handelt (AGesetz § 128 Abs. 2; HGB. § 260a Abs. 1). Über das Auskunftsrecht des Aktionärs in der HV. s. S. 294 ff. Eine nachträgliche Anfechtung der stillen Rücklagen (etwa bei der Beschlußfassung über die Bilanz des folgenden Geschäftsjahrs) kann nicht damit begründet werden, daß dem Aktionär die Bildung der stillen Rücklage nicht bekannt geworden sei. Entsteht die stille Rücklage dadurch, daß Anlagegegenstände veräußert und der Gewinn zu Abschreibungen benutzt wird,

[1]) 116, 129.

so ist der Gewinn unter außerordentlichen Erträgen und die Abschreibung unter Abschreibungen aufzuführen. Bei wesentlicher Abweichung ist auch hier eine Erörterung im Geschäftsbericht erforderlich. Werden Umlaufsgegenstände veräußert und der Gewinn zu gleichem Zweck benutzt, so ist der erzielte Gewinn unter Erträgen und die Abschreibung als solche auszuweisen. Es folgt dies daraus, daß eine Verrechnung von Abschreibungen mit Erträgen nicht zulässig ist[1]).

b) Bei der Auflösung von stillen Rücklagen[2]) ist zu unterscheiden zwischen Anlage- und Umlaufvermögen. Beim Anlagevermögen ist der erzielte Gewinn stets außerordentlicher Ertrag, gleichgültig ob er durch Verkauf oder Höherbewertung entstanden ist. Ein Ausweis ist dagegen nicht erforderlich, wenn die stille Rücklage durch Verringerung der Abschreibungen aufgelöst wird. Erfolgt die Auflösung durch Veräußerung von Umlaufvermögen, so ist, falls es sich um den regelmäßigen Geschäftsverkehr handelt, der Gewinn in der Gewinn- und Verlustrechnung unter den ordentlichen Erträgen auszuweisen, weil ein solcher Gewinn aus der Veräußerung von Umlaufvermögen nicht als außerordentlicher Ertrag anzusehen ist[3]). (Näheres S. 173). In allen Fällen der Auflösung von stillen Rücklagen ist eine Erörterung im Geschäftsbericht erforderlich, wenn es sich um eine wesentliche Abweichung von dem früheren Jahresabschluß handelt.

Fünftes Kapitel

Der Inhalt der Gewinn- und Verlustrechnung

1. Das gesetzliche Schema[4])

§ 28

Für die Gliederung der Gewinn- und Verlustrechnung gilt der allgemeine Vorbehalt, wie er für die Bestandsbilanz gemacht wurde: das gesetzliche Schema, das auf Industrie- und Warenhandelsunter-

[1]) Vgl. Schlegelberger § 260b Anm. 24. Dagegen hält es Hast S. 142 für zulässig, Gewinne aus der Veräußerung von Anlagegegenständen ohne weiteres dem betreffenden Anlagekonto gutzuschreiben.

[2]) Über die Auflösung von Rückstellungen s. S. 173.

[3]) Ebenso Schlegelberger § 260b Anm. 23. Auch die Entscheidung des RGSt. 62, 358 entspricht diesem Standpunkt.

[4]) Vgl. Leitner Nachtrag S. 29ff.; H. Horn, Probleme der Erfolgsrechnung nach § 261c HGB. bei Ertel Bd. II S. 161; Derselbe, Die Gliederung der Gewinn-

nehmungen zugeschnitten ist, gilt nur, soweit nicht der Geschäftszweig der Gesellschaft eine abweichende Gliederung bedingt. Auf die besonderen Formblätter für Hypothekenbanken, Versicherungsgesellschaften und Bahnunternehmungen ist schon hingewiesen worden. Auch auf Treuhand-, Verwaltungsgesellschaften, Hotel- und sonstige Verkehrsunternehmungen ist das gesetzliche Schema nicht ohne weiteres anwendbar und muß daher eine entsprechende Abwandlung erfahren.

1. Vor der Aktiennovelle bestanden für die Gliederung der Gewinn- und Verlustrechnung keine gesetzlichen Bestimmungen. Sie war meist sehr summarisch aufgemacht und enthielt als Hauptposten die Handlungsunkosten auf der einen und den Betriebsgewinn (Roh-Gewinn) auf der anderen Seite. Um der Öffentlichkeit einen besseren Einblick in die inneren Verhältnisse des Unternehmens zu verschaffen, erschien daher eine Auseinanderziehung der einzelnen Posten sowohl auf der Seite der Aufwendungen wie auf der Seite der Erträge notwendig. Entscheidend für den Erfolg eines Unternehmens ist der erzielte Umsatz. Wenn daher auf der einen Seite der Gewinn- und Verlustrechnung die gemachten Aufwendungen in bestimmter Gliederung, auf der anderen Seite die Erlöse aus den verkauften Waren ausgewiesen würden, so wäre bei Unternehmungen, die nur eine Ware herstellen bzw. vertreiben, zugleich offenbar geworden, welche Unkosten auf den hergestellten Waren ruhen und wie hoch der Gewinnzuschlag ist, denn durch den Vergleich des Postens Warenvorräte mit dem entsprechenden Posten der Bilanz des Vorjahres kann zugleich ermittelt werden, ob die Bestände an nicht verkauften Waren sich gegenüber dem Vorjahr vermehrt oder vermindert haben; es wäre also auch ein Einblick in die Kalkulation des Unternehmens möglich gewesen. Eine so weitgehende Offenlegung hätte aber die berechtigten Interessen der Unternehmungen erheblich verletzt. Die Aktiennovelle (HGB. § 261c II, 1) hat daher auf eine Veröffentlichung des Umsatzes verzichtet und statt dessen den Ausweis des folgenden Postens verlangt:

> „Der Betrag, der sich nach Abzug der Aufwendungen für Roh-, Hilfs- und Betriebsstoffe, bei Handelsbetrieben nach Abzug der Aufwendungen für die bezogenen Waren, sowie nach Abzug der gesondert auszuweisenden Erträge ergibt."

Diese Vorschrift hat der Praxis große Verlegenheiten bereitet und dem Schrifttum Anlaß zu ausgedehnten Erörterungen gegeben. Es ent-

---

und Verlustrechnung, WTr. 1937 S. 145; Ruth-Schmaltz, Die neue Bilanz der AG. 1932; derselbe im WTr. 1936, 456; Le Coutre, Zur unerläßlichen Reform der Verlust- und Gewinnrechnung in „Die Betriebswirtschaft" 1937, 1 ff.

stand die Frage: Was ist zunächst unter dem „Betrag" vor Abzug der vorgenannten Aufwendungen zu verstehen?

Die Auffassung im juristischen Schrifttum ging überwiegend dahin, daß damit lediglich der Umsatzerlös gemeint sei. Der Erlös aus den verkauften Waren nach Abzug der Materialkosten bzw. der Wareneinstandspreise ist jedoch keineswegs mit dem Rohertrag identisch. Es ist dies nicht einmal bei einem Handelsunternehmen der Fall, das die eingekauften Waren ohne weitere Verarbeitung wieder verkauft. Denn auch hier ist die Differenz der Aufwendungen und Erträge nur dann mit dem Betriebsgewinn identisch, wenn die aus dem Vorjahr übernommenen Warenbestände mit dem am Schluß des Jahres vorhandenen Beständen mengenmäßig genau übereinstimmen. Zu dem Betriebsgewinn im Sinn der kaufmännischen Buchführung gehören nämlich nicht nur die umgesetzten Waren, sondern auch die Waren, die während des Geschäftsjahrs angeschafft bzw. hergestellt, aber bis zum Schluß desselben noch nicht veräußert worden sind. Sind die Bestände an Waren am Ende des Geschäftsjahres geringer als zu Beginn desselben, so ist ein entsprechend geringerer Betriebsgewinn entstanden. Diese Bestandsveränderungen müssen in die Gewinn- und Verlustrechnung übertragen werden. Angenommen, der Anfangsbestand war 10000 M., der Umsatzerlös betrug 50000 M. und der Endbestand 20000 M., so ist der „Betrag" nicht 50000, sondern 60000 M. Von diesem „Betrag" wären alsdann die Materialkosten bzw. Wareneinstandspreise abzuziehen.

Schwierigkeiten entstehen dadurch, daß das gesetzliche Schema auf der Aufwandseite den Ausweis der gezahlten Bruttolöhne und Gehälter, sowie der sozialen Abgaben verlangt. In der kaufmännischen Buchführung werden nämlich, jedenfalls soweit die Fabrikation in Frage kommt, die einzelnen Kostenelemente meist nicht getrennt, sondern das Erzeugnis (der Kostenträger) wird jeweils mit den Gesamtkosten belastet, die sich in ihm verkörpern, während es die verschiedenen Stadien der Produktion durchläuft. Eine nachträgliche Trennung der Aufwendungen für Löhne, Gehälter, soziale Abgaben von den übrigen Aufwendungen ist daher in den meisten Fällen überhaupt nicht möglich.

Nach HGB. § 261c II, 1 war auszuweisen der Betrag, der sich nach Abzug der Aufwendungen für Material bzw. der Wareneinstandspreise, und „nach Abzug der gesondert auszuweisenden Erträge" ergibt. Die Aufzählung der gesondert auszuweisenden Erträge ist aber keineswegs erschöpfend. Es fehlen z. B. die im eigenen Betrieb hergestellten aktivierten Anlagen, aufgelöste Rückstellungen, soweit sie nicht außerordentliche Erträge sind, und Ausgleichszahlungen aus Interessengemeinschaften. Allerdings können solche Erträge besonders ausgewiesen werden, eine Verpflichtung dazu besteht jedoch nicht. Daher müssen zu dem „Betrag" nach II, 1 auch diese besonderen Erträge hinzugesetzt werden.

2. Wie verhält sich die Praxis zu diesen Schwierigkeiten?

a) Meist geht man bei Aufstellung der Gewinn- und Verlustrechnung nach dem gesetzlichen Schema von dem Umsatzerlös aus, der um die Bestandsdifferenz korrigiert wird, d. h. der Mehrbestand wird zugesetzt, der Minderbestand wird abgesetzt. Soweit in den Halb- oder Fertigfabrikaten Aufwendungen enthalten sind, die herausgezogen werden müssen, weil sie entweder brutto auszuweisen sind wie Löhne, Gehälter und soziale Abgaben, oder verrechnet werden, wie die Materialkosten bzw. die Wareneinstandspreise, sind schwierige Errechnungen erforderlich, die einen Anspruch auf Genauigkeit nicht erheben können, oder man begnügt sich mit Schätzungen, wie sie zwar für statistische Zwecke genügen, dem Wesen der kaufmännischen Buchführung aber widersprechen[1]). Alsdann werden die sonstigen Erträge, die nicht besonders auszuweisen sind, zu dem „Betrag" hinzugesetzt. Bei der Pflichtprüfung haben sich allerdings daraus gelegentlich Schwierigkeiten ergeben, wenn die Konten des Hauptbuches mit den Zahlen der Gewinn- und Verlustrechnung nach § 261c nicht übereinstimmen. Ein Hindernis für die Erteilung des Bestätigungsvermerks wird jedoch darin nicht erblickt, wenn die Zahlen der Gewinn- und Verlustrechnung aus den Konten des Hauptbuches oder durch ordnungsmäßige Bilanzanlagen nachgewiesen werden können[2]).

b) Verschiedene Praktiker der Betriebswirtschaft[3]) haben den Vor-

---

[1]) Hierzu äußerte sich der Geschäftsbericht der Deutschen Gold- und Silberscheideanstalt für 1932 S. 7 wie folgt: „Das Gewinn- und Verlust-Konto zeigt diesesmal ein wesentlich anderes Gesicht. Jeder Sachverständige weiß, daß diese primitive Aufstellung von Ausgaben und Einnahmen, wie sie das Gesetz neuerdings vorschreibt, keinen Ausschnitt aus der lebendigen Buchhaltung wiedergibt, sondern nachträglich mit nicht unerheblichem Zeitaufwand aus den Buchhaltungsunterlagen zurechtkonstruiert werden muß. Das Bilanzbild wird dadurch nicht im geringsten klarer; der durch dieses Kunststück auf der rechten Seite erzeugte größere Einnahmeposten entspricht keinem bilanztechnisch üblichen Begriff."

[2]) v. Hoesslin, Z.f.Handelsw.F. 1936, 357.

[3]) So Schulz, WTr. 1935, 200, 227; Gründling, das. S. 361; Merten S. 543.

schlag gemacht, die Betriebsbuchhaltung von der Geschäfts- (Finanz-) Buchhaltung vollständig zu trennen, so daß beide ein getrenntes Kontensystem darstellen. Sämtliche Aufwendungen für den Betrieb gehen an das Konto „Betrieb“, werden alsdann von der Betriebsbuchhaltung übernommen und nach Kostenträgern und Kostenstellen aufgeteilt. Die Leistungen des Betriebes gehen an das Konto „Geschäft“. Sie können dann ohne weiteres nach dem gesetzlichen Schema geordnet werden, weil die Betriebsbuchhaltung die Aufwendungen und Erträge nach dem ganzen Verlauf des Produktionsherganges einzeln registriert.

Von anderer Seite wird allerdings eine besondere Betriebsbuchhaltung nicht für erforderlich erachtet[1]). Dieser Ansicht ist zuzustimmen. Es ist keineswegs die Absicht der Aktiennovelle gewesen, den Gesellschaften eine bestimmte Art der Buchführung aufzuzwingen. Es ist daher nicht erforderlich, die Konten des gesetzlichen Schemas auch der Buchhaltung zugrunde zu legen, sondern die Gewinn- und Verlustrechnung nach HGB. § 261c kann außerhalb der ordnungsmäßig geführten Buchhaltung aufgemacht werden, wenn die Richtigkeit der ausgewiesenen Zahlen nachgewiesen werden kann[2]).

3. Das Schema der Aktiennovelle hat im AGesetz keine grundsätzlichen Änderungen erfahren. Bei dem Ausweis des „Jahresertrags“ nach § 132 II, 1 ist auch jetzt von dem um die Bestandsdifferenz berichtigten Verkaufserlös auszugehen. Zu diesem sind die nicht besonders auszuweisenden Erträge hinzuzurechnen. Alsdann sind die in diesem Betrag steckenden Aufwendungen zu ermitteln. Soweit sie brutto auszuweisen sind (I 1—8), werden sie von diesem Betrag nicht abgezogen. Dagegen können alle übrigen Aufwendungen (Materialkosten, Wareneinstandspreise, sonstige Aufwendungen sachlicher und persönlicher Art) verrechnet, d. h. in Abzug gebracht werden. Die schwierige Sonderung der Materialkosten von den übrigen Aufwendungen ist dadurch weggefallen. Im Fall starker Betriebsverluste können die zur Verrechnung gestellten übrigen Aufwendungen die Summe, die sich als Jahresertrag ergibt, übersteigen. Die Differenz ist in diesem Falle unter allen übrigen Aufwendungen auszuweisen (S. 170).

---

[1]) So H. Horn, a. a. O. S. 164ff.; vgl. Risse WTr. 1935, 329; Vogel das. S. 402.

[2]) Das WTr. Jahrbuch, S. 197 äußert sich hierzu wie folgt: „Die Buchhaltungsorganisation bzw. der Kontenplan braucht nicht dem Schema des § 261c angepaßt zu sein; es können die auszuweisenden Beträge auch außerhalb der Buchhaltung auf statistischem Wege ermittelt werden“. Ebenso Leitner Nachtrag S. 29.

2. Die einzelnen Aufwendungen und Erträge nach den Gliederungsbestimmungen

§ 29

I. Die Aufwendungen

1. Löhne und Gehälter

Unter Löhnen und Gehältern sind die Jahresausgaben für die gesamte Produktion zu verstehen, also nicht nur die Löhne, Gehälter, die für die umgesetzten Waren aufgewendet worden sind. Das Gesetz verlangt eine Bruttorechnung und läßt Verrechnung nur insoweit zu, als sie ausdrücklich gestattet wird[1]). Unter Löhnen und Gehältern sind auch Gratifikationen, sowie Tantiemen von Angestellten, Direktoren und Mitgliedern des Aufsichtsrats auszuweisen, soweit sie nicht zu Lasten des aus der Bilanz sich ergebenden Reingewinns bezahlt werden. Steuerlich ist der Abzug der Gratifikationen nicht davon abhängig, daß ein vertraglicher Anspruch besteht, sofern sich die Zuwendung im Rahmen des üblichen hält[2]). Auszuweisen sind die Bruttolöhne, ohne Berücksichtigung der Abzüge für Lohnsteuer und soziale Abgaben. Hierzu gehören auch die Löhne für Arbeiten für fremde Rechnung. In diesem Fall erscheint der Gegenposten unter II 1 des Schemas. Auch wenn die gezahlten Löhne zu Lasten von Rückstellungen verrechnet werden (z. B. durch Bergschäden verursachte Arbeiten), müssen sie unter I, 1 aufgeführt werden. Die Rückstellung ist daher über Gewinn- und Verlust-Konto (II, 1) aufzulösen. Bei Zahlungen für Pensionen, Renten, Abfindungen kann es zweifelhaft sein, ob sie unter I, 1 oder unter I, 9 zu buchen bzw. unter II, 1 zu verrechnen sind[3]).

Nicht zu Löhnen und Gehältern gehören die sog. Jubiläumsgaben[4]), für die die gleiche Verrechnung gilt.

---

[1]) Klausing S. 132 hält es vom Standpunkt des bisherigen Rechts für zulässig, daß die Gesellschaft in I 1 und 2 nach ihrer Wahl entweder die gesamten Bruttoausgaben an Löhnen, Gehältern und sozialen Abgaben für die Jahresproduktion oder nur den Teilbetrag dieser Aufwendungen ausweisen, der in dem Erlös der umgesetzten Waren enthalten ist.

[2]) Vgl. Großmann, Gratifikationen und Jubiläumsgaben WPr. 1934, 193.

[3]) Vgl. Gutachten des Fachausschusses der Wirtschaftsprüfer Nr. 11/1933 WPr. S. 191, WTr. Jahrbuch S. 198.

[4]) Vgl. Großmann a. a. O. S. 194. Die Steuerfreiheit dieser Zuwendungen ist für den Arbeitnehmer durch die Lohnsteuerdurchführungsverordnung vom 29. 11. 1934 (RStBl. S. 1489) § 5 in Verbindung mit dem 3. Lohnsteuersammelerlaß vom 5. 7. 1935 (RStBl. S. 958) I, 6 geregelt. Danach darf die Gabe bei Firmenjubiläen von 25, 50 Jahren und einem Mehrfachen dieser Zeit einen Monatslohn nicht übersteigen; bei Arbeitnehmerjubiläen von 25, 40 und 50 Jahren darf

2. Soziale Abgaben

Unter den sozialen Abgaben sind nur solche Aufwendungen zu verstehen, die kraft gesetzlicher Verpflichtung von der Gesellschaft zu tragen sind, wie die anteiligen Beiträge zur Invaliden-, Kranken-, Angestellten- und Arbeitslosenversicherung, sowie die Beiträge zu den Berufsgenossenschaften und zur Arbeitslosen-Versicherung. Stiftungen und freiwillige Aufwendungen für soziale Zwecke sind unter I, 9 nachzuweisen bzw. unter II, 1 zu verrechnen.

3. Abschreibungen und Wertberichtigungen auf das Anlagevermögen

Unter Abschreibungen auf das Anlagevermögen sind Abschreibungen auf alle in § 131 Abs. 1 A II benannten und etwa sonst in der Bilanz ausgewiesenen Gegenstände des Anlagevermögens zu verstehen. Vom Standpunkt des bisherigen Rechts war dies bestritten, weil in HGB. § 261 Nr. 1 ein Unterschied zwischen „Anlagen" und „anderen Vermögensgegenständen" (des Anlagevermögens) gemacht wurde. Sonderabschreibungen[1]) sowie Verluste bei Veräußerung von Anlagen gehören dagegen unter I, 8, soweit sie nicht unter I, 3 oder 9 ausgewiesen werden. Nach bisherigem Recht waren auch „andere Abschreibungen" auszuweisen, also insbesondere solche auf das Umlaufvermögen. Diese können jetzt gegen den Ertrag unter II, 1 verrechnet werden. Soweit zu den Abschreibungen die gesetzliche Rücklage verwendet worden ist, sind sie unter Nr. 7 auszuweisen.

4. Zinsen, soweit sie die Ertragszinsen übersteigen; den Zinsen stehen ähnliche Aufwendungen gleich

Bei dem Posten „Zinsen" ist die Verrechnung gestattet. Es braucht daher nur der Saldo aus Soll- und Habenzinsen ausgewiesen zu werden. Es ist dies eine Rücksichtnahme besonders auf die Kreditinstitute, bei denen man aus der gesonderten Angabe der Soll- und Habenzinsen auf den Umsatz schließen könnte. Unter ähnlichen Aufwendungen sind sonstige Vergütungen auf geschuldete Geld-Kredite zu verstehen, z. B. Damnum, Disagio, Verwaltungskostenbeiträge, Kreditprovisionen,

---

die Gabe 6 bzw. 9 Monatsbezüge bzw. ein Jahresgehalt nicht übersteigen. Die Gabe muß ferner aus unmittelbarem Anlaß des Firmenjubiläums bzw. in unmittelbarem Anschluß an die Vollendung der Dienstzeit gewährt werden. Vgl. RFH. **39**, 361.

[1]) Über den Begriff vgl. S. 40.

Wechseldiskontbeträge, nicht dagegen Provisionen, die sich als Entgelt für Dienstleistungen (Geschäftsbesorgung) darstellen. Die handelsüblichen Zuschläge bzw. Abzüge (Skonti, Rabatte) im Warenverkehr sind Bestandteile der Aufwendungen bzw. des Ertrages aus dem Kaufgeschäft und brauchen nicht unter Zinsen ausgewiesen zu werden. Nach herrschender Lehre sind unter dem Posten 4 auch Zinsen aus Warenforderungen sowie Verzugszinsen auszuweisen[1]).

5. Steuern vom Einkommen, vom Ertrag und vom Vermögen mit Ausnahme derjenigen Steuern vom Einkommen, die regelmäßig durch Steuerabzug erhoben werden

Im bisherigen Recht wurden diese Steuern „Besitzsteuern" genannt. Ein sachlicher Unterschied besteht nicht. Hierher gehören Körperschaft-, Vermögensteuer, Aufbringungsumlage, Erbschaft-, Grundvermögen-, Hauszins-, Gewerbesteuer und die kommunalen Zuschläge zu diesen Steuern. Auch die Kapitalertragsteuer gehört hierher, wenn die Gesellschaft selbst Steuerschuldner ist. Dagegen kommen nicht in Betracht Zölle, Verbrauchsabgaben und Verkehrssteuern (z. B. Kapitalverkehr- und Umsatzsteuern, Kraftfahrzeugsteuer). Die letzteren Steuern belasten die einzelne Ware bzw. die einzelne Verkehrs-Transaktion. Sie werden daher vom Standpunkt der Buchhaltungstechnik häufig als Spezialunkosten angesehen, die dem Kostenträger fortlaufend belastet werden. Die zuerst aufgeführten Steuern gehören dagegen zum Gemeinaufwand (Generalunkosten).

Steuernachzahlungen für zurückliegende Jahre sind zweckmäßigerweise unter außerordentlichen Aufwendungen (I, 8) auszuweisen. Steuererstattungen gehören unter die außerordentlichen Erträge.

6. Beiträge an Berufsvertretungen, wenn die Zugehörigkeit auf gesetzlicher Grundlage beruht

Hierher gehören die Beiträge zu den Industrie- und Handelskammern und zu den Wirtschaftsgruppen. Der Ausweis rechtfertigt sich wegen des steuerartigen Charakters.

7. Beträge von

a) Wertminderungen,
b) sonstigen Verlusten,
zu deren Ausgleich die gesetzliche Rücklage verwandt worden ist.

---

[1]) Vgl. Schlegelberger § 261 c Anm. 7.

Da es nach neuem Recht nicht mehr erforderlich ist, den Verlust in der Bilanz auszuweisen, bevor er durch Inanspruchnahme der gesetzlichen Rücklage gedeckt wird, ist jetzt der Betrag, der zur Deckung des Verlustes aus der gesetzlichen Rücklage entnommen wurde, in der Gewinn- und Verlustrechnung auszuweisen. Dabei ist gesondert anzugeben, wieviel davon zum Ausgleich von Wertminderungen (z. B. Sonderabschreibungen auf Anlagevermögen) und zur Deckung von sonstigen Verlusten (z. B. Verlustvortrag, Betriebsverlust) verwandt worden ist. Wegen des Ausweises von Aufwendungen aus Anlaß der rückwirkenden Kapitalherabsetzung s. I 8a.

8. Außerordentliche Aufwendungen, soweit sie nicht in Nr. 1 bis 7 und 9 enthalten sind

Außerordentliche Aufwendungen mußten im Gegensatz zu den außerordentlichen Erträgen bisher nicht besonders ausgewiesen werden. Jetzt ist dafür ein besonderer Posten vorgesehen; jedoch besteht kein Zwang zu einem besonderen Ausweis. Die außerordentlichen Aufwendungen dürfen daher sowohl unter die übrigen Aufwandposten verteilt als auch mit dem Jahresertrag nach II, 1 verrechnet werden. Soweit die gesetzliche Rücklage verwandt worden ist, müssen sie unter I, 7 aufgeführt werden. Hierher gehören z. B. Sonderabschreibungen, Steuernachzahlungen, Prozeßverluste, Verluste durch Unglücksfälle und Verluste aus der Veräußerung von Anlagen und Beteiligungen.

8a. Außerordentliche Aufwendungen, die im Zusammenhang mit einer rückwirkenden Kapitalherabsetzung gemacht wurden,

a) zum Ausgleich von Wertminderungen,
b) zur Deckung von sonstigen Verlusten,
c) zur Einstellung in die gesetzliche Rücklage.

Die obigen Aufwendungen sind außerordentlicher Art und wären daher unter Nr. 8 auszuweisen. Das AGesetz § 190 schreibt aber die gesonderte Angabe ausdrücklich vor und zwar getrennt für die oben unter a—c angeführten Zwecke. Daher muß gegebenenfalls ein besonderer Posten eingestellt werden. Für die Kapitalherabsetzung ohne rückwirkende Kraft besteht diese Vorschrift nicht. Soweit die Beträge aus der gesetzlichen Rücklage entnommen wurden, sind sie unter I, 7 auszuweisen.

9. Alle übrigen Aufwendungen, soweit sie den Teil des Jahresertrags unter II Nr. 1 übersteigen

„Alle übrigen Aufwendungen", d. h. alle Aufwendungen, die nicht unter die vorhergehenden Posten fallen, können mit dem Posten Jahresertrag (II, 1) verrechnet werden. Nur soweit sie diesen Posten übersteigen, also im Falle eines Betriebsverlustes, ist der übersteigende Betrag hier auszuweisen.

II. Die Erträge

1. Der Jahresertrag nach Abzug der Aufwendungen, soweit sie nicht nach I Nr. 1—8 auf der Seite der Aufwendungen gesondert auszuweisen sind, sowie nach Abzug der Erträge, die unter Nr. 2—6 gesondert auszuweisen sind

Es handelt sich hier, wie S. 164 ausgeführt wurde, um einen Posten, der aus den Büchern nicht direkt hervorgeht, sondern ermittelt werden muß. Der Posten wird mit Recht eine „undurchsichtige Mischziffer" genannt[1]), weil er weder den Bruttoumsatz, noch den Nettoumsatz, sondern einen Betrag darstellt, von dem gewisse Aufwendungen abgezogen sind, und weil in dem Posten alle sonstigen Erträge erscheinen, für die ein besonderer Ausweis nicht vorgeschrieben ist. Der Posten setzt sich aus folgenden Einzelbeträgen zusammen:

a) Umsatzerlös abzüglich Erlösschmälerungen. Der Umsatz umfaßt Waren und Dienstleistungen. Erlösschmälerungen sind Retouren, Rabatte, Skonti.

b) Bestandsdifferenzen.

Ein Mehrbestand am Ende des Jahres ist zuzusetzen, ein Minderbestand abzuziehen.

c) Die im eigenen Betrieb hergestellten und aktivierten Anlagen. Es handelt sich hier um eine Wertmehrung, die in die Gewinn- und Verlustrechnung übernommen werden muß.

d) Sonstige Erträge, soweit sie nicht unter 2—6 besonders ausgewiesen werden, z. B. erhaltene Ausgleichszahlungen auf Grund von Interessengemeinschafts-Verträgen, Zugehörigkeit zu Kartellen, Vergütungen aus Lizenzen, Treurabatten, vertraglichen Rückvergütungen.

Von dieser Summe sind die nicht besonders auszuweisenden „übrigen Aufwendungen" (I 9) abzusetzen. Wenn sich dabei ein Minus-Posten ergibt, so ist dieser unter I 9 einzusetzen. Die Verrechnung der übrigen Aufwendungen mit den gesamten

[1]) H. Horn bei Ertel II, 180; WTr. Jahrbuch S. 204.

Erträgen des Betriebs ist nicht zwingend vorgeschrieben. Es können unter II 1 auch der gesamte Umsatz angegeben und die Aufwendungen besonders aufgeführt werden[1]).

2. Erträge aus Beteiligungen

Der gesonderte Ausweis der Erträge aus Beteiligungen ist gerechtfertigt, da die Erträge des eigenen Betriebs von denen der Beteiligungsbetriebe getrennt werden müssen. Unter Erträgen aus Beteiligungen sind nur die Zinsen bzw. Gewinne aus der Kapitalbeteiligung, nicht auch der Erlös aus der Veräußerung des Beteiligungskapitals zu verstehen. Nach der gesetzlichen Vorschrift dürfen die Erträge aus Beteiligungen mit den Verlusten aus Beteiligungen nicht verrechnet werden. Es ist jedoch nicht vorgeschrieben, daß die Verluste aus Beteiligungen besonders ausgewiesen werden müssen; sie gehören als Abschreibungen unter I, 3 oder als außerordentliche Aufwendungen unter I, 8. Interessengemeinschaften sind, wie schon ausgeführt wurde, keine Beteiligungen, auch dann nicht, wenn sie mit einer Beteiligung verbunden sind. Wenn daher auf Grund der Interessengemeinschaft Aufwendungen gemacht werden müssen, während gleichzeitig die damit verbundene Beteiligung einen Ertrag bringt, so ist eine Verrechnung nicht gestattet, sondern der Ertrag ist unter „Beteiligungen", die Zahlung unter I, 9 auszuweisen, bzw. unter II, 1 zu verrechnen.

Im Falle einer Beteiligung wird die Gesellschaft bestrebt sein, den Ertrag aus der Beteiligung in das gleiche Geschäftsjahr einzustellen, in welchem er von der Gesellschaft ausgewiesen wird, bei der die Beteiligung besteht. Es ist dies aber nach der Rechtsprechung nur zulässig, wenn die Bilanz der letzteren Gesellschaft verbindlich feststeht[2]). Die Praxis setzt sich allerdings zuweilen darüber hinweg. Vorauszahlungen auf die zu erwartende Dividende sind auch vorschußweise unzulässig[3]).

3. Zinsen, soweit sie die Aufwandszinsen übersteigen; den Zinsen stehen ähnliche Erträge gleich

Für den Posten „Zinsen, soweit sie die Aufwandzinsen übersteigen", gilt das unter I 4 Gesagte. „Ähnliche Erträge" sind Dividenden,

[1]) So verfährt z. B. die Mansfeld AG. in ihrer Bilanz per 31. 12. 1935. Die großen Unternehmungen der Montan- und Elektrizitätsindustrie geben ihre Umsätze außerhalb der Bilanz regelmäßig bekannt.

[2]) Vgl. RG. **112**, 19 für Beteiligung an einer Kommanditgesellschaft; a. A. Minz S. 235, Schlegelberger § 261a Anm. 15.

[3]) RG. E. v. 1. 9. 1936 (II 58/36) JW. 1936, 3529.

Ausbeuten aus Kuxen, soweit sie nicht aus Beteiligungen herrühren, Bezugsrechte.

4. Außerordentliche Erträge einschließlich der Beträge, die durch die Auflösung von Wertberichtigungen, Rückstellungen und freien Rücklagen gewonnen sind

Während es sich bei den Erträgen aus Beteiligungen um die Unterscheidung zwischen Erträgen des eigenen Betriebs und denen der Beteiligungsbetriebe handelt, hat der gesonderte Ausweis der „außerordentlichen Erträge" den Zweck, innerhalb des eigenen Betriebs diese Erträge von denen zu sondern, die aus dem regelmäßigen Geschäftsbetrieb der Gesellschaft erzielt worden sind. Die außerordentlichen Erträge sind in der Regel einmaliger Art, wie Gewinne aus der Abwertung fremder Währungen oder aus dem Erlös von Steuergutscheinen (S. 108), ferner Rückvergütungen von Steuern. Auch Reichszuschüsse zu Instandsetzungsarbeiten sind als außerordentliche Erträge oder außerordentliche Zuwendungen auszuweisen. Da bei solchen Zuschüssen angenommen werden muß, daß eine Erhöhung des Gewinnes dadurch nicht erfolgen soll, ist gleichzeitig eine Sonderabschreibung in Höhe des Zuschusses zu machen (durchlaufende Posten)[1]. Außerordentliche Erträge sind auch Gewinne, die dadurch entstehen, daß Gegenstände des Anlagevermögens in der Bilanz auf den zulässigen Wert hinaufgesetzt werden. Stille Reserven des Umlaufvermögens dürfen dagegen still aufgelöst werden.

Das gleiche gilt von Gewinnen aus der Veräußerung von Beteiligungen oder anderen Anlagegegenständen. Ein Ertrag liegt aber nur vor, soweit der Erlös aus dem Verkauf den für diesen Gegenstand in der Bestandsbilanz ausgewiesenen Betrag übersteigt; dabei macht es keinen Unterschied, ob der Gegenstand noch zu dem ursprünglichen Anschaffungswert in der Bilanz steht oder nicht. Angenommen ein Grundstück ist zu 30000 M. erworben und steht in der Bestandsbilanz mit M. 20000 und es wird sodann zu M. 30000 veräußert, so sind M. 10000 als außerordentlicher Ertrag auszuweisen. In Höhe von M. 20000 liegt lediglich eine Umwandlung von Vermögensgegenständen vor, die die Gewinn- und Verlustrechnung nicht berührt[2].

---

[1]) Gutachten des Fachausschusses Nr. 5/1935 WTr. S. 253.

[2]) Den ganzen Betrag von M. 30000 in die Gewinn- und Verlustrechnung zu übertragen, wäre nur möglich, wenn der Wert des Anlagevermögens durch Veräußerung eines Teiles derselben nicht berührt würde, oder wenn der Wert des

Die Gewinne aus der Veräußerung von **Umlaufvermögen** im regelmäßigen Geschäftsverkehr sind keine außerordentlichen Erträge. Nach der neuen Fassung sind hier auch die Beträge auszuweisen, die durch die **Auflösung von Wertberichtigungen, Rückstellungen und freien Rücklagen** gewonnen wurden. „Auflösung" bedeutet, daß die Rückstellung nicht verwandt wurde, so daß der Betrag dem Gewinn- und Verlustkonto zugeführt werden konnte. Unter Verwendung ist aber nur die bestimmungsmäßige Verwendung zu verstehen. Daher kann z. B. eine Rückstellung für Prozeßkosten, wenn sie frei geworden ist, nicht direkt zu Abschreibungen verwendet, sondern muß zunächst über Nr. 4 aufgelöst werden. Dies folgt daraus, daß eine Verrechnung von gesondert auszuweisenden Erträgen mit gesondert auszuweisenden Aufwendungen grundsätzlich nicht zulässig ist. Die neue Fassung betrifft ferner nur **offene** Rücklagen. Stille Rücklagen dürfen, wie die Begründung (S. 157) ausführt, still aufgelöst werden[1]). Dies trifft jedoch nach obigen Ausführungen nur für stille Rücklagen aus der Höherbewertung oder Veräußerung von Umlaufvermögen im regelmäßigen Geschäftsverkehr zu. Stellt die Auflösung der Rücklage einen außerordentlichen Ertrag dar, so muß dieser ausgewiesen werden. Wegen des Ausweises von Erträgen aus Anlaß der rückwirkenden Kapitalherabsetzung s. Nr. 5a.

5. Die aus der Auflösung der gesetzlichen Rücklage gewonnenen Beträge

Dieser Posten entspricht dem Aufwandsposten Nr. 7. Wegen des Ausweises von Erträgen aus Anlaß der rückwirkenden Kapitalherabsetzung s. Nr. 5a.

5a. Außerordentliche Erträge, die im Zusammenhang mit einer rückwirkenden Kapitalherabsetzung gewonnen wurden

Dieser Posten entspricht dem Aufwandsposten unter Nr. I, 8a. Er gehört an sich zu den außerordentlichen Erträgen der Nr. II, 4.

---

nicht veräußerten Anlagevermögens entsprechend hinaufgesetzt wird, was nur insoweit zulässig ist, als der Anschaffungs- oder Herstellungswert abzüglich notwendiger Abschreibungen nicht überschritten wird.

[1]) Schlegelberger § 260b Anm. 22; dagegen § 261c Anm. 13. Nach WTr. Jahrbuch S. 197, 207 müssen aufgelöste stille Reserven grundsätzlich unter außerordentlichen Erträgen nachgewiesen werden. Ebenso Schmaltz Z.f.Betriebswirtschaft 1933, 90.

Soweit die Erträge aus der Auflösung einer gesetzlichen Rücklage gewonnen worden sind, müssen sie unter Nr. II, 5 gebracht werden. Dagegen sind die Erträge, die aus der Kapitalherabsetzung und aus freien Rücklagen gewonnen wurden, hier auszuweisen; es kann dies in einem Posten geschehen. Eine Vorschrift, daß die einzelnen Herkünfte der Erträge gesondert aufzuführen sind, wie dies für die Verwendungszwecke bei den Aufwendungen angeordnet ist, besteht nicht.

6. Außerordentliche Zuwendungen

Unter **außerordentlichen Zuwendungen** sind solche zu verstehen, denen keine Gegenleistung gegenübersteht, z. B. Schenkungen, Vermächtnisse, Schuldnachlässe, Buchgewinne aus Kapitalherabsetzungen. Unentgeltliche Zuwendungen an Gesellschaften werden hauptsächlich zu Sanierungszwecken gemacht, häufig gegen Ausgabe von Genußscheinen[1]).

Solche Zuwendungen müssen in der Gewinn- und Verlustrechnung unter außerordentlichen Zuwendungen erscheinen. An und für sich wäre es möglich, die unentgeltlich erworbenen Gegenstände nur in der Bestandsbilanz aufzuführen und, falls der Gegenwert nicht verteilt werden soll, einen entsprechenden Gegenposten unter den Passiven aufzunehmen. In diesem Fall wäre aber nicht ersichtlich, daß es sich um eine außerordentliche Zuwendung handelt. Die Gliederungsvorschrift in der Gewinn- und Verlustrechnung zwingt dazu, die unentgeltlich erworbenen Gegenstände sowohl in die Bilanz aufzunehmen, wie in der Gewinn- und Verlustrechnung besonders auszuweisen. Es ist daher nicht gestattet, die unentgeltliche Zuwendung gegen einen eventuellen Betriebsverlust aufzurechnen oder den Betrag direkt zu Abschreibungen zu verwenden. Wird der Betrag in der Bestandsbilanz zurückgestellt, so muß eine entsprechende Rückstellung auch in der Gewinn- und Verlustrechnung vorgenommen werden. Grundsätzlich in gleicher Weise zu behandeln sind die Fälle, in welchen der Gesellschaft ein Gegenstand zwar nicht unentgeltlich, aber unter seinem wahren Wert überlassen wird oder von einer Gesellschaft ein Gegenstand über seinen Wert verkauft wird.

Außerordentliche Zuwendungen sind meist mit einer Auflage verbunden. Dies gilt z. B. von **Bauzuschüssen öffentlicher Stellen**. Üblicherweise wird man öffentliche Zuschüsse, da sie meist

---

[1]) S. S. 45 und den Abschnitt Sanierung S. 221 und Genußscheine S. 152 ff.

nur bei Überteuerung gewährt werden, als durchlaufende Posten behandeln, d. h. von dem Gesamtwert (aus eigenen Mitteln verausgabte Kosten plus Zuschüsse) einen den Zuschüssen entsprechenden Betrag abschreiben und gleichzeitig einen Posten in die Gewinn- und Verlustrechnung einstellen, als a. o. Ertrag bzw. „Abschreibungen auf Anlagen" oder unter „allen übrigen Aufwendungen" [1]). Das gleiche gilt von dem Fall, daß einer Gesellschaft ein Grundstück kostenlos zur Verfügung gestellt wird, um darauf eine Fabrik zu errichten. Der Wert des Grundstücks gehört unter die außerordentlichen Zuwendungen, es sind aber sowohl in der Bilanz wie in der Gewinn- und Verlustrechnung entsprechende Abschreibungen zu machen.

Unter Umständen ist bei Zuwendungen, die mit einer Auflage verbunden sind, die Unentgeltlichkeit überhaupt zu verneinen. Dann ist eine solche Zuwendung auch nicht unter den außerordentlichen Zuwendungen anzuführen. Dies gilt besonders von Zuwendungen dauernder Art, die zum Zwecke der Errichtung oder des Fortbetriebs einer Anlage gewährt werden.

Sechstes Kapitel

Die Bilanz der Konzerngesellschaft

I. Das Konzernproblem

§ 30

Die Tendenz zur Konzernbildung hat in Deutschland schon vor dem Krieg eingesetzt und sich nach dem Krieg derart verstärkt, daß die Struktur der deutschen Volkswirtschaft, insbesondere der Industrie, hierdurch eine grundlegende Veränderung erfahren hat. Nach einer amtlichen Statistik [2]) für den 31. 12. 1930 bestanden in Deutschland 10970 Aktiengesellschaften mit einem Kapital von 24,2 Md. M. Davon waren „beteiligungspassiv" 3615 Gesellschaften mit einem Kapital von 18 Md. M. Will man feststellen, wieviele von den in den verschiedenen Geschäftszweigen bestehenden Gesellschaften Beziehungen zu Konzernen haben, so gelangt man nach dieser Statistik bei der Industrie der Grundstoffe auf Zahlen, die sich zwischen 90 und 100% bewegen.

---

[1]) So Schlegelberger § 261c Anm. 14.

[2]) Vierteljahreshefte zur Statistik des Deutschen Reiches 1931 II, 3.

Trotz der Mißstände, die in einzelnen Fällen zu Tage getreten sind [1]), ist nicht zu verkennen, daß die Konzernbildung nicht allein auf privatwirtschaftlichem Gewinn- und Machtstreben beruht, sondern in Notwendigkeiten der Volkswirtschaft begründet ist. Vornehmlich war es die Sicherung des Rohstoffbezugs und des Absatzes, die den Anstoß zur Konzernbildung gegeben haben. So fanden sich in der Kohlen- und Eisen-Industrie Zechen, Hochöfen, Stahl- und Walzwerke zusammen, um auf der einen Seite sich den Bezug der Kohle, auf der anderen Seite den Absatz des Eisens zu sichern. Hinzu trat auf diesem Gebiet der weitere Umstand, daß nach den Bestimmungen des Rheinisch-Westfälischen Kohlensyndikates der Selbstverbrauch der Werke auf die Syndikatsquote nicht in Anrechnung gebracht wurde, was die „reinen Zechen" veranlaßte, sich Hüttenbetriebe anzugliedern. Auch die Elektrizitäts- und Gas-Industrie sah sich veranlaßt, sich in den Besitz ihrer Kraftquellen (Steinkohle, Braunkohle, Wasserkräfte) zu setzen und auf der anderen Seite für den Absatz ihrer Erzeugnisse zu sorgen. Für die so auf den verschiedensten Gebieten entstandenen Konzerne ergab sich die weitere Aufgabe, durch Preisvereinbarungen, Kontingentierungen, aber auch durch Angliederung weiterer Unternehmungen die Produktion und den Absatz zu regeln, insbesondere den freien Wettbewerb auszuschalten oder zu beschränken. Zu diesem Zweck waren wiederum Rationalisierungsmaßnahmen erforderlich, indem unrentable Werke stillgelegt, günstiger arbeitende Betriebe besser ausgenützt und durch Einführung arbeitsparender Maschinen die Unkosten verringert wurden. So war z. B. in dem Kali-Bergbau zunächst eine übermäßig große Anzahl von Unternehmungen vorhanden, was zu einer außerordentlichen Überproduktion und schweren Kapitalverlusten führte. Allmählich trat die Gesundung dadurch ein, daß einzelne leistungsfähige Werke die Kontrolle über die anderen Unternehmungen erwarben und die zu teuer produzierenden Werke still legten. Auch der Staat als Unternehmer konnte sich der Konzernbewegung nicht entziehen. So hat das Reich seine Unternehmungen in den Vereinigten Industrieunternehmungen AG. (Viag), das Land Preußen seine Betriebe in der Preußischen Bergbau- und Hütten-Aktiengesellschaft (Preußag) und in der Preußischen Elektrizitäts-AG. (Preag) konzernmäßig zusammengefaßt. Auch heute besteht die Tendenz

[1]) So in den Prozessen der Favag, Nordwolle, Schultheiß-Patzenhofer. Aus der Vorkriegszeit ist besonders der Fall der Leipziger Bank — Kasseler Trebertrocknungs-Gesellschaft bekannt geworden. Näheres bei Gottschalk, Die Lehre aus den Aktienskandalen der Nachkriegszeit, Industriewirtsch. Untersuchungen, herausgegeben von Beckerath. Heft 2, 1934.

zur Konzernbildung in der deutschen Wirtschaft unvermindert weiter. In Zeiten der aufsteigenden Konjunktur wird sie gefördert durch das Bedürfnis nach Betriebserweiterungen bei gleichzeitigem Vorhandensein ausreichender flüssiger Mittel, sei es durch Gründung neuer oder durch Angliederung bestehender Unternehmungen, in Zeiten des Niedergangs durch die Notwendigkeit, Ersparungen durch Zusammenlegung von Betrieben zu erzielen.

Daß diese Entwicklung sich nicht im Wege der Trust-, sondern im Wege der Konzernbildung vollzieht, ist darin begründet, daß die Konzernbildung einen erheblich geringeren Kapitalaufwand erfordert; denn in den meisten Fällen wird der Zweck auch dadurch erreicht werden, daß die eine Gesellschaft lediglich die Mehrheit der Anteile der anderen Gesellschaft (meist genügt schon ein geringerer Betrag) und dadurch die Herrschaft über dieses Unternehmen erwirbt, oder daß ein Austausch der Anteile stattfindet. Aber auch die Steuergesetzgebung hat die Entwicklung wesentlich beeinflußt. Bei der Verschmelzung entstehen durch die Übertragung des Vermögens von der einen Gesellschaft auf die andere außerordentlich hohe Kosten, die nicht in Frage kommen, wenn die eine Gesellschaft lediglich die Aktien der anderen Gesellschaft erwirbt und das Unternehmen selbst bestehen läßt. Andererseits werden die Konzerne, soweit sie Kapitalgesellschaften sind, gegen eine mehrfache Besteuerung durch das „Schachtelprivileg“[1]) geschützt, das aber durch die neuere Rechtsprechung teilweise durchbrochen worden ist. Das Umwandlungsgesetz verfolgt unter anderem auch den Zweck, „übermäßige Verschachtelungen“ wieder rückgängig zu machen, indem den Gesellschaften durch steuerliche Erleichterungen die Möglichkeit gewährt wurde, das Vermögen einer Konzerngesellschaft auf den Hauptgesellschafter (Dachgesellschaft, herrschende Gesellschaft) zu übertragen. In einer Reihe von Fällen wurde hiervon Gebrauch gemacht, um die nach abgeschlossenem Konzernaufbau stehen gebliebenen Konzerngerüste zu beseitigen und durch Verschmelzung von Konzerngesellschaften oder Beseitigung entbehrlich gewordener Zwischenglieder den Konzernaufbau zu vereinfachen. Die Tendenz zur Bildung neuer und zum weiteren Ausbau bestehender Konzerne ist aber in weiterem Fortschreiten begriffen[2]).

Die Gesetzgebung hat, auch abgesehen vom Steuerrecht, in die

---

[1]) S. den Abschnitt über Konzern und Steuer S. 203ff. und über das Anleihestockgesetz S. 306ff.

[2]) Die Tages- und Fachpresse bringt fortlaufend Veröffentlichungen. Vgl. die Zusammenstellung in der Frkft.Ztg. Nr. 1 vom 1. 1. und Nr. 313 vom 21. 6. 1936.

Rechtsverhältnisse der Konzerne wiederholt eingegriffen, so durch das Gesetz vom 23. 3. 1919 über die Regelung der **Kohlenwirtschaft** mit Ausführungsbestimmungen vom 21. 8. 1919, durch das Gesetz über die Regelung der **Kaliwirtschaft** vom 24. 4. 1919 mit Durchführungsbestimmungen vom 18. 7. 1919, durch das Gesetz über den **Eisenwirtschaftsbund** vom 1. 4. 1920. Diese Gesetze bezwecken jedoch nur die Regelung der Preise. Die beteiligten Unternehmungen werden zu einem Zwangs-Syndikat zusammengefaßt und die Preise staatlich geregelt. Auch die Verordnung gegen den Mißbrauch wirtschaftlicher Machtstellung (**Kartell-Verordnung** vom 2. 11. 1923 mit Änderung vom 15. 7. 1933) bezieht sich nur auf die Zusammenschlüsse zum Zwecke der Beeinflussung des Marktes. Sie verlangt für Verträge und Beschlüsse die Schriftform und bestimmt, daß sie aus wichtigen Gründen jederzeit fristlos gekündigt werden können. Verträge und Beschlüsse, die das Gesamtwohl oder die Gemeinwirtschaft gefährden, können von dem Reichswirtschaftsminister für nichtig erklärt und ihre Durchführung kann untersagt werden. „Wenn Geschäftsbedingungen oder Arten der Preisfestsetzung von Unternehmungen oder von Zusammenschlüssen solcher (Trusts, Interessengemeinschaften, Syndikaten, Kartellen, Konventionen und ähnliche Verbindungen) geeignet sind, unter Ausnützung einer wirtschaftlichen Machtstellung die Gesamtwirtschaft oder das Gemeinwohl zu gefährden, so kann das Kartellgericht auf Antrag des Reichswirtschaftsministers allgemein aussprechen, daß die benachteiligten Vertragsteile von allen Verträgen, die unter den beanstandeten Voraussetzungen abgeschlossen sind, zurücktreten können[1].“ Unter diese Bestimmung fallen die Konzerne, auch wenn sie nicht ausdrücklich erwähnt sind, aber auch sie befaßt sich nicht mit dem Konzern selbst, sondern nur mit bestimmten Konzernbeschlüssen, die nach außen hin eine bestimmte Wirkung auslösen.

Dagegen hat das Aktienrecht bis zur Aktiennovelle von dem Vorhandensein von Konzernen keine Notiz genommen. Auch die **Aktiennovelle** spricht nicht von Konzernen, sondern nur von Konzerngesellschaften. Der Grund ist, daß der Konzern als solcher rechtlich nicht zu fassen ist, weil er ein wirtschaftlicher Begriff ist. Das **AGesetz** (§ 15) **versteht unter Konzern die Zusammenfassung rechtlich selbständiger Unternehmungen unter einheitlicher Leitung zu wirtschaftlichen Zwecken**[2]. Der Ausdruck „zu wirtschaftlichen

[1] Kartell-Verordnung § 10 Abs. 1.

[2] Ebenso der 2. Bericht des Aktienrechtsausschusses (Zeitschrift d. Akademie f. D. R. 1935, 255). Der Gesichtspunkt der einheitlichen Leitung wird mit Recht

Zwecken" ist jedoch zu eng. Einzelne wirtschaftliche Zwecke können auch durch andere Arten von Zusammenschlüssen verfetzt werden. Für den Konzern folgt aus der einheitlichen Gesamtleitung, daß der Zweck auf die Herstellung einer wirtschaftlichen Einheit gerichtet ist.

Das Konzernverhältnis kann auf Besitz, Vertrag (Vereinbarung) oder der bloßen Tatsache der einheitlichen Leitung beruhen. Schon der Besitz tritt manchmal nach außen nicht in Erscheinung, noch viel weniger die Vereinbarung, während aus der Tatsache der gemeinsamen Leitung allein für das Bestehen des Konzernverhältnisses noch nichts bewiesen ist. Bei dem Besitz gibt es Zwischenstufen von der Minderheitsbeteiligung bis zum Besitz sämtlicher Anteile. Durch die Vereinbarung kann den angeschlossenen Unternehmungen weitgehende Selbständigkeit gewährt oder sie können gänzlich beherrscht werden. Außerdem nähern sich die „Vereinbarungen" stark anderen gesellschaftsähnlichen Verbänden wie Kartellen, Syndikaten, Konventionen. Sehr häufig werden auch die einzelnen Formen der Unternehmungen miteinander kombiniert: Der Trust kann gleichzeitig Konzern sein[1]), und die Konzernglieder oder einzelne derselben können durch Kartelle und Syndikate miteinander verbunden sein. Nicht selten sind ferner verschiedene Konzerne untereinander derart verknüpft, daß ein Konzernglied mit dem Glied eines anderen Konzerns in einem Konzernverhältnis steht. Nach allem wird es zahlreiche Fälle geben, in denen es sich kaum feststellen läßt, wann ein Konzern vorliegt, wo der Konzern anfängt und wo er aufhört.

Das Hauptproblem der Konzerngesellschaft besteht darin, daß ihre Leitung nicht frei ist, sondern unter dem Einfluß einer außergesellschaftlichen Stelle steht. Es gibt aber keine Konzernhauptversammlung, der gegenüber sich ein Konzernvorstand oder -Aufsichtsrat zu verantworten hätte. Dadurch kann leicht ein Konflikt zwischen dem Konzern-Interesse und dem Interesse einer Konzerngesellschaft entstehen. Können sich der Vorstand und der Aufsichtsrat einer Gesellschaft bei einer Maßnahme, die der Gesellschaft schädlich ist, darauf berufen, daß die Maßnahme im Konzern-Interesse ge-

in dem Urteil des RFH. vom 30. 1. 1930 StuW. S. 459 als ausschlaggebend erklärt. Liefmann (Kartelle, Konzerne und Trusts 8. Aufl. 1930 S. 275) definiert die Konzerne als Zusammenfassung mehrerer selbständig bleibender Unternehmungen zu einer Einheit in produktionstechnischer, verwaltungstechnischer, kommerzieller und namentlich finanzieller Hinsicht. Kürzer Schlegelberger S. 45: „Verbindung mehrerer selbständiger Unternehmungen zu einer wirtschaftlichen Einheit."

[1]) Z. B. die J. G. Farben-Industrie.

boten ist? Diese Frage ist zu verneinen[1]). Eine entgegenstehende Auffassung würde das geltende Gesellschaftsrecht sprengen. Vorstand und Aufsichtsrat haben bei ihrer Tätigkeit die Interessen der eigenen Gesellschaft wahrzunehmen[2]) und haften ihr und deren Gläubigern für den Schaden, wenn sie das Interesse der eigenen Gesellschaft gegenüber dem Konzern-Interesse zurückstellen. Wenn sie vorsätzlich zum Nachteil der Gesellschaft handeln, werden sie bestraft (§ 294; HGB. § 312); sie sind ferner nach der neuen Bestimmung des AGesetzes (§ 101) ersatzpflichtig, wenn sie vorsätzlich zum Schaden der Gesellschaft oder ihrer Aktionäre handeln, um für sich oder einen anderen gesellschaftsfremde Sondervorteile zu erlangen. Allerdings besteht eine Ausnahme von der Ersatzpflicht, wenn die Handlung schutzwürdigen Belangen dient. Die Begründung führt hierzu aus: „Damit hat die Rechtsprechung die Möglichkeit, Interessenkonflikte gegeneinander abzuwägen. Die schutzwürdigen Belange brauchen außerdem nicht notwendig eigene Belange des Handelnden zu sein. Es können auf Grund dieser Vorschrift z. B. auch Konzerninteressen berücksichtigt werden." Allein so selbstverständlich es ist, daß die öffentlichen Belange den privaten Belangen vorgehen, so wenig selbstverständlich ist es, daß die privaten Belange des Konzerns den privaten Belangen der einzelnen Gesellschaft vorgehen, besonders da es sich dabei häufig um den Gegensatz von Groß- und Kleinaktionären handeln wird.

Praktisch von noch größerer Bedeutung ist die Frage, ob die Mehrheitsaktionäre die Minderheitsaktionäre zu einer Maßnahme zwingen können, die zwar nicht im Interesse der Gesellschaft, wohl aber im Interesse des Konzerns liegt, an dem die Mehrheitsaktionäre interessiert sind. Auch diese Frage ist zu verneinen. Die neuere Rechtsprechung des Reichsgerichts[3]) leitet mit Recht aus der allgemeinen Bestimmung des Gesellschaftsrechts (BGB. § 705) eine Treuepflicht des Aktionärs gegenüber der Gesellschaft ab in dem Sinn, daß der Aktionär sein Stimmrecht nicht ausüben darf, um gesellschaftsschädliche Interessen zu verfolgen. Nach der neuen Bestimmung des AGesetzes (§ 101 Abs. 7) ist der Aktionär zwar nicht ersatzpflichtig, wenn er durch die Ausübung seines Stimmrechts gesellschaftsfremde Sondervorteile wahrnimmt. Wenn er aber auf

[1]) A. A. Schlegelberger in seiner Rede vor der Industrie- und Handelskammer Hamburg, Franz Vahlen 1935. Vgl. dagegen Curt Fischer, Aktienrechtsreform und Konzernwesen. Zeitschrift für das gesamte Handelsrecht, 1936 S. 23 ff.

[2]) §§ 84, 99; HGB. §§ 241, 249.

[3]) 146, 385 ff., 107, 204.

die Verwaltung der Gesellschaft zu diesem Zweck einen Einfluß ausübt, ist er ersatzpflichtig. Die Anfechtung des Beschlusses der HV. bei Verletzung der Treupflicht ist aber unabhängig von der Frage der Ersatzpflicht zugelassen (§ 197 Abs. 2).

Weitere Probleme ergeben sich daraus, daß das Vermögen einer Gesellschaft, das sich im Besitz einer anderen Gesellschaft befindet, nach außen hin als selbständiges Vermögen erscheint und daher im Rechtsverkehr doppelt auftritt, nämlich bei der Gesellschaft A (herrschende Gesellschaft) als Wert der Beteiligung, bei der Gesellschaft B (abhängige Gesellschaft) als Eigenkapital. Das Eigenkapital der Gesellschaft B, das in der Bilanz von A als Beteiligung erscheint, ist aber kein freies Vermögen, sondern es ist gebunden für Zwecke der Gesellschaft B. Soweit die Gesellschaft A außer ihrer Beteiligung auch noch Forderungen gegen die Gesellschaft B besitzt, sind, wenn die Gesellschaft B notleidend wird, nicht nur die Beteiligung, sondern auch die Forderungen gefährdet. Der Zusammenbruch vieler Konzerne ist auf die so geschaffene Möglichkeit der Kreditaufblähung zurückzuführen. Damit erklärt es sich auch, daß bei der Vereinfachung des Konzernaufbaus durch Zusammenlegung von Konzerngliedern eine oft überraschende Verringerung der Kapital- und sonstigen Bilanzziffern in Erscheinung getreten ist[1]).

Das AGesetz (§ 134 Nr. 2; HGB. § 261d) hat die Reichsregierung ermächtigt, für Konzerngesellschaften Vorschriften über die Aufstellung eines eigenen und über die eines gemeinschaftlichen Jahresabschlusses zu erlassen. Aus vorstehenden Ausführungen über die Schwierigkeiten, den Konzern rechtlich zu erfassen, wird es ohne weiteres klar, warum die Reichsregierung von dieser Ermächtigung bisher keinen Gebrauch gemacht hat. Der Ausschuß für Aktienrecht der Akademie für Deutsches Recht hat, wie in dem 2. Bericht des Ausschuß-Vorsitzenden ausgeführt wird, die Konzernbilanz abgelehnt mit der Begründung, sie möge

[1]) Bei der Gründung der Vereinigten Stahlwerke A. G. im Jahre 1926 traten als Gründergesellschaften die Rheinelbe-Union-Gruppe, Thyssen-Gruppe, Phönix-Gruppe und Rheinstahl auf. Die Unternehmungen dieser Gruppen verfügten über ein Kapital von ca. 800 Mn. Mark. Die neu gegründeten Vereinigten Stahlwerke, die die sämtlichen Betriebe der Gründergesellschaft übernahmen, wurden mit einem Aktienkapital von 800 Mn. Mark ausgestattet. Die Gründergesellschaften blieben als Holdinggesellschaften bestehen. Das vorhandene Gesellschaftskapital trat daher doppelt in Erscheinung. Bei der Rekonstruktion der Vereinigten Stahlwerke im Jahre 1933 wurde das Kapital der Gesellschaft auf rund 633 Mn. Mark herabgesetzt. Weitere 100 Mn. Mark Aktienkapital wurden im Jahre 1936 zur Einziehung aus den Händen des Reiches zurückerworben. Vgl. die Anm. S. 186.

in einzelnen Fällen zweckmäßig und klarstellend sein, sie würde aber in den meisten Fällen eine Künstelei und einen Wirrwarr bedeuten[1]). Soweit Vorschläge für die Aufstellung von Konzern-Bilanzen gemacht worden sind, pflegt man davon auszugehen, daß nur solche Konzernglieder in die gemeinschaftliche Bilanz aufgenommen werden, die sich ganz oder zum weitaus überwiegenden Teil im Besitz der herrschenden Gesellschaft befinden[2]). Auf diese Weise wird aber ein großer Teil der Konzerne nicht erfaßt. Das AGesetz hat sich daher in Übereinstimmung mit der Aktiennovelle mit Recht darauf beschränkt, für die Konzernverflechtung eine möglichst weitgehende Publikationspflicht zu verlangen. Die Konzernbeziehungen zu kennen, ist besonders wichtig, weil meist nur durch diese Kenntnis die Maßnahmen der Verwaltung verständlich sind. Daher kann auch die Frage, ob die Verwaltung im Interesse der Gesellschaft pflichtgemäß gehandelt hat, oft nur aus dieser Kenntnis heraus richtig beantwortet werden. Über die Konzernbilanz im Steuerrecht s. S. 196.

II. Das Konzernunternehmen und die Konzerngesellschaft

§ 31

1. Das AGesetz hat in Übereinstimmung mit dem bisherigen Recht darauf verzichtet, den Konzern selbst zum Gegenstand der gesetzlichen Regelung zu machen und beschränkt sich auf einzelne Bestimmungen über die „Konzernunternehmen“: In dem Geschäftsbericht des Vorstandes ist über die Beziehungen zu einem Konzernunternehmen zu berichten. In der Bestandsbilanz sind die Beteiligungen einschließlich der zur Beteiligung bestimmten Wertpapiere, die Forderungen an Konzernunternehmen, sowie die Verbindlichkeiten gegenüber diesen gesondert auszuweisen. Neu ist, daß die abhängige Gesellschaft ihren Besitz an Aktien der herrschenden Gesellschaft zusammen mit ihrem Besitz an eigenen Aktien auszuweisen hat. Ein abhängiges Unternehmen darf Aktien der herrschenden Gesellschaft nur nach Maßgabe der für den Er-

---

[1]) Z. d. Akademie für D. R. 1935, 256.

[2]) Dr. Wilhelm Bores (Konsolidierte Erfolgsbilanzen und andere Bilanzierungsmethoden für Konzern- und Kontrollgesellschaften Leipzig 1935 S. 18) teilt den Kreis der für die konsolidierte Bilanz in Betracht kommenden Gesellschaften in IV Gruppen: I. mit über 90% Aktienbesitz, die auf jeden Fall gemeinschaftlich bilanzieren; II. mit über 75% Aktienbesitz, die einbezogen werden sollen, wenn nichts dagegen spricht; III. mit 50—75% Aktienbesitz, die in besonderen Fällen und IV. mit unter 50% Aktienbesitz, die nur in Ausnahmefällen einbezogen werden sollen. Vgl. den Aufsatz von H. Horn im WTr. 1935, 485.

werb eigener Aktien vorgesehenen Bestimmungen erwerben oder als Pfand nehmen. Diese Bestimmung darf nicht dadurch umgangen werden, daß ein Dritter Aktien der herrschenden oder abhängigen Gesellschaft für Rechnung einer dieser Gesellschaften erwirbt oder in Pfand nimmt. Das abhängige Unternehmen darf ferner Aktien der herrschenden Gesellschaft weder als Gründer oder Zeichner noch in Ausübung eines Bezugsrechts übernehmen.

Hieraus ergibt sich, daß die Vorschriften über die Verpflichtung des Vorstandes zur Berichterstattung im Geschäftsbericht und die Gliederung der Bilanz nur solche Konzerngesellschaften betreffen, die aktiv zu einer Berichterstattung verpflichtet sind, d. h. solche, die in Form von AGen oder Kommanditgesellschaften a. A. bestehen; dagegen sind unter den Konzernunternehmungen, über die vom Vorstand zu berichten ist, unter den Beteiligungen, unter den Forderungen an Konzernunternehmungen und unter den Verbindlichkeiten, die in der Bilanz auszuweisen sind, alle Formen der gesellschaftlichen Unternehmung, also auch GmbH., Genossenschaften, Versicherungsvereine a. G., rechtsfähige Vereine und Gesellschaften des bürgerlichen Rechts zu verstehen. Das gleiche gilt von den Bestimmungen über Erwerb und Zeichnung von Aktien, die sich bisher (HGB. § 226 Abs. 4) nur auf solche Konzerngesellschaften bezogen, die in Form einer Handelsgesellschaft oder einer bergrechtlichen Gewerkschaft bestanden (AGesetz §§ 51, 65 Abs. 5).

Der Begriff des Konzernunternehmens ergibt sich aus dem bereits entwickelten Begriff des Konzerns: Konzernunternehmen ist ein rechtlich selbständiges Unternehmen, das mit anderen rechtlich selbständigen Unternehmungen zu wirtschaftlichen Zwecken unter einheitlicher Leitung zusammengefaßt ist. Unter Konzernverhältnis versteht man das zwischen mehreren rechtlich selbständigen Unternehmungen durch die einheitliche Leitung begründete Verhältnis.

Nach der Kartell-Verordnung vom 2. 11. 1923 § 1 sind unter Syndikaten, Kartellen und Konventionen, Verträge und Beschlüsse zu verstehen, die Verpflichtungen über die Handhabung der Erzeugung oder des Absatzes, die Anwendung von Geschäftsbedingungen, die Art der Preisfestsetzung oder die Forderung von Preisen enthalten. Daraus ergibt sich, daß Kartelle und ähnliche Verbände nur bestimmte Funktionen der Unternehmertätigkeit regeln, während bei dem Konzern die gemeinsame Leitung das gesamte Leben der Konzerngesellschaft in jeder einzelnen Äußerung umfaßt.

2. Wesentlich für den Konzern ist die einheitliche Leitung. Grundlage des Konzernverhältnisses, also des Bestehens der einheitlichen Leitung, ist entweder Besitz oder Vertrag. Aber auch die bloße Tatsache der einheitlichen Leitung kann ein Konzernverhältnis schaffen.

a) Die dauerhafteste Grundlage des Konzernverhältnisses ist der Besitz (Beteiligung). Durch den Besitz kann, ohne daß es weiterer Maßnahmen wie z. B. Verträge oder sonstiger Abmachungen bedarf, ein unter Umständen bestimmender Einfluß auf ein Unternehmen ausgeübt werden. Aber nicht jeder Besitz schafft ein Konzernverhältnis. Wenn ein Industrieunternehmen infolge Verschuldung in den Besitz einer Bank gerät, so besteht zwischen dem Industrieunternehmen und der Bank kein Konzernverhältnis. Denn es fehlt hier die auf die Schaffung einer wirtschaftlichen Einheit gerichtete einheitliche Leitung. Auch wenn eine Gesellschaft die Aktien einer anderen Gesellschaft lediglich zwecks Kapitalanlage erwirbt, liegt kein Konzernverhältnis vor. Hier stellt allerdings das Gesetz die Vermutung auf, daß ein Besitz von 25% der Anteile an einer Gesellschaft als zur Beteiligung, d. h. zur Begründung eines Konzernverhältnisses bestimmt anzusehen ist. Es ist jedoch durchaus möglich, daß auch ein geringerer Besitz die Grundlage eines Konzernverhältnisses schafft, was namentlich bei stark zersplittertem Aktienbesitz vorkommt.

Im AGesetz ist der Begriff der „herrschenden“ und der „abhängigen“ Gesellschaft besonders wichtig geworden, da an das Vorliegen eines Herrschafts- bzw. Abhängigkeitsverhältnisses eine Reihe schwerwiegender Beschränkungen geknüpft sind. Sie betreffen den Erwerb und die Zeichnung von Aktien, das Stimmrecht, die Gewährung von Krediten an Vorstandsmitglieder und leitende Angestellte, Auswahl von Abschlußprüfern u. a. Die Beschränkungen wirken auch gegenüber Dritten, z. B. bei dem Erwerb von Aktien der herrschenden Gesellschaft für Rechnung der abhängigen Gesellschaft. Nach der Begründung kann das Herrschaftsverhältnis sowohl auf rechtlichen (Besitz, Vertrag) wie auf rein tatsächlichen Umständen beruhen. Für das auf Besitz beruhende Herrschaftsverhältnis wird nach Ansicht der Begründung eine bestimmte Höhe der Beteiligung nicht verlangt. Die Konzernbeziehungen sind aber trotz aller Offenlegungspflichten der beteiligten Gesellschaften schwer kontrollierbar. Dies gilt schon für den Besitz und noch vielmehr für Beziehungen vertraglicher Art oder tatsächlicher Natur. Fast unmöglich ist es aber festzustellen, von wann ab ein Beteiligungs- oder sonstiges Einfluß-Verhältnis in ein Herrschaftsverhältnis übergeht; vielfach werden sich die Beteiligten selbst darüber nicht klar sein. Sollen nicht angesichts der schwerwiegenden Beschränkungen, die das Herrschaftsverhältnis nach sich zieht, völlige Rechtsunsicherheit eintreten, so muß der Begriff der herrschenden Gesellschaft objektiv bestimmt werden. Mindestens muß zu diesem Zweck gefordert werden, daß als herrschende Gesellschaft nur eine solche anzusehen ist, die allein oder auf Grund einer nicht nur vorübergehenden Verbindung mit anderen über die Mehrheit der Stimmen in der HV. einer anderen Gesellschaft (abhängigen Gesellschaft) verfügt[1]). Für eine künftige Gesetzgebung wäre zu prüfen, ob nicht bei Rechtsgeschäften z. B. wenn ein gutgläubiger Dritter Aktien der herrschenden Gesellschaft für Rechnung einer abhängigen Gesellschaft erwirbt, ein Schutz gewährt werden soll [2]). Schon nach bisherigem Recht ist anzunehmen, daß derjenige, der das Abhängigkeitsverhältnis kannte, schadenersatzpflichtig ist, wenn er einem gutgläubigen Dritten z. B. einem Bankier den Auftrag zur Anschaffung von Aktien der herrschenden Gesellschaft erteilt hat. Da die Konzernbeziehungen in den Geschäftsberichten des Vorstands sowohl bei der herrschenden wie bei der abhängigen Gesellschaft klargestellt werden müssen und zum Teil auch aus deren Bilanzen ersichtlich sein müssen, ist der gute Glaube jedenfalls dann anzunehmen, wenn das Abhängigkeitsverhältnis aus diesen Unterlagen nicht ersichtlich ist.

Anstelle der Bezeichnung herrschende und abhängige Gesellschaft wird auch die Bezeichnung „Mutter"- und „Tochter"-Gesellschaft gebraucht. Diese besagt aber wörtlich genommen nur, daß die „Mutter" die „Tochter" ins Leben gerufen hat, nicht auch, daß sie an dem Kapital der Tochtergesellschaft allein oder ausschlaggebend beteiligt ist. Besitzt eine Gesellschaft 100 % der Anteile der anderen Gesellschaft, so handelt es sich um eine „Einmann-Gesellschaft", woraus sich aktienrechtlich besondere Wirkungen ergeben. Auch steuerrechtlich ist dieses Besitzverhältnis für das Vorliegen einer Organgesellschaft von Bedeutung.

Rechtlich von Bedeutung ist auch die Frage, an welcher Stelle der Besitz ruht. Wenn der Mehrheitsaktionär M die Gesellschaften A, B und C kontrolliert, so bilden diese Gesellschaften einen Konzern, aber die Besitzspitze (zu unterscheiden von der Verwaltungsspitze) liegt außerhalb des Konzerns. In solchen Fällen ist das Konzernverhältnis nach außen oft schwer erkennbar, weil für den Mehrheitsaktionär M., auch wenn er eine offene Handelsgesellschaft oder eine G.m.b.H. ist,

[1]) Vgl. auch RFH. **31**, 303.
[2]) Vgl. Simon BankA. Jg. 1936, **241** ff.

die Vorschriften über den Geschäftsbericht und das Bilanzschema nicht gelten. In weitaus den meisten Fällen befindet sich in letzter Linie der Besitz nicht bei einer Konzerngesellschaft, sondern bei Einzelpersonen oder Gruppen von Personen; denn wenn zwei Konzerngesellschaften gegenseitig oder wenn drei und mehr Konzerngesellschaften wechselseitig den Mehrheitsbesitz hätten (Ringbesitz), so wären die Gesellschaften gewissermaßen ihre eigenen Aktionäre. Daher erklärt es sich auch, daß darüber, wer letzten Endes Konzernbesitzer ist, meist keine Klarheit besteht. Ist der Besitz bei einer Konzerngesellschaft konzentriert, die einen eigenen Geschäftsbetrieb nicht ausübt, sondern sich auf die Verwaltung der Beteiligungen beschränkt, so spricht man von einer Holdinggesellschaft. Der Besitz kann aber auch bei verschiedenen Konzerngesellschaften ruhen und es kann auch zwischen den verschiedenen Konzerngesellschaften ein wechselseitiger Besitz bestehen. Ein wechselseitiger Mehrheitsbesitz innerhalb der Konzerngesellschaften ist jedoch nicht zulässig; die Gesellschaft A kann daher nicht die Aktienmehrheit der Gesellschaft B und B die Aktienmehrheit von A besitzen[1]). Das Reichsgericht hat die Frage des wechselseitigen Herrschaftsverhältnisses aufgeworfen, aber nicht entschieden[2]). Die Begründung zum AGesetz bemerkt hierzu, „daß eine wechselseitige Verflechtung von Unternehmen durch gleich oder ungefähr gleich hohen wechselseitigen Aktienbesitz in der Regel eine Abhängigkeit des einen Unternehmens von dem andern nicht begründen kann, da keine der beiden Gesellschaften der andern ihren Willen aufzwingen kann, sie vielmehr auf eine Verständigung angewiesen sind". Dabei wird jedoch nicht berücksichtigt, daß die beiden Gesellschaften unter einer Leitung stehen und daß daher

[1]) Die Iduna-Germania Allgemeine Versicherungs-Aktiengesellschaft besaß nahezu das volle Aktienkapital der Iduna-Germania Lebens-Versicherungs-Aktiengesellschaft, während diese nahezu das volle Aktienkapital der ersteren Gesellschaft in Besitz hatte. Mittlerweile hat die erstere Gesellschaft die letztere Gesellschaft übernommen. In dem Dierig-Konzern besaß die ursprüngliche Dachgesellschaft Debag (Kapital 28 Mn. M.) die Mehrheit der Konzernglieder Dierig (Kapital 20 Mn. M.) und Hammersen (Kapital 16 Mn. M.) während die Dierig AG. wiederum an der Hammersen AG. und die Hammersen AG. an der Dierig und Debag beteiligt waren. Die wechselseitige Verschachtelung wurde dadurch gelöst, daß die Debag ihr Vermögen als Ganzes unter Ausschluß der Liquidation auf die Dierig AG. gegen Gewährung von Aktien dieser Gesellschaft im Verhältnis von 1 : 1 übertrug, die ihrerseits auf Grund des Umwandlungsgesetzes vom 5. 7. 1934 das gesamte Kapital der Hammersen AG. übernahm. Das Grundkapital Dierig AG. beträgt nunmehr 23,5 Mn. M. gegen insgesamt 64 Mn. M. des bisherigen Konzerns (vgl. Prospekt in der Berl. Börsenzeitung v. 27. 6. 1936).

[2]) In den Iduna-Entscheidungen JW. 1936, 919, RG. 149, 305.

nicht die Aktionäre, sondern die Verwaltung die Herrschaft über die Unternehmungen ausübt. Dies ist aber mit dem Wesen der AG. nicht vereinbar und kann zu schweren Mißbräuchen führen. Dagegen ist es zulässig, daß von zwei Gesellschaften die eine den Mehrheitsbesitz, die andere den Minderheitsbesitz hat [1]) Solche wechselseitigen Abhängigkeitsverhältnisse zwischen Konzernunternehmungen dürfen jetzt nicht mehr entstehen, da die abhängige Gesellschaft Aktien der herrschenden Gesellschaft nicht zeichnen und deren Aktien auch nur innerhalb der Beschränkungen des § 65 (HGB. § 226) erwerben darf. Dabei muß aber vorausgesetzt werden, daß ein wechselseitiges Herrschaftsverhältnis unzulässig ist. Andernfalls könnten zwei Konzerngesellschaften ihren wechselseitigen Besitz beliebig erhöhen, wenn dabei nur ein ungefähr gleiches Beteiligungsverhältnis eingehalten wird.

b) Die einheitliche Leitung kann auch auf Vertrag beruhen. In Betracht kommen der Konsortial(Pool)vertrag, der Interessengemeinschafts-Vertrag und der Pachtvertrag. Die letzteren beiden Arten von Verträgen werden im AGesetz (§ 256) unter der Bezeichnung „Gewinngemeinschaften" zusammengefaßt. Der Konsortial- oder Poolvertrag ist ein Vertrag, durch den die Teilnehmer sich verpflichten, ihren Besitz an einem Unternehmen einheitlich zu verwalten. Der Konsortialvertrag steht daher dem durch Besitz begründeten Konzernverhältnis am nächsten. Es ist aber schon ausgeführt, daß der Besitz allein das Konzernverhältnis noch nicht begründet, nämlich dann nicht, wenn entweder nicht die Absicht besteht, einen Einfluß auf die Leitung des Unternehmens auszuüben oder wenn der Besitz zu gering ist, um eine solche Absicht durchzuführen. In letzterem Falle können aber z. B. die Gesellschaften A, B, C, die je 20 % der Aktien der Gesellschaft D besitzen, sich zwecks gemeinsamer Leitung der Gesellschaft D zusammenschließen. Die Ausführung dieses Vertrags wird gewöhnlich dadurch gesichert, daß die Gesellschaften A, B und C ihre Aktien bei einem Treuhänder hinterlegen und sich verpflichten, das Stimmrecht in diesen Aktien nur gemeinsam auszuüben, also z. B. jeweils den Treuhänder mit Weisungen in bezug auf die Abstimmung versehen (Pool-Vertrag).

Interessengemeinschaften sind Verträge, durch die die beteiligten Gesellschaften sich verpflichten, ihre Gewinne zusammen zu werfen und nach einem bestimmten Schlüssel

[1]) Im Salzdetfurth-Konzern hat die Salzdetfurth-Gesellschaft die Aktienmajoritäten von Westeregeln Kali und Kali Aschersleben, während bei den letzteren beiden Gesellschaften je zur Hälfte die Aktienmajorität von Salzdetfurth liegt.

untereinander zu verteilen. Meist erfolgt die Gewinnverteilung nach dem Verhältnis des Kapitals der vertragschließenden Gesellschaften. In diesem Fall ist, wenn nicht gegenteilige Gründe vorliegen, anzunehmen, daß durch eine nachträgliche Kapitalerhöhung seitens einer der vertragschließenden Gesellschaften der Verteilungsschlüssel nicht berührt wird. Die Interessengemeinschaft wird meistens dinglich gesichert, was auch in der Form geschehen kann, daß die Großaktionäre der vertragschließenden Gesellschaften die Aktien gegenseitig austauschen. Wenn auch die Interessengemeinschaft an sich nur auf Herstellung einer Gewinngemeinschaft gerichtet ist, so hat sie doch auch die Herstellung einer einheitlichen Leitung der beteiligten Gesellschaften zur Voraussetzung, denn eine Gewinngemeinschaft ohne gleichzeitigen Einfluß auf die gewinnerzielende Tätigkeit wäre sinnlos. Außerdem ist der erzielte Gewinn abhängig von der Art, wie die Bilanz aufgemacht wird. Daher pflegen bei der Interessengemeinschaft auch hierüber Abmachungen getroffen zu werden. Insbesondere bedarf es der Angleichung der Bilanzierungsmethoden. Gewöhnlich stellt jede Gesellschaft für sich eine sogenannte Vorbilanz auf, auf Grund deren der gesamte Gewinn ermittelt wird. Dieser wird sodann unter den Gesellschaften nach dem vereinbarten Schlüssel verteilt, indem der bei einer Gesellschaft fehlende bzw. überschießende Betrag durch Verrechnung ausgeglichen wird. In der endgültigen Bilanz der Gesellschaften erscheint alsdann als Gewinn der Betrag, welcher der Gesellschaft auf Grund des Gemeinschaftsvertrags zusteht[1]). Obwohl eine solche Art

[1]) Der Prospekt der Deutschen Linoleum-Werke AG. Berlin vom Jahr 1935 macht über die getroffenen Vereinbarungen folgende Mitteilungen:

„Die Gesellschaft ist seit 1928 durch einen Interessen-Gemeinschaftsvertrag verbunden mit der Continentalen Linoleum-Union, Zürich, der N. V. Nederlandsche Linoleumfabriek, Krommenie (Holland), der Linoleum AB. Forshaga, Göteburg (Schweden) und der Linoleum AG. Giubiasco (Schweiz), Giubiasco. Der Vertrag ist für die Dauer von 50 Jahren, d. i. bis zum 31. Dezember 1977, abgeschlossen, er verlängert sich jeweils um zehn Jahre, wenn er nicht jeweils zwei Jahre vor Ablauf gekündigt wird. Der Vertrag sieht in der Hauptsache folgendes vor:

Die rechtliche und verwaltungsmäßige Selbständigkeit der Gesellschaften ist gewahrt. Die Betriebsgesellschaften führen ihre Geschäfte, insbesondere im Einkauf, Verkauf und in der Fabrikation selbständig und ohne Einwirkung der Interessengemeinschaft. Das oberste Organ der Gemeinschaft ist der Gemeinschaftsrat, der sich aus zwei Vertretern der Deutschen Linoleum-Werke A.G. und je einem Vertreter der übrigen der Interessengemeinschaft angehörenden Gesellschaften zusammensetzt. Mit Rücksicht auf die gegenseitigen Beteiligungen im Konzern war es im Interesse der Gesamtheit der Aktionäre geboten, die gleichmäßige Verteilung

der Gewinnverteilung von den allgemeinen gesetzlichen Bestimmungen abweicht, war nach bisherigem Recht die HV. der Gesellschaft an die getroffenen Vereinbarungen indirekt gebunden, da die Vertretungsmacht des Vorstandes nach außen auch den Abschluß von Interessengemeinschaftsverträgen umfaßte. Im Falle der Ablehnung würde sich die Gesellschaft daher schadensersatzpflichtig gemacht haben. Dagegen konnte die HV. den Vorstand und Aufsichtsrat verantwortlich machen, wenn der Interessengemeinschaftsvertrag ihr nicht zur Genehmigung vorgelegt worden war, es sei denn, daß der Vorstand durch die Satzung allgemein zum Abschluß solcher Verträge ermächtigt war. Nach neuem Recht bedarf ein Vertrag, durch den sich eine AG. oder eine Kommanditgesellschaft a. A. verpflichtet, an einen andern Gewinn abzuführen, der Zustimmung der HV., wenn die Gesellschaft nach diesem Vertrag allein oder in Zusammenhang mit anderen Verträgen

---

der Bilanzergebnisse der fünf Gesellschaften sicherzustellen. Der Gemeinschaftsrat prüft zu diesem Zweck die aufzustellenden Vorbilanzen und setzt die Abschreibungen und Rückstellungen nach einheitlichen Grundsätzen fest, unter Berücksichtigung der gesetzlichen Vorschriften der in Betracht kommenden Länder. An dem Gesamtergebnis des Konzerns sind die Gesellschaften im Verhältnis ihrer dividendenberechtigten Nominalkapitalien beteiligt, wobei diese auf der Basis 1 schwed. Kr. = RM. 1,125 = sFr. 1,4 = hfl. 0,6667 in schweizerischen Franken umzurechnen sind. Die den Gesellschaften bei Vergleichung mit diesem Anteil gebührenden Mehrbeträge bzw. zu ihren Lasten gehenden Minderbeträge sind in bar unter Ausschluß jeder Aufrechnung auszugleichen. Die Gesellschaften können über die ihnen hiernach zufließenden Beträge frei verfügen, wobei die Ausschüttungen gleicher Dividenden vorgesehen sind. Soweit eine der fünf Gesellschaften Aktien einer anderen dieser fünf Gesellschaften besitzt, ruht das Recht auf Bezug der Dividende, so daß also das dividendenberechtigte Kapital der einzelnen Gesellschaften geringer ist als das nominelle Kapital.

Die Verwaltungen der fünf Unternehmungen haben sich nach den Bestimmungen des Vertrages verpflichtet, für den Fall einer Kapitalerhöhung eine einheitliche Behandlung der Aktionäre eintreten zu lassen, ferner keine Kapitalerhöhung, Kapitalherabsetzungen oder Verschmelzungen vorzunehmen, Interessengemeinschaft, Pachtverträge mit Dividendengarantien oder ähnliche Verträge abzuschließen oder ihren Generalversammlungen vorzuschlagen, noch einem von Aktionären gestellten Antrag auf Abschluß solcher Verträge zuzustimmen, es sei denn, daß der Gemeinschaftsrat zugestimmt hat. Die Continentale Linoleum-Union, die, wie vorher erwähnt, das Holdingunternehmen des Konzerns darstellt, hat sich im Interesse des Zusammenhalts der in der Gemeinschaft verbundenen Unternehmungen verpflichtet, die in ihrem Besitz befindlichen Aktien der Betriebs-Gesellschaften d. h. im vorliegenden Fall RM. 10000000 Aktien der Deutschen Linoleum-Werke AG., nicht ohne Zustimmung des Gemeinschaftsrats zu veräußern."

mehr als $^3/_4$ ihres gesamten Gewinns abzuführen hat. Zu dem Beschluß ist eine Mehrheit von mindestens $^3/_4$ des vertretenen Grundkapitals erforderlich[1]).

Die vertragsmäßige Zusammenfassung mehrerer Unternehmungen zu einer wirtschaftlichen Einheit kann auch durch Pachtvertrag erfolgen, also dadurch, daß ein Unternehmen den Betrieb des anderen Unternehmens pachtet. Der Pächter erlangt dadurch das Recht, das gepachtete Unternehmen in eigenem Namen und im eigenen Interesse zu betreiben. Meist handelt es sich darum, daß der eigene Betrieb für Rechnung einer anderen Gesellschaft geführt wird. Dies kommt praktisch nur vor, wenn sich das betriebsführende Unternehmen in Abhängigkeit von dem Betriebsherrn oder umgekehrt befindet. Dagegen wird kein Konzernverhältnis begründet, wenn es sich um einen Vertrag handelt, inhaltlich dessen ein Unternehmen die Führung des Betriebs in seinem Interesse einem anderen Unternehmen überträgt (Betriebsführungsvertrag). Hier ist der Betriebsführer lediglich Beauftragter; er ist also verpflichtet, den Betrieb (kommissionsweise) im Interesse des Auftraggebers zu führen und hat dafür einen Anspruch auf Vergütung, während er den Gewinn abzuliefern hat. Bei dem Pachtvertrag behält der Pächter den Gewinn; er ist verpflichtet, dem Verpächter die vereinbarte Pacht zu bezahlen. Die Vereinbarung kann dahingehen, daß der Pächter eine feste Summe zu bezahlen hat, oder die zu zahlende Summe kann nach dem von dem Pächter erzielten Umsatz oder von ihm erzielten Gewinn bestimmt sein. Häufig ist die Vereinbarung, daß die pachtende Gesellschaft der verpachtenden eine bestimmte Mindestdividende garantiert. Eine solche Vereinbarung ist in der Regel dahin aufzufassen, daß die pachtende Gesellschaft verpflichtet ist, der verpachtenden Gesellschaft einen Betrag zu bezahlen, der einer bestimmten Dividende auf das Grundkapital der verpachtenden Gesellschaft entspricht. Aus dieser Vereinbarung steht im Zweifel nur der verpachtenden Gesellschaft, und nicht ihren Aktionären ein Anspruch auf den garantierten Betrag zu[2]). Durch diese Vereinbarung

[1]) Hierüber äußert sich der 2. Bericht des Aktienrechtsausschusses (Z. d. Akademie f. D. R. 1935, 257): „Über die Notwendigkeit dieser Zustimmung der Mitgliederversammlung bestand Einigkeit für den Fall, daß unter allgemeiner Gewinngemeinschaft nicht jede prozentuale Beteiligung an einem Gesamtgewinn, sondern eine 100%ige oder mindestens 95%ige Einbringung des Gesamtgewinns zu verstehen ist".

[2]) Vgl. RG. **147**, 47 in der Angelegenheit der Dividendengarantie, die die AEG. für die Aktien des Sachsenwerks übernahm. In dieser Entscheidung wurde Wert darauf gelegt, daß die AEG. $^3/_4$ des Kapitals des Sachsenwerks besaß und

ist ferner die Garantie begrenzt auf eine bestimmte Geldsumme, die der garantierten Dividende auf das derzeitige Aktienkapital der verpachtenden Gesellschaft entspricht (sog. Renten-Garantie). Die Vereinbarung bedeutet also nicht, daß die pachtende Gesellschaft der verpachtenden im Falle eines Verlusts einen Betrag bezahlen müßte, der nicht nur den Verlust der verpachtenden Gesellschaft decken, sondern darüber hinaus sie instandsetzen müßte, die garantierte Dividende zu bezahlen (sog. Rentabilitätsgarantie). Möglich ist auch eine Dividendengarantie in der Form, daß den Aktionären der verpachtenden Gesellschaft ein direkter Anspruch auf die Zahlung der garantierten Dividende gegenüber der pachtenden Gesellschaft zusteht. Nicht entscheidend ist, ob die Aktie oder der Dividendenschein der verpachtenden Gesellschaft einen Vermerk enthält, aus dem sich ergibt, daß der Aktionär dem Garanten gegenüber der Berechtigte sein soll. In diesem Fall handelt es sich um ein Gläubigerrecht des Aktionärs, das ihm auch durch Beschlüsse der Verwaltung oder der Hauptversammlung nicht entzogen werden kann.

Bei Pachtverträgen können sich schwierige Bilanzierungsfragen ergeben. Gewöhnlich werden die Rechtsverhältnisse durch eingehende vertragliche Bestimmungen geregelt. Wenn dies nicht der Fall ist, wird man folgende Grundsätze annehmen müssen: Das Anlagevermögen einschließlich des Inventars verbleibt im Eigentum des Verpächters. Der Pächter kann sie nicht in seiner Bilanz aufführen; gegebenenfalls kann er das Pachtrecht aktivieren, wenn er dafür Aufwendungen gemacht hat, die sich auf eine Reihe von Jahren verteilen. Die Anlagen erscheinen daher in der Bilanz des Verpächters, der in seiner Bilanz die notwendigen Abschreibungen zu machen hat. Er trägt die Gefahr des zufälligen Untergangs und der zufälligen Verschlechterung und hat daher seinerseits für die Versicherung der Gegenstände Sorge zu tragen. Dagegen hat der Pächter die Anlagen in ordnungsmäßigem Stand zu erhalten und den laufenden Erhaltungsaufwand zu tragen (vgl. BGB. § 586). Soweit diese Aufwendungen aktivierungsfähig sind, müssen sie spätestens bis zum Ablauf des Pachtvertrags abgeschrieben werden. Hat der Pächter das Inventar zu einem Schätzungswert übernommen mit der Verpflichtung, es nach Beendigung des Pachtvertrags zu einem Schätzungswert zurückzugeben, so trägt er seinerseits

daß die Interessen der außenstehenden Aktionäre gewahrt werden sollten. Die Garantie war im Zusammenhang mit einem Aktienverkauf im Interesse der Außenseiter gegeben worden.

die Gefahr für den zufälligen Untergang und die zufällige Verschlechterung. Er hat auch in diesem Fall die Anlagen in ordnungsmäßigem Zustand zu erhalten; die von ihm angeschafften Ersatzgegenstände gehen in das Eigentum des Verpächters über. Gewöhnlich wird in dem Pachtvertrag vereinbart, daß das Umlaufvermögen der verpachtenden Gesellschaft in das Eigentum der pachtenden Gesellschaft übergeht. Ob in diesem Falle die Verpflichtung besteht, das nach Ablauf des Vertrags vorhandene Umlaufvermögen zurück zu übertragen und zu welchen Bedingungen, muß von den Parteien besonders vereinbart werden. Auch über die Verteilung der steuerlichen Lasten können Zweifel entstehen. Wenn nichts anderes vereinbart ist, trägt der Pächter die auf dem Betrieb, der Verpächter die auf dem Eigentum ruhenden Lasten. Nach der 2. DV. zum Aufbringungsgesetz v. 4. 12. 1925 § 2 Abs. 4 hat der Pächter $^3/_4$, der Eigentümer $^1/_4$ der Aufbringungsumlage zu tragen[1]).

c) Schließlich kann ein Konzernverhältnis auch auf der bloßen Tatsache der einheitlichen Leitung beruhen, indem zwei Gesellschaften sich über eine einheitliche Geschäftspolitik verständigen, was insbesondere dadurch geschehen kann, daß Mitglieder der Verwaltung der einen Gesellschaft auch der anderen Gesellschaft angehören oder daß sonstige persönliche Beziehungen zwischen den Verwaltungen beider Gesellschaften bestehen. Auch die Begründung zum AGesetz weist darauf hin, daß ein Abhängigkeitsverhältnis auf rein tatsächlichen Umständen, wie auf der Verbindung durch die Person des Verwaltungsträgers beruhen könne. Es ist nicht erforderlich, daß vertragliche Bindungen vorliegen oder daß die eine Gesellschaft oder die Aktionäre der einen Gesellschaft an der anderen Gesellschaft beteiligt sind. Der Hauptfall ist, daß die eine Gesellschaft der anderen Gesellschaft oder deren Aktionären verschuldet ist, wodurch die Gläubigergesellschaft einen maßgebenden Einfluß auf die Leitung der Schuldnergesellschaft gewinnt. Rechtlich ist ein solches Konzernverhältnis schwer zu fassen. Manchmal handelt es sich auch nur um eine als Zwischenstadium gedachte Arbeitsgemeinschaft, die, wenn sie sich bewährt hat, in eine engere, durch Vertrag oder Besitz gesicherte Verbindung, überzugehen pflegt.

---

[1]) Ähnlich § 1 Abs. 5 der 1. DV. zum Industriebelastungsgesetz für die Industriebelastung; die Fortgeltung der 2. DV. zum Aufbringungsgesetz ist nicht zweifellos. Vgl. einerseits Industriebank-Gesetz v. 31. 3. 1931 § 20 Fassung des Gesetzes v. 30. 5. 1933, andererseits die DV. zur Aufbringungsumlage v. 23. 6. 1936 § 13.

3. Die einheitliche Leitung des Konzerns pflegt nach außen dadurch in Erscheinung zu treten, daß die Vorstands- und Aufsichtsratsposten der Konzernglieder mit den gleichen Personen besetzt sind (Personalunion). Es ist jedoch nicht erforderlich und nicht üblich, daß eine völlige Identität der verschiedenen Verwaltungen herbeigeführt wird. Unter Umständen kann ein einziges Mitglied des Vorstandes oder des Aufsichtsrats, das die Aktienmehrheit der verschiedenen Gesellschaften hinter sich hat, Träger der einheitlichen Leitung sein. Ist der Vorstand der einen Gesellschaft zugleich Vorstand der anderen Gesellschaft, so entsteht die Frage, ob er, wenn er einen Vertrag zwischen beiden Gesellschaften abschließt, mit sich selbst kontrahieren kann. Diese Frage ist, wenn das Rechtsgeschäft nicht ausschließlich in der Erfüllung einer Verbindlichkeit besteht, nach BGB. § 181 zu verneinen. Doch kann durch die Satzung der Vorstand ermächtigt werden, sowohl mit sich selbst im eigenen Namen als auch als Vertreter einer anderen Gesellschaft abzuschließen[1]).

Eine einheitliche Leitung kann auch dann vorliegen, wenn Vorstand und Aufsichtsrat der einzelnen Konzernglieder aus verschiedenen Personen besteht, vorausgesetzt daß Vorstand und Aufsichtsrat an die Weisungen gebunden sind, die von der die einheitliche Leitung ausübenden Stelle ausgegeben werden. Hier entsteht wiederum die Frage, ob die HV., der Vorstand und Aufsichtsrat einer Gesellschaft an die Beschlüsse einer Stelle, die außerhalb der Gesellschaft steht, gebunden werden können. Die Frage wird namentlich praktisch im Verhältnis der herrschenden Gesellschaft zu der abhängigen Gesellschaft insbesondere der Organ-Gesellschaft. Durch die grundlegenden Entscheidungen des Reichsgerichts[2]) ist klargestellt, daß eine Bindung der HV. unwirksam ist. Die Weisungen an den Vorstand und Aufsichtsrat sind an sich zulässig, wirken aber nur im Innenverhältnis, wie überhaupt die Konzernleitung ihre Macht nicht nach außen, sondern nur nach innen ausübt.

Nach neuem Recht sind Weisungen an Vorstand und Aufsichtsrat auch im Innenverhältnis nicht mehr ohne weiteres bindend. Nach AGesetz § 70 hat der Vorstand unter eigner Verantwortung die Gesell-

---

[1]) Beispiele in dem Ergänzungsband zu Düringer-Hachenburg S. 181.

[2]) RG. **3**, 123 in dem berühmten Fall der Rumänischen Eisenbahngesellschaft und **82**, 308 in dem ebenso bekannten Fall der Deutsch-Amerikanischen Petroleumgesellschaft.

schaft so zu leiten, wie das Wohl des Betriebs und seiner Gefolgschaft und der gemeine Nutzen von Volk und Reich es fordern. Aus dem Umstand, daß in dieser grundsätzlichen Bestimmung die Belange der Aktionäre als der Eigentümer des Unternehmens nicht erwähnt werden, kann jedoch nicht geschlossen werden, daß damit die privatwirtschaftliche Grundlage des Aktienwesens preisgegeben sei. Offenbar sollen nur die sozialen Verpflichtungen und der Grundsatz, daß Gemeinnutz vor Eigennutz geht, dem Vorstand besonders eingeschärft werden. Immerhin ist die Stellung des Vorstands unter dem Einfluß des Führer-Gedankens und in Übereinstimmung mit den Vorschlägen des Aktienrechtsausschusses der Akademie für Deutsches Recht außerordentlich verstärkt worden. Zwar besteht noch die Möglichkeit, daß für bestimmte Arten von Geschäften durch die Satzung oder durch Beschluß des Aufsichtsrats dessen Zustimmung gefordert wird (AGesetz § 95 Abs. 5). Auch ist der Vorstand, soweit es sich um den Umfang seiner Vertretungsbefugnis handelt, der Gesellschaft gegenüber verpflichtet, die Beschränkungen einzuhalten, die die Satzung oder der Aufsichtsrat oder die HV. in den durch Gesetz oder Satzung bestimmten Fällen festgesetzt hat (§ 74). Allein das Recht der HV., durch Beschlüsse die Vertretungsbefugnis des Vorstands zu beschränken oder sich die Zustimmung vorzubehalten (HGB. § 235), ist gefallen. Weder die HV. (§ 103 Abs. 2), noch der Aufsichtsrat (§ 95 Abs. 5) können gegen den Willen des Vorstands in Maßnahmen der Geschäftsführung eingreifen. Dies kann auch nicht im Gesellschaftsvertrag bestimmt werden. Die Bestellung zum Vorstandsmitglied kann nicht mehr jederzeit (HGB. § 231), sondern nur aus wichtigen Gründen widerrufen werden. Der Widerruf ist allerdings sofort wirksam (§ 75 Abs. 3). Ein wichtiger Grund für den Widerruf ist es auch, wie die Begründung erklärt, wenn die Hauptversammlung einem Vorstandsmitglied das Vertrauen entzieht. Man wird es daher für zulässig erachten müssen, daß der Aufsichtsrat, wenn er mit Maßnahmen des Vorstands nicht einverstanden ist, auf Grund des § 95 Abs. 4 die HV. anruft. Selbstverständlich hindert die Unzulässigkeit der organisatorischen Bindung der Organe in keiner Weise die vertragliche Bindung der Gesellschaft nach außen. Auch bleiben der Vorstand und der Aufsichtsrat für ihre Maßnahmen, wie bereits ausgeführt wurde, gegenüber den Aktionären verantwortlich.

Die einheitliche Leitung kann von einer den Konzerngliedern übergeordneten Stelle ausgehen, es können aber auch sämtliche Konzernglieder an einer gemeinsamen Leitung beteiligt sein. Das letztere ist gewöhnlich bei Interessengemeinschaften der Fall: es wird aus den Vorständen und Aufsichtsräten der Konzernglieder ein Ausschuß (Gemeinschaftsorgan) gebildet, dem je nach den Aufgaben des Konzerns mehr oder weniger weitgehende Befugnisse übertragen werden, z. B. Aufstellung des Arbeitsplans, finanzielle Leitung, Leitsätze für die Aufstellung der Bilanz[1]). Die einheitliche Leitung kann auch einer Gesellschaft übertragen werden, die den Konzernbesitz inne hat, also der Holding-Gesellschaft des Konzerns. Sie kann aber auch einer zu diesem Zweck besonders gegründeten Gesellschaft (Dachgesellschaft) übertragen werden; dann fällt die Konzernbesitzspitze mit der Konzernverwaltungsspitze nicht zusammen[2]). Für diese Verwaltungsgesellschaften wird die Form der G.m.b.H. bevorzugt. Das Kapital der Gesellschaft kann, da sie keinen eigenen Geschäftsbetrieb ausübt, klein gehalten werden.

---

[1]) So bei der Gemeinschaftsgruppe deutscher Hypothekenbanken.

[2]) Als solche besonderen Verwaltungsgesellschaften wurden z. B. die Schultheiß-Patzenhofer G. m. b. H. (Liefman a. a. O. S. 282) und die Siemens-Rheinelbe-Schuckert-Union mit einem Kapital von 517000 M. gegründet. Die letztere Gründung beruhte auf dem Interessengemeinschaftsvertrag, den die Rheinelbe-Union-Gruppe (Gelsenkirchener Bergwerks-AG., Deutsch-Luxemburgische Bergwerks- und Hütten-AG., Bochumer Verein für Bergwerk und Gußstahl-Fabrikation) im Jahre 1920 mit den Firmen Siemens & Halske und der Elektrizitäts-AG. vorm. Schuckert & Co. abschloß. Neben der G. m. b. H. als Geschäftsstelle ist die einheitliche Leitung durch gegenseitigen Austausch von Vorstandsmitgliedern und Schaffung eines Gemeinschaftsrats nebst Ausschuß (Hauptvorstand) sichergestellt worden. Der Kapitalbesitz war außerdem durch wechselseitige Inbesitznahme von Vorzugsaktien verflochten. Infolge der Gründung der Vereinigten Stahlwerke wurde der Interessengemeinschaftsvertrag in wesentlichen Punkten geändert.

Neuerdings hat der Salzdetfurth-Konzern über die Konzerngesellschaft Aschersleben eine Beteiligung bei der Mansfeld AG. erworben und im Zusammenhang damit im Juli 1935 die Salzdetfurth-Konzern G. m. b. H. mit einem Kapital von 30000 M. gegründet (Berliner Börsen-Berichte vom 15. 5. 1936 Nr. 112). An der Spitze der Schlesischen Zementgruppe besteht als Holdinggesellschaft die Gesellschaft für Industriewerte m. b. H. Diese besitzt die Vereinigte Portland-Cement und Kalkwerke Schimischow Silesia u. Frauendorf AG. Schimischow O/S (Kapital 14,5 Mn. M.). Letztere ist Holdinggesellschaft für die „Schlesische Portland-Zementindustrie AG." (Kapital 27 Mn. M., wovon rund $^2/_3$ im Besitz von Schimischow waren). Diese ist Produktionsgesellschaft und kontrolliert gleichzeitig eine Reihe anderer Zementwerke. Neuerdings ist die Schimischow AG. in Liquidation getreten, so daß die als überflüssig empfundene doppelte Holdinggesellschaft verschwindet. Das Kapital des Schles. Zementkonzerns vermindert sich demnach durch die Auflösung der Schimischow AG. um 14,5 Mn.

III. Konzern und Steuern

§ 32

I. Die rechtliche Selbständigkeit der Konzerngesellschaft

Ein besonderes Steuerrecht der Konzerne gibt es nicht. Trotzdem ist das Konzernverhältnis auch im Steuerrecht von Bedeutung. Im Einzelfall ist es nämlich oft zweifelhaft, ob die Leistung der einen Konzerngesellschaft an die andere auf Grund eines Schuldverhältnisses erfolgt (dann ist sie Betriebsausgabe) oder auf Grund des Gesellschaftsverhältnisses (in diesem Fall ist sie Gewinnausschüttung). Von Bedeutung ist auch die Frage, ob ein sog. Gewinnabsaugungsvertrag steuerrechtlich anerkannt wird. Endlich ist auch das Schachtelprivileg wichtig. Die Konzerngesellschaft wird im Steuerrecht (im Gegensatz zum Aktienrecht) nicht erwähnt, nur der Begriff der Organgesellschaft spielt eine Rolle.

Da die Konzerngesellschaft wie jede andere besteuert wird, ist im Steuerrecht kein Raum für die in erster Linie hier interessierende Konzernbilanz, d. h. eine Bilanz, in der die zwischen den Konzerngesellschaften bestehenden Forderungen und Schulden gestrichen sind, die Aktienkapitalien der einzelnen Gesellschaften verschwinden und das Einkommen und Vermögen des Gesamtkonzerns ausgewiesen wird[1]). Eine solche Bilanz könnte sowohl für die Einkommen-, Körperschaft- und Gewerbeertrag-Steuer, als auch für die Vermögen-, Gewerbe-Kapitalsteuer und Aufbringungsumlage Bedeutung haben. Beim Ertragsausweis würde die einheitliche Bilanz zu einer Verrechnung der Gewinne und Verluste und damit zu einer Verringerung der Besteuerung führen, indem z. B. die Gesellschaft A, die 100000 M. Gewinn hat, keine Steuer zu entrichten hätte, wenn bei der Gesellschaft B ein Verlust in gleicher Höhe bestände. Ähnlich würde es bei der Vermögensteuer zu einer Freistellung kommen, wenn dem Vermögen einer Gesellschaft eine Überschuldung bei einer anderen Gesellschaft gegenüberstände. Alle diese Folgerungen scheiden aus, weil das Steuerrecht keine Konzernbilanz und keine Zusammenfassung der verschiedenen Rechtspersönlichkeiten des Konzerns kennt. Aus der gesonderten Behandlung einer jeden Konzerngesellschaft hat der RFH. die Folgerung gezogen, daß, wenn sich Konzerngesellschaften gegenseitig versichern, nicht eine Selbstversicherung, sondern eine Fremdversicherung vorliegt. Die Prämien können als Unkosten abgesetzt werden, sofern sie

[1]) Vgl. RFH. 31, 302.

für die Schäden anderer Konzerngesellschaften als der die Prämien schuldenden herangezogen werden, und die Prämienschuld im Fall der Auflösung, des Konkurses oder der Liquidation der Konzerngesellschaft zur Auszahlung gelangt[1]).

II. Die wirtschaftliche Unselbständigkeit der Organgesellschaft

Die **Organgesellschaft** ist zwar eine typische Erscheinung des gut ausgebildeten Konzerns, aber keineswegs auf Konzerne beschränkt. Sie kommt auch bei denjenigen Gebilden vor, die man nicht als Konzerne zu bezeichnen pflegt, nämlich den Kartellen und Syndikaten, die den Markt der von ihnen behandelten Erzeugnisse regeln, Gewinn und Verlust ausgleichen, kreditpolitisch für die ihnen zugehörigen Unternehmen tätig werden, Rohstoffe und Erzeugnisse austauschen[2]).

Der Begriff der Organgesellschaft ist von der Rechtsprechung des Oberverwaltungsgerichts und des RFH. aus der Praxis heraus entwickelt worden, hat nunmehr aber gesetzliche Festlegung gefunden[3]). Zwar wird der Ausdruck „Organgesellschaft" nicht in den Gesetzen selbst gebraucht, er findet sich erst in § 2 der Durchführungsbestimmungen zum Umsatzsteuergesetz, wo der Begriff wie folgt erläutert wird:

> Eine juristische Person ist dem Willen des Unternehmens dann der Art untergeordnet, daß sie keinen eigenen Willen hat (Organgesellschaft), wenn sie nach dem Gesamtbild der tatsächlichen Verhältnisse finanziell, wirtschaftlich und organisatorisch in sein Unternehmen eingegliedert ist.

Aus dieser Unselbständigkeit folgt aber keineswegs die steuerrechtliche Rechtsunfähigkeit. Die steuerliche Einheit zwischen beherrschender und abhängiger Gesellschaft, sog. Filialtheorie, wird nicht anerkannt. Die Organgesellschaft ist, wie sich die Rechtsprechung ausdrückt, subjektiv körperschaftsteuerpflichtig. **Ihre steuerliche Rechtsunfähigkeit gilt nur für einzelne Steuern, für die die Selbständigkeit ausdrücklich gefordert wird.** Dies ist der Fall bei der Umsatz- und der Reichsgewerbesteuer. Für die Gewerbesteuer gilt die Organ-

---

[1]) Vgl. RFH. 31, 305. In der Entscheidung **19**, 252 hat der RFH. Selbstversicherung angenommen, d. h. den Abzug nicht zugelassen, wenn die versicherten Gesellschaften von der versichernden derart beherrscht werden, daß sie keine wirtschaftliche Selbständigkeit genießen.

[2]) Vgl. hierzu Veiel, StuW. 1936, Sp. 993. Ferner Heider, DStZ. 1936, 981 ff., Schultze-Schlutius, Organschaft im Steuerrecht ebenda S. 1347 und Abraham, Organtheorie im Preuß. Steuerrecht, ebenda S. 1360.

[3]) UmsatzStG. § 2, Reichs-Gewerbesteuergesetz § 2, Reichsabgabenordnung § 114 in der Fassung der EinfG. zum RealStG. § 28.

gesellschaft als eine Betriebsstätte des herrschenden Unternehmens. Im übrigen ist die Organtheorie für alle Steuern verworfen.

Für die Organgesellschaft wird danach ein persönliches Unterordnungsverhältnis gegenüber der Obergesellschaft als Dienstherrn gefordert, so daß sie vorbehaltlich einer ihr zugestandenen Bewegungsfreiheit deren Weisungen zu befolgen hat und rechtlich dazu gezwungen werden kann[1]). Für die Körperschaftsteuer weist der RFH. (34, 231) es zurück, daß die Gewinne und Verluste der Organgesellschaft der Obergesellschaft zugerechnet werden, wie es die sogenannte Filialtheorie wünscht, desgleichen für die Kapitalverkehrsteuer[2]) und für die Vermögensteuer[3]). Aber auch da, wo die steuerrechtliche Unselbständigkeit anerkannt wird, wird an der äußeren Selbständigkeit noch insofern festgehalten, als die Organgesellschaft für die auf dem Betrieb lastenden Steuern mit ihrem Vermögen neben dem herrschenden Unternehmen für haftbar erklärt wird (§ 114 RAbgO.). Angesichts des Umstands, daß die steuerrechtlichen Besonderheiten nicht etwa von der Zugehörigkeit zu einem Konzern, sondern lediglich von der Unselbständigkeit der Gesellschaft abhängt, kann die Eigenschaft einer Organgesellschaft auch gegenüber einer Einzelperson oder einer Gesellschaft des bürgerlichen Rechts bestehen, sofern diese die Herren des Betriebs sind. Entsprechend dem Wesen der in Betracht kommenden Steuern als Steuern auf den Betrieb ist es aber nötig, daß die beherrschende Person oder Vereinigung ihrerseits ebenfalls ein Unternehmen betreibt. Handelt es sich hingegen um eine Person, die als solche kein Unternehmen besitzt, so kommt der Charakter der Gesellschaft als Organgesellschaft nicht in Frage. Beherrscht eine Vereinigung des bürgerlichen Rechts die Organgesellschaft, so genügt es, daß die Mitglieder ihrerseits Unternehmungen besitzen. Die abhängige Gesellschaft kann ferner zum Teil einen selbständigen Betrieb besitzen und eigenen gewerblichen Gewinn erzielen, zum anderen Teil Angestellter, d. h. Organgesellschaft sein[4]).

Die Unselbständigkeit der Organgesellschaft auf dem Gebiet der Umsatzsteuer bedeutet, daß ihre Umsätze solche der Obergesellschaft sind. Die Obergesellschaft hat für ihre Lieferungen oder Leistungen an die Untergesellschaft, die z. B. den Verkauf besorgt, keine Umsatzsteuer zu entrichten, sie hat aber die Umsatzsteuer von den Lieferungen ihrer Verkaufsgesellschaft nach den von dieser berechneten Preisen zu

---

1) RFH. 22, 183.

2) RFH. 37, 305.

3) RFH. 31, 307; RStBl. 1936, 957.

4) Vgl. RFH. 21, 166.

zahlen. Ist die Obergesellschaft kein Handelsbetrieb, sondern Erzeugerin, so genießt sie die Vorteile des Großhandels auch dann nicht, wenn die Organgesellschaft für sich betrachtet Großhändler wäre. Ist die Untergesellschaft Einzelhändler, so hat die Obergesellschaft die höhere Steuer des Einzelhandels zu entrichten.

Auch bei der Gewerbesteuer ist nur die Obergesellschaft steuerpflichtig, und zwar sowohl hinsichtlich der Steuer nach Kapital und Ertrag wie der nach der Lohnsumme.

Mit der Stellung als Obergesellschaft sind noch weitere steuerrechtliche und devisenrechtliche Wirkungen verbunden. Die Organgesellschaft hat an sich den Ort der Leitung da, wo der gesetzliche Vertreter der Organgesellschaft oder ihr Stellvertreter tätig ist[1]). Befindet sich aber ein Unternehmen mit dem Sitz im Ausland in den Händen eines Inländers, in der Art, daß dieser alle für die Geschäftsführung nötigen Maßnahmen von einiger Wichtigkeit bestimmt, so liegt der Ort der Leitung im Inland. Wenn also die geschäftliche Oberleitung nicht in Händen des gesetzlichen Vertreters der Organgesellschaft liegt, so ist der Tätigkeitsort der geschäftlichen Oberleitung maßgebend. In solchen Fällen wird die ausländische Gesellschaft im Inland körperschaft-, vermögen- und gesellschaftsteuerpflichtig[2]). Sie gilt als Deviseninländer.

III. Gesellschaftsrechtliche und andere Beziehungen unter den Konzerngesellschaften

Angesichts der Verflechtung der Konzerngesellschaften untereinander erlangt im Steuerrecht die Frage besondere Bedeutung, ob die Rechtsbeziehungen unter den Konzerngesellschaften auf Gesellschaftsrecht oder auf anderer Grundlage beruhen. Zahlungen der Muttergesellschaft an die Tochtergesellschaft werden, wenn sie auf gesellschaftsrechtlicher Grundlage beruhen, Kapitalverkehrsteuer zur Folge haben, Zahlungen der Tochtergesellschaft an die Muttergesellschaft sind auf gesellschaftsrechtlicher Grundlage Gewinnausschüttungen oder Kapitalrückzahlungen und unterliegen unter Umständen der Körperschaftsteuer. Werden sie auf anderer Grundlage geleistet, so sind sie abzugs-

---

[1]) So für das VermStG. RFH. 32, 250.

[2]) Anscheinend a. A. RFH. 32, 249. Der Fall, daß eine ausländische Gesellschaft die Leitung einer inländischen Gesellschaft hat, ist vom RFH. in dem Shell-Fall behandelt worden. Nunmehr gestattet das EinkStG. § 30 dem Landesfinanzamt die Festsetzung von Pauschbeträgen.

fähige Betriebsausgaben der Untergesellschaft. Die Scheidung dieser Beziehungen macht mit den wichtigsten Teil der steuerrechtlichen Fragen aus, die sich mit den Konzernen beschäftigen.

1. Der Gewinnabsaugungsvertrag

Wenn ein Dritter am Gewinn einer Gesellschaft beteiligt ist, der weder Aktien besitzt, noch einem Aktionär nahesteht, so handelt es sich um eine gewöhnliche Schuld, die vom Gewinn abzusetzen ist. Erst was übrig bleibt, ist wahrer Unternehmensgewinn. Bei der Organgesellschaft kann eine Gewinnabführung an die Obergesellschaft eine solche sein, die der Gewinnabführungspflicht an einem Dritten gleichsteht, oder eine solche, die an den Aktionär erfolgt. Organgesellschaft und Gewinnabführungspflicht decken sich jedoch keineswegs. Eine Gesellschaft kann Organgesellschaft, d. h. völlig vom Willen der anderen Gesellschaft abhängig sein und trotzdem für sich Gewinn erzielen, wie ein Angestellter Gehalt bezieht[1]). Sie kann andererseits gewinnabführungspflichtig sein, trotzdem keine Organschaft besteht. Sie kann sogar gegenüber den gewinnberechtigten Gesellschaften in gewisser Hinsicht übergeordnet sein. Angesichts der völligen Inkongruenz der beiden Rechtsbeziehungen hat der Absaugungsvertrag weitergehende Wirkungen als die Organschaft. Das eigentliche Anwendungsgebiet dieses Vertrags liegt auf dem Gebiet der Einkommen- und Körperschaftsteuer.

Für Gewinnbeteiligungen dritter Personen ist es allgemein anerkannt, daß solche Gewinnabführungen den Gewinn mindern, z. B. Gewinnteilungsverträge, Poolverträge, Interessengemeinschaften. Wenn man den Abzug der Gewinnabführung an eine andere Gesellschaft nicht ohne weiteres zuließ, so hing dies damit zusammen, daß Körperschaften des Handelsrechts ihr Bestehen und ihre Anerkennung nur der Tatsache verdanken, daß sie Erwerbszwecken dienen. Von diesem Gesichtspunkt aus könnte die Gewinnabsaugung als ein Mißbrauch von Formen und Gestaltungsmöglichkeiten des bürgerlichen Rechts erscheinen, so daß die Steuerpflicht dadurch weder beseitigt noch gemindert wird (Steuer-Anpassungs-Gesetz § 6). Es bedarf daher besonderer Darlegungen, die erweisen, daß ausnahmsweise kein solcher Mißbrauch vorhanden ist. Die Grundsätze, wann eine solche Ausnahme vorliegt, sind besonders eingehend in zwei Entscheidungen des Reichsfinanzhofs behandelt worden, die das Röhrensyndikat betrafen[2]). Man muß folgenden Gesichtspunkt,

---

[1]) RFH. **31**, 299.

[2]) Vgl. RFH. **37**, 151ff. und 168ff.

der allerdings in dieser Form in den Urteilen nicht zum Ausdruck gelangte, als maßgebend betrachten: **Wenn unter mehreren Gesellschaften oder Unternehmungen die Funktionen des Gesamtunternehmens so aufgeteilt sind, daß die Gewinnerzielung an eine Stelle der Gesamtorganisation gelegt wird, während andere Gesellschaften andere Funktionen,** wie etwa die Herstellung der Erzeugnisse, die Preisregelung, die Beförderung **übernehmen, so wird der Gewinnabsaugungsvertrag als rechtmäßig anerkannt.** Die den Gewinn abführenden Gesellschaften verhalten sich alsdann zum gewinnberechtigten Unternehmen wie eine Genossenschaft zu ihren Genossen. Insbesondere bei den Verkaufssyndikaten handelt es sich sachlich um Genossenschaften in der Form der Kapitalgesellschaften, d. h. um Vereinigungen zur Förderung des Erwerbs und der Wirtschaft ihrer Mitglieder mittels gemeinschaftlichen Betriebs[1]). Die Übertragung einer einzelnen Funktion des Gesamtbetriebs oder der Gesamtbetriebe ist das Wesentliche und Primäre, der Gewinnausschluß das Sekundäre. Der Zweck der Gesellschaft ist nicht auf einen wirtschaftlichen Geschäftsbetrieb gerichtet[2]).

Aus einer solchen Kennzeichnung der Verträge ergeben sich eine Reihe von Folgerungen, die die Rechtsprechung gezogen hat, ohne daß der hier erwähnte Ausgangspunkt zur Sprache gebracht wird. Es muß zunächst von den getroffenen Vereinbarungen oder von den durch den Dienstherrn getroffenen verbindlichen Anweisungen abhängen, ob die Gesellschaft ihr Einkommen abzuführen hat[3]). Mit anderen Worten: gelegentliche und einmalige Vereinbarungen oder unverbindliche Weisungen genügen nicht. Ein beschränkter Gewinnausschluß, etwa Gewinnabführung zur Hälfte, findet keine Anerkennung, sofern nicht entsprechende Gegenleistungen vorliegen, oder sofern sich die Teilerträgnisse nicht auf ein bestimmt abgegrenztes Gebiet beziehen und auf längere Dauer vorgesehen sind[4]). Ein bestimmt abgegrenztes Gebiet liegt nur bei

---

[1]) Vgl. hierzu die Ausführungen in RFH. 37, 179, wonach der Zweck der Kartelle und Syndikate sich darin erschöpft, den bestehenden Einzelwirtschaften der Mitglieder zu dienen und sie zu fördern.

[2]) Vgl. auch 1. DV. v. 28. 7. 1931 zur Aufbringungsumlage 1931 § 3 Abs. 1 Nr. 2 RGBl. Teil I S. 413.

[3]) RFH. **31**, 299.

[4]) RFH. **34**, 233. Hier wurde eine uneinbringliche Forderung einer Tochtergesellschaft von der Muttergesellschaft übernommen und von dieser abgebucht. Darin wurde eine verdeckte Gewinnausschüttung der Muttergesellschaft erblickt. Anders sei der Fall zu beurteilen, wenn lediglich das Absinken einer Beteiligung unter den Buchwert verhindert werden sollte.

abgegrenzter betriebswirtschaftlicher Einheit vor, die als selbständiger Betrieb denkbar wäre[1]). Unzulässig ist es, eine Vereinbarung steuerlich geltend zu machen, wenn der Verlust von der Untergesellschaft getragen werden muß, der Gewinn aber der Obergesellschaft zufließt, oder umgekehrt. An anderer Stelle wird der Grundsatz vom RFH. dahin bestimmt, daß die Steuerleistung nicht nach Belieben beeinflußt und von Fall zu Fall das Betriebserträgnis der Gesellschaften reguliert werden darf. Liegt aber ein anzuerkennender Gewinnabführungsvertrag vor, dann wird die Organgesellschaft auch nicht zur Mindestbesteuerung herangezogen, insbesondere nicht hinsichtlich der Vergütungen an den Aufsichtsrat der Organgesellschaft.

2. Sonstige Geschäfte zwischen Ober- und Untergesellschaft

Hier kommen vor allem die Zuwendungen der Obergesellschaft an die Untergesellschaft in Frage. Solche Zuwendungen unterliegen möglicherweise der Kapitalverkehrsteuer als freiwillige Leistungen eines Gesellschafters, die geeignet sind, den Wert der Gesellschaftsrechte zu erhöhen. Sie bilden das Gegenstück zu den verdeckten Gewinnausschüttungen. Auf Grund der sogenannten Zweckwillens-Theorie faßt der RFH. die Mittel, die von der Obergesellschaft der Untergesellschaft für deren Zwecke zugewiesen wurden, als gesellschaftsteuerpflichtige Zuweisung an die Tochtergesellschaft auf, in der die Zwecke der Muttergesellschaft organisiert seien. Der RFH. ging in der Anwendung dieser Theorie ursprünglich sehr weit, indem er jede Leistung auf Grund Auftrags- oder Treuhand- oder Kommissionsverhältnisses, die an die Tochtergesellschaft gemacht wurde, als kapitalverkehrsteuerpflichtig bezeichnete[2]). Schritt für Schritt hat jedoch der Reichsfinanzhof diesen Grundsatz abgeschwächt; zunächst in dem Fall, daß die Untergesellschaft den Abschluß von Verträgen für die Obergesellschaft als Agent vermittelte. Aber auch in dem Fall, daß sie Kommissionär war, und im eigenen Namen für Rechnung der Obergesellschaft Geschäfte abschloß, wurde der Grundsatz verlassen. Die endgültige Regelung ging dann dahin, daß alle Zahlungen im Wege des Leistungsaustausches oder als Entgelt für Dienste beim Ein- und Verkauf als Leistungen außerhalb des Gesellschaftsverhältnisses angesehen wurden. Von besonderer praktischer Bedeutung wurde diese Rechtsprechung bei der Frage, inwieweit der Un-

[1]) RFH. 40, 187.
[2]) RFH. 32, 145.

kostenersatz an die Syndikate der Kapitalverkehrsteuer unterlag. Grundsätzlich wurden die Syndikate mit ihrem Anspruch auf Unkostenersatz frei, sofern dieser in irgendwelchen Beziehungen zum Umsatz stand. Gleichgültig war es, ob die Vergütungen jeweils beim Abschluß oder in einer Summe am Jahresende bezahlt wurden[1]). Nur wenn die Tätigkeit der Untergesellschaft über die Agenten- oder Kommissionstätigkeit hinausgeht, wird der Kostenersatz oder die Tragung von Verlusten steuerpflichtig. So wenn die Tochtergesellschaft Rohstoffe bezieht und selbst die Erzeugnisse herstellt und verkauft[2]).

3. Das Treuhandverhältnis

Ihrem Wesen nach ist jede Aktiengesellschaft Treuhänderin gegenüber den Aktionären für ihr Vermögen und ihre Erträgnisse. Aber das schließt nicht aus, daß daneben noch ein besonderes Treuhandverhältnis besteht. Die Gefahr der Verwischung zwischen dem eigenen Kapital oder dem eigenen Einkommen und dem Kapital und dem Einkommen der Konzerngesellschaften, für das die Untergesellschaft nur Treuhänder ist, wird in der Rechtsprechung dadurch vermieden, daß bei selbständigen Gesellschaften ein Treuhandverhältnis grundsätzlich nicht vermutet wird. Es muß ein klarer Rechtstitel gegeben sein, oder das Treugut muß sowohl beim Treugeber als eigenes Vermögen wie beim Treuhänder als fremdes verzeichnet sein[3]). Ist dies aber der Fall, so werden nach den allgemeinen Grundsätzen des Steueranpassungsgesetzes (§ 11 Nr. 2 und 3) dieses Vermögen und seine Erträgnisse dem Treugeber zugerechnet.

4. Das Schachtelprivileg

Das sogenannte **Schachtelprivileg** ist kein konzernrechtlicher Begriff. Es knüpft an ein bestimmtes Maß der Beteiligung einer Kapitalgesellschaft an einer anderen an, ohne Rücksicht darauf, ob die Beteiligung eine Konzernbeteiligung ist oder nicht. Nach dem KörpStG. § 9 bleiben alle Gewinnanteile außer Ansatz, die auf eine mindestens 25%ige Beteiligung an einer unbeschränkt steuerpflichtigen Kapitalgesellschaft entfallen. Die Beteiligung muß seit Beginn des Wirtschaftsjahres, genauer gesprochen, 12 Monate hindurch, ununterbrochen vorhanden gewesen sein. Insoweit hat die gewinnverteilende Untergesellschaft auch keinen Steuerabzug vom Kapitalertrag vorzunehmen. Nach dem Reichs-

---

[1]) Vgl. RFH. **33**, 188 betreffend Agententätigkeit; **37**, 304 betreffend Kommissionstätigkeit.

[2]) RFH. **38**, 310.

[3]) RFH. **37**, 168.

bewertungsgesetz § 60 gehört eine solche Beteiligung nicht zum gewerblichen Betrieb des Besitzers. Es wird dabei vorausgesetzt, daß die Beteiligung vom Beginn des Wirtschaftsjahrs bis zum Feststellungszeitpunkt also gegenwärtig in der Regel bis zum 1. Januar 1935, ununterbrochen bestand. Die Fassung dieses Gesetzes, wonach die Beteiligung nicht zum gewerblichen Betrieb gehört, bedeutet nicht etwa, daß sie nun zum sonstigen Vermögen zu rechnen sei. Vielmehr bleibt sie, wie es im alten Bewertungsgesetz § 46 hieß, außer Ansatz. Mit dieser Vergünstigung greift das Schachtelprivileg auch bei der Gewerbesteuer und der Aufbringungsumlage Platz. Die Berechnung des Prozentsatzes der Beteiligung hat vom gesamten Aktienkapital auszugehen, Vorrats- und eigene Aktien rechnen mit.

Der Sinn des Schachtelprivilegs ist der, eine Mehrfachbesteuerung des gleichen Einkommens und Vermögens zu verhindern. Die Körperschaftsteuer bedeutet an sich ohnehin eine zusätzliche Doppelbesteuerung des Einkommens, das von der Körperschaft an die Gesellschafter verteilt wird. Die Freilassung der Obergesellschaft, die als Kapitalgesellschaft ihrerseits wieder Kapitalgesellschaften als Gesellschafter besitzt, bedeutet daher nicht etwa eine Verhütung der Doppelbesteuerung, sondern eine solche der Drei- und Mehrfachbesteuerung.

Es kommt allerdings nicht darauf an, ob wirklich eine Doppelbesteuerung vorliegt, insbesondere, ob der Gewinnanteil bei der verteilenden Gesellschaft der Mindestbesteuerung unterworfen war. Verteilt also die Untergesellschaft an die Obergesellschaft nur 4%, ohne daß Gewinne erzielt wurden, oder sind sonst die Einkünfte der Tochtergesellschaft sachlich steuerfrei, wie z. B. wenn die inländische Tochtergesellschaft nach den Doppelbesteuerungsverträgen für den auf den ausländischen Betrieb entfallenden Gewinn keine Steuern im Inland bezahlt, so ist gleichwohl die Obergesellschaft insoweit steuerfrei[1]). Andererseits hat die Befreiung zur Folge, daß die Zinsen aus einer Schuld, die zum Erwerb der Beteiligung aufgenommen wurde, nicht abgesetzt werden dürfen, auch dann nicht, wenn sie den Ertrag der Beteiligung übersteigen oder die Beteiligung ertraglos ist[2]). Für die an den Anleihestock zu überweisenden Beträge muß die Tochtergesellschaft den Steuerabzug dann machen, wenn die Muttergesellschaft ihre Beteiligung nicht hinterlegt[3]).

Bei den Ausschüttungen von mehr als 4%, die der Mindestbesteue-

[1]) Vgl. RFH. **40**, 37.

[2]) RFH. **40**, 41.

[3]) RFH. **40**, 42.

rung unterliegen, handelt es sich praktisch um bereits versteuerte Rücklagen. Da die Ausschüttung der Körperschaft an sich schon zweimal versteuert wird (als Einkommen der Gesellschaft und als das der Aktionäre), bedeutet die Mindestbesteuerung eine dreifache Besteuerung. Bisher mußte man annehmen, daß die dreifache Besteuerung nur bei Untergesellschaften einsetze, insoweit sie an die Obergesellschaft mehr als 4% ausschütteten. Nach der neuen Rechtsprechung des RFH. wird die Mindestbesteuerung der Obergesellschaft nicht schon dadurch ausgeschlossen, daß die Dividende der Obergesellschaft nur aus der Dividende der Untergesellschaft gezahlt werden konnte. In der Entscheidung des RFH.[1]) handelte es sich um eine Gesellschaft mit einem Kapital von 14½ Millionen Mark, deren Aktiva im wesentlichen aus Beteiligungen bestand und die fast den gesamten Ertrag der Beteiligungen als 5prozentige Dividende verteilte. Sie wurde mit 1% zur Mindestbesteuerung herangezogen. Durch diese Entscheidung wird allerdings der Grundsatz der dreifachen Besteuerung aufrecht erhalten, andrerseits aber das Schachtelprivileg praktisch zu einem erheblichen Teil außer Wirksamkeit gesetzt.

Siebentes Kapitel

Die Unterbilanz und die Maßnahmen zu ihrer Beseitigung (Sanierung)[2])

I. Verlustbilanz, Unterbilanz, Überschuldungsbilanz

§ 33

Wenn die Passiva der Bilanz die Aktiva überschreiten, so werden nach dem geltenden Aktienrecht 3 Fälle unterschieden.

1. Die Verlustbilanz.

Sie besagt nur, daß die in der Bilanz ausgewiesenen Passiva die in der Bilanz ausgewiesenen Aktiva übersteigen.

2. Die Unterbilanz.

Dieser Fall liegt vor, wenn die Aktiva nicht mehr ausreichen, um die Verbindlichkeiten einschließlich des Grundkapitals zu decken, wenn also durch den Verlust das Grundkapital der Gesellschaft angegriffen ist. Er-

---

[1]) RStBl. 1936, 815.

[2]) Vgl. hierüber Schmalenbach, Finanzierungen S. 292ff. H. Horn, Wertanpassung bei Ertel Bd. I, 172.

reicht der Verlust die Hälfte des Grundkapitals, so hat der Vorstand die HV. zu berufen und ihr Anzeige zu machen (§ 83 Abs. 1; HGB. § 240 Abs. 1).

3. Die Überschuldungsbilanz.

Überschuldung liegt vor, wenn der Verlust das ganze Grundkapital aufgezehrt hat, so daß die Aktiva nicht mehr ausreichen, um die Verbindlichkeiten zu decken. In diesem Falle hat der Vorstand ohne schuldhaftes Zögern die Eröffnung des Konkurs- oder gerichtlichen Vergleichsverfahrens zu beantragen (§ 83 Abs. 2; HGB. § 240 Abs. 2).

In Zeiten schwerer Krisen hat die Gesetzgebung eingegriffen, um den Gesellschaften die Möglichkeit zu geben, einen Verlustausweis oder eine Unterbilanz zu vermeiden, obwohl ein solcher Verlust tatsächlich vorhanden war. So konnte nach der Goldbilanzverordnung ein Entwertungskonto, nach dem Aufwertungsgesetz ein Aufwertungsausgleichkonto, nach der Verordnung über einmalige Bilanzierungserleichterungen gleichfalls ein Entwertungskonto unter die Aktiven der Bilanz eingestellt werden[1]). Natürlich wurde hierdurch der eingetretene Verlust nicht beseitigt, sondern nur seine Beseitigung hinausgeschoben. Die Gesetze bestimmten daher, daß das Entwertungskonto innerhalb drei bzw. fünf Jahren bzw. durch jährliche Abschreibungen innerhalb angemessener Zeit zu tilgen war. Der Vermeidung eines Verlustausweises bzw. einer Unterbilanz diente auch die Bestimmung der Verordnung über einmalige Bilanzierungserleichterungen, wonach für die zum Umlaufvermögen gehörigen Wertpapiere an Stelle des Kurses am Bilanzstichtag das Mittel zwischen dem Durchschnittskurs im Juni 1931 und dem Durchschnittskurs im September 1931 eingesetzt werden konnte. Im übrigen überläßt es das Gesetz den Aktionären, ob sie Maßnahmen treffen wollen und gegebenenfalls welche, um die Gesellschaft zu sanieren, d. h. sie wieder ertragsfähig zu machen. Nur bei Versicherungsgesellschaften und bei Bausparkassen ist vorgeschrieben, daß der Geschäftsbericht des Vorstands sich darüber zu äußern hat, in welcher Weise ein entstandener Verlust gedeckt werden soll[2]). Die Anzeige an die HV. ist erst vorgeschrieben, wenn die Hälfte des Grundkapitals verloren ist. Vorstand und Aufsichtsrat müssen sich aber über die Lage der Gesellschaft stets auf dem Laufenden halten. Um klar zu stellen, daß der Vorstand von der Verpflichtung, die HV. zu berufen, nicht frei wird, wenn er die Jahresbilanz verschiebt oder keine

---

[1]) S. oben S. 95f.

[2]) Anordnung des Aufsichtsamts v. 21. 12. 1933 (Veröffentlichungen 1933, 10; 1934, 113ff.).

Zwischenbilanz aufstellt, bestimmt das AGesetz nach dem Vorschlag des Aktienrechtsausschusses der Akademie für Deutsches Recht[1]), daß die HV. schon zu berufen und ihr Anzeige zu machen ist, wenn den Umständen nach bei pflichtmäßigem Ermessen anzunehmen ist, daß die Hälfte des Grundkapitals verloren ist.

Zwar ist im Gesetz nicht bestimmt, daß in diesem Falle der HV. eine Bilanz vorzulegen ist, doch ist dies selbstverständlich, denn mit der bloßen „Anzeige" ohne Unterlagen braucht die HV. sich nicht zu begnügen. Nach welchen Grundsätzen ist diese Bilanz aufzumachen? Die Jahresbilanz kann nicht maßgebend sein, denn sie kann stille Reserven enthalten, die jetzt aufzulösen sind oder sie kann das Anlagevermögen mit Werten aufweisen, die zwar dem Anschaffungspreis minus Abschreibungen entsprechen, aber nicht mehr zeitgemäß sind. Aber auch die Grundsätze der Abwicklungsbilanz sind nicht anwendbar; denn die Lage der Gesellschaft ist gerade von dem Gesichtspunkt aus zu prüfen, ob und unter welchen Voraussetzungen sie in der Lage ist, ihren Betrieb fortzusetzen. Daher sind weder die Grundsätze der Jahresbilanz noch die der Abwicklungsbilanz anwendbar, sondern die wirkliche Lage der Gesellschaft ist von dem Standpunkt der Fortsetzung des Betriebes aus darzustellen[2]). Erscheint es zweifelhaft, ob sich die Fortführung des Betriebes empfiehlt, so wird der Vorstand zweckmäßigerweise auch eine Abwicklungsbilanz aufmachen. Handelt es sich um Überschuldung (§ 83 Abs. 2; HGB. § 240 Abs. 2), so sind die Grundsätze der Abwicklungsbilanz maßgebend.

II. Die Beseitigung der Unterbilanz

1. Durch Verminderung der Passiva insbesondere durch Kapitalherabsetzung

§ 34

Wenn bei einer Gesellschaft ein Verlust entsteht, der auf zufälligen oder vorübergehenden Ursachen beruht, so sind im allgemeinen besondere Maßnahmen nicht erforderlich. Ein solcher Verlust kann unter Verwendung des Gewinnvortrags, Auflösung stiller oder offener Rücklagen, nötigenfalls durch Heranziehung der gesetzlichen Rücklage gedeckt werden. Anders verhält es sich im Falle einer Unterbilanz oder wenn die Verlustquelle dauernder Art ist und das Unternehmen in seiner wirtschaftlichen Grundlage berührt. Hier haben die Aktionäre und gegebenen-

[1]) Zeitschr. der Akademie 1935, 255.

[2]) Nach Brodmann, Aktienrecht § 240 Anm. 2 sind die Grundsätze der Jahresbilanz anzuwenden.

falls auch die Gläubiger ein dringendes Interesse daran, daß Maßnahmen ergriffen werden, um die Ertragsfähigkeit des Unternehmens wieder herzustellen; dies muß auch rasch geschehen, denn die mangelnde Rentabilität bedeutet eine Erkrankung der Gesellschaft, die bei längerem Zusehen zu einem tödlichen Ausgang führen kann. Zur Beseitigung eines solchen Verlustes sind zwei Wege möglich: die Verminderung der Passiven oder die Vermehrung der Aktiven. Dagegen ist es nicht möglich, eine Unterbilanz durch eine Kapitalerhöhung zu beseitigen, denn die Vermehrung der Aktiven wird hier durch einen entsprechenden Passivposten aufgewogen. Ebensowenig kann eine Unterbilanz dadurch beseitigt werden, daß Verbindlichkeiten in Aktienkapital umgewandelt werden, weil hierbei ein Passivposten durch einen anderen Passivposten ersetzt wird. Diese Maßregeln kommen daher erst in Frage, nachdem die Unterbilanz beseitigt ist und es sich darum handelt, der Gesellschaft neue Mittel für ihre geschäftliche Betätigung und damit neues verantwortliches Kapital zuzuführen. Sie sind daher nur als Abschlußmaßnahmen in Betracht zu ziehen, die allerdings für den Erfolg der Sanierung meist von entscheidender Bedeutung sind.

1. Das Hauptmittel zur Beseitigung der Unterbilanz ist die Kapitalherabsetzung. Sie kann sich in drei verschiedenen Formen vollziehen: ordentliche Kapitalherabsetzung, vereinfachte Kapitalherabsetzung und Einziehung von Aktien.

Diese drei Formen entsprechen den Zwecken, denen sie dienen. Die ordentliche Kapitalherabsetzung dient meist der Kapitalrückzahlung, die auch in der Befreiung der Aktionäre von Einzahlungsverpflichtungen bestehen kann (Liberierung). Es werden daher strengere Anforderungen gestellt, insbesondere darf keine Rückzahlung an die Aktionäre und keine Liberierung erfolgen, bevor die Gläubiger befriedigt wurden. Die zweite Form kann als Kapitalberichtigung bezeichnet werden. Hier ist der Betrag, um den das Kapital herabgesetzt werden soll, bereits tatsächlich verloren; es handelt sich hier nur darum, den Verlust durch die vereinfachte Kapitalherabsetzung zu sanktionieren. Zeigt es sich im Verlauf von 2 Jahren, daß das Kapital stärker herabgesetzt wurde, als dem wirklichen Verlust entsprach, so muß es wieder aufgefüllt werden, zwar nicht als Grundkapital, wohl aber in der Form der gesetzlichen Rücklage. Abgesehen hiervon und von der Beschränkung in der Ausschüttung von Dividenden sind Gläubigerschutzbestimmungen nicht vorgesehen. Die Vorteile dieser Form sind die grundsätzliche Beseitigung des Gläubigerschutzes und die Möglichkeit der Kapitalherabsetzung mit rückwirkender Kraft. Die dritte Form wird hier Kapitalrückstellung genannt.

Sie geschieht durch Einziehung von Aktien, die aus dem Reingewinn zurückgezahlt oder der Gesellschaft unentgeltlich zur Verfügung gestellt werden. Der Betrag, um den das Kapital in dieser Weise herabgesetzt wird, darf nicht zu Ausschüttungen benutzt, sondern muß der gesetzlichen Rücklage zugeführt werden.

a) Die ordentliche Kapitalherabsetzung (Kapitalrückzahlung) ist im AGesetz (§§ 175—181) mit einzelnen Abweichungen von dem bisherigen Recht (HGB. §§ 288—291) geregelt. Danach bedarf der Beschluß einer Mehrheit von mindestens 3/4 des bei der Beschlußfassung vertretenen Grundkapitals. Sind mehrere Gattungen von Aktien mit verschiedener Berechtigung vorhanden, so darf es daneben einer gesonderten Abstimmung der Aktionäre jeder Gattung, und es muß bei jeder Abstimmung die erforderliche Mehrheit vorhanden sein. Der Beschluß muß angeben, zu welchem Zweck die Herabsetzung des Kapitals erfolgt, insbesondere ob eine teilweise Rückzahlung des Grundkapitals erfolgen soll, oder ob die Aktionäre von der Verpflichtung zur Leistung von Einlagen auf ihre Aktien befreit werden sollen. Der Beschluß ist nach dem AGesetz im Gegensatz zum HGB. nicht von sämtlichen Mitgliedern des Vorstandes zur Eintragung in das Handelsregister anzumelden. Vielmehr genügt es, wenn die zur Vertretung befugten Mitglieder die Anmeldung vornehmen. Andererseits muß nach neuem Recht der Vorsitzende des Aufsichtsrats oder dessen Stellvertreter ebenfalls anmelden (§ 176). Das neue Recht (§ 178) hat den dreimaligen Gläubigeraufruf und die besondere Aufforderung der bekannten Gläubiger beseitigt. An Stelle der Aufforderung tritt die Bekanntmachung des Gerichts über die Herabsetzung des Kapitals, in der die Gläubiger auf ihr Recht hingewiesen werden, binnen 6 Monaten nach der Bekanntmachung Sicherheit oder Befriedigung zu verlangen. Die Aktionäre können durch Veröffentlichung in den Gesellschaftsblättern unter Androhung der Kraftloserklärung aufgefordert werden, in Gemäßheit des Zusammenlegungsbeschlusses ihre Aktien zum Umtausch oder zur Abstempelung einzureichen. Nach dem AGesetz ist die Sperrfrist auf 6 Monate abgekürzt. Sie rechnet zufolge des Wegfalls der öffentlichen Aufforderung von der Bekanntmachung der Eintragung ab. Die Durchführung der Kapitalherabsetzung ist in gleicher Weise wie der Beschluß selbst zum Handelsregister anzumelden (vgl. S. 216)

b) Die vereinfachte Kapitalherabsetzung geht zurück auf die 3. Verordnung des Reichspräsidenten zur Sicherung von Wirtschaft und Finanzen vom 6. 10. 1931 5. Teil Kap. 2 (sog. Hauptverordnung). Nach dieser Verordnung konnte ursprünglich die Kapitalherabsetzung in der erleichterten Form nur bis zum 30. 6. 1932 beschlossen werden. Die Frist wurde aber von Jahr zu Jahr verlängert (zuletzt durch die 14. DV. vom 5. 4. 1937 bis zum 30. 9. 1937). Während der großen Sanierungsperiode, die sich an die Wirtschaftskrise der Jahre 1930—1933 anschloß, wurde von diesem Verfahren ausgiebig Gebrauch gemacht[1]), insbesondere durch Einziehung von Vorrats- oder eigenen Aktien, die unter dem Ausgabekurs erworben waren. Zur Einziehung von eigenen Aktien darf aber in Zukunft die vereinfachte Kapitalherabsetzung nicht mehr benutzt werden. Das vereinfachte Verfahren hat den Vorteil, daß es eine sofortige Beseitigung der Unterbilanz ermöglicht. Denn die Kapitalherabsetzung und, falls gleichzeitig eine Kapitalerhöhung stattfindet, auch die letztere kann mit rückwirkender Kraft beschlossen werden, d. h. der Beschluß kann auf die noch nicht festgestellte und zu genehmigende Bilanz des Vorjahres zurückbezogen werden. Nach dem neuen Aktienrecht ist in diesem Fall nicht Vorstand und Aufsichtsrat, sondern die HV. zur Feststellung des Abschlusses berufen (§§ 188, 189). Der Beschluß bedarf einer Mehrheit von mindestens $^3/_4$ des vertretenen Grundkapitals und gesonderter Abstimmung der einzelnen Aktiengattungen (§ 182 Abs 2).

Der sich aus der Herabsetzung und aus den Reserven ergebende Buchgewinn darf nur zum Ausgleich von Wertminderungen, zur Deckung von sonstigen Verlusten oder zur Einstellung in den gesetzlichen Reservefonds bis zur Höhe von 10% benutzt werden. Stille Reserven dürfen bei dieser Gelegenheit nicht gelegt werden (§§ 184, 186; HV. § 6). Stellt sich nachträglich heraus, daß die Verluste zu hoch angenommen wurden, und daher die vorgenommenen Abschreibungen über das notwendige Maß hinausgingen, so ist der Unterschiedsbetrag in die gesetzliche Rücklage einzustellen. Insoweit wird das herabgesetzte Grundkapital unter dem Namen einer Rücklage wieder aufgefüllt. Nach dem AGesetz (§ 185) sind die übermäßigen Abschreibungen in die gesetzliche Rücklage auch dann einzustellen, wenn sie sich im dritten Geschäftsjahr nach der Beschlußfassung zeigen, also falls das Geschäftsjahr mit dem Kalenderjahr zusammenfällt und 1938 die Herabsetzung beschlossen wird, wenn sich das Übermaß 1941 beim Abschluß für 1940 herausstellt. Andererseits bedarf es im Gegensatz zu dem bisherigen Recht zur Auflösung einer solchen Rücklage nicht der Formen für die Kapitalherabsetzung. Die gesetzliche Rücklage behält vielmehr ihren gewöhnlichen Charakter. Eine Dividende darf für alle Zukunft nur gezahlt

[1]) Näheres Frhr. von Waltershausen, Wirkung und Bewährung der Krisengesetzgebung von 1931/32 für die Sanierung von AGen. Z.f.HwF. 1935, 457.

werden, wenn der gesetzliche Reservefonds 10% des Aktienkapitals beträgt. Auch dürfen in den nächsten zwei Jahren nach der Kapitalherabsetzung nur 4% Dividende (früher 6%) gezahlt werden, andernfalls den Gläubigern Sicherheit zu leisten ist (§ 187 Abs. 2). Bei Kapitalerhöhungen, die innerhalb von 5 Jahren nach der Herabsetzung des Kapitals erfolgen, durfte das Bezugsrecht der Aktionäre nur mit 3/4 Mehrheit ausgeschlossen werden (HB. §§ 7—11). Für das neue Aktienrecht versteht sich diese Einschränkung von selbst, da auch sonst das Bezugsrecht nur mit einer Mehrheit von mindestens 3/4 des Grundkapitals ausgeschlossen werden kann (§ 153).

c) Die Aktienrechtsnovelle hatte eine wesentliche Vereinfachung für die Kapitalherabsetzung durch Einziehung vollgezahlter eigener Aktien (HGB. § 227 Abs. 2 Nr. 1—3) eingeführt. Man nannte dies „Ermäßigung des Grundkapitals". Diese Bezeichnung sollte eine sprachliche Unterscheidung zwischen der Kapitalherabsetzung zum Ausdruck bringen, die den Gläubigern gegenüber und derjenigen, die nur in den inneren Verhältnissen der Gesellschaft wirkt. Die sog. Kapitalermäßigung hatte insofern keine Wirkung gegenüber den Gläubigern, als die durch die Verringerung frei werdenden Beträge zwar als Reserven gebucht wurden, in Wahrheit aber nicht zur Verfügung der Gesellschaft standen, sondern haftendes Kapital blieben, da die Gesellschaft darüber nur unter Beobachtung der für eine Kapitalrückzahlung vorgesehenen Bestimmungen verfügen konnte. Das Aktiengesetz hat die Bezeichnung Ermäßigung des Grundkapitals wieder fallen lassen und spricht von der Kapitalherabsetzung durch Einziehung von Aktien. Offenbar ist dies deswegen geschehen, weil im Gegensatz zum HGB. die frei werdenden Beträge nicht mehr haftendes Kapital bleiben, sondern auch sachlich eine echte Rücklage bilden und als gesetzliche Rücklage ohne Innehaltung der Vorschriften über die Kapitalherabsetzung zum Ausgleich von Wertminderungen und zur Deckung sonstiger Verluste verwandt werden können (§ 192 Abs. 5; 130).

Die Kapitalherabsetzung durch Einziehung von Aktien in Form der Kapitalrückstellung ist jedoch begrenzt auf Aktien, die der Gesellschaft unentgeltlich zur Verfügung gestellt worden sind oder zu Lasten des sich aus der Bilanz ergebenden Reingewinns oder einer freien Rücklage eingezogen werden. Der erstere Fall ist bei Familiengesellschaften praktisch geworden, aber auch in Fällen, bei denen das Kapital in den Händen eines Konzerns oder einiger Großaktionäre oder auch in der Hand eines Großaktionärs war, der an der Sanierung ein besonderes Interesse hatte. Im übrigen kommt eine unentgeltliche Zurverfügungstellung meist nur bei Aktien vor, die nicht vollgezahlt sind und bei welchen der Aktionär vorzieht, auf die geleistete Anzahlung von 25% zu verzichten, statt die restlichen 75% zu leisten[1]). Für diesen Fall ist aber das hier erörterte Verfahren nicht mehr anwendbar. Der weitere in § 192 Abs. 6 (HGB. § 227 Abs. 1) erwähnte Fall der Einziehung von Aktien zu Lasten des nach der jährlichen Bilanz verfügbaren Gewinns oder einer freien Rücklage scheidet als Sanierungsmaßnahme aus. Es handelt sich dabei in der Regel um die sog. Zwangseinziehung (Amortisation), z. B. durch Auslosung, wie sie bei Eisenbahn- und anderen Unternehmungen, bei denen ein Heimfallrecht besteht, auf Grund der Satzung vorgeschrieben oder gestattet wird.

Nach HGB. § 226 durften zum Zwecke der Einziehung bis zu 10% des Grundkapitals erworben werden und die Einziehung mußte innerhalb von 6 Monaten nach dem Erwerb erfolgen. Hatte die Gesellschaft bereits 10% des Grundkapitals erworben oder besaß sie aus früheren Jahren Bestände an eigenen Aktien, die sie einziehen wollte, mußte sie entweder den Weg der regulären Kapitalherabsetzung oder den der Kapitalherabsetzung in erleichterter Form beschreiben. Nunmehr dürfen eigene Aktien nicht mehr zur Einziehung erworben werden. Soweit eine Gesellschaft noch eigene Aktien besitzt, die sie vor dem 18. 2. 1932 erworben hat, darf sie sie noch bis zum 31. 12. 1939 im Weg der vereinfachten Kapitalherabsetzung einziehen (EinfG. § 13 Abs. 2). Im übrigen muß die ordentliche Form der Kapitalherabsetzung benutzt werden, d. h. die Aktien dürfen erst bezahlt werden, wenn die Sperrfrist von 6 Monaten abgelaufen ist. Gläubiger, die sich in dieser Zeit melden, sind zu befriedigen oder sicherzustellen.

In den Fällen der Kapitalherabsetzung im Wege der Kapitalrückstellung genügt (abgesehen von dem Fall der Zwangseinziehung, bei welchem ein HV.-Beschluß überhaupt nicht erforderlich ist) zu dem Beschluß der HV. die einfache Stimmenmehrheit (§ 192 Abs. 4). Da eine Mehrheit des Grundkapitals nicht vorgeschrieben ist, wirken sich Stimmrechtsaktien, soweit sie in Zukunft noch gestattet sind (§ 12; § 9 EinfG.), voll aus. Sind mehrere Gattungen von Aktien vorhanden, so bedarf es keiner gesonderten Abstimmung.

Bei Gesellschaften, deren Aktien an der Börse eingeführt sind, erlischt durch die Kapitalherabsetzung in allen 3 Fällen die Börsenzu-

[1]) So wurde z. B. bei der Sanierung der Rütgerswerke im Jahre 1932 diesen 8 Mn. M. Aktien mit 25% Einzahlung unentgeltlich zur Verfügung gestellt, gegen Befreiung von der Verpflichtung zur Einzahlung des Restbetrags.

lassung. Es ist daher ein neuer Prospekt einzureichen [1]). Für den Fall der Kapitalherabsetzung durch Einziehung von Aktien ist eine besondere Regelung getroffen. Von der Zurücknahme der Zulassung kann abgesehen werden, wenn die Verhältnisse der Gesellschaft durch die Kapitalherabsetzung nicht wesentlich berührt werden, was nach der Praxis der Zulassungsstellen nur dann anzunehmen ist, wenn die eingezogenen Aktien unentgeltlich zur Verfügung gestellt wurden, oder die Einziehung aus dem verfügbaren Bilanzgewinn oder aus einem Reservekonto erfolgt ist, oder wenn es sich um Vorratsaktien handelt und der Buchgewinn nicht aufklärungsbedürftig erscheint. Im übrigen ist zu unterscheiden, ob die Kapitalherabsetzung über 10% des Grundkapitals hinausgeht oder nicht. In ersterem Fall muß ein neuer Prospekt erlassen werden, für den ein bestimmter Inhalt vorgeschrieben ist[2]); bei Einziehung von Aktien muß Zeit und Art des Erwerbs der eingezogenen Aktien angegeben werden, insbesondere ob die Aktien nur von einem Teil der Aktionäre oder gleichmäßig von allen Aktionären erworben worden sind. Ist das Kapital um weniger als 10% herabgesetzt, so genügt der Erlaß einer Bekanntmachung, die gleichfalls der Genehmigung der Zulassungsstelle bedarf. Wenn das Emissionshaus sich verpflichtet, den Antrag auf Wiederzulassung einzureichen, so kann die Zulassungsstelle die Zurücknahme der Zulassung aussetzen, bis sie über den Antrag auf Wiederzulassung entschieden hat.

2. Die Unterbilanz kann auch durch Nachlaß von Verbindlichkeiten beseitigt werden, sei es, daß die Gläubiger oder einige Großgläubiger auf ihre Forderungen ganz verzichten oder in eine Herabsetzung einwilligen. Der Nachlaß kann den Gläubigern dadurch erleichtert werden, daß ihnen Genußscheine ausgehändigt werden, die die Bilanz nicht belasten. Das Verfahren erfordert die Zustimmung jedes einzelnen Gläubigers. Handelt es sich um eine Schuldverschreibungsanleihe, so kann zur Abwehr einer Zahlungseinstellung oder des Konkurses die Aufgabe oder Beschränkung von Rechten mit $^3/_4$ Mehrheit der Gläubigerversammlung beschlossen werden, sofern die Mehrheit die Hälfte, bei Umlauf bis 12 Mn M $^2/_3$ des Nennwerts der umlaufenden Stücke erreicht. Die letztere Mehrheit kann in einer zweiten Versammlung wegfallen[3]). Abgesehen davon kommen nur bei einem Vergleich

---

[1]) BörsG. § 38 Abs. 2.

[2]) Verordnung betreffend die Zulassung von Wertpapieren zum Börsenhandel vom 20. 4. 1932 (RGBl. S. 181).

[3]) Gesetz v. 4. 12. 1899 § 11 mit V. v. 24. 9. 1932.

zur Abwendung des Konkurses oder bei dem Zwangsvergleich innerhalb des Konkurses Mehrheitsbeschlüsse der Gläubiger in Frage.

2. Durch Vermehrung der Aktiva

§ 35

Die Unterbilanz kann auch durch Zuzahlungen der Aktionäre beseitigt werden. Freiwillige Zuzahlungen kommen in der Regel nur bei Familienunternehmungen vor, oder wenn einzelne Aktionäre ein besonderes Interesse an der Sanierung des Unternehmens haben. Häufig werden in solchen Fällen den zuzahlenden Aktionären Genußscheine gewährt, oder die Aktien, auf welche die Zuzahlung geleistet wird, werden mit Vorzugsrechten ausgestattet[1]). Auch diese Mittel genügen nicht immer, um die Aktionäre zu Zuzahlungen zu veranlassen. Da ein Zwang zur Leistung von Einlagen über den Nennbetrag der Aktien zuzüglich eines eventuellen Agios nicht ausgeübt werden kann, wird gewöhnlich beschlossen, die Aktien, auf welche die Zuzahlung nicht geleistet wird, in einem bestimmten Verhältnis zusammenzulegen.

Nach der Rechtsprechung des Reichsgerichts darf die Zusammenlegung (bzw. der dem Aktionär durch die Zusammenlegung entstehende rechnungsmäßige Verlust) nicht stärker sein, als es dem Betrag der geforderten Zuzahlung entspricht[2]). Angenommen, die Zusammenlegung soll 5 : 3 erfolgen, so entsteht dem Aktionär durch die Zusammenlegung ein rechnungsmäßiger Verlust von $^2/_5$ des ursprünglichen Nennbetrags; die geforderte Zuzahlung muß daher mindestens 40 % des Nennbetrags betragen. Wäre die geforderte Zuzahlung niedriger, z. B. 20 %, so würde nach der Rechtsprechung des Reichsgerichts ein unzulässiger Druck auf die Aktionäre ausgeübt werden, denn in diesem Fall würde der zusammenlegende Aktionär schlechter gestellt sein, weil den 20 % Zuzahlung ein rechnungsmäßiger Verlust von 40 % gegenübersteht. Zulässig wäre es, daß bei einer Zusammenlegung von 5 : 3 die Zuzahlung höher als 40 % fest-

---

[1]) Daß eine Umwandlung in Vorzugsaktien gegen Zuzahlung, also ohne Kapitalerhöhung, im Wege einer Änderung des Gesellschaftsvertrags statthaft ist, wurde von dem RG. 52, 292 in dem Fall des Märkisch-Westfälischen Bergwerksvereins ausgesprochen. Auch die Gewährung eines Bezugsrechts auf Vorzugsaktien gegen Hingabe von Stammaktien unter Zuzahlung ist danach zulässig.

[2]) Vgl. RG. 52, 287; 80, 81. In ersterem Fall wurden gegen Einreichung von 3000 M. Aktien und 800 M. Zuzahlung Vorzugsaktien im Nennwert von 2000 M. gewährt. Ohne Zuzahlung wurden die Aktien im Verhältnis 4 : 1 zusammengelegt. Das RG. hat dies als unzulässig erachtet.

gesetzt wird; da aber in den meisten Fällen der Zusammenlegung der Kurs der alten Aktien stark gesunken ist, würde wohl jeder Aktionär die Zusammenlegung der Zuzahlung vorziehen. Die Rechtsprechung des Reichsgerichts, die das Zusammenlegungsverhältnis nach dem Nennwert und nicht nach dem Kurswert der zusammenzulegenden Aktien[1]) berechnet (Paritätskurs), führt in der Praxis dazu, daß der Betrag der Zuzahlung nicht die Grenze für die stärkste, sondern für die mildeste Zusammenlegung darstellt und daß auch die mildeste Zusammenlegung oft keinen genügenden Anreiz für die Leistung der Zuzahlung bietet[2]).

3. Die Auswirkung der Sanierungsmaßnahmen auf die Bilanz

§ 36

Sind die Sanierungsmaßnahmen beschlossen worden, so ist es wünschenswert und zweckmäßig, sie in der auf die Beschlußfassung folgenden nächsten Jahresbilanz zum Ausdruck zu bringen. Dies hat keine Schwierigkeiten, wenn der Beschluß über die Kapitalherabsetzung so gefaßt ist, daß er ohne weiteres in das Handelsregister eingetragen werden kann. Dies ist der Fall, wenn der Betrag der Kapitalherabsetzung fest bestimmt ist, z. B. durch Einziehung von 500000 M. eigener Aktien oder durch Zusammenlegung der Aktien im Verhältnis 5 : 3. Daß in diesem Fall eine Frist zur Einreichung der alten Aktien und zur Umstempelung bestimmt werden muß und nach deren Ablauf gegebenenfalls die nicht eingereichten Aktien für kraftlos erklärt werden müssen, hindert die Eintragung des Beschlusses über die Kapitalherabsetzung nicht; die Fristbestimmung setzt vielmehr umgekehrt die Eintragung voraus. Das Reichsgericht[3]) kennzeichnet den Rechtszustand dahin, daß die Eintragung des Beschlusses über die Kapitalherabsetzung (1. Eintragung) als Sperrvermerk wirke, indem sie darauf hinweise, daß in den Aktien ein unrichtiges Grundkapital beurkundet sei. Die Eintragung über die Durchführung der Kapitalherabsetzung (2. Eintragung) hebe den Sperrvermerk wieder auf,

---

[1]) Angenommen, der Kurswert der zusammenzulegenden Aktien würde 50% betragen, so wäre der rechnungsmäßige Verlust bei einer Zusammenlegung 5 : 3 = $^{2}/_{5}$ von 50% = 20%. Auf der Grundlage des Kurses würde daher die Zuzahlung nur 20% betragen müssen. Das RG. (80, 87) erklärt aber, daß auf den wahren Wert der Aktien nicht eingegangen werden dürfe.

[2]) Näheres Schmalenbach, Finanzierungen S. 320.

[3]) RG. **101**, 201 in Sachen Lübecker Ölmühle.

weil die Nennbeträge der Aktien nunmehr mit dem herabgesetzten Kapital übereinstimmen. Dagegen kann außer im Fall der vereinfachten Kapitalherabsetzung in der gleichen HV., in welcher die Kapitalherabsetzung beschlossen wurde, nicht auch eine Bilanz für das bereits abgelaufene Geschäftsjahr festgestellt werden, in der das Kapital in der Höhe ausgewiesen wird, wie es sich nach der Herabsetzung ergibt. Ist die Kapitalherabsetzung eingetragen, so kann in der Bilanz für das laufende Geschäftsjahr nicht nur das herabgesetzte Grundkapital ausgewiesen, sondern auch die Unterbilanz beseitigt werden; selbstverständlich dürfen Zahlungen an die Aktionäre erst nach Ablauf der Sperrfrist gemacht werden und eine Befreiung von Einzahlungen wird erst nach diesem Zeitpunkt wirksam.

Das neue Recht hat den besondern Gläubigeraufruf seitens der Gesellschaft beseitigt. Die Sperrfrist ist auf 6 Monate herabgesetzt und beginnt mit dem Zeitpunkt der Bekanntmachung der Eintragung des Herabsetzungsbeschlusses (§ 178). Im übrigen sind die Grundsätze des bisherigen Rechts beibehalten worden, insbesondere die Eintragung des Herabsetzungsbeschlusses (§ 177) und die Eintragung der Durchführung der Herabsetzung (§ 180). Auch die Bedeutung der beiden Eintragungen, wie sie das Reichsgericht gekennzeichnet hat, gilt für das neue Recht.

Lautet der Beschluß über die Kapitalherabsetzung dahin, daß das Kapital „bis zu" einem bestimmten Betrag herabgesetzt werden soll oder daß den Aktionären ein Wahlrecht auf die Zusammenlegung oder Zuzahlung gewährt wird, so steht die Herabsetzung des Kapitals ziffernmäßig nicht fest; sie kann daher auch in der Bilanz erst berücksichtigt werden, wenn das Wahlrecht ausgeübt ist oder sonst der Betrag des Kapitals feststeht. In solchen Fällen empfiehlt es sich, in einer besonderen HV. zunächst die Beschlüsse über die Kapitalherabsetzung zu fassen und alsdann später die Bilanz festzustellen, auch wenn dadurch eine Verzögerung in der Feststellung der Jahresbilanz eintritt.

Im Falle der Kapitalerhöhung kann das neue Kapital (außer im Falle der vereinfachten Kapitalherabsetzung) in der Bilanz erst ausgewiesen werden, wenn nicht nur der Beschluß über die Kapitalerhöhung, sondern auch seine Durchführung in das Handelsregister eingetragen ist. Im Gegensatz zu der Kapitalherabsetzung (§ 177) wird hier die Erhöhung des Grundkapitals erst mit der Eintragung der Durchführung wirksam (§ 156). Dies gilt auch dann, wenn der Vorstand auf Grund des genehmigten Kapitals neue Aktien ausgibt

(§ 170 Abs. 1). Der Fall liegt hier anders als bei der Kapitalherabsetzung, weil zunächst die neuen Aktien voll gezeichnet, die Einzahlung bar erfolgt und die sonst erforderlichen Voraussetzungen (§§ 152, 155; HGB. §§ 278—287) erfüllt werden müssen.

Viel weiter gehen die Erleichterungen im Falle der vereinfachten Kapitalherabsetzung, die ermöglichen, daß eine in einem späteren Geschäftsjahr beschlossene Sanierung auf eine Bilanz für das bereits abgelaufene Geschäftsjahr zurückbezogen werden kann. Als während der Krise 1930—1933 viele Gesellschaften eine Unterbilanz aufwiesen, war es meist nicht möglich, schon in der ordentlichen HV. für das betreffende Geschäftsjahr Maßnahmen zur Sanierung der Gesellschaft vorzuschlagen. Die Beschlußfassung über die Jahresbilanzen während dieser Zeit ist daher mit erheblichen Verspätungen erfolgt. Wenn nun z. B. im Oktober 1934 Sanierungsmaßnahmen beschlossen wurden und die Bilanz auf den 31. 12. 1933 noch nicht festgestellt war, so hätte an sich die Bilanz die alten Ziffern enthalten müssen, weil die Sanierungsmaßnahmen erst nach dem Bilanzstichtag beschlossen wurden. Es hätte aber wenig Zweck gehabt, im Oktober 1934 eine Bilanz mit den überholten Ziffern zu veröffentlichen. Das Gesetz gestattete daher, daß die Bilanz so aufgestellt wurde, als ob die Sanierungsmaßnahmen schon am 31. 12. 1933 wirksam gewesen wären. Nach bisherigem Recht[1]) mußte die Genehmigung der Bilanz und die Entlastung unter der Bedingung beschlossen werden, daß die erfolgte Kapitalherabsetzung in das Handelsregister eingetragen wurde. Voraussetzung war, daß die Sanierungsbeschlüsse bis zum Ablauf von 3 Monaten nach der Beschlußfassung zur Eintragung angemeldet und die Eintragung innerhalb 2 Monaten nach der Anmeldung bewirkt wurde. Andernfalls wurden sämtliche Beschlüsse nachträglich unwirksam. Nach dem AGesetz (§ 188) ist es nicht mehr erforderlich, daß die Beschlüsse über die Bilanz und Entlastung unter der bezeichneten Bedingung gefaßt werden. Vielmehr tritt die Nichtigkeit des Bilanzbeschlusses und der Kapitalherabsetzung kraft Gesetzes ein, wenn der Beschluß über die Kapitalherabsetzung nicht binnen 3 Monaten eingetragen worden ist. Dies gilt für Beschlüsse, die nach dem Inkrafttreten des AGesetzes gefaßt werden. Ausnahmsweise hat in diesen Fällen die HV. den Jahresabschluß festzustellen. Der Entlastungsbeschluß wurde bisher bei Versäumung der rechtzeitigen Eintragung von der Nichtigkeit

[1]) 1. DV. zur Kapitalherabsetzung in erleichterter Form § 5.

miterfaßt. Nach neuem Recht richtet sich seine Wirksamkeit nach allgemeinen Grundsätzen (S. 311 ff.).

Soweit eine **Kapitalerhöhung** beschlossen wird, ist der Nachweis der Zeichnung und Einzahlung dem Notar zu erbringen, der die HV.-Beschlüsse beurkundet. Nach den bisherigen Bestimmungen konnte auch die Kapitalerhöhung in der Bilanz als vollzogen angenommen werden, wenn die neuen Aktien gezeichnet und der angeforderte Betrag bar eingezahlt war. Auch hier mußte die Genehmigung der Bilanz und die Entlastung unter der Bedingung beschlossen werden, daß die Durchführung sowohl der Kapitalherabsetzung als auch der Kapitalerhöhung in das Handelsregister eingetragen wurde. Für die Fristen für Anmeldung und Eintragung und die Rechtsfolgen der Versäumung galt das gleiche wie bei der Kapitalherabsetzung (1. DV. § 6). Das AGesetz (§ 189) hat diese Bestimmungen mit den Änderungen übernommen, wie sie oben für die Rückwirkung der Kapitalherabsetzung dargelegt wurden.

In beiden Fällen muß in der Gewinn- und Verlustrechnung der durch die Sanierung erzielte Buchgewinn und seine Verwendung ausgewiesen werden. Die Bekanntmachung des Jahresabschlusses darf erst erfolgen, nachdem die Kapitalherabsetzung bzw. die Durchführung der Erhöhung in das Handelsregister eingetragen ist (§ 191; 1. DV. § 7 Abs. 2). Aktien oder Zwischenscheine auf das erhöhte Kapital können auf alle Fälle erst nach Eintragung der Durchführung der Kapitalerhöhung in das Handelsregister ausgegeben werden (§§ 158, 296 Abs. 1 Nr. 4; HGB. § 287 mit § 314 Nr. 3).

III. Steuerfragen der Sanierung

1. Sanierung durch Kapitalherabsetzung

§ 37

Jede Kapitalherabsetzung erzeugt buchmäßig und äußerlich zunächst einen Gewinn, der aus den Kapitalkonten erzielt wird. Die natürliche Lebensauffassung erblickt jedoch darin keinen Gewinn. Die aus dem Widerspruch zwischen buchmäßiger Erscheinung und sachlicher Bedeutung entstandene Verwirrung würde man wohl durch Wahl eines besseren Ausdrucks als den des Buchgewinns vermieden haben, so wenn man etwa von den aus der Herabsetzung verfügbaren Beträgen gesprochen hätte, die entweder ausgeschüttet oder lediglich zu buchmäßigen Veränderungen benutzt werden. Nur in letzterer Richtung liegt eine Sanierung vor. Der sogenannte Buchgewinn wird, soweit er nicht ganz oder teilweise ausgeschüttet wird (Herabsetzung zwecks Rückzahlung an die Aktionäre), entweder ganz oder teilweise in Reserve gestellt, oder er wirkt sich in der Aktivseite durch stille Reserven aus; oder er wird zu wertberichtigenden Abschreibungen benutzt, oder er beseitigt den Jahresverlust oder den Verlustvortrag. Die verschiedenen Verwendungsarten können auch miteinander verbunden sein. In keinem Fall ist dieser Buchgewinn Betriebsgewinn; er ist auch keine Vermögensvermehrung. Demzufolge wird nach der Rechtsprechung durch die Zusammenlegung des Kapitals oder durch seine Herabsetzung weder steuerlicher Gewinn noch steuerlich zu beachtender Verlust herbeigeführt. Der RFH.[1]) hat dies damit begründet, daß das Betriebsvermögen am Anfang und am Ende das gleiche geblieben ist.

Hat die Gesellschaft eigene Aktien unter dem Nennbetrag erworben und wird unter Einziehung der Aktien das Grundkapital herabgesetzt, so erscheint der Unterschied zwischen Anschaffungspreis und Minderung des Grundkapitals als Buchgewinn. Er ist kein steuerpflichtiger Gewinn. Wenn andererseits eine Gesellschaft eigene Aktien über den Nennwert aufkauft, und dann das Kapital herabsetzt, so mindert der dabei auftretende buchmäßige Verlust den steuerpflichtigen Gewinn nicht[2]). Werden Aktien ausgelost und zu einem höheren Betrag zurückgezahlt, so darf auch dieser Verlust vom Gewinn nicht abgesetzt werden[3]).

2. Da der Buchgewinn etwas anderes ist als der Jahresgewinn, so sind die beiden Gewinnposten zu sondern. Bei der vereinfachten Kapitalherabsetzung ist dies unabhängig von den steuerlichen Fragen vorgeschrieben[4]). Die regelmäßigen Abschreibungen brauchen nicht von dem Buchgewinn durch die Kapitalherabsetzung abgesetzt zu werden, vielmehr ist die Absetzung vom Betriebsgewinn zulässig[5]).

3. Da die Buchgewinne auch in Reserve gestellt werden können, so können daraus Abschreibungen noch in späteren Jahren gedeckt werden, und zwar steuerfrei auch insoweit, als sie über die steuerlich sonst zulässigen Abschreibungen hinausgehen. Die Gesellschaften können sich danach mit der Kapitalherabsetzung einen gewissen Vorrat für künftige Abschreibungen schaffen. Solche Abschreibungen werden auf Kosten des Kapitals, nicht auf Kosten des Gewinns vorgenommen[6]).

---

[1]) 24, 267 vgl. 34, 304.

[2]) RFH. Bd. 35, 39; RStBl. 1934, 436 Nr. 374.

[3]) Vgl. Kennerknecht S. 354.

[4]) AGesetz § 190.

[5]) Vgl. RFH. 37, 76.

[6]) Ebenso Kennerknecht in der Rundschau für Gesellschaften mit beschränkter Haftung 1932, 979; Hoeres, BankA. Jg. 32/33, 447.

Sind die Wertminderungen oder sonstigen Verluste bei der Kapitalherabsetzung in vereinfachter Form überschätzt worden, so muß der nicht erforderliche Betrag späterhin in die gesetzliche Rücklage gestellt werden[1]). Auch dabei handelt es sich nicht um einen Gewinn, ebensowenig wie wenn der Betrag bereits im Jahr der Kapitalherabsetzung in Reserve gestellt worden wäre[2]).

4. Wenn der Buchgewinn zu Ausschüttungen an die Aktionäre benutzt wird, so handelt es sich nicht um die Ausschüttung eines Gewinnes, sondern um eine Kapitalrückzahlung. Wenn jedoch eine Gesellschaft die über reichliche Reserven verfügt, auf Grund einer Kapitalherabsetzung Ausschüttungen macht, so prüft der RFH., ob diese Zahlungen nicht als verdeckte Gewinnausschüttungen zu behandeln sind (S. 75)[3]).

5. Bei der Kapitalherabsetzung kommen Vorgänge in Betracht, die eine Kapitalverkehrsteuerpflicht auslösen, z. B. Erwerb von Gesellschaftsrechten, Veräußerung eigener Aktien, sowie Leistungen zur Deckung der Überschuldung oder der Verluste an Grundkapital. Soweit diese Vorgänge zur Deckung der Überschuldung oder des Verlustes erforderlich sind, beträgt die Gesellschaftssteuer nach KVG. § 9 nur 1% statt 2%. Die Voraussetzungen dieser Ermäßigung decken sich nicht mit den Voraussetzungen für die Körperschaftsteuerfreiheit der Buchgewinne bei der Kapitalherabsetzung. Soweit noch Reserven vorhanden sind, die den Verlust übersteigen, wird die Steuer nicht ermäßigt. Dies gilt auch für stille Reserven. Die Unterbilanz muß zur Zeit der steuerpflichtigen Vorgänge, z. B. bei der Kapitalerhöhung, für die eine Steuerermäßigung in Anspruch genommen wird, vorhanden gewesen sein; mindestens muß zu dieser Zeit der Wille bestanden haben, eine damit zusammenhängende Kapitalherabsetzung vorzunehmen. Nachträglich kann durch Kapitalherabsetzung die Ermäßigung des Steuersatzes nicht mehr erreicht werden. Die Kapitalherabsetzung kann auch vorangehen; alsdann muß die Kapitalerhöhung in bestimmte Aussicht genommen werden. Für fortlaufende Betriebszuschüsse wie bei Pachtverträgen, Konzernen und Syndikaten, gilt die Steuerermäßigung nicht.

---

[1]) AGesetz § 185; 1. DV. zur Kapitalherabsetzung i. e. F. § 2.

[2]) A. A. Wilden, WPr. 1933, 340.

[3]) Dies gilt besonders für Einmann- und Familiengesellschaften; vgl. Bühler S. 267.

2. Die Sanierung durch Gläubigerverzicht und durch Zuzahlung

§ 38

1. Der Gläubigerverzicht unterscheidet sich wesentlich von der Kapitalherabsetzung. Er ist kein gesellschaftsrechtlicher Vorgang, denn die Struktur der Gesellschaft wird dadurch nicht geändert. Nur dann, wenn die Gläubiger daneben auch noch Gesellschafter sind oder wenn sie es im Zusammenhang damit werden, kann sich der Verzicht als gesellschaftliche Einlage und Kapitalzuführung darstellen. Die Rechtsprechung hat den Verzicht auf Forderungen für kapitalverkehrsteuerpflichtig erachtet, wenn die Gläubiger auf einen Teil der Forderungen verzichteten, und wegen des Restes Aktionäre wurden. Die Frage, ob bei Gewährung von sogenannten Besserungsscheinen an die Gläubiger Kapitalverkehrsteuerpflicht nach § 6 Ziffer 3 des KVG. eintritt, ist bestritten[1]).

2. Zufolge KörpStG. § 11 Nr. 4 sind nach dem neuen Recht alle Vermögensmehrungen, die dadurch entstehen, daß Schulden zum Zweck der Sanierung ganz oder teilweise erlassen werden, abzugsfähige Ausgaben. Die widerspruchsvolle Ausdrucksweise läßt erkennen, daß es sich hier in Wahrheit garnicht um Vermögensmehrung handelt, sondern daß diese im Sinn der Sprachweise des Steuerrechts nur fingiert wird. Allgemein vertritt man die Auffassung, daß der Erlaß der Gläubiger den Verlust der Gesellschaft nicht übersteigen dürfe, und daß der Mehrbetrag körperschaftsteuerpflichtiger Gewinn sei. Das mag theoretisch richtig sein. Praktisch sind die Faktoren der Verlustberechnung bei einem sanierungsbedürftigen Unternehmen so unsicher, daß die bilanzmäßig ausgewiesene Verlustziffer keinen Anspruch auf unbedingte Anerkennung hat. Kein Gläubiger wird von seiner Forderung mehr nachlassen, als zur Erhaltung des Unternehmens erforderlich ist, d. h. er wird höchstens soviel fordern, als das Unternehmen ohne Gefahr des Zusammenbruchs leisten kann, und mindestens soviel nachlassen, daß nicht nur der Verlust beseitigt, sondern auch der Betrieb wieder flott gemacht wird [2]). Sanierungen sind daher keine Schenkungen und nicht schenkungssteuerpflichtig [3]). Als Grundlage für die Entscheidung der Gläubiger wird in der Praxis eine besondere Vermögensaufstellung gefertigt, die die Aussichten der Gläubiger in Erwägung zieht, falls es zum Zusammenbruch kommt.

---

[1]) Vgl. Veiel, Kapitalverkehrssteuer-Gesetz S. 128f.
[2]) RFH. 40, 279.
[3]) RFH. 22, 302.

3. Besonders häufig wird bei Gläubigerverzichten die Zusage gegeben, Zahlungen zu leisten, falls später Gewinne erzielt werden (Besserungsscheine). Hier fragt es sich, ob die auf Grund solcher Zusagen zu leistenden Zahlungen später bei der Berechnung der Körperschaftsteuer dem Gewinn zugerechnet werden. Man hat darauf verwiesen, daß eine Schuld, die nur für den Fall der Gewinnerzielung besteht, nicht passiviert werden könnte. Der Einkommensteuersenat des RFH., der schon vor dem Körperschaftsteuergesetz die Sanierungsgewinne bei einkommensteuerpflichtigen Personen für steuerfrei erklärt hatte, hat die Zahlungen auf Grund solcher Besserungsscheine als außerhalb des Betriebs liegend angesehen, ihren Abzug infolgedessen nicht zugelassen, sie vielmehr als Entnahmen betrachtet, die zum Gewinn gehören[1]). Bei wirtschaftlicher Betrachtungsweise wird man wohl entgegen der in der Praxis der Steuerbehörden herrschenden Auffassung derartige Zahlungen für abzugsfähig halten müssen. Daß Verbindlichkeiten, die aus dem Gewinn zu zahlen sind, nicht passiviert werden, liegt nicht daran, daß es keine Verbindlichkeiten sind, sondern daran, daß sie das Stammvermögen nicht belasten und deshalb die Gläubiger nicht gefährden[2]). Den schuldrechtlichen Charakter der Zahlungen hat der RFH. aber insofern anerkannt, als er die Beträge, die eine Kapitalgesellschaft an ihre Muttergesellschaft auf Grund von Besserungsscheinen abführt, als Gewinnanteile ansieht, für die das Schachtelprivileg nicht in Anspruch genommen werden kann[3]).

4. Die Sanierung kann auch durch Zuzahlung ohne Kapitalherabsetzung geschehen, wenn dagegen keine Kapitalerhöhung oder keine solche in Höhe der Zuzahlung vorgenommen wird. Auch hier liegt eine körperschaftsteuerfreie Vermögensmehrung vor. Die Vermögensmehrung ist auch dann steuerfrei, wenn etwa der Gesellschafter, statt eine Zuzahlung an die Gesellschaft zu leisten, die Gläubiger ganz oder teilweise befriedigt, ohne dafür von der Gesellschaft Ersatz zu fordern[4]). Die Zuzahlung ist, soweit sie einen Verlust am Kapital deckt, mit 1% kapitalverkehrsteuerpflichtig; im übrigen mit 2%.

---

[1]) RFH. im RStBl. 1934, 406 Nr. 349; 1933, 734 Nr. 574; 1931, 899 Nr. 784. Ebenso Kennerknecht S. 494 Anm. 46; Willenbrink StuW. 1935 Teil I Sp. 1365; a. A. v. Werthern das. Sp. 748.

[2]) Gleicher Ansicht Bühler S. 270, der mit Recht auf die ungünstige Einwirkung des steuerlichen Standpunktes auf die Geschäftsmoral hinweist.

[3]) RFH. 39, 117.

[4]) Vgl. RFH. im RStBl. 1929, 228.

Achtes Kapitel

Der Geschäftsbericht des Vorstandes[1])

I. Der Inhalt des Berichts Die Schutzklausel

§ 39

Die Mitglieder des Vorstandes haben bei ihrer Geschäftsführung die Sorgfalt eines ordentlichen Geschäftsmannes (HGB. § 241) oder wie sich das AGesetz (§ 84) ausdrückt „die Sorgfalt eines ordentlichen und gewissenhaften Geschäftsleiters“ anzuwenden. Dieser Grundsatz gilt auch für den Geschäftsbericht, er ist aber für diesen besonders ausgesprochen und wie folgt formuliert worden: „Die Berichterstattung hat den Grundsätzen einer gewissenhaften und getreuen Rechenschaft zu entsprechen“ (§ 128 Abs. 3). Eine Pflicht zur Veröffentlichung besteht für den Geschäftsbericht nicht, indessen steht er beim Handelsregister jedermann zur Einsicht offen. Die Veröffentlichung kann, falls sie geschieht, auch auszugsweise erfolgen, doch muß, wenn sich der Auszug als Geschäftsbericht zum Jahresabschluß bezeichnet, erwähnt werden, daß es sich um eine Abkürzung oder einen Auszug handelt.

Der Inhalt des Geschäftsberichts wird durch seinen Zweck bestimmt, nämlich die Unterlagen für die Entschließung der HV. über die Feststellung des Jahresabschlusses, die Gewinnverteilung und die Entlastung von Vorstand und Aufsichtsrat zu liefern. Nach dem AGesetz fällt der Zweck, die Unterlage für die Feststellung des Jahresabschlusses zu bilden, in der Regel weg; er bleibt die Unterlage für die Gewinnverteilung und die Entlastung. Damit wird der Rechenschaftsbericht von seinem Zusammenhang mit der von dem Vorstand festgestellten Bilanz losgelöst und erhält den Charakter einer reinen Rechenschaftslegung, als die er ausdrücklich bezeichnet wird. Er bildet sonach einen besonderen Anwendungsfall der Rechenschaftslegung im Sinne des BGB. §§ 666, 259.

Für den Bericht werden nur *positive* Angaben verlangt. Soweit Tatsachen, über die zu berichten ist, nicht bestehen (z. B. keine Konzernunternehmen, keine aus der Bilanz nicht ersichtlichen Haftungsverhältnisse), ist eine Angabe nicht erforderlich; es braucht also keine Fehlanzeige erstattet werden[2]).

---

[1]) Vgl. H. Horn, Probleme des Geschäftsberichts in „Der Praktische Betriebswirt“ 1936 S. 989ff. und G. F. Horn bei Ertel Bd. II 129.

[2]) E. des Kammergerichts v. 2. 4. 1936 WTr. 1936, 355.

In bezug auf den Inhalt des Geschäftsberichts unterscheidet das Gesetz zwischen dem allgemeinen Bericht und den zu machenden besonderen Angaben (§ 128 Abs. 1, 2). Zu dem allgemeinen Bericht gehört die Darlegung des Geschäftsverlaufs und der Lage der Gesellschaft — dieser Teil unterliegt nicht der Pflichtprüfung (vgl. oben S. 236) — und die Erläuterung des Jahresabschlusses. Die besonderen Angaben beziehen sich, soweit bei den einzelnen Punkten in Nr. 1—9 nichts anderes bemerkt ist, nicht nur auf die Ereignisse und Tatsachen, die in dem betreffenden Geschäftsjahr eingetreten sind, sondern betreffen auch solche, die schon früher eingetreten sind, wie den Bestand an Vorratsaktien, eigenen Aktien und die Beziehungen zu einem Konzernunternehmen. Dies bedeutet, daß die Angaben in jedem Geschäftsbericht gemacht werden müssen, auch wenn darüber früher schon berichtet wurde.

Außer den gesetzlich vorgeschriebenen Mitteilungen kann der Geschäftsbericht noch einen weiteren (freiwilligen) Inhalt haben. Üblich ist der Vorschlag über die Verteilung des Reingewinnes, der zugleich Unterlage für die Beschlußfassung der HV. ist. Ist ein Verlust entstanden, so kann der Geschäftsbericht auch Vorschläge über die Deckung desselben enthalten.

Die Unterscheidung von allgemeinen und besonderen Angaben ist auch für die Auslegung der Schutzklausel von Bedeutung. Nach § 128 Abs. 3 kann die Berichterstattung insoweit (aber auch nur insoweit) unterbleiben, „als überwiegende Belange der Gesellschaft oder eines beteiligten Unternehmens oder der gemeine Nutzen von Volk und Reich es fordern" (Verschweigungsrecht). Zu letzterem gehört z. B. die Rücksicht auf die Landesverteidigung; zu den Belangen der beteiligten Unternehmungen gehören z. B. die Bekanntgabe des Umsatzes, sowie Mitteilungen über alle schwebenden Verhandlungen und Geschäfte. Der Vorstand soll nicht zu einer Berichterstattung gezwungen werden, die einer beteiligten Gesellschaft oder der Allgemeinheit Schaden zufügen würde; er hat daher die entgegenstehenden Interessen gegeneinander abzuwägen und nach pflichtmäßigem Ermessen zu entscheiden. Handelt es sich aber um Tatsachen, die für die Gesamtbeurteilung der Gesellschaft von entscheidender Bedeutung sind, so muß das Interesse der Gesellschaft zurückstehen[1]), andernfalls könnte die Geheimhaltung auch der wichtigsten Tatsachen mit dem Gesichtspunkt der Interessen-Abwägung begründet werden; denn das Interesse der Gesellschaft an der Geheim-

[1]) RGSt. 38, 200; 49, 364; vgl. auch H. Horn, a. a. O. S. 992.

haltung würde um so größer sein, je mehr die verschwiegene Tatsache geeignet ist, den Bestand der Gesellschaft und die Sicherheit der Gläubiger zu beeinträchtigen. Sinn und Zweck des Gesetzes ist beim Verlangen nach Wahrheit und Klarheit nicht nur der, die Leiter der Gesellschaft auf den richtigen Bahnen zu halten und die Gesellschaften vor Schaden zu schützen, sondern noch vielmehr der, die Gesundheit des ganzen Wirtschaftslebens gegen die Gefahren zu sichern, die bei mangelnder Klarheit der Verhältnisse gerade von der Wirtschaftsform der AG. drohen. Grundsätzlich ist ferner anzunehmen, daß die Schutzklausel sich nicht auf die zu machenden besonderen Angaben bezieht, denn diese betreffen in der Hauptsache Rechtsverhältnisse oder Tatsachen, deren Mitteilung im öffentlichen Interesse verlangt wird[1]).

Schließlich darf die Schutzklausel auch nicht in einer Weise angewandt werden, daß das Mitgeteilte zu einer falschen Beurteilung führt. Es gilt daher der Grundsatz: Es muß nicht alles gesagt werden, aber was gesagt wird, muß richtig sein und eine richtige Beurteilung der Verhältnisse ermöglichen[2]). Eine Angabe darüber, daß und ev. über welche Punkte von der Schutzklausel Gebrauch gemacht wurde, braucht der Geschäftsbericht nicht zu enthalten[3]).

Die Verpflichtung zur Berichterstattung entfällt nicht dadurch, daß die betreffende Tatsache z. B. ein entstandener Betriebsverlust bereits aus der Bilanz ersichtlich ist oder in der Bilanz vermerkt wird. Denn der Geschäftsbericht hat nicht nur die Tatsachen wiederzugeben, sondern auch die aus der Bilanz ersichtlichen Tatsachen zu erläutern. Ebensowenig kann umgekehrt eine für die Bilanz notwendige Angabe durch eine Angabe im Geschäftsbericht ersetzt werden. Nur über Haftungsverhältnisse braucht der Geschäftsbericht keine Angaben zu enthalten, wenn die Haftungsverhältnisse aus der Bilanz ersichtlich sind[4]).

Die **Verpflichtung** zur **Erstattung** des **Geschäftsberichts** besteht gegenüber dem Aufsichtsrat und gegenüber der HV. Dies gilt auch nach dem AGesetz, trotzdem in der Regel die HV. nicht mehr über den Jahresabschluß beschließt. Der Aufsichtsrat kann daher auf die Erstattung des Geschäftsberichts Klage erheben und gegebenenfalls Schadenersatzansprüche geltend machen. Eine praktische Bedeutung besitzt diese Klage jedoch nicht, da die HV. durch die Verweigerung der

---

[1]) A. A. Staub § 260a Anm. 7; Schlegelberger das. Anm. 37.
[2]) Vgl. RGSt. 68, 245; 38, 200; 49, 364.
[3]) E. des Kammergerichts v. 2. 4. 1936 WTr. 1936, 355.
[4]) Ebenso H. Horn a. a. O. S. 995.

Entlastung und Entziehung des Vertrauens ihren Willen besser zur Geltung bringen kann. Auch eine Minderheit, deren Anteile zusammen den zehnten Teil des Grundkapitals erreicht, kann den Anspruch auf Berichterstattung im Wege des § 118 (HGB. § 266) geltend machen. Hat die HV. den Jahresabschluß trotz Fehlens, Unrichtigkeit oder Unvollständigkeit des Geschäftsberichts festgestellt oder dem Vorstand und Aufsichtsrat Entlastung erteilt, so kann jeder Aktionär die Beschlüsse der HV. anfechten. Der Vorstand konnte jedoch nach bisherigem Recht seinerseits einwenden, daß das Fehlen, die Unrichtigkeit oder Unvollständigkeit des Geschäftsberichts keinen Einfluß auf die Beschlußfassung der HV. ausgeübt habe[1]). Nach der Ausgestaltung, die das Auskunftsrecht des Aktionärs im AGesetz (§ 112) gefunden hat, läßt sich jedoch diese Auffassung nicht mehr aufrechterhalten. Danach bildet die Auskunft einen Bestandteil der Rechenschaftslegung; sie darf außer im Fall der Schutzklausel nicht verweigert werden, wenn die Angelegenheit mit dem Gegenstand der Verhandlung im Zusammenhang steht. Daher gilt auch eine Ausnahme für den Fall, daß fehlende Angaben durch mündliche Mitteilungen des Vorstandes oder Aufsichtsrats in der Hauptversammlung nachgeholt bzw. unrichtige Angaben richtiggestellt worden sind.

Der Geschäftsbericht ist nebst den Bemerkungen des Aufsichtsrats zum Handelsregister einzureichen (§ 143; HGB. § 265 Abs. 2). Der Registerrichter hat die Richtigkeit und Vollständigkeit des Geschäftsberichts nicht zu prüfen (§ 143 Abs. 3), dies ist vielmehr Sache des Abschlußprüfers.

II. Die allgemeinen Angaben

§ 40

Nach dem AGesetz bildet die Angabe der sämtlichen Mitglieder des Vorstands und des Aufsichtsrats (mit Familien- und einem ausgeschriebenen Vornamen einschließlich der im Geschäftsjahr oder nachher ausgeschiedenen) unter Bezeichnung der Vorsitzer des Vorstands und Aufsichtsrats den Schluß der inhaltlichen Erfordernisse des Geschäftsberichts. Sie gehört aber an dessen Spitze und kennzeichnet die Verantwortlichen für den Geschäftsbericht, die Geschäftsführung und Überwachung nach außen und den Aktionären gegenüber. Entsprechend ist die Praxis stets verfahren.

[1]) Ebenso Schlegelberger § 260a Anm. 41; nach Staub das. Anm. 27 begründete eine Verletzung des § 260a stets die Anfechtung des Beschlusses über die Genehmigung des Jahresabschlusses, nicht aber des Beschlusses über die Entlastung.

1. „In dem Geschäftsbericht ist der Geschäftsverlauf und die Lage der Gesellschaft darzulegen". Danach sind alle Tatsachen und Umstände zu berichten, die nach vernünftigem Ermessen bei Berücksichtigung der Anschauungen des Verkehrs zur Beurteilung der gesamten Geschäftslage der Gesellschaft von Bedeutung sind. Nach diesen Anschauungen des Verkehrs ist es zufolge einer Entscheidung des RG. auch zu beurteilen, ob bei erheblichen Unterschieden zwischen dem wahren Wert eines Anlagegegenstandes und dem Anschaffungs- oder Übernahmepreis Aufklärung im Geschäftsbericht zu geben ist, selbst wenn der Ansatz für den Anschaffungspreis an sich nicht zu beanstanden war[1]. Das RG. hat es weiter für nötig erachtet, daß umfangreiche Veruntreuungen erwähnt werden, selbst wenn dafür Ersatz geleistet wurde[2]. In Betracht kommen ferner Maßnahmen von Vorstand und Aufsichtsrat, die über den Rahmen der regelmäßigen Geschäftsführung hinausgehen oder von einschneidender Bedeutung sind. Der Bericht darf sich nicht auf die Darlegung der Verhältnisse am Schluß des Geschäftsjahres beschränken, sondern muß alle wichtigen Geschäftsvorfälle und sonstigen Ereignisse anführen, die von wesentlichem Einfluß auf das geschäftliche Ergebnis gewesen sind, wie insbesondere Ausgang eines Prozesses, Unglücksfälle, Abschluß wichtiger Verträge, Angliederung fremder Unternehmungen, Gründung von Filialen, Verluste bei geschäftlichen Maßnahmen. Das AGesetz betont dies durch die Vorschrift, daß der „Verlauf" des Geschäftes dargelegt werden muß. Die Angabe des Bruttoumsatzes kann nicht verlangt werden[3].

2. Vorgänge von besonderer Bedeutung, die nach Schluß des Geschäftsjahrs eingetreten sind.

Im allgemeinen ist die Berichterstattung zeitlich auf das Geschäftsjahr beschränkt. Da aber der Geschäftsbericht ebenso wie die Bilanz oft längere Zeit nach Abschluß des Geschäftsjahrs aufgestellt wird, so besteht die Möglichkeit, auch Vorgänge zu berücksichtigen, die nach Abschluß des Geschäftsjahrs eingetreten sind. Soweit diese Ereignisse von besonderer Bedeutung sind, ist darüber zu berichten. Nach dem

---

[1]) RGSt. **41**, 293, wo Steinbrüche gegen Übernahme von M. 400000 Aktien eingebracht wurden, die nur 100000 M. wert waren.

[2]) RGSt. **38**, 197.

[3]) Für den Prospekt zwecks Zulassung zur Börse wird grundsätzlich die Angabe der Geldumsätze in den letzten drei Jahren verlangt, bzw. bei Werken der Grundstoffindustrie die Angabe der Förderungs- oder Produktionsmengen und des Mengenabsatzes, bei Brauereien des Brauereiausstoßes.

Gutachten des Fachausschusses der Wirtschaftsprüfer[1]) sind darunter Vorgänge zu verstehen, die geeignet sind, die Beurteilung der Bilanz und der Lage des Unternehmens erheblich zu beeinflussen, z. B. Verkauf und Erwerb von Grundstücken, von Beteiligungen, Eingehen einer Interessengemeinschaft, ferner größere Verluste.

3. „Der Jahresabschluß ist zu erläutern". Insbesondere ist daher über Tatsachen zu berichten, die aus der Bilanz selbst nicht hervorgehen und über Tatsachen, ohne deren Kenntnis die Bilanz nicht verständlich ist. Die Bildung von stillen Rücklagen im Rahmen des vernünftigen kaufmännischen Ermessens braucht nicht erwähnt zu werden, soweit nicht eine wesentliche Abweichung von dem letzten Jahresabschluß vorliegt.

4. „Wesentliche Abweichungen von dem früheren Jahresabschluß sind zu erörtern". Wesentliche Abweichungen sind z. B. wesentliche Zugänge von Anlagegegenständen, Abstoßung von Beteiligungen, wesentliche Abweichungen in der Gliederung der Bilanz, aber auch wesentliche Abweichungen in den Bewertungsgrundsätzen. Eine wesentliche Abweichung kann auch in der Auflösung offener und stiller Rücklagen (S. 161) bestehen; eine „Erörterung" im Geschäftsbericht ist in diesen Fällen erforderlich, ohne daß es jedoch einer ziffernmäßigen Angabe bedarf. Soweit offene Rücklagen in Frage kommen, ist deren Auflösung aus dem Vergleich der Bestandsbilanz mit der des Vorjahres und (als außerordentlicher Ertrag) aus der Gewinn- und Verlustrechnung auch ziffernmäßig ersichtlich. Eine Änderung der Abschreibungssätze ist, falls sie wesentlich ist, im Geschäftsbericht gleichfalls zu erörtern, ohne daß es auch hier einer ziffernmäßigen Angabe bedarf.

III. Die besonderen Angaben

§ 41

In dem Geschäftsbericht sind ferner Angaben über nachstehende Punkte zu machen:

1. Aktien, die ein Aktionär für Rechnung der Gesellschaft oder eines abhängigen Unternehmens oder ein abhängiges Unternehmen als Gründer oder Zeichner oder in Ausübung eines Bezugsrechts nach § 165 übernommen hat; sind solche Aktien im Geschäftsjahr verwertet worden, so ist auch über die Verwertung unter Angabe des Erlöses und die Verwendung des Erlöses zu berichten.

---

[1]) WPr. 1933, 147.

Der Kreis der Vorratsaktien, über die nach Nr. 1 Angaben zu machen sind, ist durch das AGesetz wesentlich erweitert worden (S. 280). Sind solche Aktien im Geschäftsjahr verwertet worden, so ist auch über die Verwertung unter Angabe des Erlöses und die Verwendung des Erlöses zu berichten[1]). Es ist ferner anzugeben, zu welchem Zweck der Erlös verwendet wurde, z. B. zur Verstärkung der Betriebsmittel, zu besonderen Anschaffungen.

Die Vorratsaktien müssen nach dem Gesamtnennbetrag, bei verschiedenen Gattungen nach dem Gesamtnennbetrag jeder Gattung angegeben werden. Nicht erforderlich ist, die Vorratsaktien danach zu trennen, ob sie für Rechnung der Gesellschaft selbst, von einem abhängigen Unternehmen oder für dessen Rechnung übernommen worden sind. Der Wert des Erlöses ist anzugeben, sowie ob er in Geld oder in Sachwerten bestand.

2. Eigene Aktien der Gesellschaft, die sie, ein abhängiges Unternehmen oder ein anderer für Rechnung der Gesellschaft oder eines abhängigen Unternehmens erworben oder als Pfand genommen hat; sind solche Aktien im Geschäftsjahr erworben oder veräußert worden, so ist auch über den Erwerb oder die Veräußerung unter Angabe des Erwerbs- oder Veräußerungspreises und die Verwendung des Erlöses zu berichten.

Der Kreis der eigenen Aktien, über die unter dieser Bezeichnung Angaben zu machen sind, ist gegenüber dem bisherigen Recht um 6 Gruppen vermehrt worden (S. 280).

Nach bisherigem Recht waren in der Bestandsbilanz lediglich die eigenen Aktien der berichtenden Gesellschaft nach Betrag und Wert auszuweisen. Nach dem AGesetz sind aber in der Bestandsbilanz zusammen mit den eigenen Aktien auch die Aktien einer herrschenden Gesellschaft, die sich im Besitz der berichtenden Gesellschaft befinden, aufzuführen. Die Angaben im Geschäftsbericht der herrschenden Gesellschaft und in der Bilanz der abhängigen Gesellschaft decken sich nicht notwendig, da der Kreis der in der Bilanz auszuweisenden Aktien erheblich enger ist. Sind die Aktien an der Börse ge- und verkauft worden, so braucht nicht der Kaufpreis für jede einzelne Aktie angegeben zu werden, sondern es genügt die Angabe des insgesamt gezahlten Kaufpreises bzw. des Durchschnittspreises[2]).

---

[1]) Zum erstenmal wurde die Verpflichtung zur Berichterstattung über die Verwertung von Vorratsaktien bzw. gebundenen Aktien in § 31 Abs. 2 der 2. DV. zur GBilV. vom 28. 3. 1924 eingeführt.

[2]) Ist das Kapital in vereinfachter Form herabgesetzt, so wird auf Grund der Bekanntmachung vom 20. 4. 1932 (RGBl. I S. 182) für den Prospekt über die Wiederzulassung zur Börse der gewogene Durchschnittspreis verlangt.

Über gebundene Aktien brauchen im Geschäftsbericht jetzt keine Angaben mehr gemacht zu werden (vgl. S. 282).

3. Aktien, die bei bedingter Kapitalerhöhung im Geschäftsjahr bezogen worden sind.

Der Nennbetrag des bedingten Kapitals (§§ 166, 167) ist in der Bilanz auf der Passivseite zu vermerken (§ 131 Abs. 1 B I).

4. Das genehmigte Kapital.

Dieses ist der Nennbetrag, bis zu dem der Vorstand das Grundkapital durch Ausgabe neuer Aktien erhöhen kann (§ 169 Abs. 1). Soweit der Vorstand von seiner Vollmacht Gebrauch gemacht und innerhalb dieses Betrages bereits Aktien ausgegeben hat, ist der Betrag der ausgegebenen Aktien abzusetzen.

5. Die bestehenden Genußrechte unter Angabe der im Geschäftsjahr geschaffenen.

Die Bezeichnung „Genußrechte" umfaßt auch Genußscheine; sie ist gewählt worden, um auch solche Genußscheine zu treffen, die nicht in Form von Wertpapieren verbrieft sind[1]).

Bisher war nur die Angabe der im Geschäftsjahr ausgegebenen Genußscheine erforderlich (S. 156). Anzugeben ist Zahl und Nennbetrag, soweit ein solcher vorhanden, sowie der Inhalt des verbrieften Rechts. Die Berichterstattung über eine im Laufe des Geschäftsjahrs vorgenommene Tilgung ist nicht vorgeschrieben, kann aber nach den allgemeinen Grundsätzen erforderlich sein.

6. Aus der Jahresbilanz nicht ersichtliche Haftungsverhältnisse einschließlich von Pfandbestellungen und Sicherungsübereignungen, sowie von Verbindlichkeiten aus der Begebung von Wechseln und Schecks.

Unter „Haftungsverhältnisse" sind nicht nur dingliche, d. h. bestimmte Vermögensgegenstände der Gesellschaft belastende Rechte, sondern auch obligatorische Verpflichtungen zu verstehen. Zu berichten ist nur über solche Haftungsverhältnisse, die aus der Bilanz nicht ersichtlich sind, d. h. nicht in dem Betrag der in der Bilanz aufgeführten Verpflichtungen berücksichtigt sind; „ersichtlich" bedeutet also nicht eine besondere Kenntlichmachung. Es scheiden sonach aus, Verbindlichkeiten aus Wechsel- und Scheckbürgschaften und aus Garantieverträgen, da diese in der Bilanz vermerkt sind (§ 131 Abs. 7). Anzugeben ist dagegen, wenn Vermögensgegenstände zur Sicherung übereignet oder Forderungen abgetreten sind. Da für die Aufnahme in die Bilanz das wirtschaftliche Eigentum entscheidet, dürfen solche Vermögensgegenstände als Aktiva in die Bilanz aufgenommen werden, um so mehr

---

[1]) Vgl. Hefermehl, Die Rechnungslegung im neuen Aktiengesetz, JW. 1937 S. 505.

ist aber eine Angabe im Geschäftsbericht erforderlich. Dasselbe muß auch von **Eigentumsvorbehalten** gelten. Nach Ansicht des Fachausschusses der Wirtschaftsprüfer gilt dies jedoch nicht für Eigentumsvorbehalte, die in dem betreffenden Geschäftszweig allgemein üblich sind[1]). Auch **Sicherungshypotheken** und **Pfandbestellungen** gehen aus der Bilanz nicht hervor und müssen daher angegeben werden. Dies gilt auch, wenn das Pfandrecht durch Zwangsvollstreckung begründet ist. Anzugeben sind ferner Verbindlichkeiten aus der **Girierung von Wechseln und Schecks**. Das Wechselobligo muß ziffernmäßig angegeben werden. Nach einem Gutachten des Fachausschusses der Wirtschaftsprüfer[2]) genügt bei sog. Arbeitsbeschaffungswechseln (Oeffa- und Mefo-Wechseln) ein Hinweis ohne Ziffernangabe, weil die Beurteilung des Risikos aus den Wechseln erschwert würde, wenn das Obligo aus den Arbeitsbeschaffungswechseln mit dem aus anderen Wechseln zusammen ausgewiesen würde. Richtiger wäre die Trennung der Giroverbindlichkeiten, wie sie im Formblatt für Kreditinstitute (B 16) vorgesehen ist („aus Bankakzepten, Kundenwechseln, sonstigen Rediskontierungen").

Über Verpflichtungen aus **Besserungsscheinen** sind im Geschäftsbericht Angaben zu machen[3]); doch können sie auch in die Bilanz aufgenommen werden, so daß die Angaben im Geschäftsbericht entfallen.

Soweit eine Angabe im Geschäftsbericht erforderlich ist, muß, wenn es sich um wesentliche Haftungsverhältnisse handelt, der Gesamtbetrag der gesicherten Verpflichtung und die Art des Haftungsobjekts angegeben werden. Sind für die Verpflichtungen ausreichende Rückstellungen in der Bilanz gemacht worden, so ist eine Angabe im Geschäftsbericht nicht erforderlich.

7. Die Gesamtbezüge (Gehälter, Gewinnbeteiligungen, Aufwandsentschädigungen, Versicherungsentgelte, Provisionen und Nebenleistungen jeder Art) für das Geschäftsjahr und die darüber hinaus im Geschäftsjahr gewährten, bisher in keinem Geschäftsbericht angegebenen Bezüge der Mitglieder des Vorstands, des Aufsichtsrats und eines Beirats oder einer ähnlichen Einrichtung der Gesellschaft; in die Gesamtbezüge sind einzurechnen Abfindungen, Ruhegehälter, Hinterbliebenenbezüge und Leistungen verwandter Art an frühere Mitglieder und ihre Hinterbliebenen. Dabei sind die Gesamtbezüge des Vorstands, des Aufsichtsrats und einer sonstigen Einrichtung gesondert unter ihrer Bezeichnung anzuführen.

---

[1]) Gutachten Nr. 4/1935 WTr. 1935, 179. Mit Recht lehnt dieses Gutachten die allgemeine Anwendung der Schutzklausel auf solche Angaben ab. Vgl. H. Horn a. c. O. S. 996.

[2]) Nr. 7/1934 WPr. S. 528.

[3]) Gutachten des Fachausschusses Nr. 3/1935 WTr. S. 156.

Anzugeben sind die Bezüge **für** das Geschäftsjahr; daher ist die Tantieme auf Grund des Jahresabschlusses einzubeziehen. Werden nachträglich für eine vor dem Berichtsjahr liegende Zeit Vergütungen gewährt, so sind sie erst in dem Geschäftsbericht für das folgende Jahr anzugeben. Nach der neuen Fassung sind die Vergütungen in folgenden Gruppen aufzuführen:

1. Die Gesamtbezüge des Vorstandes und der früheren Mitglieder für das Geschäftsjahr.

2. Die Gesamtbezüge des Aufsichtsrats und der früheren Mitglieder des Aufsichtsrats für das Geschäftsjahr.

3. Gesamtbezüge eines Beirats oder einer ähnlichen Einrichtung für das Geschäftsjahr.

4. Die im Geschäftsjahr darüber hinaus (also nicht **für** das Geschäftsjahr) gewährten Bezüge der 3 Einrichtungen, soweit sie nicht früher angegeben waren.

Zu den Gesamtbezügen gehören auch Gratifikationen und der Wert einer freien Wohnung, sowie die für eine Versicherung bezahlten Prämien bzw. die festen Beiträge an eine Pensionskasse. Sind die gezahlten Prämien oder sonstigen Vergütungen für den Aufsichtsrat, die Mitglieder des Vorstands und andere Beteiligte in einer Summe ausgeworfen worden, so genügt die Angabe der festen Bezüge unter der Hinzufügung, daß Pensionsrechte bestehen. Der Wert des Pensions- oder Lebensversicherungsrechtes selbst ist nicht anzugeben. Erst wenn die Ruhegehaltszahlung von der Gesellschaft geleistet wird, ist sie in die Bezüge einzurechnen. Nicht anzugeben sind Vergütungen, die ein Vorstands- oder Aufsichtsratsmitglied für eine Leistung erhält, die nicht zu seinen Obliegenheiten als Vorstands- bzw. Aufsichtsratsmitglied gehört. Diese Möglichkeit darf aber nicht zu Umgehungen benutzt werden, indem z. B. einem Vorstandsmitglied, das auch in einem Konzernunternehmen tätig ist, von diesem eine unangemessen hohe Vergütung gewährt wird.

Das, was ein Aufsichtsratsmitglied für vorübergehende Vertretung eines Vorstandsmitglieds gemäß § 90 Abs. 2 erhält, ist unter Vorstandsbezügen aufzuführen. Wird ein Prokurist oder sonstiger Angestellter mit der Wahrnehmung von Vorstandsgeschäften beauftragt und erhält er dafür eine besondere Vergütung, so ist dies nicht unter den Vorstandsbezügen anzugeben, sofern er nicht zum stellvertretenden Vorstandsmitglied bestellt ist. Das, was ein Aufsichtsratsmitglied als ständiger Delegierter des Aufsichtsrats erhält, ist dagegen unter den Aufsichtsratsbezügen auszuweisen.

8. Die Beziehungen zu einem Konzernunternehmen

Aus der Bilanz selbst sind nur die Beteiligungen insgesamt, sowie der Betrag der Forderungen bzw. Verbindlichkeiten gegenüber Konzernunternehmen ersichtlich. In dem Geschäftsbericht ist anzugeben der Name des Unternehmens, die rechtliche Grundlage des Konzernverhältnisses (z. B. Beteiligung, Personal-Union in der Leitung). Im Falle der Beteiligung muß ihre Höhe oder das Verhältnis der Beteiligung zum Gesamtkapital des Konzernunternehmens angegeben werden. Auch die Art der geschäftlichen Beziehungen zu der Gesellschaft ist zu erörtern (z. B. Vereinbarungen über die Regelung der Produktion oder des Vertriebs) und das Ergebnis dieser geschäftlichen Beziehungen. Ausnahmsweise kann hier die Schutzklausel anwendbar sein, insbesondere für die Angabe des Namens des Unternehmens[1]).

9. Die Zugehörigkeit der Gesellschaft zu preis- und absatzregelnden Verbänden und ähnliche Bindungen

Vereinbarungen unter den Angehörigen eines Geschäftszweigs über die Regelung der Preise oder des Absatzes sind außerordentlich häufig. Es würde zu weit führen und auch nicht den Interessen der Gesellschaften entsprechen, wenn über solche Vereinbarungen, die überdies meist kurzfristiger Art sind, jeweils Angaben gemacht werden müßten. Das Gesetz verlangt daher nur die Angabe der Verbände und ähnlicher Bindungen wie Syndikate und Kartelle, denen die Gesellschaft angehört. Es muß also eine besondere Organisation zur Preis- und Absatzregelung vorliegen. Das AGesetz stellt dies klar, indem es die Konventionen, die auf eine losere Verbindung hinweisen, nicht mehr erwähnt und nur noch von verbandsähnlichen Bindungen spricht.

9a. Die an die Deutsche Golddiskontbank überwiesenen Gewinnteile (S. 310)

9b. Zu- und Abgänge bei Abschreibungen und Wertberichtigungen des Anlagevermögens, soweit sie nicht in der Jahresbilanz enthalten sind (S. 99. 131).

9c. Da der Vorstand nach der grundlegenden Bestimmung des § 70 die Gesellschaft so zu leiten hat, wie das Wohl der Gefolgschaft es fordert, umfaßt die Rechenschaftspflicht auch die Sozialleistungen des Unternehmens. Es kann darüber aber auch ein besonderer Bericht erstattet werden[2]).

---

[1]) Z. B. wenn die Gesellschaft in Beziehung zu einem Vertriebsunternehmen steht und den Abnehmerkreis des Vertriebsunternehmens auch direkt beliefert, vgl. H. Horn a. a. O. S. 995.

[2]) Vgl. Klausing, Das neue Aktienrecht in der Rhein-Mainischen Wirtschaftszeitung 1937 144.

Neuntes Kapitel

Der Bericht des Abschlußprüfers

I. Die jährliche Pflichtprüfung[1])

§ 42

Schon vor der Aktiennovelle haben einzelne größere Gesellschaften ihren Jahresabschluß durch sachverständige Revisoren prüfen lassen. Zuerst wurde die Pflichtprüfung für die Versicherungsgesellschaften und Bausparkassen durch das Gesetz über die Beaufsichtigung der privaten Versicherungsunternehmungen vom 6. 6. 1931 eingeführt. Die Vorschriften dieses Gesetzes (§§ 57—63) weichen in einzelnen Punkten von den Vorschriften der Aktiennovelle ab. Die Aktiennovelle führte alsdann die Pflichtprüfung für Aktiengesellschaften ein, die auf Grund verschiedener Verordnungen schrittweise nach der Höhe des Aktienkapitals erfolgte und schließlich auf alle Aktiengesellschaften ohne Rücksicht auf die Größe des Aktienkapitals Anwendung fand. Für Gesellschaften geringeren Umfangs oder von besonderer Art konnten Ausnahmen zugelassen werden[2]). Nach dem AGesetz ist die erstere Ermächtigung weggefallen, für Gesellschaften von besonderer Art ist sie bestehen geblieben (§ 142 Nr. 2). Als Gesellschaften von besonderer Art sind die Privatnotenbanken, die Deutsche Golddiskontbank und als gemeinnützig anerkannte Wohnungsunternehmungen von den Bestimmungen über die Pflichtprüfung ausgenommen worden[3]). Das gleiche gilt für Bahnen des allgemeinen Verkehrs und nebenbahnähnlichen Kleinbahnen[4]). Diese Unternehmungen unterliegen einer Prüfung von Aufsichts wegen, die als gleichwertig angesehen wird. Auf Reichsinstitute, wie die Reichsbank und die Reichsbahn finden, da sie keine AGen sind, die Vorschriften keine Anwendung.

Das AGesetz (§ 135 Abs. 1) bringt in Übereinstimmung mit dem bisherigen Recht (§262a Abs. 1) den Grundsatz der Pflichtprüfung in folgender Form zum Ausdruck „Der Jahresabschluß der Gesellschaft ist unter Einbeziehung der Buchführung und des Geschäftsberichts, soweit er den Jahresabschluß erläutert, durch einen oder mehrere sach-

---

[1]) Vgl. hierüber v. Hoeßlin, Der aktienrechtliche Bestätigungsvermerk und seine Anwendung in der Praxis, Z.f.HwF. 1936, 301 ff. Waniek, Umfang und Bedeutung des Bestätigungsvermerks bei Ertel Bd. II, 263.

[2]) Art. XIV Abs. 2 Nr. 2 der Aktiennovelle.

[3]) 1. DV. zur Aktiennovelle Art. 4.

[4]) 2. DV. § 8.

verständige Prüfer (Abschlußprüfer) zu prüfen, bevor er dem Aufsichtsrat vorgelegt wird." Hat die HV. bis zum Ablauf des Geschäftsjahres keine Abschlußprüfer gewählt, so hat der Vorstand, der Aufsichtsrat und jeder Aktionär das Recht, die Bestellung durch das zuständige Registergericht bei diesem zu beantragen (§ 136 Abs. 4; § 262b Abs. 4). Darüber hinaus obliegt dem Vorstand die **Pflicht**, in diesem Fall die Bestellung der Prüfer durch das Gericht zu beantragen. Das Gericht hat die Mitglieder des Vorstandes zur Befolgung dieser Vorschrift durch Ordnungsstrafen anzuhalten[1]). Damit ist zugleich klargestellt, daß die Vorschriften über die Pflichtprüfung nicht nur im Interesse der Aktionäre, sondern zugleich im öffentlichen Interesse getroffen worden sind. **Bei fehlender Pflichtprüfung ist der Jahresabschluß nichtig.** Über die Wirkungen der Nichtigkeit auf den Beschluß über die Gewinnverteilung und Entlastung s. S. 299, 312. Bisher konnte das Gericht nur, solange die Bilanz noch nicht festgestellt war, durch Ordnungsstrafen den Vorstand zur Vornahme der Prüfung anhalten[2]). Jetzt ist dies unbeschränkt zulässig, weil eine nicht geprüfte Bilanz nicht rechtswirksam festgestellt werden kann.

Die Pflichtprüfung bedeutet zugleich eine wesentliche Entlastung für den Aufsichtsrat. Sofern Bedenken gegen die Sachkunde und Zuverlässigkeit des von der HV. gewählten Prüfers nicht bestehen, kann sich der Aufsichtsrat damit begnügen, dessen Bericht sorgfältig nachzuprüfen, und eventuellen Anregungen oder Beanstandungen nachzugehen. Er ist nicht verpflichtet, die Bilanz unter Einbeziehung der zugrunde liegenden Buchführung selbst nachzuprüfen oder durch andere Sachverständige nachprüfen zu lassen.

II. Der Prüfungsbericht

§ 43

1. Der Bericht der Prüfer gehört nicht zu den Vorlagen, die der HV. als Unterlage für ihre Beschlußfassung vorzulegen sind[3]). Der Aufsichtsrat hat aber in seinem Bericht anzugeben, welche Stelle den Jahresabschluß und den Geschäftsbericht geprüft hat und ob die Prüfung nach ihrem abschließenden Ergebnis zu wesentlichen Beanstandungen

---

[1]) AGesetz § 303 Abs. 1; 7. DV. zur Aktiennovelle § 2.

[2]) Nach Nebelung, Fragen der Bilanzprüfung in JW. 1936, 2039 konnte das Gericht dies auch nach Feststellung der Bilanz tun.

[3]) § 96 Abs. 2; HGB. § 260 Abs. 2. Inwieweit der Aufsichtsrat berechtigt ist, der Generalversammlung von dem Prüfungsbericht Kenntnis zu geben s. S. 259.

Anlaß gegeben hat (§ 96 Abs. 2). Der Prüfungsbericht ist dem Vorstand und Aufsichtsrat vorzulegen. Jedes Mitglied des Aufsichtsrats ist berechtigt, den Bericht einzusehen. Dagegen besteht kein Recht, eine Abschrift zu verlangen. Die Vorschrift, daß der Prüfungsbericht auch dem Vorstand vorzulegen ist (AGesetz § 139 Abs. 2), ist neu. Sie ist in der veränderten Stellung des Vorstandes begründet.

Der Bericht ist von dem Prüfer zu unterzeichnen (§ 139 Abs. 1; HGB. § 262e). Soweit eine Prüfungsgesellschaft den Bericht erstattet, ist er von den zur Vertretung der Gesellschaft berechtigten Personen zu unterzeichnen. Nach den Bestimmungen über die Zulassung der öffentlich bestellten Wirtschaftsprüfer[1]) müssen die Berichte jeweils von einem Vorstandsmitglied bzw. Geschäftsführer oder Prokuristen unterzeichnet sein, die als Wirtschaftsprüfer öffentlich bestellt sind. Diese Vorschrift ist jedoch organisatorischer Art; zu ihrer Einhaltung ist der Wirtschaftsprüfer seiner Aufsichtsbehörde gegenüber verpflichtet. Für die Rechtsgültigkeit der Unterschrift sind nur die Vorschriften des HGB. maßgebend [2]).

2. Gegenstand der Prüfung ist zunächst der Jahresabschluß unter Einbeziehung der Buchführung und des Geschäftsberichts des Vorstands. Der Pflichtprüfung unterliegt nur der Jahresabschluß. Für sonstige Bilanzen, insbesondere die Gründungseröffnungsbilanz und die Abwicklungseröffnungsbilanz, ist eine Pflichtprüfung nicht vorgeschrieben, auch nicht für die Jahresbilanzen, die während des Abwicklungsstadiums aufzumachen sind[3]). Die Prüfung der Buchführung erstreckt sich auch auf die für die Buchführung notwendigen Unterlagen, wie Belege, Korrespondenzen und Hilfsbücher. Nach dem AGesetz (§ 135 Abs. 1) ist der Geschäftsbericht des Vorstands soweit in die Prüfung einzubeziehen, als er den Jahresabschluß erläutert. Dies bedeutet aber keine Einschränkung gegenüber dem bisherigen Recht. Vielmehr können die Abschlußprüfer „die Bestätigung auch dann versagen oder einschränken, wenn der Geschäftsbericht, soweit in ihm der Geschäftsverlauf oder die Lage der Gesellschaft dargelegt sind, offensichtlich eine falsche Darstellung von den Verhältnissen der Gesellschaft erweckt, die geeignet ist, das durch den Jahresabschluß vermittelte Bild von der Lage der Gesellschaft zu verfälschen" (§ 140 Abs. 3).

3. Der Umfang der Prüfung ergibt sich aus ihrem Zweck, festzu-

---

[1]) ausgegeben von der Hauptstelle für öffentlich bestellte Wirtschaftsprüfer II a 5, abgedruckt bei Schlegelberger S. 424.

[2]) Schlegelberger § 262 e Anm. 2.

[3]) s. unten S. 342 f.

stellen, ob der Jahresabschluß, die Buchführung und der Geschäftsbericht den gesetzlichen Vorschriften entsprechen. Dies schließt auch die Prüfung ein, ob die Satzung der Gesellschaft beobachtet worden ist. Denn, soweit das Gesetz den Satzungsbestimmungen Raum läßt, entspricht der Jahresabschluß den gesetzlichen Bestimmungen nur, wenn die Satzungsbestimmungen beobachtet worden sind. Dagegen erstreckt sich die Prüfung nicht darauf, ob die Bestimmungen der Steuer- und Devisengesetze eingehalten worden sind. Die Finanzbehörden haben zu diesem Zweck sich eigene Revisionseinrichtungen in ihrem Buch- und Betriebsprüfungsdienst geschaffen[1]). Dies bedeutet natürlich nicht, daß die steuerlichen Verpflichtungen bei der Bilanz unberücksichtigt bleiben könnten; vielmehr sind sie in dem gleichen Maße zu beachten wie andere Verpflichtungen. Der Prüfer muß sich daher vergewissern, ob die Steuerschulden bezahlt sind. Sind sie nicht bezahlt, so müssen sie in die Bilanz aufgenommen werden, da diese sonst unvollständig ist. Ist die Steuerschuld bestritten, so wird sich gegebenenfalls eine Rückstellung als notwendig erweisen[2]).

Die Vorschriften des Gesetzes sind teils formeller, teils materieller Art. Formell ist zu prüfen, ob der Jahresabschluß äußerlich sachgemäß aufgestellt ist und mit der Inventur (Bestandsverzeichnis) und den Geschäftsbüchern übereinstimmt. Bezüglich der Buchführung ist zu prüfen, ob die Bücher äußerlich ordnungsmäßig geführt sind (z. B. keine leeren Zwischenräume, Rasuren und unzulässige Veränderungen,

---

[1]) In England bescheinigt der Prüfer auch, daß die steuerrechtlichen Bestimmungen beachtet sind. In der RAbgO. § 208 Abs. 1 ist vorgesehen, daß vom RFM. bezeichneten Stellen die Befugnis beigelegt werden kann, die Richtigkeit der Bücher und Aufzeichnungen mit der Wirkung zu bescheinigen, daß sie nur mit Genehmigung des Landesfinanzamts beanstandet werden können. Von dieser Bestimmung ist jedoch kein Gebrauch gemacht worden.

[2]) Nach dem Gutachten des Fachausschusses der Wirtschaftsprüfer 7/1933 (WTr. S. 129) sind Steuervorschriften insofern bedeutsam, als sie Elemente des Jahresabschlusses bilden, die der Nachprüfung bedürfen. „Stößt der Wirtschaftsprüfer bei der Bilanzprüfung auf offenbar unrichtige Behandlung von Steuerfragen, die unter Umständen geeignet sind, Steuerstrafen nach sich zu ziehen, so wird er . . den Aufsichtsrat zu Händen seines Vorsitzenden und zwar gegebenenfalls zweckmäßig in einem Sonderschreiben zu unterrichten haben, da eine derartige Feststellung für die Beurteilung der Geschäftsführung von Bedeutung ist. Die selbständige Unterrichtung des Aufsichtsrats wird nur dann unterbleiben können, wenn der Wirtschaftsprüfer die Gewißheit hat, daß der Vorstand dies selbst tut". Vgl. Brönner, Bilanzprüfung gemäß § 262a HGB. und Steuerrecht, WPr. 1933, 45. Derselbe in der Zeitschrift der Akademie für Deutsches Recht 1936, 985. Für das neue AGesetz gilt, daß der Prüfer sowohl den Vorstand wie den Aufsichtsrat zu unterrichten hat.

chronologische Durchführung der Buchungen, richtige Addition und Übertragung aus den Grund- und Tagebüchern in die Kontenbücher). In der Aktiennovelle (HGB. § 262a Abs. 2) waren die gesetzlichen Bestimmungen, deren Einhaltung besonders nachzuprüfen war, einzeln aufgeführt. Das AGesetz (§ 135 Abs. 2) bestimmt allgemein, daß die Prüfung sich „auch auf die Beobachtung der Vorschriften über den Jahresabschluß und den Geschäftsbericht" zu erstrecken hat. In Übereinstimmung mit dem bisherigen Recht gilt daher folgendes:

a) Es ist zu prüfen, ob der Prüfungsauftrag rechtzeitig erteilt wurde und der Jahresabschluß dem Prüfer so rechtzeitig vorgelegt worden ist, daß die gesetzlichen oder satzungsmäßigen Fristen innegehalten werden konnten (§§ 125 Abs. 1, 127 Abs. 1, 104 Abs. 1; vgl. HGB. § 260 Abs. 2).

b) Es ist zu prüfen, ob der Geschäftsbericht des Vorstands den gesetzlichen Vorschriften (§ 128) entspricht. Es ist üblich, daß der Wirtschaftsprüfer zu seiner Entlastung die Abgabe einer sog. „Vollständigkeitserklärung" seitens des Vorstands verlangt. Die Erklärung bezieht sich auf die Vollständigkeit der Vermögenswerte und Verbindlichkeiten und auf eine Reihe von Einzelfragen, besonders solche, über die der Vorstand nach § 260a (jetzt AGesetz § 128) zu berichten hat. Der Fachausschuß der Wirtschaftsprüfer hat ein Muster einer solchen Erklärung aufgestellt[1]). Eine solche Erklärung ist für den Vorstand als Anhaltspunkt für seine Aufklärungspflicht von Bedeutung, der Prüfer kann aber dadurch nicht die eigene Verantwortung für seine Prüfung auf den Vorstand abwälzen.

Es ist nicht Aufgabe des Prüfers, in seinem Bericht die für den Geschäftsbericht des Vorstandes geforderten Angaben selbst zu machen. Mit der geschäftlichen Tätigkeit des Vorstandes und den Ergebnissen dieser Tätigkeit hat sich der Prüfer nur insoweit zu befassen, als es notwendig ist, um die Vollständigkeit und Richtigkeit der in dem Geschäftsbericht gemachten Angaben beurteilen zu können. Noch weniger ist es Aufgabe des Prüfers, über die Zweckmäßigkeit einzelner Maßnahmen der Geschäftsführung ein Urteil abzugeben. Er hat sich daher nicht darüber zu äußern, ob z. B. die Preiskalkulation richtig ist, ob eine geschäftliche Unternehmung klug oder unvorsichtig in Angriff genommen wurde. Lobende, aber auch tadelnde Bemerkungen über die Geschäftsführung des Unternehmens sind daher zu ver-

[1]) Gutachten 6/1935 WTr. S. 254.

meiden[1]). Die Beziehungen zu einem Konzernunternehmen sind an Hand der Buchführung und der sonstigen Unterlagen der Gesellschaft zu prüfen. Der Prüfer ist dagegen nicht berechtigt und nicht verpflichtet, die Bücher des Konzernunternehmens daraufhin nachzuprüfen. Das gleiche gilt für die Nachprüfung der in der Bilanz für die Beteiligungen angesetzten Werte. Auch hier kann sich die Nachprüfung auf dasjenige Material beschränken, das bei der zu prüfenden Gesellschaft vorhanden ist, insbesondere auf die Bilanzen der Beteiligungsgesellschaften und die Prüfungsberichte hierüber, falls sie sich im Besitze der zu prüfenden Gesellschaft befinden[2]). Bei der Prüfung der Ordnungsmäßigkeit des Geschäftsberichts wird der Prüfer häufig auf die ihm von dem Vorstand und dem Aufsichtsrat gegebenen Auskünfte angewiesen sein, z. B. bei Angabe der aus der Bilanz nicht ersichtlichen Haftungsverhältnisse, Zugehörigkeit zu preis- und absatzregelnden Verbänden. Dabei ist besonders zu beachten, daß die Schutzklausel nicht gegenüber dem Abschlußprüfer gilt. Nur für die Zeit vor Aufstellung des Jahresabschlusses kann die Auskunft verweigert werden mit der Beschränkung auf die überwiegenden Belange der Gesellschaft oder eines beteiligten Unternehmens (§ 138 Abs. 3). Der Prüfer hat selbst zu entscheiden, ob die überwiegenden Belange der Gesellschaft, eines beteiligten Unternehmens oder der gemeine Nutzen von Volk und Reich die Verschweigung der Tatsache erfordert. Kommt er zu der gleichen Auffassung wie der Vorstand, daß ein Verschweigungsrecht besteht, so geht der Geschäftsbericht in Ordnung. Mehr hat der Bilanzprüfer nicht festzustellen[3]). Kommt der Bilanzprüfer dagegen zu dem Ergebnis, daß die Tatsache erwähnt werden muß, so wird er entweder den Vorstand veranlassen, die Tatsache in den Bericht aufzunehmen oder er wird sie selbst in seinen Bericht aufnehmen. Das gleiche gilt, wenn es sich um Tatsachen handelt, die dem Vorstand nicht bekannt waren, und die dem Prüfer aus Anlaß der Prüfung be-

---

[1]) Dies hat das Aufsichtsamt für Privatversicherung aus Anlaß eines Prüfungsberichts über eine Bausparkasse ausgesprochen (WTr. 1935 S. 447).

[2]) Vgl. Gutachten des Fachausschusses der Wirtschaftsprüfer Nr. 11/1935 WTr. 1936, 19. Gegebenenfalls ist der Bestätigungsvermerk einzuschränken.

[3]) Im Ergebnis ebenso Schlegelberger § 262a Anm. 5 S. 279. Bei Verschweigung im öffentlichen Interesse wird sich der Wirtschaftsprüfer durch Vorlegung der Anordnung der zuständigen Zentralbehörde vergewissern müssen. Für die Verschweigung im Interesse der Gesellschaft wird von v. Hoeßlin Z. f.HwF. 1936 S. 362 folgender Fall erwähnt: Eine Gesellschaft hatte Aktien aufgekauft, um ein rentables Werk zu erwerben, das sich in der Kontrolle von Ausländern befand. Ein Ausländer gehörte dem Aufsichtsrat der aufkaufenden Gesellschaft an. Die Aktien waren nicht unter Beteiligungen, sondern unter Debitoren gebucht.

kannt geworden sind. Ein selbständiges Verschweigungsrecht des Wirtschaftsprüfers für erhebliche Tatsachen, die er selbst aus Anlaß der Prüfung festgestellt hat, besteht im allgemeinen nicht. Die Verschweigung solcher Tatsachen wird sogar nach § 302 Nr. 1; HGB. § 318a Nr. 1 bestraft.

c) Es ist zu prüfen, ob die allgemeinen Vorschriften des HGB. über **Handelsbücher** (§§ 38—47) und die **Grundsätze ordnungsmäßiger Buchführung und Bilanzierung** gewahrt sind und ob die Bilanz so klar und übersichtlich aufgestellt ist, daß sie den Beteiligten einen möglichst sicheren Einblick in die Lage der Gesellschaft gewährt (§ 129; HGB. § 260b).

d) Es ist zu prüfen, ob die **Wertansätze** in der Bilanz den gesetzlichen Bestimmungen (AGesetz § 133; HGB. §§ 261, 40) entsprechen. Hierzu gehört auch die Nachprüfung der Abschreibungsmethoden und Abschreibungssätze, sowie die Angemessenheit des Zuschlags, der für anteilige Betriebs- und Verwaltungskosten zu den Herstellungskosten gemacht wurde. Der richtigen Bewertung der Bestände an Rohstoffen, Halb- und Fertigfabrikaten und der Nachprüfung der Forderungen auf ihre richtige Bewertung ist besondere Aufmerksamkeit zu widmen.

e) Auch die Beachtung der **Gliederungsvorschriften** (§§ 131, 132; HGB. §§ 261a—c) ist nachzuprüfen.

f) Endlich ist auch die richtige Bildung und Verwendung der **gesetzlichen Rücklage** (§ 130; HGB. § 262) nachzuprüfen.

Es genügt aber nicht, daß der Prüfer den Jahresabschluß der Gesellschaft und den Geschäftsbericht des Vorstandes in bezug auf die Einhaltung der gesetzlichen Bestimmungen einer Prüfung unterzogen hat, sondern er muß auch das Ergebnis seiner Prüfung „**in dem Bericht besonders feststellen**" (§ 139 Abs. 1; HGB. § 262e Abs. 1). Es ist daher nicht zu umgehen, daß der Prüfer in seinem Bericht das Ergebnis seiner Prüfung in bezug auf diese gesetzlichen Bestimmungen im einzelnen mitteilt. Außerdem muß er in dem Bericht besonders feststellen, ob der Vorstand die verlangten Aufklärungen und Nachweise geliefert hat. Im verneinenden Falle wird es notwendig sein, in dem Bericht anzugeben, für welche Tatsachen oder Geschäftsvorfälle die verlangten Aufklärungen und Nachweise verweigert worden sind.

4. **Für Zeitpunkt und Art der Prüfung** gilt folgendes: Zu prüfen ist der **Jahresabschluß, wie er dem Aufsichtsrat zur Billigung vorgelegt wird**. Der Vorstand hat binnen 3 bzw. 5 Monaten dem Aufsichtsrat den Jahresabschluß, den Geschäftsbericht

und den Vorschlag für die Gewinnverteilung vorzulegen (§§ 125 Abs. 1, 127 Abs. 1). Vor der Vorlage des Jahresabschlusses und des Geschäftsberichts an den Aufsichtsrat muß die Bilanz bereits geprüft sein (§ 135 Abs. 1). Würde die Prüfung erst nach Aufstellung des endgültigen Bilanzvorschlages durch den Vorstand einsetzen, so würde in vielen Fällen die Zeit zu kurz sein, um eine sachgemäße Prüfung durchzuführen. Das Gesetz geht davon aus, daß der Prüfer schon vor Ablauf des Geschäftsjahres von der HV. gewählt und daß ihm unverzüglich, also schon vor Ablauf des Geschäftsjahres, der Prüfungsauftrag erteilt wird. Er hat deshalb auch schon vor Aufstellung des Jahresabschlusses das Auskunftsrecht (§ 138). Der Prüfer wird hierdurch instand gesetzt, nicht nur die Inventar-Verzeichnisse einstweilen nachzuprüfen, sondern auch die Ordnungsmäßigkeit der Lager- und sonstigen Buchhaltung gegebenenfalls an Hand von Zwischenbilanzen zu untersuchen. Dies hat den Vorteil, daß der Vorstand die Intentionen des Prüfers kennen lernt und seinen Anregungen in bezug auf die Ausgestaltung der Buchführung und Aufstellung der Bilanz Rechnung tragen kann. Diese Zwischenprüfungen beginnen sich daher in der Praxis immer mehr durchzusetzen; sie haben im AGesetz (§ 96 Abs. 2) eine gesetzliche Anerkennung insofern gefunden, als der Aufsichtsrat in seinem Bericht mitzuteilen hat, in welcher Art und in welchem Umfang er die Geschäftsführung während des Geschäftsjahres geprüft hat und ob die Prüfungen zu wesentlichen Beanstandungen Anlaß gegeben haben. Werden solche Prüfungen von dem Abschlußprüfer vorgenommen, so sind sie ein Teil der Pflichtprüfung und die Berichte darüber sind daher dem Vorstand und Aufsichtsrat zu erstatten. Eine Verpflichtung zur Erstattung eines Zwischenberichts ist jedoch nur gegeben, wenn sich nach dem pflichtmäßigen Ermessen des Wirtschaftsprüfers Beanstandungen ergeben haben, die geeignet sind, den Aufsichtsrat zu einem Eingreifen zu veranlassen[1]). Wird dem Prüfer nicht ausreichende Zeit für die Erstattung seines Berichts gegeben, so hat er den Prüfungsauftrag abzulehnen[2]).

Die Reichsregierung (§ 142 Nr. 1; Aktiennovelle Art. XIV Abs. 1 Nr. 2) ist ermächtigt, allgemeine Vorschriften über die Prüfung des Jahresabschlusses zu erlassen. Von dieser Ermächtigung hat sie bisher noch keinen Gebrauch gemacht. Die Art der Durchführung der Prüfung ist daher, soweit keine ausdrücklichen gesetzlichen Vorschriften bestehen, in das pflichtmäßige Ermessen des Prüfers gestellt. Soweit die formelle Prüfung in Frage kommt, ist der Prüfer nicht verpflichtet,

[1]) Gutachten des Fachausschusses Nr. 17/1933 WPr. S. 358.

[2]) Klausing S. 211.

die Buchführung in allen Einzelheiten nachzuprüfen, z. B. jeden Eintrag in die Bücher und alle Additionen zu kontrollieren, sondern kann sich mit Stichproben begnügen. Er wird aber in seinem Bericht zum Ausdruck bringen müssen, auf welche Weise er sich im einzelnen die Überzeugung von der Ordnungsmäßigkeit der Buchführung und der richtigen Anwendung der gesetzlichen Bestimmungen, die er besonders zu prüfen hat, verschafft hat, z. B. auf Grund von Stichproben, auf Grund der von ihm angestellten Ermittlungen, auf Grund der ihm vom Vorstand erteilten Aufklärungen, auf Grund der ihm vorgelegten Nachweise. Dies erscheint notwendig, weil der Wortlaut des Bestätigungsvermerks auf die verschiedenen Unterlagen besonders Bezug nimmt.

Unternehmungen, die den An- und Verkauf von Wertpapieren für andere oder Depotgeschäfte betreiben, unterliegen einer besonderen Prüfung durch Depotprüfer (KWG. § 35). Aber auch andere Unternehmungen, die einer Depotprüfung nicht unterliegen, verwalten nicht selten fremde Depots. Falls eine besondere Depotprüfung nicht stattgefunden hat, muß der Prüfer auch die Ordnungsmäßigkeit der Depots nachprüfen[1]).

Für die Pflichtprüfung von Bilanzen, die bereits im Vorjahr geprüft waren, hat der Fachausschuß der Wirtschaftsprüfer folgende Grundsätze aufgestellt:

Ist die vorjährige Bilanz von einem Wirtschaftsprüfer geprüft und mit einem uneingeschränkten Bestätigungsvermerk versehen worden, so ist ein Zurückgreifen auf die Unterlagen aus früheren Geschäftsjahren nicht erforderlich, es sei denn, daß der Wirtschaftsprüfer bei der Prüfung des abgelaufenen Geschäftsjahres erkennt oder erfährt, daß in früheren Jahren Verstöße gegen die gesetzlichen Vorschriften vorgekommen sind, die sich auch in der letzten Bilanz noch im wesentlichen Umfange auswirken, so daß der Prüfungsvermerk im Vorjahre zu Unrecht erteilt worden war. Eine Durchsicht des vorjährigen Prüfungsberichts erscheint in jedem Falle erforderlich.

Wurde die vorjährige Bilanz mit einem eingeschränkten Prüfungsvermerk versehen, so muß neben der Prüfung des abgelaufenen Jahres festgestellt werden, ob auch der Bestätigungsvermerk für das abgelaufene Geschäftsjahr noch einer entsprechenden Einschränkung bedarf.

Hat der für die Prüfung des Vorjahres bestellte Wirtschaftsprüfer die Erteilung des Bestätigungsvermerks abgelehnt, so muß festgestellt werden, ob den in seinem Bericht vermerkten wesentlichen Beanstandungen, soweit ihnen auch für die Beurteilung des Abschlusses für das abgelaufene Geschäftsjahr noch wesentliche Bedeutung zukommt, inzwischen Genüge geschehen ist.

Ergibt sich auf Grund der Prüfung des letzten Jahres oder auf Grund der Durchsicht des Berichtes über die vorjährige Prüfung, daß diese nicht

[1]) Vgl. Gutachten des Fachausschusses Nr. 10/1934 (WTr. 1935, 14).

ordnungsmäßig durchgeführt worden ist, so muß der Wirtschaftsprüfer die Prüfung des abgelaufenen Jahres so durchführen, als ob im Vorjahr keine Pflichtprüfung stattgefunden hätte"[1]).

5. „Sind nach dem abschließenden Ergebnis der Prüfung wesentliche Einwendungen nicht zu erheben, so haben die Prüfer dies durch einen Vermerk zu bestätigen; der **Bestätigungsvermerk** muß ergeben, „daß nach pflichtgemäßer Prüfung auf Grund der Bücher und Schriften der Gesellschaft sowie der vom Vorstand erteilten Aufklärungen und Nachweise die Buchführung, der Jahresabschluß und der Geschäftsbericht, soweit er den Jahresabschluß erläutert, den gesetzlichen Vorschriften entsprechen" (§ 140 Abs. 1; HGB. § 262f Abs. 1)[2]).

Der Prüfer hat unter eigner Verantwortung zu entscheiden, ob er den Bestätigungsvermerk erteilen oder verweigern will. Selbstverständlich wird er dabei die Gutachten des Fachausschusses der Wirtschaftsprüfer berücksichtigen[3]). Dem Aktienrechtsausschuß der Akademie für Deutsches Recht erschien es nicht richtig, die Praxis der Wirtschaftsprüfer völlig ihrer eigenen Entwicklung zu überlassen. Die Schaffung gerichtlicher Instanzen mit großen räumlichen Zuständigkeitsbereichen, damit sie die nötigen Erfahrungen sammeln können, werde sich daher auch hier nicht umgehen lassen[4]). Demzufolge hat das AGesetz (§ 135

---

[1]) Gutachten Nr. 5/1934 WPr. S. 333.

[2]) Bei **öffentlichen Betrieben** ist in dem Bestätigungsvermerk festzustellen, daß „nach pflichtmäßiger Prüfung auf Grund der Schriften, Bücher und sonstigen Unterlagen des Betriebs, sowie der erteilten Aufklärungen und Nachweise die Buchführung und der Jahresabschluß den gesetzlichen Vorschriften entsprechen, und daß im übrigen auch die wirtschaftlichen Verhältnisse des Betriebs wesentliche Beanstandungen nicht ergeben haben" (V. zur Durchführung der Vorschriften über die Prüfungspflicht der Wirtschaftsbetriebe der öffentlichen Hand vom 30. 3. 1933 § 10). Noch weiter gehen die Prüfungsvorschriften für die **Genossenschaften**. Sie erstrecken sich nicht nur auf die wirtschaftlichen Verhältnisse, sondern auch auf die Einrichtungen, die Vermögenslage und die Geschäftsführung der Genossenschaft (Gesetz zur Änderung des Genossenschaftsgesetzes vom 30. 10. 1934). Für die **privaten Versicherungsunternehmungen** lautet der Bestätigungsvermerk: „Nach dem abschließenden Ergebnis der Prüfung entsprechen der Rechnungsabschluß der Versicherungsunternehmung, die zugrunde liegende Buchführung und der Jahresbericht des Vorstands den gesetzlichen Vorschriften" (VAG. §§ 54—63).

[3]) Das Institut der Wirtschaftsprüfer steht auf dem Standpunkt, daß die Nichtbeachtung der Gutachten bei Regreßklagen für den Wirtschaftsprüfer unter Umständen sehr nachteilig werden könne und daß der Vorstand des Instituts bei Gefährdung oder starker Beeinträchtigung der Standesauffassung die Beachtung eines Gutachtens, das eine zweifelhafte Rechtsauffassung klärt, im Ehrenverfahren durchsetzen könnte (WPr. 1934, 290).

[4]) Zeitschrift der Akademie 1935, 260.

Abs. 3) zur Entscheidung von Meinungsverschiedenheiten zwischen Prüfer und Vorstand über die Auslegung von Vorschriften für den Jahresabschluß und den Geschäftsbericht Spruchstellen eingeführt, die von dem Reichsminister der Justiz bestimmt werden. Es ist anzunehmen, daß die Regelung für diese Spruchstellen eine ähnliche sein wird, wie diese bei den Spruchstellen des Aufwertungsrechts vorgesehen ist.

Grundsätzlich ist der Bestätigungsvermerk zu versagen, wenn der Prüfer die Nichtbeachtung von Vorschriften feststellt, an deren Verletzung das Gesetz die Rechtsfolge der Nichtigkeit knüpft, z. B. bei Verletzung der Gläubigervorschriften nach § 178, bei Unterpari-Emission (§ 9) [1]).

Der Wortlaut des Bestätigungsvermerks ist nicht bindend vorgeschrieben. Die Bilanzprüfer pflegen sich aber entsprechend einem Gutachten des Fachausschusses [2]) streng an den folgenden, dem bisherigen Gesetz entsprechenden Wortlaut zu halten.

> „Nach dem abschließenden Ergebnis meiner (unserer) pflichtgemäßen Prüfung auf Grund der Bücher und Schriften der Gesellschaft, sowie der mir (uns) vom Vorstand erteilten Aufklärungen und Nachweise entsprechen die Buchführung, der Jahresabschluß und der Geschäftsbericht den gesetzlichen Vorschriften".

Der Prüfer kann den Bestätigungsvermerk uneingeschränkt erteilen, wenn die von ihm zu machenden Einwendungen nicht wesentlich sind [3]). In diesem Fall wird der Prüfer in seinem Bericht auszuführen haben, daß er trotz der von ihm gemachten Einwendungen den Bestätigungsvermerk erteilt habe, weil diese Einwendungen nicht wesentlicher Art seien.

Unter Umständen können jedoch **Zusätze** zu dem Vermerk erforderlich sein, insbesondere dann, wenn die Bilanz auf Maßnahmen beruht, die erst durch die Beschlüsse der HV. wirksam werden. Hierher gehört der Zusatz: „In der vorliegenden Bilanz hat die vereinfachte Kapitalherabsetzung bereits Berücksichtigung gefunden, über welche die HV. noch beschließen soll" [4]).

---

[1]) Gutachten des Fachausschusses Nr. 3/1934 WPr. S. 113.

[2]) Nr. 15/1933 WPr. S. 358. Zusätze wie „meines Erachtens" erübrigen sich daher. Keinesfalls dürfen wichtige Bestandteile des gesetzlichen Wortlauts fortgelassen werden (Gutachten Nr. 8/1935 WTr. S. 397).

[3]) Begründung zum AGesetz § 140.

[4]) v. Hoeßlin a. a. O. S. 309. Waniecf a. a. O. S. 300 hält den Zusatz für überflüssig, da die Bilanz im Falle der Genehmigung der Kapitalherabsetzung ohne weiteres rechtsgültig, im Falle der Ablehnung ohne weiteres einschließlich des Bestätigungsvermerks nichtig sei. Allein der Zusatz hat gerade die Bedeutung, auf die bedingte Rechtsgültigkeit der Bilanz hinzuweisen, um zu vermeiden,

Einschränkungen des Vermerks sind jetzt ausdrücklich zugelassen (§ 140 Abs. 2). Der Fachausschuß der Wirtschaftsprüfer[1]) hat hierzu wie folgt Stellung genommen:

„Der Wortlaut etwaiger Einschränkungen muß klar und unmißverständlich sein, so daß die Ansicht des Bilanzprüfers zu erkennen ist. Es ist dabei nicht ausgeschlossen, in Einzelfällen, in denen dies zur Förderung der Klarheit erforderlich erscheint oder gar vom Vorstand der Gesellschaft gewünscht wird, genau oder annähernd genau bestimmbare Zahlenangaben bei der Einschränkung zu machen. Grundsätzlich ist dagegen eine die Beanstandung des Bilanzprüfers klar zum Ausdruck bringende Einschränkung ohne Angaben von Einzelheiten als ausreichend zu erachten".

In Betracht können z. B. folgende Einschränkungen kommen:

„Die Bezüge des Vorstands und des Aufsichtsrats sind nicht (bzw. nicht getrennt) angegeben"[2]).

„Die Abschreibungen auf das Anlagevermögen erscheinen nicht ausreichend".

„Über die Anwendung der Schutzklausel bestehen Meinungsverschiedenheiten zwischen dem Vorstand und dem Wirtschaftsprüfer".

Grundsätzlich muß aber angenommen werden, daß die Gesellschaft nicht genötigt ist, sich mit einem einschränkenden Vermerk des Bilanzprüfers zu begnügen. Die Gesellschaft kann vielmehr einen uneingeschränkten Vermerk verlangen und gegebenenfalls die Spruchstelle anrufen.

Sind von dem Bilanzprüfer grobe Verstöße gegen die Bestimmungen des Gesetzes oder die Grundsätze ordnungsmäßiger Buchführung festgestellt worden, die nach dem abschließenden Ergebnis der Prüfung nicht beseitigt worden sind, so hat der Bilanzprüfer den Bestätigungsvermerk zu verweigern.

Ein negativer Bestätigungsvermerk ist nicht vorgesehen. Bei Veröffentlichung der Bilanz ist aber in einem besonderen Vermerk darauf hinzuweisen, daß der Bestätigungsvermerk versagt wurde (§ 144). Die Zuwiderhandlung wird auf Antrag der amtlichen Vertretung des Handelsstandes bestraft (§ 301). Ist der Bestätigungsvermerk verweigert worden, so hatte nach bisherigem Recht der Aufsichtsrat in seinen Bemerkungen zum Geschäftsbericht zu den Gründen der Verweigerung Stellung zu nehmen und auch in der HV. Auskunft darüber zu erteilen, welche wesentlichen Beanstandungen von dem Prüfer gemacht wurden. Nach dem § 96 Abs. 2 ist dies nicht mehr der Fall, wie S. 259 ausgeführt wird.

---

daß eine von dem Prüfer ohne Vorbehalt bestätigte Bilanz sich nachträglich als nichtig erweist.

[1]) Gutachten 1/1935 WTr. S. 61.

[2]) Gutachten des Fachausschusses Nr. 7/1935 WTr. S. 397.

Der volle Wortlaut des Bestätigungsvermerks ist in alle Veröffentlichungen und Vervielfältigungen des Jahresabschlusses aufzunehmen (§ 144 Abs. 1; HGB. § 262f Abs. 2). Ist die Bilanz nach der Prüfung von der HV. oder, soweit sie vom Vorstand festgestellt wurde, nach der Prüfung vom Vorstand geändert worden, so muß sie von dem Prüfer nachgeprüft und mit einem neuen Bestätigungsvermerk versehen werden. Andernfalls ist jetzt die geänderte Bilanz, wenn die Änderungen wesentlich sind, mangels ordnungsmäßiger Prüfung als nichtig anzusehen, so daß die geprüfte Bilanz weiter gilt. Wenn der Bericht des Vorstands oder die Bilanz der HV. in einer anderen Fassung vorgelegt wurden, als sie dem Abschlußprüfer vorlagen, so hat dieser die Richtigstellung zu veranlassen. Die Veröffentlichung des Bestätigungsvermerks unter einer abgekürzten oder zusammengezogenen Bilanz ist nicht mehr zulässig (§ 144 Abs. 1). Auch der Geschäftsbericht des Vorstandes darf ohne Genehmigung des Abschlußprüfers nur in der Fassung veröffentlicht werden, die ihm vorgelegen hat[1]).

III. Wahl des Abschlußprüfers. Der Prüfungsauftrag. Bestellung des Abschlußprüfers durch das Gericht[2])

§ 44

1. Durch Art. XIV Abs. 1 Ziffer 1 der Aktiennovelle war die Reichsregierung ermächtigt worden, die Befähigung zur Ausübung der Tätigkeit als Bilanzprüfer von besonderen Voraussetzungen abhängig zu machen. Die Vorbedingungen für den Erlaß einer entsprechenden Verordnung wurden dadurch geschaffen, daß zwischen der Reichsregierung und den Länderregierungen einheitliche Grundsätze für die Schaffung „öffentlich bestellter Wirtschaftsprüfer" vereinbart wurden. Alsdann wurde durch Art. 5 der 1. DV. bestimmt, daß die Befähigung zur Ausübung der Tätigkeit als Bilanzprüfer nur die auf Grund der Ländervereinbarung als Wirtschaftsprüfer öffentlich bestellte Personen bzw. eingetragene Prüfungsgesellschaften haben sollten. Entsprechend bestimmt das AGesetz (§ 137 Abs. 1), daß als Abschlußprüfer nur öffentlich bestellte Wirtschaftsprüfer oder Wirtschaftsprüfungsgesellschaften gewählt oder bestellt werden können. Wird eine Wirtschaftsprüfungs-

---

[1]) Gutachten Nr. 8/1934 WPr. S. 529. Das Institut der Wirtschaftsprüfer behält sich nach diesem Gutachten vor, im Falle einer Zuwiderhandlung unabhängig von dem Recht des Wirtschaftsprüfers einzuschreiten. Vgl. auch die Ausführungen von Herbig in der „Deutschen Justiz" 1935, 1695 und WTr. S. 540.

[2]) Vgl. Adler, Zur Wahl des Bilanzprüfers bei Ertel Bd. II 310.

gesellschaft gewählt oder bestellt, so muß derjenige, der im Namen der Prüfungsgesellschaft die Prüfung ausführt, nicht selbst Wirtschaftsprüfer sein. Nach den Bestimmungen der Hauptstelle für die öffentlich bestellten Wirtschaftsprüfer müssen aber bei AGen, Kommanditgesellschaften auf Aktien und GmbH. mindestens ein Mitglied des Vorstandes der Gesellschaft bzw. ein Geschäftsführer und ein weiterer Zeichnungsberechtigter als Wirtschaftsprüfer bestellt sein; bei offenen Handelsgesellschaften, Kommanditgesellschaften und Gesellschaften des bürgerlichen Rechts muß jeder Gesellschafter als Wirtschaftsprüfer bestellt sein. Auch muß die Unterzeichnung des Berichts durch ein Vorstandsmitglied, einen Geschäftsführer oder Prokuristen bzw. durch einen Gesellschafter erfolgen, der als Wirtschaftsprüfer bestellt ist[1]).

2. Ausgeschlossen von der Ausübung der Prüfungstätigkeit sind Mitglieder des Vorstandes und des Aufsichtsrats, sowie Angestellte der zu prüfenden Gesellschaft. Dieser Fall muß auch dann als vorliegend angenommen werden, wenn das Mitglied des Vorstandes oder Aufsichtsrats oder der Angestellte der zu prüfenden Gesellschaft zwar nicht selbst als Prüfer tätig, wohl aber zeichnungsberechtigter Vertreter der in Betracht kommenden Prüfungsgesellschaft ist[2]). Zulässig ist aber, daß ein Mitglied des Aufsichtsrats der zu prüfenden Gesellschaft dem Aufsichtsrat der Prüfungsgesellschaft angehört. Dagegen ist es nicht zulässig, daß ein Vorstandsmitglied der zu prüfenden Gesellschaft dem Aufsichtsrat der Prüfungsgesellschaft angehört. Was für Mitglieder des Vorstands, des Aufsichtsrats und Angestellte der zu prüfenden Gesellschaft gilt, trifft auch zu, soweit diese Personen Mitglieder des Vorstands, des Aufsichtsrats oder Angestellte einer herrschenden oder abhängigen Gesellschaft sind. Nach den „Grundsätzen für die Berufsausübung des Wirtschaftsprüfers“[3]) werden schlechthin Vorstands-, Aufsichtsratsmitglieder und Angestellte jedes Konzernunternehmens der zu prüfenden Gesellschaft ausgeschlossen, auch wenn es sich um ein gleichgeordnetes Unternehmen handelt.

Von der Prüfungstätigkeit sind ferner ausgeschlossen Prüfer, auf

[1]) Zulassungsbedingungen unter II abgedruckt bei Schlegelberger S. 424.

[2]) Ebenso Schlegelberger § 262c Anm. 9a. Nach den Grundsätzen über den Begriff der selbständigen und hauptberuflichen Tätigkeit als Wirtschaftsprüfer II Abs. 2 Nr. 3 (abgedruckt bei Schlegelberger S. 427) kann der Wirtschaftsprüfer nicht gleichzeitig gesetzlicher Vertreter oder Vorstandsmitglied einer AG. oder sonstigen Körperschaft sein, wobei jedoch Prüfungsgesellschaften ausgenommen sind.

[3]) Abgedruckt bei Schlegelberger S. 428 in der Neufassung durch Erlaß des RWM. v. 12. 11. 1934 (WTr. 1935, 47).

deren Geschäftsführung die zu prüfende Gesellschaft oder eine von dieser abhängige oder sie beherrschende Gesellschaft maßgebenden Einfluß hat. Viele große Gesellschaften haben sich eigene Revisionsgesellschaften geschaffen, die die Unternehmungen, mit denen sie in einem Konzernverhältnis stehen, oder denen sie Kredite gewährt haben, fortlaufend revidieren. Besitzt die zu prüfende Gesellschaft die Mehrheit des Aktienkapitals einer solchen Prüfungsgesellschaft, so ist diese von der Ausübung der Prüfungstätigkeit bei der herrschenden Gesellschaft ausgeschlossen. Kein Hindernis ist es, wenn die zu prüfende Gesellschaft an der Prüfungsgesellschaft eine Minderheitsbeteiligung hat oder wenn ein Mitglied des Aufsichtsrats der zu prüfenden Gesellschaft Mitglied des Aufsichtsrats der Prüfungsgesellschaft ist. Anders wäre der Fall zu beurteilen, wenn die zu prüfende Gesellschaft mit anderen Unternehmungen zusammen, mit denen sie im Konzernverhältnis steht, maßgebend an der Prüfungsgesellschaft beteiligt ist. In diesem Fall übt die zu prüfende Gesellschaft zwar nicht für sich allein, aber mit den anderen Unternehmungen zusammen, mit welchen sie im Konzernverhältnis steht, einen maßgebenden Einfluß auf die Geschäftstätigkeit der Prüfungsgesellschaft aus. Es kommt nur darauf an, ob dieser Einfluß besteht; es ist nicht erforderlich, daß er auch ausgeübt wird. Ein maßgebender Einfluß der zu prüfenden Gesellschaft ist auch bei einem Einzelprüfer denkbar, z. B. wenn ein früherer Angestellter der zu prüfenden Gesellschaft mit der Prüfung beauftragt werden soll, oder wenn der Einzelprüfer der zu prüfenden Gesellschaft verschuldet ist. Ein Einfluß der zu prüfenden Gesellschaft wird aber auch dann angenommen werden müssen, wenn zwar nicht die Gesellschaft selbst, wohl aber ein Mitglied des Vorstandes einen maßgebenden Einfluß auf die Geschäftsführung des Prüfers oder der Prüfungsgesellschaft ausübt. Dies ist z. B. denkbar, wenn der Einzelprüfer sich in wirtschaftlicher Abhängigkeit von dem Vorstandsmitglied befindet, oder wenn das Vorstandsmitglied an der Prüfungsgesellschaft maßgebend beteiligt ist. Nach den „Grundsätzen für die Berufsausübung des Wirtschaftsprüfers"[1]) wird ein maßgebender Einfluß sogar dann angenommen, wenn ein gesetzlicher Vertreter der zu prüfenden Gesellschaft mit dem Wirtschaftsprüfer oder dessen Ehefrau, bei Prüfungsgesellschaften mit einem Mitglied der Geschäftsführung oder dessen Ehefrau im 1. oder 2. Grade verwandt ist.

Wird ein Prüfer gewählt oder bestellt, der nicht öffentlich bestellter

---

[1]) Abgedruckt bei Schlegelberger S. 428, Neufassung durch Erlaß des RWM. v. 12. 11. 1934 (WTr. 1935, 47).

Wirtschaftsprüfer oder eine in die Liste der Hauptstelle eingetragene Prüfungsgesellschaft ist, so ist die Wahl bzw. Bestellung nichtig. Das gleiche gilt, wenn der Einzelprüfer oder die Prüfungsgesellschaft von der Übernahme der Prüfungstätigkeit ausgeschlossen war. Es treten in diesem Fall dieselben Wirkungen ein, wie wenn eine Pflichtprüfung überhaupt nicht stattgefunden hätte.

3. Die Wahl des Prüfers erfolgt durch die HV. Es ist zwar richtig, daß über die Wahl des Bilanzprüfers praktisch der Aufsichtsrat entscheidet; aber die formelle Wahl durch die HV. stärkt die Autorität des Bilanzprüfers gegenüber dem Aufsichtsrat und dem Vorstand. Auch der Aktienrechtsausschuß der Akademie für Deutsches Recht hält es nicht für richtig, die Wahl des Bilanzprüfers einer Stelle zu übertragen, deren eigene Tätigkeit Gegenstand der Nachprüfung ist[1]) Die Wahl soll vor dem Ablauf jeden Geschäftsjahres erfolgen. Zur Gültigkeit des Beschlusses genügt die Mehrheit der abgegebenen Stimmen (einfache Stimmenmehrheit § 113 Abs. 1; HGB. § 251 Abs. 1), also ohne Rücksicht darauf, ob sich die Mehrheit der anwesenden Aktionäre an der Abstimmung beteiligt hat und ob die Abstimmenden einen bestimmten Teil des Grundkapitals vertreten. Gewählt ist, wer die relativ größte Stimmenzahl erhalten hat. In der Satzung können jedoch für Wahlen andere Bestimmungen getroffen werden (§ 113 Abs. 2; HGB. § 251 Abs. 2), z. B. daß die absolute Stimmenmehrheit erforderlich ist und daß im Falle der Stimmengleichheit das Los entscheidet. Sind in der Satzung allgemeine Bestimmungen über Wahlen enthalten, so gelten sie auch für die Wahl der Abschlußprüfer, selbst wenn die betreffenden Bestimmungen vor Inkrafttreten des AGesetzes getroffen worden sind[2]). Zulässig ist die Wahl eines weiteren Abschlußprüfers für den Fall, daß der an erster Stelle Gewählte wegfällt. Der Vorstand, der Aufsichtsrat oder eine Minderheit, deren Anteile den zehnten Teil des Grundkapitals erreichen, sind berechtigt, gegen die Auswahl der Abschlußprüfer zur Niederschrift Widerspruch zu erheben. Der Widerspruch der Minderheit ist nur zu berücksichtigen, wenn glaubhaft gemacht wird, daß die die Minderheit bildenden Aktionäre seit mindestens drei Monaten, von der HV. zurückgerechnet, Inhaber der Aktien sind; zur Glaubhaftmachung genügt eine Versicherung an Eides Statt vor einem Gericht oder einem Notar (§ 136 Abs. 3; HGB. § 262b Abs. 2). Der

[1]) 2. Bericht des Vorsitzenden in der Zeitschr. der Akademie 1935, 259.

[2]) Nach Schlegelberger § 262b Anm. 2 gelten sie nur, soweit sie die Wahl erleichtern.

Widerspruch schließt die Anfechtung des Beschlusses der HV. gemäß § 197 (HGB. § 271) nicht aus. Der Widerspruch kann damit begründet werden, daß der gewählte Prüfer nicht die erforderliche Eignung, Zuverlässigkeit oder Unabhängigkeit besitze. Er kann sich aber auch dagegen richten, daß die HV. mehr als einen Prüfer gewählt hat[1]). Das Interesse der Gesellschaft kann in diesem Falle mit den Mehrkosten oder mit der zu starken Inanspruchnahme der Geschäftsführung durch die mehrfache Prüfung begründet werden. Über den Widerspruch entscheidet nach Anhörung der Beteiligten das Registergericht des Sitzes der Gesellschaft (§ 136 Abs. 3, 14; HGB. § 262b Abs. 3). Beteiligt sind auf der einen Seite diejenigen, die den Widerspruch erhoben haben, auf der anderen Seite die Antragsgegner, d. h. diejenigen, die den Prüfer gewählt haben; nicht beteiligt ist der Prüfer selbst, denn dessen Wahl wird erst wirksam, wenn das Widerspruchsverfahren erledigt ist. Erklärt das Gericht den Widerspruch für begründet und hat die HV. für den Fall des Wegfalls eines Prüfers einen anderen gewählt, so tritt diese Ersatzwahl nunmehr in Kraft. Will das Gericht an Stelle des gewählten einen anderen oder mehrere andere Prüfer bestellen, so hat es die amtliche Vertretung des Handelsstandes, d. i. die für den Sitz der Gesellschaft zuständige Industrie- und Handelskammer zu hören. Die Entscheidung des Gerichts ist endgültig. Die Kosten des Verfahrens hat in allen Fällen die Gesellschaft zu tragen[2]).

4. Auf Grund der Wahl durch die HV. allein kann der Abschlußprüfer nicht in Tätigkeit treten. Dazu bedarf es vielmehr noch des Prüfungsauftrags durch den Vorstand. Andererseits darf der Vorstand auch keinen Prüfungsauftrag erteilen, wenn die HV. noch keinen Prüfer gewählt hat. Durch die nachträgliche Wahl wird aber der Mangel geheilt, falls bis dahin der Prüfer noch nicht durch das Gericht bestellt ist[3]). Eine andere Frage ist, ob der Wirtschaftsprüfer seine Standes-

[1]) A.A. Schlegelberger das. Anm. 8.

[2]) Ebenso Schlegelberger § 262b Anm. 9. Ist der Vorstand der unterliegende Teil, so wäre es ungerechtfertigt, ihm die Lasten aufzuerlegen, wenn er im Interesse der Gesellschaft zu handeln glaubte; ob er aus dem Gesichtspunkt des Verschuldens heraus der Gesellschaft ersatzpflichtig ist, kann im Verfahren der freiwilligen Gerichtsbarkeit nicht entschieden werden. A.A. Staub das. Anm. 12. Die unterliegende Minderheit handelt gleichfalls im Interesse der Gesellschaft. Die Ersatzpflicht im Falle des Vorsatzes oder grober Fahrlässigkeit (Analogie des § 121 Abs. 4; HGB. § 267 Abs. 4 Satz 2) bleibt vorbehalten.

[3]) So Beschluß des Landgerichts Berlin v. 15. 11. 1935 WTr. 1936, 66. Vgl. Nebelung, Fragen der Bilanzprüfung JW. 1936, 2039.

pflichten verletzt, wenn er einen Prüfungsauftrag annimmt, ohne ordnungsmäßig durch die HV. bestellt zu sein[1]). Das Institut der Wirtschaftsprüfer erblickt in der Annahme eines Prüfungsauftrags ohne Wahl der HV. bzw. ohne Bestellung durch das Gericht eine Verletzung der Standespflicht. Dies ist aber jedenfalls dann nicht anzunehmen, wenn der von der HV. gewählte Prüfer den Auftrag abgelehnt hat oder aus anderen Gründen in Wegfall gekommen ist.

Der Prüfungsauftrag ist unteilbar. Der Vorstand kann also nicht, wenn mehrere Prüfer gewählt sind, den Auftrag in der Weise teilen, daß jeder Bilanzprüfer bestimmte Teile des Betriebs prüfen oder der eine die juristische, der andere die wirtschaftliche Prüfung vornehmen soll. Jeder Abschlußprüfer ist — unbeschadet der Arbeitsteilung, die die Prüfer unter sich vereinbaren — für die Prüfung im vollen gesetzlichen Umfang verantwortlich.

Der Vorstand ist verpflichtet, den gewählten Prüfern unverzüglich den Prüfungsauftrag zu erteilen (§ 136 Abs. 1; HGB. § 262b Abs. 1 Satz 2). Der gewählte Prüfer kann zwar seinerseits die Erteilung des Prüfungsauftrags von dem Vorstand nicht verlangen, wohl aber hat das Gericht die Verpflichtung, den Vorstand hierzu anzuhalten (§ 303 Abs. 1, § 136 Abs. 1). Es folgt dies daraus, daß das Gericht für die Durchführung der Pflichtprüfung zu sorgen hat. Nötigenfalls kann das Gericht auf Antrag des Aufsichtsrats oder eines Aktionärs den gewählten oder einen anderen Abschlußprüfer bestellen. Der Abschlußprüfer kann den Prüfungsauftrag ablehnen, ist aber in diesem Fall verpflichtet, die Ablehnung dem Auftraggeber unverzüglich anzuzeigen (BGB. § 663, § 675). Wird ihm für die Vornahme der Prüfung nicht genügend Zeit gelassen, so ist er verpflichtet, den Auftrag abzulehnen. Mit der Annahme des Auftrags kommt der Prüfungsvertrag zustande. Er ist ein Werkvertrag, der eine Geschäftsbesorgung zum Gegenstand hat (BGB. § 675). Für die zu zahlende Vergütung ist die Gebührenordnung für die öffentlich bestellten Wirtschaftsprüfer maßgebend, die nur in geringem Umfang den Vereinbarungen der Parteien Spielraum läßt.

Daß der Prüfungsauftrag durch die HV. jederzeit widerrufen werden kann (unbeschadet der Verpflichtung zur Zahlung der Vergütung), ist im Gesetz ausdrücklich bestimmt (§ 136 Abs. 6; HGB. § 262b Abs. 5). Zweifelhaft ist, ob auch der Vorstand den Prüfungsauftrag jederzeit widerrufen kann, was insbesondere dann praktisch

[1]) Adler im WTr. 1936, 66.

werden wird, wenn zwischen der Verwaltung und dem Prüfer Meinungsverschiedenheiten über die Durchführung oder das Ergebnis der Prüfung entstehen. Die Frage ist zu verneinen. Sieht man dem Abschlußprüfer als Dritten an, der außerhalb der Gesellschaft steht, so hat der Vorstand als gesetzlicher Vertreter der Gesellschaft und Besteller nach BGB. § 649 das Recht des jederzeitigen Widerrufs. Aus der Rechtsstellung des Prüfers als eines körperschaftlichen Organs folgt aber, daß die inneren Zuständigkeiten gewahrt werden müssen[1]). Im Falle eines Widerrufs durch den Vorstand wäre eine Ersatzbestellung durch das Gericht nicht möglich, da der gewählte Prüfer weder den Prüfungsauftrag abgelehnt hat, noch weggefallen oder an dem rechtzeitigen Abschluß der Prüfung verhindert ist. Es ist aber zulässig, daß in einer neuen Generalversammlung die Wahl des Abschlußprüfers widerrufen und ein anderer Prüfer gewählt wird (§ 136 Abs. 6; HGB. § 262b Abs. 5)[2]). Ist die Prüfung abgeschlossen, d. h. der Prüfungsbericht dem Vorstand und dem Aufsichtsrat vorgelegt, so ist ein Widerruf der Wahl nicht mehr möglich. Eine Kündigung des Prüfungsvertrags von seiten des Prüfers ist nur zulässig, wenn der Vorstand die ihm nach § 138 (HGB. § 262d) obliegende Pflicht zur Mitwirkung bei der Prüfung nicht erfüllt. Der Prüfer muß dem Vorstand eine angemessene Frist setzen mit der Erklärung, daß er den Vertrag kündige, wenn der Vorstand seiner Verpflichtung nicht bis zum Ablauf der Frist nachkommt (BGB. § 643). Wird der Prüfungsvertrag auf diese Weise aufgehoben, so behält der Prüfer den Anspruch auf die Vergütung, jedoch unter Abzug der ersparten Aufwendungen (BGB. § 642).

5. Die Bestellung des Prüfers durch das Gericht hat in folgenden Fällen zu erfolgen:

a) wenn die Generalversammlung bis zum Ablauf des Geschäftsjahrs Abschlußprüfer nicht gewählt hat. Hierher gehört auch der Fall, daß der Gewählte nicht gewählt werden konnte, weil er nicht öffentlich bestellter Wirtschaftsprüfer ist oder daß er von der Ausübung der Tätigkeit ausgeschlossen war (§ 136 Abs. 4 Satz 1; HGB. § 262b Abs. 4 Satz 1).

b) wenn der gewählte Prüfer die Annahme des Prüfungsauftrags ablehnt, wegfällt oder an der rechtzeitigen Erstattung des Prüfungsberichts verhindert ist (§ 136 Abs. 4 Satz 2; HGB. § 262b

---

[1]) Übereinstimmend Schlegelberger das. Anm. 14.

[2]) Die Fassung des § 136 Abs. 6 (HGB. § 262b Abs. 5) „auch vor dem Abschluß der Prüfung“ ist mißverständlich.

Abs. 4 Satz 2), und die Hauptversammlung keinen anderen Prüfer wählt.

c) wenn gegen die Auswahl der Prüfer zur Niederschrift der HV. Widerspruch erhoben und dem Widerspruch stattgegeben worden ist (§ 136 Abs. 3; HGB. § 262b Abs. 3).

In allen Fällen tritt das Gericht an Stelle der HV. ein. Es ist nicht möglich, in solchen Fällen die Bestellung des Prüfers dem Aufsichtsrat oder dem Vorstand zu übertragen.

Wenn zwei oder mehr Prüfer gewählt sind, so kommt eine Ersatzbestellung durch das Gericht nicht in Frage, wenn auch nur bei einem Prüfer keine Beanstandungen vorliegen. Dies gilt nur dann nicht, wenn aus dem Wahlbeschluß der HV. hervorgeht, daß die mehreren Prüfer den Prüfungsbericht gemeinsam erstatten sollten.

In allen Fällen erfolgt die gerichtliche Bestellung nur auf Antrag und erst nach Ablauf des Geschäftsjahrs. In den Fällen a und b ist nach § 136 Abs. 4 Satz 3 der Vorstand nach Ablauf des Geschäftsjahrs verpflichtet, den Antrag zu stellen. Das Gericht hat die Mitglieder des Vorstandes zur Befolgung dieser Vorschrift nötigenfalls durch Ordnungsstrafen anzuhalten (§ 303). Die Bestellung durch das Gericht entfällt, wenn die HV. in der Zwischenzeit einen Abschlußprüfer gewählt hat. In beiden Fällen kann das Gericht auf Antrag nach Ablauf des Geschäftsjahrs den Prüfer sofort bestellen. Der Vorstand ist nicht verpflichtet, bevor er den Antrag bei Gericht stellt, die HV. zwecks Vornahme der Wahl zu berufen[1]). Die für den Fall b in der 7. DV. bestimmte zweimonatliche Frist besteht nicht mehr.

Auch im Falle c ist ein Antrag erforderlich; wird der Widerspruch nicht weiter verfolgt, so bleibt die Wahl des Wirtschaftsprüfers durch die HV. bestehen; denn durch den bloßen Widerspruch, ohne daß der Antrag auf Bestellung eines anderen Wirtschaftsprüfers gestellt und darüber entschieden worden ist, wird der Beschluß der HV. nicht beseitigt. Auch wenn der Antrag auf Bestellung durch das Gericht gestellt ist, besteht die Möglichkeit, daß die Bestellung durch das Gericht infolge der Wahl durch die HV. entfällt, sei es, daß der Widerspruch zurückgenommen wird, oder daß die HV. nachträglich einen anderen Abschlußprüfer wählt.

In den Fällen a und b sind, abgesehen von dem Vorstand, der Aufsichtsrat und jeder Aktionär berechtigt, den Antrag zu stellen.

---

[1]) Schlegelberger § 262b Anm. 12.

Das gleiche muß aber auch im Falle c gelten. Die besondere Erteilung eines Prüfungsauftrags ist bei der gerichtlichen Bestellung nicht vorgesehen. Der Beschluß über die Bestellung ist dem Abschlußprüfer zuzustellen; darin liegt die Erteilung des Prüfungsauftrags. Nach § 136 Abs. 5 können die gerichtlich bestellten Prüfer den Ersatz angemessener barer Auslagen und Vergütung ihrer Tätigkeit verlangen. Beides wird vom Gericht festgesetzt; für Vereinbarungen ist kein Raum. Soweit die Tätigkeit des Gerichts in Frage kommt, handelt es sich gewissermaßen um die Bestellung eines Pflegers, wie dies auch für die gerichtliche Bestellung von Gründungsprüfern (§ 27 Abs. 2) zutrifft, d. h. das Gericht wird als Behörde kraft öffentlichen Rechts fürsorglich für die Gesellschaft tätig.

Das Gericht ist berechtigt, den Prüfungsauftrag und damit die Bestellung zu widerrufen. In der Regel ist hierzu ein Antrag des Vorstandes erforderlich (§ 136 Abs. 6; HGB. § 262 b Abs. 5). Unter Umständen ist aber das Gericht zu dem Widerruf im Interesse der Gesellschaft verpflichtet, z. B. bei Unfähigkeit oder vertragswidrigem Verhalten des Abschlußprüfers. In diesem Fall ist ein Antrag des Vorstandes nicht erforderlich. Der Beschluß des Gerichts über den Widerruf braucht nicht mit Gründen versehen zu sein. Er unterliegt nicht der Beschwerde nach FGG. [1]).

IV. Die Rechtsstellung des Abschlußprüfers [2])

§ 45

Der Abschlußprüfer ist ein Organ der Gesellschaft, denn seine Bestellung beruht im Gegensatz zu einem Staatskommissar auf einem körperschaftlichen Akt. Er haftet der Gesellschaft unmittelbar für ordnungsmäßige Erfüllung der ihm obliegenden Verpflichtungen und die Gesellschaft muß seine Tätigkeit, die Erstattung des Prüfungsberichts, für und gegen sich gelten lassen. Dies zeigt sich insbesondere darin, daß der Entlastungsbeschluß gültig ist, wenn der Prüfer den Bestätigungsvermerk erteilt hat, obwohl wesentliche Einwendungen

[1]) Schlegelberger § 262 b Anm. 14. Dagegen Staub das. Anm. 26. Eine Beschwerde gegen den Widerruf hat keinen Zweck, da im Interesse der baldigen Prüfung des Jahresabschlusses sofort ein neuer Prüfer bestellt oder gewählt werden muß, dessen Wahl bzw. Bestellung sofort wirksam ist.

[2]) Vgl. Theermann, Haftung des Wirtschaftsprüfers bei Ertel Bd. II, S. 321.

gegen die Buchführung, den Jahresabschluß und den Geschäftsbericht des Vorstands zu machen waren, die der Prüfer nach den ihm vorliegenden Unterlagen kannte oder hätte kennen müssen. Der Prüfer ist allerdings nicht Vertretungsorgan, sondern Aufsichts- und Kontrollorgan[1]).

Über die Rechte des Prüfers bestimmt § 138 Abs. 1:

„Der Vorstand hat den Abschlußprüfern den Jahresabschluß und den Geschäftsbericht vorzulegen und ihnen zu gestatten, die Bücher und Schriften der Gesellschaft, sowie die Vermögensgegenstände, namentlich die Gesellschaftskasse und die Bestände an Wertpapieren und Waren zu prüfen".

Der Vorstand kann durch Ordnungsstrafen zur Erfüllung dieser Verpflichtungen seitens des Gerichts angehalten werden[2]).

Zu den Schriften der Gesellschaft, in die der Prüfer Einsicht zu nehmen berechtigt ist, gehören auch die Protokolle des Aufsichtsrats. Der Vorstand kann aber verlangen, daß wichtige Schriftstücke vertraulicher Art nur dem Prüfer selbst, nicht auch seinen Hilfspersonen, zur Einsicht vorgelegt werden. Der Prüfer hat seine Tätigkeit so auszuüben, daß der Geschäftsbetrieb der Gesellschaft dadurch möglichst wenig gestört wird. Wenn dem Prüfer die Bücher und Schriften von dem Vorstand nicht vorgelegt oder die Auskünfte verweigert werden, die zur sorgfältigen Erfüllung der Prüfungspflicht erforderlich sind, so muß der Prüfer dies in seinem Bericht feststellen. Er hat kein Recht, sich die erforderlichen Auskünfte unter Umgehung des Vorstands von Angestellten der Gesellschaft zu verschaffen, vielmehr bleibt es seinem pflichtmäßigen Ermessen überlassen, ob er in diesem Fall ein Ordnungsstrafverfahren nach AGesetz § 303 beantragen, oder gegebenenfalls die Spruchstelle anrufen oder den Bestätigungsvermerk verweigern oder nur mit Einschränkungen erteilen will. Ein Recht zur Niederlegung seiner Tätigkeit hat der Prüfer dann, wenn das Verhalten des Vorstandes dem Prüfer die ordnungsmäßige Erstattung des Berichts unmöglich macht. In diesem Fall hat er dem Vorstand zunächst eine angemessene Frist zu setzen mit der Erklärung, daß er, falls die erhobenen Beanstandungen nicht beseitigt werden, den Prüfungsauftrag kündige (BGB. § 643). Falls der Vorstand dem Prüfer das Recht zur Niederlegung seiner Tätigkeit bestreitet, muß der gewählte Prüfer seinen Anspruch auf die Vergütung im Rechtswege gegen die Gesellschaft geltend machen;

---

[1]) Schlegelberger Vorbemerkung zu § 262a bezeichnet ihn als sachverständiges Hilfsorgan.

[2]) § 303 Abs. 1; 7. DV. § 2.

ist der Prüfer durch das Gericht bestellt, so kann das Gericht lediglich den Betrag der Vergütung und die Auslagen festsetzen, wegen etwaiger Einwendungen ist die Gesellschaft an das ordentliche Gericht zu verweisen. War der Prüfer zur Niederlegung nicht berechtigt, so macht er sich unter Umständen schadenersatzpflichtig, falls der Gesellschaft durch die Notwendigkeit der Bestellung eines anderen Prüfers höhere Kosten erwachsen oder ihr durch die Verzögerung in der Erstattung des Prüfungsberichts ein Schaden entsteht.

Den weitgehenden Rechten des Abschlußprüfers entspricht seine Verpflichtung zur gewissenhaften und unparteiischen Prüfung und zur Verschwiegenheit (§ 141; HGB. § 262g). Die Verpflichtung zur Verschwiegenheit bezieht sich auch auf die Geschäfts- und Betriebsgeheimnisse, die der Prüfer bei Wahrnehmung seiner Obliegenheiten erfahren hat. Im Zivilprozeß hat der Prüfer gemäß ZPO. § 383 Abs. 3 Nr. 2 das Recht der Zeugnisverweigerung. Im Strafprozeß besteht ein solches Recht nicht. Die Verschwiegenheitspflicht dauert auch nach Erfüllung des Prüfungsauftrags fort. Was zunächst den Prüfungsbericht selbst betrifft, so ist dieser nur dem Vorstand und dem Aufsichtsrat (Vorsitzer) vorzulegen. Zwar hat jedes Mitglied des Aufsichtsrats das Recht, den Bericht einzusehen. Ohne Anweisung des Vorsitzers des Aufsichtsrats kann aber der Prüfer selbst den Mitgliedern des Aufsichtsrats weder die Einsicht gewähren noch ihnen eine Abschrift des Berichts erteilen. Ist eine Prüfungsgesellschaft Abschlußprüfer, so besteht eine Verpflichtung zur Verschwiegenheit nicht gegenüber den Inhabern bzw. Vorstandsmitgliedern der Gesellschaft, wohl aber gegenüber dem Aufsichtsrat der Prüfungsgesellschaft; nur der Vorsitzer des Aufsichtsrats der Prüfungsgesellschaft und sein Stellvertreter dürfen den Bericht einsehen (§ 141 Abs. 3; HGB. § 262g Abs. 3). Soweit mündliche Mitteilungen über den Inhalt des Prüfungsberichts in Frage kommen, besteht eine Verpflichtung zur Verschwiegenheit nicht gegenüber den Mitgliedern des Aufsichtsrats der zu prüfenden Gesellschaft, da diese berechtigt sind, den Bericht einzusehen. Weitergehende Mitteilungen dürfen aber auch diesen nicht gemacht werden. Nur dem Aufsichtsrat selbst oder den von ihm beauftragten Mitgliedern dürfen weitere Mitteilungen und Aufklärungen gegeben werden.

Der Prüfer haftet der Gesellschaft, die den Prüfungsauftrag erteilt hat (nicht aber den Aktionären oder Dritten), für Vorsatz und für Fahrlässigkeit (§ 141). Die Haftung auf Grund dieser Bestimmung kann weder ausgeschlossen noch beschränkt werden; es ist anzunehmen, daß sie, soweit es sich um eine Pflichtprüfung handelt, auch nicht verschärft werden kann, obwohl dies aus dem Gesetz nicht deutlich hervorgeht[1]). Bei Fahrlässigkeit ist die Haftung auf M. 100000 begrenzt. Es geschah dies deswegen, um den Abschlußprüfern die Deckung eines Schadens durch Eingehung einer Haftpflichtversicherung zu ermöglichen. Die Hilfspersonen, deren sich die Prüfer bedienen, haben dieselben Rechte und Pflichten wie die Prüfer selbst. Im Falle einer Pflichtverletzung seitens der Hilfspersonen kann der Prüfer in Anspruch genommen werden; infolge einer ausdrücklichen Bestimmung des Gesetzes sind die Hilfspersonen aber auch der Gesellschaft unmittelbar haftbar (§ 141 Abs. 1; HGB. § 262g Abs. 1). Mehrere Personen haften als Gesamtschuldner. Hat die Hilfsperson vorsätzlich, der Prüfer selbst aber nur fahrlässig gehandelt, so kann er nur wegen Fahrlässigkeit in Anspruch genommen werden, obwohl er nach den allgemeinen Bestimmungen des BGB. (§ 278) auch den Vorsatz seines Gehilfen zu vertreten hätte (§ 141 Abs. 2, Halbsatz 2; HGB. § 262g Abs. 2, Halbsatz 2). Die Ansprüche verjähren in 5 Jahren.

Ist der Abschlußprüfer eine Prüfungsgesellschaft, so obliegt die Haftung sowohl der Prüfungsgesellschaft, die ihrerseits den betreffenden Gesellschafter, Geschäftsführer, das Vorstandsmitglied usw. in Anspruch nehmen kann, als auch dem Wirtschaftsprüfer selbst, der die Prüfung ausgeführt hat. Daneben haften der Gesellschaft auch hier die Hilfspersonen.

Schließlich bestehen auch Strafbestimmungen zum Schutze des Prüfungsvorgangs. Nach § 302 (HGB. § 318a) wird mit Gefängnis oder Geldstrafe bestraft

1. „wer als Prüfer oder als Gehilfe eines Prüfers über das Ergebnis der Prüfung falsch berichtet oder erhebliche Umstände im Berichte verschweigt";
2. „wer als Prüfer oder als Gehilfe eines Prüfers seine Pflicht zur Verschwiegenheit verletzt oder unbefugt Geschäfts- und Betriebsgeheimnisse, die er bei Wahrnehmung seiner Obliegenheiten erfahren hat, verwertet";
3. „wer als Vorsitzer des Aufsichtsrats einer Prüfungsgesellschaft oder als sein Stellvertreter die durch Einsicht eines Berichts erlangten Kenntnisse verwertet, ohne daß es die Erfüllung der Überwachungspflicht des Aufsichtsrats fordert".

Bestraft wird nur die vorsätzliche Verletzung. Das Höchstmaß ist 5 Jahre Gefängnis oder 10000 M., bei Gewinnsucht 100000 M. Geldstrafe. Die Verjährung tritt in 5 Jahren ein (StGB. §§ 27 Ziff. 1, 27a, 27c ff.).

---

[1]) § 141 Abs. 4; HGB. § 262g Abs. 4; obiger Ansicht sind Schlegelberger § 262g Anm. 8, Theermann a. a. O. S. 323. A. a. Staub das. Anm. 10.

Zehntes Kapitel

Der Bericht des Aufsichtsrats

§ 46

I. Das AGesetz spricht nicht mehr von „Bemerkungen des Aufsichtsrats zum Geschäftsbericht des Vorstands", sondern von einem „Bericht des Aufsichtsrats". Damit wird zum Ausdruck gebracht, daß diesem Bericht eine selbständige Bedeutung zukommt. Der Aufsichtsrat hat nicht nur zu den Vorlagen des Vorstands Stellung zu nehmen, sondern über die Erfüllung der ihm selbst obliegenden Aufgaben zu berichten. Ihm obliegt es, die Geschäftsführung des Vorstands dauernd zu überwachen. Er erhält von dem Vorstand regelmäßig vierteljährlich Berichte über den Gang der Geschäfte und die Lage des Unternehmens. Außerdem erhält der Vorsitzer bei wichtigem Anlaß den mündlichen oder schriftlichen Bericht des Vorstands (§ 81). Während des Geschäftsjahres hat der Aufsichtsrat Zwischenprüfungen vorzunehmen (§ 96 Abs. 2). Der Grundsatz der gewissenhaften und getreuen Rechenschaftslegung gilt auch für den Bericht des Aufsichtsrats. Zwar ist dieses ausdrücklich nur für den Geschäftsbericht des Vorstands (§ 128 Abs. 3) und die Berichte des Vorstands an den Aufsichtsrat (§ 81) ausgesprochen. Nach § 112 Abs. 2 sind Auskünfte an den Aktionär nach den Grundsätzen einer gewissenhaften und getreuen Rechenschaft zu erteilen. Zu solchen Auskünften ist aber nicht nur der Vorstand, sondern im Rahmen seiner Obliegenheiten auch der Aufsichtsrat verpflichtet. Der Aufsichtsrat hat daher insbesondere auch seinerseits zu prüfen, ob der Geschäftsbericht des Vorstands diesen Grundsätzen entspricht und nötigenfalls dessen Bericht zu ergänzen.

II. Im einzelnen werden für den Inhalt des Aufsichtsratsberichts folgende Mindesterfordernisse aufgestellt (§ 96):

1. Der Aufsichtsrat hat den Jahresabschluß, den Vorschlag für die Gewinnverteilung und den Geschäftsbericht zu prüfen und der HV. darüber zu berichten.

2. Er hat mitzuteilen, in welcher Art und in welchem Umfang er die Geschäftsführung der Gesellschaft während des Geschäftsjahres geprüft hat (Zwischenprüfungen).

3. Er hat anzugeben, welche Stelle den Jahresabschluß und den Geschäftsbericht geprüft hat. Diese Mitteilung ergibt sich allerdings schon aus dem Vermerk in der Bilanz.

4. Der Aufsichtsrat hat anzugeben, ob die von ihm vorgenommenen Prüfungen der Geschäftsführung, des Jahresabschlusses und des Geschäftsberichts, sowie die von dem Abschlußprüfer vorgenommene Prüfung zu wesentlichen Beanstandungen Anlaß gegeben haben. Nicht erforderlich ist, daß die Beanstandungen des Prüfers im einzelnen besonders bezeichnet werden; auch für den Aufsichtsrat gilt die Schutzklausel des § 128 Abs. 3. Die bisherige Vorschrift, daß der Aufsichtsrat zu den Beanstandungen des Prüfers Stellung zu nehmen hat, besteht nicht mehr. Gegebenenfalls wird aber eine Mitteilung in dem Bericht des Aufsichtsrats, daß wesentliche Beanstandungen erhoben worden sind, den Aktionären in der HV. Veranlassung geben, von ihrem Auskunftsrecht Gebrauch zu machen.

Fehlt der Bericht des Aufsichtsrats oder entspricht er nicht den gesetzlichen Erfordernissen, so gilt das, was im gleichen Fall für den Bericht des Vorstands gesagt worden ist. Der Beschluß der HV. über die Genehmigung des Jahresabschlusses und über die Entlastung kann von jedem Aktionär angefochten werden. Die Anfechtungsklage ist auch dann gegeben, wenn das Fehlen, die Unrichtigkeit oder Unvollständigkeit keinen Einfluß auf die Beschlußfassung der HV. ausüben konnten[1]). Dies ergibt sich aus der neuen Regelung des Auskunftsrechts, wodurch dem Aktionär bei unbegründeter Verweigerung der Auskunft ein Anfechtungsrecht gegeben ist. Die Unrichtigkeit oder Unvollständigkeit des Berichts wird aber dadurch geheilt, daß der Aufsichtsrat in der HV. einen richtigen bzw. vollständigen Bericht erstattet.

Elftes Kapitel

Die Feststellung des Jahresabschlusses durch Vorstand und Aufsichtsrat

§ 47

Das Kräfteverhältnis zwischen HV. und Vorstand hat durch das AGesetz eine wesentliche Verlagerung dadurch erfahren, daß die Stellung des Vorstands auf Kosten der HV. außerordentlich verstärkt wurde. Der bemerkenswerteste Ausdruck dieser Entwicklung ist das Recht des Vorstands, mit Billigung des Aufsichtsrats

[1]) Vgl. RG. **90**, 208.

den Jahresabschluß festzustellen. Der Aktienrechtsausschuß der Akademie für Deutsches Recht hat diesen Vorschlag als die Folgerung aus dem Führergrundsatz bezeichnet; der Vorstand sei Leiter des Betriebs und für dessen Entwicklung verantwortlich[1]). Gleichzeitig sollte auf diese Weise der beherrschende Einfluß der persönlich nicht verantwortlichen Geldgeber eingeschränkt[2]) und dem Vorstand mehr wie bisher die Möglichkeit gegeben werden, bei seiner Geschäftsführung das Wohl des Betriebs, seiner Gefolgschaft und den gemeinen Nutzen von Volk und Reich zu wahren. Voraussetzung für die Feststellung des Jahresabschlusses ohne HV. ist jedoch, daß der Aufsichtsrat den vom Vorstand festgestellten Jahresabschluß billigt. Ist dies der Fall, so kann der Vorstand für sich allein die HV. zur Feststellung des Jahresabschlusses nicht anrufen; er kann sich seiner Pflicht, den Jahresabschluß selbständig festzustellen, nicht entziehen. In der Regel wird sich daher in Zukunft die Feststellung des Jahresabschlusses ohne Mitwirkung der HV. vollziehen.

„An den vom Vorstand mit Billigung des Aufsichtsrats festgestellten Jahresabschluß ist die HV. gebunden" (§ 126 Abs. 3). Der Jahresabschluß erhält dadurch den Charakter einer reinen Rechenschaftslegung. Er bleibt die wesentliche Unterlage für den Beschluß der HV. über Gewinnverteilung und Entlastung und gehört daher zu den 4 Vorlagen, die alljährlich der HV. zu unterbreiten sind. Er kann gelegentlich der Verhandlung über den Beschluß betreffend die Gewinnverteilung und Entlastung zum Gegenstand von Erörterungen gemacht werden und es können Auskünfte verlangt werden. Außerdem kann die HV. ihr mangelndes Einverständnis mit dem Jahresabschluß in der verschiedensten Art zum Ausdruck bringen: bei Nichtigkeitsgründen durch die Geltendmachung der Nichtigkeit der Bilanz, allgemein durch die Verweigerung der Entlastung, durch die Bestellung von Sonderprüfern, durch Geltendmachung von Ersatzansprüchen und durch Entziehung des Vertrauens.

Soweit nach neuem Recht die Bilanz von dem Vorstand mit Billigung des Aufsichtsrats festgestellt wird, ist damit zugleich über die Frage der Abschreibungen und Rückstellungen entschieden. Weder der Aufsichtsrat noch der Vorstand können für sich allein Abschreibungen und Rückstellungen feststellen. Stimmen sie nicht überein, so muß die HV. zur Feststellung der Bilanz berufen werden. Die Bilanz

---

[1]) Zeitschrift der Akademie für Deutsches Recht 1935, 251.

[2]) Quassowski in der Deutschen Justiz 1937, 182.

kann nicht teilweise, sondern nur im ganzen festgestellt werden, sei es durch den Vorstand und Aufsichtsrat, sei es durch die HV. Vom Standpunkt des bisherigen Rechts war zweifelhaft, ob Satzungsbestimmungen zulässig waren, durch welche dem Aufsichtsrat oder dem Vorstand oder beiden die Festsetzung der Abschreibungen und Rückstellungen übertragen wurde. Diese Satzungsbestimmungen sind jetzt gegenstandslos geworden, da sie gegen zwingende gesetzliche Bestimmungen verstoßen.

Bei dieser Sachlage entsteht die Frage, ob die HV. oder der einzelne Aktionär überhaupt nach neuem Recht noch in der Lage sind, einen Anspruch auf Dividende geltend zu machen. Man wird annehmen müssen, daß die weitgehende Befugnis des Vorstands und des Aufsichtsrats nicht willkürlich, sondern nur im Rahmen der ihnen obliegenden Sorgfaltspflicht eines ordentlichen und gewissenhaften Geschäftsleiters (§§ 84 Abs. 1, 99) ausgeübt werden kann. Eine willkürliche Beschränkung der Gewinnausschüttung würde daher mit dem Wesen der AG. unvereinbar sein und die Nichtigkeit des Jahresabschlusses zur Folge haben.

Die Nichtigkeit des Jahresabschlusses kann im Wege einer besonderen Feststellungsklage geltend gemacht werden. Es ist aber auch möglich, sie außerhalb des Prozesses geltend zu machen (§ 202 Abs. 3, § 201 Abs. 1 Satz 2), was besonders bei den Verhandlungen der HV. geschehen kann. Die Nichtigkeitsgründe für den vom Vorstand festgestellten Jahresabschluß decken sich nicht vollständig mit den Nichtigkeitsgründen, wie sie für die Beschlüsse der HV. gelten (§ 202). Ein vom Vorstand festgestellter Jahresabschluß ist nichtig:

1. wenn keine Pflichtprüfung stattgefunden hat,
2. wenn der Vorstand oder Aufsichtsrat bei seiner Feststellung nicht ordnungsmäßig mitgewirkt haben,
3. wenn er mit dem Wesen der AG. unvereinbar ist oder durch seinen Inhalt Vorschriften verletzt, die ausschließlich oder überwiegend zum Schutze der Gläubiger der Gesellschaft oder sonst im öffentlichen Interesse gegeben sind,
4. wenn er durch seinen Inhalt gegen die guten Sitten verstößt.

Die Entziehung des Vertrauens bildet nach der Begründung zu § 75 Abs. 3 stets einen wichtigen Grund für die Abberufung eines Vorstandsmitglieds durch den Aufsichtsrat. Sie wird besonders bei der Verhandlung über die Entlastung in Frage kommen. Selbstverständlich kann aber auch jeder andere gewichtige Anlaß dazu benutzt werden. Erforderlich ist aber in jedem Fall, daß dieser Gegenstand als besonderer Punkt der Tagesordnung angekündigt wird.

Der Jahresabschluß ist unverzüglich nach der Feststellung in den Gesellschaftsblättern bekannt zu machen (§ 143 Abs. 2). Die Feststellung ist vollzogen, wenn der Aufsichtsrat den Jahresabschluß gebilligt hat. Die Pflichtprüfung muß vorausgegangen sein, infolgedessen muß auch der Geschäftsbericht des Vorstands bei der Billigung des Aufsichtsrats bereits vorliegen. Der Bericht des Aufsichtsrats kann später abgefaßt werden. Der Jahresabschluß kann daher auch vor Einberufung der Hauptversammlung veröffentlicht werden; da die unverzügliche Veröffentlichung nach Feststellung vorgeschrieben ist, wird dies jetzt regelmäßig geschehen.

Der Jahresabschluß ist mit dem Geschäftsbericht und dem Bericht des Aufsichtsrats auch zum Handelsregister einzureichen. Das gleiche gilt von der Bekanntmachung des Jahresabschlusses in den Gesellschaftsblättern. An die Einreichung dieser Bekanntmachung bei dem Registergericht ist eine besondere Wirkung geknüpft. Von da ab läuft die sechsmonatliche Frist zur Geltendmachung der Nichtigkeit des Jahresabschlusses, wenn Vorstand oder Aufsichtsrat bei der Feststellung nicht ordnungsmäßig mitgewirkt haben (§ 202 Abs. 2).

Zwölftes Kapitel

Die Hauptversammlung

I. Die Formvorschriften

1. Die Berufung der Hauptversammlung

§ 48

Die HV. muß alljährlich in den ersten fünf (bisher 3) Monaten des Geschäftsjahres einberufen werden. Es folgt dies daraus, daß sie innerhalb dieser Frist über die Verteilung des Reingewinns (§ 126 Abs. 1) und über die Entlastung des Vorstands und Aufsichtsrats (§ 104 Abs. 1) beschließen muß. Innerhalb dieser Frist muß die HV. in den im Gesetz vorgesehenen Fällen auch zur Feststellung des Jahresabschlusses berufen werden (§ 125 Abs. 5). Die Satzung kann eine andere Frist bestimmen, jedoch nicht über die Dauer von 7 (bisher 6) Monaten hinaus. Da die Wahl des Abschlußprüfers vor Ablauf jedes Geschäftsjahres erfolgen soll, so empfiehlt es sich, auf die Tagesordnung der ordentlichen HV. auch die Wahl des Abschlußprüfers für das laufende Geschäftsjahr zu setzen. Erfolgt die Berufung der HV. nicht rechtzeitig, so hat das Registergericht den Vorstand durch Ordnungsstrafen hierzu anzuhalten (§ 303 Abs. 1; HGB. § 319 Abs. 1). Nötigenfalls kann das Registergericht Aktionäre, deren Anteile zusammen den 20. Teil des Grundkapitals erreichen, auf ihren Antrag zur Berufung der HV. ermächtigen.

Die HV. ist durch den Vorstand zu berufen. Die Satzung kann bestimmen, daß neben dem Vorstand auch andere Personen dazu befugt sind (§ 105 Abs. 1; HGB. § 253 Abs. 1). Auch ohne eine solche Bestimmung der Satzung ist der Aufsichtsrat berechtigt, die HV. zu berufen (§ 95 Abs. 4; HGB. § 246 Abs. 2).

Die Einberufung muß die Firma der Gesellschaft, sowie Zeit (Tag und Stunde) und den Ort der HV. angeben. Es muß aus ihr hervorgehen, daß es sich um die Einladung zu einer HV. handelt und von wem die Einladung ausgeht, z. B. Vorstand, Aufsichtsrat; die Namen der Berufenden brauchen nicht angegeben zu werden. Die Orts- und Zeitbestimmung darf nicht so gewählt werden, daß den Aktionären die Teilnahme an der HV. ungebührlich erschwert wird. Wenn die Satzung nichts anderes bestimmt, soll sie am Sitz der Gesellschaft stattfinden; sind die Aktien an einer deutschen Börse zum Börsenhandel zugelassen, so kann mangels einer andern Bestimmung der Satzung die HV. auch am Sitz der Börse stattfinden[1]) (§ 105 Abs. 3). Die Einberufung soll den Zweck der HV. (die Tagesordnung) bekanntgeben (AGesetz § 108). Diese Bestimmung ist nicht zwingend. Wird die Tagesordnung aber nicht bei der Berufung angekündigt, so muß sie in der gleichen Form besonders bekanntgegeben werden, wie die Berufung erfolgt und zwar mit einer Frist von mindestens einer Woche vor dem Tage der Versammlung; bei Satzungsänderungen und sonstigen Beschlüssen, für die eine einfache Mehrheit nicht ausreicht, beträgt die Frist 2 Wochen. In solchen Fällen kann ein Beschluß nur gefaßt werden, wenn die beabsichtigte Satzungsänderung nach ihrem wesentlichen Inhalt ausdrücklich und fristgemäß angekündigt worden ist (§ 145 Abs. 2). Ist die Ausübung des Stimmrechts von der Hinterlegung der Aktien abhängig gemacht, so tritt für die Frist zur Einberufung und zur Bekanntgabe der Tagesordnung an die Stelle des Tages der Versammlung der Tag, bis zu dessen Ablauf die Hinterlegung zu geschehen hat (§ 108 Abs. 2;

[1]) Bei Gesellschaften, deren Aktien zum amtlichen Börsenhandel zugelassen sind, mußte die Gesellschaft schon bisher in dem Prospekt die Verpflichtung übernehmen, ihre Hauptversammlungen am Sitz der Gesellschaft oder an einem deutschen Börsenplatz abzuhalten und gegebenenfalls ihre Satzung entsprechend ändern.

HGB. § 256). Üblich ist, daß in der Berufung die Bedingungen angegeben werden, unter denen die Aktionäre zur Teilnahme an der Generalversammlung zugelassen werden. Die Tagesordnung wird von der Stelle festgesetzt, die die Versammlung beruft, also regelmäßig von dem Vorstand. Falls Vorstand und Aufsichtsrat nicht übereinstimmen, kann eine vom Vorstand festgesetzte Tagesordnung vom Aufsichtsrat ergänzt werden und umgekehrt. Auf schriftliches Verlangen von Aktionären, die zusammen den 20. Teil des Grundkapitals vertreten, ist aber der Vorstand verpflichtet, den von der Aktionärminderheit gewünschten Punkt auf die Tagesordnung zu setzen. Wird dem Verlangen von dem Vorstand oder Aufsichtsrat nicht entsprochen, so kann das Gericht die Aktionäre ermächtigen, ihrerseits eine HV. einzuberufen (§ 106 Abs. 2—5; HGB. § 254).

Im Gegensatz zu dem bisherigen Recht muß die Einberufung im deutschen Reichsanzeiger veröffentlicht werden. Bezeichnet die Satzung andere Blätter als Gesellschaftsblätter, so muß sie außerdem in diesen bekannt gegeben werden (§ 18)[1]). Tag der Berufung ist in diesem Fall der Tag, an welchem die Veröffentlichung erschienen ist. Ist Veröffentlichung in mehreren Zeitungen vorgeschrieben, so ist diejenige maßgebend, die zuletzt erschienen ist. Hat der Aktionär eine Aktie bei der Gesellschaft hinterlegt, so kann er verlangen, daß ihm die Berufung der HV. und die Gegenstände der Verhandlung, sobald die Bekanntmachung erfolgt, durch eingeschriebenen Brief besonders mitgeteilt werden (§ 109; HGB. § 257).

Die Berufung muß in der Weise erfolgen, daß zwischen der Berufung und dem Tag der Versammlung mindestens 2 Wochen liegen, wobei der Tag der Berufung und der Tag der Verhandlung nicht mitgerechnet werden (§ 107 Abs. 1; HGB. § 255 Abs. 1). Auf Sonn- und Feiertage braucht keine Rücksicht genommen zu werden. Erscheint die Bekanntmachung z. B. am zweiten eines Monats, so wird der zweite des Monats nicht mitgezählt. Die Berufung kann daher frühestens auf den 17. erfolgen. Die Satzung kann eine längere Frist bestimmen. In der Regel enthalten die Satzungen eine Bestimmung, wonach die Befugnis zur Teilnahme an der Versammlung (mit Stimm-

[1]) Bei Gesellschaften, deren Aktien zum amtlichen Börsenhandel zugelassen sind, muß die Gesellschaft in dem Prospekt die Verpflichtung übernehmen, ihre Bekanntmachungen auch in einer an dem betreffenden Börsenplatz erscheinenden Zeitung zu veröffentlichen. Die Rechtsgültigkeit der Berufung wird durch die Nichtbeachtung dieser Verpflichtung nicht berührt.

recht) davon abhängig gemacht wird, daß die Aktien bis zu einem bestimmten Tage z. B. „zum 5. Tage“ oder „spätestens 5 Tage“ vor der HV. hinterlegt werden müssen. Dies bedeutet, daß die Verwaltung 4 Tage Zeit zur Prüfung der Anmeldungen hat. Ist daher nach obigem Beispiel die Berufung am 2. des Monats veröffentlicht, so müssen die Tage vom 3. bis einschließlich 16. für die Hinterlegung freibleiben (§ 107 Abs. 2; HGB. § 255 Abs. 2), alsdann beginnt die 4tägige Frist. Dies gilt auch dann, wenn der letzte Tag, an dem die Hinterlegung erfolgen kann, ein Sonn- oder Feiertag ist[1]). Die Einberufung kann daher frühestens auf den 21. des Monats erfolgen. Die Frist für die Hinterlegung kann nicht verkürzt, wohl aber verlängert werden, jedoch darf den Aktionären, die an der HV. teilnehmen wollen, die Verfügung über ihre Aktien nicht ungebührlich lange entzogen werden. Aus dem gleichen Grunde ist es nicht zulässig, einen längeren Zwischenraum zwischen dem letzten Tag der Hinterlegung und dem Tag der HV. zu bestimmen. Die Hinterlegung kann bei einem Notar oder bei einer Wertpapiersammelbank[2]) (Effektengirobank) erfolgen, auch wenn die Satzungen andere Hinterlegungsstellen bestimmen. Ist Hinterlegung vorgeschrieben, so genügt es nicht, daß die Aktien bei der Bank, bei der sie liegen, für die Hinterlegung gesperrt werden[3]). Sind Bestimmungen über die Hinterlegung der Aktien in der Satzung nicht getroffen, so müssen alle Aktionäre zur Teilnahme an der Versammlung mit Stimmrecht zugelassen werden, die spätestens am dritten Tag vor der Versammlung[4]) ihre Teilnahme angemeldet haben (§ 107 Abs. 3; HGB. § 255 Abs. 3). Der Name des Aktionärs, der Nennbetrag und die Gattung der Aktien sind dabei anzugeben. Nicht erforderlich ist Angabe des eventuellen Bevollmächtigten. Hier genügt die Vorlegung der Vollmacht in der HV.. Die Satzungen können daher zwar die Hinterlegung, nicht aber eine längere Frist für die Anmeldung oder sonstige Erschwerungen vorschreiben; auch die Hinterlegung der Aktien kann nicht verlangt werden, wenn

---

[1]) Die Frage ist bestritten.

[2]) Das Depotgesetz v. 4. 2. 1937 § 1 Abs. 3 bezeichnet als Wertpapiersammelbanken die vom Reichsminister der Justiz im Einvernehmen mit dem RWM. durch Bekanntmachung im RGBl. genannten Banken.

[3]) Dies ist der Standpunkt der Rechtsprechung. Man wird aber im allgemeinen eine solche Erklärung der Bank, bei der die Aktien liegen, für ausreichend erachten können.

[4]) Hier ist mangels besonderer Bestimmung der dritte Tag mitzurechnen. Es brauchen daher zwischen dem Tag der Anmeldung und dem Tag der HV. nur zwei freie Tage zu liegen.

sie nicht in der Satzung enthalten ist. Eine **Anmeldung zur Teilnahme an der HV. spätestens am dritten Tag vor der HV.** ist aber stets erforderlich, auch wenn die Satzung keine Bestimmung enthält[1]). Diese Frist ist notwendig, um das Teilnehmerverzeichnis vorzubereiten und die Zahl der vertretenen Stimmen festzustellen, was bei Berechnung der vorgeschriebenen Mehrheiten, besonders bei größeren Gesellschaften und wenn Stimmrechtsaktien vorhanden sind. oft längere Zeit erfordert. Auch könnte durch ein unvermutetes Erscheinen von Aktionären in der HV. die Verwaltung leicht überrumpelt werden.

Jedem Aktionär, der sich der Gesellschaft gegenüber als solcher ausweist, ist auf Verlangen eine Abschrift der zu der Tagesordnung gestellten Anträge (§ 108 Abs. 1; HGB. § 256 Abs. 1) zu erteilen. Zu diesen Anträgen gehören in erster Linie diejenigen, die von der Verwaltung gestellt werden. Daraus folgt, daß jedem Aktionär auf Verlangen eine Abschrift des Jahresabschlusses mitzuteilen ist; dies gilt nach §§ 104 Abs. 2, 125 Abs. 6 auch für das neue Recht, obgleich die HV. jetzt in der Regel nur über die Gewinnverteilung und Entlastung entscheidet. Das gleiche gilt von dem Antrag, in welcher Weise der Gewinn verteilt werden soll. Zu den Anträgen, die mitgeteilt werden müssen, gehören auch solche, die aus Aktionärkreisen zu den einzelnen Punkten der Tagesordnung gestellt worden sind. Der Jahresabschluß, der Geschäftsbericht des Vorstandes, der Gewinnverteilungsvorschlag und der Bericht des Aufsichtsrats müssen schriftlich abgefaßt sein; ihre Vorlegung in der HV. bedeutet, daß jeder Aktionär, der an der HV. teilnimmt, die Aushändigung der Schriftstücke verlangen kann. Außerdem ist jedem Aktionär, der sich als solcher ausweist, auf sein Verlangen spätestens zwei Wochen vor dem Tag der HV. eine Abschrift dieser Schriftstücke zu erteilen (§§ 104 Abs. 2, 125 Abs. 6; HGB. § 263 Abs. 2). Bei Versicherungsgesellschaften steht dieses Recht jedem Versicherten zu (VAG. § 55). Endlich sind diese vier Vorlagen mindestens während der letzten zwei Wochen vor dem Tag der HV. bzw. vor dem Tag, bis zu dessen Ablauf die Hinterlegung zu erfolgen hat, in dem Geschäftsraum der Gesellschaft zur Einsicht der Aktionäre auszulegen. Der Registerrichter hat die Mitglieder des Vorstandes zur Befolgung dieser Vorschrift durch Ordnungsstrafen anzuhalten (§ 303 Abs. 1; HGB. § 319).

[1]) Die Frage ist bestritten, vgl. RG. **112**, 111.

2. Die Teilnahme an der Hauptversammlung

§ 49

Das HGB. kannte für die Aktionäre eine „Teilnahme an der Generalversammlung" (§ 255 Abs. 3) und „Teilnehmer" (§ 259 Abs. 3) nur in dem Sinn einer vollberechtigten Teilnahme. Dazu gehörte die Ausübung des Stimmrechts, das Recht zu reden und Anträge zu stellen und gegebenenfalls Protest einzulegen. Das AGesetz (§ 115) hat nunmehr Vorzugsaktien ohne Stimmrecht geschaffen und ferner bestimmt, daß auch für die übrigen Aktien das Stimmrecht erst mit der vollständigen Leistung der Einlage beginnt (§ 114 Abs. 2). Es sind daher unter den Aktionären zwei Gruppen von Teilnahmeberechtigten zu unterscheiden. Weitere Gruppen können dadurch geschaffen werden, daß die Satzung Beschränkungen in der Ausübung der Teilnahmerechte bestimmt (§ 114 Abs. 7). Neben den Aktionären kommen als weitere Teilnehmer die Organe der AG. sowie andere Nichtaktionäre in Frage.

1. Die Teilnahme der Aktionäre

a) Voraussetzung für die vollberechtigte Teilnahme eines Aktionärs ist, daß die satzungsmäßigen Voraussetzungen hierfür erfüllt sind, daß also z. B. im Falle einer durch die Satzung vorgeschriebenen Hinterlegung die Aktien form- und fristgerecht hinterlegt sind; mangels einer solchen Bestimmung ist Voraussetzung, daß die Anmeldung zur Teilnahme spätestens am dritten Tag vor der HV. erfolgt ist.

Die vollberechtigte Teilnahme an der HV. umfaßt die Ausübung des Stimmrechts, das Recht Anträge zu stellen und Widerspruch zur Niederschrift zu erklären, ferner das Auskunftsrecht, sowie die Ausübung der Minderheitsrechte.

Die vollberechtigten Teilnehmer an der HV. sind in das Verzeichnis einzutragen (§ 110; HGB. § 258), das die erschienenen Aktionäre mit Angabe ihrer Namen, des Wohnorts, sowie des Betrages der von ihnen vertretenen Aktien unter Angabe ihrer Gattung enthalten muß; das letztere ist für eine etwaige getrennte Abstimmung wichtig. Soweit die Aktionäre sich vertreten lassen, sind die Namen der Vertreter unter Angabe der Aktionäre, die sie vertreten, anzugeben. Bestehen Stimmrechtsaktien, so ist außerdem anzugeben, wieviel Stimmen auf den einzelnen Aktionär entfallen.

Für nicht vollgezahlte Aktien gilt mangels einer besonderen Bestimmung der Satzung folgendes: Sind nur solche Aktien vorhanden, so richtet sich das Stimmverhältnis nach der Höhe der geleisteten Einlage. Demzufolge muß im Aktionärverzeichnis bei jeder dieser Aktien die Höhe der geleisteten Einlage angegeben worden. Bestehen vollgezahlte und nicht vollgezahlte Aktien nebeneinander, so haben die nicht vollgezahlten Aktien kein Stimmrecht. Es genügt daher im Aktionärverzeichnis die Angabe, daß sie nicht volleingezahlt sind, die Höhe der geleisteten Einlage braucht nicht angegeben zu werden. Die Satzung kann aber bestimmen, daß das Stimmrecht schon beginnt, wenn auf die Aktien die gesetzliche oder höhere satzungsmäßige Einlage geleistet ist. In diesem Fall muß stets auch die Höhe der geleisteten Einlage angegeben werden.

Für die Eintragung in das Teilnehmerverzeichnis ist die formelle Legitimation notwendig und ausreichend. Es ist nicht zu prüfen, ob derjenige, der sich als Aktienbesitzer ausweist, ohne Eigentümer der Aktie zu sein (Legitimationsaktionär) die Rechte aus der Aktie für sich oder für einen anderen ausübt oder ob er überhaupt berechtigt ist, diese Rechte auszuüben. Der Legitimationsaktionär ist aber verpflichtet, diese seine Eigenschaft besonders anzugeben (§ 110). Unterlassung oder falsche Angabe werden nach § 300 Nr. 4 bestraft. Der Legitimationsaktionär ist nicht gehalten, den Namen des Eigentümers zu offenbaren. Man wird aber diese Bestimmung nicht auf Personen auszudehnen haben, die ein gesetzliches Verwaltungsrecht haben, wie z. B. der Ehemann oder Vater. Die Gesellschaft ist nicht berechtigt, den Legitimationsaktionär oder sog. Strohmänner von der Eintragung in das Verzeichnis oder von der Ausübung des Stimmrechts zurückzuweisen. Die formelle Legitimation ergibt sich bei Namensaktien aus der Eintragung in das Aktienbuch, bei Inhaberaktien aus dem Besitz der Aktien.

Ob der Legitimationsaktionär zur Ausübung des Stimmrechts berechtigt ist (materielle Legitimation) richtet sich nach dem inneren Verhältnis zwischen diesem und dem Eigentümer der Aktie. Im Falle der Verpfändung der Aktie bleibt des Stimmrecht bei dem Verpfänder. Der Pfandgläubiger muß ihm die Möglichkeit zur Ausübung des Stimmrechts gewähren. Bei vertragsmäßigem Nießbrauch hat der Nießbraucher das Stimmrecht[1]. Bei der Sicherungsübereignung wird der Gläubiger Eigentümer und hat daher das Stimmrecht. Das gleiche gilt beim Kostgeschäft für den Hereinnehmer der Aktien. Der Verwahrungsvertrag allein gibt dem Verwahrer nicht das Stimmrecht. Vorausgesetzt ist, daß es sich um ein Depot im eigentlichen Sinn handelt, bei welchem der Hinterleger Eigentümer der Aktien ist, also nicht nur einen Anspruch auf Herausgabe hat, wie dies bei der sog. Gutschrift auf Stückekonto der Fall ist.

[1]) Die Frage ist bestritten.

In den „Allgemeinen Geschäftsbedingungen" der Banken war bisher ein Passus enthalten, wodurch die **Bank** zur Ausübung des Stimmrechts für die von dem Kunden hinterlegten Aktien ermächtigt wurde[1]). Dies mußte bisher zur Ausübung des Stimmrechts durch die Bank als Legitimationsaktionär genügen[2]). Nunmehr ist nach Vorschlag des Aktienrechtsausschusses der Akademie für Deutsches Recht[3]) das **Bankenstimmrecht** durch § 114 Abs. 4 (Strafbestimmung § 300 Nr. 3) wie folgt geordnet:

„Banken dürfen das Stimmrecht für Aktien, die ihnen nicht gehören, nur ausüben, wenn sie zur Ausübung des Stimmrechts schriftlich ermächtigt sind. Die Ermächtigung muß einer bestimmten Bank erteilt werden. Sie muß bei der Erteilung vollständig ausgefüllt sein und darf nicht mit anderen Erklärungen verbunden werden. Sie kann nur für einen Zeitraum von längstens 15 Monaten erteilt werden und ist jederzeit widerruflich".

Diese Bestimmung trifft nur das innere Verhältnis zwischen Bank und Aktionär. Die Bank ist nicht etwa verpflichtet, die Ermächtigung zum Nachweis ihres Stimmrechts vorzulegen, und die Gesellschaft ist nicht berechtigt, unter Hinweis auf eine etwa fehlende Ermächtigung die Eintragung der Bank in das Verzeichnis abzulehnen. Hat die Bank entgegen dieser Vorschrift bei einem Beschluß der HV. mitgestimmt, so kann der Beschluß deswegen nicht angefochten werden. Die der Bank erteilte Ermächtigung ist dahin aufzufassen, daß die Bank das Stimmrecht so auszuüben hat, wie es dem Interesse des Kunden entspricht.

Die Ausübung des Stimmrechts ohne Einwilligung des Berechtigten und ohne Vertretungsmacht wird nach AGesetz § 300 Nr. 1 (HGB. § 318) bestraft.

In Betracht kommt endlich die Frage, ob der zur Ausübung des Stimmrechts formell und materiell Legitimierte im einzelnen Fall von der **Ausübung des Stimmrechts ausgeschlossen** ist. Diese Frage ist später bei der Behandlung der Ausübung des Stimmrechts zu erörtern.

Der Aktionär kann sich in der HV. durch einen **Bevollmächtigten** vertreten lassen. In diesem Fall wird der Bevollmächtigte unter An-

---

[1]) AGB. v. 31. 12. 1934 Nr. XI lautet bisher: „Das Bankhaus darf die für seine Kunden im Depot ruhenden Aktien und sonstigen Urkunden über Gesellschaftsrechte in Gesellschaftsversammlungen vertreten und das Stimmrecht darauf ausüben, sofern ihm nicht rechtzeitig anderweitig Weisung zugeht. In zweifelhaften Fällen wird das Bankhaus Weisungen des Kunden einholen, soweit es üblich und möglich ist".

[2]) Vgl. RG. 105, 292.

[3]) Ztschr. der Akademie für Deutsches Recht 1935, 249.

gabe des Aktionärs, den er vertritt, in das Aktionär-Verzeichnis eingetragen; er tritt hierdurch in bezug auf das Recht zur Teilnahme an der HV. an die Stelle des Aktionärs. Im Falle der Bevollmächtigung sind die Fragen der formellen und materiellen Legitimation und der Stimmrechtsausübung nach der Person des Vollmachtgebers zu entscheiden. Soweit der Bevollmächtigte in Betracht kommt, handelt es sich lediglich darum, ob die Vollmacht in Ordnung ist. Für die rechtsgeschäftliche Vertretung bestimmt das Gesetz, daß eine schriftliche Vollmacht erforderlich und genügend ist; die Vollmacht muß in der Versammlung vorgelegt werden und bleibt in der Verwahrung der Gesellschaft (§ 114 Abs. 3; HGB. § 252 Abs. 2). Einer besonderen Vollmacht bedarf es jedoch nicht, wenn die Vertretungsberechtigung, wie z. B. bei einem Prokuristen, aus dem Handelsregister hervorgeht. Von der Bestimmung, daß die schriftliche Form der Vollmacht erforderlich ist und genügt, kann die Satzung nicht abweichen. Dagegen kann sie z. B. bestimmen, daß nur ein Aktionär als Bevollmächtigter bestellt werden kann. Für die gesetzliche Vertretung sind besondere Vorschriften nicht getroffen. Vorstandsmitglieder von AGen, vertretungsberechtigte Gesellschafter von offenen Handelsgesellschaften bedürfen keiner besonderen Legitimation, da ihre Vertretungsberechtigung aus dem Handelsregister hervorgeht. Testamentsvollstrecker, Konkursverwalter, Vertreter öffentlich-rechtlicher Körperschaften können sich durch eine Bescheinigung des Gerichts oder einer öffentlichen Behörde legitimieren. Jeder Bevollmächtigte kann eine Entscheidung über die Legitimation zur Teilnahme an der HV. verlangen. Hierüber entscheidet die HV., die jedoch von den Bestimmungen der Satzung nicht abweichen darf. Der Beschluß der HV. ist nur provisorisch, da im Falle eines Prozesses in letzter Linie dem Gericht die Entscheidung zusteht.

b) Nicht vollberechtigte Teilnehmer sind die Inhaber der Aktien, bei denen das Stimmrecht ausgeschlossen ist im Hinblick darauf, daß sie mit einem nachzuzahlenden Vorzug bei der Verteilung des Gewinns ausgestattet sind (Vorzugsaktien ohne Stimmrecht § 115 Abs. 1). Die Vorzugsaktionäre haben alle Rechte des Aktionärs mit Ausnahme des Stimmrechts; die Aktionäre können daher in der HV. reden, Anträge stellen, Widerspruch zur Niederschrift erklären, Auskunft verlangen und die Minderheitsrechte ausüben.

Häufig werden in den Satzungen für Aktionäre, die ihre Aktien nicht form- und fristgerecht hinterlegt haben, Bestimmungen getroffen, die ihnen gleichwohl eine Teilnahme an der HV. ermöglichen sollen. Hat die Satzung lediglich bestimmt, daß mangels rechtzeitiger Hinterlegung das Stimmrecht nicht ausgeübt werden kann, so darf der Aktionär nicht auch von der bloßen Teilnahme zurückgewiesen werden[1]). Die Satzungen beschränken in der Regel das Teilnahmerecht in solchem Fall ausdrücklich auf das Recht zu reden und Widerspruch einzulegen. In das Aktionärverzeichnis müssen solche Teilnehmer eingetragen werden[2]).

c) Es gibt jedoch auch Aktionäre, denen überhaupt keine Rechte aus der Aktie zustehen, auch kein beschränktes Teilnahmerecht. Dies gilt für denjenigen, der Aktien für Rechnung der Gesellschaft oder eines abhängigen Unternehmens als Gründer oder Zeichner oder in Ausübung eines Bezugsrechts bei der bedingten Kapitalerhöhung übernommen hat (Vorratsaktien § 51 Abs. 1) und von eigenen Aktien, die der Gesellschaft oder einem anderen für ihre Rechnung gehören (§ 65 Abs. 7).

2. Das Teilnahmerecht der Organe der AG.

Mitglieder des Vorstands und Aufsichtsrats, die keine Aktionäre sind, haben gleichfalls das Teilnahmerecht (§ 102 Abs. 2). Jedes Mitglied kann reden und Anträge stellen. Zur Anfechtung von Beschlüssen der HV. ist unter den Voraussetzungen des § 198 Abs. 1 Nr. 5 (HGB. § 271 Abs. 4) jedes Mitglied des Aufsichtsrats und des Vorstands befugt, ohne daß es eines Widerspruchs zur Niederschrift bedarf. Der Widerspruch gegen die Wahl des Abschlußprüfers und sonstige Befugnisse können nur von dem Vorstand bzw. Aufsichtsrat als solchem ausgeübt werden.

3. Die Teilnahme sonstiger Personen.

Auch Nichtaktionäre können von der HV. zur Teilnahme zugelassen werden. Diesen Personen kann jedoch höchstens das Recht gewährt werden, in der Versammlung zu reden. Dies gilt z. B. für den Abschlußprüfer, für Sachverständige und für Beistände der Aktionäre. Ferner können Nichtaktionäre als Zuhörer zugelassen werden. Dies gilt insbesondere für Vertreter der Presse, die zu dem Zwecke der Berichterstattung zugelassen werden.

---

[1]) RG. **112**, 111.

[2]) Nach bisherigem Recht war die Frage bestritten.

3. Die Abhaltung der Hauptversammlung

§ 50

1. Die HV. muß einen **Vorsitzer** haben. Es geht dies daraus hervor, daß das Verzeichnis der erschienenen Aktionäre von dem Vorsitzer zu unterzeichnen ist (§ 110; HGB. § 258). Die Nichtunterzeichnung des Verzeichnisses bildete bisher einen Nichtigkeitsgrund [1]). Nach dem neuen Recht bilden jedoch Mängel des Verzeichnisses, auch das Fehlen der Unterschrift des Vorsitzers, nur einen Anfechtungsgrund (vgl. §195 und Begründung hierzu). Die Satzungen der Gesellschaft bestimmen in der Regel, daß den Vorsitz in der HV. der Vorsitzende des Aufsichtsrats oder sein Stellvertreter führt. Sind diese nicht anwesend oder weigern sie sich, den Vorsitz zu führen, so muß der Vorsitzende von der HV. gewählt werden. Dies gilt auch dann, wenn die Satzung keine Bestimmung über den Vorsitz enthält. Auch ein Nichtaktionär kann zum Vorsitzenden gewählt werden. Bei der Wahl des Vorsitzenden sind die Bestimmungen über Beschlüsse zu beachten. Insbesondere muß das Verzeichnis der erschienenen Aktionäre vor der Abstimmung zur Einsicht vorgelegt werden. Der zum Vorsitzenden Gewählte hat es in diesem Fall nachträglich zu unterzeichnen.

Der Vorsitzer muß das Verzeichnis der Aktionäre nicht selbst aufstellen. Dies kann auch durch den Notar geschehen. Der Vorsitzer hat aber das Verzeichnis, falls er es nicht selbst aufgestellt hat, auf seine Richtigkeit zu prüfen. Die Legitimationsprüfung kann durch die Satzung auch dem Aufsichtsrat oder Vorstand übertragen werden.

2. Dem Vorsitzer obliegt ferner die Verpflichtung, **die Versammlung zu leiten.** Das Reichsgericht stellt hierfür folgende Grundsätze auf: „Der Leiter der Versammlung muß auf sachgemäße Erledigung bedacht sein und jeden Aktionär gehörig zu Wort kommen lassen. Er muß die Minderheit gegen Vergewaltigung der Mehrheit schützen und umgekehrt dafür sorgen, daß nicht die Minderheit oder ein einzelner Aktionär Obstruktion treibt und eine ordnungsmäßige Erledigung der Geschäfte durch zwecklose Reden unmöglich macht" [2]).

Über die Form der Abstimmung enthält das Gesetz keine Bestimmungen. Fehlen sie auch in der Satzung, so kann die Abstimmung sowohl schriftlich als auch auf andere Weise erfolgen, z. B. durch Handaufheben, Aufstehen von den Sitzen, Namensaufruf. In allen Fällen ist nicht die

---

[1]) RG. **114**, 202.

[2]) Leipziger Zeitschrift 1920, 763.

Zahl der Personen, sondern die Zahl der Stimmen, nötigenfalls (soweit eine Mehrheit des Grundkapitals in Frage kommt) auch der Nennbetrag der vertretenen Aktien festzustellen. Eine Abstimmung durch Zuruf in der Weise, daß die Zahl der abgegebenen Stimmen nicht festgestellt wird, ist nur möglich, wenn alle Anwesenden im gleichen Sinne abstimmen, was im Protokoll zu vermerken ist.

3. Der Vorsitzer hat endlich das Ergebnis der Abstimmung festzustellen, d. h. die gefaßten Beschlüsse zu verkünden. Vgl. über den Fall einer falschen Verkündung und entsprechenden Beurkundung bzw. einer richtigen Verkündung und falschen Beurkundung S. 277.

Jeder Aktionär, der eine Aktie bei der Gesellschaft hinterlegt, kann verlangen, daß ihm die in der HV. gefaßten Beschlüsse durch eingeschriebenen Brief mitgeteilt werden. Das gleiche gilt für jedes Mitglied des Aufsichtsrats (§ 109; HGB. § 257).

4. Die Beurkundung der Hauptversammlung

§ 51

1. Für die Gültigkeit der Beschlüsse der HV. schreibt das Gesetz die Beurkundung durch ein von einem Richter oder Notar aufgenommenes Protokoll vor. Die Protokollierung durch einen Richter hat praktische Bedeutung kaum erlangt.

Das AGesetz enthält keine Vorschriften darüber, in welchen Fällen der Notar oder Richter von der Beurkundung ausgeschlossen ist. Für den Richter gilt das FGG. §§ 6—9, für den Notar nunmehr die Reichsnotarordnung, insbesondere § 17. Danach ist der Notar bzw. Richter unter anderem ausgeschlossen, wenn er selbst, sein Ehegatte, sein Verwandter oder Verschwägerter in gerader Linie oder im 2. Grad der Seitenlinie beteiligt ist oder zu einem Beteiligten im Verhältnis eines Mitberechtigten oder Mitverpflichteten steht. Beteiligt sind die Mitglieder des Vorstandes, des Aufsichtsrats und die Aktionäre. Beteiligt ist der Notar als Aktionär aber nur, wenn er in der Verhandlung als solcher auftritt; z. B. in das Teilnehmerverzeichnis eingetragen ist. Wird der Notar während der Verhandlung zum Mitglied des Aufsichtsrats gewählt, so ist er von der weiteren Beurkundung ausgeschlossen, wenn er die Wahl ausdrücklich oder stillschweigend annimmt, dagegen nicht, wenn er sich die Erklärung über die Annahme der Wahl vorbehalten hat. Es empfiehlt sich, dies in dem Protokoll zum Ausdruck zu bringen. Nimmt der Notar die Beurkundung vor, obwohl ein Ausschließungsgrund gegen ihn vorlag, so ist die Niederschrift gleichwohl wirksam (FGG. § 7, Reichsnotarordnung § 17 Abs. 2), doch kann diese Tatsache für die Beweiskraft der Niederschrift von Bedeutung sein[1]).

2. Die Aufgabe des Notars bei der Beurkundung besteht darin, den Urkundeninhalt so aufzunehmen, daß er mit der Wirklichkeit übereinstimmt. Dabei hat er aber gleichzeitig darauf zu achten, daß die für die beurkundeten Vorgänge maßgebenden gesetzlichen Bestimmungen beobachtet werden; hierzu gehört die Prüfung der Ordnungsmäßigkeit der Berufung und der Legitimation der erschienenen Aktionäre. Nötigenfalls hat er die Beteiligten auf die Gesetz- oder Satzungswidrigkeit eines Vorgangs aufmerksam zu machen. Findet sein Hinweis keine Beachtung, so hat er den Vorgang gleichwohl zu beurkunden; in diesem Fall wird er zu seiner Sicherheit die Bedenken in der Niederschrift vermerken. Im Rahmen der Aufgaben des Notars liegt es auch, darauf hinzuwirken, daß die beurkundeten Anträge und Beschlüsse eine klare Fassung erhalten. Dagegen steht ihm keine Einwirkung auf den materiellen Inhalt der Beschlüsse zu.

In der Niederschrift sind der Ort und der Tag der Verhandlung, der Name des Notars, sowie die Art und das Ergebnis der Abstimmung und die Feststellung des Vorsitzers über die Beschlußfassung anzugeben (§ 111 Abs. 2; HGB. § 259 Abs. 2). Die Art der Abstimmung umfaßt die Beurkundung der gestellten Anträge und die Art der Stimmenabgabe (durch Zuruf, Handaufheben, Namensaufruf, Stimmzettel). Das Ergebnis der Abstimmung umfaßt die Beurkundung, welche Stimmen für und welche gegen den Beschluß abgegeben wurden. Daraus muß auch hervorgehen, welches Kapital vertreten war und welcher Teil des Kapitals für den Antrag gestimmt hat, falls eine bestimmte Mehrheit des Grundkapitals verlangt wird. Das gleiche gilt, wenn eine Minderheit, die einen bestimmten Teil des Grundkapitals erreicht, gegen die Beschlußfassung Widerspruch erhebt (z. B. gegen die Wahl des Abschlußprüfers nach §136 Abs. 2) oder die Vertagung der Bilanzgenehmigung nach § 125 Abs. 7 verlangt. Sind Aktionäre auf Grund der Bestimmungen des Aktienrechts von der Beteiligung an einer Abstimmung ausgeschlossen, so ist in die Niederschrift aufzunehmen, ob diese Aktionäre mitgestimmt haben oder nicht. Die Feststellung des Vorsitzers über die Beschlußfassung bedeutet die Verkündung des gefaßten Beschlusses.

[1]) Vgl. Schlegelberger, Gesetz über die Angelegenheiten der freiwilligen Gerichtsbarkeit. 4. A. S. 1096 Anm. 2 II 12.

Nach dem AGesetz ist es daher erforderlich in die Niederschrift aufzunehmen, wer den Vorsitz geführt hat und daß die gefaßten Beschlüsse verkündet wurden. Üblich ist, aufzunehmen, wer von dem Vorstand und dem Aufsichtsrat der Gesellschaft erschienen ist, falls die Anwesenheit dieser Personen nicht schon aus dem Verzeichnis der Aktionäre hervorgeht. Die Verlesung der Niederschrift ist nicht vorgeschrieben.

Der Niederschrift müssen als Anlagen das Verzeichnis der Teilnehmer an der HV. und die Belege über die ordnungsmäßige Berufung beigefügt werden. Die Beifügung der Belege über die Berufung der HV. kann unterbleiben, wenn die Belege unter Angabe ihres Inhalts in der Niederschrift aufgeführt werden (§ 111 Abs. 3; HGB. § 259 Abs. 3). Die Belege sind Bestandteile der Niederschrift[1]), jedoch nur dann, wenn in der Niederschrift auf sie Bezug genommen wird. Unter dieser Voraussetzung können auch die in der Versammlung gefaßten Beschlüsse der Niederschrift als Anlage beigefügt werden. Die Vollmachten sind der Niederschrift nicht beizufügen, sondern verbleiben in Verwahrung der Gesellschaft. Der Notar darf nach der DV. zum Urkundensteuergesetz § 11 Abs. 3 die Steuer zu den Vollmachten selbst festsetzen.

Die Niederschrift muß von dem Notar unterschrieben werden (AGesetz § 111 Abs. 4; HGB. § 259 Abs. 4). Wenn die Satzung weitere Unterschriften, z. B. die des Vorsitzers verlangt, so wird durch das Fehlen dieser Unterschriften die Gültigkeit der Niederschrift nicht berührt, da die Formvorschriften abschließend geregelt sind. Da die Niederschrift erst durch die Unterzeichnung des Notars wirksam wird, so empfiehlt es sich, daß sie in der HV. fertiggestellt und dort unterschrieben wird. Ist die Niederschrift unterschrieben, so kann der Richter oder Notar keine Änderungen darin vornehmen, außer soweit es sich um offenbare Schreibfehler oder Unrichtigkeiten handelt. Werden vor Unterzeichnung Änderungen vorgenommen, so empfiehlt es sich, diese in der Niederschrift kenntlich zu machen.

3. Das Gesetz schreibt die Beurkundung durch einen Richter oder Notar nur für die Beschlüsse der HV. vor. Man hat daraus geschlossen, daß eine notarische Niederschrift überflüssig sei, wenn die Tagesordnung sich in einer Anzeige betreffend den Verlust der Hälfte des Grundkapitals (§ 83 Abs. 1; HGB. § 240) erschöpft. Da aber auch in einer solchen HV. der Beschluß auf die Berufung einer außerordentlichen HV. gefaßt werden kann, weil ein diesbezüglicher Antrag nicht vorher an-

[1]) Vgl. Pr. FGG. Art. 48, 61.

gekündigt zu werden braucht, so kann sich auch hier eine notarische Niederschrift notwendig erweisen. Auch ist der Nachweis, daß die für die Abhaltung der HV. bestehenden Formvorschriften, insbesondere betreffend die Legitimation der erschienenen Aktionäre eingehalten worden sind, ohne eine solche schwer möglich.

Anträge, die nicht zu einer Beschlußfassung geführt haben, brauchen nicht beurkundet zu werden, ebensowenig Ausführungen der Teilnehmer. Aufzunehmen sind dagegen Widersprüche gegen Beschlüsse der HV. (§ 198 Abs. 1 Nr. 1; HGB. § 271 Abs. 3), Verlangen der Minderheit auf Vertagung der Bilanzgenehmigung (§ 125 Abs. 7; HGB. § 264), Widerspruch der Minderheit gegen die Bestellung des Abschlußprüfers (§ 136 Abs. 2; HGB. § 262b Abs. 2), Anträge auf Bestellung besonderer Prüfer oder auf Geltendmachung von Ersatzansprüchen gemäß §§ 118 Abs. 2; 122 Abs. 1 (HGB. §§ 266, 268). Soweit das Gesetz vorschreibt, daß in der HV. bestimmte Schriftstücke vorgelegt oder bestimmte Erklärungen abgegeben werden, empfiehlt es sich, dies auch in der Niederschrift zu vermerken. Es empfiehlt sich daher, aufzunehmen, daß der Jahresabschluß, der Geschäftsbericht des Vorstandes, der Gewinnverteilungsvorschlag und der Bericht des Aufsichtsrats der HV. vorgelegt wurden (§ 104 Abs. 2; 127 Abs. 2; HGB. § 260 Abs. 2), wobei dafür zu sorgen ist, daß die Vorlagen, auf die sich der Beschluß bezieht, durch die Niederschrift ausreichend gekennzeichnet werden.

Eine öffentlich beglaubigte Abschrift der Niederschrift ist unverzüglich nach der HV. von dem Vorstand zum Handelsregister einzureichen (§ 111 Abs. 5; HGB. § 259 Abs. 5). Außerdem kann jeder Aktionär, der eine Aktie bei der Gesellschaft hinterlegt, verlangen, daß ihm die Beschlüsse der HV. durch eingeschriebenen Brief besonders mitgeteilt werden (§ 109; HGB. § 257). Auch ist anzunehmen, daß jeder, der sich gegenüber dem Notar als Aktionär ausweist, einfache oder beglaubigte Abschrift der Niederschrift und der Anlagen auf seine Kosten verlangen kann.

4. Die Nichtbeobachtung der Formvorschriften macht das Protokoll nichtig[1]). Nach neuem Recht gilt dies aber nicht für das

[1]) Das RG. **105, 373** nahm vom Standpunkt des bisherigen Rechts an, daß, wenn die Art der Abstimmung nicht beurkundet wurde, der Beschluß gültig sei, wenn nach der Gesamtheit des Beurkundeten kein Zweifel über die Ordnungsmäßigkeit des Hergangs bestehen könne, als dessen Ergebnis das Protokoll den Beschluß feststelle. Für das AGesetz § 195 Nr. 2 kann dies nicht aufrecht erhalten werden.

Teilnehmerverzeichnis und die Einberufungsbelege (§ 195 Nr. 2). Wenn die Niederschrift nichtig ist, sind auch die darin beurkundeten Beschlüsse nichtig. Erstreckt sich die Nichtigkeit nur auf einen Teil der Niederschrift, z. B. bei unrichtiger Beurkundung eines Beschlusses, so erfaßt sie nicht die übrigen Teile der Niederschrift. Zu unterscheiden von den Formmängeln ist die **Unvollständigkeit** der Niederschrift. Bezieht sich die Unvollständigkeit auf einen Vorgang, zu dessen Gültigkeit die notarielle Beurkundung an sich nicht erforderlich ist, z. B. wenn Widersprüche oder Anträge der Minderheit in die Niederschrift nicht aufgenommen wurden, so ist der Beweis der Unvollständigkeit der Niederschrift nach ZPO. § 418 zulässig.

Sind Vorgänge nicht aufgenommen, zu deren Gültigkeit die Beurkundung nötig ist, wie z. B. Beschlüsse der HV., so ist der nicht beurkundete Beschluß nichtig; ein Nachweis, daß der Beschluß gefaßt wurde, ist nicht zulässig. Das gleiche gilt auch, wenn die Beurkundung sachlich unrichtig ist. Dabei muß unterschieden werden:

a) Die Verkündung ist richtig, die Beurkundung falsch. Dann ist der verkündete Beschluß nichtig, weil er nicht beurkundet ist; auch der beurkundete Beschluß ist nichtig, weil er nicht verkündet wurde.

b) Die Verkündung ist unrichtig, die Beurkundung deckt sich damit. Alsdann besteht nur Anfechtbarkeit.

c) Die Verkündung ist unrichtig, die Beurkundung entspricht aber dem gefaßten Beschluß. Dann ist der beurkundete Beschluß wie auch der verkündete Beschluß nichtig. Andernfalls wären die Aktionäre geschädigt, die im Vertrauen auf die Richtigkeit der Verkündung die Anfechtung unterlassen haben.

5. Wegfall der Formvorschriften bei der Vollversammlung [1])

§ 52

Eine **Voll- (Universal-, Gesamt)-Versammlung** liegt vor, wenn sämtliche Aktionäre — auch die ohne Stimmrecht — erschienen oder vertreten sind. In diesem Fall brauchen die Vorschriften über die Berufung der HV. und die Bekanntgabe der Tagesordnung nicht eingehalten zu werden, wenn alle Anwesenden mit der Abhaltung der HV. einverstanden sind. Alle übrigen Formvorschriften müssen eingehalten werden. Der Verzicht aller Aktionäre auf die Einhaltung dieser Formvorschriften

[1]) Diesen Ausdruck gebraucht die Begründung; das Gesetz kennt ihn nicht. Im üblichen Sprachgebrauch versteht man unter Vollversammlung den Gegensatz zu Ausschußsitzungen.

ist in dem Protokoll zum Ausdruck zu bringen; andernfalls liegt Unvollständigkeit der Niederschrift vor (S. 277). Die Niederschrift ist aber wirksam[1]). Da das Fehlen der Belege über die Einberufung keine Nichtigkeit begründet (§ 195 Nr. 2), so kann auch die fehlende Beurkundung des Verzichts diese Wirkung nicht haben.

Wird eine Tagesordnung für die Verhandlung vor Beginn derselben nicht festgestellt, so kann bei jedem Gegenstand jeder Aktionär gegen Beratung und Beschlußfassung Widerspruch zur Niederschrift erklären. Das Verzeichnis der Aktionäre muß auch hier aufgestellt werden. Der Notar hat dafür zu sorgen, daß die formelle Legitimation der erschienenen Aktionäre oder ihrer Vertreter ordnungsmäßig geprüft wird; er muß sich daher Gewißheit verschaffen, daß tatsächlich das gesamte Aktienkapital vertreten ist, z. B. durch Vorlage der Aktien, der Depotscheine oder Bestätigung der Hinterlegungsstelle. Sind keine Urkunden ausgegeben, so empfiehlt es sich, das Aktienbuch vorzulegen. Der Notar hat dies in der Niederschrift zu vermerken. Da der Vorstand bzw. der Aufsichtsrat das Recht haben, an der HV. teilzunehmen, so können sie die in der Versammlung gefaßten Beschlüsse anfechten, wenn sie zu der Versammlung nicht eingeladen waren. Im übrigen unterscheidet sich die Vollversammlung nicht von der gewöhnlichen HV.

II. Das Stimmrecht in der Hauptversammlung

1. Die Aktie als Herrschaftsmittel

§ 53

Wer die Mehrheit der Aktien eines Unternehmens besitzt, ist in der Lage, das Unternehmen zu beherrschen. Mit der wachsenden Größe der Unternehmungen und besonders bei der fortschreitenden Entwicklung zu Konzernen wurde es aber immer schwieriger, das zur Kontrollierung eines Unternehmens erforderliche Kapital aufzubringen, oder, soweit das Kapital aufgebracht war, es dauernd in dem Mehrheitsbesitz an Aktien festzulegen. So entstand das Bedürfnis, die Aktien nicht nur als Besitz- sondern auch als Herrschaftsmittel zu verwenden, d. h. sie zu verwenden, um die Herrschaft über das eigene Unternehmen und die ihm angegliederten Unternehmungen zu sichern. Man bezeichnet solche Aktien auch als *Herrschafts-*, *Verwaltungs-* oder (vom Standpunkt der Verwaltung der Gesellschaft aus gesehen) als *Schutzaktien*. Die neuere

---

[1]) Nach Staub § 256 Anm. 9a ist (vom Standpunkt des bisherigen Rechts) das Protokoll nichtig, dagegen Düringer-Hachenburg das. Anm. 11.

Gesetzgebung ist dieser Entwicklung in doppelter Hinsicht entgegengetreten; einmal, indem sie vor allem im Interesse der Gläubiger den Erwerb beschränkt, sodann dadurch, daß sie hinsichtlich der erworbenen Aktien Rechtsbeschränkungen eingeführt hat. Freilich wird durch die Erwerbsbeschränkung die Rechtsgültigkeit des Erwerbs nicht berührt, außer wenn es sich um nicht vollgezahlte Aktien handelt. Am weitesten gehen die Beschränkungen des Stimmrechts, die eine Beherrschung der Gesellschaft durch Verwaltungsaktien für die Zukunft unmöglich machen. Unter den zur Zeit noch vorhandenen Verwaltungsaktien sind folgende Arten zu unterscheiden:

1. Eigene Aktien, d. h. solche, die im Eigentum der Gesellschaft stehen oder die ein Dritter (z. B. ein Kommissionär) in eigenem Namen für Rechnung der Gesellschaft erworben hat. Im letzteren Falle hat die Gesellschaft einen Anspruch auf Herausgabe der von dem Dritten erworbenen Aktien, der an sich unter Forderungen auszuweisen wäre. Da es sich aber um Aktien handelt, die wirtschaftlich im Eigentum der Gesellschaft stehen, können sie auch unter eigenen Aktien ausgewiesen werden, sobald sie dem Dritten zur Verfügung stehen. Die eigenen Aktien unterscheiden sich von den Vorratsaktien dadurch, daß letztere rechtlich und wirtschaftlich im Eigentum des Gründers oder Zeichners stehen, wenn dieser sie auch zur Verfügung der Gesellschaft hält. Die eigenen Aktien müssen von einem anderen als dem Gründer oder Zeichner erworben sein, weil der Erwerb von diesen Personen unter das Verbot der Rückerstattung der Einlage (§§ 51, 52; HGB. § 213) fällt.

Vor der Aktiennovelle bestand lediglich die Vorschrift, daß die Gesellschaft eigene Aktien im regelmäßigen Geschäftsbetrieb weder erwerben noch zum Pfand nehmen solle. Diese Bestimmung hat nicht verhindert, daß die Gesellschaften in großem Umfang eigene Aktien erworben haben. Es geschah dies namentlich während der Krise der Jahre 1930 bis 1932. Die Aktien wurden meist erheblich unter dem Nominalbetrag erworben und zur Sanierung der Gesellschaften benutzt, die gewöhnlich im Wege der Kapitalherabsetzung in erleichterter Form geschah. Die dabei erzielten Buchgewinne haben die Sanierung sehr erleichtert. Durch die 1. Verordnung zur Durchführung der Vorschriften über die Kapitalherabsetzung in erleichterter Form vom 18. 12. 1932 ist es jedoch verboten worden, die nach diesem Zeitpunkt erworbenen Aktien zu einer Kapitalherabsetzung in erleichterter Form zu benutzen. Durch die Aktiennovelle (§ 226) wurde der Erwerb eigener Aktien stark eingeschränkt; er durfte nur „zur Abwendung eines schweren Schadens von der Gesellschaft" erfolgen und der Gesamtnennbetrag der Aktien durfte den zehnten Teil des Grundkapitals der Gesellschaft nicht übersteigen. Als Erwerb galt auch die Inpfandnahme oder der Erwerb durch einen Dritten für Rechnung der Gesellschaft oder unter Übernahme einer Kursgarantie durch die Gesellschaft. Ferner durfte eine abhängige Gesellschaft Aktien einer herrschenden Gesellschaft nicht zeichnen (weder für Rechnung der abhängigen noch für Rechnung der herrschenden Gesellschaft) und deren Aktien nur unter den gleichen Einschränkungen erwerben, wie sie für den Erwerb eigener Aktien galten.

Durch das AGesetz (§§ 65, 114 Abs. 6) sind die Erwerbsbeschränkungen erheblich verschärft worden. Es dürfen jetzt einschließlich der eigenen Aktien, die sich bereits im Besitz der Gesellschaft befinden, nicht mehr als 10% des Grundkapitals erworben werden; der Reichswirtschaftsminister kann aber im Einvernehmen mit dem Reichsjustizminister Ausnahmen zulassen [1]). Eine weitere Einschränkung des Erwerbs liegt darin, daß ein Dritter auch nicht für Rechnung eines abhängigen Unternehmens Aktien der herrschenden Gesellschaft erwerben darf. Außerdem ist der einem Dritten erteilte Auftrag zum Erwerb von eigenen Aktien sowohl für Rechnung der Gesellschaft als auch eines abhängigen Unternehmens nichtig, soweit der unmittelbare Erwerb nicht gestattet ist.

Früher konnte die Gesellschaft das Stimmrecht aus eigenen Aktien und aus solchen, die einem Dritten für ihre Rechnung gehörten, nicht ausüben. Jetzt ist das Stimmrecht auch ausgeschlossen für Aktien, die im Besitz eines abhängigen Unternehmens sind oder die einem Dritten für Rechnung des abhängigen Unternehmens gehören [2]). Dabei macht es keinen Unterschied, ob die Aktien erlaubterweise erworben sind oder nicht. Diese Rechtsbeschränkungen gelten auch für Aktien, die vor Inkrafttreten des Gesetzes erworben wurden. Daher kommen eigene Aktien als Herrschaftsmittel heute nicht mehr in Frage.

2. Unter Vorratsaktien [3]) verstand die Aktiennovelle solche Aktien, „die von dem Aktionär als Gründer oder Zeichner für Rechnung der Gesellschaft übernommen worden sind". Sie unterscheiden sich von den unter Nr. 1 erwähnten Aktien dadurch, daß sie die ursprüngliche Kapitaleinlage des Aktionärs

[1]) Das Gesetz v. 14. 5. 1936 über den Erwerb eigener Aktien ist durch das EinfG. § 21 aufgehoben. Den Anlaß zu letzterem Gesetz bot die Umbildung der Vereinigten Stahlwerke, die die Genehmigung zum Erwerb von 100 Millionen M. eigener Aktien zwecks Einziehung erhielten.

[2]) Für Aktien von Unternehmungen, die innerhalb eines Konzerns gleichgeordnet sind, bestehen weder Rechts- noch Erwerbsbeschränkungen.

[3]) Die Bezeichnung findet sich nicht in der Aktiennovelle, wird aber im EinfG. zum AGesetz als Überschrift zu § 6 gebraucht.

darstellen. Das AGesetz (§ 51) dehnt die über Vorratsaktien getroffenen Bestimmungen auch auf Aktien aus, die ein Dritter für Rechnung eines abhängigen Unternehmens oder die das abhängige Unternehmen selbst übernimmt. Das gleiche gilt für Aktien, die auf Grund eines Bezugsrechts bei der bedingten Kapitalerhöhung übernommen werden. Bisher waren Vorratsaktien stimmberechtigt und hatten Anspruch auf den Reingewinn, soweit der Gesellschaftsvertrag nichts anderes bestimmte[1]). Die Ausübung des Stimmrechts war meist durch besondere Vereinbarungen an die Weisung der Verwaltung geknüpft. Insofern handelte es sich gleichzeitig um „gebundene Aktien". Als Herrschaftsmittel eigneten sich die Vorratsaktien insofern besser als Aktien mit mehrfachem Stimmrecht, weil bei diesen das mehrfache Stimmrecht insoweit ausgeschaltet war, als zu einer Beschlußfassung eine bestimmte Mehrheit des Grundkapitals erforderlich war. Auch fand bei den Vorratsaktien im Gegensatz zu den Vorzugsaktien (gemäß HGB. §§ 275 Abs. 3, 278 Abs. 2, 288 Abs. 3) keine getrennte Abstimmung statt.

Bei den Vorratsaktien handelt es sich wirtschaftlich um sog. Leeraktien, d. h. die Gesellschaft hat einen Gegenwert für die ausgegebenen Aktien nicht erhalten, sei es, daß der mit mindestens 25 % des Nennbetrags der Aktien einzuzahlende Betrag von dem Zeichner aus Mitteln der Gesellschaft gezahlt, oder daß er zwar von dem Zeichner gezahlt, die Gesellschaft aber mit dem Betrag belastet wurde. An und für sich ist es unzulässig, Aktien auszugeben, bevor der einzuzahlende Betrag geleistet ist. Die Zuwiderhandlung gegen diese Vorschrift war schon im bisherigen Recht mit Strafe bedroht (HGB. § 314 Abs. 1 Ziff. 3). Rechtlich ist jedoch die Schaffung von Vorratsaktien so aufgefaßt worden, daß es sich dabei nicht um eine „Ausgabe" von Aktien handelte und daß die Zeichnung der Aktien rechtsgültig erfolgt und der Zeichner zur Einzahlung unbedingt verpflichtet war. In der Praxis hatte sich ein legitimes Bedürfnis nach Schaffung solcher Vorratsaktien ergeben, sowohl um die Aktienausgabe dem Kapitalmarkt anzupassen, als auch um bei beabsichtigten Verschmelzungen und bei Interessengemeinschaften die zum Erwerb eines Unternehmens bzw. zum Umtausch erforderlichen Aktien jederzeit zur Verfügung zu haben. Ferner wurde zwecks Ausgabe von Wandel-Schuldverschreibungen (convertible bonds) den Inhabern solcher Obligationen eine Option eingeräumt, ihre Schuldverschreibungen innerhalb einer gewissen Zeit zu einem bestimmten Kurse und unter

[1]) In dem Gesellschaftsvertrag der J. G. Farbenindustrie AG. § 13 Abs. 2 wird das Recht auf Dividende, nicht aber das Stimmrecht ausgeschlossen, solange sich die Aktien im Besitz der Gesellschaft befinden oder ihr zur Verfügung stehen.

sonstigen Bedingungen in Aktien der Gesellschaft umzuwandeln. Dem in der Praxis bestehenden Bedürfnis hat das AGesetz nunmehr durch die Einrichtungen des genehmigten Kapitals und der bedingten Kapitalerhöhung Rechnung getragen, so daß für Vorratsaktien, die mit den Grundlagen unseres Aktienrechts nicht leicht vereinbar sind, eine Daseinsberechtigung nicht mehr anerkannt werden konnte. Das AGesetz § 51 hat daher die Rechtsverhältnisse der Vorratsaktien grundlegend umgestaltet. Nunmehr hat der Gründer oder Zeichner keine Rechte aus der Aktie (Stimmrecht, Dividende, Bezugsrecht), bevor er sie nicht für eigene Rechnung übernommen, d. h. die Einlage endgültig geleistet hat. Die Verpflichtung zur Leistung der Einlage wird dadurch gesichert, daß der Vorratsaktionär sich nicht darauf berufen kann, daß er die Aktie nicht für eigene Rechnung übernommen habe; er haftet ohne Rücksicht auf die Vereinbarung mit der Gesellschaft oder dem abhängigen Unternehmen für die volle Einlage. Wohl aber kann die Gesellschaft oder die abhängige Gesellschaft sich darauf berufen, daß er die Aktie nicht für eigene Rechnung übernommen habe. Diese Regelung bedeutet für den Vorratsaktionär eine erhebliche Gefahr, da er im Falle einer Kurssteigerung den Mehrerlös abführen muß, während er bei einem Rückgang des Kurses unter den Ausgabebetrag den Verlust tragen muß. Diese Bestimmungen gelten auch für die Vorratsaktien, die bereits vor dem Inkrafttreten des Gesetzes (1. 10. 1937) bestanden haben. Um die darin liegende Härte zu mildern, wird dem Vorratsaktionär das Recht eingeräumt, bis zum 31. 12. 1937 durch schriftliche Erklärung der Gesellschaft die Aktien unter Aushändigung der zugehörigen Urkunden zur Verfügung zu stellen. Damit wird er von seiner Haftung frei. Die so zur Verfügung gestellten Aktien müssen entweder eingezogen oder bis zum 31. 12. 1938 veräußert werden. Das Registergericht kann den Vorstand durch Ordnungsstrafen zur Zwangseinziehung anhalten (EinfG. § 6 Abs. 2).

3. Nach der Aktiennovelle waren in dem Geschäftsbericht des Vorstands auch Angaben über gebundene Aktien erforderlich, die vorliegen, „wenn der Aktionär durch ausdrückliche oder stillschweigende Vereinbarung zugunsten der Gesellschaft, einer abhängigen Gesellschaft oder einer Konzerngesellschaft in der Ausübung der Aktienrechte oder in der Veräußerung oder sonstigen Verfügung über die Aktie gebunden ist“ [1]).

---

[1]) § 260a Abs. 3 Nr. 3. Die Definition stammt aus der 2. DV. zur GBilV. § 30 Abs. 1.

Die Vereinbarung kann dahingehen, daß der Aktionär verpflichtet ist, die Aktien auf Verlangen der Gesellschaft zur Verfügung zu stellen, oder sie nicht oder nur an bestimmte Personen zu veräußern, also nicht an den Markt zu bringen, oder daß er verpflichtet ist, die Aktien vor der Veräußerung der Gesellschaft anzubieten, damit diese in der Lage ist, die Aktien im Kreise der Verwaltung oder der dieser nahestehenden Personen unterzubringen. Bei Namensaktien kann durch die Satzung bestimmt werden, daß die Aktien nur mit Zustimmung der Gesellschaft an andere übertragen werden können (AGesetz § 61 Abs. 3; HGB. § 222 Abs. 2). Hier kann also ohne weiteres eine dinglich gesicherte Kontrolle über die Person des Erwerbers der Aktien ausgeübt werden. Die Vereinbarung kann auch dahingehen, daß der Aktionär verpflichtet ist, das Stimmrecht aus den Aktien nur im Sinne der Verwaltung auszuüben, z. B. im Sinne übereinstimmender Beschlüsse von Vorstand und Aufsichtsrat, bei fehlender Übereinstimmung sich der Abstimmung zu enthalten.

Die Vereinbarungen können zwischen der Gesellschaft selbst und dem Aktionär getroffen werden. Sie kamen namentlich vor bei Ausgabe neuer Aktien und bei Verwertung von Vorratsaktien und der für Rechnung der Gesellschaft erworbenen Aktien. Die Rechtsprechung[1]) hat diese Vereinbarungen zwischen Gesellschaft und Aktionär für zulässig erachtet, doch bestehen dagegen unter Umständen Bedenken. Es erscheint fraglich, ob die Gesellschaft selbst den Aktionär verpflichten kann, ohne zeitliche Beschränkung oder allgemein und nicht für einen einzelnen Fall oder für bestimmte einzelne Fälle im Sinne der Verwaltung zu stimmen, denn dies bedeutet, daß materiell nicht der Aktionär über das Stimmrecht verfügt, sondern die Gesellschaft selbst, vertreten durch Vorstand und Aufsichtsrat; dies ist aber mit den Grundsätzen des Aktienrechts schwer vereinbar[2]). Die Aktiennovelle hatte jedoch in § 260 a Ziff. 3 solche Stimmrechtsbindungen anerkannt; vorausgesetzt war auch hier, daß sie nicht im Einzelfall sittenwidrig waren oder gegen die Strafbestimmungen der §§ 317, 318 verstießen.

Das AGesetz hat davon Abstand genommen, Vor-

---

[1]) RG **107**, 67 in Sachen der Vereinigten Stahlwerke van der Zypen; **113**, 188 in Sache Ilse Bergbau; **119**, 388.

[2]) Der Entwurf I sah das Ruhen des Stimmrechts der gebundenen Aktien vor, der Entwurf II ließ ein Stimmrecht für den Fall zu, daß das überwiegende Interesse der Gesellschaft oder der Allgemeinheit die Stimmrechtsausübung trotz der Bindung rechtfertigt.

schriften über gebundene Aktien zu treffen. Maßgebend war wohl der auch von dem Aktienrechtsausschuß der Akademie für Deutsches Recht[1]) anerkannte Gesichtspunkt, daß solche freiwillig im beiderseitigen Interesse übernommenen Bindungen vielfach der Konsolidierung der Verwaltung und dem Schutz der Gesellschaft dienen.

Die Vereinbarung in bezug auf die Bindung des Stimmrechts kann auch zwischen Aktionär-Gruppen zugunsten der Gesellschaft getroffen werden. Die Aktionäre verpflichten sich durch diese Vereinbarung, ihr Stimmrecht im Sinne der Verwaltung auszuüben. Die Rechtsgültigkeit dieser Stimmrechtsverträge (Konsortial-, Pool-Verträge vgl. oben S. 187) ist allgemein anerkannt, vorausgesetzt, daß dadurch nicht gesellschaftsfremde Sondervorteile zum Schaden der Gesellschaft oder ihrer Aktionäre erlangt werden sollen[2]). Die Vereinbarung darf aber nicht Bestandteil eines entgeltlichen Vertrags sein, auch wenn für die Stimmrechtsübertragung selbst kein besonderes Entgelt gewährt wird, da andernfalls der nach § 299 (HGB. § 317) strafbare Fall des Stimmenkaufs vorliegt.

In allen Fällen der Stimmrechtsbindung kann die Abgabe der Stimme im Sinne der Vereinbarung nicht unmittelbar erzwungen werden, sondern es besteht nur ein Schadenersatzanspruch bei vertragswidriger Stimmenabgabe, gegebenenfalls ein Anspruch auf Vertragsstrafe[3]). Ebensowenig kann ein Beschluß der HV. als so gefaßt gelten, wie wenn der Verpflichtete im Sinne der Verpflichtung gestimmt hätte.

4. Stimmrechtsaktien waren nach der Aktiennovelle solche, „denen ein höheres Stimmrecht beigelegt ist als den Aktien einer anderen Gattung, oder die durch eine ihren Nennbeträgen nicht entsprechende Abstufung des Stimmrechts vor den Aktien einer anderen Gattung bevorzugt" sind (§ 261a B I). Stimmrechtsaktien lagen danach nur vor

a) bei Aktien mit gleichen Nennbeträgen, wenn die eine Gattung ein höheres Stimmrecht hatte als die andere;

---

[1]) Zeitschr. der Akademie 1935, 252.

[2]) Vgl. RG. v. 7. 2. 36; II 207/35 (WTr. 1936, 492).

[3]) Vgl. RGZ. **119**, 389; **133**, 95 in Sachen Gaswerksverband Rheingau, wo es sich um Vereinbarungen über die Wahlen zum Aufsichtsrat handelte; **148**, 183.

b) bei Aktien mit verschiedenen Nennbeträgen, wenn die Abstufung des Stimmrechts den Nennbeträgen nicht entsprach.

Nach der Aktiennovelle kam es auf den Betrag der geleisteten Einlage nicht an. Bestanden z. B. neben den volleingezahlten Aktien auch Aktien, die nur mit 25 % eingezahlt waren, so hatten die letzteren, am Betrag der Einzahlung gemessen, das vierfache Stimmrecht, galten aber nicht als Stimmrechtsaktien. Der Entwurf II § 95 Abs. 2 bestimmte dagegen: „Das Stimmrecht beginnt mit der vollständigen Leistung der Einzahlung. Die *Satzung kann bestimmen*, daß das Stimmrecht beginnt, sobald auf die Aktie die durch Gesetz oder Satzung vorgeschriebene Mindesteinzahlung geleistet ist. Das Stimmrecht wird in diesem Fall nach dem Verhältnis des eingezahlten Betrages ausgeübt". Das AGesetz (§ 114 Abs. 2) übernimmt diesen Vorschlag. Bestehen also voll eingezahlte Aktien und Aktien mit 25 % Einzahlung, so kann die Satzung bestimmen, daß auch die letzteren Aktien das Stimmrecht haben. Daraus ergibt sich alsdann, daß die voll eingezahlten Aktien 4 Stimmen haben. *Besteht eine solche Satzungsbestimmung nicht, so verlieren die nicht vollgezahlten Aktien am 1. 10. 1937 ihr Stimmrecht* (EinfG. § 10). Man wird annehmen können, daß eine solche Satzungsänderung mit Wirkung v. 1. 10. 1937 ab schon vor dem Inkrafttreten des AGesetzes beschlossen werden kann. Weiter schreibt das Gesetz vor, daß die Satzung solche Bestimmungen nicht für einzelne Aktiengattungen treffen kann. Es kann daher z. B. nicht bestimmt werden, daß die Stammaktien nur bei Vollzahlung, die Vorzugsaktien aber schon bei der Mindesteinzahlung eine Stimme haben sollen.

Die Schaffung von Stimmrechtsaktien wurde in der Inflationszeit hauptsächlich mit dem Schutz gegen äußere Überfremdung begründet. Sie wurden alsdann in steigendem Umfang dazu benutzt, um der Verwaltung die Herrschaft über das Unternehmen zu sichern, die besonders durch die steigende Tendenz zur Konzernbildung nicht selten bedroht war. Es ist aber auch vorgekommen, daß der Übergang des Unternehmens an Außenstehende gerade durch die Stimmrechtsaktien ermöglicht wurde, indem die Inhaber der Stimmrechtsaktien diese an die außenstehende Gruppe vorteilhaft verkauft haben. Der Schutz, den die Stimmrechtsaktien gewährten, bestand in der Hauptsache in dem Einfluß auf die Wahl des Vorstandes und Aufsichtsrats, auf die Feststellung der Bilanz und auf die laufende Tätigkeit der Verwaltung. In den Fällen, in denen für die Beschlußfassung eine bestimmte Mehrheit des Grundkapitals verlangt wurde, mußte nach der Rechtsprechung des Reichsgerichts neben der Mehrheit der abgegebenen Stimmen auch die Mehrheit des Grundkapitals vorhanden sein[1]). Jedoch konnte für einzelne Fälle von Satzungsänderungen und für den Widerruf der Bestellung von Aufsichtsratsmitgliedern vorgeschrieben werden, daß die einfache Mehrheit ohne Rücksicht auf die Höhe des durch die Aktien vertretenen Grundkapitals genügte. Unbequem war bei Vorzugsaktien mit erhöhtem Stimmrecht die Vorschrift, daß in bestimmten Fällen die verschiedenen Aktienkategorien gesondert abstimmen mußten, so daß die erforderliche Mehrheit in jeder gesonderten Abstimmung erreicht werden mußte[2]). Was die Gültigkeit des Beschlusses auf Schaffung von Stimmrechtsaktien betrifft, so stand das Reichsgericht nach dem bisherigen Recht auf dem Standpunkt, daß der Beschluß nicht schon deswegen nichtig oder anfechtbar ist, weil er zum Zwecke hatte, die Herrschaft der Verwaltung über das Unternehmen zu sichern. Es mußte hinzutreten, daß der Beschluß eine Knebelung der Minderheit bedeutet oder daß er zum Zweck hatte, der Mehrheit besondere Vorteile auf Kosten der Minderheit ohne Rücksicht auf das Wohl der Gesellschaft zu verschaffen[3]). Unter gleichen Voraussetzungen konnte auch ein einzelner Beschluß angefochten werden, der mit Hilfe der bereits geschaffenen Stimmrechtsaktien durchgesetzt werden sollte. Die neuere Rechtsprechung des Reichsgerichts stützte sich hierbei auf die in der Aktienrechtsnovelle noch besonders betonte Treupflicht, die jedem Aktionär obliegt[4]).

Das AGesetz (§ 12) macht in Zukunft die Gewährung von Mehrstimmrechten von der Zulassung durch den Reichswirtschaftsminister im Einvernehmen mit dem Reichsminister der Justiz und der sonst beteiligten Reichsministerien abhängig. Ist die Ausgabe vor dem 1. 10. 1937 beschlossen, so bleiben sie bis zu dem von der Reichsregierung bestimmten Zeitpunkt bestehen (EinfG. § 9). Das Stimmrecht der nicht volleingezahlten Aktien erlischt dagegen mit dem 1. 10. 1937. Die Mehrstimmrechte können in Zukunft genehmigt werden, ohne daß Verschiedenheiten der betreffenden

---

[1]) Fall der Zentralbodenkreditgesellschaft RG. 125, 359.

[2]) In dem bekannten Streit des Michael-Konzerns gegen Victoria hat deshalb die letztere Gesellschaft nicht vollgezahlte Stammaktien ausgegeben, die für die Verwaltung gebunden bleiben sollten; vgl. RG. 132, 160.

[3]) Die Rechtsprechung des Reichsgerichts ist bei Staub § 185 Anm. 11c—h ausführlich dargestellt.

[4]) RG. 146, 385; vgl. 142, 219; 146, 71.

Aktien von den anderen vorhanden sind. Die beiden als berechtigt anzusehenden Anlässe zur Schaffung von Mehrstimmrechtsaktien (Schutz der Gesellschaft vor Überfremdung und Wahrung der Interessen der öffentlichen Hand, insbesondere bei den gemischt-wirtschaftlichen Betrieben in Form der AG.) werden in Zukunft staatlicher Prüfung unterworfen. Ein Grund, noch daneben weitere Sonderrechte zu gewähren, liegt nicht vor.

Die Interessen, für deren Wahrung das Mehrstimmrecht anerkannt wird, erfordern nur deren Einfluß in organisatorischer, nicht in finanzieller Hinsicht. Demzufolge bestätigt das AGesetz die reichsgerichtliche Rechtsprechung, die für alle Fälle, in denen nicht die Mehrheit der abgegebenen Stimmen, sondern eine Mehrheit des vertretenen Grundkapitals entscheidet (also für Nachgründungen, Satzungsänderungen, Kapitalbeschaffung, Kapitalherabsetzung, Auflösung, Verschmelzung, Vermögensübertragung, Gewinngemeinschaft, Umwandlung), für die Errechnung dieser Mehrheit das Mehrstimmrecht ausschließt. Zum Teil wird der Einfluß der Stimmrechtsaktien noch insofern verringert, als auch die Satzung durch abweichende Bestimmungen nicht mehr wie bisher in einzelnen Fällen die Kapitalsmehrheit ausschalten kann. Andererseits hat das AGesetz in organisatorischer Hinsicht den Einfluß der Mehrstimmrechtsaktien insofern vergrößert, als der Beschluß der HV., mit dem die Bestellung zum Aufsichtsrat widerrufen wird, nicht mehr einer nach dem Grundkapital bemessenen Mehrheit, sondern nur einer $^3/_4$ Mehrheit der Stimmen bedarf, also unter Auswirkung des Mehrstimmrechts gefaßt wird. Für die Mitglieder des ersten Aufsichtsrats genügt sogar einfache Mehrheit (§ 87).

Eine Untersuchung des Statistischen Reichsamts, die per 31. 12. 1935 abschließt (Wirtschaft und Statistik 1937, S. 113), ergibt bei den Gesellschaften, deren Aktien an den deutschen Börsen zugelassen sind, folgenden Bestand an Mehrstimmaktien (s. S. 288).

Seit 1925 ist in der Zahl der Gesellschaften mit Mehrstimmenaktien ein Rückgang festzustellen. Dies ist auch auf die Praxis der Zulassungsstellen zurückzuführen, die verlangen, daß die Gesellschaften bei der Einführung ihrer Aktien an der Börse die Verpflichtung übernehmen, das Stimmrecht der Aktien derart zu beschränken, daß die Zahl der Stimmen der Stimmrechtsaktien nicht mehr als den 5. Teil der Stimmen der nicht bevorzugten Aktien ausmachen.

Mehrstimmrecht und Kapitalgröße am 31. 12. 1935	Gesellschaften insgesamt	Davon mit einem Nominalkapital v. .... Mill. RM.									
		unter 0,5	0,5 bis unter 1	1 bis unter 2	2 bis unter 3	3 bis unter 4	4 bis unter 5	5 bis unter 10	10 bis unter 20	20 bis unter 50	50 u. darüber
Gesellschaften ohne M.-St.-Akt. . .	556	19	46	119	78	46	43	96	49	41	19
Gesellschaften mit "	332	12	24	76	54	37	17	53	25	23	11
davon mit											
über 1 bis 5fachem St.-R.	34	4	3	3	3	6	1	8	1	4	1
" 5 " 10fachem "	44	2	8	9	5	5	1	6	5	3	—
" 10 " 25fachem "	57	3	5	16	6	1	4	8	6	2	6
" 25 " 50fachem "	64	2	3	17	9	11	1	6	6	7	2
" 50 " 100fachem "	55	1	4	16	14	3	4	7	2	3	1
" 100 " 200fachem "	39	—	1	13	7	7	2	6	1	2	—
" 200 " 300fachem "	15	—	—	—	5	—	1	7	2	—	—
" 300 " 400fachem "	11	—	—	1	4	2	1	1	1	1	—
" 400 " 500fachem "	6	—	—	—	1	2	—	2	—	1	—
" 500 Stimmrecht	7	—	—	1	—	—	2	2	1	—	1
Insgesamt	888	31	70	195	132	83	60	149	74	64	30

2. Der Ausschluß des Stimmrechts[1])

§ 54

„Ein Aktionär, der durch die Beschlußfassung entlastet oder von einer Verpflichtung befreit werden soll, kann weder für sich noch für einen andern das Stimmrecht ausüben. Gleiches gilt, wenn darüber Beschluß gefaßt wird, ob die Gesellschaft gegen den Aktionär einen Anspruch geltend machen soll" (§ 114 Abs. 5).

„Das Stimmrecht kann nicht ausgeübt werden für Aktien, die der Gesellschaft oder einem abhängigen Unternehmen oder einem anderen für Rechnung der Gesellschaft oder eines abhängigen Unternehmens gehören" (§ 114 Abs. 6).

1. Der Ausschluß des Stimmrechts hat nicht auch den Verlust der übrigen Rechte aus der Aktie zur Folge. Der vom Stimmrecht ausgeschlossene Aktionär kann daher in der HV. reden, Anträge stellen, Auskunft verlangen und Widerspruch zur Niederschrift erklären. Die materiellen Grundsätze für den Ausschluß des Stimmrechts sind im AGesetz gegenüber dem bisherigen Recht teils erweitert, teils beschränkt worden.

a) Bisher war das Stimmrecht ausgeschlossen lediglich für eigene Aktien und für Aktien, die ein Dritter für Rechnung der Gesellschaft besaß. Die Verwaltung konnte daher mit den Aktien eines abhängigen Unternehmens und mit den Aktien, die ein Dritter für Rechnung des abhängigen Unternehmens besaß, das Stimmrecht ausüben. Dies ist jetzt nicht mehr möglich. Wird der Begriff des Abhängigkeitsverhältnisses nicht fest umrissen, so können sich aus dieser Vorschrift große Schwierigkeiten ergeben, wie dies S. 185 ausgeführt wurde. Auch das Stimmrecht der Vorratsaktien ist vom AGesetz beseitigt worden.

b) Nach bisherigem Recht konnte der Aktionär sein Stimmrecht nicht ausüben, wenn der Beschluß die Vornahme eines Rechtsgeschäfts mit ihm betraf. Bei der Vornahme von Rechtsgeschäften handelt es sich häufig um solche, die mit einem Mehrheitsaktionär vorgenommen werden sollen. Würde man in solchen Fällen den Mehrheitsaktionär von der Ausübung des Stimmrechts ausschließen, so würde dies bedeuten, daß die Minderheit über die Vornahme der Rechtsgeschäfte zu entscheiden habe. Die bisherige Bestimmung ging von der Vermutung aus, daß das Geschäft, das zwischen der Gesellschaft und dem Aktionär abgeschlossen werden sollte, nicht im

[1]) Vgl. hierüber Dr. Hans Joachim Veith, Beschränkungen des Stimmrechts im Aktienrecht. BankA. Jg. 36, 46.

Interesse der Gesellschaft, sondern im Interesse des Aktionärs liege, was offenbar unbegründet ist. In der Praxis half man sich entweder damit, daß nicht über die Vornahme des Rechtsgeschäfts abgestimmt wurde, sondern darüber, ob der Verwaltung die allgemeine Ermächtigung erteilt werden sollte, ein Rechtsgeschäft der fraglichen Art vorzunehmen — die Rechtsprechung hat anerkannt, daß in dem letzteren Fall der Aktionär mitstimmen konnte —[1]), oder das Rechtsgeschäft mit dem Aktionär wurde von der Verwaltung vorgenommen und nachträglich der HV. zwecks Erteilung der Entlastung vorgelegt. Dabei konnte der Aktionär, mit dem das Rechtsgeschäft abgeschlossen wurde, mitstimmen, vorausgesetzt, daß er nicht mit dem Mitglied der Verwaltung identisch war.

Es ist zu begrüßen, daß durch die Aufhebung der bisherigen Bestimmungen diese **Umwege nicht mehr** erforderlich sind. Es wäre aber falsch, daraus die Folgerung zu ziehen, daß die Abstimmung eines solchen Aktionärs für den Beschluß völlig bedeutungslos wäre. Der Beschluß ist anfechtbar, wenn der Aktionär vorsätzlich für sich oder einen Dritten gesellschaftsfremde Sondervorteile zum Schaden der Gesellschaft oder ihrer Aktionäre zu erlangen suchte und der Beschluß geeignet ist, diesem Zweck zu dienen (§ 197 Abs. 2). Er ist nicht anfechtbar, wenn das Stimmrecht dazu benutzt wird, um einen Vorteil zu erreichen, der schutzwürdigen Belangen dient, z. B. des Konzerns oder der öffentlichen Hand. An Stelle der bisherigen Anfechtbarkeit ohne Rücksicht auf die Gefährdung der Gesellschaft oder der Aktionäre muß jetzt jeweils der Beschluß sachlich geprüft werden, ob er eine Gefährdung enthält, d. h. geeignet ist, die Gesellschaft oder die Aktionäre zu schädigen[2]). Der Beschluß braucht die Schädigung noch nicht unmittelbar herbeizuführen, z. B. wenn es sich um eine

---

[1]) In der Anfechtungsklage der Salzwerke Heilbronn AG. gegen die Georg Egestorffs Salzwerke AG. handelte es sich darum, daß in der HV. der letzteren Gesellschaft beschlossen worden war, dem Vorstand die Ermächtigung zur Fusion der Egestorff Salzwerke mit der Kali-Chemie AG. (Großaktionär von Egestorff) zu erteilen. Die Kali-Chemie AG. hatte dabei mitgestimmt. Das Kammergericht hat den Beschluß für nichtig erklärt, weil es sich nicht um eine bloße Ermächtigung, sondern um eine Vollmacht zum Abschluß des Fusionsvertrags mit der Kali-Chemie handelte (Ffter Ztg. Nr. 28 v. 16. 1. 37).

[2]) Damit wird ein alter deutscher Rechtsgedanke aufgenommen, an dem im Bergrecht ständig festgehalten worden ist, daß Gewerkschaftsbeschlüsse, die nicht zum Besten der Gewerkschaft gereichen, durch Urteil aufgehoben werden können ohne Rücksicht darauf, ob ein besonderes Gesetz verletzt ist (Preußisches Berggesetz § 115 Abs. 1).

Satzungsänderung handelt, die bestimmten Aktionären das Recht einräumt, Mitglieder in den Aufsichtsrat zu entsenden. Dazu muß allerdings die Absicht des Aktionärs treten, gesellschaftsfremde Sondervorteile zum Schaden der Gesellschaft oder der Aktionäre zu erreichen. Diese Anfechtung wird weniger bei den laufenden Geschäften in Frage kommen, da hier die HV. in der Regel ausgeschaltet ist (§ 103 Abs. 2), als bei Kapitalerhöhungen, Verschmelzungen, Gewinngemeinschaften u. dgl. Im bisherigen Recht war das Stimmrecht des Aktionärs auch ausgeschlossen, wenn es sich um die Einleitung oder Erledigung eines Rechtsstreits zwischen dem Aktionär und der Gesellschaft handelte. Für die Einleitung eines Rechtsstreits ist es bei dem bisherigen Rechtszustand verblieben. Anders bei der Erledigung des Rechtsstreits. Hier handelt es sich in der Regel um einen Vergleich. Die Prozesse betreffen häufig Mitglieder der Verwaltung. Hier sind Vergleiche aber ohnehin sehr erschwert, da sie erst nach Ablauf von 5 Jahren und nicht gegen den Widerspruch einer Minderheit von 20 % des Grundkapitals beschlossen werden können (§§ 84 Abs. 4, 99, 124).

c) Wie bisher kommt der Ausschluß des Stimmrechts bei der Beschlußfassung über die Entlastung des Vorstands und des Aufsichtsrats in Frage[1]).

2. In dem Vorhergegangenen sind die Tatbestände angeführt, bei deren Vorliegen objektiv das Stimmrecht eines Aktionärs ausgeschlossen ist. Im Anschluß daran entsteht die Frage, ob ein solcher Tatbestand subjektiv auf den in Frage kommenden Aktionär zutrifft.

a) Bei der Frage des Stimmrechtsausschlusses ist daher weiter zu prüfen, ob **der Aktionär, der vom Stimmrecht ausgeschlossen ist, identisch ist mit demjenigen Aktionär, auf den sich die Abstimmung bezieht.** Diese Frage ist zu verneinen, wenn es sich um getrennte Rechtspersönlichkeiten handelt. Daher kann die AG. oder G.m.b.H. als Aktionär abstimmen, wenn das zu entlastende Mitglied der Verwaltung zugleich Vorstandsmitglied oder Geschäftsführer der abstimmenden AG. oder GmbH. ist. Anders liegt der Fall, wenn es sich um das Verhältnis zwischen dem Teilhaber einer offenen Handelsgesellschaft, einer Kommanditgesellschaft, einem Kommanditisten (nicht aber stillen Gesellschafter) oder dem persönlich haftenden Gesellschafter einer Kommanditgesellschaft a. A. und einer dieser Gesellschaften handelt[2]). Ebenso besteht Identität, wenn zwischen

[1]) s. hierüber unten S. 313.

[2]) Diesen Grundsatz hat das RG. 146, 71 in einem Favagprozeß aufgestellt und ist damit von seiner früheren Rechtsprechung ausdrücklich abgegangen.

dem Abstimmenden und demjenigen, auf den sich die Abstimmung bezieht, ein Verhältnis der Mitberechtigung oder Mitverpflichtung vorhanden ist, z. B. Miteigentum, insbesondere bei Erbengemeinschaft oder nicht rechtsfähigen Vereinen. Keine Identität ist anzunehmen, wenn es sich um das Verhältnis von gleichgeordneten Konzerngesellschaften handelt, doch kann auch in diesem Fall das Stimmrecht ausgeschlossen sein, wenn die nachstehend unter b erwähnten Voraussetzungen vorliegen.

Erheblich größere Schwierigkeit bietet in der Praxis der Fall, daß der von der Abstimmung ausgeschlossene Aktionär sein Stimmrecht nicht selbst, sondern durch andere ausübt. Ohne weiteres ist klar, daß der Aktionär, der von dem Stimmrecht ausgeschlossen ist, sein Stimmrecht nicht auf andere übertragen kann[1]). Die Übertragung des Stimmrechts geschah bisher in solchen Fällen meist nicht durch Erteilung einer Vollmacht, sondern dadurch, daß der Dritte als Legitimationsaktionär für den vom Stimmrecht ausgeschlossenen Aktionär auftrat; der wahre Eigentümer der Aktien war daher nach außen nicht erkennbar. Nunmehr ist jeder Aktionär bei Strafe verpflichtet, seine Eigenschaft als Legitimationsaktionär, sowie den Betrag und die Gattung der Aktien, auf die sich die Eigenschaft bezieht, bei der Eintragung in das Aktionärverzeichnis anzugeben. Dadurch ist die Umgehung des Stimmrechtsverbots erheblich erschwert. Hat der von dem Stimmrecht ausgeschlossene Aktionär seine Aktien verkauft, so ist zu prüfen, ob der Verkauf ernsthaft ist; dies wird regelmäßig zu verneinen sein, wenn ein Rückkaufsrecht verabredet wurde.

b) Von dem unter a behandelten Fall der Identität zwischen ausgeschlossenen und abstimmenden Aktionären ist der Fall zu unterscheiden, daß der ausgeschlossene Aktionär zwar nicht selbst abstimmt, wohl aber andere Aktionäre, auf die er Einfluß hat, veranlaßt, ihr Stimmrecht in seinem Interesse auszuüben. Der ausgeschlossene Aktionär übt hier sein Stimmrecht weder selbst noch durch andere aus, vielmehr übt der andere Aktionär sein eigenes Stimmrecht aus, allerdings unter dem Einfluß des ausgeschlossenen Aktionärs. Auf solche Fälle wird man daher das Stimmrechtsverbot nicht ohne weiteres anwenden können[2]). Die Ausdehnung erscheint aber gerecht-

[1]) RG. JW. 1935, 3303.
[2]) Die Frage ist bestritten.

fertigt, wenn der andere Aktionär zu einer freien Ausübung des Stimmrechts nicht in der Lage war, sei es, daß seine Aktien z. B. durch einen Pool-Vertrag gebunden waren, sei es, daß es sich um einen Aktionär handelt, der bei der Ausübung des Stimmrechts an die Weisungen des beteiligten Aktionärs gebunden war[1]). Eine solche Bindung des Stimmrechts ist auch anzunehmen, wenn der andere Aktionär die Aktien als Treuhänder oder als Kommissionär des ausgeschlossenen Aktionärs besitzt. Bei Interessengemeinschaften oder Beteiligungen wird dagegen in der Regel anzunehmen sein, daß der andere Aktionär zu einer freien Abstimmung in der Lage ist.

c) Der vom Stimmrecht ausgeschlossene Aktionär kann das Stimmrecht auch nicht für andere Aktionäre ausüben. An sich liegt kein Grund vor, dem ausgeschlossenen Aktionär die Ausübung des Stimmrechts auch für andere Aktionäre zu untersagen. Die Bestimmung ist aber berechtigt, weil in solchen Fällen nicht kontrolliert werden kann, ob der ausgeschlossene Aktionär das Stimmrecht für den anderen Aktionär nicht im eigenen Interesse ausübt.

3. Die Bestimmung des § 114 Abs. 5 betrifft nur den Ausschluß des Stimmrechts überhaupt. Es ist daher gleichgültig, in welchem Sinn das Stimmrecht ausgeübt wurde. Infolgedessen ist die Abstimmung des ausgeschlossenen Aktionärs auch dann unwirksam, wenn er von seinem Stimmrecht nicht in eigenem Interesse Gebrauch gemacht hat. Die Frage, in welchem Sinn das Stimmrecht ausgeübt wurde, kann erst in Betracht gezogen werden, wenn das Recht des Aktionärs zur Ausübung des Stimmrechts an sich feststeht. Dann erst ist zu prüfen, ob die Abstimmung und infolgedessen der Beschluß der HV., der auf dieser Abstimmung beruht, als nichtig oder als anfechtbar anzusehen ist, weil er sich als ein Verstoß gegen das Gesetz bzw. gegen die guten Sitten darstellt[2]). Für die Entscheidung dieser Frage kommen die Grundsätze über Nichtigkeit und Anfechtbarkeit von Beschlüssen der Hauptversammlung zur Anwendung.

---

[1]) In diesem Sinne sind die Ausführungen des Reichsgerichts in Sachen der Münchener Exportmalzfabrik (RG. **146**, 391) zu verstehen.

[2]) Bei der Anfechtung wegen Gefährdung der Gesellschaftsinteressen zwecks Erlangung gesellschaftsfremder Sondervorteile wird dagegen der angefochtene Beschluß sachlich nachgeprüft.

III. Die Beschlüsse der Hauptversammlung

1. Das Auskunftsrecht des Aktionärs

§ 55

„Jedem Aktionär ist auf Verlangen in der Hauptversammlung Auskunft über Angelegenheiten der Gesellschaft zu geben, die mit dem Gegenstand der Verhandlung in Zusammenhang stehen. Die Auskunftspflicht erstreckt sich auch auf die Beziehungen zu einem Konzernunternehmen.

Die Auskunft hat den Grundsätzen einer gewissenhaften und getreuen Rechenschaft zu entsprechen.

Sie darf nur soweit verweigert werden, wie überwiegende Belange der Gesellschaft oder eines beteiligten Unternehmens oder der gemeine Nutzen von Volk und Reich es fordern. Ob diese Voraussetzung vorliegt, entscheidet der Vorstand nach pflichtmäßigem Ermessen" (§ 112).

Das Auskunftsrecht des Aktionärs war eines der umstrittensten Gebiete des Aktienwesens[1]). Nach bisherigem Recht wurde zwar ein Sonderrecht des Aktionärs auf Auskunft grundsätzlich anerkannt, doch konnte dieses Recht nur dadurch geltend gemacht werden, daß der Aktionär gegen den Beschluß der HV., der die Erteilung der Auskunft ablehnte, die Anfechtungsklage erhob. In dem Anfechtungsprozeß wurde sodann geprüft, ob der Anspruch auf Erteilung der Auskunft berechtigt war. Wurde dies vom Gericht anerkannt, so wurde damit auch der Beschluß der HV. über den Gegenstand hinfällig, auf den sich die Anfrage bezog. Dagegen war aber immer noch der Einwand möglich, daß die Erteilung der Auskunft auf den Beschluß der HV. ohne Einfluß gewesen wäre. Nunmehr ist das Auskunftsrecht grundlegend umgestaltet worden. Es besteht unmittelbar gegenüber der Verwaltung. Der Aktionär bedarf daher nicht mehr der Unterstützung seines Verlangens durch einen Beschluß der HV.

Über den Inhalt des Auskunftsrechts ist bestimmt, daß die Auskunft über alle Angelegenheiten der Gesellschaft zu erteilen ist, die mit dem Gegenstand der Verhandlung in Zusammenhang stehen. Es muß sich also um einen Gegenstand handeln, der auf der Tagesordnung der HV. steht oder von der HV. zur Verhandlung zugelassen wurde. Damit ist der Einwand beseitigt, daß die Verweigerung der Auskunft auf den Beschluß der HV. ohne Einfluß gewesen wäre.

[1]) Der Aktienrechtsausschuß schlug vor, die Entscheidung über die Erteilung einer Auskunft dem Vorstand als Führer des Betriebs zu überlassen, wobei die erbetene Auskunft allerdings nicht willkürlich, sondern nur dann verweigert werden dürfe, wenn das überwiegende Interesse der Gesellschaft oder der Allgemeinheit es erfordert (Z. der Akademie f. D. R. 1935, 252).

Der Aktionär kann den unter Verweigerung der Auskunft gefaßten Beschluß anfechten. Wenn in Abs. 1 Satz 2 des § 112 die Auskunftspflicht auch auf Beziehungen zu einem Konzernunternehmen erstreckt wird, so scheint es, als ob es für eine solche Anfrage keines Zusammenhangs mit dem Gegenstand der Verhandlung bedürfe. Man wird jedoch nicht so weit gehen können, denn auch im Geschäftsbericht des Vorstands werden die Angaben über die Beziehungen zu einem Konzernunternehmen nur als Erläuterungen zum Jahresabschluß behandelt. In den Fällen, in welchen der Jahresabschluß von dem Vorstand festgestellt wird, bildet er eine notwendige Grundlage für die Entlastung und muß daher der HV. vor der Verhandlung über die Entlastung vorgelegt werden (§ 104 Abs. 2). Da bei der Entlastung die gesamte Geschäftsführung der Verwaltung zur Verhandlung steht, kann das Fragerecht auch über den gesamten Inhalt des Jahresabschlusses ausgeübt werden.

Die Schutzklausel besteht in gleichem Umfang, wie sie auch für den Geschäftsbericht des Vorstandes gilt. Vorstand und Aufsichtsrat haben nach eigenem pflichtmäßigen Ermessen zu entscheiden, ob die Voraussetzungen der Schutzklausel vorliegen. Die HV. kann daher auch nicht durch einen Mehrheitsbeschluß den Vorstand oder Aufsichtsrat zu einer Auskunft zwingen, für die er nach pflichtmäßigem Ermessen die Schutzklausel in Anspruch nimmt. Beruft sich der Vorstand oder Aufsichtsrat im Anfechtungsprozeß auf die Schutzklausel, so muß der anfechtende Aktionär darlegen, daß das pflichtmäßige Ermessen mißbraucht wurde. Die Umstände des einzelnen Falles werden die nötigen Anhaltspunkte dafür geben, ob dies tatsächlich zutrifft. Eine Beweislast des einen oder anderen Teils dafür aufzustellen, wird sich daher erübrigen. Die Bestimmungen über die Beweislast des Vorstandes für die Anwendung der Sorgfalt eines ordentlichen und gewissenhaften Geschäftsleiters (§ 84 Abs. 2) kann hier keine analoge Anwendung finden.

Ist die Auskunft zu Unrecht verweigert oder unrichtig erteilt worden, so ist der Beschluß anfechtbar, der über den Gegenstand der Verhandlung, mit dem die Auskunft im Zusammenhang stand, gefaßt wurde. Wird der Jahresabschluß durch die HV. festgestellt, so kann eine Minderheit von 10 % des Grundkapitals die Auskunftsverweigerung zum Anlaß nehmen, bestimmte Posten des Jahresabschlusses zu bemängeln und die Vertagung der Verhandlung verlangen (§ 125 Abs. 7). Auch kann die Minderheit die Bestellung von Sonderprüfern verlangen, wenn die HV. einen dahingehenden Antrag ablehnt. Mitglieder des Vorstandes oder des Aufsichtsrates, die in Auskünften in der HV. die Verhältnisse der Gesellschaft unwahr darstellen oder verschleiern, werden mit Gefängnis bestraft (§ 296 Abs. 1 Nr. 1).

Das Auskunftsrecht ist als ein Ausfluß der Rechenschaftspflicht der Verwaltung gekennzeichnet (§ 112 Abs. 2) und wird daher in erster Linie bei der Verhandlung über die Entlastung von Bedeutung. Es besteht aber auch bei solchen Verhandlungen, die nicht zu einer Beschlußfassung führen. Zwar kommt in letzterem Fall keine Anfechtung eines Beschlusses der HV. in Frage, es können aber unter Umständen der Gesellschaft bei einer unberechtigten Verweigerung der Auskunft Schadenersatzansprüche gegen die Verwaltung erwachsen. In allen Fällen kann aber das Auskunftsrecht nur in der HV. geltend gemacht werden. Zu einer Beantwortung von Anfragen außerhalb der HV. ist die Verwaltung nicht verpflichtet. Das Auskunftsrecht ist nicht etwa lediglich ein Ausfluß des Stimmrechts; es steht daher auch dem Vorzugsaktionär ohne Stimmrecht zu, sowie auch demjenigen Aktionär, der, sei es allgemein (z. B. bei nicht vollgezahlten Aktien), sei es im einzelnen Fall (z. B. bei der Entlastung eines ausgeschiedenen Vorstandsmitglieds) an der Ausübung seines Stimmrechts verhindert ist.

Die Auskunftspflicht obliegt nicht nur dem Vorstand, sondern auch dem Aufsichtsrat im Rahmen seines Arbeitsgebietes. Letzteres erstreckt sich nicht nur auf die Überwachung des Vorstands, sondern auch auf einzelne ihm besonders übertragene Geschäfte wie Vornahme von Rechtsgeschäften mit dem Vorstand, Gewährung von Krediten an den Vorstand, Zustimmung zu bestimmten in der Satzung bezeichneten Geschäften (§ 95 Abs. 5). Soweit der Aufsichtsrat Auskunft zu erteilen hat, entscheidet sein pflichtmäßiges Ermessen.

2. Die Beschlußfassung über den Jahresabschluß

§ 56

1. In Zukunft wird die Beschlußfassung der HV. über den Jahresabschluß nur noch ausnahmsweise stattfinden, nämlich dann, wenn der vom Vorstand aufgestellte Jahresabschluß die Billigung des Aufsichtsrats nicht findet, oder wenn Vorstand und Aufsichtsrat sich für die Feststellung des Jahresabschlusses durch die HV. entscheiden (§ 125 Abs. 3). Davon abgesehen ist eine Feststellung durch die HV. notwendig bei der Kommanditgesellschaft a. A. (§ 228), während der Ab-

wicklung (§ 211 Abs. 2) und im Fall der rückwirkenden Kapitalherabsetzung oder Kapitalerhöhung (§§ 188—190).

Vorstand und Aufsichtsrat pflegen die Verhandlung über den Jahresabschluß mit einem mündlichen Bericht einzuleiten, der nicht selten erheblich aufschlußreicher ist als die schriftlichen Berichte. Zuweilen verbreitet sich darin der Vorstand oder Aufsichtsrat auch über allgemeine Verhältnisse und die Berichte finden daher in der Öffentlichkeit oft große Beachtung. Eine Verpflichtung, solchen mündlichen Bericht zu erstatten, besteht jedoch nicht. Werden in dem Bericht des Aufsichtsrats wesentliche Beanstandungen aus Anlaß der Zwischenprüfungen oder der Pflichtprüfung erwähnt, so wird Veranlassung bestehen, in der HV. noch weitere Einzelheiten mitzuteilen, umsomehr als im Anschluß daran das Auskunftsrecht der Aktionäre ausgeübt werden kann.

Bei der Feststellung des Jahresabschlusses durch die HV. entsteht die bereits erörterte Frage, ob durch gesetzliche Bestimmungen dem Aufsichtsrat oder dem Vorstand oder beiden die Festsetzung der Abschreibungen und Rückstellungen übertragen werden kann. Von dem Standpunkt des bisherigen Rechts konnten solche Satzungsbestimmungen für zulässig angesehen werden; denn es bestand kein anderer Weg, die Festsetzung der Abschreibungen und der Rücklagen der Beschlußfassung der HV. zu entziehen. Nunmehr können aber Vorstand und Aufsichtsrat gemeinsam die Bilanz feststellen. *Die Feststellung der Bilanz im Sinn des AGesetzes ist unteilbar.* Es kann nicht der eine Teil der Bilanz von der HV. und der andere Teil vom Vorstand oder Aufsichtsrat je besonders, noch von beiden zusammen festgestellt werden. Eine Übertragung auf den Aufsichtsrat allein verbietet sich schon deswegen, weil dieser für Maßnahmen der Geschäftsführung nicht zuständig ist (§ 95 Abs. 5). Daher müssen auch entgegenstehende Satzungsbestimmungen als ungültig angesehen werden.

Durch verschiedene Vorschriften hat das Gesetz dafür Sorge getragen, daß die Aktionäre von dem Termin der HV. rechtzeitig unterrichtet und in die Lage versetzt werden, die zur Beschlußfassung gestellten Unterlagen vor der Beschlußfassung zu prüfen. Dem letzteren Zweck dient die allgemeine Vorschrift des § 108 Abs. 1 Satz 2 (HGB. § 256 Abs. 1), wonach jedem Aktionär auf Verlangen eine Abschrift der Anträge zu erteilen ist. Für die HV., die über den Jahresabschluß beschließt, gilt die besondere Bestimmung des § 125 Abs. 6 Satz 2 und 3 mit § 127 Abs. 2 (HGB. § 263), wonach jedem Aktionär auf sein Verlangen spätestens zwei Wochen vor dem Tag der HV. bzw. vor dem Tag, bis zu dessen Ablauf die Hinterlegung zu erfolgen hat, eine Abschrift des Jahresabschlusses, des Vorschlags über die Gewinnverteilung, des Geschäftsberichts des Vorstands und des Berichts des Aufsichtsrats zu erteilen ist. Außerdem sind diese Vorlagen mindestens während der letzten zwei Wochen vor dem Tag der HV. in den Geschäftsräumen der Gesellschaft zur Einsicht der Aktionäre auszulegen.

2. Die Verhandlung über die Genehmigung der Bilanz ist zu vertagen, wenn es die HV. mit einfacher Stimmenmehrheit beschließt oder eine Minderheit es verlangt, deren Anteile zusammen den zehnten Teil des Grundkapitals erreichen. Das Verlangen der Minderheit ist nur zu berücksichtigen, wenn sie bestimmte Posten des Jahresabschlusses bemängelt (§ 125 Abs. 7; HGB. § 264 Abs. 1).

Danach ist der Anspruch auf Vertagung formell an die Voraussetzung geknüpft, daß das Verlangen von einer qualifizierten Minderheit gestellt wird. Wird der Vertagungsantrag von einer Minderheit gestellt, die 10% des Grundkapitals erreicht, so bedarf es keiner Beschlußfassung über den Vertagungsantrag, vielmehr ist die Beschlußfassung über die Bilanz ohne weiteres zu vertagen. Wird über den Vertagungsantrag, der mit der Bemängelung bestimmter Ansätze der Bilanz begründet wird, abgestimmt, und ergibt sich alsdann eine Minderheit von 10% des Grundkapitals für den Vertagungsantrag, so liegt darin ein neues Verlangen auf Vertagung, dem entsprochen werden muß, da die notwendige Minderheit nunmehr vorhanden ist[1]). In materieller Hinsicht ist dem Verlangen nur zu entsprechen, wenn es mit der Bemängelung bestimmter Ansätze der Bilanz begründet wird. Es muß also bemängelt werden, daß ein bestimmter Bilanzposten zu hoch oder zu niedrig angesetzt ist; gleichzustellen ist der Fall, daß bestimmte Vermögensgegenstände in die Bilanz nicht aufgenommen worden sind; der wichtigste Fall ist aber, daß ein Bilanzposten überhaupt unverständlich ist, oder daß bestimmte Posten in der Bilanz nicht zu finden sind[2]). Ein an sich richtiger Bilanzansatz kann nicht deswegen bemängelt werden, weil ein Verschulden der Geschäftsführung besteht; diese Frage gehört vielmehr zu der Verhandlung über die Entlastung. Die Bemängelung des Bilanzansatzes muß ferner substantiiert sein, d. h. es müssen die Gründe angegeben werden, aus denen sich die Unrichtigkeit, Undeutlichkeit oder Lückenhaftigkeit des Bilanzansatzes ergibt. Liegen die formellen und

---

[1]) a. A. Staub § 264 Anm. 1a.

[2]) Vgl. RG. 82, 185.

materiellen Voraussetzungen vor, so ist dem Verlangen der Minderheit zu entsprechen, auch wenn die Verwaltung die erforderliche Auskunft gibt. Dies gilt auch dann, wenn die HV. der Bemängelung Rechnung trägt, es sei denn, daß das Beharren auf dem Vertagungsverlangen sich als ein Mißbrauch des Minderheitsrechts darstellt.

Ist die Verhandlung vertagt, so kann im Gegensatz zu dem bisherigen Recht (HGB. § 264 Abs. 2) keine neue Vertagung verlangt werden (§ 125 Abs. 7).

Wenn die Beschlußfassung über die Bilanz vertagt wurde, so muß, ohne daß es eines besonderen Antrags bedarf, regelmäßig auch der Beschluß über die Gewinnverteilung vertagt werden. Dies gilt dann nicht, wenn die Bemängelungen, falls sie sich als begründet herausstellen, lediglich zu einer Erhöhung des ausgewiesenen Gewinns führen würden z. B. wenn die Bemängelung damit begründet worden ist, daß Rückstellungen über das zulässige Maß hinaus gemacht worden seien. Das gleiche gilt von der Beschlußfassung über die Entlastung des Vorstandes und des Aufsichtsrats. Sie ist auszusetzen, soweit die Bemängelung einzelner Bilanzansätze in Zusammenhang mit der Frage der ordnungsmäßigen Geschäftsführung des Vorstandes und der Überwachungspflicht des Aufsichtsrats steht. Ist die Bilanz nicht genehmigt, so ist für die Vertagung des Entlastungsbeschlusses eine qualifizierte Minderheit nicht erforderlich. Es genügt der Widerspruch auch nur eines Aktionärs. Dies ergibt sich daraus, daß Grundlage des Entlastungsbeschlusses die genehmigte Bilanz ist. Solange diese Genehmigung nicht erteilt ist, kann, falls nicht alle Aktionäre zustimmen, auch die Entlastung nicht wirksam erteilt werden.

An Stelle der Vertagung oder neben ihr kann die HV. auch die Bestellung von Prüfern zur Prüfung von Vorgängen bei der Geschäftsführung beschließen. Der Beschluß kann von einer gleichen Minderheit erzwungen werden (§ 118; HGB. § 266). Er bedeutet aber eine schärfere Stellungnahme, weil der Beschluß gleichzeitig die Frage der Verantwortlichkeit des Vorstandes und des Aufsichtsrats aufrollt und damit in der Regel die Vertagung des Beschlusses über die Entlastung ohne weiteres zur Folge hat. Dieser Gegenstand ist daher bei dem Beschluß über die Entlastung zu behandeln.

Denkbar ist endlich der Fall, daß die HV. beschließt, die Bilanz nicht zu genehmigen, ohne daß die Verhandlung vertagt wird und ohne daß die Bestellung besonderer Prüfer beschlossen wird. Hierzu kann nur gesagt werden, daß die HV. nicht gezwungen werden kann, die Bilanz zu genehmigen. Auf Grund einer nicht genehmigten Bilanz kann aber keine

Dividende verteilt werden. Ob der Aktionär zur Rückerstattung der Dividende, wenn er sie trotzdem erhält, verpflichtet ist, hängt davon ab, ob er sich in gutem Glauben befunden hat (§ 56 Abs. 1 Satz 2; HGB. § 217 Abs. 1 Satz 2). Wohl aber besteht ein Recht des Vorstandes und des Aufsichtsrats auf Entlastung, falls diese den Jahresabschluß ordnungsmäßig vorgelegt und die erforderlichen Berichte erstattet haben. Dieses Recht kann im Klageweg gegen die Gesellschaft geltend gemacht werden.

3. Nach der Feststellung durch die HV. ist der Jahresabschluß unverzüglich durch den Vorstand in den Gesellschaftsblättern bekanntzumachen und die Bekanntmachung zum Handelsregister des Sitzes der Gesellschaft einzureichen (§ 143; HGB. § 265 Abs. 1). „Der Jahresabschluß ist in allen Veröffentlichungen und Vervielfältigungen vollständig und richtig mit dem vollen Wortlaut des Bestätigungsvermerks wiederzugeben. Haben die Abschlußprüfer die Bestätigung versagt oder hat keine Prüfung des Jahresabschlusses stattgefunden, so ist hierauf in einem besonderen Vermerk hinzuweisen" (§ 144 Abs. 1). Auch für die Veröffentlichungen besteht die Vorschrift, daß jeder Posten mit dem zugehörigen Zahlenbetrag eine besondere Zeile erhalten muß und daß die Namen der Mitglieder des Vorstands und Aufsichtsrats unter Bezeichnung der Vorsitzer anzugeben sind. Kürzungen sind danach auch in freiwilligen Veröffentlichungen, die von den Organen der Gesellschaft ausgehen, nicht zulässig.

3. Die Beschlußfassung über die Gewinnverteilung

a) Die Verfügung der Hauptversammlung über den Reingewinn. Die Tantiemeberechnung

§ 57

1. Nach dem bisherigen Recht hatten die Aktionäre Anspruch auf den Reingewinn, soweit dieser nicht nach dem Gesetz oder dem Gesellschaftsvertrag von der Verteilung ausgeschlossen war (HGB. § 213). Dieses Recht besteht jetzt nicht mehr: Die Aktionäre haben nur Anspruch auf den Reingewinn, der sich aus der Jahresbilanz ergibt (§ 52). Auf die Feststellung des Jahresabschlusses haben aber die Aktionäre in der Regel keinen Einfluß mehr[1]). Es erhebt sich daher die Frage, welche Bedeutung dem Beschluß der HV. über die Gewinnverteilung zukommt. Die Begründung läßt sich darüber wie folgt aus:

---

[1]) Vgl. aber S. 261.

„Die Beschlußfassung über die Gewinnverteilung ist somit das Recht, über den im Jahresabschluß als verteilungsfähig bestimmten Posten „Reingewinn" beschließen zu können. Hieraus folgt, daß die Beschlußfassung über die Gewinnverteilung naturgemäß in ihrer praktischen Bedeutung eine verschiedene ist, je nachdem der Vorstand mit Billigung des Aufsichtsrats oder die Hauptversammlung selbst den Jahresabschluß festgestellt hat. Hat die Verwaltung den Jahresabschluß festgestellt, so kann die Hauptversammlung nicht mehr die für das Geschäftsjahr gemachten Abschreibungen, Wertberichtigungen, Rücklagen und Rückstellungen beseitigen. Denn damit würde sie in das Recht des Vorstands und des Aufsichtsrats, über den Jahresabschluß selbst zu befinden, eingreifen und die wichtige Aufgabe der Leitung eines Unternehmens, nämlich durch Schaffung von Rücklagen den Betrieb zu stärken und krisenfest zu gestalten, unmöglich machen. Dagegen kann die Hauptversammlung von der Verteilung des als verteilungsfähig ausgewiesenen Reingewinns teilweise oder ganz absehen und diese Beträge zur Bildung weiterer Abschreibungen, Wertberichtigungen, Rücklagen und Rückstellungen verwenden. In diesem Falle ist nach § 126 Abs. 3 der Vorstand verpflichtet, den bereits festgestellten Jahresabschluß diesen Wünschen anzugleichen. Hat dagegen die Hauptversammlung den Jahresabschluß selbst festzustellen, so erhält sie damit auch die Befugnis, über die Vornahme von Abschreibungen und Wertberichtigungen sowie über die Bildung von Rücklagen und Rückstellungen selbst zu entscheiden."

Die Bedeutung des Beschlusses der HV. besteht sonach, soweit der Jahresabschluß von der Verwaltung festgestellt worden ist, darin, daß die HV. die Gewinnverteilung weiter beschränken kann, als dies der Vorstand und der Aufsichtsrat bereits getan haben.

Soweit die HV. den Jahresabschluß feststellt, kann sie im Rahmen der Satzungsbestimmungen über den Gewinn verfügen. Nach neuem Recht hat der Vorstand in allen Fällen der HV. einen Vorschlag für die Gewinnverteilung vorzulegen (§ 126 Abs. 2). Die HV. ist jedoch daran nicht gebunden. Enthält die Satzung keine Bestimmungen, so hat jeder Aktionär Anspruch auf den aus der Bilanz sich ergebenden Reingewinn (§ 52). Es ist daher nicht zulässig, daß die HV. beschließt, den Reingewinn ganz oder teilweise zu Rücklagen zu verwenden. Ein solcher Beschluß kann zwar nicht von jedem einzelnen Aktionär, wohl aber von einer Minderheit, die den 20. Teil des Grundkapitals erreicht, angefochten werden (§ 198 Abs. 2). Anders verhält es sich, wenn, wie dies meist geschieht, durch die Satzung der HV. die freie Verfügung über den Reingewinn übertragen worden ist. Es geschieht dies durch die Formel: „Der Rest des Reingewinns wird, soweit nicht die HV. anders beschließt (oder soweit nicht die HV. ihn zu weiteren Abschreibungen oder Rücklagen verwendet), als Dividende verteilt". Es genügt auch folgende Fassung: „Der Rest des Reingewinns steht zur Verfügung der HV." Dagegen ist in den Worten: „Die HV. setzt die Dividende fest" nicht eine Ermächtigung zur freien Verfügung über den Reingewinn zu erblicken. Die Ermächtigung zur freien Verfügung über den Reingewinn schließt auch das Recht der HV. ein, zu bestimmen, daß die Auszahlung der Dividende erst nach einer bestimmten Frist erfolgen solle. Ohne eine solche Ermächtigung kann die HV. weder Fristen für die Zahlung festsetzen, noch bestimmen, daß die Dividende in anderer Form als in Bargeld ausgeschüttet werden soll. Einer Beschlußfassung über die Gewinnverteilung bedarf es insoweit nicht, als das Gesetz über die Verwendung des Reingewinns oder eines Teiles desselben Bestimmungen trifft. Daher ist auch ohne einen Beschluß über die Gewinnverteilung der 20. Teil des Reingewinns der gesetzlichen Rücklage zu überweisen, falls diese den nach dem Gesetz oder dem Gesellschaftsvertrag erforderlichen Betrag noch nicht erreicht hat. Auch für die Abführungen an den Anleihestock ist ein besonderer Beschluß nicht erforderlich.

Ergibt sich ein Verlust, so ist ein besonderer Beschluß darüber, wie er gedeckt werden soll, auch dann nicht erforderlich, wenn die HV. den Abschluß feststellt. Die HV. kann aber in diesem Fall beschließen, daß der aus der Bilanz sich ergebende Verlust aus der gesetzlichen Rücklage gedeckt werden soll. Reicht diese zur Deckung des Verlustes nicht aus, so ist auch in diesem Fall ein besonderer Beschluß nicht erforderlich. Der Verlust kann auch ohne weiteres vorgetragen werden. Nur wenn der Verlust die Hälfte des Grundkapitals erreicht, hat der Vorstand unverzüglich die HV. zu berufen und ihr davon Anzeige zu machen. In dieser außerordentlichen HV. ergibt sich die Gelegenheit, über die Beseitigung der Unterbilanz und gegebenenfalls über die Sanierung der Gesellschaft zu verhandeln. Aber auch in diesem Fall wird von dem Gesetz ein Beschluß über die Deckung des Verlusts nicht verlangt. Wenn die Gesellschaft zahlungsunfähig geworden, oder das ganze Grundkapital einschließlich der Reserven verloren ist, hat der Vorstand die Eröffnung des Konkursverfahrens oder des gerichtlichen Vergleichverfahrens zu beantragen (S. 206).

2. Die Tantieme des Vorstands und Aufsichtsrats ist zwar auch im neuen Recht nicht absolut begrenzt, aber relativ in dreifacher Beziehung eingeschränkt. Zunächst müssen sämtliche Bezüge den Aufgaben des betreffenden Vorstands- und Aufsichtsratsmitglieds und der Lage der Gesellschaft entsprechen. Außerdem muß die Gewinnbeteiligung selbst im angemessenen Verhältnis zu den freiwilligen Sozialleistungen des Unternehmens stehen (§§ 77, 78, 98). Gegenüber dem Vorstand obliegt es dem Aufsichtsrat, für die Einhaltung der Beschrän-

kungen zu sorgen; er hat zu diesem Zweck das Recht, die gesamten Bezüge des Vorstandsmitglieds entsprechend herabzusetzen, wenn sich die Verhältnisse der Gesellschaft nachträglich wesentlich verschlechtern. Das Vorstandsmitglied kann aber dann für den Schluß des nächsten Kalendervierteljahrs kündigen. Gegenüber dem Aufsichtsrat kann die HV. jede Vergütung mit einfacher Stimmenmehrheit herabsetzen, auch wenn sie in der Satzung festgesetzt ist. Gegenüber den Mitgliedern von Vorstand und Aufsichtsrat kann der Staatsanwalt im Wege der Klage geltend machen, daß kein angemessenes Verhältnis der Tantieme zu den freiwilligen Sozialleistungen bestehe; er kann daher Herabsetzung der Tantieme fordern. Der Staatsanwalt handelt insoweit nicht als Strafverfolgungsbehörde, sondern als Vertreter der staatlichen Sozialverwaltung.

Die Tantieme für Vorstand und Aufsichtsrat war bisher vom Reingewinn „nach Vornahme sämtlicher Abschreibungen und Rücklagen" zu berechnen (HGB. §§ 237, 245). Nach neuem Recht „berechnet sich der Anteil nach dem Reingewinn, der sich nach Vornahme von Abschreibungen und Wertberichtigungen, sowie nach Bildung von Rücklagen und Rückstellungen ergibt; abzusetzen ist ferner der Teil des Gewinns, der durch die Auflösung von Rücklagen entstanden ist" (§ 77 Abs. 2). Bei der Tantieme des Aufsichtsrats werden wie bisher außerdem noch mindestens 4% der geleisteten Einlagen abgesetzt (§ 98 Abs. 3).

Auf Grund des bisherigen Rechts verstand das Reichsgericht unter „Rücklagen" (im Gegensatz zu Reservefonds) auch die Gewinnanteile, die nicht in dem Vermögen der Gesellschaft verblieben, sondern zu Ausgaben verwandt wurden oder noch verwandt werden sollten, ohne daß dafür Rückstellungen in der Bilanz gemacht wurden. Hiernach wurde die Tantieme nicht vom erzielten, sondern nur vom verteilten Reingewinn berechnet. Hingegen war der Gewinnvortrag aus dem vorangegangenen Jahr nicht abzusetzen. Tantiemepflichtig war auch der zur Verteilung gelangende Gewinn, der aus Reservefonds stammte, ferner die Gratifikationen aus dem Reingewinn, die Tantiemen selbst, sowie die Ansprüche der Inhaber von Genußscheinen. Wurden Gewinne zur Einziehung von Aktien benutzt, so waren sie ebenfalls tantiemepflichtig.

Der Aktienrechtsausschuß der Akademie für Deutsches Recht führte hierzu zutreffend aus[1]), daß die gesetzliche Regelung der Tantiemefrage unzweckmäßig, ungerecht und ein Unikum im internationalen Aktien-

[1]) Z. der Akademie 1935, 255.

recht sei. Sie mache es einerseits schwierig, die Bezüge eines Vorstandsmitglieds, dem eine Spezialaufgabe obliege, durch Gewährung einer Branchen- oder Umsatztantieme mit den Ergebnissen seines eigenen Arbeitsgebietes zu verbinden. Andererseits führe sie zu dem unbefriedigenden Ergebnis, daß das Vorstandsmitglied, das die Reserven schafft, nichts davon erhält, während das Vorstandsmitglied, das sie zum Zwecke der Ausschüttung einer Dividende verbraucht, die Tantieme hieraus erhält. Der Ausschuß machte daher folgenden Vorschlag:

„Wird den Mitgliedern des Vorstandes ein Anteil am bilanzmäßigen Jahresgewinn gewährt, so ist hiervon der Teil des Gewinns, der durch Auflassung freier offener Reserven oder durch Kürzung des Gewinnvortrags entstanden ist, abzusetzen."

Das Gesetz weicht jedoch in wesentlichen Punkten von diesem Vorschlag ab. Der Aktienrechtsausschuß wollte die neu gebildeten Rücklagen tantiemepflichtig, die aufgelösten dagegen tantiemefrei machen. Das Gesetz hat jedoch beide für tantiemefrei erklärt. Dies bedeutet gegenüber dem bisherigen Gesetz eine weitere Beschränkung der Tantieme-Ansprüche, weil bisher die aufgelösten Rücklagen tantiemepflichtig waren. Die neu geschaffenen Rücklagen sind zwar sowohl nach altem wie nach neuem Recht tantiemefrei. Nach neuem Recht kann aber die Auslegung, die das Reichsgericht dem Begriff der tantiemefreien Rücklage gegeben hat, nicht mehr aufrechterhalten werden, so daß insofern eine Erweiterung der Tantiemepflicht eintritt. Das AGesetz kennt nur den Begriff der Rücklagen, so daß nunmehr eine Unterscheidung zwischen Reservefonds und Rücklagen nicht mehr gemacht werden kann. Dieser Begriff der Rücklagen ergibt sich aus den Gliederungsvorschriften der §§ 131, 132, wonach gesetzliche und freie Rücklagen unterschieden werden. Auch der Gewinnvortrag wird vom Gesetz nicht als Rücklage angesehen. Was aber nicht unter den gesetzlichen Begriff der Rücklage fällt, kann nicht von dem tantiemepflichtigen Reingewinn abgesetzt werden[1]). Aus dieser Auffassung ergibt sich im Gegensatz zu dem bisherigen Recht folgendes:

a) Tantiemepflichtig sind Zuwendungen an Arbeiter- und Beamtenunterstützungsfonds, an Arbeiterpensionskassen und für sonstige gemeinnützige und öffentliche Zwecke. Auch sachlich ist dies gerechtfertigt, weil der Gesellschaft Aufwendungen zugunsten der Gefolgschaft oder von Einrichtungen, die dem Gemeinwohl dienen, besonders zur Pflicht gemacht sind.

---

[1]) A. A. Dietrich, Zum neuen AGesetz, JW. 1937, 649; vgl. Geßler, Vorstand und Aufsichtsrat im neuen AGesetz JW. 1937, 500.

Wie bisher sind ferner tantiemepflichtig Gratifikationen aus dem Jahresgewinn, die Tantieme selbst, Gewinne, die zur Einziehung von Aktien verwandt werden, und der Anspruch der Inhaber von Genußscheinen.

b) Der Gewinnvortrag auf das nächste Jahr ist tantiemepflichtig. Seine Bildung beruht nicht auf dem Gedanken der Rücklage, d. h. der dauernden Stärkung des Unternehmens, sondern zum Teil auf technischen Erwägungen (sofern es sich um einen unverteilbaren Rest handelt) zum Teil ist er zur Verwendung im nächsten Jahr bestimmt. Die Begründung faßt zwar den Gewinnvortrag als freie Rücklage auf, hält es aber doch für billig, ihn bei der Berechnung des Gewinnanteils des Vorstandes zu berücksichtigen.

c) Der Gewinnvortrag aus dem Vorjahr ist nicht tantiemepflichtig. Er ist vom Reingewinn abzusetzen, da er schon im Vorjahr zur Tantieme herangezogen wurde.

d) Ein Verlustvortrag aus dem Vorjahr mindert den Anspruch auf Tantieme auf den im Geschäftsjahr erzielten Gewinn nicht.

Werden Rücklagen zu gleicher Zeit gebildet und aufgelöst, z. B. werden aus dem Dividendenergänzungsfonds Beträge zu Ausschüttungen verwandt, gleichzeitig aber eine Rücklage für Neubauten gebildet, so ist weder die neu gebildete noch die aufgelöste Rücklage tantiemepflichtig.

Das Gesetz bestimmt, daß, wenn dem Vorstand oder Aufsichtsrat ein Anteil am Jahresgewinn gewährt wird, dieser Anteil sich nach dem **Reingewinn** berechnet. Damit sollte vermieden werden, daß der Anteil nach dem Gewinn eines Geschäftszweiges oder nach dem Umsatz bestimmt und damit die Verantwortlichkeit für den Reingewinn des **Gesamtunternehmens** abgeschwächt wird.

Die Festsetzung der Tantieme kann auf Satzung, Beschluß der HV. oder auf besonderen Vereinbarungen beruhen. Zwar sind die gesetzlichen Bestimmungen über die Berechnung zwingend; die Gesellschaft ist aber in der Lage, die Tantiemen ziffernmäßig festzusetzen, soweit nicht die Satzung entgegensteht. Wird daher die Tantieme durch einen besonderen Beschluß der HV. in ihrer Höhe festgestellt, so spielt die gesetzliche Bestimmung keine Rolle, sofern die Tantieme im angemessenen Verhältnis zu den Aufgaben des Vorstandes und der Lage der Gesellschaft steht (§ 78 Abs. 1). Für den Aufsichtsrat gilt das gleiche, die HV. kann zudem eine satzungsmäßige Vergütung mit einfacher Stimmenmehrheit herabsetzen (§ 98 Abs. 1). Die alten Satzungsbestimmungen der

Gesellschaften über die Tantieme sind mit der HV. über das am 1. Oktober 1931 laufende Geschäftsjahr außer Kraft getreten[1]).

Bei der Berechnung der Tantieme empfiehlt es sich nicht, vom ausgewiesenen Reingewinn auszugehen und die tantiemefreien Beträge, z. B. Rücklagen abzusetzen, sondern unmittelbar von der Gesamtsumme der tatsächlich verteilten Beträge (Dividende, Tantieme, Gratifikationen usw.), wobei die aufgelösten Rücklagen abzusetzen sind. Ob die verteilten Beträge schon vor Errechnung des in der Bilanz ausgewiesenen Reingewinns abgesetzt worden sind, oder ob dies erst nachher geschieht, ist für die Tantiemeberechnung unerheblich. Die Errechnung bietet Schwierigkeiten, weil die Tantiemebeträge selbst zum tantiemepflichtigen Gewinn gehören. Wenn der Vorstand allein tantiemepflichtig ist, ist die Berechnung einfach. Bei 100000 Mark verteiltem Gewinn und 6% Tantieme erhält er nicht 6%, sondern $^6/_{94}$. Im übrigen besteht die Schwierigkeit darin, daß sowohl Vorstands- als Aufsichtsratstantieme unbekannte Größen sind, die erst errechnet werden müssen, und daß noch beim Aufsichtsrat die 4%ige Dividende abgerechnet werden muß. Man hat dafür gewisse mathematische Formeln aufgestellt[2]).

b) Das Anleihestockrecht

§ 58

1. Das Gesetz über die Gewinnverteilung bei Kapitalgesellschaften (Anleihestockgesetz) vom 4. 12. 1934 beschränkt die Barausschüttungen an die Aktionäre auf 6%; falls im Vorjahr eine höhere Dividende ausgeschüttet wurde, auf den gleichen Hundertsatz wie im vorangegangenen Jahr, jedoch darf nicht mehr als 8% bar verteilt werden. Der Mehrbetrag muß an den Anleihestock bei der Golddiskontbank abgeführt werden; er ist aber Dividende an die Aktionäre und wird in Reichsanleihe oder in vom Reich garantierten Anleihen (besonders Gemeindeumschuldungsanleihe) angelegt. Eine Ausnahme besteht nur für die Versicherungsaktiengesellschaften, bei denen das Kapital nicht voll eingezahlt ist. Sie können den Mehrbetrag zur Einzahlung auf das Kapital verwenden. Die Abführung eines erzielten höheren Gewinns an den Kapitalstock kann vermieden werden, wenn dieser Gewinn nicht ausgeschüttet, sondern zur inneren Stärkung der Gesellschaft benutzt wird. Zu letzterem bestand um so mehr Anlaß, als die Unternehmungen den öffentlichen Kapitalmarkt für ihre Bedürfnisse grundsätzlich nicht in Anspruch nehmen

[1]) Art. VIII Aktiennovelle.

[2]) Vgl. die bei Staub vor § 237 und in § 237 Anm. 1 angeführte Literatur.

sollen. Letzten Endes ist daher das Anleihestockgesetz eine Einrichtung, die man als Sparzwang für produktive Zwecke bezeichnen kann.

Die Verteilungsbeschränkungen erstrecken sich außer auf Aktien auch auf gewinnberechtigte Schuldverschreibungen (Genußscheine, Genußrechte, Schuldverschreibungen mit Zusatzverzinsung nach dem Gewinn). Werden Genußrechte neu geschaffen, so bedarf es der Genehmigung[1]). Genußscheine bei Sanierungen dürften nicht unter das Gesetz fallen, da hierdurch nur bestehende Verpflichtungen abgelöst werden; als Nennbetrag gilt bei gewinnberechtigten Schuldverschreibungen die Summe, deren Zahlung der Gläubiger verlangen kann[2]). Die Ausgabe der Genußscheine selbst ist keine Gewinnausschüttung[3]). Bei Zusatzverzinsung ist nur der Zusatz über 6 bzw. 8% abführungspflichtig; wenn also $8^1/_2$% Zinsen und $^1/_2$% Zusatzverzinsung nach dem Gewinn gewährt werden, so ist $^1/_2$% abzuführen.

2. Kapitalgesellschaften bis 100000 Mark sind frei. Ist das Kapital höher, so besteht die Abführungspflicht, auch wenn nicht mehr als 100000 Mark einbezahlt sind. Die Höhe des Kapitals bestimmt sich nach den Verhältnissen am Bilanzstichtag, nicht etwa am Tag der Beschlußfassung. Wird das Kapital in vereinfachter Form mit Rückwirkung herabgesetzt, so gilt dies auch für die Frage nach der Befreiung der Kapitalgesellschaft von der Abführung. Seit dem Inkrafttreten des Anleihestockgesetzes bedarf eine Herabsetzung bis 100000 Mark und darunter der Genehmigung, wenn nicht noch das alte Kapital für die Beschränkungen der Ausschüttung maßgebend sein soll.

Im Fall der Auflösung der Gesellschaft hört die Abführungspflicht auf. Auch die Umwandlung in Personengesellschaften enthält eine Auflösung und befreit vom Gesetz.

Eine weitere Befreiung betrifft die AGen, die nur der Form, aber nicht der Sache nach Kapitalgesellschaften sind, nämlich diejenigen, die ihren gesamten Gewinn an andere Gesellschaften oder Personen abzuführen haben[4]) (sog. Gewinnabsaugungsklausel). Es handelt sich dabei vorwiegend um die Verkaufs- und Geschäftsstellen von Syndikaten, die den Handelsverkehr und den Auslandsabsatz regeln und nicht für eigene Rechnung Geschäfte abschließen. Solche Gesellschaften

---

[1]) DV. zum Anleihestockgesetz v. 27. 2. 1935 in der Fassung der VO. v. 18. 4. 1935. Art. 4 Abs. 4.

[2]) RG. 70, 52; RFH. 22, 110.

[3]) Vgl. RStBl. 1934, 582.

[4]) DV. Art. 2 Abs. 3. Vgl. RFH. 37, 151 und 168, Schulze-Schlutius, DStZ. 1935, 434, ferner oben S. 200.

haben mehr den Charakter von Genossenschaften als den von AGen. Werden solche Verträge nach dem 10. 12. 1934 geschlossen, so bedürfen sie der Genehmigung, wenn die Erträgnisse vom Anleihestockgesetz frei sein sollen. Diese Genehmigung ist auch dann erforderlich, wenn die Gesellschaft nur für einen Teil ihrer Einrichtungen Treuhänder ist, vorausgesetzt, daß das Teilgebiet bestimmt abgegrenzt ist. Bei den erwähnten Kartellgesellschaften braucht eine Hinterlegung von Aktien nicht zu erfolgen. Organgesellschaften[1]) sind vom Anleihestockgesetz frei. Das Schachtelprivileg erstreckt sich auch auf die Abführungen an den Kapitalstock. Dies gilt aber hier nur, wenn und solange die Aktien bei der Golddiskontbank hinterlegt sind, die von der Hinterlegungspflicht befreien oder andere Maßnahmen gestatten kann. Die gleichen Vorschriften gelten für eigene Aktien im Besitz der Gesellschaft und solche Aktien, die kein Gewinnbezugsrecht haben.

3. Als Ausschüttung gelten alle Überweisungen an die Aktionäre, auch wenn sie nicht aus Gewinnen, sondern aus dem Gewinnvortrag oder aus Rücklagen oder wenn sie aus dem Kapital unter dem Titel der Dividende entnommen werden, wie das bei falscher Bilanz möglich ist. Wird unter dem Titel einer Kapitalherabsetzung ausgeschüttet, so besteht keine Abführungspflicht.

Das Gesetz unterscheidet die Barausschüttung, den nicht bar verteilten und den unverteilten Gewinn. Nicht bare Ausschüttungen, die zusammen mit der Barausschüttung 6 bzw. 8% überschreiten, sind verboten. Die Ausschüttung kann insoweit nur durch Überweisung an die Golddiskontbank vorgenommen werden. Im Rahmen der statthaften Barausschüttung, d. h. also bis zu 6 bzw. 8%, können Gratisaktien, Wertpapiere oder Aktien aus dem Portefeuille verteilt werden. Bezugsrechte sind keine Gewinnausschüttungen, also nicht beschränkt.

Die Beschränkung auf 6 bzw. 8% bemißt sich nach dem Nennbetrag der Aktien, soweit er eingezahlt ist. Bei Bemessung der zulässigen Barausschüttung werden Kapitalherabsetzungen in den beiden Vorjahren nicht beachtet. Wenn z. B. im Jahr 1934 das Kapital von 3 Mn. auf 1 Mn. herabgesetzt wird, so können für 1936 bis zu 6% von 3 Mn. = bis zu 18% Dividende verteilt werden. Nach dem Wortlaut des § 3 müßte angenommen werden, daß im Jahr 1937 bei gleichem Ertrag nur 8% Dividende verteilt werden dürfen. Man wird aber annehmen müssen, daß die Kapitalherabsetzung in diesen Fällen für die ganze Geltungsdauer

[1]) Vgl. über den Begriff RAbgO. 114, RGewStG. § 2 Abs. 2 Nr. 2 und oben S. 197.

des Gesetzes ausgeschaltet wird. Andernfalls würde plötzlich von einem Jahr zum anderen eine starke Verringerung der Dividende einsetzen. Wird bei der Kapitalherabsetzung eine Kapitalrückzahlung vorgenommen, so wird die Kapitalherabsetzung gleichfalls nicht berücksichtigt; ebenso, wenn Aktien angekauft und eingezogen werden.

Kapitalerhöhungen vor dem 11. 12. 1934 werden berücksichtigt, nach dem 10. 12. 1934 müssen sie genehmigt sein. Eine Kapitalerhöhung der AG. mit einem Kapital von 100000 Mark oder weniger bedarf keiner Genehmigung. Werden neue Aktien bei fehlender Genehmigung ausgegeben, so bleiben sie wirksam und unterliegen hinsichtlich der Ausschüttung demselben Recht wie die übrigen Aktien. Ist Kapitalerhöhung mit Kapitalherabsetzung verbunden, so wird die zulässige Barausschüttung von der Summe des gesamten Kapitals zuzüglich der Herabsetzung berechnet. Beim Erwerb von Unternehmungen, der mit der Ausgabe neuer Aktien verbunden ist, und bei Verschmelzungen, z. B. wenn zwei AGen miteinander verschmolzen werden, von denen die eine 7%, die andere 8% ausgeschüttet hat, ist die Ausschüttung der übernehmenden Gesellschaft maßgebend.

Sind die Aktien weder zum Börsenhandel zugelassen noch im Freiverkehr gehandelt, so kann statt des Nennbetrages der Aktien das Reinvermögen zugrunde gelegt werden, das der Veranlagung zur Vermögensteuer am letzten Stichtag vor dem 1. 1. 1935 zugrundegelegt wurde, also in der Regel der Einheitswert vom 1. 1. 1931. Offene Reserven sind abzusetzen, jedoch nicht mehr als 20% des Reinvermögens. Dabei sind eine Reihe von Zurechnungen vorzunehmen, z. B. die Beteiligungen an Tochtergesellschaften, Anteile an offenen Handelsgesellschaften, Vermögen, das wegen der Doppelbesteuerung abgesetzt wurde.

Sind mehrere Gruppen von Aktien vorhanden, so muß für jede Gruppe der Höchstsatz besonders festgestellt werden[1]).

4. Die Durchführung, insbesondere die Beitreibung der abzuführenden Beträge, obliegt den Finanzämtern. Zu diesem Zweck ist die Bilanz und die Gewinn- und Verlustrechnung unverzüglich nach dem Beschluß der Gesellschaft über die Gewinnverteilung dem Finanzamt zu übersenden und anzugeben, ob Beträge an die Golddiskontbank überwiesen werden. Letzterenfalls muß eine Aufstellung beigefügt und Abschrift der Golddiskontbank zugeleitet werden[2]). Stehen die Beträge den Aktionären nicht nach Verhältnis der Nennbeträge zu, so ist der Golddiskontbank mitzuteilen, für wessen Rechnung sie hinterlegt werden.

[1]) Vgl. RFH. StuW. 1936 Nr. 403.
[2]) 1. DV. Art. 10.

Alljährlich muß die Gesellschaft im Geschäftsbericht bekanntmachen, welche Beträge abgeführt sind, für wessen Rechnung dies geschehen ist, und wie die Golddiskontbank die Beträge angelegt hat[1]). Die Buch- und Betriebsprüfung erstreckt sich auch auf die Überwachung des Anleihestockgesetzes.

Hat die Gesellschaft zu hohe Barausschüttungen gemacht, so haftet der Vorstand für den Schaden; die Aktionäre sind zur Rückerstattung verpflichtet (Gesetz § 7).

Die Gesellschaft muß bei der Überweisung an die Golddiskontbank den Steuerabzug vom Kapitalertrag machen. Insoweit verringert sich die Abführung an die Golddiskontbank. Während die Tochtergesellschaft von ihren Ausschüttungen an die mit mindestens 25% beteiligte Muttergesellschaft keinen Steuerabzug vom Kapitalertrag vornehmen muß, ist die Kapitalertragsteuer abzuführen, soweit der abführungspflichtige Betrag an die Golddiskontbank überwiesen wird. Im Jahr der Aufteilung des Anleihestocks bleiben alsdann die der Muttergesellschaft zufließenden Beträge steuerfrei, die bereits früher abgeführte Kapitalertragsteuer kann sie an ihrer sonstigen Steuerschuld kürzen[2]). Werden die abführungspflichtigen Beträge mit Rücksicht auf die Hinterlegung der Aktien bei der Golddiskontbank an die Muttergesellschaft ausgeschüttet, so unterbleibt der Steuerabzug vom Kapitalertrag. Werden aber die Aktien nachträglich veräußert, so muß gleichzeitig mit der alsdann vorzunehmenden Überweisung an die Golddiskontbank die Kapitalertragsteuer einbehalten werden[3]).

Das Gesetz gilt für den ersten Jahresabschluß, über den nach dem 10. 12. 1934 beschlossen wird, und für den Abschluß der beiden folgenden mindestens 12 Monate umfassenden Geschäftsjahre. Nach einem weiteren Geschäftsjahr wird der Anleihestock unter die alsdann gewinnberechtigten Gesellschafter aufgeteilt, sobald über die Gewinnverteilung des letzten Geschäftsjahres beschlossen ist. Wenn z. B. die Dividende für 1934 im Jahr 1935 beschlossen und der entsprechende Betrag an die Golddiskontbank abgeführt ist, so wird dieser Betrag nach der HV. 1938, die für 1937 beschließt, verteilt.

Mit der Abführung der anleihestockpflichtigen Beträge an die Golddiskontbank scheiden diese aus dem Vermögen der Gesellschaft aus. Der Aktionär, der sich bei der Verteilung im Besitz der Aktien befindet, hat dagegen einen Anspruch an die Golddiskontbank. Wenn der berechtigte

[1]) 1. DV. Art. 12.

[2]) RFH. 40, 42.

[3]) RFH. im RStBl. 1937, 428; RFH. 40, 344.

Aktionär ein Kaufmann, also insbesondere eine AG. ist, so braucht er diesen Anspruch nicht zu aktivieren[1]). Indes kommt schon nach allgemeinen Vorschriften keine besondere Aktivierung in Frage, weil bei Anlagevermögen der Anschaffungspreis nicht überschritten werden darf und bei Umlaufvermögen nach dem Mindestwert zu bilanzieren ist. Allerdings drücken sich die an den Anleihestock abgeführten Beträge im Anschaffungspreis bzw. im Börsenkurs aus. Ein Abzug im Hinweis auf die DV. ist jedoch steuerlich nicht möglich.

4. Der Beschluß über die Entlastung des Vorstands und des Aufsichtsrats

a) Die Erteilung der Entlastung

§ 59

Nach bisherigem Recht trat der Entlastungsbeschluß an Bedeutung hinter dem Beschluß über den Jahresabschluß zurück. Nachdem das AGesetz die Feststellung des Jahresabschlusses in der Regel dem Vorstand und Aufsichtsrat überträgt, ist der Entlastungsbeschluß im Leben der AG. zur wichtigsten Funktion der HV. geworden. Er stellt die eigentliche Verbindung zwischen Verwaltung und Aktionär dar.

1. Gegenstand des Entlastungsbeschlusses ist die Geschäftsführung des Vorstands und Aufsichtsrats während des Geschäftsjahres. Die Mitglieder des Vorstands und des Aufsichtsrats haben bei ihrer Geschäftsführung bzw. bei der Erfüllung ihrer Obliegenheiten die Sorgfalt eines ordentlichen und gewissenhaften Geschäftsleiters anzuwenden und haften der Gesellschaft für den aus der Verletzung dieser Pflicht entstehenden Schaden (§§ 84, 99; HGB. §§ 241, 249). Vorstand und Aufsichtsrat legen der HV. Rechenschaft durch die Vorlage des Jahresabschlusses, des Geschäftsberichts des Vorstands und des Berichts des Aufsichtsrats. Diese Vorlagen sind daher die notwendige Unterlage für den Entlastungsbeschluß. Über den Geschäftsbericht des Vorstands und den Bericht des Aufsichtsrats hat die HV. überhaupt nicht zu beschließen, über die Genehmigung der Bilanz nur ausnahmsweise. Ist die HV. zur Feststellung des Jahresabschlusses berufen, so kann, wenn trotz Nichtgenehmigung des Jahresabschlusses die Entlastung erteilt wurde, der Entlastungsbeschluß von jedem Aktionär angefochten werden, es sei denn, daß die Nichtgenehmigung der Bilanz mit der Frage der ordnungsmäßigen Geschäftsführung des Vorstandes und Aufsichtsrats nicht in Zusammenhang steht[2]). Andererseits bedeutet die

[1]) DV. Art. 15 Abs. 1 Nr. 2b, Schlußsatz.

[2]) Oben S. 299.

Genehmigung der Bilanz nicht, daß dem Vorstand und dem Aufsichtsrat auch die Entlastung erteilt werden müßte. Denn die Bilanz selbst kann richtig sein, und trotzdem kann die Entlastung verweigert werden, weil z. B. die in der Bilanz richtig ausgewiesenen Verluste auf ein Verschulden des Vorstandes oder Aufsichtsrats zurückzuführen sind. Wird die vom Vorstand und Aufsichtsrat festgestellte Bilanz oder der Geschäftsbericht des Vorstands oder der Bericht des Aufsichtsrats zu der Verhandlung über die Entlastung nicht vorgelegt, so fehlt es an einer ordnungsmäßigen Rechenschaftslegung. Der Entlastungsbeschluß ist daher anfechtbar. Ein Nachweis, daß die unterbliebene Vorlage mit dem Entlastungsbeschluß nicht in Zusammenhang stehe, kommt nicht in Frage. Im Falle der Nichtigkeit der Bilanz, z. B. wegen fehlender Pflichtprüfung, ist der Entlastungsbeschluß gleichwohl nur anfechtbar.

Die HV. kann die Entlastung erteilen, obwohl Verfehlungen auf Seiten des Vorstandes oder des Aufsichtsrats vorliegen, sei es, daß sie der HV. im einzelnen bekannt sind, sei es, daß die HV. zwar nur im allgemeinen unterrichtet ist, aber ohne Rücksicht darauf entlasten will. Ein solcher Beschluß bedeutet, daß die HV. auf ihre gegen den Vorstand und Aufsichtsrat zustehenden Regreßansprüche verzichtet; der Beschluß kann daher wegen des Verzichtes nicht angefochten werden. Die Minderheit von 10% des Grundkapitals, die ihre Rechte wahren will, wird daher in diesem Fall gut tun, die Bestellung besonderer Prüfer zu beantragen. Wird der Jahresabschluß nachträglich für nichtig erklärt, so wird auch der Entlastungsbeschluß hinfällig. Es muß dann der Jahresabschluß von neuem festgestellt und auf der neuen Grundlage die Entlastung neu beantragt werden.

2. Die Entlastung erstreckt sich ihrem Umfang nach auf alle Tatsachen, die aus den der HV. vorgelegten Unterlagen erkennbar waren. Sind der Geschäftsbericht des Vorstands oder der Bericht des Aufsichtsrats unvollständig, werden aber die betreffenden Tatsachen von dem Vorstand oder dem Aufsichtsrat mündlich in der HV. mitgeteilt, so gilt das S. 226, 259 Gesagte. Die Entlastung erstreckt sich auch auf Tatsachen, die aus dem Bericht des Abschlußprüfers erkennbar waren, soweit sie durch den Vorstand oder Aufsichtsrat der HV. zur Kenntnis gebracht wurden[1]). Ansprüche aus der Gründung werden durch die Entlastung nicht gedeckt. Ein Verzicht auf diese Ansprüche ist erst nach 5 Jahren seit der Eintragung der Gesellschaft in das Handelsregister zulässig (§ 43; HGB.

[1]) Das, was für die Prüfer aus den Unterlagen erkennbar war, wird durch die Entlastung nicht gedeckt; dagegen RG. 152, 281 (für Genossenschaften).

§ 205). Das AGesetz (§§ 84 Abs. 4, 99) hat das Verbot des Verzichts vor Ablauf von 5 Jahren auch auf Ansprüche aus der Geschäftsführung erstreckt[1]). Dadurch entsteht die Frage, welche Bedeutung dem Entlastungsbeschluß überhaupt zukommt; denn ein Verzicht nach Ablauf von 5 Jahren kommt deswegen nicht in Betracht, weil die Ersatzansprüche in 5 Jahren verjähren. Wenn man dem Entlastungsbeschluß nicht jede Bedeutung absprechen will, muß man annehmen, daß die Regelung der Entlastung im Hinblick auf die eingehende Vorbereitung des Entlastungsbeschlusses durch die notwendigen Unterlagen, besonders die Pflichtprüfung, als Sonderbestimmung der erwähnten allgemeinen Vorschrift vorgeht.

3. Bei der Abstimmung über die Entlastung haben die Mitglieder des Vorstandes und des Aufsichtsrats, die durch den Beschluß entlastet werden sollen, kein Stimmrecht und dürfen ein solches auch für andere nicht ausüben (§ 114 Abs. 5; HGB. § 252 Abs. 3)[2]). Zu beachten ist dabei, daß der Vorstand und der Aufsichtsrat zwar, wenn nicht besondere Aufträge erteilt sind, als Gremium die Geschäfte führen bzw. ihre Obliegenheiten erfüllen, daß aber die Ansprüche aus der Geschäftsführung sich gegen das einzelne Mitglied richten. Daher ist eine Abstimmung über die Entlastung des Vorstandes oder Aufsichtsrats in Bausch und Bogen nur zulässig, wenn kein Aktionär widerspricht. Wird in dieser Weise abgestimmt, so haben sich, wenn die Abstimmung den Vorstand und Aufsichtsrat zusammen betrifft, alle Mitglieder des Vorstandes und Aufsichtsrats der Stimme zu enthalten. Betrifft die Abstimmung lediglich den Vorstand oder lediglich den Aufsichtsrat, so können die Mitglieder des Aufsichtsrats mitstimmen, wenn es sich um die Entlastung des Vorstandes handelt und umgekehrt, ausgenommen den Fall, daß Verfehlungen geltend gemacht werden, die dem Vorstand und Aufsichtsrat gemeinsam zur Last gelegt werden. Wird über die Entlastung der Mitglieder des Vorstandes und Aufsichtsrats einzeln abgestimmt, so können die anderen Mitglieder mitstimmen, wobei auch hier der allerdings häufige Fall ausgenommen ist, daß für eine behauptete Verfehlung sämtliche Mitglieder haften. Hierbei kann, wenn die betreffenden Mitglieder des Vorstands und Aufsichtsrats die Mehrheit der Aktien besitzen, der Fall eintreten, daß über die Entlastung eine Minderheit von Aktionären entscheidet.

Der Beschluß über die Entlastung bezieht sich lediglich auf die Mit-

[1]) Die Begründung bemerkt allerdings, daß die Beschränkung der Verzichte im AGesetz dem geltenden Recht entspräche.

[2]) Näheres oben S. 293.

glieder des Vorstands und Aufsichtsrats. Soweit es sich um Ersatzansprüche gegen Mitglieder des Vorstands und Aufsichtsrats, die in früheren Geschäftsjahren tätig waren, gegen Angestellte der Gesellschaft oder gegen dritte Personen handelt, ist der Vorstand und Aufsichtsrat auch ohne und sogar gegen einen Beschluß der HV. berechtigt und verpflichtet, die Ansprüche geltend zu machen. Der Aufsichtsrat kann Regreßansprüche ohne oder selbst gegen einen Beschluß der HV. gegen Mitglieder des Vorstands geltend machen, falls ein Mitglied des Aufsichtsrats verantwortlich gemacht werden kann, ohne Rücksicht darauf, ob dies tatsächlich der Fall ist (§ 97 Abs. 2; HGB. § 247 Abs. 2). Das gleiche Recht steht auch dem Vorstand gegen Mitglieder des Aufsichtsrats zu. Der Beschluß über die Entlastung bezieht sich lediglich auf die Ansprüche, die der Gesellschaft gegen die Mitglieder des Vorstands und Aufsichtsrats aus der Geschäftsführung zustehen. Die Ansprüche der Gläubiger gegen die Gesellschaft, insbesondere aus §§ 84 Abs. 5, 99 (HGB. §§ 241 Abs. 4, 249 Abs. 3 und 227a) werden dadurch nicht berührt. Nach bisherigem Recht hafteten Vorstand und Aufsichtsrat den Gläubigern unmittelbar nur für bestimmte Pflichtverletzungen, insbesondere für Rückzahlungen des Kapitals an die Aktionäre (HGB. §§ 241 Abs. 3, 249 Abs. 4). Diese Bestimmung hat das AGesetz (§§ 84 Abs. 3, 99) übernommen, aber die Haftung von Vorstand und Aufsichtsrat gegenüber den Gläubigern auf alle Pflichtverletzungen gröblicher Art gegenüber der Gesellschaft erstreckt. Damit werden jetzt die Pflichten der Verwaltung gegenüber der Gesellschaft gleichzeitig zu einem großen Teil auch Pflichten gegenüber den Gläubigern (§§ 84 Abs. 5, 99).

b) Die Verweigerung der Entlastung

§ 60

1. Die HV. kann durch Mehrheitsbeschluß die Entlastung ablehnen oder vertagen. In letzterem Fall muß eine spätere HV. über die Entlastung beschließen, wenn dies von seiten der Verwaltung oder von seiten eines Aktionärs beantragt wird. Jedes Mitglied des Vorstands und Aufsichtsrats, das seine Geschäfte ordnungsmäßig geführt hat, hat einen Anspruch auf Entlastung und kann ihn nötigenfalls im Wege der Klage gegen die Gesellschaft geltend machen.

Ist die Entlastung nicht erteilt, so kann die HV. mit einfacher Stimmenmehrheit beschließen, daß gegen die Mitglieder des Vorstands und Aufsichtsrats Ersatzansprüche geltend gemacht werden.

Auch gegen andere Personen, wie Gründer, frühere Vorstands- und Aufsichtsratsmitglieder und Angestellte können Regreßansprüche geltend gemacht werden, doch ist die Geltendmachung von Ansprüchen gegen solche Personen unabhängig von einer erteilten oder verweigerten Entlastung, da der Entlastungsbeschluß nur den Vorstand und Aufsichtsrat betrifft. Der Antrag auf Geltendmachung von Ersatzansprüchen gegen Mitglieder des Vorstandes und Aufsichtsrats muß als besonderer Punkt der Tagesordnung angekündigt werden. Es kann darüber also nicht in der ordentlichen HV. Beschluß gefaßt werden, falls lediglich die Entlastung des Vorstandes und Aufsichtsrats auf der Tagesordnung steht[1]); es ist daher zunächst zu beschließen, daß eine besondere HV. mit der Tagesordnung: „Geltendmachung von Ersatzansprüchen gegen Vorstand und Aufsichtsrat" berufen wird. Bei der Abstimmung über den Antrag sind die Mitglieder des Vorstandes und des Aufsichtsrats, soweit sich der Antrag gegen sie richtet, vom Stimmrecht ausgeschlossen[2]). Kommt die Einleitung eines Rechtsstreits in Frage, so kann die HV. hierfür besondere Vertreter wählen (§ 122 Abs. 2; HGB. § 268 Abs. 2). Diese sind dann gesetzliche Vertreter an Stelle des Vorstandes und Aufsichtsrats. Hat die HV. besondere Vertreter nicht gewählt, so bleibt es bei der Vertretungsbefugnis des Vorstandes bzw. Aufsichtsrats.

Wenn die HV. nicht ohne weiteres die Geltendmachung von Ersatzansprüchen beschließen will, kann sie sich auch darauf beschränken (mit einfacher Stimmenmehrheit), die Bestellung von Sonderprüfern zur Prüfung von Vorgängen bei der Gründung oder der Geschäftsführung namentlich auch bei Maßnahmen der Kapitalbeschaffung und Kapitalherabsetzung zu beschließen. Dieses Recht besteht selbstverständlich auch außerhalb der Verhandlungen über die Entlastung. Nachdem nunmehr die Pflichtprüfung eingeführt ist, wird die Bestellung besonderer Prüfer im Gegensatz zu dem bisherigen Zustand bei den Verhandlungen der ordentlichen HV. nur noch selten vorkommen. „Bei der Beschlußfassung können Aktionäre, die zugleich Mitglieder des Vorstandes oder des Aufsichtsrats sind, weder für sich noch für einen anderen mitstimmen, wenn die Prüfung sich auf Vorgänge erstrecken soll, die mit der Entlastung des Vorstands oder des Aufsichtsrats oder der Einleitung eines Rechtsstreits zwischen der Gesellschaft und den Mitgliedern des Vorstandes oder des Aufsichtsrats zusammen-

[1]) Eine Minderheit von 5% des Grundkapitals kann gemäß AGesetz § 106 Abs. 3 (HGB. § 254 Abs. 2) erzwingen, daß ein solcher Antrag auf die Tagesordnung der ordentlichen HV. gesetzt wird.

[2]) S. oben S. 291, 313.

hängen" (§ 118 Abs. 1; HGB. § 266 Abs. 1); ein mittelbarer Zusammenhang genügt[1]). Die Bestimmung könnte dahin aufgefaßt werden, daß auch diejenigen Mitglieder des Vorstandes und des Aufsichtsrats, die nicht von dem Beschluß betroffen werden, von der Abstimmung ausgeschlossen sind. Nach der herrschenden Lehre greifen jedoch die allgemeinen Grundsätze des § 114 Abs. 5 (HGB. § 252) über den Ausschluß des Stimmrechts Platz[2]), d. h. nur die betroffenen Mitglieder sind vom Stimmrecht ausgeschlossen. Andererseits entfällt das Stimmrecht auch dann, wenn die Mitglieder zwar nicht mehr der Verwaltung angehören, ihr aber zur Zeit des zu prüfenden Vorgangs angehört haben[3]). Auch der Antrag auf Bestellung von Sonderprüfern muß als besonderer Punkt der Tagesordnung angekündigt werden. Von der Pflichtprüfung unterscheidet sich die Sonderprüfung nach § 118 (HGB. § 266) durch ihren Gegenstand. Die Prüfung der Bilanz im ganzen ist Sache des Abschlußprüfers. Es können daher zu diesem Zweck nicht nochmals Prüfer bestellt werden. Andererseits ist die HV. bei der Bestellung von besonderen Prüfern nicht an Wirtschaftsprüfer gebunden. Für das Verfahren bei der Sonderprüfung und für die Rechtsstellung der Prüfer gelten im allgemeinen die gleichen Vorschriften, wie sie für die Pflichtprüfung bestehen. Dies gilt insbesondere von der Verantwortlichkeit der Prüfer §§ 120, 141 (HGB. § 266 Abs. 7), von ihrem Recht auf Einsichtnahme in die Bücher und Schriften der Gesellschaft und Untersuchung des Bestandes der Gesellschaftskasse, sowie von ihrem Recht auf Aufklärung und Nachweise seitens des Vorstandes (§ 121; HGB. § 267). Die Mitglieder des Vorstandes sind zur Befolgung dieser Pflichten nötigenfalls durch Ordnungsstrafen anzuhalten § 303 Abs. 1 (HGB. § 319 Abs. 1). Den von der HV. gewählten besonderen Prüfern hat der Vorstand den Prüfungsauftrag zu erteilen. Dies ist zwar im Gegensatz zu der Bestimmung über die Bilanzprüfer (§ 136 Abs. 1; HGB. § 262b Abs. 1 Satz 2) nicht besonders erwähnt, ergibt sich aber aus dem Recht und der Pflicht des Vorstandes, die Gesellschaft zu vertreten. Erteilt der Vorstand den Prüfungsauftrag nicht, so bleibt auch hier die Möglichkeit, die Prüfer durch das Gericht zu bestellen[4]). Hat die HV. als Sonderprüfer Personen gewählt, die nicht Abschlußprüfer sind, so können diese Personen auch vom Gericht bestellt werden, wenn sie in der Buchführung ausreichend vorgebildet und erfahren sind

---

[1]) RG. 142, 132.

[2]) S. oben S. 313.

[3]) RG. 142, 138.

[4]) S. oben S. 251.

(§ 119). Der Bericht der Sonderprüfer ist im Gegensatz zu dem der Abschlußprüfer nicht dem Vorstand und Aufsichtsrat, sondern nur dem Vorstand einzureichen; er ist außerdem von den Sonderprüfern zum Handelsregister des Sitzes der Gesellschaft einzureichen. Im Hinblick auf die Möglichkeit, daß jedermann den Bericht einsehen kann, ist dem Prüfer verboten, in den Bericht aufzunehmen, was ihm der Vorstand unter Hinweis auf eine dem Vorstand im Interesse des gemeinen Nutzens vom Volk und Reich auferlegte Geheimhaltungspflicht mitteilt. Im übrigen entscheiden die Sonderprüfer über die Anwendung der Schutzklausel nach pflichtmäßigem Ermessen. Der Bericht ist vom Vorstand bei der Berufung der nächsten HV. als Gegenstand der Beschlußfassung anzukündigen (§ 121 Abs. 3; HGB. § 267 Abs. 3). Die Einhaltung dieser Vorschrift kann von dem Gericht durch Ordnungsstrafen erzwungen werden (§ 303). Der Beschluß kann dahingehen, daß der Bericht, ohne daß weiteres zu veranlassen ist, zur Kenntnis genommen wird; er kann aber auch dahingehen, daß die in dem Bericht etwa als bestehend festgestellten Ersatzansprüche geltend gemacht werden sollen. Es ist nicht notwendig, daß der Antrag als besonderer Punkt auf die Tagesordnung gesetzt ist. Da die Beschlußfassung über den Bericht der Sonderprüfer auf der Tagesordnung steht, können Anträge, die sich auf diesen Gegenstand beziehen, ohne weiteres gestellt werden[1]).

2. In den Fällen, in denen die HV. zur Feststellung des Jahresabschlusses berufen ist, hat eine Minderheit, deren Anteil zusammen den zehnten Teil des Grundkapitals beträgt, das Recht, die Vertagung der Verhandlung über die Genehmigung der Bilanz zu verlangen, die Geltendmachung von Ersatzansprüchen gegen den Vorstand und Aufsichtsrat und andere Personen zu erzwingen und die Bestellung von Sonderprüfern durch das Gericht zu verlangen. Dagegen besteht keine ausdrückliche Vorschrift, daß die Minderheit auch das Recht hat, die Vertagung des Beschlusses über die Entlastung des Vorstandes und Aufsichtsrats zu erzwingen; es ist dies aber aus dem Zusammenhang zwischen Bilanzgenehmigung und Entlastung regelmäßig anzunehmen (S. 299). Andernfalls kann der Entlastungsbeschluß angefochten werden. Ist die Bilanz durch Vorstand und Aufsichtsrat festgestellt, so besteht kein Recht der Minderheit auf Vertagung des Entlastungsbeschlusses. Die Minderheit kann jedoch

---

[1]) Dies ist bestritten.

gegebenenfalls die Entlastung anfechten oder die Bestellung von Sonderprüfern beantragen.

Wird in der HV. der Antrag auf Bestellung von Sonderprüfern abgelehnt, so hat eine Minderheit von 10 % des Grundkapitals das Recht, die Bestellung bei Gericht zu beantragen. Es genügt, daß der Antrag in der HV. abgelehnt wurde. Die Minderheit von 10 % braucht nicht schon bei der Abstimmung in der HV. vorzuliegen. Es genügt, wenn ein einzelner Aktionär in der HV. den Antrag auf Bestellung besonderer Prüfer stellt. Wird dieser Antrag abgelehnt, so kann er auch außerhalb der HV. sich die Aktionäre suchen, bis sie zusammen 10 % des Grundkapitals erreichen. Werden in der HV. Personen gewählt, die der Minderheit nicht genehm sind, so kann die Minderheit die Bestellung andrer Prüfer durch das Gericht beantragen. Das Minderheitsrecht auf Bestellung von Prüfern oder anderer als der gewählten Prüfer ist beschränkt auf die Prüfung eines Vorganges bei der Gründung und auf solche Vorgänge bei der Geschäftsführung, die nicht länger als zwei Jahre zurückliegen, und es ist ferner von bestimmten Voraussetzungen abhängig gemacht. Der Antrag der Minderheit auf Bestellung anderer Prüfer ist innerhalb einer Frist von zwei Wochen seit dem Tag der HV. zu stellen. Hat die HV. den Antrag auf Bestellung besonderer Prüfer abgelehnt, so ist für den Antrag an das Gericht keine Frist gesetzt. Dem Antrag auf Bestellung besonderer Prüfer ist nur stattzugeben, wenn „Verdachtsgründe beigebracht werden, daß bei dem Vorgang Unredlichkeiten oder grobe Verletzungen des Gesetzes oder der Satzung stattgefunden haben. Die Antragsteller haben die Aktien bis zur Entscheidung über den Antrag zu hinterlegen und glaubhaft zu machen, daß sie seit mindestens drei Monaten, vor dem Tag der HV. Inhaber der Aktien sind; zur Glaubhaftmachung genügt eine eidesstattliche Versicherung vor einem Gericht oder vor einem Notar" (§ 118 Abs. 2; HGB. § 266 Abs. 5). Vor der Bestellung sind der Vorstand und der Aufsichtsrat zu hören. Die Bestellung der Prüfer im Fall der Ablehnung des Antrags durch die HV. kann gegebenenfalls auf Verlangen durch das Gericht von einer nach freiem Ermessen zu bestimmenden Sicherheitsleistung abhängig gemacht werden (§ 118 Abs. 4; HGB. § 266 Abs. 6). „Weist das Gericht den Antrag auf Bestellung von Prüfern zurück oder ist der Antrag nach dem Ergebnis der Prüfung unbegründet, so sind die Aktionäre, denen Vorsatz oder grobe Fahrlässigkeit zur Last fällt, für den der Gesellschaft durch den Antrag entstehenden Schaden als Gesamtschuldner verantwortlich" (§ 121 Abs. 4; HGB. § 267 Abs. 4). Auch dann, wenn das Gericht dem

Antrag der Minderheit auf Bestellung der Sonderprüfer entsprochen und die Prüfung zu einem Erfolg geführt hat, indem z. B. festgestellt wurde, daß der Gesellschaft Ersatzansprüche zustehen, hat die Minderheit die Kosten des Prüfungsverfahrens zu tragen, wenn nicht die HV. beschließt, daß diese Kosten von der Gesellschaft übernommen werden sollen.

Über das Ergebnis der Prüfung ist in einer weiteren HV. Beschluß zu fassen. In dieser kann auch die Geltendmachung von Ansprüchen gegen den Vorstand und Aufsichtsrat verlangt werden. Einer besonderen Ankündigung hierüber bedarf es nicht[1]).

Die Minderheit von 10 % des Grundkapitals kann, auch ohne vorher die Bestellung besonderer Prüfer zu beantragen, das Verlangen auf Geltendmachung von Ersatzansprüchen gegen Vorstand und Aufsichtsrat stellen. Hat vorher eine Prüfung durch Sonderprüfer stattgefunden und sind in dem Prüfungsbericht der Sonder- oder der Gründungs- oder der Abschlußprüfer Tatsachen festgestellt worden, aus denen sich Ersatzansprüche ergeben, so ist für das Verlangen der Geltendmachung der Ersatzansprüche eine Minderheit von 5 % des Grundkapitals ausreichend. Es genügt, wenn die Minderheit, die 10 bzw. 5 % des Grundkapitals vertritt, in der HV. das Verlangen auf Geltendmachung der Ersatzansprüche erhebt. Es ist weder ein besonderer Antrag noch ein besonderer Beschluß erforderlich. Infolgedessen kann das Verlangen auch nicht angefochten werden[2]). Wird der Antrag aber gestellt, so ist dem Verlangen zu entsprechen, wenn Aktionäre, deren Anteil zusammen 10 bzw. 5 % des Grundkapitals erreichen, für den Antrag stimmen. Die von der Minderheit bezeichneten Personen können durch das Gericht als Vertreter bestellt werden. Die Geltendmachung eines Anspruchs auf Verlangen der Minderheit mußte bisher binnen drei Monaten seit dem Tag der HV. geltend gemacht werden. Nach neuem Recht ist die Frist auf 6 Monate erstreckt; sie ist jetzt keine Ausschlußfrist mehr, so daß die Klage auch später erhoben werden kann. Die Aktien der Minderheit sind für die Dauer des Rechts-

[1]) A. A. Staub § 268 Anm. 3. Nach dieser Ansicht wären, wenn das Bestehen von Regreßansprüchen vor Erstattung des Berichts nicht bekannt war oder der Punkt nicht rechtzeitig auf die Tagesordnung gesetzt werden konnte, nach der ordentlichen HV. noch weitere drei HV. nötig, um das Minderheitsverlangen auf Geltendmachung von Ersatzansprüchen wirksam zu machen. Dazu kommt, daß nach Ansicht von Staub a. a. O. das Verlangen auf Bestellung besonderer Prüfer noch angefochten werden kann.

[2]) A. A. Staub § 268 Anm. 3, nach dessen Ansicht das Minderheitsverlangen einem Mehrheitsbeschluß gleichsteht.

streits zu hinterlegen und es ist glaubhaft zu machen, daß die Aktionäre seit mindestens drei Monaten vor dem Tag der HV. Inhaber der Aktien sind. Das Gericht kann anordnen, daß die Minderheit dem Beklagten Sicherheit zu leisten hat. Für den Schaden, der dem Beklagten durch eine unbegründete Klage entsteht, haften ihnen die Aktionäre, denen Vorsatz oder grobe Fahrlässigkeit zur Last fällt, als Gesamtschuldner (§ 123 Abs. 5; HGB. § 269). Vergleiche und Verzichte in bezug auf den geltend gemachten Anspruch sind in- und außerhalb des Prozesses nur wirksam, wenn von den die Minderheit bildenden Aktionären so viele zustimmen, daß die Aktien der übrigen nicht mehr 10 bzw. 5 % des Grundkapitals darstellen (§ 124; HGB. § 270). Klägerin ist die Gesellschaft, auch wenn die Minderheit das Verlangen geltend gemacht hat. Sie ist daher auch Kostenschuldner. Die Minderheit ist jedoch der Gesellschaft gegenüber verpflichtet, die dieser zur Last fallenden Kosten des Rechtsstreits zu tragen. Dies gilt nicht nur dann, wenn die Klage unbegründet ist, sondern auch dann, wenn die Klage zwar begründet ist, die Kosten von dem Gegner aber nicht beigetrieben werden konnten (§ 123 Abs. 4; HGB. § 269 Abs. 4).

5. Nichtigkeit und Anfechtbarkeit von Beschlüssen der Hauptversammlung

a) Die Unterscheidung von Nichtigkeit und Anfechtbarkeit

§ 61

1. Die Frage der Nichtigkeit und Anfechtbarkeit von Beschlüssen der HV. gehörte bisher zu den bestrittensten Gebieten des Aktienrechts. Es bestand insbesondere weder Klarheit darüber, in welchen Fällen ein Beschluß als nichtig und in welchen Fällen er als anfechtbar anzusehen ist, noch auch darüber, ob ein Beschluß außer durch Nichtigkeits- und Anfechtungsklage auch noch durch andere Rechtsmittel angegriffen werden konnte. Der Aktienrechtsausschuß der Akademie für Deutsches Recht[1]) sprach sich entschieden gegen die zeitlich unbeschränkte Geltendmachung der Nichtigkeit aus, da mehr Unglück angerichtet als Vorteil erreicht werde. Es seien Fälle besonders bei Gesellschaften m.b.H. angeführt worden, in denen die Erhebung von Nichtigkeitsklagen wegen Verletzung formeller Vorschriften geradezu gewerbsmäßig betrieben worden sei.

Das Gesetz hat, wenn auch auf andere Weise dem Bedürfnis nach sachlicher und zeitlicher Einschränkung der Nichtigkeit Rechnung ge-

[1]) Zeitschr. der Akademie f. D. R. 1935, 252.

tragen und ferner eine klare Scheidung zwischen nichtigen und anfechtbaren Beschlüssen vorgenommen. Das Ziel, das mit der Nichtigkeitsklage verfolgt wird, ist das gleiche wie bei der Anfechtungsklage, nämlich die Feststellung der Nichtigkeit des Beschlusses. Auch das Ergebnis beider Klagen ist das gleiche. Wird die Klage abgewiesen, so ist festgestellt, daß der Beschluß rechtswirksam ist, im entgegengesetzten Fall, daß er nichtig ist. Dieses letztere Ergebnis ist stets ein negatives: Der Richter kann den nichtigen Beschluß durch den richtigen Beschluß nicht ersetzen. Das Reichsgericht steht allerdings bei Klagen auf Anfechtung der Bilanz auf dem Standpunkt, daß, wenn im einzelnen Fall zweifellos sei, wie sich eine richtige Bilanz gestalte, der Richter an Stelle der angefochtenen die richtige Bilanz setzen dürfte. Allein es gibt keine Bestimmung im Aktienrecht, wonach ein Beschluß der HV. durch richterliches Urteil ersetzt werden könnte[1]). Nichtigkeit und Anfechtbarkeit unterscheiden sich dadurch, daß die Nichtigkeit bei der Nichtigkeitsklage kraft Gesetzes, bei der Anfechtung aber erst durch rechtskräftiges Urteil eintritt. Die Nichtigkeit kann daher grundsätzlich ohne zeitliche Beschränkung geltend gemacht werden, solange noch Rechtswirkungen des Beschlusses vorhanden sind und solange diese Rechtswirkungen noch beseitigt werden können, was insoweit nicht mehr der Fall ist, als mittlerweile gutgläubige dritte Personen Rechte aus dem nichtigen Beschluß erworben haben. Die Nichtigkeit kann ferner nicht nur von dem Aktionär und von der Verwaltung, sondern auch von jedem Dritten geltend gemacht werden, der ein rechtliches Interesse daran hat; es kann dies auch ohne Erhebung der Nichtigkeitsklage erfolgen, z. B. außerhalb eines Prozesses oder in Form eines Einwands gelegentlich eines anderen Prozesses. Dagegen kann die Anfechtbarkeit nur von dem Aktionär bzw. unter gewissen Voraussetzungen von der Verwaltung oder deren Mitgliedern geltend gemacht werden und nur im Wege der Erhebung der Anfechtungsklage. Angenommen, ein Aktionär macht in der HV. geltend, daß die Fristen in bezug auf die Berufung der Versammlung nicht innegehalten sind, so können die Beschlüsse der HV. gleichwohl nicht von der Verwaltung oder von der HV. ohne weiteres als nichtig behandelt werden, sondern es muß abgewartet werden, ob der Aktionär gegen die Beschlüsse Widerspruch zur Niederschrift erklärt und binnen einem Monat die

[1]) A. A. RG. **64**, 260; **76**, 248; **80**, 337; **122**, 107. In der Entscheidung Schleber **142**, 129 hat das RG. aber die Ansicht verlassen, daß der gefaßte Beschluß an Stelle des verkündeten zu treten habe, oder daß positiv entschieden werden könne, was an Stelle des für nichtig erklärten Beschlusses gelte.

Anfechtungsklage erhebt. Geschieht dies nicht, so werden die Beschlüsse wirksam[1]).

b) Die Anfechtungsklage

§ 62

1. Die Anfechtungsklage ist ein körperschaftliches Rechtsmittel; sie ist ein Ausfluß des Mitgliedschaftsrechts oder der Organstellung und dient der Ordnung der gesellschaftsrechtlichen Verhältnisse. Aus dieser Eigenschaft der Anfechtungsklage ergeben sich eine Reihe von Folgerungen, die S. 327 f. erörtert sind. Der Aktionär muß sich gefallen lassen, daß seine persönlichen Belange hinter dem Interesse der Gesellschaft an der Rechtssicherheit zurücktreten. Fühlt er sich durch einen Beschluß verletzt, so muß er in der Regel in der gleichen HV. gegen den Beschluß Widerspruch zur Niederschrift und binnen einem Monat Klage erheben. Ein anderes Rechtsmittel steht ihm nicht zu, so weit er Anfechtungsgründe geltend macht. Die für die Anfechtungsklage vorgesehenen Beschränkungen in bezug auf Form, Frist, Sicherheitsleistung usw. wären ohne Bedeutung, wenn dem Aktionär die Möglichkeit freistände, Beschlüsse der HV. außer mit der Anfechtungs- und Nichtigkeitsklage auch mit der gewöhnlichen Feststellungsklage des Zivilprozesses angreifen zu können.

2. Die Anfechtungsgründe sind im Gesetz abschließend wie folgt geregelt:

a) Verletzung des Gesetzes oder der Satzung.

Eine Verletzung des Gesetzes liegt z. B. vor, wenn ein Beschluß, für den nach dem Gesetz oder nach dem Gesellschaftsvertrag eine qualifizierte Mehrheit erforderlich ist (z. B. Kapitalerhöhungen, Kapitalherabsetzungen, wie überhaupt Satzungsänderungen), mit einer geringeren Stimmzahl gefaßt wurde. Wenn entgegen der gesetzlichen Vorschrift eine Abstimmung nach Aktiengattungen nicht stattgefunden hat, so ist der Beschluß weder nichtig noch anfechtbar, sondern nur solange unwirksam, bis die beteiligten Aktionärgattungen gesondert abgestimmt haben[2]). Auch die Verletzung von Sonderrechten der

---

[1]) Unabhängig davon besteht natürlich die Möglichkeit, daß eine HV. einen gefaßten Beschluß wieder aufhebt.

[2]) Im Fall Cornelius Heyl RG. **148, 184** wurde die Eintragung eines solchen Beschlusses in das Handelsregister abgelehnt, gleichzeitig aber ausgesprochen, daß der Beschluß der HV. gültig sei. Danach mußte eine Ergänzung durch die gesonderte Abstimmung nach Aktiengattungen vorgenommen werden.

Aktionäre, wie Stimmrecht, Recht auf gleichmäßige Behandlung[1]), Auskunftsrecht, Recht auf Teilnahme an der HV. begründet Anfechtung.

b) Gefährdung der Gesellschaftsinteressen.

Der letztere Fall liegt vor, wenn ein Aktionär mit der Stimmrechtsausübung vorsätzlich für sich oder einen Dritten gesellschaftsfremde Sondervorteile zum Schaden der Gesellschaft oder ihrer Aktionäre zu erlangen sucht und der Beschluß geeignet ist, diesem Zweck zu dienen. Die Anfechtbarkeit tritt nicht ein, wenn ein Vorteil erstrebt wird, der schutzwürdigen Belangen dient. Nach der Begründung sind als schutzwürdige Belange auch Konzerninteressen anzusehen. Dabei müssen aber die Interessen der Gesellschaft einerseits und die Konzerninteressen andererseits gegeneinander abgewogen werden. Mit der Einführung dieses Anfechtungsgrundes ist die bisherige Praxis beseitigt, wonach derartige Beschlüsse der HV. lediglich wegen Verstoßes gegen die guten Sitten mit der Nichtigkeitsklage angegriffen werden konnten.

3. Die Anfechtungsklage muß sich gegen einen Beschluß der HV. richten. Als Beschluß der HV. gilt nur dasjenige Ergebnis der Abstimmung, das der Vorsitzer als solches verkündet und der Notar beurkundet hat[2]). Auch eine Wahl ist ein Beschluß. Dagegen kann man von einem Beschluß der HV. nicht sprechen, wenn bestimmte Rechtswirkungen an ein Minderheitsverlangen von Aktionären geknüpft sind. So sind Vergleiche oder Verzichte, die Ansprüche betreffen, die der Gesellschaft gegen Gründer und Gründergenossen oder den Vorstand und Aufsichtsrat aus der Geschäftsführung zustehen, unwirksam, wenn eine Minderheit von 20 % des Grundkapitals widerspricht (§§ 43, 84 Abs. 4, 99). Nach § 125 Abs. 7 ist die Verhandlung über die Genehmigung der Bilanz auf Verlangen einer Minderheit von 10 % des Grundkapitals, die bestimmte Ansätze der Bilanz bemängelt, zu vertagen. Eine gleiche Minderheit kann gegen die Auswahl der Abschlußprüfer Widerspruch zur Niederschrift erheben (§ 136 Abs. 2; HGB. § 262b), sie kann die Bestellung von Sonderprüfern durch das

[1]) Dieser Fall liegt besonders dann vor, wenn eine Zuzahlung beschlossen und dabei bestimmt wird, daß die Aktien, auf welche die Zuzahlung nicht geleistet wird, in einem stärkeren Verhältnis zusammengelegt werden, als es dem Verhältnis der unterbleibenden Zuzahlung zu dem Nennwert der Aktien entspricht. Das RG. 80, 85 hat allerdings die Nichtigkeit einer unzulässigen Zusammenlegung angenommen; doch ist diese Entscheidung durch das AGesetz überholt.

[2]) So auch für das bisherige Recht RG. 75, 243; 122, 107; 142, 129.

Gericht (§ 118 Abs. 2; HGB. § 266) oder die Geltendmachung von Ansprüchen aus der Gründung und aus der Geschäftsführung verlangen (§ 122 Abs. 1; HGB. § 268). In allen diesen Fällen treten die an das Verlangen oder an den Widerspruch der Minderheit geknüpften Rechtswirkungen ohne weiteres ein, ohne daß es eines entsprechenden Beschlusses der HV. bedarf. Daher kann weder gegen das Minderheitsverlangen noch gegen den Widerspruch der Minderheit eine Anfechtungsklage erhoben werden[1]). Setzt sich aber die HV., nachdem das Minderheitsverlangen gestellt bzw. der Widerspruch erhoben wurde, über das Minderheitsverlangen bzw. über den Widerspruch hinweg, indem sie z. B. die Bilanz genehmigt, obwohl die Minderheit Vertagung verlangt hat, so muß das Minderheitsverlangen im Weg der Anfechtung dieses Beschlusses durchgeführt werden.

Geht der Beschluß der HV. auf Ablehnung eines gestellten Antrags, so ist im allgemeinen eine Anfechtungsklage nicht gegeben. Denn durch die Anfechtungsklage kann, auch wenn sie erfolgreich ist, nicht erreicht werden, daß der abgelehnte Antrag als angenommen gilt, es fehlt daher in diesen Fällen das rechtliche Interesse an der Klage. Anders liegt der Fall, wenn die Ablehnung des Antrags einen Beschluß im positiven Sinn bedeutet. So hat das Reichsgericht den Beschluß über die Ablehnung eines Antrags, einem Vertrag die Anerkennung zu verweigern, als anfechtungsfähig erklärt, weil der Beschluß positiv die Anerkennung des abgeschlossenen Vertrags bedeute. Ferner hat das Reichsgericht die Anfechtung zugelassen, wenn die Richtigkeit des ablehnenden Beschlusses für die Geschäftsführung von Bedeutung ist[2]).

4. Die Anfechtungsbefugnis steht zunächst zu

a) jedem in der HV. erschienenen Aktionär, wenn er gegen den Beschluß Widerspruch zur Niederschrift erklärt hat. Voraussetzung ist, daß der Aktionär gegen den Beschluß gestimmt oder sich der Abstimmung enthalten oder, wenn er für den Beschluß stimmte, erklärt hat, daß er sich seine Rechte in bezug auf Anfechtung des Beschlusses vorbehalte. Der Widerspruch zur Niederschrift kann auch vor der Beschlußfassung erklärt werden, z. B. in der Form: „Ich protestiere gegen die Gültigkeit der heutigen HV." oder „gegen alle heute zu fassenden Beschlüsse". Der Widerspruch muß nicht unmittelbar nach der Beschlußfassung, sondern kann so lange erklärt werden, als die HV. noch nicht geschlossen

[1]) A. A. Staub § 268 Anm. 3; § 271 Anm. 1.

[2]) Vgl. auch RG. in JW. 1936, 919 und RG. 142, 124 im Fall Schleber.

ist. Nicht erforderlich ist, daß die Erklärung des Widerspruchs von dem Notar in der Niederschrift vermerkt worden ist. Das Anfechtungsrecht erlischt, wenn der Aktionär nachträglich dem Beschluß zugestimmt hat.

b) War der Aktionär in der HV. nicht erschienen, so kann er auch keinen Widerspruch zur Niederschrift erklären. Das Gesetz geht aber von dem richtigen Gedanken aus, daß der Aktionär, der an der HV. nicht teilgenommen hat, keine bessere Stellung für sich beanspruchen kann, als der erschienene Aktionär. Darum wird das Anfechtungsrecht des abwesenden Aktionärs an die Voraussetzung geknüpft, daß er entweder zu der Versammlung unberechtigterweise nicht zugelassen worden ist oder daß die Versammlung nicht gehörig berufen oder der Gegenstand der Beschlußfassung nicht gehörig angekündigt war. Ist der Aktionär als nicht vollberechtigter Teilnehmer, also insbesondere ohne Stimmrecht, zur HV. zugelassen worden, so gilt er als anwesend, ist also gehalten, seinen Widerspruch zur Niederschrift zu erklären; dies gilt nicht, wenn er lediglich als Zuhörer zugelassen wurde. In bestimmten Fällen der ordnungswidrigen Berufung greift nicht die Anfechtbarkeit, sondern die Nichtigkeit ein.

c) Jeder Aktionär ist zur Anfechtung wegen Gefährdung der Gesellschaftsinteressen befugt, und zwar sowohl dann, wenn er erschienen ist und keinen Widerspruch erhoben hat, als auch wenn er nicht erschienen ist und die Versammlung ordnungsmäßig berufen und der Gegenstand der Beschlußfassung gehörig angekündigt war (§ 198 Abs. 1 Nr. 3).

„Aktionäre sind zu einer Anfechtung, die darauf gestützt wird, daß durch den Beschluß Abschreibungen, Rücklagen oder Rückstellungen über das durch Gesetz oder Satzung statthafte Maß hinaus vorgenommen seien, nur befugt, wenn ihre Anteile den 20. Teil des Grundkapitals erreichen (§ 198 Abs. 2; HGB. § 271 Abs. 3).

5. Die Klage kann auch von dem Vorstand der Gesellschaft erhoben werden, ohne Rücksicht darauf, ob die Mitglieder des Vorstands Aktionäre sind oder nicht; ferner von jedem Mitglied des Vorstands oder Aufsichtsrats, „wenn sich die Mitglieder des Vorstands oder Aufsichtsrats durch die Ausführung des Beschlusses strafbar oder ersatzpflichtig machen würden“ (§ 198 Abs. 1 Nr. 5; HGB. § 271 Abs. 4). Das Anfechtungsrecht des Vorstands, seiner Mitglieder und der Mitglieder des Aufsichtsrats ist nicht an die erschwerenden Voraussetzungen geknüpft, die für das Anfechtungsrecht der Aktionäre gelten. Sie brauchen daher, wenn sie anwesend waren, den Widerspruch nicht zur Niederschrift zu erklären; sie müssen, wenn sie abwesend waren, die Anfechtung

nicht mit der Verweigerung der Zulassung oder mit Mängeln in der Berufung der Versammlung oder in der Ankündigung der Tagesordnung begründen. Auch gilt für sie nicht die Beschränkung der Anfechtung übermäßiger Abschreibungen oder Rücklagen. Sie können endlich einen Beschluß anfechten, selbst wenn sie als Aktionäre dem Beschluß zugestimmt haben. Dieses weitgehende Anfechtungsrecht ist ihnen aber nur im Interesse der Gesellschaft gegeben. Soweit sie ihre Interessen als Aktionäre wahrnehmen, sind sie an die für diese geltenden Beschränkungen gebunden.

6. Der Anfechtungskläger braucht nicht nachzuweisen, daß der Beschluß der HV. auf der gerügten Verletzung beruht. Wohl aber ist in der Regel gegen die Klage der Einwand der Einflußlosigkeit zuzulassen, d. h. der Anfechtungsbeklagte kann den Beweis führen, daß der gerügte Mangel auf den Beschluß der Versammlung ohne Einfluß gewesen ist, z. B. wenn ein Aktionär, der nicht mitstimmen durfte, mitgestimmt hat, jedoch mit einer so geringen Stimmenzahl, daß der Antrag auch ohne seine Stimme angenommen worden wäre. Wegen der Besonderheiten bei der Anfechtung des Entlastungsbeschlusses und bei Verletzung des Auskunftsrechts s. S. 297, 317.

7. Über die prozessuale Behandlung der Klage bestimmt § 199 (HGB. § 272):

(1) „Die Klage muß innerhalb eines Monats nach der Beschlußfassung erhoben werden.

(2) Die Klage ist gegen die Gesellschaft zu richten. Die Gesellschaft wird durch Vorstand und Aufsichtsrat und, wenn der Vorstand klagt, durch den Aufsichtsrat vertreten.

(3) Zuständig für die Klage ist ausschließlich das Landgericht, in dessen Bezirk die Gesellschaft ihren Sitz hat. Die mündliche Verhandlung findet nicht vor Ablauf der Monatsfrist des Abs. 1 statt. Mehrere Anfechtungsprozesse sind zur gleichzeitigen Verhandlung und Entscheidung zu verbinden.

(4) Macht die Gesellschaft glaubhaft, daß ihr nach § 200 Abs. 2 oder nach Vorschriften des bürgerlichen Rechts gegen den klagenden Aktionär ein Ersatzanspruch zusteht oder erwachsen kann, so kann das Prozeßgericht auf ihren Antrag anordnen, daß der klagende Aktionär der Gesellschaft Sicherheit leiste. Art und Höhe der Sicherheit bestimmt es nach freiem Ermessen. Die Vorschriften der Zivilprozeßordnung über die Festsetzung einer Frist zur Sicherheitsleistung und über die Folgen der Versäumung der Frist sind anzuwenden.

(5) Der Vorstand hat die Erhebung der Klage und den Termin zur mündlichen Verhandlung unverzüglich in den Gesellschaftsblättern bekanntzumachen.

(6) Den Streitwert bestimmt das Prozeßgericht nach den gesamten im einzelnen Fall gegebenen Verhältnissen unter Berücksichtigung des Interesses der Gesellschaft an der Aufrechterhaltung des angefochtenen Beschlusses nach freiem Ermessen."

Aus der ausschließlichen Zuständigkeit des Landgerichts folgt, daß die Berufung und Revision ohne Rücksicht auf den Wert des Streitgegenstandes zulässig ist (ZPO. § 511a Abs. 4, § 547 Ziff. 2).

„Soweit der Beschluß durch rechtskräftiges Urteil für nichtig erklärt ist, wirkt das Urteil auch für und gegen alle Aktionäre sowie die Mitglieder des Vorstandes und Aufsichtsrats, auch wenn sie nicht Partei sind" (§ 200; HGB. § 273 Abs. 1). Durch das Urteil wird festgestellt, daß der Beschluß von Anfang an (ex tunc) nichtig ist. Sind die Aktionäre durch den für nichtig erklärten Beschluß geschädigt, so richtet sich eine eventuelle Ersatzpflicht des Vorstands und des Aufsichtsrats nach den allgemeinen Vorschriften. Eine Schädigung Dritter durch nachträgliche Nichtigkeit eines Beschlusses kann im allgemeinen nicht eintreten, da die Handlungen des Vorstands der Gesellschaft unabhängig von den Beschlüssen der HV. wirksam sind[1]). Ist aber der Beschluß in das Handelsregister eingetragen, so kann seine Wirksamkeit nach außen jedenfalls den gutgläubigen Dritten gegenüber nicht mehr rückgängig gemacht werden. Wenn daher z. B. ein Dritter eine junge Aktie erworben hat, so wird er in seinen Rechten geschützt, auch wenn der Kapitalerhöhungsbeschluß später für nichtig erklärt worden ist.

c) Die Nichtigkeitsklage

§ 63

I. Die Nichtigkeitsklage war bisher im Aktienrecht nicht behandelt. Sie war eine Feststellungsklage im Sinne der ZPO. § 256 und es kamen daher für sie nur die Bestimmungen der ZPO. zur Anwendung. Das neue Recht schafft zwei im Wesen völlig verschiedene Arten von Nichtigkeitsklagen. Zu der bisherigen Feststellungsklage nach der ZPO. tritt jetzt die aktienrechtliche Nichtigkeitsklage, die ebenso wie die Anfechtungsklage ein körperschaftliches Rechtsmittel ist. Die Eigenart dieses Rechtsmittels besteht darin, daß das Urteil für und gegen alle Aktionäre, sowie für und gegen die Mitglieder des Vorstands und Aufsichtsrats wirkt, auch wenn sie nicht Partei sind (§§ 201, 200). Hieraus ergeben sich für diese Klage eine Reihe von weiteren Folgerungen: Die Klage kann nur von einem

---

[1]) Vgl. auch § 218 Abs. 2 (HGB. § 311 Abs. 2).

Aktionär oder von dem Vorstand, oder von einem Mitglied des Vorstands oder des Aufsichtsrats und nur gegen die Gesellschaft erhoben werden (Aktiv- und Passivlegitimation). Ausschließlich zuständig ist das Landgericht des Sitzes der Gesellschaft. Mehrere Nichtigkeitsprozesse sind zu verbinden; Nichtigkeits- und Anfechtungsprozesse können verbunden werden (Konzentrationsprinzip). Die Erhebung der Klage und der Termin sind in den Gesellschaftsblättern bekanntzumachen; das Urteil ist zum Handelsregister einzureichen, gegebenenfalls ist das Urteil in das Handelsregister einzutragen und zu veröffentlichen (Grundsatz der Öffentlichkeit), auch die Ersatzpflicht der Kläger bei Vorsatz oder grober Fahrlässigkeit beruht auf Körperschaftsrecht (Treuepflicht des Aktionärs). Alle diese Grundsätze gelten nicht für die gewöhnliche Klage auf Feststellung der Nichtigkeit auf Grund der ZPO. Durch die neue Regelung ist die aktienrechtliche Nichtigkeitsklage der Anfechtungsklage weitgehend angeglichen. Als wesentlicher Unterschied bleibt bestehen, daß niemals ein Widerspruch zur Niederschrift erforderlich ist und daß auch keine Frist für die Klageerhebung besteht, außer wenn die Beschlüsse in das Handelsregister eingetragen sind. In einem Punkt ist allerdings die Anfechtungsklage auch der Nichtigkeitsklage angeglichen worden, indem bei der Gefährdung von Gesellschaftsinteressen ein Widerspruch zur Niederschrift nicht erforderlich ist.

II. Die Nichtigkeitsgründe sind im AGesetz nunmehr erschöpfend aufgezählt. Formelle Nichtigkeitsgründe sind

1. Einberufung der HV. durch andere Personen als Vorstand oder Aufsichtsrat oder ohne Bezeichnung der Firma der Gesellschaft, oder ohne Angabe von Zeit und Ort, oder ohne Veröffentlichung in den Gesellschaftsblättern (§ 105 Abs. 1 und 2).

Andere Mängel der Einberufung wie Nichtbeachtung der Fristen berechtigen nur zur Anfechtung. Im Falle der Voll- (Universal-, Gesamt-) Versammlung besteht weder Nichtigkeit noch Anfechtbarkeit wegen Einberufungsmängel.

2. Mangelnde gerichtliche oder notarielle Beurkundung des Beschlusses oder fehlende Angabe von Ort und Tag der Verhandlung, des Namens des Richters oder Notars, der Art und des Ergebnisses der Abstimmung, der Feststellung des Vorsitzers über die Beschlußfassung, der Unterschrift des Richters oder Notars (§ 111 Abs. 1, 2, 4).

3. Feststellung des Jahresabschlusses ohne Pflichtprüfung (§ 135 Abs. 1).

4. Beschluß der HV., der einem Beschluß über die bedingte Kapitalerhöhung entgegensteht (§ 159 Abs. 4).

5. Beschluß der HV. über die Herabsetzung des Grundkapitals unter den Mindestbetrag und gleichzeitige Erhöhung auf denselben, wenn diese Beschlüsse zusammen mit der Durchführung der Erhöhung nicht binnen 6 Monaten eingetragen sind (§ 181 Abs. 2).

6. Beschlüsse über rückwirkende Kapitalherabsetzung und über rückwirkende Kapitalherabsetzung bei gleichzeitiger Kapitalerhöhung, wenn sie nicht (in letzterem Fall mit der Durchführung der Erhöhung) binnen 3 Monaten in das Handelsregister eingetragen sind (§§ 188 Abs. 3, 189 Abs. 2).

7. Löschung eines Beschlusses als nichtig im Handelsregister nach § 144 Abs. 2 des Reichsgesetzes über die Angelegenheiten der freiwilligen Gerichtsbarkeit (§ 195 Nr. 5).

Die Nichtigkeitsgründe materieller Art sind folgende:

1. Wenn der Beschluß mit dem Wesen der AG. unvereinbar ist oder durch seinen Inhalt Vorschriften verletzt, die ausschließlich oder überwiegend zum Schutze der Gläubiger der Gesellschaft oder sonst im öffentlichen Interesse gegeben sind (§ 195 Nr. 3).

2. Wenn der Beschluß durch seinen Inhalt gegen die guten Sitten verstößt.

Diese Fassung knüpft an die Rechtsprechung des Reichsgerichts an, wonach es nicht genügt, daß der Beschluß unter Umständen zustandegekommen ist, die einen Verstoß gegen die guten Sitten enthalten, z. B. Täuschung oder Vergewaltigung der Minderheit[1]). Da die meisten Beschlüsse ihrem Inhalt nach neutral, d. h., wie die Begründung sagt, „sachlich indifferent" sind, kommt in solchen Fällen jetzt nur noch Anfechtbarkeit in Frage.

d) Der Schwebezustand bis zur Feststellung der Nichtigkeit. Die Stellung des Registerrichters

§ 64

Bis zur Rechtskraft des Urteils, das auf die Anfechtungsklage hin den Beschluß der HV. als nichtig erklärt, ist der Beschluß wirksam, wenn er auch den Keim der Nichtigkeit in sich trägt. Es bleibt daher

[1]) Vgl. RG. **75**, 243; **91**, 313; **115**, 383. In dem letzteren Falle (Essener Kreditanstalt) hat das RG. u. a. dargelegt, es lasse sich nicht rechtfertigen, einen Beschluß für nichtig und nicht bloß für anfechtbar zu halten, wenn die Aktionäre oder ein für die Abstimmung bedeutungsvoller Teil von der Verwaltung über die Tragweite des Beschlusses getäuscht worden seien.

dem pflichtmäßigen Ermessen der Verwaltung überlassen, ob sie den Beschluß ausführen will oder nicht. Wenn z. B. die HV. beschlossen hat, eine Dividende von 4 % zu verteilen, und der Beschluß wird angefochten, um die Verteilung einer höheren Dividende zu erreichen, so steht der Ausführung des angefochtenen Beschlusses nichts entgegen. In diesem Fall empfiehlt es sich, den Inhabern der Dividendenscheine einen Beleg für eine etwaige Nachtragszahlung zu geben oder bei Auszahlung der Dividende die Dividendenscheine nicht abzunehmen, sondern nur abzustempeln. Selbstverständlich kann auch die HV. einen Beschluß, ohne Rücksicht darauf, ob er angefochten worden ist oder nicht, wieder aufheben, doch werden durch die Aufhebung die schon früher erworbenen Rechte gutgläubiger Dritter nicht berührt. Will der Anfechtende verhindern, daß der angefochtene Beschluß ausgeführt wird, so kann er im Wege der einstweiligen Verfügung gegen die Gesellschaft vorgehen. Handelt es sich um Beschlüsse, die zu ihrer Wirksamkeit der Eintragung in das Handelsregister bedürfen, so kann auch im Wege der einstweiligen Verfügung dem Vorstand untersagt werden, den Beschluß zur Eintragung in das Handelsregister anzumelden.

Der Registerrichter hat von Amts wegen zu prüfen, ob die gesetzlichen Voraussetzungen für die Eintragung eines Beschlusses vorliegen. Ist der Beschluß als nichtig anzusehen, so hat er die Eintragung abzulehnen. Ist die Anfechtungsklage erhoben worden, so kann der Richter die Eintragung bis zur Entscheidung des Anfechtungsprozesses aussetzen. Die Tatsache, daß Anfechtungsklage erhoben wurde, rechtfertigt jedoch für sich allein die Aussetzung der Eintragung nicht. Jeder Aktionär und auch jeder Dritte, dessen Rechte beeinträchtigt werden, kann gegen die Eintragung Beschwerde erheben. Das Gericht kann auch von Amts wegen die Löschung vornehmen, wenn es den Beschluß für nichtig hält, doch hat es in diesem Fall abzuwägen, ob durch die Löschung des Beschlusses nicht größere Nachteile für die Gesellschaft oder für dritte Personen entstehen, als ohne sie. Wird durch rechtskräftiges Urteil auf die Anfechtungs- oder die aktienrechtliche Nichtigkeitsklage die Nichtigkeit festgestellt, so hat der Registerrichter die körperschaftsrechtliche Gültigkeit der Entscheidung anzuerkennen[1]. Wird die Klage abgewiesen, so bleibt es dem pflichtmäßigen Ermessen des Registerrichters überlassen, ob er den Beschluß nunmehr eintragen bzw. löschen will, da eine Bindung des Registerrichters an eine abweichende Entscheidung des Prozeßgerichts nicht besteht.

[1]) Vgl. Schlegelberger FGG. 4. Aufl. § 144 Anm. 10.

Zweiter Teil

Besondere Bilanzen

I. Die Gründungseröffnungsbilanz.

§ 65

1. Die AG. hat wie jeder Kaufmann bei Beginn des Handelsgewerbes ein Inventar aufzustellen und eine Bilanz zu machen. Handelt es sich um eine Bargründung, so ist die Eröffnungsbilanz sehr einfach. Auf Seite der Passiven erscheint das Grundkapital, auf Seite der Aktiven der Barbetrag der gemachten Einlagen. Ist das Grundkapital nicht vollgezahlt, so erscheint außerdem auf der Aktivseite die Forderung der Gesellschaft auf die rückständigen Einlagen. Werden die Aktien mit einem Aufgeld ausgegeben, so muß auch dieses bar gezahlt werden (§ 28 Abs. 2; HGB. § 195 Abs. 3). Werden z. B. bei einem Kapital von 1 Mn. M. die Aktien zu 110% ausgegeben, so erscheint in der Eröffnungsbilanz auf der Aktivseite ein Barbetrag von 1,1 Mn. M., auf der Passivseite das Grundkapital von 1 Mn. M. und die gesetzliche Rücklage mit 100000 M. Die Kosten der Aktienausgabe (Steuer, Druckkosten, Provisionen des Übernahmekonsortiums, nicht aber sonstige Kosten der Gründung, z. B. Grunderwerbsteuer, Kosten der Gründungsrevision) können zu Lasten der gesetzlichen Rücklage verbucht werden (§ 130 Abs. 2 Nr. 2; HGB. § 262 Nr. 2); betragen sie z. B. 40000 M., so erscheint in der Jahresbilanz die gesetzliche Rücklage nur noch mit 60000 M.[1]). Die Kosten der Gründung werden gewöhnlich von den Gründern übernommen. Sie können aber auch von der Gesellschaft übernommen werden. In diesem Fall weist die Eröffnungsbilanz, wenn kein Aufgeld vorhanden ist, einen Verlust aus. Dies ist zulässig, denn zur Errichtung der AG. genügt es, wenn der Betrag der Einlagen zuzüglich eines eventuellen Aufgelds zur Zeit der Anmeldung zum Handelsregister vorhanden ist. Neu ist, daß die Steuern und Gebühren z. B. Gesellschaftssteuer und Notariatskosten, die bei der Gründung anfallen, schon vorher aus der Einlage entnommen werden können (§ 28 Abs. 2). Die Aufwendungen für Gründung und

---

[1]) Nach Steuerrecht (KörpStG. § 11 Nr. 1) sind diese Kosten nicht abzugsfähig, soweit sie aus dem Agio gedeckt werden können. S. oben S. 123 Anm. 2.

Kapitalbeschaffung können nicht als Aktivum in die Eröffnungsbilanz eingesetzt werden. Zwar bezieht sich die Vorschrift des § 133 Nr. 4 (HGB. § 261 Nr. 3) nur auf den Jahresabschluß. Das gleiche muß aber auch für die Eröffnungsbilanz gelten. Denn die Aufnahme der Gründungskosten in die Aktiven läßt sich nur von dem Gesichtspunkt einer aktivierbaren Aufwendung rechtfertigen, die auf die verschiedenen Jahre verteilt werden soll. Die Einstellung eines solchen transitorischen Kontos in die Jahresbilanz ist aber nach § 133 Nr. 4 (HGB. § 261 Nr. 3) unzulässig, so daß auch die Einstellung in die Eröffnungsbilanz nicht möglich ist. Würden die Gründungskosten in der Eröffnungsbilanz aktiviert werden, so würde die erste Jahresbilanz, in der diese Kosten nicht erscheinen dürfen, einen Verlust und insofern ein falsches Bild von der Lage der Gesellschaft geben. Dagegen dürfen jetzt die Kosten der Betriebseinrichtung unter die Posten des Anlagevermögens aufgenommen werden (§ 133 Nr. 4). Die Mitglieder des Vorstandes und des Aufsichtsrats haben den Hergang der Gründung zu prüfen. Gehört ein Mitglied des Vorstandes oder des Aufsichtsrats zu den Gründern oder hat ein anderer für deren Rechnung Aktien übernommen, oder hat sich ein Mitglied einen besonderen Vorteil oder für die Gründung oder ihre Vorbereitung eine Entschädigung oder Belohnung ausbedungen, so hat außerdem eine Prüfung durch Gründungsprüfer stattzufinden (§ 25 Abs. 2; HGB. § 192); sie werden nach Anhörung der zuständigen Industrie- und Handelskammer vom Gericht bestellt. Für die Auswahl gilt das gleiche wie für die Sonderprüfer (S. 316).

2. Erschwerende Vorschriften bestehen für die Sachgründung (Sacheinlagen und Sachübernahmen). Die Gründer haben in dem Gründungsbericht, der jetzt auch für die Bargründung vorgeschrieben ist, die wesentlichen Umstände darzulegen, von denen die Angemessenheit der für eingelegte oder übernommene Gegenstände gewährten Leistungen abhängt. Dabei sind anzugeben die vorausgegangenen Rechtsgeschäfte, die auf den Erwerb durch die Gesellschaft hingezielt haben, ferner die Anschaffungs- und Herstellungskosten aus den letzten beiden Jahren und im Falle des Übergangs eines Unternehmens auf die Gesellschaft der Betriebsertrag aus den letzten beiden Geschäftsjahren (§ 24 Abs. 2; HGB. § 191). Zweck der Vorschrift ist, die von den Gründern erzielten Zwischengewinne offenkundig zu machen. Der Gründungshergang und der Gründungsbericht ist durch Gründungsprüfer nachzuprüfen. Um eine verschleierte Sachgründung handelt es sich, wenn die Gesellschaft in Form einer Bargründung errichtet, aber schon vor der Gründung ausdrücklich oder stillschweigend vereinbart wurde,

daß die Gesellschaft bestimmte Sachwerte übernehmen soll. Die Abrede bindet die Gesellschaft nicht, da sie entgegen dem § 20 (HGB. § 186) nicht in die Satzung aufgenommen wurde. Das RG.[1]) hat bisher die Unwirksamkeit der ganzen Gründung angenommen, und zwar auch dann, wenn auf Grund getroffener, wenn auch rechtsunverbindlicher Abmachungen die sichere Aussicht auf Übernahme der Sachwerte bestand. Die Unwirksamkeit konnte aber geheilt werden, wenn nachträglich die Satzung geändert wurde, die Prüfung durch den Vorstand und Aufsichtsrat, sowie durch die Revisoren erfolgt und die erforderlichen Erklärungen und Verträge eingereicht wurden[2]). Nach neuem Recht ist nicht mehr die ganze Gründung unwirksam, sondern nur die Abrede über die Sacheinlagen und Sachübernahme einschließlich der zu ihrer Ausführung vorgenommenen Rechtshandlungen. An die Stelle der Sacheinlage tritt nach Eintragung der Gesellschaft die unbedingte Verpflichtung des Aktionärs auf Barzahlung des Nennbetrags der Aktie bzw. des höheren Ausgabebetrags. Nach Eintragung der Gesellschaft kann die unwirksame Abrede nicht durch Satzungsänderung geheilt werden (§ 20). Bisher war das Gericht nicht in der Lage, bei ungünstigem Prüfungsergebnis die Eintragung abzulehnen. Nunmehr kann das Gericht die Eintragung ablehnen, insbesondere dann, wenn die für eingelegte oder übernommene Gegenstände gewährten Leistungen unangemessen hoch sind (§ 31). Auch die Nachgründung ist an erschwerende Vorschriften geknüpft. Eine Nachgründung liegt vor, wenn die Gesellschaft innerhalb von zwei Jahren seit Eintragung in das Handelsregister Gegenstände übernimmt, deren Erwerbspreis den zehnten Teil ihres Grundkapitals übersteigt (§ 45; HGB. § 207). Die Haftung der Gründer und der ihnen gleichstehenden Personen ist im Gesetz eingehend geregelt (§§ 39, 40; HGB. §§ 202—206, 208). Die Ansprüche der Gesellschaft verjähren in 5 Jahren von der Eintragung der Gesellschaft in das Handelsregister an. Vergleiche und Verzichtleistungen sind erst nach Ablauf dieser Zeit und nur mit Zustimmung der HV. zulässig; eine Minderheit, die 20% des Grundkapitals vertritt, kann dagegen Widerspruch erheben (§ 43).

Bei der Sachgründung entsteht die Frage, ob die Bewertungsbestimmungen des § 133 (HGB. § 261) auf die Eröffnungsbilanz Anwendung finden. Das Gesetz sagt ausdrücklich, daß die Vorschriften des § 133 nur „für den Ansatz der einzelnen Posten der

---

[1]) RG. **121, 99.**

[2]) Nach bisherigem Recht war diese Frage bestritten.

Jahresbilanz" gilt. Gleichwohl gelten die Vorschriften in Nr. 4—6 aus anderen Gründen auch für die Eröffnungsbilanz. Die Aufwendungen für die Gründung und Kapitalbeschaffung, der Geschäfts- oder Firmenwert, das Disagio bei Anleihen sind transitorische Posten, für die in einer einmaligen Bilanz an sich kein Raum ist. In einer Eröffnungsbilanz können solche Posten nur erscheinen, wenn ein bestehendes Geschäft auf Grund einer Bilanz eingebracht wird, in der diese Konten enthalten sind. Dann sind die in der Bilanz des eingebrachten Geschäfts enthaltenen Posten für die zu gründende Gesellschaft Anschaffungswerte, die als solche übernommen werden müssen. Die weitere Nr. 7 des § 133 (Einsetzung des Grundkapitals unter die Passiven) ist eine aus der Kontoform der Bilanz sich ergebende Selbstverständlichkeit. Dagegen sind die eigentlichen Bewertungsbestimmungen in Nr. 1—3 des § 133 lediglich auf die Jahresbilanz anwendbar. Die herrschende Ansicht steht dagegen auf dem Standpunkt, daß § 133 auch für die Eröffnungsbilanz gelte. Die Frage ist von großer Bedeutung, weil die Verträge betreffend Sachübernahme häufig geraume Zeit vor der Errichtung der Gesellschaft abgeschlossen werden. In solchen Fällen darf nach der herrschenden Ansicht in der Eröffnungsbilanz lediglich der Wert eingesetzt werden, wie er zur Zeit des Beginns des Gewerbebetriebs bestanden hat, bei einer Wertminderung müsse daher der niedrigere Wert zur Zeit des Beginns des Geschäftsbetriebs angesetzt werden, auch wenn in solchem Fall eine Unterbilanz entstehe. Diese Ansicht verkennt jedoch den Unterschied von Eröffnungsbilanz und Jahresbilanz. Die letztere dient dem Ausweis des Jahresgewinns; unrealisierte Verluste müssen daher ausgewiesen, unrealisierte Gewinne dürfen nicht ausgewiesen werden. Auf Grund der Eröffnungsbilanz können aber keine Gewinne ausgeschüttet werden; sie kann schon begrifflich weder Gewinne noch Verluste ausweisen, weil sie lediglich die Grundlage für eine spätere Gewinnermittlung ist. Daher müssen alle Gegenstände in der Eröffnungsbilanz, gleichgültig, ob es sich um Anlage- oder um Umlaufvermögen handelt, zum Anschaffungspreis eingesetzt werden. Gewiß können an den eingebrachten Vermögensgegenständen bis zu dem Zeitpunkt der Eröffnung des Geschäftsbetriebs Wertminderungen entstehen; diese sind aber praktisch und rechtlich unerheblich, da sie weder für die Gründungsprüfung noch für die Jahresbilanz eine Rolle spielen, was noch ausgeführt wird.

Häufig besteht die Sacheinlage nicht in einzelnen Gegenständen, sondern in einem bestehenden Geschäft, das regelmäßig auf

Grund einer Bilanz übernommen wird. Es ist zwar denkbar, daß ein Geschäft auch ohne eine solche Bilanz eingebracht wird, da für die Einlage eine verkehrsübliche Beschreibung unter Angabe des Betrages der für die Einlage zu gewährenden Aktien nach den gesetzlichen Bestimmungen (§ 20 Abs. 1; HGB. § 186 Abs. 2) als ausreichend anzunehmen ist. Üblich ist jedoch dieses Verfahren nicht. Es bedeutet auch eine erhebliche Erschwerung für die Nachprüfung des Gründungshergangs und müßte daher unter Umständen von den Gründungsprüfern beanstandet werden. Im Geschäftsleben ist daher die Übertragung auf Grund einer Bilanz üblich. Die Bilanz kann die Jahresbilanz des Vorbesitzers sein. Die Parteien können jedoch auch vereinbaren, daß zu dem Zwecke der Übernahme eine besondere Bilanz aufgemacht wird. In jedem Fall verstreicht zwischen dem Stichtag der Übernahmebilanz und dem Zeitpunkt, von dem ab die Gesellschaft tatsächlich den Geschäftsbetrieb übernimmt, eine gewisse Zeit. Es wird daher regelmäßig verabredet, daß das Geschäft schon von einem bestimmten früheren Zeitpunkt an für Rechnung der zu errichtenden Gesellschaft geführt gilt. Für die Verschmelzungs- und für die Umwandlungsbilanz nach dem UmwG. wird dies ausdrücklich für zulässig erklärt. Bei der Bemessung des Wertes der Einlage können in diesem Fall die bisherigen Ergebnisse des laufenden Geschäftsjahres schätzungsweise berücksichtigt werden. Bei der rückwirkenden Übernahme entsteht zunächst die Frage, ob sie überhaupt zulässig ist. Diese Frage ist zu bejahen. Nach obigen Ausführungen ist es zulässig, ein Unternehmen als Sacheinlage sogar ohne Bilanz einzubringen, sofern die Sacheinlage genügend bezeichnet ist. Um so mehr muß es zulässig sein, die Änderungen, die sich seit der Übernahmebilanz ergeben haben, mit zum Gegenstand der Einlage zu machen. Erhebliche Wertminderungen in der Zwischenzeit könnten allerdings zu einer Beanstandung seitens der Gründungsprüfer und seitens des Gerichts führen. Eine andere Frage ist, ob eine Eröffnungsbilanz aufgestellt werden muß, die den Stand der Vermögensgegenstände in dem Zeitpunkt wiedergibt, zu welchem die Gesellschaft den Geschäftsbetrieb aufgenommen hat. Dies ist zu verneinen[1]. Es würde eine außerordentliche Erschwerung bedeuten, wenn die Gesellschaft für den Zeitpunkt ihrer Errichtung eine neue Eröffnungsbilanz aufstellen müßte. Der Zweck einer solchen Bilanz ist auch nicht ersichtlich, da bei der Aufstellung der ersten Jahresbilanz der neuen Gesellschaft doch von den Werten der Übernahmebilanz ausgegangen werden muß. Auch

[1]) Die Frage ist bestritten.

für die Prüfung des Gründungshergangs hat eine neue Eröffnungsbilanz keine Bedeutung, da sie erst nach der Gründung aufgestellt wird. Im übrigen kann die Aufstellung einer Eröffnungsbilanz von dem Registerrichter überhaupt nicht erzwungen werden. Sie wird auch weder veröffentlicht noch zum Handelsregister eingereicht. Infolgedessen wird in der Praxis fast ausnahmslos von der Aufstellung einer besonderen Eröffnungsbilanz abgesehen. Man kann daher wohl ein Handelsgewohnheitsrecht in diesem Sinne feststellen. Eine Ausnahme wird man dann anerkennen müssen, wenn der Bilanzstichtag unverhältnismäßig lange Zeit zurückliegt. In der 3. DV. zum UmwG. § 3 wird für die Umwandlung ein viermonatlicher Zeitraum als regelmäßige Grenze angesehen. Bei der Neugründung mit ihren umständlichen Förmlichkeiten wird man aber einen längeren Zeitraum zulassen müssen. Für die Verschmelzungsbilanz ist er auf 6 Monate festgesetzt.

Die Steuerbehörden stehen auf dem Standpunkt, daß die Besteuerung der neuen Gesellschaft erst mit dem Tage des Beginns ihres Geschäftsbetriebs eintritt. Der bisherige Inhaber wird so lange als steuerpflichtig behandelt, als er selbst das Geschäft führt[1]). Diese Ansicht läßt sich von dem Standpunkt der Steuerbehörden rechtfertigen, da auch sonst als Träger der Steuerlasten derjenige angesehen wird, der die tatsächliche Verfügungsgewalt über das Steuerobjekt besitzt, z. B. der Pächter oder Nießbraucher. Immerhin ist die Steuerbehörde nicht in der Lage, die Gesellschaft in solchen Fällen zur Aufstellung einer neuen Eröffnungsbilanz zu zwingen. Nach der Rechtsprechung des RFH. muß daher eine Schätzung des Gewinns stattfinden, der in der Zeit zwischen dem Stichtag der Übernahmebilanz und dem Beginn des Geschäftsbetriebs erzielt wurde[2]). In der Praxis kommt dies darauf hinaus, daß der sich aus der ersten Jahresbilanz gegenüber der Übernahmebilanz ergebende Gewinn nach dem Verhältnis des Zeitabschnitts zwischen der übertragenden und übernehmenden Gesellschaft geteilt wird.

II. Die Abwicklungsbilanzen

1. Die Abwicklungs-Eröffnungsbilanz

§ 66

1. Das Leben der AG. kann auf verschiedene Weise beendet werden. Im Falle der Umwandlung und der Verschmelzung ist mit Eintragung

[1]) RFH. in JW. 1932, 1029 Nr. 4; Mirre, StuW. Teil I 1932, 121.
[2]) RFH. 33, 276; 36, 72; vgl. StuW. 1930 Nr. 1254.

der vollzogenen Umwandlung bzw. Verschmelzung ihr Leben sofort beendigt; ihr Vermögen geht im Wege der Gesamtrechtsnachfolge an die neue Gesellschaft bzw. an die übernehmende Gesellschaft über. Anders in dem Fall, daß die AG. lediglich ihre laufende geschäftliche Tätigkeit einstellt, sei es durch Ablauf der in der Satzung bestimmten Zeit, sei es durch Beschluß der HV. (wozu eine Mehrheit von mindestens $^3/_4$ des bei der Beschlußfassung vertretenen Grundkapitals erforderlich ist), sei es durch Eröffnung des Konkurses über das Vermögen der Gesellschaft. In diesen Fällen besteht die Gesellschaft weiter, bis die Gläubiger befriedigt und das alsdann noch vorhandene Vermögen unter die Aktionäre verteilt ist. An die Stelle der in der Satzung bestimmten Tätigkeit tritt die Tätigkeit zum Zwecke der Abwicklung, auf welche die besonderen Bestimmungen über das Abwicklungs- bzw. Konkursverfahren Anwendung finden. Der Beschluß über die Abwicklung der Gesellschaft ist durch den Vorstand zur Eintragung in das Handelsregister anzumelden (§ 204; HGB. § 293).

Durch die Beendigung der geschäftlichen Tätigkeit tritt die AG. in einen neuen und letzten Abschnitt ihres Lebens ein. Das Abwicklungsverfahren kann sich unmittelbar an die letzte Jahresbilanz anschließen. Angenommen, die Auflösung wird auf den 1. April 1937 beschlossen, bevor die Jahresbilanz auf den 31. 12. 1936 bereits festgestellt ist, so muß diese Bilanz trotz der bereits beschlossenen Auflösung festgestellt und die Vorschriften über die Jahresbilanz müssen eingehalten werden[1]). Dies muß schon im Hinblick auf die vorgeschriebene Entlastung des Vorstands und Aufsichtsrats gelten; denn bei der Abwicklungseröffnungsbilanz fehlen die für den Entlastungsbeschluß vorgeschriebenen Unterlagen, insbesondere der Geschäftsbericht, der Prüfungsbericht und der Bericht des Aufsichtsrats. Ist die letzte Jahresbilanz bereits festgestellt und wird alsdann im Laufe des Geschäftsjahres die Auflösung beschlossen, so ist das Geschäftsjahr mit dem Zeitpunkt der Auflösung beendet. Es muß daher aus den gleichen Gründen für das Rumpfgeschäftsjahr eine den Vorschriften der Jahresbilanz unterliegende Schlußbilanz festgestellt werden. Mit der Abwicklung beginnt ein neues Geschäftsjahr. Die Abwickler können aber das bisherige Geschäftsjahr beibehalten (§ 211 Abs. 1).

2. Auf die Abwicklungs-Eröffnungsbilanz kommen in Übereinstimmung mit dem bisherigen Recht eine Reihe von Vorschriften zur An-

[1]) Die Praxis der Registergerichte, die in solchen Fällen auf die Aufstellung einer Jahresbilanz verzichten (Rebelung, JW. 1936, 2039), kann nicht gebilligt werden.

wendung, die die ordentliche Jahresbilanz betreffen. Wenn das AGesetz in § 211 Abs. 5 bestimmt, daß die Vorschriften für den Jahresabschluß sinngemäß für die Eröffnungsbilanz gelten, so bezieht sich dies nur auf diejenigen Vorschriften für den Jahresabschluß, die in § 211 für die Abwicklung getroffen worden sind. Danach gilt folgendes:

a) Die Eröffnungsbilanz ist von den Abwicklern in den ersten 3 Monaten nach dem Zeitpunkt, für welchen die Abwicklung beschlossen wurde, dem Aufsichtsrat vorzulegen (§ 125 Abs. 1 und 2; HGB. § 299 Abs. 2 mit § 260). Die Eröffnungsbilanz hat ebenso wie die Jahresbilanz den Grundsätzen ordnungsmäßiger Buchführung und dem Grundsatz der Klarheit und Übersichtlichkeit zu entsprechen (§ 211 Abs. 5, 4; HGB. § 260b).

b) Alsdann haben die Abwickler unverzüglich die Hauptversammlung zur Feststellung der Eröffnungsbilanz einzuberufen (§ 125 Abs. 4). Die HV. muß in den ersten 5 Monaten nach Beginn der Abwicklung stattfinden.

c) Die Bilanz ist mindestens während der letzten 2 Wochen vor dem Tag der HV. in den Geschäftsräumen der Gesellschaft zur Einsicht der Aktionäre auszulegen; ferner ist sie jedem Aktionär auf sein Verlangen spätestens 2 Wochen vor dem Tag der HV. in Abschrift mitzuteilen (§ 125 Abs. 6 mit § 127; HGB. § 263).

d) Die HV. beschließt über die Eröffnungsbilanz (§ 211 Abs. 2). Die Genehmigung der Bilanz ist zu vertagen, wenn es die HV. mit einfacher Stimmenmehrheit beschließt oder eine Minderheit es verlangt, deren Anteile den zehnten Teil des Grundkapitals erreichen (§ 125 Abs. 7; HGB. § 264).

Wenn in § 211 Abs. 1 für den Beginn der Abwicklung lediglich eine Bilanz, dagegen für die Jahresabschlüsse in der Abwicklung eine Bilanz und ein Geschäftsbericht verlangt wird, so ergibt sich aus dieser Gegenüberstellung, daß für die Eröffnungsbilanz kein Geschäftsbericht und, wie man hinzusetzen muß, auch kein Bericht des Aufsichtsrats erforderlich ist. Allerdings wird sich ein Bericht der Abwickler zur Erläuterung der Eröffnungsbilanz wohl in allen Fällen als notwendig erweisen. Die Entlastung kann, soweit es sich um die Zeit vor der Abwicklung handelt, nur in Verbindung mit der Jahresbilanz vor Beginn der Abwicklung beschlossen werden; soweit es sich um die Entlastung der Abwickler handelt, muß über die Entlastung in der Abwicklungs-Jahresbilanz Beschluß gefaßt werden.

Die HV. kann die Eröffnungsbilanz zum Anlaß nehmen, die Geschäftsführung des Vorstands einer Nachprüfung zu unterziehen. Sie kann mit einfacher Stimmenmehrheit die Bestellung von Sonderprüfern beschließen und, wenn ein dahingehender Antrag abgelehnt wird, können die Sonderprüfer auf Verlangen der Minderheit, deren Anteile den zehnten Teil des Grundkapitals erreichen, vom Gericht bestellt werden (§ 205 Abs. 2, § 118; HGB. § 266). In der HV. kann auch beschlossen bzw. von der erwähnten Minderheit verlangt werden, daß die Ansprüche der Gesellschaft aus der Gründung und Geschäftsführung gegen Mitglieder des Vorstandes und des Aufsichtsrats gemäß § 122 (HGB. § 268) geltend gemacht werden[1]).

c) Die festgestellte Bilanz ist unverzüglich in den Gesellschaftsblättern bekanntzumachen und zum Handelsregister einzureichen (§§ 143, 144; HGB. § 265).

3. Die Abwicklungs-Eröffnungsbilanz unterscheidet sich von den ordentlichen Jahresbilanzen nach Form und Inhalt. Sie besteht nur in einer Bestandsbilanz und enthält keine Gewinn- und Verlustrechnung; denn diese ergibt sich aus der Abwicklungstätigkeit, die erst nach dem Zeitpunkt der Eröffnungsbilanz beginnt. Auch finden die Vorschriften über die Gliederung der Jahresbilanz keine Anwendung (§ 211 Abs. 5, 3); es liegt im Interesse der Klarheit und Übersichtlichkeit der Abwicklungs-Eröffnungsbilanz (§ 211 Abs. 4), wenn sie sich möglichst an die letzte Jahresbilanz anschließt. Es können aber besondere Formblätter für Abwicklungsbilanzen vorgeschrieben werden (§ 211 Abs. 2 mit § 134).

Inhaltlich unterscheidet sich die Abwicklungs-Eröffnungsbilanz von der ordentlichen Jahresbilanz durch ihren Zweck, den Ausgangspunkt für die Rechenschaftslegung des Abwicklers zu bilden, dessen Aufgabe darin besteht, die in der Eröffnungsbilanz ausgewiesenen Vermögensgegenstände zu versilbern. Das Gesetz schließt daher die Anwendung der Bewertungsbestimmungen auf die Abwicklungsbilanzen aus (§ 211 Abs. 3; HGB. § 299 Abs. 2). Für die Aktiven bedeutet dies, daß der Anschaffungswert nicht mehr maßgebend ist und daß der Niederstwertgrundsatz für das Umlaufvermögen nicht mehr gilt. Was die Passiva betrifft, so ist die Anwendung des § 133 Nr. 7 (HGB. § 261 Nr. 5) betreffend Einsetzung des Grundkapitals zum Nennbetrag gleichfalls ausgeschlossen. An sich wäre es möglich, das Grundkapital nach wie vor in die Bilanz einzustellen und einen sich etwa ergebenden Verlust auf der Aktivseite einzusetzen. Dies würde aber dem Sinne einer Abwicklungs-

---

[1]) Auch dies ergibt sich aus AGesetz § 205 Abs. 2.

bilanz nicht entsprechen. Wenn in der Jahresbilanz das Grundkapital auf der Passivseite mit dem Nennbetrag eingesetzt wird, so hat dies den Zweck, Ausschüttungen, die das Grundkapital vermindern würden, zu vermeiden. Der Zweck der Abwicklungs-Bilanz ist aber gerade die Ausschüttung des Grundkapitals, soweit es nach Berichtigung der Schulden noch vorhanden ist. Daher empfiehlt es sich, an Stelle des Grundkapitals das Reinvermögen (gewöhnlich als Liquidationskonto bezeichnet) in die Bilanz einzustellen. Die Ausschüttungen der Abwicklungsraten erfolgen sodann aus diesem Konto. Auch die Anwendung der Vorschriften über die gesetzliche Rücklage (§ 130; HGB. § 262) ist ausgeschlossen. Dies ist im Gegensatz zu HGB. § 299 Abs. 2 nicht mehr ausdrücklich bestimmt, ergibt sich aber von selbst aus dem Zweck der Abwicklung. Es verschwindet daher der gesetzliche Reservefonds wie auch die freien offenen Reserven; sie gehen, soweit sie noch vorhanden sind, in dem Posten Liquidationskonto auf.

Im übrigen ist es nicht erforderlich, in der Abwicklungs-Eröffnungsbilanz eine vollständige Neubewertung vorzunehmen. Soweit die Jahresbilanz falsch ist, z. B. unzulässige Überbewertungen enthält, oder die Verbindlichkeiten nicht vollständig oder nicht in voller Höhe ausweist, darf sie natürlich nicht übernommen werden. Zu hohe Wertansätze können auch durch Einsetzung eines Wertberichtigungskontos ausgeglichen werden. Es ist aber nicht vorgeschrieben, daß an Stelle der in der letzten Jahresbilanz angesetzten Werte der mutmaßliche Veräußerungswert in die Abwicklungs-Eröffnungsbilanz eingestellt werden muß. Solche Schätzungen sind meist sehr zweifelhaft, sie haben auch keinerlei Bedeutung, weil nur der tatsächlich erzielte Veräußerungspreis maßgebend ist, im Gegensatz zur Jahresbilanz, in welcher die eingesetzten Werte die Grundlage für die Ermittlung des Jahresgewinnes bilden. Die Abwicklungsbilanzen gewinnen daher erheblich an Klarheit, wenn, soweit dies möglich ist, von den alten Buchwerten ausgegangen wird [1]). Schon nach bisherigem Recht unterlagen nach der herrschenden Ansicht [2]) die Abwicklungsbilanzen **nicht der Pflichtprüfung**, was sich aber in gewissen Fällen als unzweckmäßig herausgestellt hat. Nach neuem Recht (§ 211 Abs. 3) kann das Gericht aus wichtigem Grund die Prüfung anordnen. Die Begründung führt als Beispiel Grundstücks- und Siedlungsgesellschaften an, die oft unmittelbar nach Erwerb der Grundstücke in Abwicklung gehen und erst in der Abwicklung ihr eigentliches Gewerbe,

---

[1]) So auch Schmalenbach, Finanzierungen S. 334.

[2]) So nach der Entscheidung des Kammergerichts v. 21. 3. 1935 (abgedruckt in WTr. S. 207), das sich der Ansicht von Schlegelberger S. 272 angeschlossen hat.

die Veräußerung des Siedlungsgeländes, betreiben. Die Befreiung von der Pflichtprüfung bezieht sich selbstverständlich nicht auf die sog. stille Abwicklung, die keine Abwicklung im Rechtssinne ist[1]).

2. Die Abwicklungs-Jahresbilanzen

§ 67

1. Das bisherige Recht ließ eine Abwicklung durch „Veräußerung des Vermögens im ganzen" (bei der sog. uneigentlichen Fusion) zu (HGB. § 303). Das AGesetz hat diese unklare und widerspruchsvolle Bestimmung nicht übernommen. Veräußerung des Vermögens im ganzen bedeutet Gesamtrechtsnachfolge (Universalsukzession), d. h. den Übergang der Aktiva und Passiva. Dieser Vorgang ist wesentlich für die Verschmelzung und die Umwandlung, er ist aber nicht vereinbar mit dem Begriff der Abwicklung. Denn diese besteht darin, daß zunächst die Schulden berichtigt und dann das verbleibende Vermögen nach dreimaligem Gläubigeraufruf und nach Einhaltung des Sperrjahres unter die Aktionäre verteilt wird (§ 212 Abs. 1; HGB. § 300 Abs. 1). Soweit daher bei der Abwicklung Vermögensgegenstände veräußert werden, auch wenn das Vermögen im ganzen übertragen werden soll, kann es sich nur um Einzelrechtsnachfolge handeln. Den Veräußerungserlös erhalten bei der Abwicklung im Gegensatz zu der Verschmelzung nicht die Aktionäre der abzuwickelnden Gesellschaft, sondern die Abwickler, auch wenn der Erlös in Aktien oder Schuldverschreibungen der erwerbenden Gesellschaft besteht.

2. Wird das Vermögen im einzelnen verwertet, so pflegt sich die Abwicklung längere Zeit hinzuziehen. Es ist daher nicht möglich, mit einer einzigen Abwicklungsbilanz auszukommen, sondern es muß jeweils nach Ablauf eines Geschäftsjahrs eine Abwicklungs-Jahresbilanz aufgestellt werden. Ist die letzte Jahresbilanz z. B. auf den 31. Dezember 1936, die Abwicklungs-Eröffnungsbilanz auf den 1. Juli 1937 aufgestellt worden, so muß eine Abwicklungs-Jahresbilanz für den 30. Juni 1937 aufgestellt werden. Behält jedoch der Abwickler das bisherige Geschäftsjahr bei, so wird sie für den 31. 12. 1937 aufgestellt (§ 211 Abs. 1; HGB. § 299 Abs. 1).

In Übereinstimmung mit dem bisherigen Recht gilt für die Abwicklungs-Jahresbilanzen im wesentlichen das gleiche wie

---

[1]) E. des Kammergerichts v. 12. 3. 1936 WTr. S. 399.

für die Abwicklungs-Eröffnungsbilanz; es kann daher auf den vorhergehenden Abschnitt verwiesen werden.

Inhaltlich beruht die Abwicklungs-Jahresbilanz auf der Abwicklungs-Eröffnungsbilanz. Gewinne bzw. Verluste, die sich bei der Veräußerung von Vermögensgegenständen gegenüber der Eröffnungsbilanz ergeben, sind auf das Gewinn- und Verlustkonto zu übertragen, die eine Bilanz der Abwicklungs-Aufwendungen und -Erlöse ist. Die Gewinne bzw. Verluste werden in der Bestandsbilanz auf dem Liquidationskonto ausgewiesen. Selbstverständlich ist für die Frage der Ausschüttung von Abwicklungsraten nicht der erzielte Gewinn maßgebend, sondern nur die Frage, ob eine Ausschüttung ohne Gefährdung der Gläubigerinteressen vorgenommen werden kann.

Das nach Berichtigung der Schulden verbleibende Vermögen wird unter die Aktionäre nach dem Verhältnis der Aktienbeträge verteilt, sofern nicht mehrere Gattungen von Aktien mit verschiedener Berechtigung vorhanden sind. So wird für die Vorzugsaktien nicht selten bestimmt, daß diese bei der Verteilung des Gesellschaftsvermögens ein Vorrecht vor den Stammaktien haben sollen. Für Genußscheine sind die besonderen Bestimmungen zu beachten, die bei ihrer Begründung getroffen wurden; sie können danach vor den Aktionären, gleichberechtigt mit den Aktionären, oder nachdem die Aktionäre ihre Einlage zurückerhalten haben, zum Zug kommen. „Sind die Einlagen nicht auf alle Aktien in demselben Verhältnis geleistet, so werden die auf das Grundkapital geleisteten Einlagen erstattet und ein Überschuß nach dem Verhältnisse der Aktiennennbeträge verteilt. Reicht das vorhandene Vermögen zur Erstattung der Einlagen nicht aus, so haben die Aktionäre den Verlust nach dem Verhältnisse der Aktiennennbeträge zu tragen; die noch ausstehenden Einlagen sind, soweit es hierzu erforderlich ist, einzuziehen" (§ 212; HGB. § 300). Die Ausschüttungen erfolgen regelmäßig in bar. Es ist aber auch zulässig, daß das Vermögen in natura verteilt wird, indem z. B. der Bestand an Wertpapieren ausgeschüttet wird.

Der Gläubigerschutz ist im bisherigen Umfang beibehalten worden (§ 213; HGB. § 301). Erforderlich ist daher der dreimalige Aufruf und die Einhaltung des Sperrjahres.

Die Vorschrift, daß nach beendeter Abwicklung das Erlöschen der Gesellschaftsfirma zur Eintragung in das Handelsregister anzumelden ist (HGB. § 302 Abs. 1), ist von dem AGesetz nicht übernommen worden. Vielmehr ist lediglich der Schluß der Abwicklung einzutragen und die Gesellschaft zu löschen (§ 214 Abs. 1). Nach der Begründung kommt der Löschung insofern keine rechtsvernichtende Bedeutung zu, als die Gesellschaft trotz der Löschung Trägerin des etwa noch vorhandenen Vermögens bleibt und nötigenfalls weitere Abwicklungsmaßnahmen vorgenommen werden können (§ 214 Abs. 4).

3. Steuerfragen

§ 68

1. Das Steuerrecht kennt zwar ebenso wie das Aktienrecht die Begriffe der Abwicklung, Verschmelzung und Umwandlung, doch werden sämtliche drei Vorgänge grundsätzlich in gleicher Weise behandelt. Maßgebend ist lediglich die Tatsache, daß ein Vermögen an einen anderen übergeht, ohne daß dabei die Art der Übertragung eine Rolle spielt. Grundlegend sind folgende Bestimmungen des KörpStG. § 14:

(1) „Wird eine Kapitalgesellschaft, die ihre Auflösung beschlossen hat, abgewickelt, so ist der im Zeitraum der Abwicklung erzielte Gewinn der Besteuerung zugrunde zu legen. Der Besteuerungszeitraum soll drei Jahre nicht übersteigen."

(2) „Zur Ermittlung des Gewinns im Sinn des Absatzes 1 ist das zur Verteilung kommende Vermögen (Abwicklungs-Endvermögen) dem Vermögen am Schluß des der Auflösung vorangegangenen Wirtschaftsjahrs (Abwicklungs-Anfangsvermögen) gegenüberzustellen."

(4) „Abwicklungs-Anfangsvermögen ist das Betriebsvermögen, das am Schluß des vorangegangenen Wirtschaftsjahrs der Veranlagung zur Körperschaftsteuer zugrunde lag."

Die Abwicklungs-Eröffnungsbilanz bleibt also außer Betracht[1]. Es macht keinen Unterschied, ob das Vermögen der Gesellschaft einzeln versilbert oder ob es im ganzen veräußert wird. Auch ist unerheblich, ob das Vermögen im ganzen an eine andere inländische Kapitalgesellschaft übertragen wird (Verschmelzung). In diesem Fall tritt an die Stelle des zur Verteilung kommenden Endvermögens der Wert der für die Übertragung des Vermögens gewährten Gegenleistung nach dem Stand im Zeitpunkt der Übertragung. Nur wenn der Gegenwert in Gesellschaftsrechten der übernehmenden Gesellschaft gewährt wird, kommen besondere Vorschriften zur Anwendung, die später behandelt werden.

An sich kann ein Gewinn oder Verlust aus der Abwicklung erst festgestellt werden, wenn das gesamte Vermögen veräußert worden ist. Angenommen, es werden im ersten Jahr der Abwicklung einzelne Vermögensgegenstände mit Gewinn veräußert, so ergibt die Abwicklungsbilanz dieses Jahres einen Gewinn. Wenn aber im nächsten Jahr bei der Ver-

[1]) Kennerknecht S. 535 Anm. 14.

äußerung der übrigen Vermögensgegenstände ein ebenso großer Verlust entsteht, so ist in Wirklichkeit ein Abwicklungsgewinn nicht erzielt worden. Das Steuerrecht trägt diesem Umstand Rechnung, indem es den Abwicklungsgewinn erst nach Beendigung der Abwicklung feststellt. Ist allerdings die Abwicklung nach Ablauf von 3 Jahren von dem Schluß des der Auflösung vorangegangenen Wirtschaftsjahres ab noch nicht beendet, so kann nach Ablauf dieser Zeit eine Veranlagung erfolgen. Schließt eine Gesellschaft während der Abwicklungsperiode neue Geschäfte ab, die nicht Abwicklungs-Hilfsgeschäfte sind, so wird eine „Scheinliquidation" angenommen und es greifen die gewöhnlichen Bestimmungen über die Gewinnbesteuerung Platz. Das gleiche wird angenommen bei Grundstücksgesellschaften, die oft kurze Zeit nach ihrer Gründung die Abwicklung beschließen, die sich jahrelang hinziehen kann[1]). Bei Berechnung des Abwicklungs-Endvermögens müssen selbstverständlich die in der Zwischenzeit erfolgten Ausschüttungen hinzugerechnet werden.

Die Bestimmungen des § 14 kommen auch zur Anwendung, wenn eine Kapitalgesellschaft ihren Sitz oder ihre Geschäftsleitung in das Ausland verlegt und dadurch aus der unbeschränkten Steuerpflicht ausscheidet, ohne daß eine Abwicklung stattfindet (Besteuerung des Auswanderungsgewinns). Dies ist der Fall, wenn eine inländische Kapitalgesellschaft ihren Betrieb ins Ausland verlegt, dabei aber die Betriebsanlagen im Inland nicht veräußert. Die Gesellschaft scheidet in diesem Fall aus der Körperschaft-Steuerpflicht überhaupt aus und die während ihres Bestehens erzielten und noch nicht versteuerten Gewinne werden alsdann, ebenso wie bei der Abwicklung, zur Besteuerung herangezogen. Das gleiche trifft zu in dem weiteren Fall, daß eine Gesellschaft, die im Ausland ihre Geschäftsleitung und ihren Sitz hat und daher in Deutschland nur mit ihrem inländischen Einkommen steuerpflichtig war (beschränkte Steuerpflicht), ihren inländischen Betrieb auflöst, oder ins Ausland oder als Ganzes an einen andern überträgt. Auch in diesem Fall scheidet die Gesellschaft aus der Steuerpflicht aus. Endlich kommt der Fall in Betracht, daß eine inländische, d. h. unbeschränkt steuerpflichtige Gesellschaft zur beschränkten Steuerpflicht übergeht (KörpSt. § 16).

2. Die Gewerbesteuer endet mit Ablauf des Kalendermonats, in welchem der Betrieb eingestellt wurde. Geht ein Gewerbebetrieb an einen andern bereits bestehenden Gewerbebetrieb über, z. B. im Falle der Verschmelzung oder Umwandlung, so wird die Steuer bis

[1]) Kennerknecht § 14 Anm. 8.

zum Schluß des Erhebungszeitraums erhoben, in dem der Übergang erfolgt, also regelmäßig bis zum Schluß des Geschäftsjahres[1]).

3. Die Aufbringungsumlage für 1936 ist, wenn die persönliche Aufbringungspflicht im Laufe des Kalenderjahres in Wegfall gekommen ist, für den ganzen Jahresbetrag zu entrichten[2]). Sie kommt aber erst dann ganz in Fortfall, wenn sämtliche Vermögensgegenstände veräußert sind[3]).

4. Eine Frage, die die Gesellschaft selbst nicht berührt, ist, ob der Aktionär die ausgeschütteten Abwicklungsraten als Einkommen zu versteuern hat. Diese Frage ist zu verneinen[4]). Es gelten hier die gleichen Grundsätze wie bei der Verschmelzung (S. 365). Eine Steuerpflicht besteht nur, wenn der Aktionär wesentlich beteiligt war (EinkStG. § 17) oder wenn es sich bei dem Erwerb der Aktien um ein Spekulationsgeschäft im Sinne des EinkStG. § 23 Abs. 1 Nr. 1b handelt, oder wenn die Aktien zum Betriebsvermögen eines Steuerpflichtigen gehören. In diesen Fällen sind aber steuerpflichtig nicht eigentlich die Ausschüttungen als solche, sondern die Gewinne, die der Aktionär gegenüber den Anschaffungs- bzw. Buchwerten in seiner Bilanz erzielt hat. Bis vor kurzer Zeit hatte der 1. Senat des RFH. eine abweichende Auffassung, die er neuerdings aufgegeben hat[5]).

III. Die Verschmelzungsbilanz

1. Vorbemerkung zur Scheidung der Begriffe: Auflösung, Abwicklung, Verschmelzung, Umwandlung, Vermögensübertragung

§ 69

Bevor die Bestimmungen über die Verschmelzung nach dem Aktienrecht behandelt werden, ist es erforderlich, eine klare Scheidung der Begriffe vorzunehmen, denn es handelt sich um Vorgänge, die wirtschaftlich einander nahestehen, gleichwohl aber rechtlich eine verschiedene Behandlung erfordern. Die Scheidung der Begriffe ist um so schwieriger, als weder im AGesetz noch im Umwandlungsgesetz die wirtschaftlichen Vorgänge, die dem Vermögensübergang zugrunde liegen, genau unterschieden sind und auch die Bezeichnungen für diese Vorgänge in beiden Gesetzen in verschiedenem Sinn gebraucht werden.

[1]) RGewStG. § 22.
[2]) DV. zum Aufbringungsgesetz 1936.
[3]) RFH. in RStBl. 1934 Nr. 47, S. 54.
[4]) RFH. in StuW. 1935 Nr. 479.
[5]) RFH. 39, 354.

1. Eine Abwicklung liegt vor, wenn das Vermögen einer Gesellschaft nach Berichtigung der Schulden an die Gesellschafter verteilt wird. Das AGesetz behandelt nur die Abwicklung einer AG. oder einer Kommanditgesellschaft auf Aktien, das UmwStG. (§ 2) betrifft außer diesen auch die Abwicklung einer GmbH. Das UmwStG. bezeichnet in seinem Titel und in der 2. DV. § 2 diesen Vorgang als Auflösung.

2. Eine Verschmelzung liegt vor, wenn die Vermögen zweier Unternehmungen unter Ausschluß der Abwicklung gegen Gewährung von Anteilen der übernehmenden oder der neu gebildeten Gesellschaft miteinander vereinigt werden. Dieser Vorgang wird im UmwG. unrichtig als „Umwandlung" bezeichnet. Im AGesetz wird nur die Verschmelzung von Kapitalgesellschaften mit einer AG. oder Kommanditgesellschaft a. A. behandelt, das UmwG. läßt auch die Verschmelzung einer Kapitalgesellschaft mit einer Personengesellschaft oder mit einem Einzel-Unternehmen zu.

3. Eine Umwandlung liegt vor, wenn ein bestehendes Unternehmen seine Rechtsform ändert. Das AGesetz behandelt nur die Fälle der Umwandlung einer Kapitalgesellschaft in eine andre. Das UmwG. läßt auch die Umwandlung von Kapitalgesellschaften in Personengesellschaften zu.

Alle wirtschaftlichen Vorgänge, bei denen das Vermögen einer Gesellschaft unter die Gesellschafter verteilt oder im ganzen an ein anderes Unternehmen übergeht, müssen notwendigerweise unter eine der drei obengenannten Kategorien fallen. Allerdings wird von dem AGesetz als neuer Begriff die Vermögensübertragung eingeführt. Dieser Ausdruck trifft aber nicht den Kern der Sache, weil es sich in allen drei obenerwähnten Fällen um eine Vermögensübertragung handelt. Unter der Überschrift „Vermögensübertragung" wird von dem Gesetz die Verstaatlichung (§ 253) und die Vermögensübertragung auf einen Versicherungsverein auf Gegenseitigkeit angeführt (§ 254). In beiden Fällen handelt es sich um eine Vereinigung zweier Unternehmungen ohne Gewährung von Gesellschaftsrechten, bei der gewisse Erleichterungen vorgesehen sind, die im Falle der Verstaatlichung ihren Grund in der Person des Reiches, des Landes oder der Gemeinde als Vertragsgegner haben, während bei der Vereinigung einer Versicherungs-AG. mit einem Versicherungsverein auf Gegenseitigkeit der Umstand maßgebend ist, daß die Kontrahenten der Aufsicht des Reichsaufsichtsamts und daher einer besonderen Überwachung unterliegen. Wenn schließlich auch die

Interessengemeinschaftsverträge und die Pacht- und Betriebs-Überlassungsverträge unter dem Abschnitt „Vermögensübertragung" angeführt werden, so muß man sich vergegenwärtigen, daß es sich hierbei nicht um eigentliche Übertragungen des Vermögens zu Eigentum handelt, sondern nur um obligatorische Bindungen. Schließlich wird in diesem Abschnitt als Vermögensübertragung jeder Vorgang bezeichnet, der nicht unter den Begriff der Verschmelzung im Sinne des AGesetzes und — wie hinzugefügt werden muß — nicht unter den Begriff der Umwandlung von Kapitalgesellschaften fällt (§ 255). Hierher gehört der Fall der sog. uneigentlichen Fusion, ferner eine Verschmelzung, bei welcher der Gegenwert nicht in Aktien der aufnehmenden Gesellschaft gewährt wird, sowie die Fälle der Umwandlung einer Kapitalgesellschaft in eine Personengesellschaft.

2. Die Verschmelzung

§ 70

Nach dem bisherigen Recht war eine Verschmelzung nur zulässig, wenn das Vermögen einer AG. im ganzen an eine andere AG. oder Kommanditgesellschaft auf Aktien gegen Gewährung von Aktien der übernehmenden Gesellschaft übertragen wurde. Es wurde dabei unterschieden zwischen der eigentlichen Fusion (Übertragung des Vermögens unter Ausschluß der Liquidation nach HGB. § 306) und der sog. uneigentlichen Fusion, wobei die Liquidation nicht ausgeschlossen war (HGB. § 305). Das neue Recht kennt diese Unterscheidung nicht mehr. Es gibt jetzt nur noch eine eigentliche Verschmelzung. Wird der Ausschluß der Abwicklung nicht vereinbart, so ist AGesetz § 255 anwendbar, wonach jede Vermögensübertragung, die nicht unter die Bestimmungen über die Verschmelzung oder Umwandlung fällt, falls die Gesellschaft nicht fortgesetzt wird, im Wege der Abwicklung vorgenommen werden muß (vgl. S. 343).

Das neue Recht erweitert die Möglichkeiten der Verschmelzung erheblich. Es können nicht nur AGen und Kommanditgesellschaften a. A. miteinander verschmolzen werden, sondern es kann im Wege der Verschmelzung auch das Vermögen einer GmbH., einer bergrechtlichen Gewerkschaft auf eine AG. oder eine Kommanditgesellschaft auf Aktien übertragen werden. Dagegen ist umgekehrt eine Übertragung des Vermögens einer AG. im Wege der Verschmelzung auf eine GmbH.

oder bergrechtliche Gewerkschaft nicht zulässig[1]). Das gleiche gilt, wenn das Vermögen einer Personengesellschaft auf eine AG. übertragen werden soll. Diese Übertragungen können nur im Wege der Abwicklung stattfinden. Ebensowenig ist es nach dem Aktienrecht zulässig, das Vermögen einer AG. im Wege der Verschmelzung auf eine Personengesellschaft des Handels- oder bürgerlichen Rechts oder auf ein Einzel-Unternehmen zu übertragen. Diese Übertragungen sind aber nach dem Umwandlungsgesetz unter bestimmten Voraussetzungen zulässig.

Keine Verschmelzung liegt vor, wenn eine Gesellschaft die Aktien einer anderen Gesellschaft erwirbt. Hier findet eine Übertragung des Vermögens überhaupt nicht statt, vielmehr entsteht das Verhältnis einer herrschenden zur abhängigen Gesellschaft. Erwirbt die herrschende Gesellschaft alle Aktien der abhängigen Gesellschaft, so ist die abhängige Gesellschaft eine Einmanngesellschaft. Aus dem Verhältnis der herrschenden zur abhängigen Gesellschaft entstehen besondere Rechtswirkungen, ohne daß der Bestand der erworbenen Gesellschaft dadurch berührt wird. Die herrschende Gesellschaft ist aber in der Lage, die erworbene Gesellschaft nunmehr in sich aufgehen zu lassen, insbesondere eine Betriebseinheit mit einheitlichen Räumen, Angestellten, Maschinen, Lagern und einheitlicher Fabrikation herzustellen und so bis zu einem gewissen Grade die Wirkungen einer Verschmelzung zu erzielen.

Im Einklang mit dem bisherigen Recht ist es für den Begriff der Verschmelzung erforderlich, daß der Gegenwert den Aktionären der übertragenden Gesellschaft in Aktien der übernehmenden oder der neu gebildeten Gesellschaft gewährt wird. Daher sind die Bestimmungen über die Verschmelzung nicht anwendbar, wenn der Gegenwert den Aktionären der übertragenden Gesellschaft in bar gewährt wird. Offenbar geht das Gesetz von der Besorgnis aus, daß die Aktionäre der übertragenden Gesellschaft vor den Gläubigern dieser Gesellschaft befriedigt werden. Diesen wäre der Zugriff auf die Sachwerte der übertragenden Gesellschaft entzogen, so daß sie sich mit der Haftung der übernehmenden Gesellschaft begnügen müßten.

[1]) Nach einer E. des Kammergerichts (JW. 1930, 2715) kann das Vermögen einer AG. im Wege der liquidationslosen Verschmelzung auch auf eine GmbH. übertragen werden; vgl. Baumbach, Gesetz über die GmbH. § 80 Anm. 1. Angesichts der eingehenden Regelung der verschiedenen Verschmelzungsfälle im AGesetz erscheint es zweifelhaft, ob diese Rechtsprechung, die sich auf eine entsprechende Anwendung des HGB. § 306 stützt, aufrechterhalten werden kann.

Nach bisherigem Recht war streitig, ob die Bestimmungen über die Verschmelzung auch anwendbar waren, wenn der Gegenwert des im ganzen veräußerten Vermögens teils in Aktien, teils in bar oder in anderen Werten bestand. Das AGesetz § 238 Abs. 2 hat dem Bedürfnis der Praxis entsprechende bare Zuzahlungen insoweit gestattet, als sie den zehnten Teil des Gesamtnennbetrags der gewährten Aktien nicht übersteigen.

Das AGesetz unterscheidet die Verschmelzung durch Aufnahme und die Verschmelzung durch Neubildung (§ 233). Der letztere Fall liegt vor, wenn zwei oder mehrere Gesellschaften in einer neu zu gründenden dritten Gesellschaft aufgehen. Das bisherige Recht hatte für diesen Fall keine Erleichterungen vorgesehen. Die Praxis hat daher diesen Weg der Vereinigung mehrerer Gesellschaften vermieden, weil er nicht nur die Prüfung des Gründungsherganges erforderlich machte, sondern auch hohe Kosten durch die Errichtung einer neuen Gesellschaft verursachte. Nach neuem Recht ist eine Gründungsprüfung nicht mehr erforderlich (§ 247 Abs. 4); nur die Festsetzungen über Sondervorteile, Gründungsaufwand, Sacheinlagen und Sachübernahmen, die in den Satzungen der sich vereinigenden Gesellschaften enthalten waren, sind in die Satzung der neuen Gesellschaft zu übernehmen. Damit nicht die Bestimmungen über Nachgründung umgangen werden, ist bestimmt, daß die Verschmelzung durch Neubildung erst zulässig ist, wenn jede der sich vereinigenden Gesellschaften mindestens zwei Jahre im Handelsregister eingetragen war. Wegen der Kosten der Neuerrichtung einer Gesellschaft wird aber die Praxis bei Verschmelzung mehrerer Gesellschaften, wie dies zuletzt bei den Vereinigten Stahlwerken der Fall war, nach wie vor den Weg einschlagen, daß eine der bestehenden Gesellschaften alle übrigen Gesellschaften übernimmt und alsdann nötigenfalls ihre Firma entsprechend ändert. Dadurch wird eine Vermögensübertragung erspart.

Zu der Verschmelzung bedarf es auf seiten der übertragenden Gesellschaft stets eines Beschlusses der HV., zu dem eine Mehrheit von mindestens $^3/_4$ des bei der Beschlußfassung vertretenen Grundkapitals erforderlich ist (§ 234 Abs. 1; HGB. §§ 306 Abs. 1, 304 Abs. 2, 303). Auf seiten der übernehmenden Gesellschaft bedurfte es bisher eines HV.-Beschlusses nur, wenn zum Zweck der Verschmelzung eine Kapitalerhöhung erforderlich war. Nunmehr gilt nach § 234 folgendes:

Wenn es sich um die Übernahme einer kleineren Gesellschaft handelt, d. h. wenn der Gesamtbetrag der zu gewährenden Aktien nicht mehr als den zehnten Teil des Grundkapitals der übernehmenden Gesellschaft ausmacht, so ist ein Beschluß der HV. nicht erforderlich. Wird zum Zwecke der Verschmelzung eine Kapitalerhöhung vorgenommen, so ist der Berechnung das erhöhte Grundkapital zugrunde zu legen. Im übrigen wird bei der übernehmenden Gesellschaft die Verschmelzung nach den gleichen Grundsätzen wie die Kapitalerhöhung behandelt: Genügt nach der Satzung für die Kapitalerhöhung die einfache Mehrheit des bei der Beschlußfassung vertretenen Grundkapitals, so gilt dies auch für die Verschmelzung. Ein solcher Beschluß ist aber auch erforderlich, wenn keine Kapitalerhöhung stattfindet, z. B. wenn die übernehmende Gesellschaft Aktien der übertragenden Gesellschaft besitzt oder über genügend eigene oder Vorratsaktien verfügt, oder wenn die übertragende Gesellschaft Aktien der übernehmenden Gesellschaft besitzt oder über genügend eigene oder Vorratsaktien verfügt.

Soweit eine Beschlußfassung der HV. erforderlich ist, hat sie zwar nur die Verschmelzung selbst zum Gegenstand, doch ist hierfür der Verschmelzungsvertrag eine notwendige Unterlage. *Der Verschmelzungsbeschluß der HV. bedeutet daher die Zustimmung der HV. zu dem Verschmelzungsvertrag.* Jede der beiden Gesellschaften hat den Verschmelzungsbeschluß zur Eintragung in das Handelsregister ihres Sitzes anzumelden und den Verschmelzungsvertrag beizufügen (§ 239).

Wird der Verschmelzungsvertrag in den ersten zwei Jahren seit Eintragung der übernehmenden Gesellschaft in das Handelsregister abgeschlossen, so sind die Vorschriften über die Nachgründung zu beobachten (§ 236), vorausgesetzt, daß der Gesamtnennbetrag der zu gewährenden Aktien 10 % des Grundkapitals der übernehmenden Gesellschaft übersteigt.

Die übertragende Gesellschaft hat einen *Treuhänder* für den Empfang der zu gewährenden Aktien zu bestellen. Die Verschmelzung darf erst eingetragen werden, wenn der Treuhänder dem Gericht angezeigt hat, daß er im Besitz der Aktien ist (§ 240 Abs. 2). Wird zur Durchführung der Verschmelzung das Grundkapital erhöht, so darf die Verschmelzung nicht eingetragen werden, bevor die Durchführung der Kapitalerhöhung in das Handelsregister des Sitzes der übernehmenden Gesellschaft eingetragen ist (§ 240 Abs. 1).

Nach bisherigem Recht galt die übertragende Gesellschaft mit der Eintragung des Verschmelzungsbeschlusses als aufgelöst (HGB. §§ 306,

304 Abs. 5). Dies gilt auch nach dem AGesetz § 240 Abs. 4. Werden jedoch für oder gegen die übertragende Gesellschaft Schadenersatz- oder sonstige Ansprüche aus der Verschmelzung erhoben, so gilt insoweit die übertragende Gesellschaft als fortbestehend und eine Vereinigung von Forderungen und Schulden tritt nicht ein (§ 243 Abs. 2). Das Verfahren ist im Gesetz (§ 244) eingehend geregelt. Es handelt sich dabei um eine Ausnahmebestimmung, die eng auszulegen ist. Es ist daher nach Eintragung der Verschmelzung nicht möglich, eine HV. zu berufen und die Bestellung von Sonderprüfern nach § 118 oder die Geltendmachung von Ersatzansprüchen nach § 122 zu beschließen. Eine Anfechtung des Verschmelzungsbeschlusses ist jedoch gegen die übernehmende Gesellschaft zu richten (§ 246), die auch sonst in die Rechte und Pflichten der übertragenden Gesellschaft eintritt. Der Vorstand und Aufsichtsrat dieser Gesellschaft kann daher von der übernehmenden Gesellschaft Entlastung verlangen.

Der Gläubigerschutz bei der Verschmelzung ist im AGesetz erheblich abgeschwächt worden. Bisher war dreimaliger Aufruf, Sicherheitsleistung und Einhaltung eines Sperrjahres vorgeschrieben, während dessen das übernommene Vermögen getrennt verwaltet werden mußte (HGB. § 306). Namentlich die letztere Bestimmung hat sich jedoch als praktisch undurchführbar erwiesen. Entsprechend dem Vorschlag des Aktienrechtsausschusses der Akademie für Deutsches Recht[1]) ist jetzt eine getrennte Verwaltung nicht mehr erforderlich. Auch ein Gläubigeraufgebot erfolgt nicht mehr. Vielmehr ist lediglich bei der Bekanntmachung der Eintragung der Verschmelzung in das Handelsregister des Sitzes der übertragenden Gesellschaft darauf hinzuweisen, daß die Gläubiger binnen 6 Monaten das Recht haben, Sicherheitsleistung bzw. Befriedigung zu verlangen. Das Recht auf Sicherheitsleistung haben aber solche Gläubiger nicht, die im Falle des Konkurses ein Recht auf vorzugsweise Befriedigung aus einer staatlich überwachten Deckungsmasse haben (§ 241).

Bei der Verschmelzung können sich Schwierigkeiten dadurch ergeben, daß sowohl die übertragende als auch die übernehmende Firma durch langfristige Lieferungs- oder Abnahmeverträge oder durch Kartellverpflichtungen gebunden sind. Durch die Verschmelzung tritt die übernehmende Gesellschaft in die Verpflichtungen der übertragenden Gesellschaft ein, wodurch eine Kollision der beiderseitigen Verpflichtungen entstehen kann. Nach dem Vorschlag des Aktienausschusses[1]) ist in diesem Fall der Umfang der Verpflichtungen von dem

[1]) Zeitschrift der Akademie f. D. R. 1935, 258.

Gericht nach Billigkeit und unter Würdigung der vertraglichen Rechte aller Beteiligten festzusetzen (§ 240 Abs. 3, § 247 Abs. 5).

3. Die Verschmelzungsbilanz

§ 71

Bei der Verschmelzung ergeben sich eine Reihe verwickelter Fragen aktienrechtlicher und steuerrechtlicher Art, die im bisherigen Recht eine restlose Klärung nicht gefunden hatten. Das AGesetz beseitigt eine Reihe von Zweifeln, gibt aber zu neuen Fragen Veranlassung, deren Lösung der Praxis vorbehalten bleiben muß. Unter diesem Vorbehalt werden die wesentlichen Grundsätze des neuen Rechts wie folgt dargestellt:

1. Zum Zwecke der Verschmelzung ist die Aufstellung einer Bilanz vom Gesetz vorgeschrieben (§ 239 Abs. 3). Zwar ist dies auch bisher üblich gewesen (vgl. S. 337), aber nach den allgemeinen Bestimmungen genügt bei der Einbringung von Sacheinlagen sowohl bei der Neugründung als auch bei der Kapitalerhöhung eine verkehrsübliche Beschreibung der Einlagen unter Angabe des Nennbetrags der zu gewährenden Aktien (§§ 20, 150; HGB. §§ 186 Abs. 2, 279 Abs. 1). Die übernehmende Gesellschaft war infolgedessen bisher nach Handelsrecht in der Lage, den Gesamtnennbetrag der gewährten Aktien in ihrer Bilanz beliebig auf die erworbenen Gegenstände zu verteilen. Dies ist jetzt nicht mehr zulässig. Gleichzeitig ist im Einklang mit den Bedürfnissen der Praxis klargestellt worden, daß die Bilanz nicht auf den Zeitpunkt der Verschmelzung aufgestellt werden muß, sondern daß es genügt, wenn der Stichtag der Bilanz nicht länger als 6 Monate vor dem Tag der Anmeldung der Verschmelzung durch die übertragende Gesellschaft zurückliegt (§ 239 Abs. 3).

2. Welcher Art ist aber die Bilanz, die der Verschmelzung zugrunde liegt? Das AGesetz nennt sie „Schlußbilanz" und bestimmt, daß für sie die Vorschriften über die Jahresbilanz sinngemäß gelten, daß sie nicht bekannt gemacht zu werden braucht (§ 239 Abs. 3) und daß die darin angesetzten Werte für die Jahresbilanzen der übernehmenden Gesellschaft als Anschaffungswerte gelten (§ 242 Abs. 1).

a) Die Bezeichnung „Schlußbilanz" kann zu Verwechslungen führen. Angenommen, die Gesellschaft B übernimmt das Vermögen der Gesellschaft A auf Grund deren Jahresbilanz vom 31. 12. 1936 und die Verschmelzung wird am 1. 6. 1937 durchgeführt, so hat nach

Steuerrecht die Gesellschaft auf den 1. 6. 1937 eine Jahresbilanz für das Rumpfgeschäftsjahr aufzustellen, weil sie bis zu diesem Zeitpunkt die laufende Körperschaftsteuer zu entrichten hat. Diese Bilanz wurde bisher als Schlußbilanz bezeichnet, weil sie eine Jahresbilanz auf den Schluß des Geschäftsjahres ist, der in diesem Fall zugleich den Schluß der geschäftlichen Tätigkeit der Firma darstellt (S. 359). Um eine solche Verwechslung zu vermeiden, soll im folgenden die bisher übliche Bezeichnung „Verschmelzungsbilanz" beibehalten werden.

b) Welche Vorschriften der Jahresbilanz gelten sinngemäß für die Verschmelzungsbilanz?

Die Verschmelzung bedeutet eine Veräußerung, d. h. eine Realisierung des Vermögens der Gesellschaft. Es ist selbstverständlich, daß der Veräußerer bei dieser Gelegenheit den wirklichen Wert der veräußerten Vermögensgegenstände verlangt. Die Jahresbilanz ist aber nach den früheren Darlegungen nicht in der Lage, den wirklichen Wert der Vermögensgegenstände zum Ausdruck zu bringen. Sie kann erhebliche stille Reserven enthalten, sie kann aber auch an einer Überbewertung des Anlagevermögens kranken. Infolgedessen ist es nicht immer möglich, die Jahresbilanz als Verschmelzungsbilanz zu benutzen. Wenn in der Praxis die Verschmelzungen häufig auf Grund der letzten Jahresbilanz vorgenommen werden, so darf man daraus nicht schließen, daß die Aktionäre der übertragenden Gesellschaft tatsächlich den Gegenwert erhalten hätten, der in der Jahresbilanz als Vermögen der übertragenden Gesellschaft ausgewiesen ist. Regelmäßig geht man vielmehr bei der Verschmelzung von dem Kurswert der Aktien der zu verschmelzenden Gesellschaften aus; falls kein zuverlässiger Börsenkurs zu ermitteln ist, muß der innere Wert der Aktien festgestellt werden. Maßgebend für den Gegenwert ist daher nicht die Jahresbilanz der übertragenden Gesellschaft, sondern der Wert der gewährten Aktien, wobei deren Ausgabekurs und das Umtauschverhältnis entsprechend festgesetzt werden. Nach dem auf S. 360 aufgeführten Beispiel beträgt der Wert des Vermögens der übertragenden Gesellschaft 137500 M. Wenn nun der Kurswert der Aktien der übernehmenden Gesellschaft 137 1/2 % beträgt, so wird die übernehmende Gesellschaft den Aktionären der übertragenden Gesellschaft Aktien im Nennwert von 100000 M. zur Verfügung stellen. Sie ist dabei in der Lage, den Ausgabekurs dieser Aktien beliebig zwischen 100 und 137 1/2 % festzustellen. Für die Aktionäre der übertragenden Gesellschaft ist dieser Ausgabekurs völlig unerheblich. Wählt die übernehmende Gesellschaft den Kurs von 137 1/2 %, so muß sie die Werte der übertragenden Gesellschaft so übernehmen, wie sie in deren Bilanz stehen und 37500 M. der gesetzlichen Rücklage überweisen. Wählt sie den Ausgabekurs von 100 %, so hat sie einen Betrag von 37500 M. zur Verfügung, den sie zu Abschreibungen benutzen kann. Maßgebend für die Bestimmung des Ausgabekurses ist in der Praxis das Abschreibungsbedürfnis der übernehmenden Gesellschaft für die übernommenen Werte. Anders liegt der Fall, wenn die Werte in der Bilanz der übertragenden Gesellschaft übersetzt sind. Angenommen, der Wert des Reinvermögens nach obigem Beispiel wäre nur 55000 M., so würde die übernehmende Gesellschaft den Aktionären der übertragenden Gesellschaft Aktien im Nennwert von 40000 M. zur Verfügung stellen. Sie wäre auch hier in der Lage, den Ausgabekurs beliebig zwischen 100 und 137½ % festzustellen. Bei einem Kurs von 100 % würde sie Gegenstände im Werte von 55000 M. mit Aktien im Nennbetrag von 40000 M. erwerben, könnte also 15000 M. darauf abschreiben. Würde sie den Kurs von 137½ % wählen, so müßte sie die erworbenen Gegenstände mit 55000 M. in die Bilanz einstellen und 15000 M. der gesetzlichen Rücklage überweisen. Nach dem bisherigen Recht, das sich mit der kaufmännischen Auffassung deckte, wäre es dagegen nicht möglich, daß die übernehmende Gesellschaft die überhöhten Werte der übertragenden Gesellschaft nach deren Jahresbilanz übernähme, denn sie würde in diesem Fall den 40000 M. (bei einem Ausgabekurs von 100 %) bzw. 55000 M. (bei einem Ausgabekurs von 137½ %) übersteigenden Betrag als Gewinn ausweisen.

Nach dem AGesetz würde sich aber der Ausweis eines solchen völlig fiktiven Gewinns ergeben, wenn man die Jahresbilanz der übertragenden Gesellschaft der Verschmelzung zugrund legen würde; denn das Gesetz bestimmt, daß die Vorschriften über die Jahresbilanz für die Verschmelzungsbilanz sinngemäß gelten (§ 239 Abs. 3). Die Begründung führt hierzu an, daß durch diese Vorschrift eine willkürliche Bewertung der Vermögensgegenstände der übertragenden Gesellschaft durch die übernehmende Gesellschaft verhindert werden solle. Offenbar war die Absicht, die stillen Reserven der übertragenden Gesellschaft bei der übernehmenden Gesellschaft sicherzustellen und ihre Realisierung aus Anlaß der Verschmelzung zu verhindern. Dann durfte das Gesetz aber der übernehmenden Gesellschaft nicht gestatten, den Überschuß über den Nenn- bzw. Ausgabebetrag der gewährten Aktien unter die Posten ihres Anlagevermögens aufzunehmen (§ 242 Abs. 2). Überhaupt paßt die gesetzliche Vorschrift nur für den Fall, daß stille Reserven vorhanden sind, d. h. daß die Werte in der Jahresbilanz der übertragenden

Gesellschaft niedriger sind, als ihrem wahren Wert entspricht. Es ist aber auch der Fall möglich, daß die Werte in der Jahresbilanz der übertragenden Gesellschaft übersetzt sind, ohne daß deswegen die Bilanz gesetzwidrig wäre, z. B. wenn die hohen Anschaffungswerte nicht mehr zeitgemäß sind. In diesem Fall müßte nach dem Gesetz ein Ausgleichsposten in die Passiva der übernehmenden Gesellschaft eingestellt werden, der bilanzmäßig als Gewinn erscheinen würde, was aber mit der kaufmännischen Auffassung nicht zu vereinbaren wäre.

Das bisherige Recht enthielt keine ausdrückliche Bestimmung über die Verschmelzungsbilanz. Da es sich aber bei der Verschmelzung um eine Veräußerung handelt, folgte daraus ohne weiteres, daß in der Bilanz der übernehmenden Gesellschaft die Anschaffungskosten, wie sie sich aus der Verschmelzungsbilanz ergeben, nicht überschritten werden durften. Daß in der Bilanz der übernehmenden Gesellschaft die Werte anders eingesetzt wurden als in der Verschmelzungsbilanz (abgesehen von einer **niedrigeren** Bewertung der Aktiva, die stets zulässig ist) dürfte selten sein. Vielmehr werden die Veränderungen, die von der übernehmenden Gesellschaft gewünscht werden, bereits in der Verschmelzungsbilanz vorgenommen. Es liegt dies im Wesen des Veräußerungsvertrages begründet: Der Veräußerer hat nur das Interesse am Gegenwert, nicht an den Bilanzziffern; dagegen hat der Erwerber ein erhebliches Interesse an den Bilanzziffern, weil er sie als Höchstwerte in seiner Bilanz nicht überschreiten darf. Angenommen, der Wert des Vermögens der übertragenden Gesellschaft ist 1 Mn M., der Wert der Aktien der übernehmenden Gesellschaft 200 %, so kommt es nur darauf an, daß die Aktionäre der übertragenden Gesellschaft Aktien der übernehmenden Gesellschaft im Nennbetrag von $^1/_2$ Mn M. erhalten. Ob dann die übernommenen Gegenstände mit $^1/_2$ Mn M. oder höher oder niedriger in der Verschmelzungsbilanz stehen, ist für den Verschmelzungsvertrag unerheblich. Steuerlich ist allerdings ein solches Verfahren nicht ohne weiteres zulässig, wie noch auszuführen ist.

Die Verschmelzungsbilanz ist daher ihrer Art nach weder eine Jahresbilanz noch eine Abwicklungsbilanz, sondern beruht — vorbehaltlich der Wahrung der steuerlichen Erfordernisse — **auf freier Vereinbarung der** vertragschließenden Parteien. Daraus ergibt sich **entgegen dem Wortlaut des Gesetzes**, daß die Bewertungsbestimmungen der Jahresbilanz auf die Verschmelzungsbilanz keine Anwendung finden können. Dies schließt nicht aus, daß einzelne Bestimmungen über die Jahresbilanz „sinngemäß" anzuwenden sind. Schon nach bisherigem Recht war nicht erforderlich, daß die Verschmelzungsbilanz von der HV. der übertragenden Gesellschaft genehmigt wurde, vielmehr war der Anmeldung zum Handelsregister lediglich der Verschmelzungsvertrag beizufügen (HGB. §§ 306, 304 Abs. 3). Die Verschmelzungsbilanz wird in der Regel eine Grundlage des Verschmelzungsvertrags sein, sie kann sogar ein Bestandteil dieses Vertrags sein, doch ist dies nicht unbedingt notwendig. Das Gesetz (§ 235 Abs. 2) sieht ausdrücklich die Möglichkeit vor, daß die Wirkung eines Verschmelzungsvertrags erst nach Jahren eintritt oder daß er unter einer Bedingung geschlossen wird. In solchen Fällen kann die Bilanz keinen Bestandteil des Vertrags bilden. Man wird daher annehmen müssen, daß unter sinngemäßer Anwendung des § 125 Abs. 1—4 die Verschmelzungsbilanz entweder von Vorstand und Aufsichtsrat oder von der HV. festgestellt wird. Die Bestimmung über das Recht der Minderheit, die Vertagung der Bilanzgenehmigung zu verlangen, ist nicht anwendbar. Anwendbar ist dagegen die Vorschrift, daß die Verschmelzungsbilanz in dem Geschäftsraum der Gesellschaft zur Einsicht der Aktionäre auszulegen und jedem Aktionär auf Verlangen zu übersenden ist (§ 125 Abs. 6); dagegen braucht sie nicht veröffentlicht zu werden (§ 239 Abs. 3 Schlußsatz).

c) Die in der Verschmelzungsbilanz ausgewiesenen Werte dürfen, wie ausgeführt, in der Bilanz der übernehmenden Gesellschaft nicht überschritten werden. Dies gilt auch für das Umlaufvermögen. In der Verschmelzungsbilanz, die eine Veräußerungsbilanz ist, dürfen zwar die nicht realisierten Gewinne, die in den Umlaufgegenständen liegen, ausgewiesen werden, die übernehmende Gesellschaft darf diese Werte jedoch nur nach dem Niederstwertgrundsatz ansetzen. Ist daher der Wert dieser Gegenstände am Stichtag der nächsten Jahresbilanz gesunken, so darf in der Jahresbilanz nur der niedrigere Wert ausgewiesen werden. Gewöhnlich werden aber die bei der Verschmelzung erzielten Buchgewinne von der übernehmenden Gesellschaft dazu benutzt, auf die in der Verschmelzungsbilanz ausgewiesenen Vermögensgegenstände möglichst große Abschreibungen zu machen[1]).

3. Die vorstehend dargelegten Grundsätze sind auch anwendbar, wenn das Vermögen einer GmbH. oder einer bergrechtlichen Gewerkschaft im Wege der Verschmelzung auf eine AG. oder eine Kommandit-

---

[1]) So konnten die Vereinigten Stahlwerke bei ihrer Neuorganisation im Jahre 1934 (Verschmelzung der alten Vereinigten Stahlwerke, Phönix und van der Zypen mit der Gelsenkirchner Bergwerksgesellschaft) über 207 Mn. M. zu Abschreibungen, Wertberichtigungen, Bildung von Rücklagen und zur Deckung von Betriebsverlusten verwenden.

gesellschaft a. A. übertragen wird. Allerdings schließt das Gesetz die Anwendung des § 242 (Bindung der Bilanz der übernehmenden Gesellschaft an die Wertansätze in der Verschmelzungsbilanz) für diesen Fall aus [1]). Der Grund ist darin zu erblicken, daß die besonderen gesetzlichen Bestimmungen über die GmbH. und die bergrechtliche Gewerkschaft den Niederstwertgrundsatz nicht ausdrücklich enthalten, wenn auch die Grundsätze ordnungsmäßiger Buchführung zu einer gleichen Bewertung führen. Nach der hier vertretenen Auffassung, nach welcher die Verschmelzungsbilanz im Gegensatz zur Jahresbilanz eine Veräußerungsbilanz ist, sind aber auch in diesen Fällen die Werte der Verschmelzungsbilanz als Anschaffungskosten anzusehen.

4. Steuerfragen [2])

§ 72

I. Das Steuerrecht erblickt in jeder Vermögensübertragung eine Veräußerung, mag es sich um die Abwicklung handeln (Übertragung des Vermögens im einzelnen nach KörpStG. § 14) oder um die Verschmelzung und Umwandlung (Übertragung des Vermögens im ganzen nach KörpStG. § 15). Auf die Verschmelzung und Umwandlung finden die Vorschriften über die Abwicklung Anwendung; eine besondere Regelung tritt nur ein, wenn das Vermögen einer inländischen Kapitalgesellschaft auf eine andere inländische Kapitalgesellschaft gegen G e w ä h r u n g v o n G e s e l l s c h a f t s r e c h t e n der übernehmenden Gesellschaft übergeht.

1. Bei der ü b e r t r a g e n d e n G e s e l l s c h a f t kommt eine Besteuerung in folgender Hinsicht in Betracht:

a) Zunächst ist die laufende Körperschaftsteuer bis zu dem Zeitpunkt der Verschmelzung zu entrichten. Die Steuerbehörde verlangt zu diesem Zwecke für das Rumpfgeschäftsjahr die Aufstellung einer den Grundsätzen der Jahresbilanz entsprechenden Schlußbilanz [3]). Diese Bilanz kann mit der Verschmelzungsbilanz identisch sein, wenn die übernehmende Gesellschaft die Vermögensgegenstände der aufgelösten Gesellschaft so übernimmt, wie sie sich aus deren Jahresbilanz ergeben. Die Schlußbilanz für das Rumpfgeschäftsjahr kann aber auch verschieden von der Verschmelzungsbilanz sein, denn diese letzteren

---

[1]) §§ 249 Abs. 2, 251 Abs. 2.

[2]) Vgl. hierüber Gebhardt, Die Verschmelzung von Kapitalgesellschaften im Steuerrecht, DStZ. 1936, 1179.

[3]) Kennerknecht, KörpStG. § 15 Anm. 16 S. 548.

Bilanzen dienen nicht der Ermittlung des Gewinnes, sondern der Ermittlung des Veräußerungswertes.

b) Steuerpflichtig ist bei der übertragenden Gesellschaft ferner der eigentliche Verschmelzungsgewinn, der nach den gleichen Grundsätzen wie bei der Abwicklung berechnet wird. Verschmelzungsgewinn ist der Überschuß des Endvermögens über das sich aus der letzten Jahresbilanz ergebende Vermögen, wobei für den Wert des Endvermögens der Wert der Gegenleistung im Zeitpunkt der Übertragung maßgebend ist.

Die verschiedenen Möglichkeiten, die sich für die Verschmelzungsbilanz ergeben, werden in dem nachstehenden Beispiel dargelegt:

Aktiva	mit stillen Reserven	unter Auflösung der stillen Reserven	Passiva	mit stillen Reserven	unter Auflösung der stillen Reserven
Grundst. u. Geb.	150000	150000	Aktienkapital ..	100000	100000
Maschinen	70000	70000	Verbindlichk. ..	280000	280000
Einrichtungen ..	20000	20000	Abwicklungsgew.	—	37500
Waren	60000	60000			
Außenstände	40000	40000			
Wertpapiere	25000	62500			
Kasse	15000	15000			
	380000	417500		380000	417500

Das Vermögen wird im ganzen auf Grund obiger Jahresbilanz übernommen. Der Gegenwert beträgt (unter der Annahme, daß der Abwicklungsgewinn nicht ausgeschüttet, sondern mit übernommen wird und daß die Körperschaftsteuer hierauf bereits bezahlt ist) M. 137500. Der Wert der Aktien der übertragenden Gesellschaft ist daher mit M. 137,50 für jede Aktie von 100 M. anzunehmen. Hier ist zunächst der Fall denkbar, daß die Vermögensgegenstände unter ihrem wirklichen Wert übernommen werden. Dieser Fall ist insbesondere dann möglich, wenn es sich um eine Übertragung der abhängigen Gesellschaft an die herrschende handelt (hier machen die Aktionäre der herrschenden Gesellschaft einen Gewinn auf Kosten der freien Aktionäre der übertragenden Gesellschaft) oder wenn die Gesellschafter der übertragenden gleichzeitig Gesellschafter der übernehmenden Gesellschaft sind. (Hier erhöht sich der Wert der Aktien der übernehmenden Gesellschaft um soviel, als sich der Wert der übertragenden Gesellschaft verringert.) Wird zu diesem Zwecke eine Bilanz aufgestellt, die dem wirklichen Wert der Vermögensgegenstände nicht entspricht, so würde die Steuerbehörde grundsätzlich eine solche Bilanz nicht anerkennen, sondern die Versteuerung des Verschmelzungsgewinns auf Grund der wirklichen Vermögenswerte verlangen.

Ist der Gegenwert für das zu übertragende Vermögen im ganzen (im vorliegenden Fall 137500 M.) festgestellt, so hat die übertragende Gesellschaft im allgemeinen kein Interesse daran, daß die einzelnen Vermögensgegenstände genau zu dem Wert übernommen werden, wie er als Grundlage für die Verschmelzung festgestellt wurde. Sie wird daher bereit sein, den Wünschen des Erwerbers in bezug auf die Aufstellung der Verschmelzungsbilanz im einzelnen zu entsprechen. Nach obigem Beispiel könnte der Erwerber den Wunsch haben, den Wert der Grundstücke um 50000 M. herabzusetzen und statt dessen den Wert der Maschinen um 25000 M. (wegen der Möglichkeit höherer Abschreibungen) und den Wert der Waren um 25000 M. (wegen des geringeren Gewinns bei der Veräußerung) hinaufzusetzen. Der Verschmelzungsgewinn würde zwar dadurch nicht geschmälert werden, wohl aber würde dadurch der laufende körperschaftsteuerpflichtige Gewinn bei der übernehmenden Gesellschaft verkürzt werden. Die Steuerbehörde wird daher auch in diesem Fall die Verschmelzungsbilanz nicht anerkennen, sondern verlangen, daß der Übernahmepreis auf die einzelnen Gegenstände so verteilt wird, wie es ihrem wirklichen Wert (bzw. dem Teilwert) entspricht.

Für den Fall, daß der Gegenwert für das übertragene Vermögen in Gesellschaftsrechten der übernehmenden Gesellschaft gewährt wird, ist nach KörpStG. § 15 Abs. 2 der Verschmelzungsgewinn[1]) steuerfrei, wenn folgende Voraussetzungen erfüllt sind:

1. „Das Vermögen einer inländischen Kapitalgesellschaft muß als ganzes auf eine andere inländische Kapitalgesellschaft übergehen;
2. Es muß sichergestellt sein, daß dieser Gewinn später der Körperschaftsteuer unterliegt."

Wird das Vermögen einer Kapitalgesellschaft an eine andere Kapitalgesellschaft übertragen, die alleiniger oder Hauptgesellschafter ist (Entschachtelung), so werden von der letzteren keine Gesellschaftsrechte gewährt, vielmehr gehen die Aktien der übertragenden Gesellschaft durch die Verschmelzung unter. (Steuerrechtlich wird auch dieser Vorgang

[1]) Die Ansicht von Bühler S. 279, daß in diesem Fall auch der laufende Gewinn bis zu dem Zeitpunkt der Verschmelzung steuerfrei sei, erscheint nach dem Gesetz nicht begründet, vgl. Kennerknecht S. 548 Anm. 16.

als eine Veräußerung von Aktien gegen Rückgabe des Vermögens angesehen.) Hier gewährt lediglich das Umwandlungsgesetz steuerliche Erleichterungen, das aber nur noch für Beschlüsse bis zum 30. 6. 1937 gilt (S. 372).

Verschmelzungsgewinn ist der Abwicklungsgewinn (Abwicklungsendvermögen minus Abwicklungsanfangsvermögen). Abwicklungsendvermögen ist der Kurswert der Aktien, die die übertragende Gesellschaft für ihr Vermögen erhalten hat. Es ist anzunehmen, daß dieser Wert dem wirklichen Wert des Vermögens der übertragenden Gesellschaft entspricht. Wird also in der Bilanz dieser Gesellschaft ein geringeres Vermögen ausgewiesen als dem Kurswert der Aktien entspricht, so kann die Differenz nur in stillen Reserven bestehen. Wenn die übernehmende Gesellschaft die aufgelöste Gesellschaft zu deren Buchwerten ohne Berücksichtigung der Reserven übernimmt, so entsteht für die übernehmende Gesellschaft späterhin ein Gewinn; auf die Versteuerung dieses Gewinns bei der übertragenden Gesellschaft kann aber verzichtet werden, weil die übernehmende Gesellschaft gewissermaßen an die Stelle der aufgelösten Gesellschaft getreten ist und die stille Reserve bei ihr voraussichtlich im Laufe der Zeit in der gleichen Weise zur Realisierung gelangt, wie dies bei der aufgelösten Gesellschaft der Fall gewesen wäre. Die Steuerfreiheit wird aber nach der Rechtsprechung des RFH. nur anerkannt, wenn die übernehmende Gesellschaft ihr Kapital erhöht und als Gegenwert des übernommenen Vermögens junge Aktien hingibt, nicht aber wenn zu diesem Zwecke eigene Aktien[1]) hingegeben werden.

Angenommen, die Aktien der übernehmenden Gesellschaft sind mit pari zu bewerten, so kann nach obigem Beispiel die übernehmende Gesellschaft ihr Kapital um 130000 M. erhöhen und die Spitze von 7,50 M. pro Aktie in bar auszahlen. Da der Verschmelzungsgewinn nur insoweit steuerfrei ist, als Gesellschaftsrechte gewährt werden, sind in diesem Fall von 37500 M. jedenfalls die bar gezahlten 7500 M. steuerpflichtig[2]). Haben die Aktien der übernehmenden Gesellschaft einen höheren Wert, z. B. 137$^1/_2$ %, so bestehen zwei Möglichkeiten: Die übernehmende Gesellschaft kann ihr Kapital um 100000 M. erhöhen. Sie erwirbt dann für diesen Betrag Gegenstände im Werte von 137500 M. und kann sie mit 100000 M. in ihre Bilanz einstellen,

[1]) Für die Hingabe von Vorratsaktien wird man das gleiche wie für die Hingabe von jungen Aktien annehmen können.

[2]) Kennerknecht S. 548 Anm. 14.

so daß in Höhe des Mehrwerts eine stille Reserve entsteht. In diesen Fällen wird die übertragende Gesellschaft die stillen Reserven nicht aufdecken und ebenfalls mit 100000 M. Reinvermögen abschließen[1]).

Die zweite Möglichkeit ist, daß die übernehmende Gesellschaft ihr Kapital um 100000 M. erhöht und die Aktien mit einem Agio z. B. in Höhe von $37^1/_2$ % ausgibt, das in ihre gesetzliche Rücklage fließt. In diesem Fall übernimmt sie die Werte zu 137500 M., also unter Auflösung der stillen Reserven. Die übertragende Gesellschaft hat den Verschmelzungsgewinn von 37500 M. zu versteuern.

Es soll nunmehr der Fall besprochen werden, daß die übernehmende Gesellschaft keine Kapitalerhöhung vornimmt, sondern den Gegenwert von 100000 M., durch Hingabe eigener Aktien gewährt. Nach der Rechtsprechung des RFH. ist in diesem Falle der Verschmelzungsgewinn steuerpflichtig. Der RFH. geht dabei von der Auffassung aus, daß die Hingabe eigener Aktien ein Veräußerungsgeschäft sei, bei dem eine Neubewertung nach dem Anschaffungspreis vorgenommen werden müsse, während es sich bei der Hingabe von Aktien auf Grund einer Kapitalerhöhung um einen gesellschaftsrechtlichen Vorgang handle. Allein das Gesetz macht keinen Unterschied, ob die hingegebenen Aktien aus einer Kapitalerhöhung oder aus einem Erwerbsgeschäft herrühren. Es wird nur verlangt, daß Gesellschaftsrechte gewährt werden und daß die spätere Versteuerung des Verschmelzungsgewinns sichergestellt ist. Ob das letztere der Fall ist, hängt aber nur davon ab, ob der Buchwert der eigenen Aktien höher oder niedriger ist als der Wert des übernommenen Vermögens. Stehen die eigenen Aktien z. B. zu 90 % bei der übernehmenden Gesellschaft zu Buch, so ist die Versteuerung des Verschmelzungsgewinns nicht gefährdet. Stehen sie zu 110 % zu Buch, so tritt nach obigem Beispiel an die Stelle eines Aktivums von 110000 M. ein anderes im Wert von 100000 M. und die Versteuerung des Verschmelzungsgewinns ist daher nicht sichergestellt. Nach dem AGesetz kann die Rechtsprechung des RFH. um so weniger aufrecht erhalten werden, als § 238 die Verschmelzung ohne Erhöhung des Grundkapitals durch Gewährung von eigenen Aktien ausdrücklich vorsieht.

Eine andere Frage ist, ob die übernehmende Gesellschaft einen Gewinn zu versteuern hat, wenn sie eigene Aktien, die bei ihr zu 90 % zu Buch stehen, hingibt, um damit Vermögensgegenstände im Werte von 100 % zu erwerben. (Mit der Verpflichtung zur Versteuerung des

[1]) Vgl. das Beispiel S. 360.

Verschmelzungsgewinnes hat diese Frage nichts zu tun, denn diese Verpflichtung obliegt der übertragenden Gesellschaft.) Hier handelt es sich um ein Tauschgeschäft, bei dem grundsätzlich der Teilwert der hingegebenen Gegenstände der Gewinnermittlung zugrunde gelegt wird. Die Steuerfreiheit des Tauschgeschäfts wird jedoch in verschiedenen Fällen anerkannt, besonders dann, wenn nach wirtschaftlicher Betrachtung die erworbenen Gegenstände als Ersatz für die hingegebenen anzusehen sind[1]). In dieser Hinsicht dürfte es aber auch hier keinen Unterschied machen, ob die hingegebenen Aktien aus Kapitalerhöhung oder aus einem Erwerbsgeschäft herrühren.

2. Auf Seiten der übernehmenden Gesellschaft entsteht durch die Verschmelzung an sich keine Steuerpflicht. Denn der Verschmelzungsgewinn ist bei der übertragenden Gesellschaft erzielt und ist daher von dieser zu versteuern. Der Fall, daß durch die Hingabe eigener Aktien ein Veräußerungsgewinn erzielt wurde, ist bereits behandelt. Steuerlich können sich Schwierigkeiten ergeben, wenn die übernehmende Gesellschaft die erworbenen Gegenstände zu niedrigeren Werten in ihre Bilanz einstellen will, als sie sie auf Grund der Verschmelzungsbilanz erworben hat oder später auf die erworbenen Gegenstände steuerfreie Abschreibungen machen will. (Eine höhere Bewertung ist nicht möglich, weil die Anschaffungswerte nicht überschritten werden dürfen.) Steuerlich werden solche Minderbewertungen, soweit es sich nicht um die regelmäßigen Abschreibungen handelt, nicht anerkannt. Maßgebend ist auch hier die allgemeine Bestimmung des EinkStG. § 6 Nr. 6, wonach bei entgeltlichem Erwerb eines Betriebes die Wirtschaftsgüter mit ihrem Teilwert, höchstens jedoch mit ihren tatsächlichen Anschaffungskosten anzusetzen sind. Sollte der Steuerpflichtige den Einwand erheben, daß das Vermögen der übernommenen Gesellschaft überbewertet sei, so wird die Steuerbehörde den Standpunkt vertreten, daß ein Erwerber für einen Gegenstand nicht mehr zu bezahlen pflegt, als er für ihn wert ist. Auch müssen die indirekten Vorteile, die durch die Verschmelzung erzielt worden sind, berücksichtigt werden, z. B. die Ausschaltung der Konkurrenz[2]).

3. Auch für die Aktionäre der übertragenden Gesellschaft kann eine Steuerpflicht entstehen. Zwar hat der RFH. anerkannt, daß der Aktionär der übertragenden Gesellschaft die Aktien der übernehmenden Gesellschaft, die er im Austausch erhält, zu dem gleichen

---

[1]) Näheres Kennerknecht S. 412.

[2]) Vgl. oben S. 60.

Wert in seine Bilanz einstellen darf wie die hingegebenen Aktien der aufgelösten Gesellschaft[1]). Wenn diese Aktien später veräußert werden, so ist der dabei erzielte Gewinn gegenüber dem Buchwert der Aktien der übertragenden Gesellschaft natürlich steuerpflichtig. Erhalten die Aktionäre der übertragenden Gesellschaft außer den Aktien der übernehmenden Gesellschaft noch eine Barauszahlung, so ist nach einer Entscheidung des RFH.[2]) dieser Barbetrag als Kapitalertrag einkommensteuerpflichtig. Angesichts der neuerlichen Rechtsprechung des RFH. zur Kapitalertragsteuerpflicht von Liquidationsraten dürfte diese Rechtsprechung aber überholt sein. Für den Aktionär der übertragenden Gesellschaft, der nicht buchführender Kaufmann ist, kommt eine Steuerpflicht in Frage, wenn es sich um ein Spekulationsgeschäft handelt (EinkStG. § 23) oder wenn er an der aufgelösten Gesellschaft mit mehr als 25 % innerhalb der letzten 5 Jahre beteiligt war (Veräußerung wesentlicher Beteiligungen nach dem EinkStG. § 17). Eine steuerpflichtige Veräußerung der wesentlichen Beteiligung liegt jedoch nicht schon darin, daß der Aktionär an Stelle seiner Beteiligung an der aufgelösten Gesellschaft Aktien der übertragenden Gesellschaft erhält, sondern erst dann, wenn er diese Aktien veräußert.

4. Außerdem kommen bei einer Fusion noch eine Reihe sonstiger Steuern in Betracht: die Gesellschaftsteuer, wenn eine Kapitalerhöhung stattfindet, sie beträgt 2 % (KVG. § 9), die Grunderwerbsteuer für den Übergang des Grundeigentums an die aufnehmende Gesellschaft; sie beträgt bei Einbringung von Grundstücken gegen Gewährung von Gesellschaftsrechten 2 % statt 3 % (Grunderwerbsteuergesetz in der Fassung der Notverordnung vom 1. 12. 1930 § 19a). Die Wertzuwachssteuer und die Zuschläge zur Grunderwerbsteuer entfallen. Für die Hingabe eigener Aktien gelten nach der Rechtsprechung des RFH. die Erleichterungen nicht. Die Grunderwerbsteuer darf nicht als Betriebsausgabe abgezogen werden, sondern ist dem Wert der Grundstücke zuzuschlagen. Die Umsatzsteuer für die Übertragung des Betriebsvermögens als Ganzes, soweit der Umsatzvorgang nicht steuerfrei oder schon von einer anderen Steuer erfaßt ist wie bei Grundstücken, Wechseln, Wertpapieren, beträgt nach der V. vom 1. 3. 1937 ein halbes Prozent, für den Übergang von Warenausständen gelten die allgemeinen Sätze[3]). In Betracht kommen ferner die Börsenumsatzsteuer für alle Wertpapieranschaffungs-

[1]) Vgl. RStBl. 1931, 117; 1933, 427 und RFH. 30, 187.
[2]) RStBl. 1931, 116; 1933, 97 vgl. Gebhardt a. a. O. S. 1191.
[3]) Vgl. Runderlaß des RFM. vom 7. 3. 1937 (RStBl. S. 385).

geschäfte aus Anlaß der Verschmelzung; die **Urkundensteuer** für steuerpflichtige Kauf- und Tauschgeschäfte, soweit nicht das KVG. eingreift.

II. Wie schon erwähnt, wird bei der Verschmelzung regelmäßig bestimmt, daß sie von einem zurückliegenden Zeitpunkt an Geltung haben soll. Nach der Rechtsprechung des RFH. ist aber die **vertragliche Rückbeziehung der Wirkungen einer Verschmelzung** auf einen früheren Zeitpunkt steuerlich unbeachtlich[1]). Es wird dies damit begründet, daß es den Steuerpflichtigen nicht überlassen werden könnte, durch die Wahl des Zeitpunkts für die Verschmelzungs-(oder Umwandlungs-)bilanz die Körperschaftsteuerpflicht zu beendigen. Der RFH. ist den daraus entstehenden Schwierigkeiten dadurch entgegengekommen, daß er die Bilanz für den Zeitpunkt, auf den der Übergang bezogen wird, zwar nicht als maßgebend, wohl aber als Ausgangspunkt gelten läßt, derart, daß die Änderungen bis zum tatsächlichen Übergang geschätzt werden. Für die Umwandlungsbilanz ist nunmehr durch die 3. DV. zum UmwG. v. 5. 12. 1936 § 3 eine Erleichterung insofern getroffen worden, als die Umwandlungsbilanz auf einen Stichtag aufgestellt werden kann, der nicht weiter als 4 Monate vor der Eintragung zurückliegt. Für die Verschmelzung sieht § 239 Abs. 3 vor, daß die Verschmelzungsbilanz 6 Monate vor der Anmeldung der Verschmelzung zum Handelsregister zurückliegen darf. Die Übertragung dieser Bestimmung auf das Steuerrecht ist jedoch nicht ohne weiteres zulässig. Der Fall liegt hier anders als bei der 3. DV. zum UmwG., weil diese Verordnung auch für das Umwandlungssteuerrecht Anwendung findet. Der Runderlaß des RFM. v. 28. 6. 1935 (RStBl. S. 944) hatte übrigens schon eine entsprechende Regelung getroffen.

Was die **Kosten der Verschmelzung** betrifft, so können sie nach der Rechtsprechung des RFH.[2]) nicht von dem Verschmelzungsgewinn in Abzug gebracht werden. Zulässig ist nur, daß die Kosten im Falle der Kapitalerhöhung auf das Agio der jungen Aktien verrechnet werden. Diese Stellungnahme entspricht dem KörpStG. § 12 Nr. 2, wonach die Steuern vom Einkommen und Vermögen nicht abzugsfähig sind. Dagegen können die sonstigen Steuern (Grunderwerbsteuer, Börsenumsatzsteuer usw.) von dem Verschmelzungsgewinn abgezogen werden[3]).

---

[1]) Kennerknecht KörpStG. § 15 Anm. 5 S. 544.

[2]) 36, 73.

[3]) Ebenso Böttcher-Meilicke S. 220.

IV. Die Umwandlungsbilanz nach dem Aktiengesetz

1. Allgemeine Grundsätze

§ 73

Das bisherige Recht kannte nur die Umwandlung einer Kommanditgesellschaft a. A. in eine AG. (HGB. § 332) und die der AG. in eine GmbH. (Gesetz über die GmbH. § 80). Das Aktiengesetz erweitert die Möglichkeiten der Umwandlung einer Kapitalgesellschaft in eine andere in erheblichem Umfang. Dagegen kann die Umwandlung einer Kapitalgesellschaft in eine Personengesellschaft nur nach den Bestimmungen des UmwG. vorgenommen werden. Nach dem AGesetz können nicht nur AGen in Kommanditgesellschaften a. A., sondern es kann auch eine GmbH. in eine AG. oder in eine Kommanditgesellschaft a. A. umgewandelt werden und umgekehrt. Eine bergrechtliche Gewerkschaft kann in eine AG. oder in eine Kommanditgesellschaft a. A. umgewandelt werden, dagegen ist dies umgekehrt nicht zulässig. Nach dem neuen Recht lassen sich folgende Grundsätze feststellen:

1. Die Umwandlung bedeutet grundsätzlich eine Satzungsänderung. Dabei werden 2 Gruppen von Umwandlungen unterschieden:

a) bei der Umwandlung einer AG. in eine Kommanditgesellschaft a. A., einer AG. in eine GmbH., einer bergrechtlichen Gewerkschaft in eine AG. oder in eine Kommanditgesellschaft a. A. und bei der Umwandlung einer Kommanditgesellschaft a. A. in eine GmbH. sind die Mehrheiten im Gesetz vorgeschrieben (Dreiviertelmehrheit des vertretenen Grundkapitals, $^3/_4$ aller Kuxe). Die Satzung kann eine höhere Mehrheit vorschreiben. Bei der Kommanditgesellschaft a. A. ist die Zustimmung aller persönlich haftenden Gesellschafter notwendig.

b) Bei der Umwandlung einer Kommanditgesellschaft a. A. in eine AG. kann die Satzung auch einfache Mehrheit bestimmen[1]). Fehlt eine solche Bestimmung, so ist eine Dreiviertelmehrheit des vertretenen Grundkapitals erforderlich. Auch hier ist die Zustimmung der persönlich haftenden Gesellschafter nötig. Bei den Umwandlungen der GmbH. bedarf es stets einer Mehrheit von $^3/_4$ der abgegebenen Stimmen (GmbH.-Gesetz § 53). Außerdem ist, wenn die Abtretung der Geschäftsanteile von der Genehmigung einzelner Gesellschafter abhängig ist, deren Zustimmung erforderlich.

2. Soweit es sich um Umwandlungen in die Rechtsform der AG.

---

[1]) § 146 Abs. 1 mit § 219 Abs. 3.

oder Kommanditgesellschaft a. A. handelt, müssen die für diese Gesellschaften bestehenden Vorschriften über die Gründungsprüfung und die Verantwortlichkeit der Gründer (§§ 19, 20, 24—27, 31, 39—46) eingehalten werden. Die Begründung führt hierzu aus, daß es andernfalls möglich wäre, die Gründungsvorschriften für AGen durch Gründung einer GmbH. mit anschließender Umwandlung in eine AG. oder Kommanditgesellschaft a. A. zu umgehen. Das gleiche gilt auch für die Umwandlung einer bergrechtlichen Gewerkschaft in eine AG. oder Kommanditgesellschaft a. A. (§ 279 Abs. 2, § 287 Abs. 2). Von diesem Gesichtspunkt aus läßt es sich aber nicht rechtfertigen, daß eine Gründungsprüfung auch für die Umwandlung einer AG. in eine Kommanditgesellschaft a. A. (§ 257 Abs. 3) vorgeschrieben ist.

3. Der Gläubigerschutz ist nur vorgesehen bei der Umwandlung einer AG. oder einer Kommanditgesellschaft a. A. in eine GmbH. (§§ 267, 282). Es wird dies damit begründet, daß die Haftungsgrundlage der GmbH. nicht so fest sei wie bei der AG. Dies kann jedoch nicht als zutreffend anerkannt werden, denn bei der GmbH. haftet der Gesellschafter nicht nur, wie der Aktionär, für die eigne Einlage, sondern auch für die Fehlbeträge der übrigen Gesellschafter an den Einlagen (GmbH-Gesetz § 24). Nach dem Gesetz gelten hier dieselben Bestimmungen wie bei der Kapitalherabsetzung und bei der Verschmelzung: Bei der Bekanntmachung der Eintragung der Umwandlung in das Handelsregister sind die Gläubiger darauf hinzuweisen, daß sie Sicherheit bzw. Befriedigung verlangen können, wenn sie sich binnen 6 Monaten melden. Obwohl es nicht ausdrücklich bestimmt ist, sind auch hier die Gläubiger ausgenommen, die im Falle des Konkurses ein Recht auf Befriedigung aus einer staatlich überwachten Deckungsmasse haben (§ 241). Bei der Umwandlung einer AG., einer GmbH. und einer bergrechtlichen Gewerkschaft in eine Kommanditgesellschaft a. A. bedarf es keines Gläubigerschutzes. Ebensowenig ist ein Gläubigerschutz erforderlich, wenn eine Kommanditgesellschaft a. A. in eine AG. umgewandelt wird, denn hier bleibt die Haftung der persönlich haftenden Gesellschafter für die bis zur Eintragung der Umwandlung entstandenen Verbindlichkeiten bestehen (§§ 262, 281 Schlußsatz). Auch bei der Umwandlung einer GmbH. in eine AG. sieht das Gesetz einen Gläubigerschutz nicht vor, obwohl hier, wie oben ausgeführt, die Haftung für die Einlagen eingeschränkt wird.

4. Bei der Umwandlung einer AG. und einer Kommanditgesellschaft a. A. in eine GmbH. und umgekehrt, sowie bei der Umwandlung einer bergrechtlichen Gewerkschaft in eine AG. oder in eine Kommanditgesellschaft a. A. ist den der Umwandlung nicht zustimmenden Gesell-

schaftern bzw. Gewerken ein **Widerspruchsrecht** zugebilligt worden. Soweit es sich um die Umwandlung einer Kommanditgesellschaft a. A. handelt, kommt nur ein Widerspruch der Kommanditaktionäre in Frage, denn bei dieser Gesellschaftsform bedarf die Umwandlung der Zustimmung aller persönlich haftenden Gesellschafter. In allen Fällen hat jeder einzelne Gesellschafter das Widerspruchsrecht für seinen Anteil am Gesellschaftsvermögen. Der Widerspruch muß zur Niederschrift der HV. erklärt werden. Er hindert die Umwandlung nicht, auch wenn die widersprechenden Gesellschafter bei der AG. und bei der Kommanditgesellschaft a. A. bis zu 25 % des Grundkapitals bzw. bis zu 1/4 aller Kuxe vertreten. Die widersprechenden Gesellschafter werden mit der Eintragung der Umwandlung Gesellschafter der neuen Gesellschaft. Die Aktie wird kraft Gesetzes zum GmbH.-Anteil und umgekehrt (§§ 265, 274). Der Widerspruch hat aber die Bedeutung, daß der widersprechende Gesellschafter das Recht erlangt, sich von Einzahlungs- und sonstigen Verpflichtungen dadurch zu befreien, daß er seinen Anteil der Gesellschaft zur Verfügung stellt. Dieses Recht endigt, wenn der Vorstand eine Frist zur Ausübung stellt, die mindestens 3 Monate betragen muß. Die Frist kann erst nach Eintragung der Umwandlung bestimmt werden. Bekannte Gesellschafter sind besonders zu benachrichtigen, andernfalls genügt dreimalige Veröffentlichung in den Gesellschaftsblättern. Der zur Verfügung gestellte Anteil ist alsdann durch öffentliche Versteigerung zu verkaufen (§§ 268, 277).

5. Der Umwandlungsbeschluß muß die für die neue Gesellschaftsform **notwendigen Festsetzungen** treffen. Dazu gehört in erster Linie die Satzung der neuen Gesellschaftsform. Wird die Satzung der umgewandelten Gesellschaft übernommen, so genügt die Vornahme der notwendigen Satzungsänderungen. Ferner sind die Organe der Gesellschaft (Vorstandsmitglieder, Geschäftsführer, persönlich haftender Gesellschafter, bei der Umwandlung in eine AG. auch der Aufsichtsrat) zu bestellen und zur Eintragung in das Handelsregister anzumelden. Bei der Umwandlung in eine GmbH. ist eine von den Anmeldenden unterschriebene Liste der Gesellschafter mit Namen, Stand, Wohnort und Betrag der Stammeinlage beizufügen.

2. Die Umwandlungsbilanz

§ 74

1. Das Aktiengesetz bestimmt, daß der Anmeldung des Umwandlungsbeschlusses die Bilanz beizufügen ist, die der Umwandlung zu

grunde gelegt ist[1]). Es ist notwendig, sich über die Art dieser Bilanz klar zu werden: Die Umwandlungsbilanz ist im Gegensatz zur Verschmelzungsbilanz keine Veräußerungsbilanz. Zutreffend führt die Begründung aus: „Die Umwandlung geschieht in jedem Fall unter Wahrung der Personengleichheit; nur die Rechtsform der Gesellschaft ändert sich". Realisationen dürfen daher nur insoweit vorgenommen werden, als sie auch in der Jahresbilanz zulässig sind. Handelt es sich um die Umwandlung einer AG. in eine GmbH. oder in eine bergrechtliche Gewerkschaft, so könnte die Umwandlungsbilanz an sich von der Jahresbilanz abweichen, weil weder die GmbH. noch die bergrechtliche Gewerkschaft an die Bilanzierungsgrundsätze der AG. insbes. an den Niederstwertgrundsatz gebunden sind. Aus dem oben entwickelten Begriff der Umwandlungsbilanz muß aber geschlossen werden, daß auch hier der Umwandlungsbilanz die Jahresbilanz der AG. zugrunde gelegt werden muß. Allerdings kann die umgewandelte AG. oder Gewerkschaft in ihrer nächsten Jahresbilanz nach den für sie geltenden Grundsätzen bilanzieren. Bei anderer Auffassung könnten bei der Umwandlung Gewinne ausgewiesen werden, durch deren Ausschüttung die Haftungsgrundlage der Gesellschaft zum Nachteil der Gläubiger erheblich beeinträchtigt würde. Soweit bei der Umwandlung die Vorschriften über die Gründungsprüfung Anwendung finden, wie dies bei der Umwandlung in die Rechtsform der AG. oder der Kommanditgesellschaft a. A. vorgesehen ist, werden Zwischengewinne ohne weiteres ausgeschlossen. Sie dürfen aber auch bei anderen Umwandlungen nicht gemacht werden. Damit steht die Regelung der Umwandlung nach dem AGesetz in bewußtem Gegensatz zu der Umwandlung nach dem UmwG. und UmwStG. Die letzteren Gesetze tragen einen Übergangs- und Ausnahmecharakter. Sie sollen die Rückkehr zur Eigenverantwortung des Unternehmens fördern und durch steuerliche Erleichterungen einen Anreiz zur Umwandlung geben. Daher enthält das UmwG. auch strenge Bestimmungen sogar strafrechtlicher Art über den Gläubigerschutz, auf den das AGesetz grundsätzlich verzichtet. Hieraus ergibt sich, daß die Umwandlungsbilanz des AGesetzes nach den Grundsätzen der Jahresbilanz aufzumachen ist. In dem alten Recht war dies für die nach HGB. allein zulässige Umwandlung einer Kommanditgesellschaft a. A. in eine AG. ausdrücklich bestimmt (HGB. § 333 Abs. 2). Im neuen Recht gilt dies für alle Fälle der Umwandlung, was übrigens auch aus der besonderen

[1]) §§ 258 Abs. 2, 261 Abs. 2, 264 Abs. 2, 272 Abs. 2.

Bestimmung der §§ 270 Abs. 3, 279 Abs. 2 hervorgeht: Da nämlich für die GmbH. und für die bergrechtliche Gewerkschaft die für den Jahresabschluß der AG. getroffenen Bestimmungen nicht gelten, ist ausdrücklich bestimmt, daß bei der Umwandlung in eine AG. oder in eine Kommanditgesellschaft a. A. die Umwandlungsbilanz den allgemeinen Bilanzierungsgrundsätzen der AG. (§ 129), den Gliederungsbestimmungen (§ 131) und den Bewertungsvorschriften (§ 133) entsprechen muß. Außerdem muß in diesen Fällen die Umwandlungsbilanz in den Gesellschaftsblättern bekannt gemacht werden (§§ 275, 279 Abs. 2, 286, 287), was weder für die Verschmelzungsbilanz, noch in anderen Fällen der Umwandlung für die Umwandlungsbilanz vorgeschrieben ist.

2. Regelmäßig wird sonach der Umwandlung die letzte Jahresbilanz zugrunde gelegt werden. Es kann dies aber auch eine Bilanz für das letzte Rumpfgeschäftsjahr sein. Im Gegensatz zur Verschmelzungsbilanz ist nicht bestimmt, daß die Umwandlungsbilanz sich auf einen zurückliegenden Zeitpunkt beziehen und wie lange dieser Zeitpunkt zurückliegen darf. Das Bedürfnis, die Umwandlung auf Grund einer zurückliegenden Bilanz vorzunehmen, besteht aber auch hier. Für das UmwG. ist dies in der 3. DV. § 3 anerkannt. Steuerlich dürfte ein Bedürfnis hierzu nicht bestehen, da kein Wechsel in der Person des Steuerschuldners eintritt, auch keine Gewinne durch die Umwandlung entstehen, so daß die Versteuerung der Gesellschaft vor und nach der Umwandlung einheitlich vorgenommen werden kann. Man wird daher für die Umwandlung ebenso wie für die Verschmelzung nach Aktienrecht (§ 239 Abs. 3) eine Bilanz für zulässig erachten dürfen, die auf einen Tag aufgestellt ist, der höchstens 6 Monate vor dem Tag der Anmeldung zum Handelsregister zurückliegt.

3. Für die Verschmelzung ist vorgeschrieben, daß der Verschmelzungsvertrag zum Handelsregister einzureichen ist. Einen entsprechenden Umwandlungsvertrag gibt es nicht, was sich ohne weiteres daraus erklärt, daß die Umwandlung keine Veräußerung darstellt. Es ist daher hier lediglich der Umwandlungsbeschluß und die Umwandlungsbilanz zum Handelsregister einzureichen. Die Umwandlungsbilanz ist von dem gesetzlichen Vertreter der Gesellschaft aufzustellen (§§ 270 Abs. 3, 279 Abs. 2, 286, 287 Abs. 2); sie bildet eine Grundlage des Umwandlungsbeschlusses und wird daher in der Regel mit diesem zum Gegenstand des Beschlusses gemacht werden.

4. Die Umwandlungsbilanz ist für die neue Gesellschaft gleich-

zeitig Eröffnungsbilanz. Dies gilt auch dann, wenn die Umwandlungsbilanz auf einen zurückliegenden Zeitpunkt aufgestellt ist. Hierzu kann auf die Ausführungen S. 371, 338 verwiesen werden.

V. Die Umwandlungsbilanz nach dem Umwandlungsgesetz[1])

1. Allgemeine Grundsätze

§ 75

1. Durch das Gesetz über die Umwandlung von Kapitalgesellschaften v. 5. 7. 1934 (Umwandlungsgesetz) nebst 1. DV. v. 14. 12. 1934 und 2. DV. v. 17. 5. 1935 und durch das Gesetz über Steuererleichterungen bei der Umwandlung und Auflösung von Kapitalgesellschaften v. 5. 7. 1934 (Umwandlungssteuergesetz) nebst 2. DV. v. 8. 3. 1935 haben die Bestimmungen über die Umwandlung und Auflösung von Kapitalgesellschaften in bezug auf das Handels- und das Steuerrecht eine tiefgreifende Änderung erfahren. Allerdings handelt es sich dabei um eine kurzfristige Maßnahme, die nur auf Gesellschaften Anwendung findet, die vor dem 1. 7. 1934 errichtet sind und ihre Umwandlung ursprünglich vor dem 1. 1. 1937 beschlossen hatten[2]). Durch die 3. DV. zum Umwandlungsgesetz v. 2. 12. 1936 ist jedoch die Geltungsdauer des Gesetzes auf Umwandlungen und Auflösungen ausgedehnt worden, die bis zum 31. 3. 1939 beschlossen werden. Voraussetzung ist, daß die Kapitalgesellschaft vor dem 1. 7. 1934 errichtet wurde, oder daß wenigstens der Gesellschaftsvertrag bis zu diesem Zeitpunkt gerichtlich oder notariell beurkundet wurde. Die steuerlichen Erleichterungen gelten jedoch nach der 4. DV. zum Umw.-StG. v. 2. 12. 1936 nur für Umwandlungen und Auflösungen, die bis zum 30. 6. 1937 beschlossen werden, mit der Maßgabe, daß, falls der Beschluß nach dem 31. 12. 1936 gefaßt wurde, die Steuerfreiheit für kurzlebige Wirtschaftsgüter, sowie für Ersatzbeschaffungen nach dem Gesetz zur Verminderung der Arbeitslosigkeit v. 1. 6. 1933 nicht in Anspruch genommen werden darf.

Der Zweck der Umwandlungsgesetzgebung ist nach dem Vorspruch

---

[1]) Vgl. Böttcher-Meilicke, Umwandlung, Auflösung und Anleihestock von Kapitalgesellschaften. 3. Aufl. 1936. Bergmann, Umwandlung, Auflösung und Löschung von Kapitalgesellschaften. 1935. Crisolli—Groschuff—Kaemmel, Umwandlung und Löschung von Kapitalgesellschaften. 2. A. 1935.

[2]) UmwG. § 1 Abs. 2; UmwStG. § 2.

zum Umwandlungsgesetz „die Abkehr von anonymen Kapitalformen zur Eigenverantwortung des Unternehmers zu erleichtern". Das Gesetz schafft daher die Möglichkeit, Kapitalgesellschaften in Gesellschaften des Handels- und des bürgerlichen Rechts umzuwandeln. Nach dem AGesetz und den sonst in Betracht kommenden Gesetzen ist eine solche Änderung der Rechtsform nur dadurch möglich, daß die Kapitalgesellschaft abgewickelt und die Personengesellschaft neu gegründet wird. Ferner schafft das Gesetz erweiterte Möglichkeiten für die Verschmelzung durch Übertragung des Vermögens einer Kapitalgesellschaft auf den Allein- oder Hauptgesellschafter. Dieser kann eine Personengesellschaft des Handels- oder bürgerlichen Rechts oder ein Einzelkaufmann sein. Auch in diesem Fall liegt eine Rückkehr zur Eigenverantwortung des Unternehmers vor, die nach allgemeinem Recht nur im Wege der Abwicklung zulässig ist. Der Allein- oder Hauptgesellschafter kann auch eine Kapitalgesellschaft sein. Hier liegt eine Entschachtelung vor. Das UmwG. erstrebt nicht nur die Rückkehr zur Eigenverantwortlichkeit des Unternehmens, sondern gleichzeitig die größtmögliche Klarheit und Übersichtlichkeit im Gesellschaftsrecht. Daher wird auch die Entschachtelung gefördert. Betreibt der Allein- oder Hauptgesellschafter kein geschäftliches Unternehmen, so liegt in der Übertragung des Vermögens der Kapitalgesellschaft auf ihn gleichzeitig eine Auflösung und Abwicklung. Um schließlich einen Anreiz zur Erreichung der vom UmwG. erstrebten Ziele zu schaffen, hat das UmwStG. erhebliche steuerliche Erleichterungen bei der Durchführung der vom UmwG. vorgesehenen Transaktionen gewährt. Diese steuerlichen Erleichterungen werden auch gewährt, wenn die Auflösung einer Kapitalgesellschaft sich in den Formen der Abwicklung nach den Bestimmungen des AGesetzes vollziehen.

Aus dem Vorstehenden ergibt sich, daß auch nach dem UmwG. die bereits behandelten drei Kategorien der Vermögensübertragung zu unterscheiden sind: Umwandlung, Verschmelzung, Abwicklung, selbst wenn sie von dem Gesetz zum Teil anders benannt werden.

2. Bis Ende 1936 haben 970 Aktiengesellschaften sich in Einzelfirmen oder Personengesellschaften umgewandelt, 287 wurden auf Grund des Umwandlungsgesetzes aufgelöst[1]), hauptsächlich wohl durch Übertragung auf den Allein- oder Hauptgesellschafter. Die ersteren Gesellschaften waren hauptsächlich solche, deren Kapital sich in wenigen

[1]) Wirtschaft und Statistik 1937, 75.

Händen befand (Familiengesellschaften); darunter waren auch große Gesellschaften mit einem Kapital von mehreren Millionen Mark. Diese Gesellschaften waren durch die Doppelbesteuerung des Vermögens und Einkommens bei der Gesellschaft und bei den einzelnen Gesellschaftern besonders betroffen. Dazu kam die Erhöhung der Körperschaftsteuer von 20 auf 30 % und auf der andern Seite der Umstand, daß die Personengesellschaften von der Verpflichtung zur Ablieferung der Gewinne über 6—8 % an den Anleihestock befreit sind. Daß von der Umwandlungsmöglichkeit zu den Zwecken der Entschachtelung gleichfalls in zahlreichen Fällen Gebrauch gemacht wurde, erklärt sich daraus, daß die Entschachtelung durch die reguläre Steuergesetzgebung außerordentlich erschwert ist. Denn bei der Auflösung der Gesellschaft werden nicht nur die stillen Reserven bei der Gesellschaft zur Besteuerung herangezogen, sondern auch die Gesellschafter selbst unterliegen, soweit sie buchführende Kaufleute sind, der Steuerpflicht, soweit der Wert des übertragenen Vermögens den Wert der bisherigen Beteiligung übersteigt. Dazu kommen die hohen Kosten und Steuern, die mit der Übertragung des Grundbesitzes verbunden sind. Außerdem war der Abbau des Schachtelprivilegs, das schon durch die Rechtsprechung des RFH. durchbrochen war, angekündigt worden.

2. Die Umwandlung einer Kapitalgesellschaft in eine Personengesellschaft

§ 76

I. Das UmwG. läßt im Gegensatz zum AGesetz die **Umwandlung einer AG. in eine Handelsgesellschaft** (offene Handelsgesellschaft oder Kommanditgesellschaft) oder in eine **Gesellschaft des bürgerlichen Rechts** zu. Der letztere Fall (DV. z. UmwG. § 1) kann nur in Frage kommen, wenn der Geschäftsbetrieb kein Handelsgewerbe darstellt, da andernfalls die Gesellschaft ohne weiteres als offene Handelsgesellschaft anzusehen ist (HGB. § 105). Dies ist z. B. möglich bei Grundstücksverwaltungsgesellschaften, falls das Unternehmen nicht nach Art und Umfang einen in kaufmännischer Weise eingerichteten Geschäftsbetrieb erfordert. Regelmäßig wird aber nur die Umwandlung in eine Handelsgesellschaft in Frage kommen.

Erforderlich ist zunächst ein **Umwandlungsbeschluß der HV.** Die HV. muß in der gesetzlich vorgeschriebenen Form berufen werden. Die Ankündigung der Tagesordnung muß, da es sich um eine Änderung der Satzung handelt, mindestens zwei Wochen vor dem Tage der HV. erfolgen. Regelmäßig wird die HV. in Form der Voll-(Universal-)Versammlung abgehalten werden können. Der Beschluß bedarf, ebenso wie nach dem AGesetz, einer Mehrheit, die mindestens $^3/_4$ des bei der Beschlußfassung vertretenen Grundkapitals umfaßt (3. DV. § 5). Handelt es sich um die Umwandlung einer Kommanditgesellschaft a. A., so ist entsprechend den Bestimmungen des AGesetzes die Zustimmung der persönlich haftenden Gesellschafter erforderlich, die gerichtlich oder notariell beurkundet werden muß (UmwG. § 13).

1. Der Umwandlungsbeschluß muß folgenden Inhalt haben:

a) Die Errichtung der Personengesellschaft.

Hierzu gehören die Firma und Ort des Sitzes (UmwG. § 10 Abs. 2). Es müssen aber auch die weiteren Erfordernisse der Errichtung der Gesellschaft gewahrt sein. Hierzu gehört bei der offenen Handelsgesellschaft nach HGB. § 106 Name, Vorname, Stand und Wohnort jedes Gesellschafters (ebenso nach UmwG. § 11 Abs. 1); bei der Kommanditgesellschaft außerdem nach HGB. § 162 die Bezeichnung der Kommanditisten und der Betrag der Einlage eines jeden von ihnen (ebenso UmwG. § 12). Der Beschluß, der in das Handelsregister einzutragen ist (UmwG. §§ 11 Abs. 2, 12), muß ferner die weiteren zur Durchführung der Errichtung der Gesellschaft erforderlichen Maßnahmen treffen. Hierzu gehören keineswegs alle Vereinbarungen, die zum Inhalt des Gesellschaftsvertrags gemacht werden sollen. Es ist weder erforderlich noch zweckmäßig, Bestimmungen in den Beschluß aufzunehmen, die das innere Verhältnis der Gesellschafter betreffen, wie Geschäftsführung, Kapitalkontenberechnung, Gewinnbeteiligung, Dauer der Gesellschaft, Auflösung und Auseinandersetzung. Diese Vereinbarungen werden zweckmäßigerweise außerhalb des Beschlusses getroffen. Das Kapitalkonto bestimmt sich nach dem Reinvermögen der Umwandlungsbilanz, das unter Berücksichtigung der Abfindungen der ausscheidenden Aktionäre nach Verhältnis der Aktien aufgeteilt wird. Es ist nicht erforderlich, daß sämtliche Aktionäre oder die Mehrheit der Aktionäre sich an der Personengesellschaft beteiligen. Wesentlich ist nur, daß die Aktionäre, die sich beteiligen, $^9/_{10}$ des Grundkapitals besitzen[1]). Diese Mehrheit braucht jedoch bei der Beschlußfassung noch nicht vorzuliegen. Die Zustimmung der fehlenden Aktionäre kann vielmehr auch nachträglich erklärt werden; es genügt, wenn sie bei der Anmeldung des Umwandlungsbeschlusses zum Handelsregister vorliegt. Die Zustimmung der $^9/_{10}$-Mehrheit muß in gerichtlicher oder notarieller Beurkundung vorliegen (3. DV. z. UmwG. § 5 Abs. 2). Juristische Personen dürfen an der Personengesellschaft nicht

[1]) Lediglich bei der Verschmelzung genügt nach der 3. DV. eine Mehrheit von $^3/_4$ des Grundkapitals.

beteiligt sein, wenn die Vorteile der erleichterten Umwandlung beansprucht werden, weil andernfalls der Zweck des Gesetzes, „die Abkehr von anonymen Kapitalformen", nicht erreicht würde. Der Justizminister kann aber Ausnahmen gestatten (1. DV. z. UmwG. § 10).

b) Die Umwandlungsbilanz

Das UmwG. (§§ 3, 9) bestimmt zwar nur, daß die Ausfertigung des Protokolls über den Beschluß der HV. und die der Umwandlung zugrunde gelegte Bilanz zum Handelsregister einzureichen sind. Es kann aber kein Zweifel darüber bestehen, daß die Umwandlungsbilanz ein wesentlicher Bestandteil des Umwandlungsbeschlusses ist und daher der Beschlußfassung der HV. unterliegt. Die Bestimmungen über Anfechtbarkeit und Nichtigkeit der Beschlüsse der HV. finden daher Anwendung.

Der Umwandlungsbilanz kann die letzte Jahresbilanz zugrunde gelegt werden; diese kann auch eine Bilanz für das letzte Rumpfgeschäftsjahr der umzuwandelnden AG. sein. Die 3. DV. zum UmwG. vom 5. 12. 1936 § 3 bestimmt jetzt, daß die Bilanz für einen Stichtag zugrunde gelegt werden kann, der höchstens 4 Monate vor der Eintragung liegt. Das Registergericht kann jedoch auch weiter zurück liegende Bilanzen zulassen. Nach einer Verfügung des Reichsjustizministers vom 7. 12. 1936 soll dies geschehen, wenn der Gesellschaft mit Rücksicht auf den Umfang ihres Betriebs bei Anwendung der billigerweise erforderlichen Sorgfalt nicht möglich war, die Viermonatsfrist einzuhalten[1]). In dem Runderlaß des RFM. vom 28. 6. 1935 (RStBl. S. 944) ist für das Steuerrecht entsprechend angeordnet, daß eine zwischenzeitliche Veränderung nicht beachtet werden solle, es sei denn, daß zwischen dem Stichtag der Umwandlungsbilanz und dem Tag der Eintragung des Beschlusses „ein sachlich nicht gerechtfertigter Zeitraum" liegt[2]).

Im Gegensatz zum Aktienrecht ist es jedoch nach dem UmwG. nicht notwendig, daß der Umwandlung die Jahresbilanz oder eine nach den Grundsätzen der Jahresbilanz aufzumachende Bilanz zugrunde gelegt werden. Die Umwandlungsbilanz kann hier vielmehr auch eine Abwicklungsbilanz sein, d. h. die Vermögensgegenstände können — höchstens — mit dem Wert eingesetzt werden, den sie im Zeitpunkt der Umwandlung besitzen. Die Anlagegegenstände können daher auch über den Anschaffungskosten bewertet und die stillen Reserven

[1]) Vgl. Groschuff JW. 1937, 281.

[2]) Vgl. Kaemmel JW. 1936, 1726, Bergmann JW. 1936, 3089; nach Böttcher-Meilicke S. 222 darf der Stichtag der Bilanz nicht länger als 2 Monate vor dem Umwandlungsbeschluß liegen.

können realisiert werden. Dann entsteht ein Abwicklungsgewinn, der gewisse steuerliche Erleichterungen genießt. Wird dagegen die letzte Jahresbilanz der Umwandlung zugrunde gelegt, so entsteht kein Abwicklungsgewinn, also auch keine Steuerpflicht. Wenn aber der Gewinn später bei der Personengesellschaft zur Ausschüttung gelangt, muß er zu den normalen Sätzen versteuert werden.

c) Die Übertragung des Vermögens der AG. auf die Personengesellschaft.

Das Vermögen muß „im ganzen" übertragen werden. Es ist nicht zulässig, daß ein Teil des Vermögens übertragen, ein anderer Teil unter die Gesellschafter verteilt wird[1]). Eine Abwicklung findet nicht statt (UmwG. § 1 Abs. 1).

Ein Beschluß über die Auflösung der AG. ist nicht erforderlich, vielmehr ist die AG. mit der Eintragung der Umwandlung kraft Gesetzes aufgelöst. Einer besonderen Eintragung der Auflösung bedarf es nicht (UmwG. § 4).

2. Der Umwandlungsbeschluß bedarf zu seiner Wirksamkeit der Eintragung in das Handelsregister. Die Anmeldung hat durch den Vorstand der AG. zu erfolgen (UmwG. §§ 3, 9). Ausfertigung des Protokolls, die Umwandlungsbilanz, die Zustimmungserklärung der in der HV. nicht erschienenen Aktionäre, soweit sie zur Erreichung einer Mehrheit von $^{9}/_{10}$ des Grundkapitals erforderlich ist, und eine von dem Vorstand zu unterschreibende Liste der Gesellschafter mit den unter a erwähnten Angaben sind der Anmeldung beizufügen (UmwG. §§ 3, 9, 11, 12). Mit der Eintragung des Beschlusses geht das Vermögen der AG. auf die Handelsgesellschaft über, die damit errichtet ist. Die Eintragung in das Handelsregister hat von Amts wegen zu erfolgen (UmwG. § 11 Abs. 2, § 12).

3. Das UmwG. hat für den Fall der Umwandlung einer Kapitalgesellschaft durch Übertragung des Vermögens an den Allein- oder Hauptgesellschafter die Gläubigerschutzbestimmungen in Anlehnung an die bisherigen Bestimmungen des HGB. geordnet und durch Strafbestimmungen verschärft. Während aber bei der Verschmelzung die alte Vermögensmasse an eine neue übergeht, bleibt bei der Umwandlung die bisherige Vermögensmasse erhalten und ändert nur ihre Rechtsform. Daher wurde bei der Umwandlung nach dem AGesetz auf den Gläubigerschutz grundsätzlich verzichtet. Das UmwG. § 7 bestimmt dagegen:

---

[1]) Vgl. Kaemmel JW. 1936, 1726.

(2) „Die beiden Vermögen dürfen erst vereinigt werden, wenn 6 Monate nach der Bekanntmachung der Eintragung des Umwandlungsbeschlusses verstrichen sind, und nur unter Beachtung der nach § 6 für die Befriedigung und Sicherstellung der Gläubiger geltenden Vorschriften.

(4) Zahlungen aus dem übernommenen Vermögen an die Gesellschafter oder Entnahmen, die zu Lasten des Kapitalanteils oder des Reingewinns erfolgen oder eine Verteilung des Gesellschaftsvermögens enthalten, sind bis zu diesem Zeitpunkt unzulässig."

Die Zuwiderhandlungen werden mit Gefängnis oder Geldstrafe oder mit einer dieser Strafen bestraft (UmwG. § 15). Von einer Vereinigung zweier Vermögensmassen kann man aber im vorliegenden Fall nicht gut sprechen, da nur **eine** Masse vorhanden ist. Durch die Bestimmung wird eine Sperre über das Vermögen der umgewandelten Gesellschaft verhängt, soweit es sich nicht um Zahlungen an die Gläubiger oder für die Zwecke des laufenden Geschäftsbetriebs handelt. Es können sich hieraus in der Praxis Schwierigkeiten ergeben, die aber dadurch gemildert sind, daß der Reichsjustizminister die Befreiung von der Sicherheitsleistung gewähren kann (2. DV. z. UmwG. § 1). Gleichwohl ist es durchaus gerechtfertigt, daß hier im Gegensatz zu der aktienrechtlichen Umwandlung die Gläubigerschutzbestimmungen aufrecht erhalten worden sind. Die Begründung liegt darin, daß mit dem Augenblick der Umwandlung der Kapitalgesellschaft in die Personengesellschaft das Verbot der Kapitalrückzahlung an die Gesellschafter entfällt und Entnahme ohne Rücksicht auf die Gläubiger gestattet sind.

4. Die Aktionäre, die sich an der neu errichteten Gesellschaft nicht beteiligen, haben Anspruch auf angemessene Abfindung unter Berücksichtigung des Wertes ihrer Aktien (3. DV. z. UmwG. § 6). Hier hat die 3. DV. z. UmwG. §§ 9ff. eine wichtige Neuerung durch **Einführung der Spruchstelle** gebracht, jedoch nur für Umwandlungsbeschlüsse, die nach dem 31. 12. 1936 gefaßt werden. Spruchstelle des ersten Rechtszuges ist das Landgericht, in dessen Bezirk die aufgelöste Gesellschaft ihren Sitz hatte, und zwar die Kammer für Handelssachen, falls eine solche besteht, andernfalls die Zivilkammer. Spruchstelle des zweiten Rechtszugs ist das Oberlandesgericht. Der Antrag kann erst nach Eintragung des Umwandlungsbeschlusses in das Handelsregister und nur bis zum Ablauf von 6 Monaten nach dieser Eintragung gestellt werden. Antragsberechtigt ist jedoch nur die Gesellschaft, auf die das Vermögen der Kapitalgesellschaft übertragen wurde. Die Aktionäre, die Abfindung verlangen, sind daher auf den Rechtsweg verwiesen. Sie müssen gegebenenfalls die Personengesellschaft verklagen, die ihrerseits Aussetzung des Rechtsstreits verlangen kann, wenn sie die Spruchstelle anruft. Die

Spruchstelle hat den ausscheidenden Aktionären einen gemeinsamen Vertreter zu bestellen, der die Stellung eines gesetzlichen Vertreters hat, also an die Weisungen seiner Partei nicht gebunden ist. Die Entscheidung der Spruchstelle wirkt für und gegen alle ausscheidenden Aktionäre, wenn sie nichts anderes bestimmt. Auf das Verfahren findet mangels besonderer Vorschriften das Reichsgesetz über die Angelegenheiten der freiwilligen Gerichtsbarkeit Anwendung.

II. Für die umgewandelte Personengesellschaft des Handelsrechts muß eine Eröffnungsbilanz nach den allgemeinen Vorschriften des HGB. aufgestellt werden. Die Eröffnungsbilanz ist identisch mit der Umwandlungsbilanz. Sie kann selbst dann nicht von der Umwandlungsbilanz abweichen, wenn diese auf einen zurückliegenden Zeitpunkt aufgestellt ist. Daß die Werte der Umwandlungsbilanz als Höchstwerte in der Eröffnungsbilanz nicht überschritten werden dürfen, ergibt sich von selbst. Sie dürfen aber auch nicht unterschritten werden. Der Kaufmann darf zwar in der Jahresbilanz die angeschafften Werte unter den Anschaffungskosten ansetzen, er darf aber in der Eröffnungsbilanz nicht geringere Kosten ansetzen, als er tatsächlich aufgewandt hat. Dies würde den Grundsätzen ordnungsmäßiger Buchführung nicht entsprechen und eine richtige Ermittlung des Jahresgewinns vereiteln (vgl. S. 336).

Wenn die Umwandlungsbilanz auf einen zurückliegenden Zeitpunkt aufgestellt ist, so ist außerdem eine Jahres-Schlußbilanz für den Zeitraum von dem Stichtag der Umwandlungsbilanz bis zur tatsächlichen Übertragung des Vermögens aufzustellen. Nach Aktienrecht ist eine solche Bilanz zwar nicht erforderlich. Die Steuerbehörde verlangt sie aber, um den Gewinn für den laufenden Steuerabschnitt, der nach den allgemeinen Vorschriften zu errechnen und voll zu versteuern ist (2. DV. z. UmwStG. § 7 Abs. 3), von dem Abwicklungsgewinn, der zu dem ermäßigten Satz versteuert wird, zu trennen. Diese Bilanz ist nach den Bewertungsbestimmungen für die Jahresbilanz aufzumachen; sie ist jedoch keine Jahresbilanz im Sinne des Aktienrechts.

3. Die Verschmelzung durch Übertragung des Vermögens einer Kapitalgesellschaft auf den Allein- oder Hauptgesellschafter

§ 77

Der Fall, daß das Vermögen einer Kapitalgesellschaft auf den Allein- oder Hauptgesellschafter übertragen wird, wird in dem UmwG. ebenso wie die Umwandlung einer Kapitalgesellschaft in eine Personengesellschaft als *Umwandlung* bezeichnet. Diese Bezeichnung ist jedoch ungenau. Eine Umwandlung liegt nach den obigen Darlegungen nur vor, wenn eine Vermögensmasse an Stelle ihrer bisherigen Rechtsform eine andere Rechtsform annimmt, während die Vermögensmasse als solche erhalten bleibt. Wird dagegen das Vermögen einer Kapitalgesellschaft auf den Allein- oder Hauptgesellschafter übertragen, so wird *eine* Vermögensmasse mit einer anderen Vermögensmasse vereinigt. Der juristische Ausdruck für diesen Vorgang ist aber die *Verschmelzung*, der wirtschaftliche Ausdruck ist die *Entschachtelung*. Das AGesetz läßt nur die Verschmelzung von Kapitalgesellschaften untereinander zu. Der Begriff der Verschmelzung nach dem Umwandlungsgesetz ist teils enger, teils weiter. Er ist *enger*, als der aktienrechtliche Begriff der Verschmelzung; denn derjenige, an den das Vermögen der zu verschmelzenden Gesellschaft übertragen werden soll, muß *Allein- oder Hauptgesellschafter der Kapitalgesellschaft* sein. Das UmwG. gestattete die Übertragung des Vermögens ursprünglich nur für den Fall, daß die Anteile der Kapitalgesellschaft sämtlich in einer Hand waren. Die 1. DV. führte den Begriff des Hauptgesellschafters ein und verstand darunter einen Gesellschafter, der $^9/_{10}$ der Anteile besaß. Um die Entschachtelung weiter zu fördern, hat die 3. DV. zum UmwG. § 8 die Übertragung schon dann für zulässig erklärt, wenn sich in der Hand des Hauptgesellschafters *mehr* als $^3/_4$ des Grundkapitals befinden. Danach ist es nach dem UmwG. nicht möglich, das Vermögen der Kapitalgesellschaft an einen Erwerber zu übertragen, der entweder überhaupt keine Anteile oder nicht mehr als $^3/_4$ der Anteile der Kapitalgesellschaft besitzt. In solchen Fällen ist nur die Auflösung der Kapitalgesellschaft mit folgender Abwicklung oder die Verschmelzung nach den Bestimmungen des AGesetzes möglich. Dabei besteht gegenüber dieser ein erheblicher Unterschied insofern, als zu der aktienrechtlichen Verschmelzung eine Mehrheit von $^3/_4$ des bei der Beschlußfassung vertretenen Grundkapitals genügt, während bei der Verschmelzung nach dem UmwG. *mehr* als $^3/_4$ des gesamten Grundkapitals verlangt wird. *Weiter* ist der Begriff der Verschmelzung nach dem UmwG. insofern, als es gleichgültig ist, welche Rechtsform der erwerbende Gesellschafter besitzt. Er kann eine AG. oder eine andere Kapitalgesellschaft, eine Personengesellschaft des Handels- oder des bürgerlichen Rechts[1]) oder ein Einzelkaufmann sein. *Ist er aber ein Nichtkaufmann oder ist er zwar Kaufmann, übernimmt aber die Werte der Kapitalgesellschaft nicht in sein Betriebsvermögen, so sind die Bestimmungen des UmwG.*

[1]) Dieser Fall ist in der 1. DV. zum UmwG. § 1 ausdrücklich vorgesehen.

betreffend die Übertragung des Vermögens auf den Allein- oder Hauptgesellschafter nicht anwendbar. Hier handelt es sich nicht um die Verschmelzung zweier Unternehmungen und noch weniger um eine „Umwandlung", sondern um die Auflösung eines Unternehmens. Diese kann nur in der aktienrechtlichen Form der **Abwicklung** (§ 255) vorgenommen werden (S. 348f., 373), doch werden die steuerlichen Erleichterungen auch hier gewährt (DV. zum UmwStG. §§ 2, 11). Der Fall der Übertragung des Vermögens an eine Personengesellschaft des bürgerlichen Rechts kann hier für die weitere Betrachtung ausscheiden, denn es wird, abgesehen von Grundstücksgesellschaften, in den seltensten Fällen möglich sein, daß das Vermögen einer Kapitalgesellschaft zum Zwecke der Fortführung des Geschäfts erworben wird, ohne daß das Unternehmen nach Art und Umfang einen in kaufmännischer Weise eingerichteten Geschäftsbetrieb erfordert. In der Hauptsache kommt daher nur der Fall in Betracht, daß das Vermögen der AG. an einen Allein- oder Hauptgesellschafter übertragen wird, der Einzelkaufmann oder eine Personengesellschaft des Handelsrechts ist. Zu unterscheiden ist zunächst der Fall, daß der alleinige Gesellschafter alle Anteile der aufzulösenden AG. oder nur mehr als $^3/_4$ der Anteile besitzt.

a) Wenn der Gesellschafter alle Anteile der aufzulösenden AG. besitzt, so kann er ohne weiteres in der HV., die in diesem Fall notwendigerweise eine Vollversammlung ist, die Übertragung des Vermögens auf sich beschließen. Steuerlich macht es keinen Unterschied, ob die Übertragung des Vermögens nach dem UmwG. unter Ausschluß der Abwicklung erfolgt oder nicht (DV. z. UmwStG. § 9 Abs. 2). Eine Abwicklung hat aber in einem solchen Fall wenig Sinn, da sich das Vermögen der AG. ohnehin in einer Hand befindet. Auch würden in diesem Fall die handelsrechtlichen Erleichterungen des Umwandlungssteuergesetzes (Übergang des Vermögens im ganzen ohne Übergabe der beweglichen und ohne Auflassung der Grundstücke) entfallen und es müßten unter anderem die Gläubigerschutzbestimmungen nach dem AGesetz eingehalten werden (dreimaliger Gläubigeraufruf und Einhaltung des Sperrjahres).

b) Besitzt der Gesellschafter mehr als $^3/_4$ der Anteile der aufzulösenden AG., so kann er die Übertragung des Vermögens auf sich selbst ohne Rücksicht darauf beschließen, ob die anderen Aktionäre, die weniger als $^1/_4$ des Grundkapitals besitzen, der Übertragung zustimmen oder nicht (3. DV. z. UmwG. § 8). Der Gegenstand der Beschlußfassung der HV. muß ordnungsmäßig mindestens zwei Wochen vor dem Tag der HV. angekündigt werden. Die Steuererleichterungen werden **in dem Fall der Übertragung an den Hauptgesellschafter** nur gewährt, wenn die Übertragung des Vermögens unter Ausschluß der Abwicklung erfolgt (DV. z. UmwStG. § 9 Abs. 1). Es wird dadurch der Fall ausgeschlossen, daß die Abwickler das Vermögen der aufgelösten AG. versilbern und an die Minderheit den auf sie entfallenden Betrag ausschütten. Der Ausschluß der Abwicklung bedeutet also, daß das Vermögen im ganzen an den Hauptgesellschafter übertragen werden muß. Da es sich um eine Verschmelzung, d. h. um die Vereinigung zweier Vermögen, handelt, müssen die Gläubigerschutzbestimmungen eingehalten werden: Den Gläubigern, die sich binnen 6 Monaten nach Eintragung des Übertragungsbeschlusses melden, ist Sicherheit zu leisten, soweit sie nicht Befriedigung erlangen können, und die beiden Vermögen dürfen erst vereinigt werden, wenn 6 Monate nach Bekanntgabe der Eintragung des Beschlusses verstrichen sind (UmwG. §§ 7, 8). Der Reichsjustizminister kann jedoch von der Sicherheitsleistung Befreiung gewähren (2. DV. z. UmwG. § 1).

Im übrigen unterscheidet sich das Verfahren bei Übertragung des Vermögens auf den Allein- oder Hauptgesellschafter nicht von dem Verfahren, wie es bei der Umwandlung einer Kapital- in eine Personengesellschaft vorgesehen ist. Das UmwG. behandelt als Hauptfall den der Übertragung des Vermögens an den Allein- bzw. Hauptgesellschafter und erklärt die Bestimmung des Gesetzes für anwendbar, wenn eine bestehende Kapitalgesellschaft in eine neu zu errichtende Personengesellschaft umgewandelt wird (UmwG. § 9). Dagegen stellen die Durchführungsverordnungen den letzteren Fall voran. Es gelten daher die gleichen Grundsätze, wie sie für die eigentliche Umwandlung oben dargestellt sind.

4. Die Abwicklung einer Kapitalgesellschaft

§ 78

Endlich kommt der Fall in Betracht, daß die Kapitalgesellschaft aufgelöst und ihr Vermögen auf die Gesellschafter übertragen wird (UmwStG. § 2; 2. DV. hierzu §§ 2, 9). Dieser Fall ist gegeben, wenn die Kapitalgesellschaft weder in anderer Rechtsform weiterbetrieben, noch ihr Vermögen an den Allein- oder Hauptgesellschafter übertragen wird. Auch in dem letzteren Fall kann es sich um eine Auflösung und Abwicklung handeln, wenn der Allein- oder Hauptgesellschafter ein Nichtkaufmann, oder wenn er zwar Kaufmann ist, das übertragene Vermögen aber nicht in sein Betriebsvermögen übernimmt. Davon abgesehen sind die hier behandelten Fälle der Auflösung dann gegeben, wenn es sich um mehrere Gesellschafter handelt, von denen keiner über mehr als $^3/_4$ des Grundkapitals verfügt, und wenn auch nicht eine Mehrheit von $^9/_{10}$ des Grundkapitals die Fortsetzung der Gesellschaft in anderer Rechtsform beschließt. In Betracht kommen besonders Grundstücksgesellschaften in Form von AGen oder GmbH., bei denen die Anteile sich nicht im Besitz eines Allein- oder Hauptgesellschafters befinden und die insbesondere wegen der persönlichen Haftung den Geschäftsbetrieb nicht in Form einer Personengesellschaft des Handels- oder bürgerlichen Rechts fortsetzen wollen. Wenn das Gesetz hier von „Übertragung des Vermögens" spricht, so ist dies ungenau. Das Vermögen wird nicht übertragen, sondern verteilt. Die Verteilung des Vermögens einer AG. ist aber nur im Wege der Abwicklung möglich, die nach den Bestimmungen des AGesetzes §§ 205—214 erfolgen muß. Erleichterungen nach dem UmwG. sind nicht vorgesehen. Es ist also ein Beschluß der HV. über die Auflösung der Gesellschaft erforderlich, der zur Eintragung in das Handelsregister anzumelden ist, ferner ist eine Abwicklungs-Eröffnungsbilanz notwendig, die in diesem Fall zugleich eine Auseinandersetzungsbilanz ist. Diese Bilanzen müssen der HV. zur Beschlußfassung vorgelegt werden. Die Verteilung des Vermögens kann erst nach Ablauf des Sperrjahres erfolgen. Im einzelnen kann auf den Abschnitt über die Abwicklungsbilanz verwiesen werden.

5. Die einzelnen Steuererleichterungen bei der Umwandlung und Auflösung von Aktiengesellschaften

§ 79

Die Steuererleichterungen beziehen sich nicht nur auf Umwandlungen und Verschmelzungen nach dem Umwandlungsgesetz, sondern auch auf die Auflösung von liquidierenden Gesellschaften, die bereits am 1. Juli 1934 bestanden, auch wenn sie zu diesem Zeitpunkt sich in Liquidation befanden, sofern das Vermögen nach dem 1. Juli 1934 im Weg der Liquidation auf die Gesellschafter übertragen wird. Diese Steuererleichterungen enden jedoch mit dem 30. 6. 1937, während das UmwG. selbst noch bis zum 31. 3. 1939 gilt. Soweit nach dem 30. 6. 1937 eine Kapitalgesellschaft in eine andre umgewandelt wird, kommen zwar die besonderen Steuererleichterungen in Wegfall. Sofern es sich aber um eine reine Umwandlung handelt, bei der lediglich die Rechtsform der Gesellschaft sich ändert, kommt ein Abwicklungs- oder Verschmelzungsgewinn nicht in Frage, ebensowenig kann eine Grunderwerb-, Wertzuwachs- oder Umsatzsteuer entstehen[1]). Anders in dem Fall, daß das Vermögen einer Kapitalgesellschaft auf eine andre Kapitalgesellschaft, die Allein- oder Hauptgesellschafter ist, übertragen wird (Verschmelzung bzw. Entschachtelung). Aber auch in diesem Falle dürften die Steuererleichterungen des KörpStG. § 15 Abs. 2 Anwendung finden. Zwar werden hier von der übernehmenden Gesellschaft keine Gesellschaftsrechte gewährt (S. 361), jedoch ist auch in diesem Fall die Versteuerung des Abwicklungsgewinns sichergestellt, wenn die Werte der übertragenden Gesellschaft ohne Realisierungen übernommen werden.

Die Erleichterungen nach dem Umwandlungsrecht sind im wesentlichen in der 2. DV. zum UmwStG. enthalten. Sie beziehen sich auch auf beschränkt steuerpflichtige, d. h. ausländische Gesellschaften und Personen. In dem Runderlaß vom 9. 3. 1935 III 3 (RStBl. S. 452) wird dies im Anschluß zu der 2. DV. zum UmwStG. § 7 für Körperschaft-, Einkommen- und Gewerbesteuer besonders ausgesprochen für den Fall, daß die Wirtschaftsgüter ins inländische Betriebsvermögen übernommen werden. Für die übrigen Steuern dürfte diese Einschränkung entfallen. In § 3 wird die Befreiung von der Gesellschaftsteuer nach dem KVG. ausgesprochen. Praktische Bedeutung hat diese Befreiung nicht mehr, da nunmehr das KVG. vom 16. Oktober 1934 gilt, das für die Errichtung von Personengesellschaften keine Gesellschaftsteuer erhebt. Das Urkundensteuergesetz vom 5. Mai 1936 macht zwar die Errichtung von inländischen Personengesellschaften steuerpflichtig; in § 36 Abs. 6 ist jedoch eine Ausnahme vorgesehen, wenn eine Kapitalgesellschaft unter gleichzeitiger Errichtung einer Personengesellschaft umgewandelt wird. Wenn Wertpapiere, Schuldverschreibungen oder Dividendenwerte (Aktien, Kuxe, GmbH.-Anteile) zum Vermögen der umgewandelten Gesellschaft gehören, ist die Börsen-Umsatzsteuer zu entrichten; dies gilt insbesondere auch im Fall der Auflösung der Gesellschaft unter Zuteilung der Werte an die Gesellschafter.

I. Körperschaft- und Einkommensteuer

Die Umwandlung einer Gesellschaft hat nach dem Umwandlungsgesetz deren Auflösung zur Folge. Wie bei jeder Auflösung sind zwei Arten von Gewinnen körperschaftsteuerpflichtig. Einmal der laufende Gewinn bis zur Auflösung und sodann der Abwicklungsgewinn, der mit der sog. Abwicklungssteuer erfaßt wird. Daneben kommt dann noch bei

[1]) Vgl. Böttcher-Meilicke S. 59.

den Gesellschaftern die Einkommen- oder Körperschaftsteuer in Frage, einmal soweit etwa Ausschüttungen des laufenden Gewinns erfolgen, dann aber auch insoweit, als bei der Auflösung die Aktionäre ihre Aktien zurückzugeben haben, da die Rechtsprechung in dieser Rückgabe eine Veräußerung der Aktien erblickt.

1. Die Körperschaftsteuer der Gesellschaft.

Vom laufenden Gewinn bis zur Auflösung wird die Körperschaftsteuer in vollem Betrag erhoben. Eine besondere Regelung ist durch den Runderlaß des RFM. vom 9. März 1935 (RStBl. S. 449) getroffen worden. Wird er nicht ausgeschüttet, sondern mit dem Abwicklungsgewinn zusammengeworfen, so genießt auch er die Erleichterungen für den Abwicklungsgewinn.

Was den Abwicklungsgewinn anlangt, so unterscheidet die 2. DV. z. UmwStG. den Fall, in dem Wirtschaftsgüter ins Privatvermögen der Gesellschafter übergeführt werden, von demjenigen, in dem sie ins Betriebsvermögen übergehen, also nach wie vor einem Betrieb dienen. Im ersteren Fall beim Übergang ins Privatvermögen wird der Abwicklungsgewinn im vollen Umfang versteuert. Dabei ist der gemeine Wert der einzelnen Vermögensgegenstände also der Wert ohne Rücksicht auf den organischen Zusammenhang der Vermögensbestandteile mit dem Unternehmen zugrunde zu legen. Um aber die Auflösung von Grundstücksgesellschaften besonders zu fördern, ist für solche Gesellschaften, die nach ihrer Satzung oder Geschäftsführung überwiegend die Verwaltung und Nutzung bebauter Grundstücke zum Gegenstand haben, durch den Runderlaß vom 9. 3. 1935 besonders bestimmt, daß die Körperschaftsteuer vom Gewinn aus der Übertragung der Grundstücke auf die Hälfte zu ermäßigen ist.

Werden die Vermögensgegenstände jedoch in ein Betriebsvermögen übergeführt, so wird wieder unterschieden, ob es sich um Wirtschaftsgüter handelt, die bereits Ende 1934 oder beim Ende des Wirtschaftsjahrs 1933/34 zum Betriebsvermögen der Aktiengesellschaft gehört haben oder nicht. Im ersteren Fall wird es dem Belieben der Beteiligten anheimgestellt, ob sie eine Abwicklungssteuer entrichten wollen oder nicht. Dies wird dadurch erreicht, daß ihnen Bewertungsfreiheit zwischen dem Wert, der in der letzten Jahresbilanz bzw. der Schlußbilanz vor der Umwandlung angenommen wurde, und dem Teilwert eingeräumt wird. Die Beteiligten müssen alsdann auch die Werte, wie sie sie in die Umwandlungsbilanz aufgenommen haben, als Ausgangswert in die Bilanz des übernehmenden Betriebs aufnehmen. Unter dieser Voraussetzung ist den Beteiligten freigestellt, ob und inwieweit sie bei der Umwandlung oder Auflösung die stillen Reserven realisieren wollen oder nicht. Wenn sie realisieren, haben sie den Vorteil, daß sie die darauf entfallende Körperschaftsteuer nur zu einem Drittel zu entrichten haben. Ob und inwieweit sie davon Gebrauch machen, wird davon abhängen, wie sie von der künftigen Entwicklung des Unternehmens denken. Rechnen sie mit erheblichen Gewinnen im neuen Betrieb, so wird sich die Realisierung und damit die sofortige Entrichtung einer ermäßigten Körperschaftsteuer empfehlen. Sollen aber die stillen Reserven für etwaige Betriebsverluste bereitgehalten werden, so würde die sofortige Entrichtung der Körperschaftsteuer einen Nachteil bedeuten.

Die Bilanz kann auch jeden Wert zwischen dem Wert der letzten Jahresbilanz bzw. Schlußbilanz wählen und so durch Zahlung der ermäßigten Steuer das Risiko späterer höherer Steuerzahlung aufteilen. Dagegen ist es steuerrechtlich nicht zulässig, die Vermögensgegenstände in der Übernahmebilanz zu geringeren Werten als denen der letzten Jahresbilanz oder Schlußbilanz einzusetzen, ausgenommen den Fall, daß die Vermögensgegenstände überbewertet waren (2. DV. z. UmwStG. § 7 Abs. 1 Nr. 1, Abs. 2 Nr. 1).

Handelt es sich um Wirtschaftsgüter, die nach 1934 oder dem Wirtschaftsjahr 1933/34 angeschafft oder hergestellt sind, so besteht weder Bewertungsfreiheit noch irgendwelche Ermäßigung der Körperschaftsteuer. Die stillen Reserven werden alsdann zu den Werten, wie sie in der Bilanz der aufgelösten Gesellschaft stehen, von der erwerbenden Gesellschaft oder dem erwerbenden Aktionär mit übernommen und versteuert, wenn sie bei ihm zur Realisierung gelangen. In dieser Bestimmung liegt eine erhebliche Erschwerung der Umwandlung; sie wurde damit begründet, daß im Hinblick auf die Umwandlungsmöglichkeit Anschaffungen vorgenommen werden könnten. Zur Vereinfachung schreibt der Runderlaß vom 9. 3. 1935 vor, daß bei Waren und Außenständen davon auszugehen ist, daß sie erst nach dem 31. 12. 1934 beschafft worden sind, wenn zum 31. Dezember 1935 oder später aufgelöst oder umgewandelt wird. Dem Steuerpflichtigen steht aber der Gegenbeweis offen, daß die Anschaffung vor diesem Zeitpunkt erfolgt ist. In der Umwandlungsbilanz braucht übrigens diese Trennung nicht vorgenommen zu werden. Dies ist vielmehr Sache einer späteren Auseinandersetzung mit der Steuerbehörde.

Bei Umwandlungen, die nach dem 31. 12. 1936 bis zum 30. 6. 1937 beschlossen werden, ist die Bewertungsfreiheit nach der 4. DV. z. UmwStG. ferner aufgehoben für kurzlebige Wirtschaftsgüter, sowie für

Ersatzbeschaffungen im Sinne des Abschnittes II des Gesetzes zur Verminderung der Arbeitslosigkeit vom 1. 6. 1933. Es gelten daher hier dieselben Grundsätze wie für Wirtschaftsgüter, die nach 1934 oder nach dem Wirtschaftsjahr 1933/34 angeschafft oder hergestellt sind.

2. Die Einkommen- und Körperschaftsteuer des Gesellschafters.

Grundsätzlich ist der Aktionär nur mit den an ihn ausgeschütteten Gewinnen einkommen- bzw. körperschaftsteuerpflichtig. Nicht ausgeschüttete Gewinne erhöhen zwar den Wert der Aktien, sind aber an sich lediglich Vermögenszuwachs des Aktionärs und werden deshalb grundsätzlich nur erfaßt, wenn die Besteuerung auf Grund des Bestandsvergleichs, insbesondere also bei buchführenden Kaufleuten, vorgenommen wird. Da nun die Rückgabe der Aktien an die AG. als Veräußerung anzusehen ist, kommt der Gewinn in folgenden Fällen zur Versteuerung:

a) Wenn die Aktien zum Betriebsvermögen des Gesellschafters gehören.

b) Wenn der Aktionär mit seinen Angehörigen zu mehr als 25% an der Aktiengesellschaft beteiligt war und der Gewinn den der Beteiligung entsprechenden Teil von 10000 M. übersteigt[1]) (wesentliche Beteiligung im Sinne des EinkStG. § 17).

c) Wenn zwischen der Anschaffung und der Umwandlung bzw. Rückgabe der Aktien nicht mehr als ein Jahr liegt (Spekulationsgeschäft im Sinne des EinkStG. § 23).

Als Gewinn ist der Unterschied im Fall 1 zwischen dem Buchwert, in den Fällen 2 und 3 zwischen dem Anschaffungswert und dem Wert zu erachten, der in der Auflösungsbilanz dem anteiligen Vermögen entspricht.

Hiernach waren steuerliche Erleichterungen für die Einkommensteuer in der Regel da nicht notwendig, wo die Aktien zum Privatvermögen der Aktionäre gehörten. Insoweit handelte es sich lediglich um die Umwandlung des Vermögens aus der Aktienform in die Rechte am Vermögen der AG. Nur in den drei erwähnten Fällen erwies sich eine Erleichterung als erforderlich. Voraussetzung war, daß die Werte, die für die Abwicklung der Gesellschaft maßgebend waren, auch bei den Gesellschaftern angesetzt wurden. Die 2. DV. z. UmwStG. § 7 Abs. 1 Nr. 2 bezeichnet dies mit den Worten, daß die für die Körperschaftsteuer angesetzten Werte als Ausgangswerte maßgebend seien. Angenommen, eine Beteiligung steht bei dem Allein- oder Hauptgesellschafter mit 20000 M. zu Buch; bei der Übertragung des Vermögens erhält er die

[1]) Vgl. Hoeres, Einkommensteuer bei Veräußerung wesentlicher Beteiligungen an Kapitalgesellschaften, BankA. 36, 94.

Werte der übertragenden Gesellschaft auf Grund der Umwandlungsbilanz mit 30000 M. Er muß alsdann die Werte mit 30000 M., also ohne Rücksicht auf die Anschaffungskosten der Beteiligung in seine Bilanz einsetzen (Ausgangswert), so daß ein Gewinn von 10000 M. entsteht. Dieser Gewinn ist von den übrigen Gewinnen abzusondern; er wird nicht mit der allgemeinen Staffel der Einkommensteuer bis zu 40 und 50%, sondern mit den ermäßigten Sätzen des EinkStG. § 34 herangezogen, also mit 15—35% bei Ledigen, mit 10—25% bei anderen Personen. Und auch dieser Satz wird auf $^1/_3$ ermäßigt.

Steht die Beteiligung bei dem Übernehmer des Vermögens höher zu Buch als bei der AG., so darf der Übernehmer, insoweit als dies handels- und steuerrechtlich zulässig ist, den Buchwert auf den Wert in der Übernahmebilanz der AG. (Ausgangswert) abschreiben [1]).

Übernimmt eine juristische Person das gesamte Vermögen der AG., so muß sie zwar die Ausgangswerte bei der übertragenden Gesellschaft übernehmen. Sie genießt aber für die Körperschaftsteuer nicht etwa den Vorzug der Besteuerung nach den Sätzen des § 34 oder den Vorzug, daß nur ein Drittel der Körperschaftsteuer erhoben wird.

3. Wird eine Gesellschaft aufgelöst und das Vermögen unter die Gesellschafter verteilt, ohne daß es bei den übernehmenden Gesellschaftern zu Betriebsvermögen wird, so werden, wie S. 385 erwähnt, bei der übertragenden Gesellschaft die Gegenstände zum gemeinen Wert angesetzt, sofern die Wirtschaftsgüter seit Ende 1934 bzw. 1933/34 zum Betriebsvermögen der AG. oder eines Rechtsnachfolgers gehört haben. Ermäßigung auf ein Drittel wird nicht gewährt. Darin liegt in der Regel eine Vergünstigung, da der Teilwert meist höher sein wird als der gemeine Wert. Eine Einkommensteuer wird hier bei den übernehmenden Gesellschaftern nicht erhoben, also auch dann nicht, wenn der Aktionär mit seinen Angehörigen zu mehr als 25% beteiligt ist, oder wenn die Aktien innerhalb des letzten Jahres erworben sind. Für die künftige Berechnung der Absetzung der Abnutzung muß von dem gleichen Wert ausgegangen werden.

II. Grunderwerbsteuer

Von erheblicher Bedeutung ist die Steuererleichterung, die für die Übertragung von Grundbesitz gewährt wird [2]).

[1]) A. A. anscheinend Ott, StuW. 1936, S. 350.

[2]) Besonders eingehend wird diese Erleichterung von Ott in seinem Aufsatz in StuW. 1936, 308 behandelt.

1. Soweit die Kapitalgesellschaft Grundstücke besitzt, die auf eine Personengesellschaft übergehen oder im Wege der Liquidation aufgeteilt werden, wird grundsätzlich nur derjenige Wertteil zur Grunderwerbsteuer herangezogen, der wirtschaftlich in neue Hände gelangt. Bleibt der Erwerber, sei es unmittelbar, sei es auf dem Weg über eine Personengesellschaft, am Grundstück so beteiligt, wie er es am 1. Juli 1934 war, so wird keine Grunderwerbsteuer erhoben. Wird er in höherem Maß beteiligt, so hat er die Grunderwerbsteuer von der Mehrbeteiligung zu entrichten. Der Runderlaß des RFM. vom 9. 3. 1935 enthält auf S. 450 des RStBl. eine Reihe von Beispielen. Sind A und B an einer Aktiengesellschaft mit einem Kapital von 1 Million Mark am 1. Juli 1934 je zur Hälfte beteiligt und verkauft A dem B 400000 M. Aktien, bevor der Umwandlungsbeschluß ins Handelsregister eingetragen wird, so muß beim Vorhandensein von Grundbesitz die Grunderwerbsteuer für $^{4}/_{10}$ gezahlt werden, weil B bei der Umwandlung mit $^{4}/_{10}$ mehr beteiligt ist als am 1. Juli 1934. Wird auf eine bereits bestehende offene Handelsgesellschaft übertragen, die die Aktien der Gesellschaft besitzt, so kommt es auf die Beteiligung an der offenen Handelsgesellschaft an. Ebenso wird die Grunderwerbsteuer behandelt, wenn das Vermögen der AG. auf den Allein- oder Hauptgesellschafter übertragen wird. War in diesem Fall der Gesellschafter am 1. Juli 1934 zur Hälfte an einer AG. beteiligt, zu der Grundstücke gehörten, und hat er vor der Auflösung der Gesellschaft und Übertragung des Grundstücks auf ihn noch 30% hinzuerworben, so werden $^{5}/_{10}$ der Grunderwerbsteuer erhoben, weil er das Grundstück voll erwirbt und am 1. Juli 1934 nur zu $^{5}/_{10}$ an der AG. beteiligt war. Hat der Gesellschafter nach dem 1. Juli 1934 Aktien abgegeben und wird er bei der Umwandlung höher beteiligt, als seinem Aktienbesitz entspricht, so bleibt es beim Unterschied zwischen der Beteiligung am 1. Juli 1934 und der späteren Beteiligung bei der Umwandlung. Der Hauptgesellschafter ist steuerfrei, wenn er am 1. Juli 1934 Alleingesellschafter war und vor der Umwandlung 10% (im Fall der Umwandlung) bzw. weniger als 25% (bei der Verschmelzung) seiner Aktien abgegeben hat.

Wenn die Gesellschaft nach Aktienrecht aufgelöst und die Grundstücke aufgeteilt werden, wird nach der 2. DV. zum UmwStG. § 4 Abs. 3 die Grunderwerbsteuer gleichfalls nur erhoben, soweit der einzelne Gesellschafter an Grundstücken oder Grundstückbruchteilen mehr erhält als seinem Beteiligungsverhältnis an der AG. am 1. Juli 1934 entsprach. An die Stelle seines wirtschaftlichen Anteils am Gesamtgrundbesitz der Gesellschaft tritt der ihm insgesamt zugeteilte Grundbesitz. Beide Werte sind zu vergleichen. Man wird anzunehmen haben, daß die Erlöse der Grundstücke, wie sie bei der Zuteilung den Gesellschaftern abgerechnet werden, zusammenzuzählen und nach Verhältnis der Kapitalbeteiligung jedem zuzurechnen sind.

2. Unerheblich ist die Höhe der Beteiligung am Gewinn. Lediglich die Kapitalbeteiligung oder das Kapitalkonto entscheiden. Ist bei bestehender Gesellschaft die Beteiligung anders geregelt als bei der Auseinandersetzung, so gilt der für die Auseinandersetzung vereinbarte Maßstab [1]).

Ob die Grundstücke bereits am 1. Juli 1934 der AG. gehört haben oder später erworben wurden, ist unerheblich. Eine Umgehung kommt deshalb nicht in Betracht, weil die Beteiligten in der Lage gewesen wären, die Grundstücke von vornherein für die Gesellschafter zu erwerben und damit das Mehr an Steuern zu sparen, das durch den doppelten Übergang erst auf die AG. und dann auf die Gesellschafter entstanden wäre. In einem solchen Fall des Erwerbs nach dem 1. Juli 1934 ist für die Berechnung der Grunderwerbsteuer die Beteiligung des einzelnen Aktionärs im Augenblick des Erwerbs maßgebend.

3. Beim Fehlen eines Veräußerungspreises, wie das die Regel bildet, ist für die Bewertung der Einheitswert maßgebend, also in der Regel bis 1. Januar 1935 der Einheitswert für den 1. Januar 1931, später der für den 1. Januar 1935.

Steuerschuldner ist bei der Umwandlung in eine Personengesellschaft trotz der Maßgeblichkeit des Beteiligungsverhältnisses des Gesellschafters nicht dieser, sondern die Gesellschaft. Nach der Eintragung der Umwandlung kann das Beteiligungsverhältnis steuerfrei geändert werden, sofern dies nicht von vornherein in Aussicht genommen war.

4. Während für das Einkommen- und Körperschaftsteuerrecht das Vorhandensein eines Treuhänders bedeutungslos ist, ist dies bei der Grunderwerbsteuer anders. Hier kommt es nur darauf an, wer nach außen hin Aktionär ist. Nur dieser würde die Erleichterungen beim Grunderwerb genießen. Die Finanzämter sind deshalb ermächtigt worden, im Billigkeitsweg die Steuererleichterungen auch da zu gewähren, wo ein Treuhandverhältnis besteht; wenn also die Grundstücke von der

[1]) A. A. Ott S. 330, der sich auf RFH. 20, 125, bezieht. Die Entscheidung betrifft das Einbringen des Grundstücks in eine Gesellschaft und betont, daß das Grundstück der Gesellschaft wirtschaftlich zur Benutzung überlassen wurde. Bei der Auseinandersetzung spielt dieser Gesichtspunkt um so weniger eine Rolle, als es sich dabei in der Regel um Grundstücke handeln wird, die nicht eingebracht, sondern erst später erworben sind.

AG. nicht erst auf den Treuhänder, der Aktien für den Treugeber besitzt, sondern sofort auf den Treugeber übertragen werden. Das Bestehen des Treuhandverhältnisses muß allerdings einwandfrei nachgewiesen werden. In gleicher Weise können die Steuererleichterungen gewährt werden, wenn gelegentlich der Umwandlung oder der Abwicklung die Grundstücke von der Tochtergesellschaft unmittelbar auf die Aktionäre der Muttergesellschaft übertragen werden.

5. Was für die Grunderwerbsteuer gilt, gilt auch für die landesrechtlichen Zuschläge zur Grunderwerbsteuer, für die sogenannte Gewerbeanschaffungssteuer[1]) (kommunale Steuer auf Grundstückszubehör, Warenlager, Firmenwert, Schutzmarken usw. im Fall der Veräußerung von Grundstücken, Geschäftsbetrieben und Fabriken) sowie für die Wertzuwachssteuer. Der Wertzuwachs bis zur Umwandlung scheidet für die Zukunft aus, nur der von der Umwandlung ab sich ergebende Wertzuwachs kann bei einer späteren Veräußerung herangezogen werden[2]).

III. Umsatzsteuer

Außer der Grunderwerbsteuer würde bei der Umwandlung oder Auflösung Umsatzsteuer für die Betriebsveräußerung nach der V. vom 1. 3. 1937 bezw. von den Warenbeständen, dem Inventar, Maschinen, Patenten, Urheberrechten usw. nach dem Umsatzsteuergesetz zu erheben sein. § 6 der 2. DV. zum UmwStG. ordnet die Freiheit von der Umsatzsteuer bei Übertragung des Vermögens auf eine Personengesellschaft oder die Gesellschafter an. Dies gilt auch für Grundstücksgesellschaften, soweit sie umsatzsteuerpflichtig sind.

IV. Gewerbesteuer

Für die Gewerbesteuer gelten im wesentlichen die gleichen Grundsätze wie für die Einkommensteuer[3]). Auch hier sind die Ausgangswerte der Gesellschaft für die Gesellschafter maßgebend. Eine durch die Übertragung entstehende Gewerbesteuer wird nur zu einem Drittel erhoben.

---

[1]) Die Zulässigkeit der Erhebung dieser Steuer neben der Umsatzsteuer ist bestritten.

[2]) Vgl. Ott S. 340.

[3]) Das neue Reichsgewerbesteuergesetz vom 1. 12. 1936 tritt am 1. 4. 1937 in Kraft. Die steuerlichen Erleichterungen des Umwandlungsrechts gelten für Umwandlungs- und Auflösungsbeschlüsse, die bis zum 30. 6. 1937 gefaßt sind. Soweit danach schon das neue Gewerbesteuer-Reichsrecht zur Anwendung kommt, dürften sich erhebliche Änderungen gegenüber dem preußischen Recht kaum ergeben.

Für Preußen hat der Erlaß vom 25. Juni 1935[1]) die einschlägigen Fragen eingehend erörtert. Es wird darin zwischen Verschmelzung, Umwandlung und Abwicklung kein Unterschied gemacht, sondern es werden entsprechend dem Objektcharakter der Gewerbesteuer lediglich die Veränderungen des Betriebs in Betracht gezogen und daher drei Fälle unterschieden:

1. Eine bestehende Gesellschaft übernimmt den Betrieb ohne wesentliche Änderungen. In diesem Fall wird für das letzte Geschäftsjahr der umzuwandelnden oder aufzulösenden Gesellschaft keine Gewerbeertragsteuer erhoben[2]). Der Übernehmende hat, sofern sich der Buchwert seiner Beteiligung durch die Übernahme der Ausgangswerte der umgewandelten AG. erhöhen, die Gewerbeertragsteuer zu $^1/_3$ zu entrichten.

2. Das umgewandelte oder aufgelöste Unternehmen wird unverändert fortgeführt. In diesem Fall erfolgt die Veranlagung in Preußen ohne Rücksicht auf den Wechsel des Inhabers nach dem Ergebnis des letzten Kalender- oder Wirtschaftsjahrs. Soweit die Bewertungsfreiheit in Anspruch genommen wird, wird die Gewerbeertragsteuer nur mit $^1/_3$ erhoben.

3. An Stelle des umgewandelten oder aufgelösten Unternehmens wird ein neues gewerbesteuerpflichtiges Unternehmen eröffnet. Hierher gehört auch der Fall, daß das erwerbende Unternehmen infolge der Aufnahme der umgewandelten oder aufgelösten AG. eine wesentliche Änderung erfährt. Durch die Übertragung als solche entsteht keine Gewerbesteuer, da der alte Betrieb beendet ist.

V. Auskunftspflicht der Finanzämter

Die Finanzämter haben Auskunft darüber zu geben, welche Steuer durch die in Aussicht genommenen Maßnahmen voraussichtlich entstehen und welche Steuerbeträge zu entrichten sein werden. Wer eine solche Auskunft will, muß den Entwurf der beabsichtigten Beschlüsse mit den notwendigen zahlenmäßigen Angaben einreichen. Auskunft ist auch darüber zu erteilen, welche Beträge bei der Körperschaftsteuer voraussichtlich als gemeine Werte insbesondere von Grundstücken, die ins Privatvermögen übernommen werden, anzusetzen sind[3]).

[1]) Preuß. Finanz-Ministerialblatt S. 112.
[2]) Dies entspricht dem RGewStG. § 10 Abs. 1 Satz 1.
[3]) Runderlaß des RFM. v. 9. 3. 1935 I Nr. 2, RSt.Bl. S. 449.

Sachverzeichnis

(Die Zahlen bedeuten die Seiten)

FSC
www.fsc.org
MIX
Papier | Fördert gute Waldnutzung
FSC® C083411

Kolibri 360 GmbH
Ferdinand-Jühlke-Straße 7
99095 Erfurt, Deutschland
produktsicherheit@kolibri360.de